Les internés du ghetto

COLLECTION
« Recherche et transformation sociale »

dirigée par Manuel BOUCHER

La production et la valorisation de la recherche dans le champ social, lorsqu'elles combinent des dimensions politiques, sociales et déontologiques, génèrent plusieurs effets :

• une production autonome et auto-réflexive des connaissances à partir, d'une part, des valeurs humaines (respect de l'individu considéré comme acteur capable de transformation), démocratiques et républicaines (croyance en des actions de solidarité et de justice sociale) et, d'autre part, des intérêts propres au champ social ;
• un changement des rapports entre le monde académique et les acteurs de l'intervention sociale ;
• une valorisation des organismes de la formation et de la recherche en travail social capables de produire, d'échanger et de développer des coopérations réelles de recherche et de formation ;
• une capacité d'influencer la mise en œuvre des politiques publiques.

Dans cette perspective, la collection « recherche et transformation sociale » privilégie la publication d'ouvrages valorisant des résultats de recherche produits par des chercheurs des organismes de la formation et de l'intervention sociales pouvant contribuer à la transformation sociale.

Manuel BOUCHER

Les internés du ghetto

Ethnographie des confrontations violentes dans une cité impopulaire

Préface
Didier LAPEYRONNIE

L'Harmattan

///////// Du même auteur

1999 *Rap : expression des lascars. Significations et enjeux du rap dans la société française,* Préface : Hugues Bazin, Paris, éd. L'Harmattan, 492 p.

2000 *Les théories de l'intégration. Entre universalisme et différencialisme. Des débats sociologiques et politiques en France : analyse de textes contemporains,* Paris, éd. L'Harmattan, 318 p.

2001 *De l'égalité formelle à l'égalité réelle. La question de l'ethnicité dans les sociétés européennes* (sous la dir.), Préface Michel Wieviorka, Paris, éd. L'Harmattan, 582 p.

2003 *Turbulences, contrôle et régulation sociale. Les logiques des acteurs sociaux dans les quartiers populaires,* Paris, éd. L'Harmattan, 618 p.

2003 *Émergences culturelles et jeunesse populaire. Turbulences ou médiation ?* (co-direction avec A. Vulbeau), Paris, éd. L'Harmattan/INJEP/coll. Débats jeunesses, 359 p.

2004 *Repolitiser l'insécurité. Sociographie d'une ville ouvrière en recomposition,* Préface Laurent Mucchielli, Paris, éd. L'Harmattan, 324 p.

2006 *Discriminations et ethnicisation. Combattre le racisme en Europe* (sous la dir.), Tour d'Aigues, éd. de L'Aube, coll. Monde en cours, 407 p.

2007 *Turbulences. Comprendre les désordres urbains et leur régulation,* Montreuil, éd. Aux lieux d'être, coll. Mondes contemporains, 444 p.

2008 *Le travail social face aux discriminations. Intervention sociale, ethnicité et lutte contre le racisme en Europe* (sous la dir.), Montreuil, éd. Aux lieux d'être, coll. Mondes contemporains, 338 p.

2008 *Guide pédagogique de l'antiracisme en formation sociale* (Co-direction avec Mohamed Belqasmi), Paris, éd. Vuibert, 400 p.

2008 *La recherche dans les organismes de la formation et de l'intervention sociales : enjeux et perspectives* (coordination), Paris, éd. L'Harmattan, 103 p.

2010 *Penser les questions sociales et culturelles contemporaines. Quels enjeux pour l'intervention sociale ?* (sous la dir.), Paris, éd. L'Harmattan, coll. Recherche et transformation sociale, 317 p.

Avertissement et remerciements

Cet ouvrage est le résultat d'un travail de recherche mené durant dix-huit mois. Une partie des données est extraite d'une enquête réalisée sous ma direction par le laboratoire d'étude et de recherche sociales (LERS) de l'institut du développement social (IDS) pour le compte de l'institut national des hautes études de sécurité (INHES) dans le cadre d'un appel d'offre sur l'«ultra-violence ». Ce travail n'aurait pu voir le jour sans la participation active de mon collègue Mohamed Belqasmi, attaché de recherche au LERS, qui a partagé avec moi la plupart des investigations diurnes et nocturnes des terrains étudiés. Je le remercie tout particulièrement pour son engagement sociologique qui demande beaucoup d'investissement personnel. Je remercie également les nombreuses personnes (jeunes, policiers, habitants, militants associatifs, travailleurs sociaux, enseignants, etc.) qui ont accepté de participer à ce programme de recherche mais, parmi toutes ces personnes, je salue chaleureusement trois « gars de quartier », Camos, Freddy et Mehdi, qui grâce à leur disponibilité et leurs éclairages, ont grandement facilité la réalisation de l'enquête. Mes remerciements s'adressent aussi à de nombreux collègues dont Didier Lapeyronnie, Michel Wieviorka, François Dubet, Laurent Mucchielli, Eric Marlière, Eric Macé, Thomas Sauvadet, Alain Vulbeau, Gérard Mauger, Philippe Steiner, Régis Pierret, Emanuela Chiodo... (je ne peux évidemment pas tous les citer ici, ils se reconnaîtront) qui suite à des échanges ou de précieux conseils au sein du centre d'analyse et d'intervention sociologiques (CADIS), de l'association des chercheurs des organismes de la formation et de l'intervention sociales (ACOFIS) ou de l'association française de sociologie (AFS) notamment, m'ont permis d'améliorer la qualité de ce livre. Je remercie également Claire Le Bail-Bonnard, secrétaire du LERS, pour son travail de relecture exigent. Enfin, j'adresse toute ma reconnaissance à Jean Gondonneau qui comme toujours, depuis la publication de mon premier livre, me fait l'amitié de relire avec grande précision mes écrits avant leur publication.

5-7, rue de l'École-Polytechnique ; 75005 Paris
http://www.librairieharmattan.com
diffusion.harmattan@wanadoo.fr
harmattan1@wanadoo.fr
ISBN : 978-2-296-12023-5
EAN: 9782296120235

« Le ghetto est un ferment, un paradoxe, un conflit et un dilemme. Cependant dans cette société à l'état pathologique, on constate une étonnante capacité d'adaptation humaine. Le ghetto, c'est l'espoir et le désespoir, l'église et le bistrot. On y aspire au changement, on s'y laisse aller à l'apathie. La stagnation y cohabite avec la virulence. On y trouve courage et défaitisme, solidarité et sollicitude d'une part ; soupçon et rivalité d'autre part. Chacun s'y sent rejeté par tous. Le peuple du ghetto a soif d'assimilation et, en même temps, il s'aliène, se retranche derrière les murs protecteurs du ghetto.
L'état pathologique du ghetto se perpétue lui-même par une accumulation de laideur, de décrépitude et d'isolement. Il inspire au noir le sentiment de son néant et témoigne de son impuissance. Pourtant le ghetto n'est pas entièrement isolé. La radio, la télévision, le cinéma, la presse y pénètrent, l'envahissent même, établissant un système de communication constant, à sens unique en général. Par ce canal les valeurs, les aspirations, le comportement, la manière de vivre de la société blanche s'imposent à l'esprit des internés du ghetto. Ceux qui partagent avec les rats des taudis surpeuplés savent que dans le même pays d'autres êtres mènent une existence plus humaine. »

Kenneth Clark, *Ghetto noir*, 1969.

Pour Emile

////////// Préface

Les « jeunes de banlieue » sont devenus un des acteurs de la vie sociale et politique en France. Régulièrement, les émeutes ou les faits divers en font des objets d'actualité. Ils font la une de médias et suscitent nombre de travaux sociologiques. Ils sont un objet de peur ou de frustration et de culpabilité de la part de la société dominante. Le plus souvent, le « moralisme » gouverne la réflexion et imprègne discours et écrits politiques et sociologiques. On ne compte plus les « essais » bien sentis qui abordent la question en expliquant à quel point la distance culturelle, les déficiences familiales et personnelles, l'individualisme consommateur, l'égalitarisme, l'antiracisme, les « pédagogues » ou les jeux vidéos ont décervelé cette partie de la population et finalement l'ont rendue dangereuse pour l'avenir même de notre « modèle » voire de notre civilisation. Cette « lamentation aristocratique » expliquant les problèmes sociaux par l'effondrement de l'autorité et de la morale et en appelant à l'ordre n'est pas nouvelle. Les classes supérieures ont toujours considéré que le pauvre est pauvre parce qu'il boit et que son comportement s'apparente à un nihilisme destructeur. Il n'a évidemment rien à dire. Les élites s'auto-congratulent ainsi, cherchent à limiter la démocratie en justifiant exclusion et punition : sans rétablissement des hiérarchies et des autorités, la société perd ses bases morales et sombre dans le désordre et la décadence. Retour à l'ordre, répression, mise à l'écart et leçons de morale doivent ainsi résoudre les problèmes sociaux. Cette idéologie n'est donc pas nouvelle et elle n'est pas une simple élucubration d'intellectuels. Mais aujourd'hui, elle est devenue largement dominante. Elle s'exprime au plus haut niveau de l'Etat. Elle est reprise par les hommes politiques sous couvert de refuser le « politiquement correct », de combattre la « censure » et les « excuses sociologiques ». Ces derniers temps, elle s'exprime parfois dans une version clairement xénophobe ou raciste. Mais surtout, elle sert de justification à la mise en œuvre de politiques visant à responsabiliser et punir les pauvres. Dans leur version néolibérale actuelle, elles associent des politiques de répression et des politiques d'égalité des chances. Manuel Boucher a repris le combat contre cette vision des questions sociales et tout particulièrement des jeunes des cités. Son livre est bien aidé par l'actualité. Il paraît au moment où se révèle l'insondable naïveté de cette idéologie et où les politiques qu'elle a inspirées sont en échec. Elles ne sont pas parvenues à réduire la violence et les inégalités sociales. Elles ont même produit l'inverse : augmenté les distances sociales et engendré une société plus violente.

Tout l'intérêt du livre de Manuel Boucher est qu'il ne se contente pas de s'opposer à cette idéologie et d'en montrer l'inanité. Il puise son énergie dans la colère qu'elle lui inspire. Mais en s'opposant, il construit un point de vue qui lui est propre, point de vue original et solide, une sociologie des « Turbulences ». La sociologie des turbulences a pour objectif de comprendre et d'appréhender les processus de décomposition sociale, les désordres urbains et leur régulation. Autant, Manuel Boucher se refuse à la naïveté de la lamentation aristocratique, autant il se refuse aux facilités réciproques de la « victimisation », de l'explication des comportements par l'addition de difficultés sociales, l'exclusion, le chômage, la discrimination, l'échec scolaire. Bien entendu, tous ces facteurs sociaux ont leur importance. Mais les « jeunes de banlieue » ne doivent pas être réduits encore une fois à une situation, et par là même enfermés dans le silence. Ils sont aussi des acteurs qui interprètent ces situations, les définissent comme autant d'épreuves individuelles et collectives, et agissent pour affronter ces épreuves. La sociologie des turbulences est d'abord une sociologie des acteurs. A partir d'une analyse des logiques d'acteurs Manuel Boucher articule cinq dimensions, le risque, l'ethnicité, la violence, le conflit et la désorganisation sociale. Il montre comment « l'espace des turbulences » est construit par les tensions qui existent entre ces différentes dimensions de l'action. Manuel Boucher explique comment les conduites ne peuvent se réduire à l'anomie ou à la simple désorganisation mais doivent être comprises de manières plus large par l'ensemble des tensions des épreuves vécues. Conjointement, il peut alors analyser les modes d'intervention sociale, leur inscription dans l'espace des turbulences et comprendre ainsi les difficultés auxquelles ils se heurtent. C'est cette capacité à articuler une analyse des conduites sociales d'un côté avec une analyse de la mise en œuvre des politiques sociales d'un autre, au sein d'un même ensemble, l'espace des turbulences, qui fait la force et l'originalité du livre de Manuel Boucher. A partir d'une lourde enquête menée dans un quartier populaire d'une ville moyenne, il analyse comment, à l'intérieur d'un espace ghettoïsé, les jeunes construisent des formes d'identités collectives et personnelles alternativement agressives et conflictuelles mais aussi positives et constructives. Un des passages les plus étonnants de son livre est peut-être d'avoir aussi montré comment ces constructions se heurtent aux logiques policières et comment les comportements policiers eux-mêmes, répondent et reflètent très largement les identifications des jeunes. De ce point de vue, les chapitres du livre consacrés aux policiers sont d'une grande originalité et d'une grande force. En faisant des policiers d'autres « internés du ghetto », ils illustrent parfaitement la pertinence de cette sociologie des turbulences que propose Manuel Boucher.

Manuel Boucher est un enquêteur hors pair. Son travail d'anthropologie urbaine est très impressionnant par son ampleur mais aussi par sa qualité. Il est un digne héritier de cette tradition sociologique qui a produit les meilleurs travaux sur les ghettos américains ou les quartiers populaires en Amérique Latine. Il nous offre une vraie sociologie « d'en bas », au plus près des acteurs, sociologie extrêmement précise et nuancée. Manuel Boucher excelle dans l'art de la restitution à la fois des comportements sociaux mais aussi des ambiances, des événements significatifs, de la complexité des réflexions des individus, sans pour autant perdre de vue sa démonstration d'ensemble. Le travail réalisé auprès des policiers est un modèle. Le lecteur a l'impression de les rencontrer, « d'y être » : Major Mitchell, les « chasseurs moralisateurs », et surtout peut-être le dernier, Eric, dont Manuel Boucher nous fait saisir toute la complexité personnelle et les difficultés qu'il éprouve à réaliser sa tâche.

Dans les Internés du Ghetto, Manuel Boucher ne donne pas de leçon de morale. Il n'oppose pas les jeunes à la police, il restitue avec une grande précision, mais aussi beaucoup d'humanité et de sensibilité, le face à face des individus policiers avec des jeunes du ghetto. De l'émotion éprouvée à la lecture des portraits qu'il nous propose, il fait une des clefs de la compréhension de la tension entre les uns et les autres et des logiques du ghetto. La responsabilité politique du sociologue est non seulement de dire les choses telles qu'elles sont. Elle est encore d'expliquer pourquoi elles sont ce qu'elles sont. Elle est aussi de les faire « éprouver » et de les faire « comprendre ». Tout le talent de Manuel Boucher est de lutter contre les idées fausses et néfastes en permettant cette compréhension à son lecteur.

Didier Lapeyronnie
Professeur à l'université Paris-Sorbonne

////////// Introduction générale

Pendant longtemps, la plupart des sociologues résistent à cette idée que les quartiers d'habitat social français massivement construits entre les années 1960 et 1970 (dont une grande partie sont aujourd'hui défavorisés), à l'instar des *slums* américains, sont en voie de « ghettoïsation » et habités par des « bandes délinquantes » vivant notamment du bizness de la drogue[1]. Or, les dernières investigations sociologiques montrent que ces territoires se définissent aussi par l'épreuve de la ségrégation sociale[2]. Les quartiers d'habitat social, dits de relégation[3], sont en fait habités non plus par les ouvriers et les employés qui les ont fuis mais « par les plus pauvres, les immigrés, ceux que l'on définit maintenant comme des cas sociaux. Chômage, pauvreté, familles monoparentales misérables, RMIstes (RSA), concentration de migrants, jeunes en galère forment alors le cœur de cette population »[4]. Dans la pratique, les quartiers populaires sont entrés dans un cercle vicieux qui renforce les processus de victimisation et de stigmatisation des populations qui y habitent. Or, actuellement, dans un contexte de retour à « l'incertitude de l'existence » et de traitement sécuritaire des questions sociales[5], ces populations ne sont plus seulement considérées comme des victimes des inégalités sociales survivant grâce aux aides sociales mais surtout comme de « nouvelles classes dangereuses dont les jeunes sont les figures idéal-typiques des « ghettos » en formation. Au sein de ces phénomènes de fragmentation sociale et culturelle, « les jeunes de banlieue » occupent une place particulière[6]. Sous l'influence, notamment du traitement médiatique, s'est développée une peur de la jeunesse des quartiers populaires dont la représentation est dominée par la délinquance et la violence. » En définitive, les quartiers populaires seraient des territoires de désorganisation sociale à haut risque, ethnicisés et peuplés de jeunes violents[7].

---

1 Cf. P. Bourgois, *En quête de respect. Le crack à New-York,* Paris, éd. du Seuil, 2001.

2 Du point de vue étymologique, la ségrégation vient du mot latin *segregare* qui renvoie à l'action de mettre à l'écart un animal du troupeau et, plus largement à l'action de séparer différents éléments entre eux. Voir H. Vieillard-Baron, «Ségrégation » in *Ville, école, intégration, diversité,* n°139, décembre 2004, p. 53.

3 Cf. J.-M. Delarue, *Banlieues en difficulté, la relégation,* Paris, éd. Syros, 1991.

4 Cf. F. Dubet, « A propos de la violence des jeunes », *Cultures et Conflits,* n°6, 1992, p.7-24.

5 Cf. R. Castel, *L'insécurité sociale. Qu'est-ce qu'être protégé ?,* Paris, éd. du Seuil, 2003.

6 Cf. D. Lepoutre, *Cœur de banlieue, codes, rites et langages,* Paris, éd. Odile Jacob, 1997.

7 Cf. M. Boucher, *Turbulences. Comprendre les désordres urbains et leur régulation,* Montreuil, éd. Aux lieux d'être, 2007 (réédition Téraèdre, 2010).

Ghettoïsation, violences juvéniles et régulation sociale

L'ethnicisation des rapports sociaux

Contrairement à la position du sociologue franco-américain Loïc Wacquant exprimée dans son livre « Parias urbains »[8] soulignant que comparées aux « ghettos » américains (la ceinture noire), les banlieues populaires françaises (les anciennes « ceintures rouges ») ne seraient pas en voie de « ghettoïsation », ou à la thèse de Jean-Marc Stébé et Hervé Marchal selon laquelle, en France, les « cités-ghettos » sont un «mythe »[9] et à l'instar de Didier Lapeyronnie, nous observons l'existence de quartiers en voie de « ghettoïsation » sociale et ethno-raciale : « Aujourd'hui, la conjonction de logiques de ségrégation et de discrimination contribue à la formation de quartiers qui ont développé leurs propres modes d'organisation, leur propre sous-culture. Le ghetto résulte de l'addition de la ségrégation raciale, de la pauvreté et de la relégation sociale et politique, de l'isolement social et de rapports néocoloniaux. Mais il est en même temps une réalité produite par le travail d'adaptation tout aussi collectif d'une partie de ses habitants à leur isolement et aux conditions sociales, raciales et urbaines qui leur sont faites. A partir des ressources dont ils disposent, ces habitants ont créé des « structures » ou des « institutions » qui permettent de se protéger, d'échapper quelque peu aux blessures infligées par la société. Parmi ces structures, les plus centrales sont la « rue » avec sa culture et son occupation par les « jeunes », la famille, les règles de définition des relations entre les sexes, les formes d'identification raciales qui lient et parfois opposent les individus entre eux. (…) Les habitants du ghetto travaillent collectivement à l'élaboration d'un « univers » auquel ils tentent d'échapper personnellement. Le ghetto est à la fois une cage, (chacun est forcé d'y vivre et aspire à autre chose), et un cocon où l'on se sent bien, protégé du mépris externe, le seul lieu où peut s'affirmer une dignité individuellement »[10]. Dans certains endroits, les jeunes noirs et arabes vivent bien une double stigmatisation spatiale et

8 L. Wacquant, *Parias urbains. Ghetto, banlieues, Etat,* Paris, éd. La Découverte, 2005, « Scrutinizing the Street : Poverty, Morality, and the Pitfalls of Urban Ethnography » in *Amercian Journal of Sociology,* vol. 107, n°6, 2002, 1468-1532.

9 Certains analystes, désireux de changer l'image négative des quartiers d'habitat social, affirment que dans le cas français, les « cités-ghettos » sont un mythe. Ce « mythe » établirait, de façon outrancière, un lien entre la réalité française et celle des Etats-Unis. Ainsi, pour Jean-Marc Stébé et Hervé Marchal, ce « mythe » résulte de l'association de plusieurs éléments qui, « bien qu'issus de la réalité, n'en ont pas moins fait l'objet d'interprétations plus ou moins imaginaires. Le mythe des cités-ghettos s'accroche : 1/ aux figures du ghetto juif européen qui s'est développé du XIIIe siècle au XXe siècle ; 2/ de certains faubourgs ouvriers des villes françaises apparus au milieu du XXe siècle (« la zone ») ; 3/ du ghetto noir américain émergeant dès le début du XXe siècle. Bien évidemment, ce mythe s'organise aussi à partir d'un quatrième élément, celui relatif à l'histoire de l'aménagement et l'urbanisation des villes françaises après 1945. En effet, les ZUP cristalliseront, à travers leurs évolutions, des représentations négatives (monotonie architecturale, isolement physique et social, déliquescence du lien social, etc.) » (J.-M. Stébé, H. Marchal, Mythologie des cités-ghettos, Paris, éd. Le Cavalier Bleu, 2009, p. 38).

10 D. Lapeyronnie, *Ghetto urbain,* Paris, éd. Robert Laffont, 2008, p.11-21.

« raciale ». De plus, en France, « la sphère politique » n'est plus épargnée par l'ethnicisation des rapports sociaux (même si, historiquement, l'idéologie politique française refusait, au nom d'une citoyenneté unifiée, l'existence de plusieurs communautés au sein de la nation). A l'échelle locale, de nombreux responsables politiques s'inscrivent, aujourd'hui, dans une dynamique de ciblage et de partenariat avec des groupes d'intérêts et des « promoteurs ethniques » pour conquérir le pouvoir ou s'y maintenir mais aussi pour garantir l'ordre social, culturel et moral. La paupérisation et les logiques de ségrégation en oeuvre dans les quartiers populaires ont donc notamment pour conséquence, d'un côté, la montée du racisme (le racisme naturalise un groupe humain pour lui attribuer des caractéristiques héréditaires physiques, intellectuelles, culturelles ou sociales autorisant l'infériorisation, le rejet et la déshumanisation de ses membres) et, de l'autre, un commencement de racialisation des rapports sociaux (l'essentialisation des relations sociales entraînant un déficit de communication, des tensions et des violences).

L'ensemble de ces éléments renforce le sentiment d'insécurité que la majeure partie de la population éprouve vis-à-vis des quartiers d'habitat social considérés comme « dangereux » et infréquentables (drogue, violences, viols collectifs, démission familiale, intégrisme religieux, caïdat...) entraînant ainsi le développement de « micro-pratiques ségrégatives » (fuite des classes populaires stabilisées, choix scolaires stratégiques...) et donc, inévitablement, un accroissement des processus d'étiquetage et de séparatisme social[11].

Dans un ouvrage synthétisant une trentaine d'années de recherche[12] sur les mutations de la société (les mouvements sociaux, la banlieue, l'école, la justice sociale, l'expérience sociale), François Dubet note que, vingt ans après, son travail devenu une référence sur l'expérience des jeunes des « quartiers difficiles » dans lequel il a proposé une théorie de la marginalité juvénile[13] : le monde de la « galère » défini par « la rencontre de l'exclusion et de la désorganisation sociale », est toujours vécu par beaucoup de jeunes des cités. En revanche, l'expérience de la galère, « expérience « flottante » dans laquelle les individus ne parviennent pas à stabiliser leur position »[14], s'est radicalisée puisque les facteurs d'exclusion et de rage n'ont cessé de se renforcer : « En l'espace d'une trentaine d'années, la société française a donc vécu un changement considérable. La question sociale y est moins directement la question ouvrière que la question urbaine ; elle est moins définie par le niveau d'exploitation des acteurs que par leur degré d'intégration et par le fait même que, souvent, ils ne parviennent pas à être « exploités ». Ce sont les

11 Cf. E. Maurin, *Le Ghetto français. Enquête sur le séparatisme social,* Paris, éd. du Seuil, 2004.

12 Cf. F. Dubet, *L'expérience sociologique,* Paris, éd. La Découverte, 2007.

13 Cf. F. Dubet, *La Galère. Jeunes en survie*, Paris, éd. Fayard, 1987.

14 F. Dubet, 2007, *op. cit.,* p. 36.

« surnuméraires » dont parle Castel[15] et, à l'exception des émeutes urbaines, aucun mouvement social populaire ne les relaie. En trente ans aussi, nous avons vu se renverser ce que nous avons coutume d'appeler le modèle d'intégration républicain. Dans ce modèle, les migrants étaient censés abandonner leur culture en échange d'une intégration progressive dans la société industrielle et, souvent, dans le mouvement ouvrier[16], l'«assimilation » culturelle étant la dernière étape du processus. Aujourd'hui, les jeunes sont très rapidement assimilés par l'école et par la culture de masse ; ce sont eux qui lancent les modes mais ils sont très peu intégrés socialement par le travail et par le logement. Alors ils se replient sur leur bande et leur territoire, parfois même sur une tradition religieuse qu'ils réinventent. Ils dénoncent la discrimination et le racisme plus que l'exploitation dans une société nationale qui se sent de plus en plus menacée et craintive face à la globalisation des cultures et des économies. »[17]

La hantise des « jeunes dangereux »

Au sein de ces phénomènes de fragmentation sociale et culturelle, « les jeunes de cité » symbolisent de façon emblématique la décomposition sociale contre laquelle beaucoup de personnes appartenant aux classes moyennes se sentent impuissantes. Sous l'influence, notamment du traitement médiatique amplifiant les difficultés vécues au sein des « quartiers sensibles », s'est développé une peur de la jeunesse des quartiers populaires dont la représentation est dominée par la « galère », la délinquance, la violence et la désorganisation sociale. Dans ce cadre, les jeunes et surtout ceux issus de l'immigration, sont considérés comme une menace pour l'ordre social. Ces jeunes incarnent des figures idéal-typiques refusant la résignation ou l'apathie. Rebelles à l'ordre social, ils affirment de façon ostentatoire, de manière provocante et radicale, leur rapport à l'espace public et aux représentants de la norme. Ces jeunes ne semblent pas faire de concessions avec le monde social qui les entoure. Par leur langage, leur musique (rap hardcore), leur manière de se vêtir et de se mouvoir, par les attributs qui les caractérisent (casquettes américaines, habits amples portant des insignes ou des symboles associés à la violence, chiens méchants, pratique de la boxe, armes à feu, calligraphies religieuses islamiques...), quelquefois par des comportements incivils et insécurisants (écoute de musique à fort volume, cris et insultes, prise d'alcool dans les lieux publics, consommation de tabac et de cannabis dans des lieux interdits, etc.), ces jeunes s'affichent comme des « indésirables », des individus dangereux et séditieux. Ces jeunes développent une « esthétique » de la violence et de

---

15 Cf. R. Castel, *Les métamorphoses de la question sociale*, Paris, éd. Fayard, 1995.

16 Cf. F. Dubet, *Immigrations : qu'en savons-nous ? Un bilan des connaissances*, Paris, éd. La documentation française, 1998 ; G. Noiriel, *Le creuset français. Histoire de l'immigration*, Paris, éd. du Seuil, 1988.

17 F. Dubet, 2007, *op. cit.*, p. 43-44.

la provocation qu'ils revendiquent. D'un point de vue caricatural ils sont, dès lors, perçus comme des « méchants » se démarquant des « bons citoyens ». Bien sûr, toutes ces représentations négatives des jeunes des quartiers populaires ne reflètent pas la réalité complexe des « jeunes de cité ». Les jeunes vivant dans des « zones urbaines sensibles » ne sont pas tous des délinquants et des personnes violentes. Pour autant, c'est bien cette minorité prédatrice qui cristallise toutes les inquiétudes relatives à la fragmentation sociale et culturelle, suscitant l'intérêt des médias, des responsables politiques et des institutions éducatives, pénales et répressives.

La peur des violences émeutières

Dans ce contexte pusillanime à l'égard de la jeunesse populaire, contrairement à la plupart des historiens classiques de la violence[18] qui voient une baisse tendancielle de ces phénomènes dans les sociétés modernes, d'autres analystes perçoivent une montée réelle d'actes de violences polymorphes. Dans notre monde moderne, individualiste et anonyme, incivilité, sentiment d'insécurité et violence seraient liés. La fin de l'ère industrielle, avec les « trente glorieuses », a connu l'apogée d'une société protectrice, encadrée par de nombreux mouvements intermédiaires assurant un fort contrôle social grâce à un processus de socialisation contraignant. Avec la fin de cette période, depuis peu, des analystes affirment donc que nous assistons à un retour en force de la violence. Pour ces protagonistes, la thèse de Norbert Elias[19] (une diminution des phénomènes violents par le développement de l'autocontrôle et la pacification des mœurs inscrits dans le processus de modernisation) semble désormais avoir atteint ses limites puisque, avec la plongée dans l'ère postindustrielle, les sociétés occidentales, entrées de plain pied dans la globalisation, redécouvrent une phase d'incertitude et d'anomie (perte de valeurs collectives intériorisées par l'éducation morale).

Par conséquent, dans les grands centres urbains, une criminalité réelle augmente, liée à la brutalité de la vie, à la pauvreté, aux phénomènes d'ethnicisation,

18 La violence est destructrice, c'est une attaque contre le lien social ou affectif dont les manifestations sont diverses (individuelle, collective, organisée, imprévisible, ritualisée). Les manifestations de la violence peuvent, en effet, être verbales (menaces, insultes, chantage, harcèlement…) ; physiques (coups, blessures, homicide…) ; sexuelles (contrainte, brutalité, perversité, viol, inceste…) ; matérielles (vol, destruction de biens…) ; économiques et sociales (licenciements abusifs, discriminations ethniques…) ; juridiques (exclusion des droits, injustices…). En outre, les violences peuvent s'exercer dans plusieurs lieux : dans l'espace domestique (violences conjugales, maltraitances…) ; dans l'espace public (violences urbaines, agressions acquisitives, harcèlement au travail…) ; dans l'espace politico-institutionnel (violences institutionnelles). Dans tous les cas, la violence à une dimension objective mais également subjective (liée à un contexte, à une culture, à une interaction). Dans cette perspective, la « violence symbolique » est définie par Pierre Bourdieu comme un rapport de pouvoir et de force inégalitaire, pas directement visible, intériorisé et générateur de souffrance (Cf. P. Bourdieu, L. Wacquant, *Réponses*, Paris, éd. du Seuil, 1992, p. 116-149).

19 Cf. N. Elias, *La société des individus*, Paris, éd. Fayard, 1991, N. Elias, E. Dunning, *Sport et civilisation. La violence maitrisée*, Paris, éd. Fayard, 1994.

aux handicaps sociaux, économiques et culturels. Le sentiment d'insécurité n'est donc pas exclusivement subjectif, lié à l'évolution des normes ; il est aussi objectif, lié à la dégradation des rapports sociaux. Dans cette optique, pour le politologue Sébastian Roché, il ne faut donc pas prendre à la légère l'augmentation des incivilités, mais plutôt les considérer comme la preuve d'une dégradation des rapports sociaux, caractérisée par une atomisation et une individuation propice à une augmentation de la violence nourrissant un sentiment d'insécurité légitime : « Les émeutes de 2005 appartiennent bien à la postmodernité, faite de globalisation, de réorganisation du capitalisme et de mise en compétition internationale de la main-d'œuvre non qualifiée. »[20]

Face à ce constat, dans une perspective qualifiée de « citoyenne » proche de la « théorie de la vitre brisée »[21] et de la « tolérance zéro »[22], Roché se positionne alors comme un « militant » du retour à la sécurité et au contrôle social par le développement de mesures concrètes et diversifiées favorisant la construction d'une « sécurité réelle ». Pour Roché, face à l'absence de mobilisation sociale des personnes vivant dans les grands centres urbains, il s'agit de réhabiliter des « règles d'usage » en employant des « professionnels de l'hospitalité » (îlotiers, agents d'ambiance, correspondants de nuit...) et de la sécurité (polices nationale et municipale) jouant un rôle de médiateur et de gardien de l'ordre social[23]. Ainsi, au nom d'une dynamique sécuritaire pragmatique (organiser un « mode alerte » pour avoir une vue globale d'un quartier affecté, gérer les rapports avec les médias, mobiliser les relais et les agents locaux) Roché plaide pour que la France s'inspire des solutions proposées ailleurs, notamment en Grande-Bretagne où après les émeutes socio-ethniques de 1981 à Brixton, ce pays a mis en oeuvre une « police communautaire » et augmenté la place des « minorités » dans les forces de l'ordre. Effectivement, vingt ans avant la France, les quartiers pauvres de Brixton, Liverpool, Manchester, Birmingham ont été secoués par des émeutes urbaines.

Dans son livre « Emeutes »[24], la sociologue Danièle Joly liste ainsi plusieurs cadres d'analyse développés en Grande-Bretagne pour expliquer les

---

20 S. Roché, *Le frisson de l'émeute. Violences urbaines et banlieues,* Paris, éd. du Seuil, 2006, p. 213.

21 Globalement, cette théorie considère que ce n'est pas la décomposition du lien social qui est la première cause des incivilités dans les espaces urbains mais que c'est avant tout les comportements d'abandon et de déresponsabilisation des citoyens qui entraînent la dégradation du lien social. Dans la pratique, il est stipulé que si une vitre brisée n'est pas remplacée rapidement, ce sont donc toutes les autres vitres qui seront cassées.

22 Cf. S. Roché, *Tolérance zéro ? Incivilités et insécurité,* Paris, éd. Odile Jacob, 2002, L. Mucchielli, « La politique de la «tolérance zéro » : les véritables enseignements de l'expérience new-yorkaise » in *Hommes & Libertés*, n°120, 2002, p. 38-40.

23 Cf. S. Roché, « Vers la démonopolisation des fonctions régaliennes : contractualisation, territorialisation et européanisation de la sécurité intérieure » in *Revue Française de Science Politique*, vol. 54, n°1, 2004, p. 43-70.

24 D. Joly, *Emeutes. Ce que la Grande-Bretagne peut nous apprendre sur la France,* Paris, éd. Denoël, 2007.

phénomènes émeutiers. Elle cite l'« approche marxiste », l'approche par « l'injustice sociale et le racisme »[25] mais souligne que ce sont les approches « fonctionnalistes », celles considérant les émeutes comme un phénomène de déviance, qui dominent le paysage explicatif. Effectivement, dans l'optique fonctionnaliste, l'explication la plus répandue est celle de la délinquance. Les fauteurs de trouble sont tenus essentiellement pour délinquants et déviants. Il s'agit d'une forme d'explication par la « racaille » (extrêmistes, trublions, agitateurs, trafiquants de drogue...). Les émeutes correspondraient à une stratégie orchestrée par une sous-culture de la pègre régnant dans les quartiers dits « sensibles ». Dans ce cas, « les troubles ne sont en aucun cas un appel à l'aide mais plutôt un appel au pillage. »

Dans ce même registre fonctionnaliste, l'analyse en terme de copie s'impose également. Les émeutes éclatent par effet d'imitation venant de l'extérieur (*copy-cat-riots*). Par ailleurs, « l'effet boule de neige » génère un élément ludique dans l'action collective : il y a un plaisir de casser, de brûler... Quoi qu'il en soit, dans cette perspective, le déclenchement des émeutes est relié au déficit de socialisation parentale et à la dislocation des structures de socialisation traditionnelles remettant ainsi en cause le contrôle social classique (école, famille). Dans l'ensemble de ces cas, la police apparaît être le dernier rempart contre les désordres. Le policier est considéré comme une « mince ligne bleue » qui peut s'interposer entre le citoyen et le désordre.

En France, suite aux désordres urbains de l'automne 2005[26], il existe

25 - L'approche marxiste et la lutte des classes : les émeutes ont des causes structurelles fondamentales liées aux privatisations, à la destructuration de l'Etat-providence. Les émeutes sont l'expression d'une lutte de classe radicalisée : « Une lutte de classe à l'ancienne, entraîne des émeutes à l'ancienne. » Il s'agit d'un retour des « classes dangereuses » confrontées à l'aliénation, aux frustrations, à la marginalisation politique et sociale. Seule la violence demeure à la disposition des jeunes. Dans ce cas, les émeutes sont perçues comme un légitime moyen de protester et obtenir une redistribution du pouvoir et des ressources ;
- L'approche par l'injustice sociale et le racisme : les émeutes sont d'abord liées à l'augmentation de l'injustice sociale aggravée par le racisme et les discriminations sur fond de désindustrialisation et de chômage de masse (renforcé chez les minorités ethniques), d'échec scolaire, de logements inadaptés, de racisme endémique de la police. Les émeutes traduisent donc une aspiration à une société plus juste. Le thème de l'exclusion est ainsi évoqué pour expliquer les émeutes : les jeunes des minorités ethniques sont marginalisés économiquement, socialement et politiquement. L'idéologie de la compétitivité, de l'hyper-individualisme, le chacun pour soi a remplacé les pratiques de solidarité.

26 Les émeutes de l'automne 2005 : Du 27 octobre au 17 novembre 2005, la France va connaître les plus grandes émeutes urbaines de son histoire contemporaine suite à la mort de deux jeunes de Clichy-sous-Bois électrocutés après une poursuite avec la police. Pour rappel, sur 21 nuits d'émeutes (d'abord en région parisienne puis dans 300 cités populaires sur l'ensemble du territoire national) on peut notamment comptabiliser la mobilisation de 11 500 policiers et gendarmes par jour aidés par 7 hélicoptères, 30 000 poubelles incendiées, des centaines de bâtiments publics, d'entreprises, de bus dégradés ou brûlés, 4 800 interpellations, 600 peines d'emprisonnement, surtout en comparution immédiate. Dès lors, après une panique médiatique et politique, le « couvre feu » est décrété le 8 novembre et prolongé jusqu'au 4 janvier 2006. Ces émeutes ont par ailleurs essentiellement éclaté dans des « zones urbaines sensibles » se caractérisant par le cumul de nombreuses difficultés socio-économiques (logements sociaux dégradés et exigus, peu de mixité sociale, forte population immigrée, beaucoup de familles nombreuses, un taux de chômage 2 à 3 fois plus fort qu'ailleurs, de nombreux jeunes en échec scolaire, épreuves de la discrimination, des

aussi plusieurs grilles d'analyse du déclenchement des émeutes. Frédéric Ocqueteau[27] les a classées en quatre catégories : globalement, les émeutes sont considérées comme des « révoltes protopolitiques »[28], des « révoltes protestataires »[29] de la part de victimes du processus de ghettoïsation entamé depuis 20 ans dans les banlieues populaires françaises, des « rationalités émeutières » de deux types : dans un cas, l'émeute est considérée comme une action collective pour faire face à l'humiliation et aux discriminations[30] (Michel Kokoreff considère que l'élément déclencheur des violences émeutières est une « révolte contre les forces de mort » (la police) de la part des « victimes quotidiennes du harcèlement policier » (les jeunes de quartier associés à des pulsions de vie).), dans l'autre, les émeutes sont confondues avec des « violences urbaines » gratuites produites par des « rioteux »[31] (néologisme franglais), c'est-à-dire des casseurs prêts à détruire pour se faire plaisir. Ceux-ci cherchent des sensations fortes en s'opposant aux forces de l'ordre ; néanmoins, ils calculent le « rapport de force » qu'ils co-produisent avec la police dont certains représentants cherchent eux aussi le frisson. Toutes ces analyses sont assez proches des courants sociologiques classiques donnant des explications en terme d'irrationalité et/ou d'intentionnalité pour comprendre les violences collectives juvéniles[32]. Néanmoins, les trois

---

problèmes de petite délinquance et d'incivilités, une quasi absence de représentation politique et un fort sentiment d'enfermement). Cf. D. Duprez, M. Kokoreff (dir.), « Les émeutes urbaines : comparaisons internationales », *Déviance et Société,* vol. 30, n°4, 2006, p. 429-533, L. Mucchielli, V. Le Goaziou (dir.), *Quand les banlieues brûlent. Retour sur les émeutes de l'automne 2005,* Paris, éd. La Découverte, 2007.

27 F. Ocqueteau, « Les émeutes urbaines de l'automne 2005 : cadres d'analyse et points aveugles de la société française » in *Revue de Sociologie du travail,* 49, 2007, p. 531-543.

28 G. Mauger, *L'émeute de novembre 2005, une révolte protopolitique,* Broissieux, éd. du Croquant, 2006.

29 L. Mucchielli, V. Le Goaziou (dir.), 2006, *op. cit.*

30 M. Kokoreff, « Sociologie de l'émeute. Les dimensions de l'action en question » in *Déviance et Société,* vol. 30, n°4, 2006, p. 521-534, D. Lapeyronnie, « Révolte primitive dans les banlieues françaises. Essai sur les émeutes de l'automne 2005 » in *Déviance et Société,* vol. 30, n°4, 2006, p. 431-448.

31 S. Roché, 2006, *op. cit.*

32 - *La violence irrationnelle* : Ce premier courant met en perspective la violence « gratuite » et excessive de certains jeunes délinquants. Cette violence « méchante » serait une réponse à la frustration, aux humiliations et aux inégalités vécues par les jeunes des quartiers populaires. Ces jeunes prenant conscience qu'ils ne pourront jamais réussir dans le système des dominants (école, travail...) qui les stigmatise décident alors de se rebeller pour retrouver leur dignité en se construisant une identité anti-conformiste : « La méchanceté apparaît ainsi comme une conduite de dignité et de déni de la frustration. Plus les normes du succès et du conformisme des classes moyennes s'imposent aux enfants des classes populaires et des minorités qui ne pourront pas réellement s'y conformer, plus la méchanceté, préalable à la violence pourrait-on dire, se développe. L'agression méchante et l'injure anticipent l'échec et le mépris. Elles permettent de vivre un échec social comme un acte volontaire, voire héroïque » (F. Dubet, été 1992, *art. cit.*, p.7-24). Ici, la violence est mobilisée pour opérer une « contre-stigmatisation » en s'appropriant l'étiquette négative mais en la détournant par sa radicalisation ;

- *La violence instrumentale* : Ce courant souligne que les violences juvéniles sont, avant tout, des actes de délinquance intéressés ; les formes de violence sont donc instrumentales. Dans ce cas, les violences des jeunes sont associées à l'existence d'une économie parallèle (vols, trafics, business de la drogue...) devant faciliter la participation des jeunes des quartiers populaires à la société de consommation malgré leur expérience du chômage et de l'échec scolaire. En effet, R.-K. Merton (« Structure sociale, anomie et déviance » in *Eléments de théorie et de méthode sociologiques,* (1953), Paris, éd. Amand Colin, 1997) a mis en évi-

premières approches (« révoltes protopolitiques », « révoltes protestataires », « rationalités émeutières collectives ») soulignent que les émeutes doivent être pensées politiquement (il s'agit d'un rapport entre la société dominante et les classes populaires, notamment celles issues de l'immigration, méprisées) et rationnellement (il s'agit donc d'une action collective rationnelle, d'une sorte d'appel à l'aide face aux injustices devenues insupportables. Pour ceux qui n'ont ni travail, ni reconnaissance scolaire, bloquer l'ordre social reste leur seul capacité d'agir). Dans tous les cas, les émeutiers témoignent d'une situation de désespérance associée à une double crise d'insertion : ils ont des difficultés pour s'insérer d'un point de vue socio-économique mais aussi pour participer à la citoyenneté. La dernière approche (recherche de sensations fortes à caractère ludique par la co-production de la violence), notamment développée par Roché, quant à elle, s'inscrit plus directement dans la perspective « criminologique »[33] souvent associée à l'approche sociologique fonctionnaliste.

Quoi qu'il en soit, malgré la diversité des explications scientifiques analysant la production de la violence et le déclenchement des désordres urbains, à l'instar de la Grande-Bretagne, ce sont les approches psychocliniques[34] et fonctionnalistes (dont les figures de proue historiques et théoriques en matière de déviance demeurent Emile Durkheim et les sociologues de la première période de l'Ecole de Chicago[35]) qui dominent et influencent largement le champ politico-médiatique français. Dans ce cadre, les « violences urbaines » sont pensées essentiellement en terme d'intégration sociale. La production de la violence au sein des banlieues populaires est, dès lors, majoritairement interprétée par le vide social. Les individus en perte de repère, en proie à l'anomie dans des quartiers populaires considérés comme des milieux pathogènes ghettoïsés et ethnifiés seraient « incapables de construire une personnalité stable »[36]. Dans ce contexte, il s'agit alors de penser des solutions

---

dence une forme particulière de délinquance : la « délinquance conformiste » caractérisée par une forme de délinquance visant à permettre aux délinquants de se rapprocher des modèles dominants en accédant aux objets de consommation visibles par des moyens illégaux. Ce courant se rapproche de celui de la « mobilisation des ressources » qui pense que les violences découlent de comportements intentionnels (Cf. C. Tilly, S. Tarrow, *Politique(s) du conflit. De la grève à la révolution,* Paris, éd. Les Presse de Sciences-Po, 2008).

33 La criminologie (du mot latin *crimen*, crime et du mot grec *logos*, discours) peut se définir comme l'étude pluridisciplinaire du « phénomène criminel ». Elle prend appui sur les sciences humaines (psychologie, sociologie, etc.) pour connaître les délits, les délinquants, les victimes, la criminalité et les réactions sociales face au crime.

34 Cf. S. Harrati, D. Vavassori, L. M. Villerbu, *Délinquance et violence,* Paris, éd. Armand Colin, 2006.

35 Cf. J.-M. Chapoulie, *La tradition sociologique de Chicago,* Paris, éd. du Seuil, 2001.

36 - *La violence anomique* : Ce courant inspiré par Emile Durkheim a pensé les violences en terme d' « anomie ». Pour Durkheim, l'affaiblissement de l'intériorisation des normes associée au passage d'un type de société à un autre peut provoquer des comportements déviants et marginaux. Dans cette optique, la violence des jeunes serait donc liée à une « crise de socialisation », à un déficit d'éducation favorisant, d'une part, la négation de l'autorité (école, adultes, police…) et, d'autre part, la libération des passions violentes. Aujourd'hui, cette analyse en terme de crise de socialisation vise particulièrement les jeunes issus de l'immigration qui vivraient une « crise d'identité » (difficulté à articuler l'intériorisation des normes et

capables de restaurer du contrôle social[37]. Depuis les émeutes de 2005, les débats actuels sur le « *policing* » urbain et la « police des villes » contribuent à proposer des modes d'intervention renouvelés et complexifiés qui soient en capacité de produire du contrôle social. Il s'agit notamment de s'adapter aux situations locales en intégrant les habitants dans la co-production de la sécurité.

La complexification du contrôle social

Dans son ouvrage intitulé « Défendre la ville », Thierry Oblet définit les éléments du débat de l'approche anglo-saxonne du « *policing* »[38] et défend l'idée qu'il est nécessaire, « à partir de diagnostics locaux précis » de mettre en œuvre une « police des villes » pour co-produire de la sécurité publique. Néanmoins, le terme « police » n'est pas compris dans son unique sens répressif. Pour Oblet, il s'agit de l'ensemble des réponses apportées, des méthodes développées et des réglementations mises en œuvre par les pouvoirs publics et les autres acteurs professionnels et sociaux « visant à défendre et affermir la société»[39] dans un contexte où « depuis cinquante ans la France doit faire face à une augmentation et à une aggravation sensibles de la violence et de la criminalité dans ses zones urbaines. »[40]

Ainsi, la « police des villes » se rapporte aux actions multiples visant à contrôler les activités des individus mises en œuvre depuis trente ans pour lutter contre l'insécurité urbaine. Ces actions s'inscrivent dans deux stratégies principales de gestion des risques : la première est caractérisée par « la territorialisation des politiques de sécurité urbaine » (agir sur les gens). A l'échelle municipale notamment, il s'agit de prendre en considération les

des valeurs de la société d'accueil et de leur société d'origine) propice au développement de comportements délinquants et violents ;

- *La violence comme forme de « réorganisation sociale »* : Incarné par les sociologues de l'Ecole de Chicago (Trasher, Shaw, Mac Kay), ce courant développe la même idée de crise et d'absence d'intégration. Ces analystes ont montré que, face à un monde qui se désorganise, les acteurs urbains ont la capacité de construire d'autres modes d'appartenances collectives structurantes. Ainsi, face à la « désorganisation sociale » provoquée notamment par l'expérience migratoire ou par les interactions urbaines (quartiers riches/quartiers pauvres), la formation de bandes ou de « gangs » de jeunes dans des « zones interstitielles » est une sorte de restructuration sociale et de recomposition de règles spécifiques à des micro-sociétés solidaires. Les « gangs » mobilisent des « identités territoriales » (quartiers) et entretiennent des liens de « solidarité communautaire » grâce à l'état de « guerre » (affaires d'honneur, vengeance, défi...) qu'ils développent avec d'autres gangs.

37 Cf. L. Mucchielli (dir.), *La frénésie sécuritaire. Retour à l'ordre et nouveau contrôle social,* Paris, éd. La Découverte, 2008.

38 Cf. A. Wright, *Policing. An introduction to concepts and practice,* Devon (UK), Portland (USA), éd. Willan Publishing, 2001, K. Bullock, N. Tilley, R. Erol, *Problem Oriented Policing and Partnerships. Implementing an evidence-based approach to crime reducation,* Devon (UK), Portland (USA), éd. Willan Publishing, 2006.

39 T. Oblet, *Défendre la ville,* Paris, éd. Puf, 2008, p. 4.

40 *Ibid.,* p. 1.

difficultés résultant du délitement du contrôle social informel. La seconde est associée au développement de la « prévention situationnelle » (traitement des lieux) dont l'objectif premier est « de prévenir la malveillance par un urbanisme de sécurité déployant ses normes protectrices dans la conception de l'aménagement de l'espace et de l'équipement des bâtiments. »[41]

Dans l'optique d'«agir sur les gens », l'une des stratégies plébiscitées consiste à recomposer du contrôle social « communautaire » pour, d'une part, combattre les effets des « familles dissociées, de l'éducation défaillante, des taux de chômage élevés et des loisirs inexistants » et de l'autre, éviter la constitution de « gangs »[42]. Il s'agit de sortir les quartiers d'habitat social d'une logique de « ghetto » et de ségrégation afin qu'ils redeviennent des quartiers populaires dont les caractéristiques propres (diversité sociale, mixité fonctionnelle) définis par Jane Jacobs[43] assurent la sécurité de tous dans la rue : « Rappelons les caractéristiques d'un quartier populaire en milieu urbain. (...) Y vit une population pauvre mais pas indigente composée d'ouvriers, d'employés, de petits commerçants, de professions de service... Cette population est stable, une grande partie manifeste le désir de rester dans ce type de quartier même lorsqu'elle dispose des moyens d'emménager ailleurs. Toutefois, le quartier n'est pas fermé sur lui-même, il est dense et fréquenté par des individus qui, à défaut d'y loger, y déambulent pour des motifs variés, attirés par la diversité des services et des activités proposées. »[44]

Tirant partie des critiques émises sur les effets contre-productifs des logiques technocratiques de gestion des problèmes d'insécurité et de délinquance (CCPD[45], CLS[46], CLSPD[47], ...) mises en œuvre en France par une « magistrature sociale »[48], Oblet préconise dès lors de construire un autre rapport entre les gouvernés et les gouvernants[49] : les habitants devant occuper toute leur place dans le redéploiement des actions de contrôle social. En appui sur les nombreux travaux anglo-saxons inscrits dans les théories des choix rationnels en matière de sécurité, Oblet souligne également qu'il ne s'agit pas d'opposer, ni de mettre en concurrence les actions de réhabilitation du contrôle social (prévention sociale) et celles associées à la « prévention situationnelle » mais bien plutôt de les articuler : « Dans sa définition la plus générale, la

41 *Ibid.*, p. 4-5.

42 Cf. F.-M. Trasher, *The Gang. A Study of 1313 Gangs in Chicago,* Chicago, éd. University of Chicago Press, 1927.

43 J. Jacobs, *Déclin et survie des grandes villes américaines,* Belgique, Mardaga, (1961) 1991.

44 T. Oblet, 2008, *op. cit.*, p. 19.

45 Conseil communal de la prévention de la délinquance

46 Contrat local de sécurité

47 Conseil local de sécurité et de prévention de la délinquance

48 Cf. J. Donzelot, A. Wyvekens, *La magistrature sociale. Enquête sur les politiques locales de sécurité,* Paris, éd. La Documentation française, 2004

49 Cf. T. Oblet, *Gouverner la ville,* Paris, éd. Puf, 2005.

prévention situationnelle vise trois objectifs : rendre plus pénible l'effort du délinquant dans l'accomplissement de son forfait ; accroître les risques pour le criminel de se faire prendre ; diminuer l'espérance des gains attendus de l'infraction. »[50]

Au regard des travaux de Jacques Donzelot sur la comparaison des politiques de la ville en France et aux Etats-Unis[51], l'axe central de la « police des villes » se développe, en fait, en collaboration avec les pouvoirs publics et les acteurs sociaux, afin que les habitants s'impliquent dans la « co-production de la sécurité ». En effet, opposant la démarche « *top down* » (qui est imposée d'en haut) plébiscitée en France par la « magistrature sociale » dans le cadre de la politique de la ville à la démarche « *bottom up* » (qui fait remonter les initiatives) mise en œuvre aux Etats-Unis grâce à l'action des « *community developpement corporations* » (CDC) dans les territoires urbains dégradés, Donzelot a montré que la démarche américaine souhaite avant tout rétablir la confiance entre les gens alors que la démarche française veut surtout rétablir la confiance envers les institutions. L'approche américaine pose, dès lors, une question centrale : pour prévenir les violences juvéniles n'est-il pas plus opportun pour combattre la désorganisation sociale, les violences et l'insécurité, de favoriser la « participation » des habitants d'un « quartier sensible » pour qu'ils développent eux-mêmes leurs capacités d'actions collectives et individuelles et construisent une « communauté civique » plutôt que de continuer entre soi (acteurs institutionnels, publics, para-publics et politiques) à vouloir imposer une forme de citoyenneté désincarnée à une population déresponsabilisée ?

Dans la même perspective, Oblet valide l'hypothèse du caractère déterminant de la mobilisation du « capital social » dans la conception de la « police des villes ». D'un côté, le capital social est pensé comme une « ressource pour l'individu », de l'autre, comme un « facteur de développement pour la société ».

Dans le premier cas (capital social comme ressource), il s'agit de trouver un équilibre entre les « liens forts » (sociabilité d'interconnaissance qui soude les individus dans des communautés chaleureuses, un quartier par exemple, mais qui n'incitent pas les membres à s'émanciper vers l'extérieur) et les « liens faibles » propres à l'expérience de la vie urbaine (acquisitions de codes urbains et des relations sociales anonymes permettant de circuler en ville) et favorables à l'insertion socio-professionnelle. Or, donner l'espoir aux jeunes des « quartiers sensibles » qu'ils pourront potentiellement bénéficier des

50 T. Oblet, 2008, *op. cit.*, p. 46.

51 Cf. J. Donzelot, C. Mevel, A. Wyvekens, *Faire société. La politique de la ville aux Etats-Unis et en France*, Paris, éd. du Seuil, 2003.

richesses de la vie urbaine est un facteur important de la pacification sociale des villes.

Dans le second cas (capital social comme facteur de développement), il s'agit de favoriser l'auto-surveillance des habitants par la construction de « relations horizontales » conduisant les membres d'une société à se procurer mutuellement de la sécurité : « De manière plus ou moins informelle, des habitants s'organisent pour assurer des rondes de surveillance, parler aux jeunes en difficulté ou aux individus dont le comportement est susceptible de créer des troubles.»[52]

Ainsi, le « déclin de l'institution »[53] propre aux sociétés hyper-modernes permet néanmoins de mettre en œuvre de nouvelles formes institutionnelles de contrôle social au sein desquels les individus jouent un rôle central : grâce à l'impulsion des autorités, ceux-ci s'auto-contrôlent et s'auto-surveillent. Grâce à une « participation mêlée » des habitants et des pouvoirs publics la co-production de la sécurité s'opère par le fort développement de relations sociales de réciprocité.

Dans ce cadre, en continuum des idées avancées par Donzelot et son équipe, la co-production de la sécurité dépend d'abord de l'auto-contrôle des individus et de la constitution de « communautés locales » mobilisées contre l'anonymat, les incivilités et l'insécurité : « le développement communautaire repose sur une idée simple, celle selon laquelle il convient d'abord de faire confiance aux gens, ensuite de leur apprendre à se faire mutuellement confiance et enfin de permettre à chacun de reprendre confiance en lui-même grâce à l'appui de tous. »[54]

Une sociologie des turbulences

Dans ce travail, c'est parce que nous pensons nécessaire d'un point de vue heuristique, sociologique et politique de médiatiser autrement que sous un angle « moralo-sécuritaire » des phénomènes de désordres et de régulation sociale complexes que nous privilégions une « sociologie des turbulences » ayant pour premier objectif de fournir des éléments analytiques de compréhension sociologique, souvent mal connus ou quelquefois volontairement ignorés, pour appréhender les phénomènes de violence, les désordres urbains et leur régulation. Dès lors, d'un côté, il s'agit de faciliter leur analyse et de l'autre, de rompre avec les processus de diabolisation et de stigmatisation des populations « anomaliques » considérées comme dangereuses, notamment les jeunes

52 T. Oblet, 2008, *op. cit.*, p. 92.
53 Cf. F. Dubet, *Le déclin de l'institution*, Paris, éd. du Seuil, 2002.
54 J. Donzelot, C. Mével, A. Wyvekens cité in T. Oblet, 2008, *op. cit.*, p. 93-94.

des quartiers défavorisés, en prenant de la hauteur vis-à-vis du traitement médiatico-politique de ces questions sensibles. Ces dernières décennies, dans une large mesure, l'espace médiatique et politique est en effet le théâtre du remplacement d'une analyse sociologique de la question sociale et/ou de la question urbaine et culturelle par une exploitation partisane, politicienne et/ou commerciale pusillanime renforçant ainsi le développement d'idées reçues, du sentiment d'insécurité, de processus de fragmentation sociale, culturelle et raciste mais aussi d'étiquetage négatif des personnes d'origine étrangère, des « banlieues populaires » et des « jeunes de cité ». Dans ce contexte alarmiste, nous avons alors fait le choix de favoriser une approche critique et informée des désordres. Il s'agit ainsi, non pas de sombrer dans le complet désarroi propice au développement d'une pensée catastrophiste et réactionnaire hostile à tout *mouvement* pouvant renverser la figure mythologique d'un monde traditionnellement ordonné et unifié, mais de s'armer intellectuellement pour identifier et comprendre les logiques d'action des nouveaux acteurs et des nouveaux conflits de notre type de vie sociale contemporaine, radicalisée dans les quartiers populaires. Dès lors, nous nous opposons aux croyances « traditionalistes » qui, comme l'indique Georges Balandier, fixent et sacralisent les positions et cachent l'histoire, « c'est-à-dire le mouvement auquel aucune société ne saurait échapper.»[55] A contrario, nous approuvons l'idée que dans la modernité, et qui plus est dans l' « hyper-modernité », qu'elle soit « tardive » ou « liquide », l'ordre et le désordre sont indissociables d'un monde turbulent jamais achevé et en mouvement permanent. Dans la pratique, à partir de choix théoriques éprouvés par une expérience sociologique de plusieurs années sur les questions sociales, urbaines et culturelles, la sociologie des turbulences et de leur régulation que nous proposons ici est liée à deux idées principales :

• d'un côté, nous avons la conviction que l'on ne peut pas comprendre la production des désordres contemporains et de leur neutralisation, voire leur inhibition si l'on ne privilégie pas une sociologie de l'acteur et des individus. En effet, nous soutenons qu'il n'est pas possible de comprendre quels types de situations et d'interactions favorisent, limitent ou empêchent la production de désordres, de confrontations violentes et de contrôles sociaux, si l'on ne s'intéresse pas aux motivations, aux logiques d'action et aux raisons d'agir d'acteurs en tension. Effectivement, on ne peut comprendre les interactions frictionnelles et régulatrices qu'en analysant, d'abord, l'expérience des individus et leurs actions pour, ensuite, les relier au système, notamment celui de la « gouvernance » urbaine, sociale et culturelle. Plus précisément, dans la perspective d'une sociologie de l'action, la sociologie des turbulences repose sur l'affirmation que tous les acteurs étudiés ont une capacité d'action et/ou de réaction. Ainsi, nous considérons que l'analyse de l'expérience vécue mais également les épreuves des acteurs étudiés, notamment des relations qu'ils

55 G. Balandier, *Le désordre. Eloge du mouvement,* Paris, éd. Fayard, 1998, p. 37.

entretiennent entre eux, est révélatrice de la complexité des processus de production et de contention des turbulences ;
• d'un autre côté, dans la société postindustrielle, nous avons également la certitude aujourd'hui que l'on ne peut pas analyser les logiques d'action des producteurs de désordres et de régulation sans mobiliser et articuler cinq paradigmes (le risque, l'ethnicité, la violence, le conflit et le contrôle social) fondamentaux. Pour autant, la sociologie des turbulences que nous plébiscitons n'a pas la prétention de présenter de façon exhaustive l'ensemble des perspectives théoriques et les cadres d'analyse des phénomènes de turbulences et de désordres sociaux produits au cours de l'histoire - encore récente - de la sociologie. Nos choix sont néanmoins motivés par la volonté d'apporter des éléments de compréhension utiles aux analystes et praticiens des questions sociales et culturelles en recherche de connaissances pour mieux co-construire la société démocratique contemporaine.

Quoi qu'il en soit, la mobilisation d'une sociologie des turbulences souligne que les désordres sociaux, urbains et culturels contemporains s'interprètent et n'apparaissent donc pas vides de sens comme de nombreux médias et des responsables politiques tendent à le faire penser. En effet, ces désordres sont avant tout l'expression de rapports sociaux ou anti-sociaux particuliers et leur intensité dépendent bien souvent des choix politiques et économiques opérés par les dirigeants.

Le programme de recherche

Problématique et objet de l'étude

Dans un contexte de recomposition des politiques de « gouvernance urbaine » pour faire face à la crainte de l'explosion massive de violences émeutières juvéniles dans des quartiers ghettoïsés, la question centrale n'est donc pas de savoir si les quartiers populaires sont en voie de déréliction, en proie à l'anomie et à la désorganisation sociale mais d'interroger les effets et les enjeux des transformations et de la complexification du contrôle social institutionnel et informel. Existe-t-il des formes renouvelées et diversifiées de neutralisation des désordres et des violences juvéniles ? Existe-t-il des pratiques informelles qui permettent la régulation, voire l'inhibition de la violence entre des individus qui habituellement s'opposent ou expriment leur désir de s'affronter violemment ? En effet, au-delà des modes d'intervention classiques de pacification ou de répression des phénomènes violents développés par des institutions et des agents spécialisés, existe-t-il des « pratiques non-institutionnelles de régulation de la violence », c'est-à-dire, non nécessairement reliées à une commande ou à une codification institutionnelle opérée « par le haut » mais mises en œuvre « par le bas ». Par exemple, existe-t-il des pratiques innovantes de régulation et d'inhibition de la violence développées, d'une part, par des acteurs intervenant dans des structures dont l'objectif principal n'est pas de combattre la violence (clubs sportifs, associations culturelles ou spirituelles, établissements scolaires...) mais qui, pourtant, mettent en œuvre des modes d'action alternatifs qui permettent de la stopper ? En effet, comme le note opportunément Frédéric Ocqueteau « les sciences humaines ne sont pas condamnées, en France, à ignorer le mystère des synergies et liens positifs possibles entre différentes politiques publiques poursuivant des objectifs d'amélioration, du lien social, urbain et ethnique au plan local. Il n'est pas sûr que les brigades anti-criminalité soient par vocation, brutales, racistes et harcelantes pour permettre aux sociologues de prendre le « parti » élégant des humiliés au quotidien. Il n'est pas sûr que les « politiques » soient totalement ignorants des enjeux réels des crises urbaines émeutières, au point de n'être jamais en capacité d'en prévenir les éruptions par des actions sur la longue durée. Il n'est pas sûr que les sciences humaines, elles-mêmes, soient indéfiniment condamnées à ne pas savoir régler la bonne distance avec les médias au sujet de l'implication des « mafieux » (économie de la drogue), des « barbus » (islamistes radicaux), voire de l'influence néfaste des « rappeurs », dans des événements tels que ceux de l'automne 2005. »[56]

Quoi qu'il en soit, au sein des phénomènes de ghettoïsation des « quartiers pauvres[57] », qu'ils soient réels ou supposés, les habitants sont d'abord pensés comme des problèmes définis par leurs manques et souvent criminalisés. En effet, dans l'imaginaire collectif, les personnes et les groupes qui vivent dans ces quartiers sont largement considérés comme des déficients culturels et sociaux qu'il faudrait, d'un côté, rééduquer en raison de leurs pré-supposés « défauts » de socialisation et d'intégration et, de l'autre, réprimer, en particulier lorsqu'ils se révoltent violemment pour contester leurs mauvaises conditions de vie. Effectivement, pour résister aux rapports sociaux de domination et de réification (forte dépendance économique, sociale et culturelle, importance des processus de stigmatisation, de discriminations et de racisme mais aussi maintien de rapports néo-coloniaux) dont ils sont l'objet, certains résidents des quartiers d'habitat social n'hésitent pas à adopter des comportements violents d'ailleurs extrêmement redoutés par les institutions et leurs agents chargés d'encadrer les classes populaires[58]. Dans ce cadre, parmi les habitants du ghetto, les « jeunes de cités sont considérés, notamment en raison de leurs fortes « capacités de nuisance », comme des acteurs sociaux singulièrement dangereux pour l'ordre établi et la tranquillité publique.

56 F. Ocqueteau, 2007, *art. cit.*, p. 542.

57 Cf. G. Simmel, *Les pauvres,* Paris, éd. Puf, coll. Quadrige, 1998.

58 Cf. G. Mauger, « Précarisation et nouvelles formes d'encadrement des classes populaires » in *Actes de la Recherche en Sciences Sociales,* n°136-137, mars 2001, p. 3-14.

Dans la pratique, cette recherche vise donc à étudier les micro-relations productrices ou régulatrices de confrontations violentes[59] entre des jeunes de quartier populaire caractéristiques des « figures de peur » et des acteurs chargés de prévenir et/ou de réprimer les désordres urbains. En s'intéressant aux motivations, aux logiques d'action et aux raisons d'agir d'acteurs en tension, il s'agit de comprendre quels types de situations et d'interactions[60] favorisent, limitent ou empêchent la production de confrontations violentes. En effet, à l'instar de ce qu'a pu développer François Dubet à la fin des années 1980 dans son enquête sur les jeunes de quartiers populaires et la « galère », nous souhaitons comprendre les interactions frictionnelles en oeuvre entre des jeunes et des acteurs sociaux en analysant, d'abord, l'expérience des individus et leurs actions pour, ensuite, les relier au système, notamment celui de la « gouvernance urbaine » : « Plutôt que de procéder de manière classique consistant à passer de la situation de l'action et de surdéterminer l'analyse de l'action par l'objectivité de la situation des acteurs en allant à l'objectivité à la subjectivité, il me semblait indispensable de faire le chemin inverse. En décrivant et en analysant l'expérience des individus, en observant ce qui, pour eux, fait sens et fait problème, ce qui est pertinent et ce qui ne l'est pas, ce qui est cohérent et ce qui l'est moins, il est possible de « remonter » de la subjectivité vers l'objectivité, de l'action vers le système. »[61] Plus précisément, dans la perspective d'une sociologie de l'action[62], cette recherche « repose sur l'affirmation de la capacité d'action des habitants du ghetto. Ils ne sont ni méchants ni des victimes, mais ils sont des acteurs de la vie sociale dont les conduites et les propos ont un sens. »[63] Nous considérons, en effet, que l'analyse de l'expérience vécue ainsi que des épreuves des acteurs étudiés, notamment des relations qu'ils entretiennent entre eux, est révélatrice de la complexité des processus de production et de contention des violences juvéniles.

Les hypothèses

Nous faisons ainsi l'hypothèse que pour se construire une identité, pour sauver leur face, de « jeunes rebelles » considérés comme potentiellement violents privilégient des figures d'agresseurs plutôt que d'agressés ou de victimes. En effet, ayant beaucoup de difficultés à occuper une place valorisante et respectée

59 Cf. R. Collins, *Violence. A micro-sociological theory*, Princeton, Princeton University Press, 2008.

60 Pour Erving Goffman, les interactions "face à face dans des cadres naturels" sont "cette classe d'événements qui ont lieu lors d'une présence conjointe. Le matériel comportemental ultime est fait de regards, de gestes, des postures et des énoncés verbaux que chacun ne cesse d'injecter, intentionnellement ou non, dans la situation où il se trouve." (E. Goffman, *Les rites d'interaction*, Paris, éd. de Minuit, 1974, p. 7). Voir également J.-M. Stébé, *Risques et enjeux de l'interaction sociale*, Paris, éd. Lavoisier, 2008.

61 F. Dubet, 2007, *op. cit.*, p. 44.

62 Cf. A. Touraine, *Le retour de l'acteur*, Paris, éd. Fayard, 1984.

63 D. Lapeyronnie, 2008, *op. cit.*, p. 27.

mais aussi à utiliser les règles définies par les représentants de la société intégrée qui les stigmatisent puisqu'ils n'ont pas les codes pour répondre aux attentes sous-entendues de ces acteurs en matière de réussite sociale, ces jeunes décident, en conséquence, de jouer un autre jeu où ils définissent eux-mêmes les règles dans un rapport oppositionnel entre eux/nous. Il s'agit d'un jeu de rôle où ils incarnent les « indésirables », les « désagréables », des figures de désordre, ceux que des médias, des hommes politiques et des policiers notamment décrivent comme irrespectueux, immoraux et violents. Ainsi, la nature des rapports de ces jeunes avec les acteurs de la régulation sociale peut conduire, soit à renforcer leur identification négative et l'affirmation d'« anti-sujets »[64] délinquants ou violents, soit à transformer l'image qu'ils ont d'eux-mêmes et du monde qui les entoure favorisant ainsi l'émergence de sujets riches d'une expérience sociale composite. C'est pourquoi nous formulons une seconde hypothèse : ces « jeunes rebelles » ont la capacité de se transformer, de passer d'un processus identificatoire négatif et agressif à un autre beaucoup plus constructif. Cependant, cette transformation ne peut pas s'opérer si les acteurs sociaux avec lesquels ils sont en contact s'avèrent également incapables de modifier leurs représentations et leurs conduites. En effet, grâce aux travaux qui ont dernièrement remis en question la notion de « violences urbaines »[65], nous savons que la production de la violence n'est pas unilatérale mais bien une co-production polymorphe. Celle-ci résulte de comportements concrets de la part d'individus délinquants passant à l'acte mais également d'un ensemble de processus sociaux, politiques et culturels. La société française produit de la différence, des inégalités, de la rancœur, de

64 La notion d'« anti-sujet » tire directement son inspiration des travaux d'Alain Touraine sur la notion de « mouvement social » (caractérisé par ses trois dimensions fondamentales – principes d'identité, d'opposition et de totalité – et, en outre, par sa capacité à les articuler à un niveau de projet élevé) et son corollaire l'« anti-mouvement social » (qui inverse ces trois dimensions et les fusionne au lieu de les intégrer). Plus tard, Michel Wieviorka travaillant sur les acteurs terroristes va décrire les processus qui aboutissent à la constitution d'un « anti-mouvement social », puis à des pratiques terroristes contre-offensives, dominées par le *subjectivisme*, l'*objectivation* de l'ennemi et un principe de *totalité* qui confond les fins et les moyens où l'important n'est pas de construire l'utopie mais de détruire l'ordre présent : « Surtout le terrorisme présente une double spécificité : d'une part, il associe nécessairement idéologie et pratique, représentations et recours aux armes ; d'autre part, il est porté par des groupes toujours relativement extérieurs par rapport au mouvement dont il est la figure inversée et à l'antimouvement dont il est une forme déstructurée » (M. Wieviorka, *Sociétés et terrorisme*, Paris, éd. Fayard, 1988, p. 22-23). Or, la sociologie de l'action étant en évolution permanente, depuis le *Retour de l'acteur* (A. Touraine, 1984, *op. cit.*), Touraine et ses collaborateurs ne définissent plus le mouvement social comme le résultat du conflit central opposant la classe dirigeante et le mouvement ouvrier pour le contrôle de l'historicité mais comme la lutte des acteurs pour la construction du sujet au moyen d'un processus d'individuation et de subjectivation. Néanmoins, il n'y a pas de subjectivation sans désubjectivation. Par conséquent, Wieviorka s'est particulièrement intéressé, à la suite du travail qu'il avait mené sur le « processus d'inversion » lié à l'idée de déclin ou de crise profonde d'un mouvement social ou communautaire générateur d'une perte de sens, au processus d'« inversion » du sujet pouvant aboutir à la constitution d'un anti-sujet engagé dans la déshumanisation, voire la cruauté et la barbarie » (M. Wieviorka, « De l'analyse à l'action » in T. Ferenczi (dir.), *Faut-il s'accommoder de la violence ?*, Bruxelles, éd. Complexe, 2000, p. 56).

65 Cf. L. Mucchielli, *Violences et insécurités. Fantasmes et réalités dans le débat français*, Paris, éd. La Découverte, 2001 ; A. Péralva, E. Macé, *Médias et violences urbaines. Débats politiques et construction journalistique*, Paris, éd. La Documentation française, 2002.

l'humiliation. Aussi le climat de violence est-il une production partagée.

Du côté des acteurs sociaux en charge de la prévention et/ou de la répression des désordres urbains, nous avançons une troisième hypothèse : les représentations plus ou moins négatives qu'ils se font des « jeunes de cité » entraînent des réactions multiples ayant des conséquences réelles dans la vie des protagonistes favorisant une baisse ou un accroissement du climat d'insécurité, des comportements incivils et délinquants. Les craintes exacerbées engendrent une escalade de réactions violentes de part et d'autre alors qu'une rupture avec la « prophétie créatrice » négative à l'égard de ces jeunes génère des pratiques sociales moins agressives et moins répressives et ouvre donc des voies d'apaisement et de régulation sociale.

Le terrain d'investigation

Cette étude sociographique a été réalisée dans une seule cité caractéristique des « quartiers d'exil »[66]. Néanmoins, il ne faut pas la considérer comme une simple monographie. Ce ne sont pas, en effet, les rapports sociaux propres à un territoire que nous avons cherché à comprendre mais les interactions entre jeunes et acteurs de la prévention/répression productrices et/ou régulatrices de violences. Pour dégager les logiques de confrontations violentes et leur inhibition du point de vue de leurs acteurs, de leurs représentations et de leurs conduites, au lieu de nous disperser dans plusieurs terrains d'investigation étudiés de manière superficielle, nous avons fait le choix de l'immersion durant une période relativement longue au sein même d'un quartier. Ainsi, à l'instar de Didier Lapeyronnie, « nous n'avons pas cherché des explications dans l'histoire de la cité et dans les données objectives. Nous l'avons considéré comme le site de processus sociaux plus généraux. Aussi, plutôt que de présenter le quartier à partir de ces données objectives, nous les indiquerons au fur et à mesure que nous découvrirons la vie du ghetto. Elles ne serviront pas à expliquer les propos des habitants, mais seront, au contraire, éclairées par ces propos. »[67]

L'enquête s'est déroulée durant dix-huit mois dans la Cité des enfants perdus, un quartier d'habitat social de 12 000 habitants situé dans une ville moyenne du Sud-Ouest de la France de 51 000 habitants. Il s'agit d'un territoire qui rassemble donc près du quart de la population communale et concentre le tiers des administrés de moins de 20 ans. La Cité des enfants perdus constitue donc à la fois un vivier démographique, dont le poids électoral potentiel fait de ses habitants des populations courtisées par les forces politiques désirant accéder

66 Cf. F. Dubet, D. Lapeyronnie, *Les quartiers d'exil,* Paris, éd. du Seuil, 1992.

67 D. Lapeyronnie, 2008, *op. cit.,* p. 42-43.

au pouvoir municipal et un « quartier difficile » régulièrement médiatisé à l'occasion des éruptions juvéniles de « violences émeutières ». La Cité des enfants perdus s'apparente parfaitement aux « ghettos urbains » décrits par Didier Lapeyronnie qui se caractérisent notamment par « la concentration dans certaines zones urbaines de populations défavorisées, victimes d'une forte ségrégation et de discriminations raciales, populations qui ont fini par développer des modes de vie et une organisation spécifiques. (...) Le ghetto suppose une ségrégation forcée et non choisie, imposée et non élective. Les habitants y vivent contraints, ne pouvant aller ailleurs tout en aspirant au départ. »[68]

En effet, comme nous l'avons vu, même si certains analystes réfutent l'idée qu'en comparaison aux *inner cities* américaines, les cités périphériques populaires françaises puissent être associées à des « ghettos »[69] et si l'on s'en tient, simplement, à la définition socio-historique du ghetto définie par Pierre Merlin[70], la Cité des enfants perdus en possède bien plusieurs caractéristiques essentielles indiquant que ce territoire est bien en voie de ghettoïsation. Il s'agit, en effet, d'un espace urbain imposé par le pouvoir à une catégorie de population, un lieu ethniquement ségrégué, stigmatisé de l'extérieur et au sein duquel il existe la constitution d'une micro-société interne. Dans la pratique, on peut notamment souligner trois dimensions révélatrices de ce processus de ghettoïsation :

• les habitants sont fortement précarisés. Même si l'économie locale demeure dynamique, notamment suite à un mouvement de tertiarisation rapide, cela ne suffit pas à contrebalancer les destructions d'emplois industriels dont souffrent les habitants de la Cité des enfants perdus. Au cours des deux dernières décennies, la population du quartier a été victime d'une extension sans précédent de la précarisation sociale (baisse importante de l'emploi industriel, l'industrie locale ayant perdu ainsi 21% de ses emplois au cours de la décennie 1990) ;

• le quartier est l'objet d'une importante ségrégation socio-ethnique. La population de la Cité des enfants perdus est composée, en grande partie, de populations d'origine étrangère (en 1999, 55% des étrangers de la commune habitent le quartier). L'arrivée de plusieurs dizaines de familles d'origine subsaharienne (sénégalais, maliens) va radicalement modifier la composition des populations d'origine étrangère au milieu des années 1980. Aussi, dans le contexte de concurrences entre les acteurs institutionnels et politiques,

68 *Ibid.*, p. 12.

69 Le mot « ghetto » est italien (d'origine hébraïque) et était utilisé pour désigner les quartiers où les juifs étaient tenus de résider et qui étaient clos la nuit. Le terme a ensuite été employé aux Etats-Unis à propos des quartiers juifs, puis italiens ou noirs. Louis Wirth, membre fondateur de l'Ecole de Chicago, dans sa célèbre monographie du ghetto de cette ville fait une différence entre le «ghetto volontaire» et le « ghetto obligatoire » (voir L. Wirth, 1928 ; 2006).

70 Cf. P. Merlin, *Les banlieues des villes françaises*, Paris, éd. La Documentation française, 1998, p. 179.

avons-nous constaté une importante logique d'ethnicisation des relations sociales. En effet, dans une situation où les habitants de la Cité des enfants perdus, notamment les populations d'origine étrangère, constituent un vivier électoral, les postulants aux mandats électifs locaux ont intégré une stratégie visant à instrumentaliser les associations de quartier et à flatter la « fibre communautaire » des résidents de la cité. Cette ethnicisation des relations sociales est une réalité visible dans l'espace public : lorsque l'on sillonne les rues, on a l'impression que le territoire est constitué de sous-quartiers relativement homogènes d'un point de vue « ethnoculturel ». Dans cette configuration, le « marketing politique ethnique» est une donnée essentielle du contexte social local. Les populations d'origine subsaharienne qui sont, en grande partie, porteuses du dynamisme démographique de la Cité des enfants perdus, ont fortement investi l'espace associatif du quartier (tontines, médiation sociale et culturelle, etc.). Certains « leaders » associatifs africains ont ainsi développé des relations directes avec les milieux politiques et institutionnels locaux. Notons, enfin, que la plupart des commerces de proximité sont tenus par des populations d'origine étrangère. Certains d'entre eux manifestent la présence visible d'acteurs religieux, en particulier celle de musulmans piétistes très présents dans la cité, notamment le soir ;

• les jeunes sont particulièrement visés par un redéploiement du contrôle social et de la présence policière. Dans la presse locale et parfois nationale, la Cité des enfants perdus est un quartier régulièrement médiatisé pour des problèmes d'insécurité. En 1994, la cité avait été le théâtre de violences urbaines après la mort d'un jeune homme décédé des suites d'une bagarre avec un vigile de supermarché. En 2005, comme dans d'autres « quartiers sensibles »[71], à la surprise de l'ensemble des acteurs locaux (forces de l'ordre, associations de quartier, etc.), le quartier s'embrase dans la nuit du 5 au 6 novembre. Les destructions matérielles sont d'une ampleur jusqu'alors jamais atteinte, mais ce sont surtout les affrontements avec les forces de l'ordre qui ont été particulièrement intenses et ont marqué, voire traumatisé les esprits. La gestion de ces violences a été si difficile que la décision d'instaurer un couvre-feu a été appliquée avec plus de rigueur que dans les autres quartiers français : cette mesure a duré douze nuits (de 21 heures à 5 heures du matin). Face à l'intensité des violences (policiers gravement blessés, pompiers

71 Frédéric Ocqueteau résume ainsi la conclusion inédite d'une étude réalisée par quatre sociologues entre avril et juillet 2006 dans la ville d'Aulnay-sous-Bois (Cf. V. Cicchelli, O. Galland, J. de Maillard, S. Misset, *Comprendre les émeutes de novembre 2005, l'exemple d'Aulnay-sous-Bois*, Centre d'Analyse Stratégique, Paris, éd. La Documentation française, 2006) : « Les acteurs policiers, tout autant que les édiles municipaux et ceux du monde associatif local furent frappés des mêmes faiblesses et dépossessions temporaires, dans les premiers jours de l'irruption de l'émeute. Autrement dit, ils firent face à une difficulté commune à anticiper le cours des événements. Leurs actions respectives furent entravées par des obstacles de coordination paralysants. Pour des raisons différentes, les représentants de ces trois mondes furent dépossédés de leur emprise habituelle sur le cours des choses durant quelques jours, parce que les jeunes émeutiers réussirent à se couper du monde des adultes, avant que tout ne rentre finalement dans un nouvel ordre » (Ocqueteau, *Sociologie du travail, art. cit.*, p. 542).

agressés, etc.), une fois le calme rétabli, les pouvoirs publics locaux ont alors décidé de s'organiser, d'une part, pour restructurer leurs modes d'intervention et, d'autre part, pour maintenir une présence policière forte sur le quartier. Ainsi, plusieurs axes d'action ont-ils été privilégiés par les pouvoirs publics pour intensifier le contrôle social des jeunes de la Cité des enfants perdus, notamment par le renforcement du contrôle policier et par la promotion de la responsabilisation des parents.

La méthodologie de l'enquête

Durant l'investigation dans cette « cité ghetto », nous avons réalisé près d'une centaine d'entretiens individuels et collectifs approfondis et organisé des séances d'intervention sociologique[72] avec des parents (dont beaucoup étaient originaires de pays d'Afrique subsaharienne), des acteurs éducatifs, des policiers et des jeunes. Dans la pratique, en consacrant en moyenne deux jours et demi par semaine à l'enquête de terrain, nous avons commencé par mobiliser les relations privilégiées que nous avions déjà établies lors de précédents travaux sur les discriminations ethno-raciales[73] avec les acteurs d'une association de médiation sociale et culturelle implantée depuis de nombreuses années dans ce territoire. Le responsable de cette association nous a ainsi rapidement informés sur la dynamique du quartier en nous décrivant les principaux acteurs (jeunes, familles, services publics, acteurs sociaux, responsables politiques locaux) en présence en nous précisant le degré de relations qu'ils établissaient entre eux. Cette association nous a également introduits auprès de responsables d'associations ethno-culturelles dont beaucoup, notamment en tant que parents, se préoccupent de la socialisation de la jeunesse de la Cité des enfants perdus. Les bons rapports que nous avons établis avec les principaux acteurs de cette structure ont été très précieux pour l'équipe de recherche. En effet, ils nous ont d'abord permis d'accéder rapidement à des informations historiques, sociopolitiques, voire anthropologiques essentielles pour la compréhension du territoire investigué mais également permis,

72 Après plusieurs semaines d'investigation, nous avons pu organiser trois séances d'intervention sociologique. La méthode de l'intervention sociologique permet de mettre en exergue les rapports sociaux conflictuels, les stratégies individuelles et collectives (A. Touraine, *La voix et le regard,* Paris, éd. du Seuil, 1978). Dans cette recherche, la pertinence de l'utilisation de cette méthode est liée au fait que nous avons pu vérifier au cours de la phase d'exploration que les modalités d'identification des « adversaires » sont assez nettes entre les jeunes potentiellement violents et les agents des services publics, notamment dans les rapports tendus co-produits par les jeunes et la police. Ainsi, nous avons réuni et fait discuter ensemble des acteurs incarnant des positions différentes à propos d'un objet de tension (ici la production ou l'inhibition de la violence). Le premier groupe a été constitué de parents, notamment des mères de famille impliquées dans des actions de régulation des espaces publics, le second, de jeunes du quartier ainsi que de policiers de la brigade anti-criminalité, le troisième de personnels de l'éducation nationale et d'élèves du collège situé au cœur du quartier.

73 Cf. M. Boucher (dir.), *Le travail social face aux discriminations. Intervention sociale, ethnicité et lutte contre le racisme en Europe,* Montreuil, éd. Aux lieux d'être, coll . Mondes contemporains, 2008.

ensuite, que les chercheurs, notamment l'hiver, puissent utiliser leurs bureaux pour réaliser des entretiens avec des animateurs de petites associations et de simples habitants. Au fur et à mesure de nos échanges réguliers (chaque fois que nous nous rendions sur le terrain, nous faisions une visite aux intervenants de cette association pour prendre le pouls du quartier), le responsable de cette structure de médiation, nous a relaté des anecdotes et décrit des inter-relations importantes pour pouvoir comprendre, au-delà des « fonctions manifestes », les « fonctions latentes » inscrites dans la dynamique politique locale. En bref, cette association au centre des enjeux de régulation sociale et culturelle de la cité, est devenue un espace ressource essentiel permettant aux chercheurs, d'une part, d'accéder aux principales informations, notamment politiques, influençant quotidiennement l'atmosphère du quartier et, d'autre part, d'entrer en relation avec les adultes de la cité d'origine africaine et maghrébine.

Afin d'entrer en relation avec des jeunes affirmant une certaine « esthétique de la violence » ou apparaissant, aux yeux de la population et des acteurs sociaux, comme potentiellement violents, il nous a paru inconséquent de privilégier une approche directe sans avoir été préalablement identifié par ces jeunes. Aborder des jeunes d'un quartier populaire nécessite, en effet, de lever certains malentendus pouvant se révéler contre-productifs lors du déroulement de l'enquête. Au regard d'autres recherches menées sur les « jeunes de cité », dans un premier temps, il est effectivement nécessaire d'être présenté et introduit auprès des jeunes enquêtés par des acteurs qui les connaissent, les fréquentent et ont obtenu leur respect. En revanche, dans un second temps, comme le souligne François Dubet, il est également important de se démarquer des « intermédiaires » pour que les jeunes identifient clairement les objectifs de connaissance des chercheurs : « Alors, pourquoi les jeunes sont-ils venus ? Il semble que beaucoup aient été excités par le caractère insolite de notre démarche car plus nous nous démarquions des travailleurs sociaux et plus nous avions une présentation brutale de la recherche, celle d'un travail centré sur un objectif de connaissance, plus les jeunes semblaient intéressés. »[74]

Au début de l'enquête, nous avions envisagé de nous appuyer sur le club de prévention trincampois pour entrer en relation avec les jeunes et les acteurs sociaux. Dans la réalité, cette piste s'est avérée être une fausse route compte-tenu du fait que cette association n'a plus de local implanté dans la cité depuis plusieurs années (suite à un conflit avec des jeunes) et qu'un seul « éducateur de rue » intervenant un peu comme un électron libre œuvre quotidiennement dans ce territoire. Il a donc fallu trouver une autre solution pour accéder aux jeunes du quartier. C'est donc principalement par l'intermédiaire de quatre acteurs sociaux, également habitants de la cité, que nous avons pu rencontrer

74 F. Dubet, 1987, *op. cit.*, p.44.

certains jeunes « galériens » et « enragés » puis tisser avec eux des liens privilégiés.

Le premier acteur qui a facilité des prises de contact avec des jeunes est un ancien « chaud » devenu responsable d'une association d'insertion de proximité au service des jeunes de la Cité des enfants perdus. Bien que méfiant et interrogatif vis-à-vis de notre démarche sociologique d'abord assimilée à un travail de diagnostic de sécurité, celui-ci nous a finalement ouvert les portes de sa structure pour que nous rencontrions les jeunes fréquentant son local. Cette association est en effet visitée par la plupart des jeunes déscolarisés du quartier à la recherche d'une hypothétique insertion socioprofessionnelle. Cet acteur militant (candidat aux élections législatives sur une liste indépendante) a, par la suite, considéré que notre recherche pourrait permettre de témoigner des conditions d'oppression intolérables dans lesquelles se trouvent la majorité des jeunes du quartier.

La seconde personne ayant facilité des rencontres avec des « jeunes turbulents » de la cité est une figure historique du rap trincampois vivant toujours dans le quartier avec lequel nous avons tissé des relations privilégiées. En fait, durant une période de notre vie, nous avons été personnellement très engagé (en tant que militant associatif et apprenti sociologue) dans le milieu hip-hop régional (organisation de concerts, de festivals, enregistrements de disques). Des liens d'inter-connaissance avaient donc déjà été développés avec certains acteurs hip-hop locaux[75]. Dans le cadre de l'enquête, cette expérience s'est alors révélée très utile pour qu'une relation de confiance réciproque s'engage tout de suite avec cet artiste hip-hop. Sans aucune difficulté ni résistance, celui-ci nous a donc donné des informations précieuses sur la réalité du milieu hip-hop chroniqueur de la vie quotidienne du quartier. Mais il a surtout permis, en nous présentant comme des « initiés » pour reprendre la formule d'Erving Goffman[76], que nous rencontrions rapidement les principaux prota-

75 Cf. M. Boucher, *Rap, expression des lascars. Significations et enjeux du rap dans la société française*, Paris, éd. L'Harmattan, 1999.

76 « L'individu stigmatisé peut (donc) attendre un certain soutien d'un premier ensemble de personnes : ceux qui partagent son stigmate, et qui, de ce fait, sont définis et se définissent comme ses semblables. Le second ensemble se compose (…) des « initiés », autrement dit, de normaux qui, du fait de leur situation particulière, pénètrent et comprennent intimement la vie secrète des stigmatisés, et se voient ainsi accorder une certaine admission, une sorte de participation au clan. L'initié est un marginal devant qui l'individu diminué n'a ni à rougir ni à se contrôler, car il sait qu'en dépit de sa déficience il est perçu comme quelqu'un d'ordinaire. (…) Bien plus, on peut voir apparaître un culte du stigmate, de telle sorte que la stigmaphobie du normal se trouve contrecarrée par la stigmaphilie de l'initié. Et le fait est que l'individu porteur d'un stigmate honoraire produit souvent un malaise, aussi bien chez les stigmatisés que chez les normaux : toujours prêts à se charger d'un fardeau qui n'est pas « vraiment » le sien, il impose à tous son excès de moralité ; faisant du stigmate une chose neutre qu'il conviendrait de considérer objectivement et sans façon, il s'expose, et expose avec lui les stigmatisés, à l'incompréhension des normaux, qui risquent de voir un côté offensant dans ce comportement » (E. Goffman, *Stigmate. Les usages sociaux des handicaps,* Paris, éd. Minuit, 1975, p. 41-44).

gonistes de la production rapologique installés dans le territoire étudié, par ailleurs, tous reconnus par la plupart des autres « gars » du quartier dont deux (un jeune « galérien » et un « médiateur indigène ») deviendront également nos interlocuteurs privilégiés tout au long de la recherche.

Deux autres acteurs ont certainement été les plus importants pour accéder aux jeunes du quartier. C'est en effet grâce à deux jeunes, un animateur sportif travaillant pour une association d'éducation populaire et son ami (un jeune « galérien » ayant des problèmes avec la justice pour des affaires de violences avec la police) que nous avons pu entrer en relation avec des « figures juvéniles » fortement inscrites dans des regroupements de jeunes visibles durant la journée et le soir dans la rue au sein d'espaces stratégiques de la cité. Ces « médiateurs indigènes » extrêmement impliqués dans la vie quotidienne des jeunes (animations et rencontres sportives, fêtes de quartier...) et très respectés par les « petits » comme par les « grands » du quartier, non seulement nous ont facilité des rencontres formelles et informelles avec des jeunes en nous invitant à participer à des moments de convivialité (tournois de foot, restauration dans un restaurant turc, animations socioculturelles de proximité...) propices au développement d'inter-relations mais ont également joué le rôle d'intermédiaires pour que des jeunes du quartier participent à des rencontres collectives, en particulier avec des policiers de la brigade anti-criminalité. En revanche, cette relation de confiance ne s'est pas construite en un jour. En effet, ces acteurs fondamentaux pour la paix sociale de la cité mais aussi pour notre enquête nous ont réellement pris en considération qu'après avoir constaté qu'effectivement, au-delà de nos déclarations d'intention lors de nos premières rencontres, nous étions régulièrement présents dans le quartier (la journée mais aussi le soir) sur une longue période.

Lors de la réalisation des interviews avec des jeunes du quartier, nous avons néanmoins rencontré plusieurs obstacles. Il a en effet été souvent ardu de faire comprendre aux jeunes rencontrés ce que recouvre le travail d'un sociologue qui n'est pas un informateur de police, pas plus qu'un travailleur social ou un journaliste. Il a également été difficile, d'une part, de briser la glace afin de parler des phénomènes de violence et de délinquance alors que certains interviewés pouvaient être personnellement impliqués dans des affaires intéressant directement la police, d'autre part, d'aborder des sujets touchant à l'intimité des personnes comme les croyances religieuses, les pratiques culturelles ou les relations familiales.

Du côté des acteurs chargés de la prévention et/ou de la répression des violences juvéniles, nous avons aussi dû faire face à plusieurs types de difficultés :
• enquêter dans un territoire stigmatisé et souvent sous le regard des médias en raison des violences collectives qui s'y produisent épisodiquement entraîne

une certaine méfiance des habitants et des acteurs sociaux qui y travaillent. Dans ce contexte, les sociologues sont perçus, soit comme des « experts » chargés par les autorités publiques de réaliser un énième diagnostic dont on a peu de chance de voir les résultats, soit comme des journalistes cherchant un scoop, soit comme des informateurs ;

• nous avons réalisé la plupart des interviews durant une période électorale (municipales 2008) ce qui a cristallisé ou inhibé les positionnements de beaucoup d'enquêtés ;

• comme nous l'avions prévu, nous avons dû dépasser une complication importante : les agents des services publics étant tenus à un devoir de réserve (d'autant plus mis en avant lorsqu'il s'agit de sujets politiques et médiatiques particulièrement sensibles durant une période électorale), les règles déontologiques affichées par les chercheurs, telle que la garantie de l'anonymat des enquêtés, n'ont quelquefois pas suffi à libérer la parole de certains représentants de l'Etat. Ainsi, même si le Préfet et le commissaire ont accepté de nous recevoir, ils ont refusé d'être enregistrés. Les responsables départementaux des forces de police ont également résisté durant un certain temps avant de nous autoriser à interviewer les policiers en poste sur le territoire étudié. En effet, sur des questions sensibles telles que celles des « violences urbaines » où la police se sent souvent accusée, les responsables des forces de l'ordre rechignent à donner des informations ressenties comme confidentielles car ils craignent de communiquer des éléments pouvant être mal interprétés ou utilisés à des fins commerciales ou politiciennes par des médias, des acteurs sociaux et des politiques locaux. Par conséquent, la médiation d'un officier de police intéressé par les résultats de la recherche a été particulièrement utile pour débloquer la situation. Cette intervention a rassuré nos interlocuteurs représentant l'Etat régalien et contribué à faciliter le concours des services de police, notamment des brigades anti-criminalité, à la bonne réalisation de l'enquête.

En complément des entretiens[77], nous avons effectué de longs moments d'observation directe dans la journée et en soirée durant la semaine et le week-end dans les rues, les cafés, les locaux associatifs, les salles et terrains de sport, et également chez des habitants.

77 Quand nous le pouvions, nous avons privilégié la réalisation d'entretiens collectifs parce qu'ils favorisent la confrontation de points de vue et mettent donc en relief les inter-relations et les situations potentiellement productrices de conflits et de violences.

Extrait du carnet de bord

Une nuit à la Cité des enfants perdus

Ce jeudi du mois de mai, nous avons décidé de passer la soirée et une partie de la nuit à la Cité des enfants perdus. En effet, nous allons dormir pour la première fois dans l'appartement que nous avons loué pour quelques mois dans un immeuble promis à la démolition situé au cœur du quartier, rue de Rugby, juste à côté de la place centrale Kennedy. La cage d'escalier, comme beaucoup d'autres dans la cité, sent fortement l'urine, est décorée par de nombreux tags signés par des jeunes du quartier et les boites aux lettres sont saccagées. Par ailleurs, malgré l'installation de portes blindées, plusieurs appartements de l'immeuble sont squattés. Nous arrivons en fin d'après-midi avec nos matelas et nos sacs de couchage. Nous installons notre « campement » avant la nuit car l'EDF n'a toujours pas branché l'électricité demandée depuis près de huit jours. Une fois installés, (il est environ 19h30), nous sortons dans le quartier pour aller faire quelques courses dans un petit supermarché garni de produits orientaux dans lequel les caissiers portent souvent une longue barbe affichant ainsi leurs convictions religieuses musulmanes. Au moment où nous faisons les courses, un groupe de petites filles d'origine africaine arpentent les rayons en faisant beaucoup de bruit ce qui entraîne une vive réaction du responsable du magasin. En langue arabe, le patron du supermarché intime l'ordre à l'un de ses vendeurs de les mettre dehors ce qu'il fait promptement.

Après avoir rapporté nos courses dans l'appartement, nous allons dîner dans le restaurant turc « Dadas » dans lequel nous avons pris l'habitude de manger depuis le début de notre enquête commencée au mois d'octobre. Ce restaurant bon marché est bien connu de l'ensemble des habitants de la cité, notamment des jeunes. Il est situé dans le centre commercial à côté du marché couvert de la place Kennedy et de nombreuses personnes du quartier le fréquentent souvent. Le midi, ce restaurant accueille également les ouvriers qui oeuvrent à la rénovation du quartier dans le cadre de l'opération de rénovation urbaine ainsi qu'une partie des acteurs sociaux qui travaillent dans la cité durant la journée. C'est un lieu de rencontre et, d'une certaine façon, il représente un espace de mixité sociale et culturelle ce qui est rare à la Cité des enfants perdus. Dans tous les cas, en ce qui nous concerne, à l'instar d'un petit « café turc » très vétuste situé pas très loin du restaurant « Dadas » dans lequel beaucoup d'hommes migrants à la retraite ou au chômage passent une bonne partie de la journée à discuter et à jouer aux cartes, en peu de temps, nous sommes en quelque sorte devenus des habitués. Cela fait maintenant plusieurs mois que nous fréquentons régulièrement ces espaces de vie dans lesquels nous nous restaurons fréquemment et au sein desquels nous avons également mené plusieurs entretiens informels avec des acteurs sociaux ou des jeunes. Désormais, nous sommes connus et reconnus par les tenanciers de ces commerces. Après nous être restaurés, nous arpentons donc le quartier et nous nous dirigeons vers les terrains de football en plein air au sein desquels, à cette période de l'année, beaucoup de jeunes du quartier viennent se défouler. Il est environ 20h30. A l'instant où nous arrivons, quatre équipes amicales font un mini tournoi. Les joueurs, très majoritairement d'origine africaine, sont effectivement motivés par la retransmission à la télévision des matchs de la Coupe d'Afrique des Nations (CAN). Nous nous installons au bord du terrain et regardons les matchs se succéder. Tous les deux buts, l'équipe gagnante affronte une nouvelle équipe. De nombreux supporters de tous âges sont également allongés sur les pelouses environnantes. Les jeunes qui passent à côté de nous nous saluent en nous serrant la main. Nous connaissons certains d'entre eux qui nous ont été présentés par Nino, un animateur sportif et socioculturel issu du quartier très respecté à la Cité des enfants perdus et avec lequel nous avons tissé des liens privilégiés. Celui-ci nous a permis de rencontrer des jeunes, notamment ceux qui fréquentent les activités qu'il anime plusieurs soirs de la semaine comme le foot en salle. Vers 21h30, nous décidons de changer d'endroit. En nous dirigeant vers la sortie des terrains nous rencontrons le gardien du stade que, mon collègue, Mohamed, a déjà longuement interviewé. Celui-ci exprime sa satisfaction de nous voir et nous discutons plusieurs minutes avec lui de l'ambiance du quartier. Il souligne que tout est calme même si la semaine dernière des jeunes de deux équipes adverses se sont battus sur le terrain pour une banale bousculade suivie de quelques échanges d'injures ce qui a nécessité son intervention. Néanmoins, celui-ci nous indique qu'il continue d'avoir de très bonnes relations avec la majorité des jeunes qui fréquentent les terrains de foot même si, de temps en temps, il est obligé d'en réprimander quelques-uns qui viennent avec leur moto sur les pelouses. Il nous exprime également son inquiétude partagée par d'autres habitants de voir disparaître les CRS de la Cité des enfants perdus durant la nuit. En effet, depuis les émeutes de novembre 2005, trois fourgons de CRS maraudaient toute la nuit dans la cité. Or, depuis la mi-mai, les CRS ne cantonnent plus dans le quartier (elles reviendront finalement quelques semaines plus tard).

Nous continuons ensuite notre ballade nocturne et allons prendre un thé dans un petit « café turc » situé à l'extrémité de la cité dans le quartier dit prison sans retour (P.S.R.). Ce quartier est réputé pour être majoritairement fréquenté par de jeunes maghrébins et turcs alors que la plupart des autres quartiers sont plutôt habités par des jeunes noirs d'origine africaine. Aux abords du café, nous sommes dévisagés par un groupe de jeunes d'origine maghrébine d'une vingtaine d'années qui discutent, font du business et se demandent bien ce que nous faisons-là. En sortant du café, nous nous faisons la remarque qu'il existe des vendeurs de pizzas et de sandwichs installés dans de vieilles camionnettes graffées et taguées à deux endroits stratégiques de la cité. Tous ces « fast-food » ambulants sont tenus par des « barbus », c'est-à-dire des musulmans affirmant une certaine saillance politico-religieuse à leur clientèle. Il est maintenant presque 23 heures et nous continuons à sillonner le quartier. Les rues se vident peu à peu. En effet, jusqu'à 22h30, le temps étant plutôt clément ; de nombreuses personnes étaient encore dehors. Des groupes composés d'hommes seuls d'origine maghrébine, de femmes et d'hommes d'Afrique noire, certains accompagnés de très jeunes enfants, ont discuté longuement sur la place Kennedy. Nous avons d'ailleurs exprimé notre étonnement de voir beaucoup de mères de famille et des jeunes enfants circulant en vélos ou jouant dans les parcs de jeux jusqu'à une heure assez tardive pour un jour de semaine. Quoi qu'il en soit, la nuit tombée, le quartier s'est presque totalement vidé. Nous avons ainsi pu observer les différents endroits de la cité où malgré l'heure avancée de la nuit, des regroupements de jeunes persistent. Il s'agit principalement de quatre endroits : le premier se situe à côté du centre commercial du quartier « PSR » ; le second se trouve en face de la place Kennedy, sous des arcades. (Les jeunes désignent ce lieu sous le nom de « la plaine ») ; le troisième est placé juste à côté de notre appartement, rue Charles Péguy où une bande de jeunes dont certains se font appeler les « soldats du ghetto » (SDG) squattent deux immeubles désormais inhabités ; le quatrième espace est également constitué d'arcades positionnées près d'un petit centre commercial non loin de la rue de Rugby intégré dans un quartier appelé « Molière » par les jeunes de la cité. Lors de notre passage près du groupe de jeunes regroupés rue Charles Péguy, l'un d'entre eux intrigué par notre venue nous aborde : « C'est vous qui avez crié tout de suite ? Vous cherchez quelque chose ? ». Dans la cité, il est en effet de notoriété publique que ces jeunes très bruyants jusqu'à au moins 3 heures du matin (notre fenêtre de « salon » est située derrière l'immeuble dans lequel ils se regroupent) font notamment du trafic de stupéfiants. Sans médiateurs issus du quartier pour circuler la nuit avec nous dans les rues, les jeunes rencontrés, ne nous connaissant pas, peuvent donc légitimement s'imaginer que nous sommes des clients potentiels ou des nouveaux policiers en civil. Ainsi, alors que nous stationnions quelques minutes sur le banc d'un arrêt de bus à proximité de la place Kennedy, un jeune surpris par notre présence a crié assez fort pour que ses amis l'entendent : « Il y a deux gars à l'arrêt de bus, ils sont trop chelou ! » Il est minuit passé, nous rencontrons Nino qui sort de chez « Dadas » en compagnie de quelques amies ; nous bavardons quelques minutes et décidons de rentrer nous coucher.

Pour approfondir notre connaissance du quartier, notamment la nuit, nous avons loué un appartement dans un immeuble HLM situé à proximité de la place centrale du quartier durant plusieurs mois. Cette installation dans la cité fut salutaire à plusieurs titres. Elle a en effet permis :

- de ne pas être dépendants de locaux prêtés par des associations du quartier. Nous avons pu inviter « chez nous » des acteurs sociaux que nous avions rencontrés « chez eux » au début de l'enquête ;
- de renforcer notre crédibilité vis-à-vis des acteurs sociaux du quartier et surtout des jeunes intermédiaires nous ayant suivis depuis le début de l'enquête. En effet, cette installation a été perçue comme un signe supplémentaire de notre « engagement sociologique » pour comprendre la vie du quartier ;
- de faciliter nos observations de la vie du quartier, notamment des comportements des jeunes les plus bruyants de la cité regroupés en bas des immeubles visibles depuis notre fenêtre de « salon » ;
- de rester dans le quartier sur des temps plus longs et plus diversifiés. Effectivement, avant que nous louions un appartement, lorsque nous avions passé une partie de la journée à sillonner le quartier, à prendre du thé dans les cafés et à enregistrer des entretiens, poussés par la fatigue, nous quittions le quartier. Grâce à l'appartement, nous avons pu aménager des temps de repos entre des temps d'observation ;
- de mieux ressentir ce que recouvre physiquement et psychiquement la vie quotidienne dans un quartier populaire ghettoïsé, notamment la fatigue imposée par le bruit des regroupements de jeunes jusque tard dans la nuit dans plusieurs endroits de la cité.

C'est donc en mobilisant plusieurs modes de recueil de données que nous avons pu construire une bonne connaissance de la cité, de ses principaux acteurs et de leurs inter-relations. Au bout de plusieurs mois d'investigation, notre immersion au cœur de la Cité des enfants perdus a donc permis de préciser quels types d'acteurs de la prévention et de la répression étaient réellement engagés dans des interrelations avec les jeunes du quartier. En fait, à la Cité des enfants perdus, dans la rue, les jeunes considérés comme potentiellement « violents » rencontrent plus spécifiquement, non pas la pluralité des acteurs sociaux s'inscrivant dans la « police des villes » mais quelques intervenants incarnant une « police des jeunes »[78] développant prioritairement des logiques de pacification, de sécurisation et de répression[79]. Dans la pratique, ces jeunes se confrontent à deux principaux types d'acteurs : les premiers sont des intervenants sociaux de l'« intérieur » de la cité chargés de prévenir et de réguler des comportements turbulents, voire violents tandis que les seconds sont des forces de sécurisation ayant comme première mission de policer les espaces urbains et de réprimer les actes délinquants ou considérés comme incivils notamment développés par des jeunes. Dans ce cadre, au-delà de la description de l'espace renouvelé du contrôle social opéré par une kyrielle d'intervenants ayant une influence plus ou moins directe sur la dynamique des quartiers populaires, pour comprendre quelles interactions quotidiennes favorisent réellement la production ou la régulation de violences juvéniles dans ces territoires, les analyses exposées, ici, présentent plus particulièrement l'expérience vécue et les micro-relations qu'entretiennent entre eux plusieurs acteurs en interaction, voire en confrontation régulière : des « jeunes de cité », notamment ceux perçus comme turbulents, des animateurs et médiateurs (jeunes et adultes) de l'« intérieur » dont la mission consiste à réguler les rapports sociaux avec ces jeunes ainsi que des policiers en charge du maintien de l'ordre. Au-delà des représentations politico-médiatiques décrivant de façon superficielle les « zones urbaines sensibles » paupérisées comme des lieux par excellence de production de la violence juvénile, d'une part, en présentant plusieurs figures de jeunes, de pacificateurs et de policiers et, d'autre part, en décrivant leurs expériences sociales, leurs épreuves et leurs interactions, les trois parties qui suivent permettent de mieux comprendre la complexité des phénomènes de violence dans les cités populaires.

78 Cf. A. Vulbeau, « Politique, jeunesse et répression » in *Projet,* n°305, juillet 2008, p. 77-82.

79 Pour plus de précisions sur les stratégies de contournement des jeunes de la cité par de nombreux acteurs sociaux, voir M. Boucher, M. Belqasmi, « Jeunes turbulents et intervenants sociaux. Production et régulation des violences juvéniles dans une cité populaire » in *Sociétés et jeunesses en difficulté* (En ligne), Numéro hors-série, 2010, mis en ligne le 02 avril 2010. URL : http://sejed.revues.org/index6648.html.

1

Première partie

Jeunes turbulents

Dans son livre sur le « ghetto urbain », Didier Lapeyronnie souligne que les banlieues ségréguées sont, par excellence, le territoire des jeunes. En effet, face aux tensions générées par le développement des discriminations sociales et racistes à l'encontre de beaucoup de résidents des quartiers d'habitat social mais particulièrement des jeunes garçons associés à des « figures de peur »[80], ceux-ci « sont à la fois poussés dehors et privés de possibilités de se mouvoir. Ils sont enfermés dans le quartier et y vivent dans leurs groupes de pairs, objets d'une sociabilité intense. »[81] Alors que les cités périphériques populaires sont habitées par une pluralité de personnes (des pères et des mères de famille, des enfants, des personnes âgées) et qu'il existe une diversité d'acteurs sociaux qui y agissent[82], notamment dans la police des villes, celles-ci sont largement associées aux groupes de jeunes visibles dans l'espace public. Ces « jeunes de rue » apparaissent, en effet, comme les premiers acteurs de la désorganisation sociale[83], de désordres, d'incivilités, de faits de délinquance, voire de violences, producteurs d'insécurité. Pourtant, plusieurs travaux sociologiques récents traitant des « jeunes de cité » ont insisté sur l'hétérogénéité de ces acteurs[84]. Dans les espaces urbains ghettoïsés, il existe, en effet, une diversité de profils de jeunes et de groupes ne pouvant être considérés comme « étanches ». Ainsi, même si à l'épreuve de la désindustrialisation, en continuum des travaux de David Lepoutre sur la « culture de rue » spécifique aux jeunes des quartiers populaires[85], Eric Marlière souligne qu'il existe des codes culturels communs à pratiquement tous les « jeunes des cités » (culture de l'honneur, de la moquerie, du charriage et de la rébellion face au racisme et à l'expérience de la stigmatisation), celui-ci indique également que, selon leur classe d'âge, leur parcours scolaire, leurs origines familiales et ethno-culturelles, etc., ces jeunes développent des pratiques culturelles différentes. Dans une autre optique, Thomas Sauvadet affirme que c'est d'abord le regroupement de familles précaires dans des espaces d'habitats collectifs dégradés (les cités

80 Cf. N. Guénif-Souilamas, E. Macé, *Les féministes et le garçon arabe*, La Tour d'Aigues, éd. de l'Aube, 2006.

81 D. Lapeyronnie, 2008, *op. cit.*, p. 460.

82 Nous avions déjà révélé dans d'autres travaux que contrairement à l'idée encore très répandue selon laquelle les quartiers populaires urbains seraient des espaces de déréliction et de désorganisation sociale, au contraire, il s'agit de territoires où se déploie une myriade d'intervenants sociaux développant une pluralité de logiques d'action. Cf. M. Boucher, « Turbulences, contrôle et régulation. Des modèles sécuritaires et démocratiques dans des quartiers impopulaires », *Déviance et Société*, vol. 27, n° 2, 2003, p. 161-182.

83 Cf. W.-I. Thomas, F. Znianiecki, *Le Paysan polonais en Europe et en Amérique. Récit de vie d'un migrant* (1919), Paris, éd. Nathan, 1998.

84 A partir d'une enquête ethnographique dans un ancien quartier de « banlieue rouge », Eric Marlière distingue sept groupes de jeunes évoluant séparément dans un même espace social et résidentiel (vétérans, galériens, musulmans pratiquants, invisibles, jeunes en voie d'insertion, délinquants, post-adolescents). Voir E. Marlière, *Jeunes en cité. Diversité des trajectoires ou destin commun ?*, Paris, éd. L'Harmattan, 2005.

85 Au milieu des années 1990, David Lepoutre montre que la « culture de rue » des jeunes des quartiers populaires tire notamment sa spécificité d'une vive conscience collective de la ségrégation spatiale. La culture de rue s'exprime par la production de logiques de fonctionnement internes et le développement de comportements sociaux et culturels ainsi que d'un langage singuliers. Voir D. Lepoutre, 1997, *op. cit.*

HLM) identiques qui est à la base « de l'association par similitude » de « jeunes de cité ». A partir d'une expérience commune, ces jeunes construisent des formes communautaires de « protections rapprochées » pour répondre à l'insécurité sociale dont ils sont victimes (chômage, pauvreté, stigmatisation, violences policières...). Pour contourner la précarité (dons, contre-dons, services multiples, trocs, trafics divers, lutte collective contre la police), il s'agit dès lors de produire une sorte d'organisation sociale locale basée sur une forte interconnaissance des jeunes des cités populaires. Cependant, Sauvadet souligne que le milieu populaire des cités est également fortement fragmenté par des logiques de distinction et de division d'ordre économique, générationnel, national et ethnique ce qui a des répercussions importantes sur la composition des groupes de jeunes et leurs pratiques individuelles et collectives[86].

Ainsi, tous les travaux montrent que seule une minorité de jeunes fréquentent assidûment l'espace urbain des quartiers populaires, c'est-à-dire la rue, les cages d'escaliers, les halls d'immeubles et les centres commerciaux ; parmi ces jeunes, quelques-uns seulement exercent une activité criminelle de façon quasi professionnelle. Effectivement, contrairement à ce qui est généralement colporté dans l'opinion publique à propos des quartiers populaires, les jeunes qui y vivent ne sont pas tous des « caillera » (racailles en verlan), des rappeurs « *hard-core* », des islamistes ou des afro-centristes radicaux développant des comportements délinquants et anti-sociaux.

Pour autant, dans le quartier étudié, il semble bien que tous les groupes de jeunes présents dans la rue, autrement dit, en bas de leur immeuble, à la sortie du collège, lors d'une rencontre sportive ou d'une manifestation musicale, même lorsque c'est de façon épisodique, sont assimilés à des ferments de débordements potentiels. Tous sont, en effet, considérés comme de « jeunes turbulents » issus des nouvelles « classes dangereuses » pouvant, à tout moment, notamment lors de confrontations avec les forces de l'ordre ou avec d'autres « bandes » de jeunes, rejoindre la « minorité des pires » du quartier, autrement

86 A partir d'une enquête participante dans plusieurs quartiers populaires de Paris et Marseille, Thomas Sauvadet dépeint la cohabitation de plusieurs formes de regroupement de jeunes, notamment l'équipe (les vrais amis) et la bande (cadre de socialisation habituel des jeunes de cité) dont les types d'interdépendance (conflits, oppositions, rivalités, collaborations) déterminent « le niveau de cohésion des collectifs de cité. » La distinction qu'il opère entre les jeunes dits « centraux » (pôles des « chauds » et des « toxicomanes ») pour lesquels le groupe de cité représente une grande part de leur quotidien et les « périphériques » pour lesquels la cité ne représente pas l'espace principal de socialisation (pôles des « fils à papa encanaillés » et des « purs fils à papa ») insiste sur le fait que ce sont les « chauds » représentant le mieux le « capital guerrier » de la cité qui dominent toutes les autres figures de jeunes. Les « chauds » possèdent effectivement les dispositions guerrières nécessaires pour se faire respecter. Voir T. Sauvadet, *Le capital guerrier. Concurrence et solidarité entre jeunes de cité,* Paris, éd. Armand Colin, 2006.

dit, cette fraction de jeunes accusée de s'être réorganisée dans la délinquance en imposant la loi du plus fort dans la cité. A travers une vision culturaliste et déterministe, ces jeunes sont souvent perçus comme les prisonniers d'une socialisation communautariste, mafieuse et agonistique propre aux quartiers populaires et, à ce titre, sont désignés comme des acteurs privilégiés des interactions violentes dangereuses pour la tranquillité publique. Dans ce contexte, afin de confronter ces représentations pusillanimes à l'encontre de la jeunesse populaire considérée comme la première productrice des phénomènes de violence, nous sommes allés à la rencontre de ces jeunes désignés comme des « figures de désordre » par des acteurs sociaux œuvrant dans la Cité des enfants perdus, en particulier ceux chargés de la mise en œuvre des politiques socio-urbaines ainsi qu'une partie des habitants impliqués dans des actions de prévention de la délinquance. En fait, ces jeunes sont stigmatisés comme « turbulents » d'une part parce qu'ils possèdent tous les attributs fantasmatiques des « jeunes dangereux » des « zones urbaines sensibles ». En effet, ces jeunes expriment une saillance ethnique, corporelle et vestimentaire assimilée aux « sub-cultures » juvéniles présentes dans les *inner cities* américaines mais plus largement, à l'ère de la mondialisation, dans l'ensemble des territoires urbains ghettoïsés de la planète. D'autre part, parce qu'à partir du moment où ces jeunes fréquentent en groupe l'espace public, ils sont considérés comme une population à risque pouvant perturber la tranquillité de la cité et, en ce sens, font l'objet d'une attention particulière des pouvoirs publics en charge du maintien de l'ordre et de leurs partenaires. Dans la pratique, les « jeunes turbulents » de la Cité des enfants perdus que nous avons rencontrés se composent d'un côté de groupes d'adolescents d'âge scolaire considérés comme particulièrement remuants (il s'agit de collégiens et de jeunes constitués en « bandes ») et de l'autre, de jeunes adultes déscolarisés et souvent sans activité professionnelle. Ils incarnent des figures de « galériens » ou de « rebelles » mais tous expriment leur révolte face à leur « expérience du ghetto ». Cette première partie de notre recherche décrit les épreuves de ces « jeunes turbulents » potentiellement violents ou considérés comme tels par les principaux acteurs de la police des villes. Elle met en perspective les rapports que ces jeunes entretiennent avec la violence objective et subjective en insistant notamment sur les stratégies individuelles et collectives que ces jeunes mettent en œuvre pour réagir au sentiment d'écrasement inhérent à leur vie dans la cité.

////////// Chapitre 1

Galériens et révoltés : Nasser, Philippe et Johnson

Nous rencontrons trois jeunes d'une vingtaine d'années dans les locaux de l'association des jeunes du quartier qui acceptent de faire un entretien pour discuter de leur vie quotidienne au sein de la Cité des enfants perdus et notamment de la violence. Dans un premier temps, les jeunes – que nous nommerons de façon fictive Nasser, Philippe et Johnson se présentent en nous faisant un rapide bilan de leur cursus scolaire et de leur situation en matière d'insertion socioprofessionnelle.

Nasser a 20 ans ; il indique que, depuis un an, il a quitté l'école ; il est en recherche d'emploi. Dans un premier temps, après avoir échoué au BEP (mécanique informatisée), il a voulu reprendre ses études puisqu'il lui a manqué un point pour obtenir ce brevet, mais l'établissement, qu'il avait sollicité, a refusé de le prendre. Il s'est donc résigné à s'inscrire dans des entreprises de travail intérimaire pour trouver un emploi. Mais après cinq mois d'attente, voyant qu'aucune « boîte d'intérim » ne faisait appel à ses services, il a arrêté de chercher.

Philippe a 26 ans ; il habite le même immeuble que Nasser. Il préparait également un BEP mais a arrêté l'école il y a déjà quatre ans. Pendant deux ans, après l'abandon de sa scolarité, il indique qu'il n'a rien fait du tout. Puis au bout de ces deux années, il a commencé à chercher du travail mais en vain.

Johnson a 23 ans ; il est né à Trincamp et vit dans un immeuble à côté de la prison située dans un quartier de la Cité des enfants perdus appelé « PSR » par les jeunes (la « prison sans retour »). Il a fait des études jusqu'en terminale puis a arrêté ses études. Aujourd'hui, il est inscrit dans plusieurs entreprises d'intérim et fait quelques missions, souvent de la manutention ou travaille en usine.

A l'épreuve de la « galère »[87]

Il n'y a rien ! Ils nous laissent dans la merde...

Pour décrire leur situation, Nasser et Philippe indiquent qu'« il n'y a rien ». En effet, sans revenu financier, ils ne peuvent rien faire. Autrement dit, non seulement ils ne peuvent rien consommer (CD, cinéma...) mais encore ils ne peuvent également pas « bouger » de Trincamp. Au début, lorsqu'ils ont quitté l'école, ils occupaient leur temps libre à se promener dans le centre ville, à regarder les produits de consommation dans les magasins (vêtements, CD, DVD...) mais rapidement, sans pouvoir acheter quoi que ce soit, ils en ont eu assez de faire toujours la même chose. Par conséquent, ils descendent de moins en moins en ville (la Cité des enfants perdus est située sur les hauteurs de Trincamp) et restent dans leur quartier. Aussi, fréquentent-ils très régulièrement les locaux de l'AJC dans lesquels ils peuvent rencontrer des amis, trouver éventuellement l'opportunité de faire une activité sortant de l'ordinaire et, surtout, lorsqu'ils sont libres, pouvoir utiliser des ordinateurs ayant un accès à Internet : « - *Nasser* : En gros on ne peut rien faire, on n'a pas d'argent, on ne peut pas bouger. Au début, on a commencé à faire des petits trucs mais, à force, c'est toujours les mêmes choses que l'on fait : traîner dans les magasins, aller en ville. Au bout d'un an, on s'en lasse. Avec l'école, quand on se levait le matin on savait ce qu'il y avait à faire alors que là on se lève et on ne fait rien. On attend tout simplement. »

Les jeunes disent attendre « qu'il se passe un truc » qui pourrait changer leur vie et les motiver vraiment (par exemple, trouver un emploi sérieux ou savoir que leur compagne attend un enfant). Pour ces jeunes, la fin de la scolarité a, en fait, tout de suite correspondu à un arrêt brutal d'activité entraînant un sentiment d'inutilité et d'ennui. N'ayant pas de réseaux relationnels, de perspectives sérieuses de trouver un emploi stable, ils ne voient pas l'intérêt de se lever tôt le matin car ils savent qu'ils vont traîner dans leur appartement puis dans leur quartier et qu'ils vont fatalement s'ennuyer ferme : « - *Philippe* : T'es chez toi, t'attends des coups de fils de l'intérim, t'essaies de passer des entretiens ; tu vas « pointer » dehors histoire de voir ce qui se passe. Là, c'est l'hiver ; donc tu restes chez toi sinon, s'il fait chaud, tu restes dehors jusqu'à je ne sais pas quelle heure du matin avec tes potes. Il y en a qui fument, d'autres qui tisent (boivent), d'autres qui vont délirer dans la ville. »

Dans tous les cas, ils jugent très négativement les structures publiques ou para-publiques (ANPE, AFPA, mission locale) spécialisées chargées de

87 François Dubet indique que l'expérience de la galère des jeunes des banlieues populaires « est la rencontre d'une exclusion et d'une désorganisation sociale, elle est une expérience « flottante » dans laquelle les individus ne parviennent pas à stabiliser leur position » (F. Dubet, 2007, *op. cit.*, p. 36)

les accompagner dans leur recherche d'emploi. En effet, ils accusent ces « services » de ne pas s'occuper d'eux suffisamment sérieusement, de ne pas prendre en compte réellement leurs difficultés et de se décharger sur eux de leur propre insuffisance. Ces structures d'aide à l'insertion socioprofessionnelle reprochent, en effet, aux jeunes de ne pas assez se mobiliser personnellement pour trouver un emploi alors que ceux-ci se sentent démunis face à leur inactivité, leur manque de perspective et recherchent auprès des dites structures un accompagnement social approfondi. La mauvaise expérience de ces jeunes concernant la relation qu'ils entretiennent avec les intermédiaires de l'emploi les a donc conduis à considérer que ces structures font partie intégrante des « blocages » qui les empêchent de s'insérer. Dans ce contexte, les petits services offerts par l'AJC apparaissent donc importants et, dans tous les cas, réconfortants. A l'AJC, ils trouvent une réelle écoute, de l'empathie et, surtout, ils ne sont pas anonymes : « Il n'y a qu'ici (AJC) où l'on peut vraiment trouver quelque chose. Avec les autres, genre l'AFPA ou l'ANPE, dès qu'on prend des rendez-vous, par la suite, il n'y a rien. Ils disent : on va vous rappeler mais en fait rien du tout. En gros, ils nous laissent dans la merde. Après ils disent que c'est nous qui ne cherchons pas alors qu'en fait c'est eux qui ne font rien. »

Quoi qu'il en soit, au regard des difficultés d'insertion qu'ils vivent depuis plusieurs mois, ces jeunes ont abaissé leur niveau d'exigence initial (comme travailler dans l'informatique) et sont désormais prêts à accepter n'importe quelle mission d'intérim pour avoir un peu d'argent et sortir de la « galère ». Ainsi, ils disent, aujourd'hui, viser des petits boulots de manutention ou de magasinier qu'ils ont déjà connus de manière épisodique.

En matière de loisirs également, les jeunes indiquent, qu'à part, l'AJC il n'y a plus rien. Auparavant, il existait des jeux comme des baby-foot à la maison de quartier, il y avait même un studio de musique spécialisé dans le hip-hop (le central lab) mais, depuis que les locaux ont brûlé, il n'existe plus rien pour divertir les jeunes : « c'est la misère ».

On est toujours dans les cages d'escaliers…

Nasser, Philippe et Johnson, notamment par manque de moyens financiers vivent encore chez leurs parents. Néanmoins, même s'il existe toujours de petites tensions avec eux, ils soulignent qu'étant maintenant de jeunes adultes, leurs parents en ont pris conscience et qu'ils jouissent donc d'une bonne marge de liberté. Ce n'est plus comme avant, lorsqu'ils étaient plus jeunes, leurs parents les laissent désormais libres de leurs allées et venues. Cependant, les appartements étant petits, ils passent une bonne partie de leur temps dans les cages d'escaliers avec d'autres jeunes vivant, pour la plupart, dans le même immeuble : « On est toujours dans les cages d'escaliers. Dès qu'on sort, on se rejoint tous dans la cage. C'est le point de ralliement. On se retrouve en bas et on parle de tout et de rien, voilà. On se rejoint tous les soirs vers 21h30 et on se regroupe en général jusqu'à minuit. »

Contrairement à d'autres endroits, les jeunes soulignent qu'ils n'ont pas de problème avec les voisins dont beaucoup sont relativement jeunes (la trentaine). D'ailleurs, il n'est pas rare que des voisins viennent discuter avec les jeunes le soir. Ils parlent de ce qu'ils aimeraient faire ; ils font des projets enthousiasmants même s'il est peu probable que ceux-ci aboutissent : « On parle toujours de ce que l'on pourrait faire. On prévoit des petits trucs mais en fait cela n'arrive jamais. Genre, pendant les vacances, sortir de Trincamp, mais, en fait, on ne fait que dire et on ne fait rien car on n'a jamais assez d'argent pour partir. »

Nasser et Philippe disent également qu'il n'arrive jamais que des policiers viennent les voir le soir dans les cages d'escaliers pour leur demander de partir ou de faire moins de bruit. De la même manière, ils ne voient pas de médiateurs avec qui ils pourraient discuter pour les sortir de leur train-train quotidien. Pourtant, si des médiateurs leur proposaient de venir prendre un café ou un thé dans un local au lieu de « squatter » dans les cages d'escaliers ils seraient d'accord pour changer d'endroit : « Si on peut parler de quelque chose d'autre que d'habitude, cela nous intéresse de rencontrer des médiateurs. »

Représentations et expériences de la violence

Des violences ethniques fantasmées et manipulées

Episodiquement, pour de multiples raisons (insultes, rivalités amoureuses, dettes dans des affaires de bizness), des « bagarres de quartier » éclatent entre des jeunes de la Cité des enfants perdus entraînant de nombreux protagonistes, notamment les amis et les familles des belligérants, dans ces querelles. Or, à la Cité des enfants perdus, du côté des acteurs sociaux, des responsables politiques locaux mais aussi des parents, il n'est pas rare d'entendre que ces conflits auraient des causes « ethniques » : des « bandes ethniques » d'origine africaine, notamment du Sénégal et de Guinée-Bissau s'opposeraient en continuant leurs antagonismes ancestraux dans le quartier. Ainsi, durant l'été 2007, deux jeunes d'origine africaine depuis longtemps en rivalité se sont battus. Cependant, l'un étant d'origine « pular » (il s'agit d'une ethnie africaine majoritairement musulmane très représentée en Mauritanie, au Sénégal, au Mali, au Tchad, en Guinée, en Guinée-Bissau... Au sein de ces différents pays, on les appelle de nombreuses manières : les

Peulhs, les Fulas, les Fulanis, les Pulaars, les Haal-Pulars) et l'autre d'origine « manjak » (Les Wolofs -ethnie musulmane ayant donné la langue officielle du Sénégal-) les sénégalais les appellent Ndiagos, les Français manjaques et les Portugais manjacos. Mais les manjaks eux-mêmes s'appellent manjakus, terme qui signifie, «je te dis». La majorité des membres de cette « ethnie » sont chrétiens). Rapidement, de nombreux acteurs sociaux œuvrant dans la cité ont donné une grille d'explication « ethnique » à cette bagarre. Ce serait parce que les Pulars et les Manjaks ne s'entendent pas de manière endémique que des violences ont éclaté. Or, pour les jeunes, cette explication est fausse et ridicule. Cependant, les parents perpétuent ces images fausses des conflits entre jeunes car ils restent très attachés à leur communauté d'origine et pensent que pour, leurs enfants, il en va de même. Dans ces conflits entre jeunes, les parents souhaitant soutenir leurs enfants ; paradoxalement, ils peuvent ainsi contribuer à envenimer les choses mais aussi « communautariser » des conflits qui, au départ, ne le sont pas : « *Johnson* : Des adultes ont eu, entre eux, des histoires et cela a duré pendant des années et des années et, dès que leurs enfants ont des embrouilles, et bien cela augmente plus vite. Normalement, ça serait une embrouille de quartier normale mais parce que les parents ont eu des différends depuis des années, cela monte. » Ainsi, dans certains cas, plutôt que d'apaiser les tensions, des parents participent au maintien de celles-ci en continuant à dénigrer devant leurs enfants, des familles, voire des « communautés ».

A la Cité des enfants perdus comme dans de nombreux quartiers d'habitat social en France ancrés dans un processus de ghettoïsation, il semble, en fait, que se développe des rapports néo-coloniaux propices à la manipulation de la question ethnique opérée d'un côté par des acteurs politiques locaux et, de l'autre, par des personnes elles-mêmes d'origine étrangère. En effet, à la Cité des enfants perdus, à l'instar de la situation africaine telle que décrite par René Otayek et Christian Coulon, « les ethnies sont un aspect de la lutte pour le pouvoir et les ressources rares. »[88] Dans la pratique, en mobilisant une grille d'explication ethnique des relations sociales produites au sein des quartiers populaires, notamment pour rationaliser la compréhension des phénomènes de violence, des acteurs politiques privilégient des modes d'explication directement reliés à une vision misérabiliste, primitive et archaïque des habitants des cités périphériques populaires originaires des pays d'Afrique : « L'ethnicité ou l'analyse par le prisme ethnique, est une vision immédiate qui satisfait une partie de l'opinion occidentale car elle renvoie à une image de l'Afrique sinon primitive, du moins en retard. C'est l'explication la plus facile, celle qui demande le moins d'efforts. »[89] Par ailleurs, des acteurs

88 Cf. « En Afrique, la question ethnique a été manipulée », entretien de R. Otayek et C. Coulon in *Le Monde* du 30-31 mars 2008, p. 11.
89 C. Coulon, 2008, *art. cit.*, p. 11.

politiques locaux mobilisent la question ethnique à des fins électoralistes ; ils ethnicisent le politique pour accéder à une clientèle électorale et ainsi bénéficier de « troupes communautaires » captives facilement mobilisables par des entrepreneurs identitaires sous leur influence. En effet, du côté de certains habitants des quartiers populaires d'origine africaine, l'ethnicité devient un paramètre stratégique que l'on peut mobiliser pour accéder à des ressources politiques et économiques rares dans les cités paupérisées, ethnicisées, voire racisées. Ces acteurs se présentent comme des promoteurs et des médiateurs ethniques capables de co-produire la régulation des rapports sociaux dans des territoires ségrégués. Ainsi, l'utilisation de l'ethnicité par des représentants politiques des autorités locales est pensée en creux car elle renvoie au fait que les quartiers populaires sont englués dans des processus de séparatisme social et culturel. Dans ces quartiers, l'ethnicité peut alors servir de prétexte à leur relégation : « L'ethnicité est à considérer comme une dimension parmi d'autres, une construction historique en constante transformation, et à articuler avec les facteurs politiques, économiques et cultuels. »[90]

Une solidarité de quartier face aux embrouilles

Les jeunes soulignent qu'ils souhaitent s'insérer professionnellement pour gagner leur indépendance et « pouvoir être bien », autrement dit, avoir un travail stable, un appartement leur permettant de fonder une famille. Néanmoins, même si le quartier a mauvaise réputation, ils aiment leur cité et n'aspirent pas nécessairement à la quitter. Ils disent que, s'ils avaient le choix, ils préféreraient avoir un travail à l'extérieur de la cité mais toujours y habiter. En effet, ils ont l'impression que leur cité est un « village de quartier » au sein duquel tout le monde se connaît : « le quartier, c'est un peu une grande famille où chacun sait quel groupe traîne où. » Comme l'avait déjà observé Christian Bachmann[91], dans les années 1990, lors de ses travaux sur les banlieues populaires, à la Cité des enfants perdus, il existe une sorte de « patriotisme de cité » : « Dans certains secteurs, on ne se calcule pas alors qu'ici on est un peu comme des villageois : tout le monde se connaît. Même quand il y a des embrouilles, par exemple entre les quartiers de la Plaine et les « PSR » (sous-secteurs de la Cité des enfants perdus), si on va en boîte ou dans une soirée à Mantes, aux Mureaux, à Paris, ce n'est pas bien mais, s'il y a une bagarre, tout le monde est ensemble pour se défendre. » Par conséquent, pour Nasser, Philippe et Johnson, la cité est un espace chaud où malgré les embrouilles internes qui, en définitive, trouvent toujours un dénouement, une certaine solidarité de quartiers entre les jeunes s'expriment face aux adversaires potentiels venus de l'extérieur.

90 R. Otayek, 2008, *art. cit.*, p. 11.

91 Cf. C. Bachmann, « Défaut d'intégration, intégration par défaut » in *Lien Social et Politiques*, n°39, Printemps 1998, p. 173-181.

Une pluralité de producteurs et de régulateurs de violence

Des parents assument un rôle de pacificateur

Lors des émeutes de novembre 2005 dans la Cité des enfants perdus, Johnson indique que le déclenchement des violences a été si soudain que beaucoup de jeunes du quartier n'étaient même pas au courant que des désordres allaient avoir lieu. La moitié des jeunes de la cité s'est aperçue qu'une émeute avait lieu lorsque les violences ont commencé et qu'ils sont descendus en bas de leurs immeubles. Quant aux parents des jeunes, ils étaient encore moins informés que leurs enfants qu'une émeute se préparait et n'ont donc pas pu se mobiliser pour prévenir les échauffourées en demandant à leurs enfants de ne pas y participer. En fait, les parents ont été mis devant le fait accompli et n'ont pu qu'assister, impuissants, aux désordres sans pouvoir intervenir pour rétablir le calme. En effet, le déclenchement des violences a été si brutal qu'aucun adulte semblait pouvoir arrêter le processus de destruction enclenché. En revanche, au regard de ce qui s'était passé en novembre 2005, deux ans plus tard (fin novembre 2007), lorsque des émeutes urbaines ont éclaté à Villiers-le-Bel, en région parisienne, suite à la mort de deux jeunes circulant sur une moto percutés par une voiture de police, à l'instar des forces de l'ordre, des agents municipaux et des acteurs associatifs, des parents étaient sur le qui-vive et se sont mobilisés pour prévenir d'éventuels désordres déclenchés par solidarité avec les jeunes émeutiers de Villiers-le-Bel. En effet, notamment sous l'impulsion des autorités publiques, le commissariat de police en particulier (cet aspect est développé dans la partie portant sur les « pacificateurs indigènes »), des parents de la cité ont été sollicités pour qu'ils soient non seulement vigilants vis-à-vis de regroupements de jeunes paraissant suspects mais encore qu'ils interviennent pour les disperser. En effet, face au jugement des pouvoirs publics considérant que les mouvements intermédiaires, notamment les associations financées dans le cadre de la politique de la ville, avaient été inefficaces dans la prévention des émeutes de 2005 et que les familles avaient été défaillantes, les autorités ont, en conséquence, pris la décision de motiver les familles, notamment celles d'origine africaine, pour qu'elles assument directement un rôle de prévention des violences collectives, de rappel à l'ordre et de contrôle des jeunes de la cité. En entrant en relation avec des responsables d'associations ethno-communautaires africaines en contact régulier avec des parents, des dirigeants de la police et des responsables municipaux motivent ainsi des parents pour qu'ils soient actifs dans la prévention des désordres, notamment lors de périodes particulièrement tendues comme ce fut le cas à Trincamp à la Cité des enfants perdus durant les émeutes de Villiers-le-Bel. Johnson souligne ainsi que, suite au regroupement d'une cinquantaine de jeunes de la cité sur la place centrale du quartier (place Kennedy), durant les événements émeutiers de Villiers-le-Bel, ces jeunes ont reçu la visite de

« parents » qui souhaitaient parler avec eux pour les calmer et les disperser. En fait, au-delà de ce regroupement de jeunes, pendant plusieurs jours, des adultes ont parlé à la plupart des adolescents qu'ils rencontraient dans la cité pour leur demander de demeurer calmes. « On est venu me voir et on m'a dit, s'il vous plait, ne faites rien par rapport aux événements de Villiers-le-Bel. Des parents venaient voir la plupart des jeunes. Des darons (parents) passaient comme ça et nous disaient, s'il vous plait, ne faîtes rien, faites attention aux petits… » Cependant, Johnson exprime des doutes vis-à-vis de l'efficacité de ces actions de prévention parentales. En effet, il souligne que, lorsque les jeunes doivent subir en public les « leçons de morale » de leurs parents, ceux-ci donnent l'impression d'accepter ce qu'on leur dit mais, dans la pratique, les jeunes se cachent pour continuer ce qu'ils avaient l'intention de faire.

Les rapports avec les forces de l'ordre

Nasser, Philippe et Johnson soulignent qu'habituellement la police n'entretient pas de relations avec les jeunes. Il n'arrive pratiquement jamais que les policiers communiquent avec les jeunes uniquement pour les questionner, leur demander si tout va bien. Dès qu'ils entrent en contact avec eux, c'est qu'il y a une embrouille permettant aux policiers de les contrôler ou de les interpeller : « - *Johnson* : On ne s'adresse pas la parole. S'il n'y a pas une histoire ou un truc qui se passe, il n'y a pas de relations. On ne se regarde pas, on ne se calcule pas. »

Johnson souligne que, dans le quartier, les relations avec la police ne se passent pas comme à la télévision où les gens, notamment dans les villages, parlent normalement dans la rue aux gardiens de la paix et se disent mutuellement bonjour. Dans la cité, les policiers se limitent le plus souvent à contrôler les jeunes ; les contacts ont lieu « lorsqu'il y a eu quelque chose ».

Pour les jeunes, les policiers font en fait souvent des contrôles dans le quartier mais interpellent toujours les mêmes personnes, les mêmes « bandes ». Ainsi, la « bande » (groupes de jeunes se regroupant par affinité) à laquelle appartiennent Nasser et Philippe ne se fait quasiment jamais contrôler tandis que la « bande » à laquelle appartient Johnson est toujours dérangée par la police, ce qu'ils considèrent comme une injustice, voire une sorte d'acharnement. Selon la description des manières d'opérer de la police faite par les jeunes du quartier, la police ferait donc de la « discrimination négative » à l'encontre de certains groupes de jeunes de la cité qu'ils connaissent déjà et ont étiqueté comme « délinquants » : « - *Nasser* : Ils contrôlent toujours les mêmes personnes. Nous, on est là et, juste à côté, il y a une autre bande ; ils contrôlent toujours celle-là et jamais nous. »

Ces contrôles s'effectuent généralement suite à la plainte d'un habitant qui ne supporte plus le bruit que font les jeunes concentrés dans un même espace tel qu'une rue, une cage d'escalier, un hall ou l'étage d'un immeuble : « - *Nasser* : L'embrouille avec la police cela peut être lié au fait que l'on est, je ne sais pas combien, une vingtaine de jeunes posés là. On va faire trop de bruit la nuit. La police va arriver pour nous dire : calmez-vous. Cela peut être n'importe quoi. C'est toujours les autres qui appellent les flics, c'est toujours les voisins qui ne sont jamais contents. Quand on sait qui a appelé la police, on va aller le voir et on va s'embrouiller avec lui. »

La police et les jeunes : une co-production des tensions et de la violence

Johnson indique que même si Nasser et Philippe n'ont pas de mauvaises relations avec la police car ils ne sont pas repérés comme des « jeunes à problèmes » (ce qui n'est pas le cas de Johnson), en revanche, beaucoup de jeunes du quartier entretiennent des relations tendues avec les forces de l'ordre qui interviennent dans la Cité des enfants perdus, notamment avec lui et son « équipe » (ceux avec qui il traîne dans la cité). Ainsi, beaucoup de ces jeunes ont un casier judiciaire indiquant qu'ils ont été condamnés pour outrage, rébellion ou violences à l'encontre de personnes dépositaires de l'autorité de l'Etat. En fait, Johnson souligne que les policiers travaillant dans le quartier font partie du « village ». Ces jeunes et ces policiers se connaissent parfaitement mais leurs rapports sont la plupart du temps mauvais : « On les connaît tous (les policiers de la brigade anti-criminalité) comme ils nous connaissent tous (les jeunes de la cité). Ils roulent toujours doucement et puis ils nous fixent à chaque fois. » Dans la pratique, les jeunes de la cité, notamment ceux stationnant le soir en bas des immeubles des quartiers de la Plaine ou du « PSR » développent des rapports antagonistes et conflictuels avec les forces de l'ordre (souvent les policiers des brigades anti-criminalité ou de « police secours ».) En fait, les uns et les autres entretiennent un rapport de force au sein duquel ce sont ceux qui sont le plus nombreux au moment du contact qui se montrent les plus provocateurs et arrogants : « C'est celui qui vient avec le plus d'effectifs qui contrôle la situation. S'il y a un problème et que les policiers doivent arriver et bien si on est plus qu'eux, ils ne vont pas faire leur travail tout de suite. Ils vont attendre que des renforts arrivent. Et pareil de l'autre côté, si les policiers sont beaucoup, c'est eux qui vont dominer la situation. »

Ainsi, d'après Johnson, les policiers travaillant dans la Cité des enfants perdus connaissent parfaitement les endroits, notamment les cages d'escaliers où se pratique le « business de cité », souvent la vente de shit ; cependant les forces de l'ordre n'interviennent quasiment jamais pour interpeller les vendeurs car ils savent que les jeunes sont généralement plus nombreux et qu'elles risquent donc de perdre la face si les jeunes résistent et que les interpellations se passent mal. Par conséquent, les policiers ne font généralement rien durant les moments où le « business » se déroule et tentent plutôt de venir tôt le matin pour trouver les marchandises illégales potentiellement cachées par les jeunes dans les cages d'escalier ou les caves. Si la police intervient le soir au sein des cages d'escaliers où se déroulent les trafics, c'est extrêmement rare et c'est uniquement lorsqu'elle s'est organisée pour intervenir en nombre suffisant pour l'emporter sur les jeunes : « Si on est 15 dans la cage, ils (les policiers) ne vont pas venir sauf s'il y a les CRS qui tournent, qu'ils s'organisent pour qu'il y ait au moins 5 camions de CRS mais c'est rare, vraiment rare. Il faut qu'ils soient sûrs du nombre que l'on représente. Si on est beaucoup, ils ne viendront pas. C'est pour ça qu'ils en profitent souvent lorsque l'on est en voiture au centre ville ou en pleine campagne pour nous interpeller. C'est un jeu entre nous et eux mais les juges ils ne voient pas ça. »

Quoi qu'il en soit, au-delà de ces histoires de « bizness », pour les jeunes interviewés, la police les provoque autant que les jeunes « chauffent » (provoquent) les forces de l'ordre : « Dès que l'on est en bas (au poste de police), ça gueule toujours, ça s'embrouille. Une fois on m'a mis les menottes, cela gueulait et tout. Un policier m'a dit lève-toi ! Il m'a amené dans un bureau, il m'a enlevé les menottes et m'a dit : allez vas-y ! On se la donne ! Les juges ne voient pas ça, si je leur raconte ça, ils ne vont pas me croire. » Les jeunes critiquent le fait que les autorités publiques, notamment judiciaires (les juges et procureurs) ainsi que les médias ne prennent jamais en compte ce fait lorsqu'ils traitent des phénomènes de violence entre les jeunes de quartier et la police. En effet, pour ces acteurs institutionnels et médiatiques les jeunes seraient seuls en cause alors que dans la réalité quotidienne décrite par Johnson et ses amis, il s'agit bien d'une co-production de la violence et d'un « jeu » potentiellement dangereux entre les jeunes de la cité et la police : « Les gens de l'extérieur, je veux dire les juges et tout ça, ne voient pas ce qui se passe entre nous et les policiers. C'est comme un jeu. On est plus que vous et bien aujourd'hui on va vous montrer que... C'est des deux côtés mais eux ils ne voient que du côté des jeunes et de la provocation. »

Effectivement, lorsque les jeunes interviewés décrivent leurs expériences vécues avec la police, celle-ci ne semble pas toujours jouer un rôle de régulateur ; bien au contraire, quelquefois, elle développe un rapport ludico-provocateur engendrant des tensions pouvant aboutir au déclenchement de violences collectives : « - *Johnson* : La veille des émeutes (celles de la nuit du 5 au 6 novembre 2005 dans le quartier de la Cité des enfants perdus), je suis arrivé dans le quartier, j'ai vu une dizaine de mecs cagoulés qui avançaient vers les policiers pour faire une tentative d'émeute. Les policiers ont répliqué, ils sont venus à plusieurs et ont utilisé des « flashballs » et tout ça. Les gens ont reculé et, là, les policiers ont commencé à narguer les jeunes puisqu'ils se connaissent et se voient tout le temps. De toute façon, toute l'année, il y a des histoires entre les jeunes et les policiers. Face à ces histoires, tout s'est concentré au mois de novembre. Là, tu lâches tout. Quand tu y vas, c'est terminé. » Pour Johnson, les émeutes sont en fait des moments rares et particulièrement attendus car ils permettent aux jeunes du quartier de se venger de toutes les brimades qui se sont accumulées au fil des années, notamment opérées par la police, mais au-delà, par l'ensemble des représentants de la société intégrée : « Les émeutes, on ne va pas les faire tous les jours sinon il n'y aurait plus personne dans le quartier, tout le monde serait en prison. L'émeute se déclenche par surprise. Tout le monde est cagoulé. Les émeutes mettent du temps à arriver mais, à un moment, tout s'accumule, ça pète et on lâche tout. »

Les émeutes de 2005 et les provocations policières

En 2005, lors des émeutes, Nasser était encore au lycée. Il était présent dans le quartier lorsque cela a éclaté ; cependant, il a des difficultés à relater les faits. Même si les événements se sont déroulés, il y a maintenant plusieurs années, il reste très méfiant lorsqu'il s'agit de décrire son comportement durant ces désordres. En effet, beaucoup de jeunes de la cité, dont certains faisaient partie de ses amis, ont été condamnés par la justice (de 3 mois à 6 ans de prison) et quelques-uns d'entre eux, au moment de notre enquête, sont toujours en prison. Par conséquent, pendant les émeutes, il reconnaît simplement avoir regardé les violences en restant en bas de son immeuble : « J'étais juste en bas et on regardait, c'est tout. » Pourtant, beaucoup moins farouche et assez provocateur, Johnson se moque de lui et affirme qu'il faisait bien partie des émeutiers. Johnson tente alors de donner une explication à l'explosion des émeutes dans la Cité des enfants perdus. Pour ce jeune, comme dans de nombreux quartiers de France, si les émeutes ont éclaté c'est que les ressentiments accumulés par les jeunes vis-à-vis de la police, de l'Etat ou de la société, en général, ont conduit à la mise à feu de la cité. Cependant, dans l'ambiance très médiatisée de l'époque des émeutes urbaines en banlieue parisienne, Johnson tient à indiquer que l'étincelle qui a mis le feu aux poudres dans le quartier, c'est d'abord des provocations policières négligées par l'opinion publique trincampoise. En effet, alors que quelques jeunes avaient échoué dans leur tentative de provoquer une émeute, des policiers se seraient moqués des jeunes de la cité en leur disant qu'à côté des jeunes d'autres quartiers de villes environnantes, ils étaient des « mauvais » car d'autres cités avaient déjà brûlé. Pour laver cet affront, des jeunes auraient alors décidé de « cramer la Cité des enfants perdus » ce qui se produisit effectivement dans la nuit du 5 au 6 novembre.

Dans ce cas, les jeunes ont donc répondu aux provocations policières pour « sauver leur face »[92] mais aussi pour se venger des humiliations qu'ils subissent quotidiennement. En effet, la plupart du temps, les policiers ayant « le monopole de l'utilisation de la violence physique légitime »[93], ce sont eux qui dominent les jeunes lorsqu'une relation de confrontation s'engage entre les forces de l'ordre et les jeunes : « - *Johnson* : Ce n'est pas pareil, les policiers et nous on n'a pas la même force. Les policiers ils peuvent presque faire ce qu'ils veulent quand ils veulent et même s'ils font une petite connerie, ils arriveront à la cacher. Ils peuvent te prendre dans leur camion et t'embarquer pour une histoire banale, là ! Derrière, ils vont commencer à essayer de te tabasser, de te mettre des coups et tout, tranquille… Et après ils t'amènent au poste pour te mettre en garde à vue, tranquille... Si tu veux aller porter plainte, il ne se passera rien. Alors que nous si on fait un truc, on va direct en prison. »

Johnson relate ainsi plusieurs épisodes où des confrontations ont eu lieu avec la police et dans lesquelles il a été impliqué. A chaque fois, la police aurait utilisé la force de façon abusive, les jeunes devenant des « proies » sans défense : « J'ai eu un truc ici (il montre une cicatrice), j'ai pris un coup de matraque. On m'a dit d'aller porter plainte car ce jour-là, ils ont également tiré sur un gars avec un fusil et des vraies balles. Le mec il a eu un trou dans le mollet. Je peux te montrer la vidéo où l'on voit l'impact. De là, on nous a dit d'aller porter plainte mais, pour moi, cela ne sert à rien. D'ailleurs, même si j'ai finalement porté plainte, il n'y a jamais rien eu, il n'y a même pas eu de suite. »

Une relation de proximité ambiguë

Parmi les éléments qui pourraient expliquer l'existence de fortes tensions entre les jeunes de la Cité des enfants perdus et les policiers qui y interviennent, les jeunes apportent un élément de compréhension important : ils indiquent en effet que, souvent, les jeunes policiers violents se vengent des vexations qu'ils ont dû subir de la part de « mecs de quartier » lors de leur travail quotidien dans les cités ou même lorsqu'ils étaient plus jeunes, lorsqu'ils étaient « victimés » ou « rackettés » au collège et au lycée. Dans tous les cas, les jeunes de la cité et les policiers de la BAC notamment, se connaissent personnellement. Ils vivent effectivement une relation de proximité puisque ce sont toujours les mêmes policiers qui interviennent dans la cité. Dès lors, bien que les policiers et les jeunes n'entretiennent pas une relation amicale, ils se tutoient, s'appellent pas leurs noms, prénoms et surnoms ce qui est d'ailleurs propice à de multiples dérapages comme des insultes, des vexations pouvant aboutir à des confrontations physiques. Ainsi, lors de son altercation avec des policiers

92 Cf. E. Goffman, 1974, *op. cit.*
93 Cf. M. Weber, *Le savant et le politique*, Paris, éd. Plon, 1963, p. 124-125.

lui ayant valu une condamnation à 3 mois de prison, Johnson indique qu'il avait déjà eu des différends avec les fonctionnaires de police avec lesquels il s'est finalement battu: « C'est toujours lié à des histoires d'avant. On se connaît ; moi je connais le policier qui me matraquait. On se parle, on se tutoie même. Il n'y a pas de vouvoiement, on se connaît très bien. Certains, on sait où ils habitent.»

Les policiers ne sont pas tous des ninjas

Malgré ces rapports tendus avec la police, Johnson, Philippe et Nasser ne font pas pour autant d'amalgames. Ils différencient deux principaux types d'agents de l'ordre intervenant dans le quartier, notamment lors des contrôles d'identité ou des interpellations : l'un utilise principalement le rapport de force, l'insulte, l'accusation et l'invective pour entrer en contact avec eux, l'autre, tentera d'installer une relation de communication et d'explication au sein de laquelle il tentera d'apaiser les relations au lieu de les envenimer en voulant coûte que coûte imposer un rapport de domination : « - *Johnson* : Les policiers ne sont pas tous pareils. Les plus sympas vont te parler. Ils n'auront pas besoin d'utiliser la force. Ils te parlent, ils te font réfléchir, ils te disent ce que tu risques alors que les autres, ils imposent un rapport de force ; il faut qu'ils te montrent qu'ils sont les plus forts en jouant aux ninjas avec leurs matraques et en te mettant les menottes, en utilisant la force même s'ils n'y arrivent pas. » Pour les jeunes, les « mauvais » policiers sont donc ceux qui imposent dans toutes les circonstances un rapport de force et de domination humiliant tandis que les policiers « sympas » sont ceux qui t'interpellent sans violence inutile et qui expliquent ce qui va arriver aux jeunes : « - *Philippe* : Tends tes mains, on va t'amener au poste, on va te poser des questions… »

Les jeunes font aussi une nette différence entre les policiers d'état et les policiers municipaux qu'ils considèrent comme ne connaissant pas la réalité des quartiers. D'ailleurs, les jeunes n'ont pas peur de la police municipale considérée comme inoffensive et n'ayant pas d'impact. Ainsi, lors des événements émeutiers de 2005, les jeunes indiquent que si une policière municipale s'est effectivement faite rouer de coups, c'est qu'elle ne connaissait pas les réactions des jeunes de la cité et, surtout, que les policiers nationaux se sont dans un premier temps cachés derrière les policiers municipaux alors que ceux-ci montent rarement dans la Cité des enfants perdus et n'ont donc pas pu tisser de relations avec aucun jeune du quartier : « - *Johnson* : Les policiers qui gazent se cachaient derrière la police municipale. La police municipale ne connaît pas les quartiers ; ce n'est pas leur domaine. Les jeunes ont fait un guet-apens et les policiers municipaux qui se sont retrouvés au milieu se sont fait taper. Les autres (la police nationale), ils couraient comme des lapins. Quand on leur dit (à la police nationale) que ce jour là (le déclenchement des émeutes dans la cité en novembre 2005) on les a vus courir, ils pètent des câbles. »

Les gardiens sont des « grands » tolérés

Dans le quartier, les policiers ne sont pas les seuls agents chargés de maintenir l'ordre et la tranquillité publique. Maintenant, Johnson indique que les bailleurs sociaux emploient des gardiens d'immeuble issus de la cité. Ceux-ci viennent régulièrement à la rencontre des jeunes du quartier pour parler avec eux et leur demander de se calmer lorsqu'ils font trop de bruit. La plupart des jeunes ont conscience qu'ils représentent des « grands » de la cité. Ils y vivent, ont également traîné dans les cages d'escaliers lorsqu'ils étaient plus jeunes et ne sont donc pas considérés comme des intrus. En revanche, ces « gardiens » ne sont pas automatiquement respectés par tous. La plupart d'entre eux sont tolérés parce qu'ils font leur travail de gardien mais ne sont pas respectés au même titre que d'anciens jeunes qui ont eu un passé de « chauds ». En effet, le plus souvent, les gardiens n'étaient pas présents et solidaires avec les jeunes du quartier lors d'embrouilles, de fusillades avec d'autres jeunes des cités des villes environnantes. La présence des gardiens n'est donc pas contestée par les jeunes du quartier à condition qu'ils n'exagèrent pas trop, autrement dit, qu'ils n'exercent pas ostensiblement leur pouvoir de surveillance sur les jeunes qui « galèrent » dans les « cages ». Dans tous les cas, ces gardiens ne sont pas assez respectés pour que leurs conseils, par exemple ne pas participer à des émeutes lors de confrontations avec la police, soient entendus par les jeunes : « - *Johnson* : Il y a des jeunes qui vont s'embrouiller avec eux (les gardiens) et vont leur montrer qu'ils ne les respectent pas. Il y a plus de respect parce que tu es grand ou que tu es petit. Tout le monde s'embrouille avec tout le monde et ils leur font comprendre ça. Ces « grands là », il y en a beaucoup qui n'étaient pas là lorsqu'ils avaient des embrouilles et des fusillades entre les gars de Trincamp et d'autres villes lors de soirées. Il suffit d'un petit truc et voilà… »

Des expériences personnelles de la violence et de sa maîtrise

La prison, c'est un quartier dans le quartier

Johnson a une expérience difficile avec la police. Il a récemment été condamné pour outrage, rébellion et violences à l'encontre des forces de l'ordre et a donc fait plusieurs mois de prison dans la maison de détention installée au cœur de la Cité des enfants perdus. Lors d'une bagarre entre deux jeunes dans un bar, la nuit, un vendredi soir, plusieurs policiers sont arrivés pour disperser les personnes présentes dans le pub en donnant des coups de matraque et en

« traitant tout le monde comme des chiens ». A l'instar d'autres jeunes, malgré les injonctions de la police de quitter les lieux, dans un contexte extrêmement bruyant et alcoolisé, Johnson n'a pas voulu sortir à l'extérieur ce qui a entraîné une violente rixe avec les forces de l'ordre. Finalement, quatre jeunes de la cité sont arrêtés, dont Johnson et son petit frère. Ils sont placés en garde à vue durant tout un week-end puis sont jugés en « comparution immédiate », le lundi matin. Ils sortiront du tribunal pour être incarcérés dans la maison de détention de Trincamp où ils sont condamnés à trois mois de prison ferme. Bien sûr, Johnson regrette cette altercation ; il aurait préféré ne pas être emprisonné ; néanmoins, il souligne qu'en entrant en prison, il n'a pas du tout été dépaysé car la prison étant située au sein même de son quartier il a eu le sentiment de ne pas vraiment être emprisonné et ce d'autant plus que la plupart des co-détenus qu'il a rencontré faisaient déjà partie de sa « bande » dans la cité. En effet, pour Johnson, la prison de Trincamp, c'est un quartier un peu particulier mais qui fait partie intégrante de la cité : « Arrivé à la prison, c'était tranquille. Quand je suis arrivé, j'ai dis bonjour à tout le monde. De toute façon, on connaît tout le monde là-bas. Deux ou trois jours après, quand le chef m'a convoqué, il m'a même dit : ça va, vous êtes comme chez vous ici. C'est un quartier dans le quartier, c'est mon quartier dans le quartier. De ma fenêtre de la prison, je parlais avec les gars de ma bande, ceux avec qui je traîne dans le quartier mais dont la moitié est en prison. »

Quelquefois, nous aussi les jeunes on abuse...

On l'a vu, Johnson n'hésite pas à critiquer les manières trop musclées dont font preuve beaucoup de policiers lorsqu'ils entrent en contact avec les jeunes de la cité. Néanmoins, ce jeune convient également que, quelquefois, lui et ses amis abusent lorsqu'ils se regroupent le soir, souvent le week-end. Ils sont très bruyants et font n'importe quoi dans les espaces publics pour passer le temps. N'ayant pas de lieux où ils peuvent se rencontrer sans ennuyer les voisins, les jeunes reconnaissent effectivement que leur comportement peut déranger les gens, voire faire « péter les plombs » à certains habitants : « On abuse aussi. A chaque fois que je traîne ici, dans la « cage », là, c'est comme si on était chez nous, on fait la fête ; on gueule ; on boit des bouteilles de bière et on les casse ; on met du whisky par terre ; on crie jusqu'à 5 heures du matin. »

Sachant qu'ils importunent les voisins, lorsqu'ils en ont l'opportunité, les jeunes tentent donc d'éviter de se regrouper dans les cages d'escaliers où vivent leurs parents pour limiter les représailles familiales. Sinon, lorsque des adultes interviennent avant d'appeler la police (souvent des parents d'amis) pour calmer les jeunes, ceux-ci se réfugient alors dans les quelques caves qui restent accessibles (ce qui est très rare) ou alors dans des squats, souvent des appartements vides au sein des immeubles promis à la démolition.

En fait, les cages d'escaliers sont le « chez soi » des jeunes du quartier. Ils s'y regroupent pour discuter, pour faire la fête mais utilisent également ces parties communes des immeubles pour camoufler des substances illicites qu'ils consomment ou qu'ils vendent : « - *Johnson* : Les cages, c'est notre refuge, c'est notre maison, on met notre shit là-bas, on met notre marchandise. Et puis les gens savent très bien dans quelle cage d'escalier aller, dans quel secteur aller pour avoir ce qu'ils cherchent. »

A force que tu galères...

Les jeunes admettent qu'ils commettent régulièrement des petites « bêtises » pour passer le temps et rompre l'ennui. Ainsi, ils indiquent qu'il leur arrive de faire des tags dans les cages d'escaliers, de casser des carreaux, de faire du bruit la nuit dans les parties communes des immeubles mais aussi de commettre de petits vols ou de participer à de petits trafics de drogue (souvent du shit) pour se faire un peu d'argent afin de participer (comme tout le monde) à la société de consommation. Les jeunes interviewés soulignent, en effet, que même s'ils n'ont pas de travail, ils ont néanmoins des besoins comme tous les adolescents (aller au cinéma, voir des spectacles...) ; or leurs parents n'ont pas assez de moyens financiers pour subvenir à leurs besoins. Leur participation à des petits trafics leur permet concrètement de surmonter cet « handicap social ». Cependant, le monde de la galère peut conduire certains, du jour au lendemain (comme le soulignent les jeunes), à participer à des activités illicites beaucoup plus graves d'un point de vue pénal, notamment des braquages ou des expéditions punitives dans le cadre d'affaires de drogue notamment. En effet, les petits dealers qui ne paient pas leurs dettes peuvent être violentés afin qu'ils remboursent ce qu'ils doivent : « - *Nasser* : A force que tu galères et que tu ne fais rien, on peut de proposer un truc. Il y a un braquage ; il y a tel truc à faire... Tu ne sais pas ce qui arrive, c'est du jour au lendemain. Tu peux aller braquer un mec d'une autre ville parce que tu sais qu'il a de l'argent chez lui, un mec qui pèse, cela veut dire qui a beaucoup d'argent parce qu'il vend du shit, par exemple. Il y a plein de trucs comme ça. » Ainsi, Johnson, Nasser et Philippe indiquent que tant qu'ils n'auront pas de travail ni de revenu, en fonction du moment, ils sont quelquefois prêts à faire n'importe quoi « pour se faire un petit billet ».

La pratique du sport permet de se défouler

Philippe et Nasser ne pratiquent aucun sport sérieusement, ni d'activités culturelles même s'ils passent énormément de temps sur un ordinateur à jouer aux jeux vidéos et à surfer sur Internet. Johnson, quant à lui, se défoule en pratiquant un peu de football (sport le plus pratiqué et respecté dans la Cité des enfants perdus) mais que ce qu'il préfère, c'est le « free-fight », une sorte de sport de combat bien plus violent que la boxe thaïlandaise car il ressemble encore plus aux « bastons » de rue. Beaucoup de coups (pieds, poings, coudes, tête) sont permis. Aussi, puisque aucune association sportive ne propose ce « sport » dans le quartier, lorsque les beaux jours arrivent, des jeunes de la cité se retrouvent indépendamment des associations sportives pour pratiquer, seuls, cette activité sur des terrains, en plein air. Tout en s'amusant, Johnson et ses amis s'entraînent donc à combattre dans le cas où ils auraient besoin de se défendre face, notamment, à des attaques d'autres jeunes de cités environnantes.

*

* *

Depuis qu'ils sont sortis du système scolaire, Nasser, Philippe et Johnson décrivent un quotidien dominé par l'expérience de la galère. Celui-ci est fait d'ennui, de déceptions et d'attente. En tant que « jeunes de cité », étant généralement discriminés dans l'accès à un emploi stable, ils partagent un vif sentiment d'inutilité. Ils se sentent victimes d'injustices, expriment leur révolte face à leur sort mais sont avant tout fatalistes. Ils ont en fait intériorisé l'idée qu'ils habitent dans un quartier populaire relégué, stigmatisé et ethnifié dans lequel sont regroupés la plupart des Noirs, des Arabes et des « cas sociaux ». Pour autant, leur expérience est généralement supportable parce qu'ils n'ont souvent jamais vécu autre chose mais surtout parce qu'ils vivent ces épreuves en groupe. En effet, face au monde extérieur perçu comme froid et exclusionnaire, le quartier est un « espace chaud » dans lequel ils développent de fortes inter-relations avec des jeunes de leur âge qui vivent une vie sensiblement identique à la leur. Les regroupements quotidiens, à certains moments de la journée, mais surtout le soir dans les « cages » des immeubles leur permettent de partager leurs expériences individuelles et collectives et de renforcer ainsi leur sentiment d'appartenance à une « communauté de quartier », voire de « cage d'escalier ». Comme le souligne Erving Goffman dans *Stigmate,* les premières personnes avec lesquelles les stigmatisés trouvent du réconfort, voire de la fierté leur permettant de revendiquer leur étiquetage sont d'autres stigmatisés ayant le même « handicap » : « Ces autres compatissants sont d'abord, cela va de soi, ceux qui partagent le même stigmate. Sachant d'expérience ce que c'est que d'avoir ce stigmate, ils peuvent enseigner les trucs du métier à l'individu qui en est affligé et constituer, pour lui, un cercle des lamentations au sein duquel il peut se retirer pour y trouver un soutien moral et le réconfort de se sentir chez soi, à l'aise, accepté comme une personne réellement identique à tout homme normal. (…) Parmi les siens, l'individu stigmatisé peut faire de son désavantage une base d'organisation pour sa vie, à condition de se résigner à la passer dans un monde diminué. »[94]

94 E. Goffman, 1975, *op. cit.*, p.32-33.

Dans ce contexte, il n'existe donc pas beaucoup de place pour l'épanouissement de trajectoires individuelles venant rompre avec ce mode de vie collectif marginal par rapport à la société d'individuation majoritaire. Ainsi, un certain conformisme de condition permet de surmonter l'expérience de la galère. Cette vie de quartier est effectivement propice au développement d'attitudes et de comportements spécifiques adaptés à la réalité de la cité. Cette vie, marginale et conformiste à la fois, est favorable au développement de comportements déviants perçus comme incivils (bruit, consommation d'alcool, de cannabis...), voire délinquants. D'ailleurs, les jeunes reconnaissent eux-mêmes que leur manière de vivre peut être dérangeante pour les adultes, notamment leurs parents, surtout lorsqu'ils gardent un contact avec le monde du travail, le plus souvent aliénant et précaire. Ils ont ainsi conscience que cette existence est propice à certains dérapages en matière de tranquillité publique pour l'ensemble des habitants de la cité. Cependant, le développement d'un mode de vie spécifique fait d'incivilités, de solidarité, de rivalités de quartier, de business illégal, de confrontations avec la police est une réponse assez classique apportée à une situation d'exclusion, de discrimination et de désorganisation sociale depuis longtemps étudiée par les sociologues de Chicago[95]. A l'instar de beaucoup de jeunes de la Cité des enfants perdus, le mode de fonctionnement de Nasser, Johnson et Philippe apparaît donc être une sorte de réorganisation sociale et culturelle adaptée au processus de ghettoïsation dans lequel ils sont inscrits. En effet, comme l'avait décrit Robert-K-Merton[96], Nasser, Philippe, Johnson et leurs amis ont intériorisé les valeurs consuméristes et de réussite sociale propres à la société libérale de marché contemporaine. Ils participent tous, en effet, à des degrés différents (notamment après une expérience de la prison, certains jeunes sont devenus des délinquants professionnels), non pas à la remise en cause de ces valeurs matérialistes mais s'adaptent au fonctionnement du système capitaliste par le développement de « stratégies délinquantes » plus ou moins importantes (conformisme défiant) au sein d'« espaces intermédiaires » ou d'« intervalles urbains »[97] pour, malgré une mise à l'écart du marché économique légal, participer néanmoins à la société de consommation tout en préservant leur dignité.

95 Cf. J.-M. Chapoulie, 2001, *op. cit.*

96 Cf. R.-K. Merton, 1997, *op. cit.*

97 Cf. L. Roulleau-Berger, *Le ville intervalle : jeunes entre centre et banlieue*, Paris, éd. Méridiens-Klincksieck, 1991.

////////// Chapitre 2

Rappeurs et débrouillards : Stomy, Roger, Abou et leur crew [98]

Comme dans de nombreux quartiers populaires en France, depuis le début des années 1990, la Cité des enfants perdus entretient une relation particulière avec le hip-hop. A l'origine, cette culture urbaine composée de différents modes d'expression artistique de type musical, corporel et graphique (rap, dee-jaying, graffiti, danse) produite au sein des ghettos noirs américains est aujourd'hui fortement développée dans le monde entier et plus particulièrement dans les cités françaises. On a en effet coutume de dire que la France représente la deuxième nation hip-hop après les Etats-Unis. Il semble effectivement que de nombreuses homologies entre l'hexagone et l'Amérique sur le plan social, urbain, culturel et ethnique (à l'instar des Etats-Unis, la France est un pays d'immigration) a été propice au développement du hip-hop en France à partir du milieu des années 1980. Quoi qu'il en soit, en France, c'est surtout l'expression rapologique qui a eu le plus de succès. En effet, depuis plusieurs décennies maintenant, beaucoup de jeunes des quartiers écoutent du rap notamment parce qu'il permet de chroniquer la réalité des quartiers populaires et qu'il représente culturellement et socialement les jeunes de quartier d'habitat social - notamment ceux d'origine étrangère - dans les industries culturelles et, plus largement, au sein de la société de communication contemporaine post-industrielle. L'explosion du rap sur la scène politico-médiatique a permis de visibiliser artistiquement, socialement et culturellement les jeunes français des classes populaires dont beaucoup sont d'origine étrangère. Dans la Cité des enfants perdus, le hip-hop a néanmoins une histoire particulière. En effet, dès le début des années 1990, les institutions (municipalité, préfecture, ministère de la culture) ont investi l'engouement des jeunes des cités pour le hip-hop en finançant des structures socioculturelles chargées d'encadrer les pratiques « hip-hopologiques » pour socialiser les jeunes des quartiers[99]. Ainsi, plusieurs structures para-municipales ont été successivement créées, certes pour permettre aux jeunes de créer du rap mais aussi pour tenter de pacifier la

98 Terme utilisé dans le milieu hip-hop pour désigner le regroupement d'individus, d'amis, unis autour d'un concept et d'activités créatrices communes. Par extension, il s'agit d'un groupe de jeunes solidaire face aux épreuves de la vie se sentant appartenir à un même collectif amical, culturel, social et artistique.

99 Cf. M. Boucher, 1999, *op. cit.*, p. 135-155.

révolte sous-jacente à ce mode d'expression très lié à la rébellion. Pour autant, après de nombreuses péripéties, notamment l'incendie d'un studio de création et de répétition (le *central lab*) installé au cœur de la cité à la fin des années 1990, toutes les tentatives d'instrumentalisation et de « domestication » du hip-hop trincampois ont échoué. Ainsi, au moment où nous réalisons notre enquête, il n'existe plus de structure financée par des institutions pour encadrer la production du rap. Néanmoins, le rap est toujours autant valorisé par de nombreux jeunes de la cité qui sont, en effet, très fiers de compter parmi leurs amis des rappeurs du quartier qui expriment dans leurs « lyrics » (textes de rap) la réalité quotidienne des jeunes de la Cité des enfants perdus. C'est ainsi qu'au cours de notre enquête, un samedi après-midi, nous avons interviewé longuement un jeune rappeur Trincampois dans son appartement transformé en studio d'auto-production (*home-studio)* mais aussi en lieu de rendez-vous de beaucoup de jeunes du quartier, et plusieurs artistes hip-hop, des membres de leur *crew,* d'une vingtaine d'années environ, qui ont accepté de nous parler de leur expérience de jeune de quartier et d'artiste hip-hop ainsi que des phénomènes de violence. Lors de cet entretien, une dizaine de jeunes, tous « noirs », la plupart déscolarisés ou au chômage, étaient présents mais seulement sept jeunes ont réellement participé à l'interview collectif. Cependant, de façon plus informelle, nous sommes aussi passés plusieurs fois rendre visite à Stomy et à ses amis lors de notre enquête. Par souci d'anonymat, nous avons renommé ces jeunes Stomy (d'origine haïtienne), Roger, Abou, Ali, José (d'origine africaine), Dread et Phil (d'origine antillaise).

Chronique rapologique de la vie du quartier

De nombreux MC's motivés et autonomes

Stomy est un jeune rappeur installé dans la Cité des enfants perdus depuis environ dix ans. La musique est le moyen par lequel il s'exprime, se réalise mais également tisse des relations avec beaucoup de monde tant dans le quartier qu'ailleurs, notamment en région parisienne. En effet, la pratique du rap l'amène à sortir régulièrement du quartier car il participe à de nombreux projets artistiques intégrant une pluralité de personnes impliquées dans le milieu hip-hop. Pour autant, il est aujourd'hui bien intégré dans le quartier ; il est un peu le leader de la production rapologique à Trincamp et son appartement est un lieu de rencontre faisant office de studio de répétition et d'enregistrement pour de nombreux hip-hoppeurs du quartier et de la région trincampoise. Une grande partie de son énergie créatrice est d'ailleurs tirée de sa vie quotidienne au sein de la Cité des enfants perdus et des relations qu'il entretient avec les « gars du quartier ». Pour Stomy, la Cité des enfants perdus se caractérise notamment par la présence historique de nombreux *MC's* (ce qui signifie maîtres de cérémonies ; autrement dit, il s'agit de chanteurs de rap ou de *dance hall* (version jamaïquaine du parler-chanter)) motivés pour participer à des projets rapologiques. Des groupes devenus mythiques aujourd'hui à Trincamp comme le « Nid de Dragons », « Crime Volontaire », « 2 Bal 2 Neg » ont contribué à donner de la Cité des enfants perdus l'image d'un lieu propice au développement de la musique rap. En revanche, ce paysage rapologique constitué de beaucoup de MC's talentueux (Stomy et son *crew* recensent au moins trente groupes de rap constitués et beaucoup plus de MC's solos) est assombri par le fait que beaucoup de rappeurs Trincampois se jalousent, s'envient et « se tirent dans les pattes », ce qui empêche de faire sortir de l'ombre, de « l'*underground* » de nombreux rappeurs du quartier. De plus, aujourd'hui, depuis que du matériel d'enregistrement avait été volé, il y a plusieurs années, dans la maison de quartier, les rappeurs du quartier doivent se débrouiller seuls pour produire du hip-hop car les autorités publiques ne soutiennent plus du tout la création rapologique à la Cité des enfants perdus Aucun espace public n'est mis à la disposition des rappeurs du quartier. Les rappeurs de Trincamp se débrouillent donc pour s'auto-produire en s'associant avec des entrepreneurs privés vivant du commerce de la musique ce qui n'est pas facile, notamment pour les rappeurs les plus jeunes qui ont peu de moyens financiers et n'ont pas la possibilité de se déplacer : « - *Stomy* : Pour enregistrer quelque chose à Trincamp, il faut vraiment que tu te démerdes ou il faut avoir des connexions à Paris mais bon ce n'est pas tout le monde qui a la voiture pour se déplacer, tout le monde qui a les moyens, tout le monde qui taffe… » Néanmoins, pour Stomy et ses amis, la Cité des enfants perdus est truffée de jeunes hip-hoppeurs (le plus jeune a 14 ans) qui pratiquent sérieusement le rap car, contrairement aux premières années du hip-hop, en France, la « révolution Internet » permet à beaucoup d'artistes de s'auto-produire et de sortir de l'anonymat en mettant à disposition du public leur création musicale sur la toile. Internet et l'explosion numérique permettent ainsi aux rappeurs Trincampois d'une part, de dépasser le fait que généralement ils n'ont pas beaucoup de réseaux dans le milieu de la musique et, d'autre part, de contourner les logiques commerciales des grands majors de l'industrie du disque : « - *Dread* : A la Cité des enfants perdus, il y a de plus en plus de petits qui commencent et qui se lancent. Ils voient qu'il existe des possibilités. Ils voient que lorsque l'on fait un clip, on arrive à le diffuser sur Internet, on arrive à faire nos propres trucs sur *My Space.* Internet c'est vraiment un bon moyen de communication et donc ça les motive de voir ça en gros. »

Emeutez-vous !

Dans ce contexte, malgré la difficulté des rappeurs de la Cité des enfants perdus de fédérer des *crews* (en constitution et en auto-destruction permanente) souvent en rivalité et en compétition mais aussi de trouver des espaces suffisamment équipés pour produire du rap dans de bonnes conditions, Stomy et quelques-uns de ses amis ont néanmoins trouvé l'énergie de construire un projet artistique regroupant la plupart des MC's de la région trincampoise pour écrire des *lyrics,* créer un morceau de rap et produire un clip sur les événements émeutiers qui ont éclaté en novembre 2005 dans la Cité des enfants perdus. En effet, les rappeurs en avaient assez que leur quartier soit stigmatisé dans les médias et que seule la parole des acteurs politico-institutionnels et de la police soit entendue sur les événements émeutiers. Aussi, la production d'un clip sur les émeutes fut-elle leur manière de s'approprier leur histoire et de communiquer dans l'espace public les points de vue des jeunes de la Cité des enfants perdus sur ces désordres urbains. Dans ce cas, les rappeurs de la cité ont cherché à « représenter » les jeunes du quartier. Pour illustrer les émeutes de 2005, la plupart des jeunes rencontrés au cours de l'enquête indiquaient, en effet, qu'il fallait se brancher sur Internet, taper l'adresse du site « *You Tube* » (de nombreux clips et vidéos sont, en effet, déposés sur ce site par des rappeurs et des collectifs de jeunes cherchant à « représenter » leur quartier assimilé à un « ghetto » dans lesquels ils mettent en scène leur *crew* dans des postures souvent offensives, voire guerrières à l'instar de beaucoup de clips réalisés par les rappeurs américains s'identifiant au style « gangsta ») et regarder le clip vidéo réalisé par les rappeurs Trincampois. Lors de notre interview, nous avons ainsi visionné avec les rappeurs le clip qu'ils avaient réalisé et commenté ensemble, les textes et les images impressionnantes des émeutes qui, effectivement, au cours d'une seule nuit de saccages, ont détruit une bonne partie de la Cité des enfants perdus : « - *Stomy* : Le DJ a dit : eh les gars j'ai fait un instru et j'aimerais bien que l'on parle des émeutes qui se sont passées. Cela serait bien de faire un truc positif. Les gens en parlent à gauche et à droite mais ils n'en parlent pas forcément de la bonne façon ; alors, essayons de faire un truc bien et concret. »

Les rappeurs de la Cité des enfants perdus ont alors pris le parti de décrire les événements émeutiers du quartier à partir de l'expérience vécue de chacun. Tout en souhaitant garder une certaine neutralité dans le traitement des événements, les rappeurs ont néanmoins tenté d'expliquer pourquoi des jeunes sont amenés à brûler leur quartier. Selon les rappeurs, contrairement à ce que beaucoup de médias et de policiers affirment, même si ça les arrange, les émeutes n'éclatent pas pour masquer les trafics de drogue mais expriment, avant tout, l'exaspération des « jeunes de quartier ». Néanmoins, il s'agissait de rester au plus près de la réalité vécue par les jeunes. Ainsi certains rappeurs ont décrit les sensations qu'ils ont ressenties lorsqu'ils étaient au cœur des émeutes tandis que d'autres, pas présents dans le quartier au moment des violences, ont décrit ce qu'ils ont pensé et ce qui les a impressionnés lorsqu'ils ont vu les images des banlieues en flammes à la télévision : « - *Stomy* : Moi, j'étais posé à Paris chez un pote au moment où les émeutes ont éclaté. Je dormais à moitié quand mon pote a allumé la télé et m'a dit, eh ! Regarde ce qui se passe à la télé ! Je croyais que c'était un film. Après je regarde mieux et je vois que cela avait l'air sérieux. J'entends que c'était parti à moitié en guérilla, ça lançait des cailloux sur les keufs et tout ça. Après j'appelle les gens à Trincamp qui me disent qu'il y a carrément des hélicoptères qui survolent le quartier. Un jour après, je rentre ici (à la Cité des enfants perdus), c'était quadrillé et tout, on ne pouvait même pas rentrer. Il fallait sa carte d'identité et moi je n'avais pas ma carte et, en plus, j'étais avec ma copine. Les keufs, ils me disaient que je ne pouvais pas rentrer et je me suis dit que j'étais vraiment dans un film. C'est pourquoi dans le morceau, chacun a raconté vraiment ce qu'il a vécu. Il ne s'agissait pas d'aller engrainer les petits en leur disant d'aller prendre un *gun* pour aller tirer sur je ne sais pas qui. Nous, on a vu ça ; après, vous en faites ce que vous voulez. »

L'expérience des discriminations et de l'humiliation

Un fort sentiment de mépris

Le sentiment général éprouvé par les jeunes interviewés est qu'ils sont quotidiennement méprisés, mal considérés et souvent humiliés par les représentants de la société intégrée. La police représente ainsi le bras armé des dirigeants politiques considérés comme les principaux responsables des conditions de vie misérables dans lesquelles ils se trouvent. Ces jeunes ont ainsi conscience de faire partie des classes populaires mais se sentent totalement impuissants pour contester les injustices dont ils se sentent être victimes et en grande partie produites par les puissants qui, au lieu de servir l'intérêt général, utilisent leur pouvoir pour se servir personnellement : « Je vais te donner un exemple tout simple. A la télé, tu entends Sarkozy (Président de la République) qui dit qu'il faut « travailler plus pour gagner plus » alors que lui il s'augmente tout seul son salaire. Cela veut dire quoi ça ? Le gars il se permet d'augmenter son salaire alors que beaucoup de gens vivent mal. Quand tu vois une personne qui se donne le pouvoir d'augmenter son salaire tout seul alors qu'il n'y a aucun président qui a fait ça avant, alors on va où ? Et quand personne ne lui dit rien c'est que, quelque part, il y a quand même un malaise : pourquoi personne ose protester ? Alors que toi, dans la galère, tu vas faire un truc minime et, si cela se trouve, tu vas faire une peine de je ne sais combien d'années. Non, il y a trop de trucs qui sont anormaux. » Les jeunes soulignent l'augmentation du coût de la vie (le prix des denrées, de l'essence, des loyers…) mais aussi la stagnation des salaires. A leurs yeux, seuls « les politiques » tirent leur épingle du jeu.

Au-delà des responsables politiques et de la police, pour les jeunes, d'autres acteurs, pourtant généralement considérés par l'opinion publique comme proches des personnes en difficulté, co-produisent des injustices à l'encontre des habitants des quartiers populaires. Ainsi, Phil, un jeune revendiquant son origine antillaise (interviewé en public puis ensuite en privé), relate une expérience qui le touche mais lui semble caractéristique des injustices en cours dans les cités. Au lieu d'être aidée par les travailleurs sociaux, une jeune femme en situation de détresse sociale et affective serait, en effet, la proie des préjugés et du pouvoir des travailleurs sociaux qui, dans bien des cas, contribueraient à rendre plus malheureux les gens au lieu de les soutenir. Dans ce cas, les travailleurs sociaux, notamment ceux agissant dans le cadre de la protection de l'enfance, apparaissent comme des supplétifs du pouvoir judiciaire oppressif à l'encontre des personnes en difficulté plutôt que comme des alliés chargés de les défendre face aux représentants des différents pouvoirs politiques et institutionnels. Ainsi, à l'instar de ce qu'a décrit Eric Marlière à propos du sentiment d'injustice chez les jeunes de cité[100], soulignant notamment que les jeunes ont une vision majoritairement négative des travailleurs sociaux, dans la Cité des enfants perdus, des travailleurs sociaux apparaissent paradoxalement comme des producteurs d'une certaine violence institutionnelle et judiciaire à l'égard des plus fragiles : « Il y a plein d'injustices dans la cité mais je vais raconter une histoire : j'ai une amie ; cela fait plus de cinq ans qu'elle se bat pour récupérer son fils. Elle est passée au tribunal, elle s'est fait retirer son fils par la justice parce qu'elle donnait trop d'amour à son enfant. Est-ce que tu as déjà vu ça ? A cause de ça, cette jeune femme a fait des dépressions et son état s'est aggravé à cause de ça. Pour moi, dans une cité, cette injustice peut arriver à beaucoup de mères. Dans une cité, beaucoup de mères ont des problèmes, beaucoup de soucis, n'arrêtent pas de pleurer. Ce sont les enfants qui en pâtissent et cela peut vite dégénérer. »

Pas de travail, beaucoup de discriminations et d'injustices

Pour définir le quartier, Stomy et son *crew* indiquent qu'une des caractéristiques principales de la Cité des enfants perdus est le manque de travail pour les jeunes en âge d'avoir un emploi. D'ailleurs, s'ils avaient un emploi, les jeunes ne galèreraient pas autant dans les cages d'escaliers. Les jeunes interviewés soulignent ainsi leur ras-le-bol face aux refus des agences d'intérim de leur trouver un travail. Ils sont pourtant persuadés que ces agences, en réalité, disposent d'annonces qui pourraient leur convenir mais, comme ils sont issus d'un quartier populaire et qu'ils sont majoritairement noirs, ces agences ne leur proposent rien. Ils ont ainsi la conviction qu'ils sont victimes d'une

100 Cf. E. Marlière, *La France nous a lâchés ! Le sentiment d'injustice chez les jeunes des cités*, Paris, éd. Fayard, 2008, p. 44-67.

discrimination négative. Ils sont pénalisés parce qu'ils sont d'origine étrangère et qu'ils sont socialement étiquetés négativement. Ainsi, ceux qui font encore l'effort de se lever tous les matins pour aller se présenter dans une agence d'intérim se retrouvent, la plupart du temps, sans rien. Quelquefois, certains décrochent un travail d'une journée mais, bien sûr, ce n'est pas suffisant et c'est insécurisant : « Ma sœur a fait le test. Elle s'est pointée dans une agence d'intérim et rien ne lui a été proposé. Or, une demi-heure après, sa copine blanche s'est présentée dans la même agence et on lui a proposé du travail. (...) Aujourd'hui, si je ne fais plus trop d'effort pour chercher du travail c'est que ça me décourage. Je vais descendre en ville et la meuf (de l'agence d'intérim) elle va me dire qu'elle n'a pas de taf alors que je sais très bien qu'elle en a ; c'est juste que ma tête ne lui revient pas ou que, pour moi, il y en a pas. Je préfère qu'elle me dise clairement : pour vous, il n'y en a pas plutôt qu'elle me dise qu'on n'a pas de travail, c'est des conneries ça. Le travail, ils en ont, c'est juste qu'ils n'en ont pas pour un certain type de personnes. Je sais très bien comment cela se passe ; le patron de l'usine, il définit un certain quota de renois et de rebeus. »

Malgré les discriminations ethno-raciales qui touchent la plupart des habitants des quartiers d'habitat social, les filles de la Cité des enfants perdus ont néanmoins beaucoup moins de difficultés que les garçons à trouver un emploi. En effet, contrairement aux « gars de cité », leurs sœurs incarnent moins fortement des « figures de désordre » ; elles suscitent donc moins de craintes dans le monde du travail mais, plus largement, dans l'ensemble de la société comme l'illustrent les discriminations vécues par les jeunes hommes de quartier à l'entrée des boîtes de nuit, aujourd'hui très médiatisées par les associations et les autorités publiques chargées de combattre les discriminations racistes[101] : « Même en boîte, tu vas arriver et bien le videur va te dire : je suis désolé mais il y a déjà dix noirs qui sont entrés ; donc c'est bon tu ne peux pas entrer toi. Il y a déjà dix noirs, je n'en veux pas un onzième. L'autre fois, je regardais un reportage à la télé où une famille blanche s'est déguisée en noir. Oh ! Elle-même, la famille qui était déguisée en noir, elle était choquée parce qu'elle est tombée face à une réalité. Avant, elle imaginait que les gens se plaignaient mais là quand cette famille s'est trouvée face au truc, elle a compris. Faut être réaliste ! »

Quoi qu'il en soit, dans le champ de l'insertion professionnelle, les emplois offerts aux filles du quartier sont toujours les mêmes et, à l'instar de ceux occupés par leurs mères (les jeunes soulignent que beaucoup de femmes font

101 A partir du début des années 2000, la Haute Autorité de Lutte contre les Discriminations et l'Egalité des chances (HALDE) et des associations antiracistes ont mené plusieurs opérations de « testing » (aujourd'hui reconnues par la loi) soulignant que de nombreux propriétaires de « night club » discriminent les jeunes parce qu'ils sont noirs, arabes et/ou issus d'un quartier populaire.

des ménages), ils sont peu valorisants : « C'est quoi le travail pour les meufs du quartier : c'est caissière à Mc Do ou à Carrefour. Mais honnêtement, c'est plus facile pour une fille de trouver du travail que pour un gars. Peut-être que l'on pense que les gars foutent plus la merde que les filles. »

Dans ce contexte, face aux discriminations, les jeunes soulignent que certains se découragent plus vite que les autres pour quand même chercher un travail. En effet, Stomy indique qu'il est conscient qu'il pourrait faire beaucoup plus qu'il ne le fait aujourd'hui pour trouver un emploi. D'une certaine manière, il a intériorisé le fameux slogan : « Quand on veut, on peut ». Il connaît des gens autour de lui qui ont vraiment la « niaque » et qui, malgré les difficultés pour s'insérer professionnellement, se lèvent néanmoins très tôt tous les matins et n'hésitent pas à aller jusqu'à Paris et dans la région parisienne pour trouver du travail. En revanche, une telle dynamique a d'abord un coût humain important. Il faut, en effet, accepter l'humiliation et la destruction de l'estime de soi que représentent de nombreux refus d'embauche. Ensuite, cette posture a également un coût financier que beaucoup de jeunes du quartier ne peuvent pas assumer. Faire de multiples démarches, se déplacer relativement loin de son domicile coûte très cher, surtout lorsque, finalement, il s'agit d'accéder à un petit emploi peu rémunéré. Dans ces conditions, pesant le pour et le contre, ayant le sentiment de ne pas pouvoir participer de façon équitable au marché du travail compétitif et méritocratique[102], la plupart des jeunes présents lors de l'entretien indiquent préférer rester dans le quartier et se résigner à se débrouiller comme ils peuvent pour accéder à quelques ressources financières. Au lieu de s'échiner à chercher du travail pour, finalement, trouver difficilement un « *bad job* », à l'instar des habitants du « ghetto noir » de Harlem décrit par Kenneth Clark au mileu des années dix-neuf cent soixante[103], la plupart de ces jeunes préfèrent, en effet, garder leur dignité en n'entrant pas dans un processus où la dévaluation des conditions d'emploi aboutit finalement à la dégradation de l'estime de soi : « Le travail est essentiel en tant que support de l'identité de la personne à travers les ressources économiques et les droits sociaux auxquels il donne accès. Au contraire, l'institution de formes dégradées d'emploi au nom de l'exigence de travailler à tout prix et à n'importe quel prix conduit aussi à la dégradation du statut de travailleur et, finalement,

102 Comme le note François Dubet, pour ces jeunes, « au-delà d'être des atteintes à leur dignité, les stéréotypes négatifs et le mépris dressent des obstacles à la réalisation de leur pleine égalité dans la compétition entre égaux ouvrant l'accès équitable à des postes, à des positions et à des responsabilités. La critique de l'absence de reconnaissance est conduite au nom d'une égalité élémentaire supposant que chacun puisse faire la démonstration de son mérite » (F. Dubet, « Injustice et reconnaissance » in *Esprit*, n°346, juillet 2008, p.150).

103 « Je m'efforce surtout de leur faire comprendre que le peuple ne réclame pas des chaînes. S'il manifeste en s'exposant aux morsures des chiens policiers et aux grenades lacrymogènes, ce n'est pas pour exiger un emploi de livreur » (Extrait d'un entretien exprimant le sentiment des habitants du ghetto in K. Clark, *Ghetto noir*, Paris, éd. Robert Faffont, 1966, p. 75).

de la qualité de citoyen. »[104] En ce sens, semblant prendre acte des critiques émises par Robert Castel sur la dégradation du statut de travailleur donc de citoyen dans la société française contemporaine, ces jeunes, particulièrement touchés par le retour de l'insécurité sociale, mettent en œuvre une stratégie alternative afin de préserver leur estime d'eux-mêmes. La « débrouille » leur permet alors de garder leur dignité et, comme l'indique François Dubet, en tant que sujet libre de disposer d'eux-mêmes, de ne pas détruire leur « identité, leur subjectivité, leur autonomie en exécutant un travail aliénant, épuisant, stressant et stupide… »[105]

On a la rage mais on se débrouille…

Dans cet environnement caractérisé par le difficile accès aux ressources financières et à la reconnaissance sociale, les jeunes soulignent, comme l'avait décrit François Dubet à la fin des années 1980, que certains jeunes ont la rage. En revanche, ils ne se voient pas comme des « exclus » mais comme des « débrouillards », c'est-à-dire qu'ils ont des capacités individuelles et collectives pour trouver des solutions, même illégales et pour, néanmoins, accéder à des ressources : « Nous, on est des jeunes débrouillards. Même si on n'a pas de boulot on saura toujours se démerder pour trouver de l'argent. Mais il n'y a pas que le *deal.* Il y en a qui sortent des lignes de vêtements, d'autres qui vendent des albums de musique. C'est vrai certains vendent des plaquettes de shit mais c'est dans l'espoir de mettre de l'argent de côté pour partir sur un bon projet honnête. » En effet, même si, pour gagner des « petits billets », les « plans débrouilles » dans lesquels s'inscrivent généralement les jeunes interviewés sont illégaux, il s'agit le plus souvent d'actes de petite délinquance. Dans la pratique, certains organisent un petit commerce de vente de tee-shirts, d'autres profitent des voyages en Afrique dans le village de leurs parents pour ramener des marchandises (bracelets, bijoux…) qu'ils revendent ensuite dans leurs réseaux de proximité, d'autres encore téléchargent des films sur Internet et les revendent deux euros.

L'expression de la violence à l'épreuve de la réalité sociale, culturelle et sécuritaire

Un quartier sous tension

Questionnés sur le fait que depuis les émeutes de 2005, la Cité des enfants perdus, que ce soit le jour ou la nuit, est généralement calme, Stomy et ses

104 R. Castel, « Travailler plus pour gagner quoi ? » in *Le Monde* du 9 juillet 2008, p. 17.
105 F. Dubet, 2008, *art.cit.*, p. 152.

amis indiquent qu'il est certain que les lourdes peines prononcées contre plusieurs émeutiers (six ans de prison pour l'un d'entre eux) ont entraîné une grande crainte de la part de jeunes potentiellement turbulents. Au regard de ces condamnations exemplaires, ces jeunes ont pris conscience que participer à des violences urbaines n'était pas un jeu et pouvait conduire en prison pour longtemps : « Les incarcérations des jeunes, pour un, six ans quand même, ont calmé beaucoup de gens. » Ainsi, les jeunes reconnaissent eux-mêmes que les mesures répressives ont une certaine efficacité sur le maintien de la paix sociale dans des « ghettos » comme la Cité des enfants perdus. En effet, la peur des jeunes vis-à-vis de condamnations sévères punissant la participation à des violences collectives est réelle. Pour un temps, de lourdes peines neutralisent effectivement l'envie de certains jeunes d'en découdre avec les forces de l'ordre pour notamment se venger des rancœurs qu'ils ont accumulées contre les agents de l'état et plus largement contre tout ce qui représente la société qui les stigmatise et les marginalise. Cependant, face au malaise qu'ils ressentent profondément et au sentiment d'oppression et d'humiliation qui les fait souffrir, ils soulignent que la crainte de la répression ne peut pas durer éternellement. A terme, ils ont conscience que l'accumulation des difficultés que vivent beaucoup de jeunes des quartiers est propice à l'explosion de nouvelles violences émeutières : « Il faut être réaliste. C'est une vérité. Tu sais très bien que si tu es dans un endroit où quelqu'un se mange une sanction, c'est obligé que cela va en freiner quelques-uns. Mais maintenant faut pas rêver, cela va les freiner jusqu'à quand ? Aujourd'hui, les gars du quartier sont calmés mais c'est obligé qu'un jour ou l'autre ça va repéter ; les émeutes ça va se passer de nouveau car, le problème, il n'est pas réglé. » Dans cette perspective, ces jeunes sont très critiques vis-à-vis des rénovations urbaines opérées dernièrement à la Cité des enfants perdus dans le cadre de la politique de la ville au sein de son volet rénovation du bâti (ORU-ANRU). Ces restructurations leur apparaissent arriver bien tard ; surtout, elles ne seraient pas destinées en priorité aux habitants de la Cité des enfants perdus mais d'abord aux logiques communicationnelles du gouvernement et des élus municipaux. Aussi « quelques coups de peinture » dans la cité et des « démolitions-reconstructions » ne leur apparaissent pas à la hauteur des enjeux des problèmes que vivent les habitants des quartiers populaires, notamment les jeunes : « Tu as beau mettre une couche de peinture ; l'intérieur reste le même. »

La violence du couvre-feu

Les amis de Stomy présents et quelquefois actifs durant les émeutes de la Cité des enfants perdus de 2005, affirment que ces désordres ne leur ont fait « ni chaud ni froid » ; ils soulignent, en effet, qu'il s'agissait simplement d'une émeute de plus. Depuis le début des années 1990, le quartier de la Cité des enfants perdus est secoué par une émeute à peu près tous les cinq ans. En revanche, ce qui les a vraiment marqués et dérangés a été le « couvre-feu » décrété pendant une dizaine de jours après les événements. Effectivement, le commissaire de police de la ville, également interviewé durant l'enquête, a été très impressionné par les violences collectives commises dans la nuit du 5 au 6 novembre 2005. Il nous a ainsi exprimé son désarroi et les difficultés qu'il a dû dépasser pour contenir les violences émeutières à la tête de ses hommes. Ainsi, par crainte que d'éventuelles violences puissent reprendre dans les jours qui ont suivi la nuit d'embrasement de la Cité des enfants perdus, en accord avec le maire de la ville, le commissaire a plaidé pour qu'un couvre-feu total soit décrété dans la cité. Ainsi, le couvre-feu décrété sur une partie de la Cité des enfants perdus pendant une dizaine de jours après les événements de novembre 2005 sera le plus dur de toute la France. Nous avons pu voir affiché sur le mur du bureau du directeur de la sécurité de la Préfecture cet arrêté, encadré comme un trophée. En fait, les jeunes ont jugé réellement injuste ce couvre-feu car il pénalisait tous les habitants du périmètre contrôlé par la police, aussi bien les mineurs que les majeurs : « Moi ce qui m'a le plus touché, c'est le couvre-feu. Le couvre-feu, on peut l'imposer à des mineurs mais pas à des majeurs, ce n'est pas bon ça ! A partir de 22h, s'ils t'arrêtent une fois ils vont te dire (les policiers) que c'est un avertissement et s'ils te rattrapent, une autre fois, pendant le couvre feu c'est-à-dire de 22 heures à 6 heures, c'est la garde à vue. Je l'ai vécu trois jours le couvre-feu ; après, cela me saoulait et je suis parti jusqu'à ce qu'on me dise que c'était terminé. Je suis revenu plus tard. Il y avait au moins un CRS dans chaque rue, c'était l'armée.» Dans la pratique, toutes les nuits, trois cars de CRS quadrillaient le quartier de la Cité des enfants perdus jusqu'à fin mai 2008 (une demi-compagnie de CRS présente en permanence), autrement dit, trois ans après les émeutes de novembre 2005.

La réalité des conflits ethniques

Au cours de notre enquête, de nombreux acteurs sociaux, des agents municipaux ainsi que des responsables associatifs dont certains sont eux-mêmes d'origine africaine, nous ont indiqué que beaucoup de violences sporadiques entre jeunes noirs du quartier étaient liées aux conflits ancestraux en Afrique subsaharienne entre les pulars et les manjaks qui sont relativement bien représentés dans la Cité des enfants perdus. Les jeunes reproduiraient, en effet, les antagonismes de leurs parents. Or, la plupart des amis de Stomy sont aussi d'origine africaine ; certains sont musulmans, d'autres catholiques mais tous réfutent totalement les théories interprétant les violences entre jeunes du quartier d'origine africaine comme étant le résultat de conflits ethniques présents en Afrique et pérennisés en France. Ils ne nient certainement pas que lorsqu'ils étaient petits leurs parents les ont élevés dans un bain culturel pular ou manjak mais, aujourd'hui, cette appartenance culturelle n'a pas d'influence réelle sur les relations qu'ils entretiennent entre jeunes. Il est donc erroné de penser que les conflits pouvant émerger entre des jeunes du quartier sont associés à des tensions ethniques insurmontables. Dans cette optique, ils contestent catégoriquement la version ethnique donnée par des adultes et des acteurs sociaux pour expliquer une bagarre ayant eu lieu durant l'été 2007 entre un jeune « pular » et un autre « manjak » et qui a rapidement dégénéré en confrontation collective. En effet, selon les jeunes, c'est parce que les « parents », les « familles » et les amis se sont mêlés d'un conflit entre deux jeunes du quartier qui ne les regardait pas que la situation s'est envenimée. Ainsi, ceux qui ont pensé que le conflit opposant les deux jeunes puis leurs familles et leurs amis avait une source ethnique se sont trompés par méconnaissance de la situation réelle ou ont agi par opportunisme. Il est vrai que les parents des jeunes d'origine africaine ont créé des associations ethno-communautaires pour aider leur pays d'origine, organiser des mariages ou rapatrier des corps suite à un décès. Pour autant, il est faux de penser que ces associations continuent à faire vivre des tensions ethniques peut-être toujours vivantes en Afrique. Dans la Cité des enfants perdus, les gens se regroupent par affinité familiale et communautaire pour, d'abord, être solidaires et non pour s'opposer, en France, en fonction d'une origine ethnique spécifique : « La guerre entre les manjaks et les pulars c'est des conneries. En fait, ce sont deux petits : un manjak et un pular qui se sont bagarrés ; ils ont fait un tête-à-tête ; après les darones (mères) sont venues et les ont séparés et voilà. Ils voulaient continuer à se bagarrer, c'est tout. Mais, après, tu as toutes les commères qui se rapprochent, qui se rapprochent, qui se rapprochent jusqu'à ce que la police vienne et, après, voilà, ça commence à se généraliser. En fait, c'est parti entre deux petits qui n'ont même pas 20 ans et, après, on dit que c'est la guerre entre les pulars et les manjaks, mais on va où là ? »

En fait, les jeunes indiquent que des « papys » d'origine africaine s'emploient à véhiculer l'idée qu'il existe de fortes tensions ethniques, voire des « guerres » entre les « pulars » et les « manjaks » parce qu'ils ont un intérêt personnel à le faire croire. En effet, ils peuvent ainsi s'autoproclamer représentants d'une « communauté » et offrir leurs services de médiateurs aux pouvoirs publics qui cherchent des interlocuteurs pour dialoguer avec les habitants de la Cité des enfants perdus ou travailler à les neutraliser. En réalité, ces acteurs exagèrent stratégiquement l'importance de l'organisation ethnique du quartier pour accéder, d'une part à des ressources financières et, d'autre part, à du pouvoir politique : « Les papys c'est des vendus. Ils ne sont pas là pour nous aider ; ils sont juste là pour gratter de l'argent ou pour devenir maires. Ils se sont même fait poursuivre par la justice parce qu'ils grattaient l'argent des maisons de quartier. » Ainsi, pour ces jeunes, les « papys », autrement dit, les adultes d'origine africaine qui se sont organisés en association pour devenir des interlocuteurs des pouvoirs publics en prétextant qu'ils représentent des

« communautés » et/ou qu'ils connaissent bien les jeunes et leurs besoins et qu'ils peuvent donc entrer en contact avec eux et faire pour eux des choses permettant d'améliorer leur condition sont, en fait, des imposteurs qui agissent seulement pour eux-mêmes : « Ils (les papys) essaient de bien se faire voir. Quand ils font un truc, il y a toujours quelque chose derrière, ce n'est pas pour nous. Pour être honnête, personne ne fait quelque chose pour nous : c'est toi et ta galère. C'est la débrouille. »

Les jeunes d'origine africaine réfutent donc l'idée qu'il existe des conflits ethniques sérieux entre les Africains de la Cité des enfants perdus. En revanche, ils indiquent qu'entre les Maghrébins musulmans existent des tensions. Deux mosquées sont situées à deux rues d'intervalle. De plus, les Turcs prient dans une troisième mosquée, située, elle, à la périphérie de la ville. Même si les jeunes musulmans d'origine africaine ont connaissance des antagonismes existants, notamment entre les « Algériens » et les « Marocains », Abou signale, qu'en tant qu'Africain musulman (il est de nationalité sénégalaise), il se moque de ces conflits et va prier dans n'importe quelle mosquée. Pour autant, parce que depuis tout petit, il fréquente la même mosquée au sein de laquelle il suivait des cours d'arabe étant enfant, il prie régulièrement dans la mosquée qu'il connaît la mieux. L'identité musulmane est importante pour lui comme cela l'est pour de beaucoup de jeunes musulmans du quartier. Par ailleurs, il signale qu'il connaît également beaucoup de jeunes catholiques de la Cité des enfants perdus, des « Blancs » et des « Noirs » qui se convertissent : « Les Marocains ont leur mosquée et les Algériens ont leur mosquée. Mais moi je vais dans n'importe laquelle, je m'en bats les couilles. Pour nous, les Africains, une mosquée c'est une mosquée. »

La plupart des flics sont des cow-boys et provoquent les jeunes

Pour les jeunes interviewés, à la Cité des enfants perdus, un an après les émeutes, les policiers semblaient toujours provoquer les jeunes. Aujourd'hui, les policiers, notamment la BAC et les CRS, circulent sans cesse dans le quartier en cherchant du regard les jeunes qu'ils croisent. Ainsi, ces jeunes se demandent si les forces de l'ordre souhaitent que les désordres reprennent : « La police, elle cherchait les jeunes comme si elle voulait que cela reparte en couille. Les keufs, ils tournaient et provoquaient les gens. Un an après, ils tournaient encore avec au moins quinze voitures. » Lorsqu'on les interviewe, les jeunes reconnaissent néanmoins que la plupart des policiers de la BAC présents à la Cité des enfants perdus, surtout à partir de la fin d'après-midi « se sont un peu calmés ». Néanmoins, dans la cité, ils décrivent toujours la présence de policiers « méchants » : « On va te contrôler : T'as un problème !

Ils cherchent la petite bête. Ils sortent direct le tazer[106] et la matraque. Ils attendent juste que ça chauffe pour taper. »

En fait, d'une certaine manière, pour les jeunes, les policiers qui tournent dans le quartier « galèrent » comme certains d'entre eux. Dès lors, pour faire monter le taux d'adrénaline, il n'est pas rare que des CRS provoquent les jeunes favorisant ainsi un rapport de confrontation venant rompre la monotonie des rondes de policiers dans un quartier certes considéré comme une « zone sensible » mais néanmoins calme la plupart du temps : « Quelque fois, quand ils passent en voiture, les CRS font des bras d'honneur ; ils vous cherchent, ils vous provoquent. La dernière fois, ils sont passés à côté de mon petit frère et ils l'ont dosé (arrosé avec une bombe lacrymogène), comme ça, pour rien. Juste parce qu'ils cherchent ; ils n'ont rien à faire, tellement qu'ils galèrent. Ils ont besoin d'adrénaline. La dernière fois aussi, ils sont passés à côté de nous puis pchiiit !!!, ils dosent. » Dans ce contexte de provocation mutuelle, pour riposter face à des comportements policiers considérés comme du harcèlement, des jeunes reconnaissent qu'il leur arrive de craquer. Ainsi, un jeune interviewé relate une expérience où, ne supportant plus les passages provocants des policiers devant lui, il a pris un caillou et l'a jeté sur la voiture de police entraînant une course poursuite : « L'autre fois je me suis fait embarquer parce que j'ai craqué. J'ai pris un caillou et je l'ai lancé sur le fourgon. Après ils m'ont coursé mais ils ne m'ont pas attrapé. Après, ils m'ont revu et m'ont reconnu. Ils m'ont attrapé direct : on t'a reconnu. Juste avant ils avaient attrapé mon petit frère parce qu'ils ne savaient pas si c'était moi ou mon petit frère parce que j'ai un petit frère qui me ressemble. J'arrive au poste et je vois mon petit frère. Il me dit « voilà ce qu'ils me reprochent ». J'ai dit, non, c'est moi qui ai jeté le caillou. Je suis resté trois heures puis, je suis ressorti. »

Pourtant, les jeunes ont conscience qu'ils ont intérêt à garder leur sang froid lorsqu'une confrontation a lieu avec la police. Ils savent qu'à terme, la police a toujours le dernier mot : « Contre les keufs, tu perds tout le temps. Tu fais une petite peine puis tu ressors. Ce n'est pas ta voix contre la sienne (un policier) mais ta voix contre quatre voix, lui (un policier) sa voix elle vaut quatre voix. » Pour ces jeunes, certains policiers sont mêmes dangereux lorsqu'ils tentent d'intercepter des gamins roulant dans le quartier sur des motos sans casque. Il semble en effet qu'ils sont prêts à les renverser pour les stopper. En ce sens, dans l'affaire de Villiers-le-Bel, où deux jeunes en moto sont morts percutés par une voiture de police en novembre 2007, entraînant alors des émeutes. Sans attendre les résultats de l'enquête judiciaire, au regard de leur

106 Les Tazers X26 sont des pistolets à impulsion électronique. Ils sont appelés Tazer du nom du principal fabricant ou *stun gun* ou encore « choqueur ». Les tazers sont des armes utilisées pour maîtriser une personne considérée comme dangereuse, tout en évitant à l'utilisateur de trop s'approcher. Elles sont vendues comme étant non létales car présentant théoriquement un risque faible de provoquer la mort.

expérience, les jeunes interviewés sont convaincus qu'il s'agit d'un accrochage délibéré des policiers ; en somme, pour eux, il s'agit d'une exécution expéditive : « Pour moi, les keufs ils ont foncé dans la moto. Ici, quand il y a des courses poursuites avec des petits jeunes sur leur moto et bien les flics veulent les tamponner. Ils ont l'interdiction de faire ça mais c'est la police donc ils se permettent de tout faire. »

Les jeunes de quartier sont des citoyens de seconde zone

Ces jeunes pensent que la police présente à la Cité des enfants perdus considère les habitants du quartier, notamment les jeunes noirs, comme des citoyens de seconde zone. En effet, alors que dans d'autres endroits, notamment au centre ville, la police intervient pour séparer des individus qui se battent pour éviter que cela dégénère et qu'un des protagonistes soit grièvement blessé, dans la cité, les jeunes indiquent que, plusieurs fois, ils ont pu constater que dans des affaires de bagarres impliquant deux jeunes du quartier la police pourtant présente n'a pas bougé. Cette non-intervention est alors interprétée par les jeunes, non comme une manifestation de la crainte mais comme un profond mépris des policiers à l'encontre des jeunes de la cité, voire du racisme à leur égard : « Les keufs, ils regardent, c'est tout. Ils disent : laissent les singes se manger entre eux. Ils sont là, ils sont entre eux et ils ne bougent pas. Ils attendent qu'il y ait un mort et, après, ils iront le chercher. Mais quand ils savent qu'ils peuvent taper, ils viennent. »

Ainsi, un jeune du quartier indique qu'il trouve très étonnant qu'alors que les espaces stratégiques de la cité sont équipés de caméras de vidéo-surveillance reliées au quartier général de la police municipale, lorsque dans le quartier il arrive que des jeunes se battent, ce ne sont jamais des policiers qui arrêtent ces bagarres mais des habitants eux-mêmes. Or, pour les jeunes interviewés, dans des situations similaires au centre ville, il est certain que les policiers interviendraient très rapidement : « Il y a une chose que je ne comprends pas ; il y a plein de caméras dans la Cité des enfants perdus mais quand il y a une embrouille, quand deux personnes se battent, il y a toutes les caméras fixées sur eux et il n'y a aucun flic qui se déplace pour venir les séparer. Il faut qu'il y ait un passant ou quelqu'un qui les connaît bien pour les séparer. » En fait, les jeunes dénoncent l'inexistence d'une réelle police de proximité et ont conscience que la police ne se déplace pas par crainte que la situation dégénère si les forces de l'ordre ne sont pas assez nombreuses.

Il y a beaucoup de mauvais keufs et seulement quelques bons

Lors de notre entretien collectif, un consensus chez les jeunes se dégage bel et bien pour décrire des pratiques policières jugées inacceptables de la part de représentants de l'ordre républicain. Pour les jeunes, les premiers responsables des phénomènes de violence sont les forces de l'ordre : « Du moment que les policiers ne font pas de bêtises, il n'y a pas de violence. » Ils ont, en effet, tous en tête des provocations policières ou ont même subi des violences injustifiées et des humiliations de la part de policiers se comportant mal à leur égard ou envers des membres de leur famille. Aussi ces policiers sont-ils assimilés à une force d'oppression raciste. En revanche, ce consensus éclate lorsque les jeunes appréhendent les policiers qu'ils ont rencontrés non plus comme les représentants de l'institution policière mais comme des individus à part entière. Ainsi, dans la discussion animée qui oppose les jeunes entre eux, une ligne de fracture se dessine entre deux groupes : le premier groupe considère tous les policiers comme des agents d'oppression. Ainsi, même si les jeunes appartenant à ce groupe reconnaissent que certains policiers à qui ils ont eu affaire ont eu des comportements convenables, la raison est simple : tous les « keufs » sont des hypocrites. Les policiers sont donc stigmatisés, méprisés, racialisés (ce sont majoritairement des petits blancs) et associés à la « minorité des pires »[107] : « Les flics du poste de police du quartier ne sortent jamais sauf pour aller à Intermarché chercher du vin et acheter du camembert ». Mais la plupart du temps, les jeunes de ce groupe ont eu une expérience personnelle avec la police où domine l'expérience de rapports antagonistes et violents. C'est illustré par un jeune dialoguant avec ses amis lors d'un entretien collectif : « Moi aussi, j'ai eu de mauvaises expériences avec les keufs. Quand ils m'ont défoncé pour rien devant chez toi. Soit disant que j'avais volé un sac. Même ta darone et tous les tontons (pères de famille) sont venus pour qu'ils arrêtent. Ils m'ont mis dans le coffre dans le fourgon et ils piétinaient et tout. Ça c'est arrivé à tout le monde, jusqu'à ce que l'arcade éclate et que les chicots (les dents) sautent. » Le second groupe est également constitué de jeunes qui ont été socialisés dans le quartier mais qui ont eu une expérience personnelle moins traumatisante avec la police : « Il y a des keufs qui nous ont sauvé la mise quand même. Moi je dis qu'il y a des keufs qui sont de vrais enculés mais il y en a d'autres, non ! » Observons que ce groupe est constitué de jeunes qui, à un moment donné de leur trajectoire, ont pu sortir du quartier et même de la ville grâce à leur réussite scolaire ou à leur parcours professionnel. Il s'agit donc de jeunes qui ont vécu des expériences où ils ont pu rencontrer des policiers ailleurs que dans un « contexte de quartier » où les relations avec la police sont généralement tendues et où les processus de stigmatisation sont réciproques. En dehors de la cité, certains ont même tissé des liens personnels dans leur vie privée avec des policiers. Dans ce cas, ces jeunes savent que les policiers sont aussi des personnes ; autrement dit, qu'ils ont une personnalité singulière. Considérés individuellement, les policiers ne

107 Cf. N. Elias, J.-L. Scotson, *Les logiques de l'exclusion. Enquête sociologique au cœur des problèmes d'une communauté,* Paris, éd. Fayard, 1997.

sont donc pas seulement les représentants d'un ordre social injuste. Effectivement, tous les jeunes interviewés dénoncent les processus de « barbarisation », voire de déshumanisation, développés par beaucoup de policiers à l'encontre des jeunes de quartier populaire. A contrario, volontairement, des jeunes de quartier refusent de faire des amalgames et de déshumaniser la police. Toutefois, entre ces deux groupes, les points de vue s'opposent fermement et la discussion est vive lorsqu'il s'agit de donner un point de vue, non plus sur la police en général mais sur des policiers en particulier : « - *Abou* : Les keufs c'est tous les mêmes ! - *Stomy* : Mais non, faut pas généraliser non plus. Il y a des bons même s'il y a plus de mauvais que de bons. - *Abou* : Oui, les keufs c'est tous les mêmes. C'est des faux culs ! Derrière ton dos, ils te crachent dessus. - *Stomy* : Faut pas faire de généralité, sinon on fait comme les keufs qui disent que les jeunes c'est tous les mêmes, ce n'est pas une vérité ça ! - *Roger* : Moi, je connais des gendarmes à Caen, des policiers à Caen et à Paris et je passe des soirées avec eux. Ce n'est pas tous les mêmes ! J'ai leurs numéros de téléphone ; on s'appelle et tout... Ce sont des amis. Certains m'ont invité à leur mariage. - *Stomy* : Même s'ils ont un uniforme, avant tout c'est des hommes ! »

Les jeunes qui parlent avec la police sont traités de balances

Dans le quartier de la Cité des enfants perdus, il est certain que le point de vue des jeunes appartenant au premier groupe (considérant tous les policiers comme des agresseurs et des hypocrites) est largement majoritaire. Pour les jeunes appartenant au second groupe (considérant qu'à côté de « mauvais policiers » agressifs, violents et racistes, il existe de « bons policiers » faisant humainement leur travail de maintien de l'ordre et de protection des honnêtes gens), il faut donc un certain courage et une grande assurance pour exprimer devant leurs pairs un avis minoritaire au sein de la jeunesse populaire des cités défavorisées et ségréguées. En effet, il existe toujours un risque que ces jeunes soient taxés de « balance » par les autres jeunes qui ne peuvent pas imaginer que l'on puisse entretenir des relations humaines « normales » avec des policiers lorsque l'on est soi-même un « jeune de quartier ». Pour ces jeunes, dans leurs représentations, si l'on développe des rapports humains avec la police et que des policiers se comportent humainement avec vous c'est que, nécessairement, vous leur fournissez des informations sensibles sur les activités illégales et les personnes qui s'y engagent dans le quartier. Les jeunes qui affirment, au grand jour, entretenir des relations amicales avec des policiers ont donc, soit un passé de délinquant notoire, soit une reconnaissance particulière (par exemple, des jeunes interviewés sont des sportifs reconnus) qui leur assurent une certaine respectabilité : « J'ai eu une histoire qui remonte à 2004 avec des keufs. Mon frère a eu une petite histoire ; je suis parti pour le défendre. Les gendarmes sont donc venus et m'ont arrêté mais cela s'est super bien passé.

J'ai donc pris deux numéros de gendarmes et, depuis, on s'appelle régulièrement. Je suis venu à leur mariage. Mais après, si je le dis à certaines personnes du quartier, ils vont dire que je suis un traître. Déjà, j'avais posé mon portable sur une table ; il y a deux personnes qui ont regardé mon téléphone et qui ont vu que j'avais le numéro de gendarmes ; ils ont dit : oh ! T'es une balance ! »

Dans cette optique, pour la plupart des jeunes de la Cité des enfants perdus, les rares « flics » issus d'un quartier populaire sont rejetés car ils apparaissent comme des traîtres à la « culture de quartier » au sein de laquelle la haine de la police est de notoriété publique comme le souligne Abou : « Etre un jeune du quartier et devenir un policier, c'est déjà mal vu. La plupart des jeunes ont la haine des keufs. Si tu deviens policier, c'est chaud ! » De plus, généralement, les jeunes indiquent que ces policiers se distinguent en affirmant ostensiblement leur nouvelle identité policière quitte à renier leur passé ou leurs anciennes connaissances lorsqu'ils vivaient dans une cité et fréquentaient les bancs de l'école du quartier : « - *Roger* : Dans le quartier, il n'y a pas de flics issus d'un quartier à part un. Tu te rappelles de Franck, un métis. Il était dans ma classe. – *Abou* : Oui, je ne lui serre plus la main. – *Roger* : Maintenant quand je le revois, moi aussi je ne lui serre pas la main. Pourtant quand on était dans la même classe, on s'entendait bien mais depuis qu'il est flic, il a pris le boulard (la grosse tête). Genre, il est intouchable, c'est la loi… On ne peut pas lui mettre une tarte dans la gueule mais… »

Les gendarmes sont mieux formés que les flics !

Pour Stomy et l'ensemble de ses amis, les gendarmes sont néanmoins mieux considérés que les policiers. Ils paraissent plus compréhensifs et surtout plus professionnels. Ce qui est apprécié par les jeunes concernant l'action des gendarmes, c'est qu'il s'agit de militaires qui agissent comme tels. Leur manière d'opérer leur paraît moins dangereuse, plus respectueuse des gens et donc plus sécurisante. En effet, les gendarmes apparaissent plus comme une force armée de protection plutôt que d'oppression. Ainsi, pour ces jeunes, comme l'indique Ali, les gendarmes seraient mieux formés que les policiers : « Les gendarmes sont des militaires qui ont été bien formés alors que les policiers ont une formation de trois mois. Au bout de trois mois, tu arrives devant lui (un policier) et il sort son arme… C'est trop facile d'entrer dans la police maintenant. » Par ailleurs, pour sortir de la galère, en dernier recours, les jeunes interviewés acceptent l'idée d'entrer dans l'armée et ainsi, potentiellement, de devenir gendarmes. En revanche, devenir policier est une éventualité qu'ils refusent d'imaginer.

Stomy et la plupart de ses amis sont ainsi persuadés que beaucoup de policiers avec lesquels ils entretiennent des relations antagonistes sont des individus qui se vengent des mauvais traitements qu'ils ont subis de la part des « jeunes de quartier » lorsqu'ils étaient plus jeunes. En effet, leur statut de policier leur confère une légitimité et une protection pour laver l'affront qu'ils ont dû vivre dans leur jeunesse lorsqu'ils étaient victimes et, comme le souligne Stomy, à partir de l'instant où ils sont devenus policiers, ils en profitent largement : « Il y a pas mal de policiers qui lorsqu'ils étaient jeunes se faisaient tabasser par les renois et les rebeus. Beaucoup de keufs sont des jeunes qui en avaient marre de se faire tabasser. Les trois quarts des keufs se faisaient victimer. Donc, en devenant keufs, ils se sont dit dans leur tête qu'ils pourraient faire la misère à tout le monde. Le problème c'est que leur plaque leur donne un certain pouvoir. »

Un rapport personnel à la violence et à sa neutralisation

Sortir du quartier permet de s'ouvrir au monde

Stomy, Abou, Ali et les autres soulignent que le quartier est un espace sécurisant car ils connaissent presque tout le monde. Ils ont leurs repères. C'est un lieu de sociabilité et de convivialité où les murs parlent : dans chaque immeuble, ils voient des fenêtres derrière lesquelles habitent des personnes qu'ils connaissent comme l'exprime Phil : « Avant j'habitais à Paris ; les gens font tous une tête de dix mètres de long. Le premier qui m'approchait, moi, je le butais ; enfin, il y avait embrouille. Quand je suis arrivé dans la cité, ici, la première chose qui m'a choqué c'est que les gens me disaient bonjour. Maintenant quand je marche dans la rue je n'ai pas une tête de dix mètres de long. Je sors, je dis bonjour aux gens, comment tu vas ? Je leur serre la main. Les gens ils se parlent.» Le « quartier » est un lieu où les relations d'interconnaissance sont fortes. La cité apparaît donc comme un espace certes confiné mais au sein duquel des rapports de solidarité et d'amitié peuvent s'exercer et souder les individus : « Le fait d'être dans un même endroit, de côtoyer les mêmes gens, à force, cela crée des liens. Que ce soit positif ou négatif cela crée toujours des liens. A force d'être dans le même lieu, même si des gars vont décider de faire des trucs dans le vice, ils vont être unis quand même ; il y a un certain type de solidarité même si c'est dans la connerie. »

En revanche, pour certains jeunes, le quartier de la Cité des enfants perdus peut également être perçu comme un lieu d'enfermement et de repli sur soi peuplé de faux culs et d'hypocrites. En fait, les jeunes qui ont le plus conscience d'avoir été captifs d'une logique de « ghettoïsation » sont ceux qui, à un moment de leur histoire personnelle, ont pu quitter durant une assez longue période leur quartier d'origine et/ou qui ont finalement réussi à s'installer ailleurs. Roger se trouve dans ce cas. Il explique qu'il a grandi à la Cité des enfants perdus. Il y a vécu une vingtaine d'années mais, aujourd'hui, il vit dans une résidence au sein d'une grande ville de province. Il souligne à tous (les autres jeunes écoutent très silencieusement et avec un grand étonnement ce que relate leur ami) que, contrairement à ses craintes, il a rapidement trouvé un intérêt à quitter la Cité des enfants perdus. En effet, pour lui, ce changement de vie a également correspondu au passage d'une situation de précarité et de fragilité sociale à une réelle insertion professionnelle : « Si tu vis dans une autre ville en ayant un travail et que tu ne manques de rien et bien le quartier tu l'oublies direct, surtout si ta famille également n'y vit plus. Les amis, on peut toujours les appeler, ils peuvent se déplacer. En plus dans le quartier, il y a des trucs que l'on aimerait bien oublier comme des mauvais souvenirs, des galères... »

En fait, pour Roger, la sortie du quartier a correspondu à une réelle bouffée d'oxygène. Parce qu'il n'était plus sous l'emprise de la cité, de la « culture de quartier » et de ses codes, il a pu s'ouvrir au monde et vivre différemment le rapport à autrui. Il a vite eu le sentiment qu'il pouvait même s'extraire d'une certaine conformation collective qui le tirait vers le bas. En effet, le fait de ne plus se déplacer en « bande » lui a permis de ne plus être la cible de formes de discrimination et de stigmatisation qui l'empêchaient auparavant de s'épanouir. La sortie du quartier a donc correspondu aussi à la rencontre d'une nouvelle réalité et à son entrée dans un processus d'individuation lui permettant de s'intégrer dans des groupes moins stigmatisés socialement et ethniquement. Ainsi, cette intégration a permis à Roger de sortir d'un « cercle vicieux », une sorte de nasse caractérisée par un sentiment de pourrissement dans un quartier ghettoïsé et d'entrer dans un « cercle vertueux » défini par la constitution d'un tissu relationnel diversifié, sorte de sas vers l'intégration sociale réelle et l'enrichissement personnel. L'ouverture d'esprit est alors devenue un plaisir : « En sortant de la Cité des enfants perdus, je découvre des choses que je n'aurais jamais découvertes si j'étais resté dans cette ville. Je découvre des gens que je ne connaissais pas, des gens qui n'ont pas que la mentalité de quartier et qui sont ouverts à tout. C'est un exemple ; aujourd'hui, je suis ouvert à toutes sortes de musiques ; j'écoute du rock, de la chanson française... Si j'arrive avec ces CD au quartier, attention ! On va dire que je suis francisé... Je ne regrette rien. Aujourd'hui, parce que je suis sorti du quartier et grâce à la réussite de mon frère (il est devenu footballeur professionnel), j'ai connu des gendarmes, des avocats... enfin des gens que jamais dans ma vie j'aurais pensé fréquenter. Je rentre en boîte, enfin des boîtes où lui (il désigne Abou), je suis certain, il ne rentre pas. Moi, même en basket, je rentre (...) Quand tu as une possibilité, que tu as une porte ouverte, c'est plus facile mais quand tu ne l'as pas... tu te dis, je vais rester au quartier, tu te dis que ton avenir est dans le quartier, que tu auras des enfants qui vont rester au quartier. »

En fait, parce que Roger a vu d'autres horizons, il porte un regard très critique vis-à-vis de la « mentalité de quartier » qu'il juge trop fermée : « Je ne critique pas les gens du quartier mais je trouve qu'ils ne sont pas assez ouverts (les autres entrent dans un fou rire). La plupart des gens du quartier ne sont pas assez curieux, ils sont dans un engrenage. Depuis que je suis parti d'ici (le quartier de la Cité des enfants perdus), je me suis dit : plus jamais les quartiers ! Au quartier, ils laissent pourrir les gens ! Même si par rapport à moi, il y a beaucoup de jalousie, j'ai saisi l'opportunité de quitter le quartier. »

Faut sortir du « mode ghetto »

Pour Roger, le marqueur le plus évident de cette emprise du quartier sur les gens reste l'utilisation d'un langage de cité caractéristique, certainement valorisé au sein des quartiers populaires mais totalement inadaptés à l'extérieur du « ghetto ». Il s'agit du parler « *wesh*[108] ». Or, la plupart des jeunes de la Cité des enfants perdus n'ont même pas conscience que leur langage, leurs codes linguistiques sont incompris et irrecevables à l'extérieur, notamment dans les différents milieux professionnels : « Quand je suis sorti du quartier, j'ai dû faire un effort pour apprendre un certain langage pour passer des diplômes. J'ai dû apprendre un langage que je n'avais jamais entendu. Quand je suis arrivé à Paris on me parlait, je disais : quoi ? Quoi ? Tu peux répéter ? Les mecs ils me disaient, quoi tu ne comprends pas... Par contre, quand je leur parlais, ils ne me comprenaient pas non plus parce que moi je leur parlais mode ghetto et eux ils ne parlaient pas mode ghetto ! Quand ils me parlaient d'un truc que je ne comprenais pas, j'allais chercher la définition et je la gardais pour moi. Maintenant, lorsque j'utilise ces mots dans certaines de mes phrases, des personnes qui ne comprennent pas me disent : arrête de faire ton baratin, de te prendre pour un professeur, un scientifique. »

Ainsi, la ghettoïsation se caractérise aussi par l'intériorisation de codes singuliers par les habitants des quartiers populaires - surtout les jeunes - et par leur inadaptation face à des situations nouvelles. En effet, beaucoup de jeunes de quartier ne savent même pas distinguer ce qui est acceptable dans la cité, voire conforme aux pratiques, aux façons d'être de la majorité des jeunes « banlieusards » et inacceptable ailleurs car considérés comme irrespectueux. Il s'agit d'un type de déviance bien décrit par Howard Becker[109] où l'individu est perçu par la société intégrée et majoritaire comme déviant alors que

108 Comme le stipule le "lexique des cités" (éd. Fleuve Noire, 2007), de l'expression arabe, "*wesh rak*" (comment vas-tu ?), l'utilisation de la formule « *wesh* » par beaucoup de jeunes des quartiers populaires pour se saluer ou s'apostropher a été tellement médiatisée ces dernières années que ce terme désigne également le « parler banlieue », le « parler *wesh* ».
109 Cf. H. Becker, *Outsiders. Etudes de sociologie de la déviance*, Paris, éd. Métaillé, 1985, p. 33-35.

cet individu ne se perçoit pas, lui, comme déviant. Il n'a effectivement pas conscience que ses pratiques qui, dans sa communauté d'appartenance et de référence apparaissent conformes, sont perçues ailleurs comme déviantes. En réalité, il ne partage pas les « bons » codes sociaux et culturels pour s'en apercevoir : « A certains entretiens d'embauche, des mecs de quartier ne savent pas s'adapter. Certains se pointent avec une casquette alors que c'est considéré comme un manque de respect. »

Etre francisé, c'est manger que des pâtes et plus du tout de riz

La logique d'assimilation dans laquelle s'inscrit Roger avec conviction est finalement mal reçue par ses amis vivant toujours dans le quartier de la Cité des enfants perdus. En effet, au cours de l'entretien, à force d'encaisser les critiques de Roger sur la « mentalité de quartier », ses amis rechignent collectivement à accepter l'ensemble de ses jugements négatifs et sa prise de conscience personnelle que la Cité des enfants perdus est un « ghetto » socio-ethnique où les gens sont enfermés et « pourrissent ». Didier Lapeyronnie souligne, en effet, que « l'univers social du ghetto est un univers de stéréotypes, un monde trop plein, marqué par un excès de social dans lequel la personne n'a guère de place. Elle doit en être chassée parce qu'elle est toujours une menace pour la cohésion collective. L'individu n'a pas le choix : soit il accepte de jouer son rôle, de s'irréaliser dans une sorte de caricature, soit il doit partir, s'exiler ou s'exiler. »[110] Dans cette perspective, les amis de Roger ont l'impression que celui-ci est trop sévère à l'encontre de son milieu d'origine. Certains l'accusent d'être « francisé », autrement dit, d'oublier ses racines. Ils ont le sentiment que Roger est sur une pente dangereuse. En effet, il pourrait trahir ses amis en oubliant complètement ses origines, sa « communauté d'appartenance », ce qui est très mal vu chez les jeunes que nous interviewons. Affirmer sa culture d'origine leur semble être un gage permettant de ne pas se perdre, de rester soi-même et de garder ainsi la tête haute en toutes circonstances. Même si, en tant que jeune de cité, souvent d'origine étrangère, la vie n'est pas facile, en proie aux discriminations et au racisme, affirmer ses origines permet de revendiquer sa fidélité à sa culture d'origine dispensée par sa famille et de préserver ainsi sa dignité. Pour ces jeunes, il ne fait pas de doute que revendiquer leur part d'ethnicité s'apparente à une forme de contre-stigmatisation. Dans ce cas, la « francisation » dans laquelle s'inscrit Roger mais aussi des ministres d'origine étrangère nommés par le président Sarkozy (Rama Yade, secrétaire d'Etat aux Droits de l'Homme et Fadela Amara, secrétaire d'Etat à la politique de la ville sont considérés par les jeunes comme des faire valoir : « Ce sont des chiens tenus en laisse par Sarkozy ») est condamnée par Stomy mais aussi par les autres jeunes présents : « Pour moi être francisé, voilà comment je le

110 D. Lapeyronnie, 2008, *op. cit.*, p. 603.

vois : c'est comme toi, tes parents, ils t'ont donné une éducation française par rapport à tes racines, par rapport à ta culture. Et puis, si un jour tu vas faire un voyage et t'installer en Afrique, tu vas oublier que tes parents t'ont éduqué d'une telle façon et tu vas rejeter tout et dire que tu n'es qu'un Africain. Non ! Il ne faut pas oublier, même si d'un côté tu vas te sentir africain parce que t'as vécu en Afrique ; il ne faut pas oublier d'où tu viens et ce que ta mère et ton père t'ont inculqué, tu vois, tout simplement... »

Néanmoins, le rapport à l'ethnicité est différemment apprécié par les uns et les autres. Les questions identitaires demeurent très sensibles entre les jeunes présents lors de l'entretien collectif. Il semble exister une sorte de hiérarchisation mélanique, des « lignes de couleurs »[111](hiérarchies sociales induites par la hiérarchisation des couleurs et de leur intensité) entre les jeunes : ceux d'origine antillaise revendiquent une culture spécifique différente des « français blancs » tandis que ceux d'origine africaine perçoivent les comportements de ces mêmes jeunes comme totalement « francisés » et « désafricanisés ». Certes, sur le ton de la plaisanterie, les jeunes d'origine africaine affirment que ces jeunes ont complètement perdu leurs racines africaines et qu'ils se comportent comme des « Blancs » au point où certains d'entre eux se percevraient comme plus Français que les « Français de souche », autrement dit, les « Français blancs ». Il existe donc une sorte de « dissonance identitaire » puisque les jeunes antillais revendiquent être des « antillais noirs » d'origine africaine alors que les jeunes d'origine africaine ne les considèrent pas comme faisant partie de la « communauté africaine » à part entière. Ces « rapports de race » ont en fait été bien décrits par les théoriciens anglo-saxons des relations interethniques qui parlent de « labelling ethnique » ou d'auto/hétéro-définition catégorielle. Pour les analystes interactionnistes de l'ethnicité, les acteurs « s'identifient et sont identifiés par les autres sur la base de dichotomisations, nous/eux, établies à partir de traits culturels supposés dérivés d'une origine commune et mis en relief dans les interactions sociales. »[112]

Comme nous l'avons décrit dans un ouvrage synthétisant plusieurs paradigmes pour comprendre les désordres urbains[113], dont celui de l'ethnicité, l'identité ethnique n'est pas le pur produit d'une simple définition endogène, « elle se construit dans la relation entre la catégorisation par les non-membres et l'identification à un groupe ethnique particulier »[114]. L'appartenance à un groupe ethnique est donc le produit d'une interaction sociale entre une

---

111 Cf. P. Ndiaye, « Questions de couleur. Histoire, idéologie et pratiques du colorisme », in D. Fassin et E. Fassin (dir.), *De la question sociale à la question raciale ?*, Paris, éd. La Découverte, 2006, p. 37-53.
112 P. Poutignat, J. Streiff-Fenart, *Théories de l'ethnicité*, Paris, éd. Puf, 1995, p. 154.
113 Cf. M. Boucher, « L'ethnicité » in *Turbulences*, 2007, *op. cit.*, p. 141-244.
114 P. Poutignat, J. Streiff-Fenart, 1995, *op. cit.*, p. 155.

auto-définition et une hétéro-définition : « C'est cette relation dialectique entre définitions exogène et endogène de l'appartenance ethnique qui fait de l'ethnicité un processus dynamique toujours sujet à redéfinition et à recomposition. »[115] La notion de frontière ethnique (*ethnic boundary*) proposée par Barth[116] souligne que l'appartenance ethnique se détermine avant tout par la production d'une séparation entre les membres et les non-membres d'un groupe ou d'une communauté. La mobilisation ethnique se construit dans un processus dichotomique entre eux et nous.

Quoi qu'il en soit, malgré leurs différences, les jeunes d'origine antillaise et africaine finissent par s'entendre sur un point : tous ont la peau noire et sont donc « hétéro-racisés » et essentialisés par la majorité française blanche. Ils assument complètement l'idée de définir les rapports sociaux d'un point de vue racial. Ils font une opposition nette entre des comportements incarnés par des « Blancs » ayant une mentalité, une « culture blanche » et ceux développés par des « Noirs » ayant une expérience vécue de Noirs. Dans cette perspective, Stomy et Phil, l'un originaire de Haïti, l'autre des Antilles, essayent ainsi d'établir un consensus en affirmant leur conviction que les jeunes noirs présents à l'entretien ont une origine commune constituant l'identité ethnique du groupe : « - *Phil* : Moi je suis né en France, je ne vais pas dire que je suis né aux Antilles mais ma culture originelle est antillaise. Je suis un Antillais. J'ai une mentalité d'antillais pas de français – *Stomy* : Bref, moi, je suis né au bled en Haïti. Maintenant, à Haïti ou aux Antilles, les gens qui y vivent viennent à la base d'Afrique. Après, il est vrai que certaines darones créoles, par exemple, vont critiquer les Africains mais oh ! Moi je m'en bats les couilles. Il ne faut pas oublier que tous les gens des îles viennent d'Afrique. Si des gars oublient dans leurs têtes, c'est leurs problèmes mais, à la base, les gens viennent d'Afrique - *Phil* : Moi tout ce que je sais c'est qu'on est noirs. Peu importe d'où l'on vient, on est tous noirs et c'est tout. »

Ainsi, à travers leur musique, notamment, le rap et le dance-hall (reggae digital), ces jeunes tentent de s'extraire d'une exo-définition négative en la remplaçant par une endo-définition valorisée[117] En tant que Noirs, hétéro-désignés par les Français dominants majoritaires, ils sont solidaires et tentent de passer d'un label ethnique stigmatisant à un label ethnique valorisé, voire sur-valorisé : « On est tous des noirs, des négros, et on en est fier. »

115 *Ibid.*, p. 155.
116 Cf. F. Barth in P. Poutignat, J. Streiff-Fenart, 1995, *op. cit.*, p. 203-249.
117 Cf. M. Boucher, « La dimension de l'ethnicité », 1999, *op. cit.*, p. 349-379.

*
* *

Stomy, Roger, Abou et leur *crew* sont des jeunes rebelles se caractérisant par leur capacité à s'organiser collectivement de façon indépendante et autonome pour dépasser les épreuves de la ghettoïsation et préserver ainsi une forte estime d'eux-mêmes. Face à l'expérience du ghetto, ils développent des stratégies de contre-stigmatisation en incarnant notamment des caricatures du stéréotype « banlieusard » qui leur colle à la peau. Ainsi, ces rappeurs « débrouillards » et créatifs chroniquent la réalité de leur quartier, les racismes, les embrouilles entre jeunes de cité, les confrontations avec les forces de l'ordre en mettant en scène une sorte d'« esthétique de la violence » et en adoptant des postures hyper-virilistes. Dans la pratique, ces jeunes participent à l'industrie culturelle et au monde des médias-cultures de la société de communication en utilisant comme premier support de création leur expérience de la galère et transforment ainsi leur « rage » en expression rapologique. En effet, Stomy et son clan ont parfaitement conscience que les « figures de peur » qu'ils incarnent ont une fonction politique (produire un sentiment d'insécurité légitimant ainsi le développement de politiques sécuritaires) mais également économique (la peur des banlieues périphériques populaires est une source financière largement exploitée par certains médias) et tentent donc, plutôt que de subir cette situation, d'en tirer profit. Ainsi, lorsqu'ils transforment leur expérience du ghetto en musique, d'un côté, ils retournent l'étiquetage négatif en identité positive en affirmant fièrement être des « guerriers urbains », voire des « négros » (mobilisation du labelling ethnique) potentiellement violents et agressifs ; de l'autre, ils revendiquent « représenter » la culture spécifique des « jeunes de cité » caricaturés tout en participant au marché des « mass-médias » au sein duquel ils espèrent occuper une place honorable. Face aux épreuves de la ségrégation et des discriminations racistes, ces jeunes affichent, en toutes circonstances, une capacité de réaction collective et d'«auto-gestion ». Ils incarnent, en effet, des figures de petits entrepreneurs de cité cherchant à surmonter de façon autonome, plus ou moins légale, quelquefois violente, leurs difficultés d'insertion socioprofessionnelle (nous avons vu que ces jeunes refusent de « travailler à tout prix et à n'importe quel prix ! »).

Dans ce contexte, la présence policière est donc considérée, avant tout, comme une intrusion. Les policiers représentent donc des forces de domination et de provocation plutôt que des agents de service public chargés de protéger les jeunes vivant dans les quartiers populaires défavorisés. Ils représentent la force armée des dirigeants qui les oppriment, les dominent, les excluent et les stigmatisent. Dans un environnement perçu comme « sans pitié » et où seuls les plus forts, ceux qui par la ruse ou par la force arrivent à se faire respecter et à tirer leur épingle du jeu, Stomy et ses amis sont confrontés à des policiers qui tentent d'imposer un rapport de force en cherchant à obtenir la soumission des jeunes de cité. Par conséquent, les policiers fédèrent contre eux toutes sortes de rancœurs, souvent de la haine et de la « rage» comme le décrit fort justement François Dubet. Cette « rage », certes, peut se diriger contre les policiers théoriquement en capacité de riposter mais également, plus largement, contre tous ceux qui représentent la société intégrée et/ou le monde institutionnel (médecins, pompiers, instituteurs, professeurs, travailleurs sociaux) accusés de co-produire la marginalisation et l'humiliation des « jeunes de cité » : « A elle seule (la police), elle incarne la défense d'un monde insupportable et, quoi qu'elle fasse – parfois elle fait bien son travail -, la police représente tout ce que les jeunes détestent. Elle est raciste quand elle demande systématiquement leurs papiers à ceux qui sont pourtant des Français comme les autres ; elle est brutale quand elle interpelle les jeunes et leurs parents ; elle piège les jeunes ; elle occupe militairement leur cité dans une sorte de guerre civile larvée. De plus, cette police ignore que ces jeunes sont eux-mêmes les premières victimes de la délinquance et elle ne les en protège pas. Dans bien des quartiers, les policiers, souvent jeunes eux-mêmes, finissent par se conduire comme une bande accumulant les dettes et les règlements de comptes avec les jeunes de la cité. »[118]

118 F. Dubet, 2007, *op. cit.*, 37-38.

////////// Chapitre 3

Collégiens et « agités » : Mehdi, Estelle, Karima, Brandon et leur bande[119]

Après avoir réalisé plusieurs entretiens approfondis avec des membres de la direction du collège « Pablo Neruda », situé au cœur de la Cité des enfants perdus, ainsi qu'avec une diversité d'acteurs socio-éducatifs intervenant dans cet établissement scolaire[120] classé en « zone d'éducation prioritaire » (ambition réussite), peu à peu, nous avons réussi à tisser des relations de confiance avec ces acteurs. Après plusieurs mois d'investigation, l'équipe éducative (chef d'établissement, professeurs, conseillers d'éducation, infirmière, assistante sociale) du collège nous a alors permis d'organiser une rencontre avec une dizaine de jeunes de l'établissement acceptant de participer à une séance de discussion collective à propos de la violence et des manières de l'éviter dans l'enceinte scolaire et, plus généralement, dans le quartier. Le groupe est constitué de jeunes garçons et de filles de la cité (Mehdi, Estelle, Karima, Brandon, Myriam, Marie-Louise, Joyce, Samir…) presque tous scolarisés en troisième et d'origine étrangère. Néanmoins, au départ de la rencontre, ces

119 Dans ce cas, il ne s'agit pas de jeunes organisés de façon hiérarchisée avec des objectifs communs en matière de délinquance s'inscrivant dans un « gang » mais de jeunes regroupés spontanément sur des bases ludiques, affectives, relationnelles, générationnelles, sociales et territoriales. Cf. A. Cohen, *Delinquent boys : The culture of the gang*, Glencoe, éd. Free Press, 1955 ; S. Alladi Venkatesh, « The Social Organization of Street Gang Activity in an Urban Ghetto », *American Journal of Sociology*, vol. 103, n°1, 1997, p. 82-111 ; M. Sanchez-Jankowski, *Islands in the Street : Gangs in Urban American Society*, Berlkley and Los Angeles, éd. University of California Press, 1991 ; P. Robert, P. Lascoumes, *Les bandes d'adolescents*, Paris, éd. Ouvrières, 1974.

120 D'après le principal du collège, son établissement recrute principalement les enfants du quartier de la Cité des enfants perdus issus de dix-sept nationalités dont 40% sont « visuellement » d'origine africaine et 30% d'origine maghrébine. Avec un effectif de 400 élèves répartis en 20 classes, il dispose d'une équipe éducative de 40 enseignants plutôt jeunes (35-40 ans) dont certains « souffrent » mais sont généralement soudés par une philosophie commune de leur action. Ils savent qu'ils agissent dans un collège « difficile » (Plus de 50% d'élèves en grande difficulté d'apprentissage) et, notamment grâce à quelques anciens professeurs, se sont organisés pour y intervenir. Les professeurs s'entraident et se donnent des « recettes éducatives ». Ainsi, chaque année, seulement 10% des enseignants demandent leur mutation (« on ne fuit pas Pablo Neruda »). Néanmoins, le principal souligne qu'il sait que cette situation pourrait rapidement changer si une mauvaise année arrivait notamment caractérisée par une incapacité collective à contrôler la violence des élèves. Or, au moment où nous menons notre enquête, le principal nous indique qu'il a « une sale année à passer ». Les acteurs éducatifs du collège sont, en effet, en pleine réflexion sur la difficulté qu'ils ont à travailler avec des jeunes quelquefois incontrôlables.

jeunes collégiens paraissent très méfiants vis-à-vis de notre sollicitation (« Qui va écouter ? », « Là, vous nous entendez, pourquoi vous enregistrez ? »). Ils sont très bruyants et dissipés. Ils se demandent, en effet, qui nous sommes vraiment ? Avant de commencer la discussion, il est donc nécessaire de leur expliquer, durant un long moment, dans quel cadre s'inscrit notre démarche et, surtout, de leur démontrer que nous ne sommes pas des policiers même s'ils paraissent très surpris de constater que nous connaissons déjà beaucoup de choses sur le quartier, notamment les « embrouilles » entre les « gars du quartier » du SDG et du LBG (les deux principales « bandes » de jeunes de la Cité des enfants perdus). Nous faisons également référence aux fêtes récentes qui ont été organisées dans la cité et citons le nom de « grands frères » que nous connaissons personnellement, notamment des rappeurs. (« Ils savent tout. C'est des keufs ! »). Suite à nos questions, au bout de quelques minutes, des jeunes décident alors de partir : « je ne suis pas concerné, je me casse ! Vous êtes sûr que vous n'êtes pas des keufs ?». Finalement, après réflexion et quelques renseignements pris, ces jeunes reviendront au bout de quelques minutes. Il faudra néanmoins un certain temps pour installer un climat d'écoute et de confiance pourtant indispensable au bon fonctionnement de la séance de travail dont le fil conducteur fut la description de la vie quotidienne des jeunes de la cité en âge d'aller au collège.

L'expérience de la vie scolaire

Les épreuves de l'exclusion

Lors de la discussion collective, les élèves saisissent l'opportunité qui leur est offerte pour d'abord dénoncer avec vigueur ce qu'ils jugent profondément injustes dans leur vie quotidienne au collège. En effet, depuis l'arrivée d'un nouveau principal, les élèves affirment qu'ils doivent désormais subir l'application trop stricte de règles scolaires, notamment l'interdiction de porter une casquette dans l'enceinte du collège. Or, ces nouvelles règles sont mal ressenties car jugées trop sévères et en complet décalage avec la culture du quartier. En effet, presque tous les jeunes garçons portent une casquette. Ils ne comprennent donc pas pourquoi porter ce chapeau dans l'établissement est une insulte à la république méritant d'être sanctionnée. Pour interdire le port d'une casquette dans le collège, le principal s'appuie, en effet, sur une loi votée en 2004 pour limiter le port de signes religieux dans les écoles, collèges et lycées laïques[121]. Dans les faits, pour bien montrer qu'il existe une nette différence entre le « monde de la cité » et celui du collège, lorsque les élèves

121 Cf. Circulaire du 18 mai relative à la mise en œuvre de la loi du 15 mars 2004 encadrant, en application du principe de laïcité, le port de signes ou de tenues manifestant une appartenance religieuse dans les écoles, collèges et lycées publics.

ne respectent pas le règlement intérieur, contrairement à ce qui se passait auparavant, le principal n'hésite plus à exclure les récalcitrants. De cette manière, le chef d'établissement pense ainsi montrer aux adolescents que bien que se situant au cœur du quartier de la Cité des enfants perdus, les règles qui l'emportent au collège ne sont pas celles de la cité mais celles de la loi de la République. En France, alors que depuis au moins le milieu des années 1990, le port d'une casquette américaine est généralement associé aux « jeunes de banlieues » populaires[122], faire enlever ce couvre chef à l'entrée du collège aux jeunes de la Cité des enfants perdus signifie explicitement qu'en entrant dans l'établissement ceux-ci doivent se comporter comme des élèves et non plus comme des jeunes de la cité. Cependant, la chasse au port de la casquette pratiquée par le principal est vécu comme un véritable abus de pouvoir par les collégiens : « Même lorsqu'ils ne font pas de bêtises, quand le principal voit des jeunes dans les bâtiments portant une casquette, il leur dit : tu es exclu ! » Très rapidement, une relation de défiance et de crainte s'est donc installée entre le principal et une partie des élèves dont certains expriment des envies de vengeance. Ainsi, durant la discussion, les élèves soulignent qu'ils ont eu connaissance des menaces anonymes que leur principal a reçues de la part d'élèves encore non identifiés. Lors de plusieurs entretiens réalisés avec le principal du collège, celui-ci nous informe effectivement de plusieurs cas de menaces à son encontre ainsi que des épisodes de « caillassage » de son véhicule notamment suite à des conseils de discipline[123] l'ayant amené, par souci de protection, à porter plainte auprès de la police. Néanmoins, se considérant être un acteur éducatif plutôt que pédagogique, le principal du collège a choisi d'intervenir dans un établissement en « zone violente » afin de travailler avec des « enfants difficiles ». En conséquence, il revendique assumer une mission de rééducation : « Je travaille plus spécifiquement pour les 50% des élèves de l'établissement qui ne sont pas à l'aise dans les apprentissages classiques scolaires et qui ne sont pas à l'aise dans leur peau de jeunes, dans leur quartier, dans leur famille, dans leur pays (...) L'enfant est ici (au collège) pas simplement pour apprendre mais pour apprendre à vivre. »

A l'opposé de cette figure, les élèves décrivent les rares personnels d'éducation qu'ils apprécient dans le collège. Contrairement à ce que l'on pourrait penser, il ne s'agit pas de personnes qui n'assument pas un rôle d'autorité et laissent les collégiens libres de faire ce qu'ils souhaitent. Les jeunes expliquent en

122 Cf. M. Boucher, « Violences, jeunesse et médiatisation du désordre. De la « caillera » incorrecte au moralement correcte » in M. Boucher, A. Vulbeau (sous la dir.), *Emergences culturelles et jeunesse populaire. Turbulences ou médiation ?*, Paris, éd. L'Harmattan/INJEP/coll. Débats jeunesses, 2003, p. 91-118.

123 Le principal a bien conscience que la réunion de conseils de discipline n'est généralement pas une solution satisfaisante en matière éducative. La plupart du temps, les conseils de discipline sont, en effet, très « cassants » pour les enfants et leurs familles. Néanmoins, face à un fort absentéisme scolaire (« c'est énorme chez moi ») et à de nombreuses exclusions de classe (« ici, l'enfant n'est jamais dans les clous pour bosser »), des conseils de discipline sont quand même organisés régulièrement.

effet que, généralement, ces professeurs crient et « n'arrivent même pas à se faire respecter ! ». Paradoxalement, le principal du collège interviewé n'ayant pas conscience que les élèves lui reprochent un trop fort autoritarisme producteur d'injustices et de ressentiments, formule également des critiques assez brutales à l'encontre de profils d'enseignants rigides qui « pètent tout » dans un établissement en zone d'éducation prioritaire. En effet, par l'intermédiaire de modes d'intervention inadaptés, ces professeurs risquent de produire de la révolte, du désordre, voire de la violence mettant ainsi en danger la paix sociale de l'ensemble de l'établissement : « J'ai un enseignant qui est une patte cassée, qui s'y prend comme un imbécile et qui a toutes les emmerdes du monde. Il vire à tour de bras et n'a pas d'autorité naturelle. Il ne faut pas qu'il reste chez nous (le collège), il nous casse la baraque. Ça pète des ambiances. Plutôt que de calmer une classe qui a tendance à être un petit peu survoltée un jour, il va la casser en allant plus loin. Il n'a pas compris que la classe était révoltée et qu'elle n'avait envie de rien faire ce jour-là. Plutôt que de l'appréhender en la jouant « cool » de temps en temps. Tant pis, il faut laisser tomber le programme en ZEP et même, très souvent. Il faut laisser tomber le programme ! Il y a un moment où ce n'est plus le programme qui doit passer mais la règle de vie mais lui, il ne joue pas le dialogue, il est cassant et ne met pas les formes. Il met de l'huile sur le feu en permanence. Heure après heure, non dialogue après non dialogue, il vous casse du gamin. » En fait, les collégiens nous donnent les noms de professeurs qu'ils estiment parce qu'ils savent montrer de l'autorité quand il le faut mais ne l'expriment jamais de façon autoritaire et savent ainsi installer un climat de respect mutuel. C'est pourquoi, lors de situations difficiles, ces professeurs n'excluent jamais les élèves. Ils tentent de trouver d'autres solutions moins radicales. En fait, les jeunes expriment leur refus, voire leur révolte face à des logiques exclusionnaires et humiliantes pour les élèves. A l'instar de Joyce, les élèves décrivent, en effet, des cas où des professeurs les ont humiliés, voire insultés et violentés : « Monsieur Ben Ali nous traitait et m'a même enfermée dans une armoire. Un jour, il nous a dit : fermez vos gueules bandes de connards ! Il a même frappé Kevin. Il l'a lancé contre le mur wesh !. » Les collégiennes décrivent aussi des scènes vexatoires où un professeur d'origine étrangère, assez autoritaire, n'appréciant pas que certaines de ses élèves, également d'origine étrangère, se maquillent, se faisaient donc traiter de « sacs à main » puis exclure de la classe : « Des filles de notre classe aiment bien mettre du rouge à lèvres, des trucs comme ça. Après, monsieur Ben Ali les traite de sacs à main. Dès fois, il les exclut parce qu'il dit qu'il n'aime pas leurs sacs, leurs manteaux, leurs jeans. Il dit qu'elles veulent faire les mannequins mais qu'elles sont trop petites et trop grosses. »

Les épreuves de la discrimination : le cas de la 3ème B

A ce stade de la discussion, des collégiens décrivent alors la situation peu enviable de la 3ème B au sein de l'établissement. Les participants à la discussion s'adressent plus spécifiquement aux quelques collégiens faisant partie de cette classe particulièrement stigmatisée et dévalorisée. Ils leur signifient qu'ils trouvent totalement anormal et injuste que cette classe soit si décriée et que les élèves qui la constituent soient à ce point rabaissés par des professeurs et le principal du collège[124]. Lors d'un entretien, ce dernier décrit les élèves de cette classe comme des « enfants très en retard au niveau scolaire, durs à traire et irascibles » : « Je ne considère pas cette classe d'un point de vue pédagogique mais j'y entre par la clé comportementale. Un jeune de 17 ans ne me plait pas, n'a pas sa place dans un établissement scolaire, je n'en veux pas. Ce n'est pas mon métier. » Mehdi fait partie de cette classe et indique qu'il est traité comme un « schizo ». Les élèves de cette classe seraient, en effet, régulièrement insultés et maltraités parce que certains éléments « foutent la merde » : « Des profs et le principal disent que les 3ème B sont des handicapés, qu'ils ne comprennent rien ! » En réalité, cette classe composée de la majorité des élèves en grande difficulté scolaire serait pris dans une nasse : celle de la « logique de l'exclusion »[125]. Puisque la 3ème B est stigmatisée, que les élèves qui la composent sont mal considérés, ils se tiennent en conséquence comme on attend qu'ils se comportent, c'est-à-dire, mal : « Ils n'arrivent même pas à travailler. Ils ne font pas cours ; on dirait une crèche ou une garderie. Même les bébés sont plus calmes que ça ! » Or, si la majorité des collégiens critiquent ce cercle vicieux dans lequel sont empêtrés les élèves de cette classe, c'est qu'ils ont bien conscience qu'à une autre échelle, ce sont tous les élèves du collège « Pablo Neruda » qui sont associés à la « minorité des pires », autrement dit, aux élèves de la 3ème B. Ainsi, Estelle, Karima et Marie-Louise racontent une anecdote où elles se sont senties discriminées et ont eu honte simplement parce qu'elles sont scolarisées au collège « Pablo Neruda » : « - *Estelle* : Parce que l'on vient de Pablo, les gens aiment trop croire en certaines choses. Par exemple, on est parti chercher des stages mais ils (des représentants des entreprises) nous ont dit qu'ils ne prenaient pas d'élèves de Pablo. - *Karima* : Cela ne se fait pas ! - *Marie-Louise* : Ils ne savent même pas ce que l'on veut et qui on est. Ce n'est pas parce que deux élèves font un truc que l'on va être pareil. – *Estelle* : Après, on a honte de dire que l'on vient de Pablo parce que direct les gens vont nous dire qu'ils ne nous prennent pas. Même les profs du lycée disent qu'ils n'aiment pas les élèves de Pablo ! »

124 Cf. F. Dubet, *Faits d'école*, Paris, éd. Ecole des Hautes Etudes en Sciences Sociales, 2008, p. 51-72.
125 Cf. N. Elias, J.-L. Scotson, 1997, *op.cit.*

En étant scolarisés dans un collège situé au cœur du quartier, les élèves rencontrés ont donc le sentiment qu'ils sont catalogués de façon extrêmement négative à l'instar de leur cité. Par ailleurs, pour ces jeunes, pratiquement tous d'origine maghrébine ou sub-saharienne, ces expériences de la discrimination ne sont pas simplement reliées au fait qu'ils habitent dans un quartier défavorisé très mal perçu à l'extérieur. En effet, ils ont parfaitement conscience qu'ils sont également victimes de discriminations parce qu'ils ont une couleur de peau plus foncée que la plupart des Français encore majoritairement blancs. S'ils veulent s'en sortir, ces jeunes doivent donc surmonter de multiples épreuves notamment associées à des phénomènes de double discrimination, c'est-à-dire conjuguant une discrimination sociale et raciste. Dans ce contexte, à l'instar de Joyce qui a des parents d'origine sénégalaise, il est alors très difficile de se considérer pleinement français : « Je m'en bats les couilles d'être française ou non. Je représente juste ce que je suis. Moi, je suis née en France mais je ne suis pas française, je suis juste française de papiers. On va aller dans un bureau et je vais dire que je suis française ; on va me regarder et me dire : Toi ! Tu es française ? Quand on cherche un travail, on ne regarde pas si on est française ou pas, on regarde d'abord la couleur de la peau. » La question identitaire est un sujet brûlant et particulièrement sensible au sein du groupe de collégiens. A part, une jeune fille noire venue de Martinique qui affirme être une française d'origine martiniquaise, tous les autres élèves indiquent qu'ils ne se sentent pas français. Cependant, même si certains, notamment des garçons, affichent fièrement la nationalité de leurs parents (« je suis marocain, sénégalais… ») en dénigrant la nationalité française, la plupart des élèves expriment plutôt leur regret de ne pas pouvoir se sentir complètement français. Dans la pratique, tous ces jeunes ont, en effet, des origines ethnoculturelles différentes et se mélangent, facilement ; ils ont néanmoins l'impression d'être « trop mal intégrés » car si « tu n'es pas blanc, tu n'es rien du tout en France ». Aussi, ces collégiens ont-ils la nette impression qu'alors qu'ils sont pourtant encore très jeunes, leur avenir socio-professionnel est déjà largement compromis parce qu'ils vivent dans un quartier populaire stigmatisé car peuplé majoritairement de Noirs et d'Arabes et considéré comme potentiellement dangereux.

Une baston largement exagérée

Lors de notre enquête, une bagarre éclate entre plusieurs jeunes garçons à la sortie du collège. Les acteurs sociaux du quartier sont alors en émoi. Ils craignent, en effet, que cette dispute finisse par aboutir à l'explosion d'une bataille rangée entre les amis des deux principaux protagonistes. Ce sont des jeunes du collège, scolarisés en sixième et en cinquième. Au courant que nous menons une enquête dans la cité, nous sommes rapidement informés de cette rixe par la responsable du groupement d'intérêt public (GIP) dont la fonction principale est, théoriquement, de coordonner les actions sociales et culturelles mises en œuvre par la pluralité des acteurs agissant pour améliorer la cohésion sociale dans la cité. La direction de cette structure a d'ailleurs rapidement réuni une cellule de crise pour endiguer l'extension présumée de ce conflit juvénile en règlement de comptes entre plusieurs « bandes » de jeunes. Plus que tout, depuis 2005, les acteurs politico-institutionnels redoutent le déclenchement de nouvelles émeutes urbaines. En fait, l'altercation a éclaté suite à la dispute de deux jeunes lors d'une étude surveillée. L'un des protagonistes, jaloux des exploits sportifs de son camarade au sein du club de football local, l'a accusé d'avoir menti sur son âge. En effet, bien que scolarisé en sixième, le jeune sportif est un immigré africain de grande stature qui paraît avoir bien plus que son âge officiel. En public, il est donc accusé d'avoir triché pour obtenir des papiers. Se sentant bafoué, le jeune ayant fait l'objet de railleries, poussé par quelques-uns de ses amis, décide alors de laver l'affront dont il a été l'objet quelque temps auparavant à la sortie du collège. Il souhaite donner une leçon à celui qui l'a insulté et aussi obtenir des excuses. Or, après plusieurs coups échangés de part et d'autre, cette bagarre se solde finalement par l'hospitalisation du premier agresseur qui a perdu momentanément connaissance. Cette hospitalisation contribue alors à largement exagérer cette querelle et ce d'autant plus que le jeune hospitalisé est d'origine maghrébine et que ses agresseurs sont, eux, noirs. En effet, plusieurs acteurs socio-éducatifs et politico-institutionnels habitués à une lecture ethnique des problèmes de la cité, notamment des confrontations violentes, imaginent qu'à la suite de cette bagarre entre collégiens, des violences inter-ethniques opposant des Noirs et des Arabes pourraient éclater et enflammer la cité. C'est pourquoi, parallèlement à l'arrivée des secours, cette crainte se traduit immédiatement par la mobilisation impressionnante de policiers et de CRS à la sortie du collège. Par la suite, notamment pour éviter l'explosion de « conflits ethniques », une action de médiation interculturelle sera organisée par une association de proximité avec les principaux jeunes protagonistes et leurs familles.

Une séance de médiation pour éviter les violences

Quelques jours après la bagarre ayant opposé plusieurs jeunes du collège Pablo Neruda à la sortie de leur établissement, les principaux protagonistes et leurs parents sont invités à participer à une réunion de médiation organisée par une importante association du quartier spécialisée dans la gestion des conflits interculturels. Durant l'enquête, en contact régulier avec les responsables de cette structure, nous sommes donc mis au courant de l'existence de cette séance de médiation et invités à y participer. La réunion a lieu durant les vacances de Noël dans les locaux de la maison de la médiation et du droit située au cœur du quartier. Les familles attendues sont toutes d'origine africaine et ont été invitées personnellement par des médiateurs interculturels de l'association, eux-mêmes d'origine africaine et vivant, pour la plupart, au sein de la cité. Les médiateurs connaissent souvent intimement les familles africaines du quartier et souhaitent donner une ambiance familiale et communautaire aux inter-relations qu'ils développent. Il s'agit d'une stratégie d'intervention centrale de cette association de proximité. A l'heure convenue, les mères de famille arrivent donc, peu à peu, avec leurs enfants. Assises dans la salle d'attente, elles parlent entre elles dans leur langue d'origine et semblent détendues. Le directeur de l'association salue les familles et leurs enfants. Il leur parle également dans leur langue d'origine puis il introduit la réunion en présentant le sujet de la discussion. Il s'agit de préparer les enfants impliqués dans la bagarre ainsi que leurs familles (une dizaine de personnes) à rencontrer l'équipe de direction du collège dès la rentrée des classes. L'ambiance générale donnée à cette rencontre est assez emphatique, respectueuse et plutôt compréhensive vis-à-vis des participants: « La maison ici, c'est pour vous aider, pas pour vous détruire. Ce qui est important pour nous, c'est de bien comprendre la situation. Pourquoi des enfants sont cités alors qu'ils disent ne pas être impliqués dans l'affaire. Nous, ici, c'est un peu la famille. (S'adressant aux jeunes) Dites-nous la vérité car cela nous permettra de vous défendre et que vos familles ne soient pas humiliées devant les gens. » En effet, suite à une brève enquête policière, même si les parents du jeune hospitalisé n'ont pas porté plainte, un conseil de discipline sera néanmoins réuni pour sanctionner les « coupables ». Les excuses des protagonistes et de leurs familles n'ont effectivement pas été considérées comme suffisantes par le principal du collège. Le directeur de la maison de la médiation s'adresse alors à un jeune : « Raconte nous ce qui s'est passé ? » Le jeune lui répond qu'il n'est pas impliqué dans la bagarre. Il est tout simplement un copain de celui qui s'est fait agresser verbalement. Le directeur lui indique qu'il sait pourtant qu'il était bien présent lors de la bagarre puisqu'on lui a raconté la scène et décrit les principaux protagonistes mais il n'a pas de preuve. Sa mère donne alors son avis : « Quand il est arrivé à la maison, il m'a dit qu'il n'avait pas participé. Moi, je n'étais pas là pour voir ce qui s'était passé … » Une mère d'un autre jeune également accusé d'avoir participé à la bagarre indique qu'elle n'était pas du tout au courant de cette affaire avant d'avoir été convoquée à cette réunion. Un jeune présenté aussi comme partie prenante de la rixe dit qu'à son avis il ne s'est rien passé. En fait, tous les jeunes présents lors de la réunion adoptent la même stratégie : ils refusent de parler de la bagarre et de leur implication dans celle-ci. Face au mutisme des enfants, ce sont donc principalement les parents qui discutent et échangent entre eux. Mais les mamans ne s'entendent pas sur la démarche à suivre : certaines ne savent pas si leurs enfants mentent lorsqu'ils disent qu'ils n'étaient pas présents lors de la bagarre tandis que d'autres tentent de disculper leurs enfants. Cependant, toutes les mères de famille reconnaissent qu'elles ont besoin d'une aide éducative. Leurs enfants leur mentent et elles ne savent pas quoi faire : « Pour nous, nos enfants sont gâtés, mais ils ne s'en rendent pas compte. » A ce moment là, le papa du principal protagoniste arrive sans son fils. Les médiateurs lui demandent ce que son enfant lui a raconté. Il compare alors l'affaire de son fils à celle du joueur de foot Zinedine Zidane. Lors de la coupe du monde de football, ce joueur a été sanctionné parce qu'il avait mis un « coup de boule » à un membre de l'équipe adverse qui l'avait insulté auparavant. Ainsi, parce qu'il était passé à l'acte, l'agressé initial fut décrit dans toute la presse comme un agresseur, ce qui est profondément injuste pour le père de l'accusé : « C'est le jeune arabe qui a commencé. Je parle de l'affaire de Zidane. Même si Zidane n'était pas le premier agresseur, lorsqu'il frappe, il devient l'agresseur. Mon fils n'était pas le premier agresseur, mais comme il a tapé, il est devenu le principal accusé ! » Face à cette tentative d'explication, le directeur indique alors aux jeunes présents que la violence n'est jamais une solution : « Ici, il ne faut pas taper ... Il faut aller voir un adulte pour éclaircir la situation » Il s'adresse alors aux parents pour leur faire prendre conscience que les passages à l'acte violents ont une signification toute particulière dans les quartiers populaires comme celui de la Cité des enfants perdus : « C'est vrai, il ne faut pas taper car nous sommes dans des quartiers dits difficiles et cela peut prendre des proportions importantes. A la moindre situation, cela renforce les problèmes du quartier. Cela donne une image encore plus négative de la cité. Cela nous inquiète beaucoup. » En définitive, le directeur de la maison de la médiation révèle qu'il craint fortement des débordements suite à cette « affaire ». Il redoute que des jeunes souhaitent se venger, notamment si l'un d'entre eux est renvoyé du collège (quelques semaines après cette réunion, le principal accusé sera effectivement définitivement renvoyé du collège). En effet, en l'absence de la famille du jeune d'origine maghrébine hospitalisé, dans la pratique, la séance de « médiation interculturelle » ressemble plus à une réunion d'interpellation des jeunes africains de la cité et de leurs familles leur demandant de ne pas participer à des violences en cas de sanctions. Le directeur s'adresse spécifiquement aux jeunes et leur demande de rester calmes en toutes circonstances : « Dans tous les cas, ne tapez pas, cela peut devenir très dangereux. » Le père du principal accusé complète alors ces propos en s'adressant également aux jeunes: « Si tu tapes, tu peux aussi tuer quelqu'un et passer ta vie en prison. » La réunion se conclut alors par un remerciement à tous les participants et par une invitation faite aux parents qui le souhaitent de rencontrer, individuellement, le responsable de la maison de la médiation pour discuter des problèmes éducatifs qu'ils rencontrent. Les parents, notamment les mères de famille, expriment leur satisfaction face à cette proposition.

Pour les collégiens, cette intervention policière massive est, de toute façon, largement démesurée par rapport aux faits qui se sont réellement produits. Même s'ils reconnaissent qu'un jeune a été hospitalisé pour des blessures légères, il s'agit somme toute d'une simple bagarre ayant opposé des garçons du collège. C'est une situation relativement fréquente qui, comme l'exprime Medhi, ne nécessite pas une telle mobilisation policière : « Après (la bagarre), fallait voir tous les CRS qu'il y avait ! Maintenant, les CRS abusent trop dans le quartier. Quelque fois, tu vois cinq à six camions qui tournent pour rien. Ils passent, ils reviennent. C'est eux qui amènent des problèmes ! » En fait, dans ce type de situation, les collégiens ont pleinement conscience que ce déploiement policier est d'abord mis en place, non pas pour protéger l'ensemble des élèves d'éventuelles violences collatérales qui pourraient surgir à la suite de bagarres entre jeunes mais en raison de l'image sulfureuse de leur quartier. Il illustre parfaitement le fait que leur collège est situé dans un « quartier ghetto » qui fait peur. Ainsi, cette mobilisation massive des forces de l'ordre montre, de façon limpide, que les élèves de « Pablo Neruda » fréquentent un collège « pas comme les autres ». En effet, cet établissement est stigmatisé parce qu'il est majoritairement fréquenté par des Noirs et des Arabes de la cité potentiellement violents qu'il est nécessaire de contenir en cas de désordres.

L'expérience de la vie de quartier

Une appréciation « sexuée » de la cité

Globalement, les garçons et les filles paraissent apprécier différemment leur quartier. Lors de la discussion, les garçons sont fiers de revendiquer leur appartenance de quartier. Ils l'aiment parce qu'ils se connaissent tous et apprécient fréquenter la « rue » en groupe en dehors des temps scolaires : « le quartier, c'est gang[126] ! » Pour les garçons, la rue est un lieu de forte

126 Ici, le terme « gang » est utilisé comme le synonyme de « bien » ou de « bon ». Ainsi, les filles et les garçons signalent que si l'on souhaite être à la mode, il faut être « gang » : « Si tu n'es pas gang, dégage ! »

sociabilité entre amis et de confrontations avec des « adverses », notamment des jeunes d'autres groupes appelés « gangs » par les adolescents. Pour ces jeunes, Internet est devenu une extension de la « rue ». Presque tous ont un « blog » grâce auquel ils communiquent entre eux, font passer des messages ou même ouvrent des « dossiers sur des gens » : « - *Joyce* : Sur les blogs il y a des gens qui lâchent des coms méchants. - *Karima* : Mon blog, c'est une façon de m'affirmer. Je dis, moi je suis moi et c'est pas toi qui fait la loi. » En revanche, si des filles indiquent qu'elles sont intéressées par les bagarres qui explosent dans le collège et qu'elles utilisent, elles aussi, les blogs pour invectiver leurs rivales, la majorité d'entre elles est beaucoup plus critique vis-à-vis de leur quartier et des inter-relations agonistiques qui s'y développent. Elles indiquent, qu'en dehors des temps scolaires, elles apprécient comme les garçons, le fort rapport d'inter-connaissance qui existe entre beaucoup de jeunes de la cité, et expriment aussi le sentiment d'être dans un lieu d'enfermement où l'on peut s'embêter, surtout lorsque l'on n'a pas assez de moyens financiers pour consommer : « Il y a des fois, on a trop envie de se barrer ailleurs. Tu regardes dehors, il n'y a personne, il y a rien ! A part traîner dehors avec tes potes, il n'y a rien à faire ! En plus, toutes les activités sont payantes ! » Elles indiquent aussi que rencontrer toujours les mêmes personnes est lassant et peu excitant : « Tu vois tout le temps les mêmes têtes et ça fait mal à la tête ! » Quoi qu'il en soit, tous les jeunes soulignent que, malgré la mauvaise réputation du quartier, le fait que tout le monde se connaît donne un sentiment de sécurité. Qu'ils soient garçons ou filles, les jeunes affirment qu'ils n'ont pas peur lorsqu'ils se promènent dans la cité, même la nuit, et qu'ils rencontrent des « bandes ». Certes, des jeunes se mettent en bande pour faire les « gangs », pour se sentir plus fort mais ces « bandes » sont surtout composées de jeunes de la cité qu'ils connaissent déjà. De plus, les « gangs » sont peu représentés dans l'enceinte du collège et représentent surtout un « folklore » : « certains veulent faire gang pour se la péter. » En fait, les « bandes » ont un sens plus important à l'extérieur du collège car elles regroupent essentiellement d'anciens élèves qui sont désormais déscolarisés ou en voie de déscolarisation et qui tentent, alors que les conditions ne sont pas faciles, de s'en sortir en faisant des petits trafics et du business.

Une co-production du racisme

Dans le groupe, les jeunes se définissant comme arabes ou noirs indiquent qu'ils ont une expérience identique du racisme. Ils sont hétéro-racisés et essentialisés de la même manière par des racistes blancs, surtout des « vieux », qui les traitent de « Mohammed » ou de « Mamadou ». Dans le quartier, il reste, en effet, quelques racistes blancs, essentiellement des « cas sociaux » : « - Estelle : Il y a des gens qui n'ont pas encore changé de mentalité. Ils sont encore restés dans l'ancien temps. De plus ils transmettent à leurs enfants leurs idées racistes. » Les jeunes, surtout les filles, expriment vigoureusement leur écœurement face à des attitudes et à des comportements racistes qu'ils jugent imbéciles et moralement indignes. Ainsi, même si ces collégiens reconnaissent que des jeunes noirs et arabes de la cité font des bêtises, ils tiennent à indiquer que, bien que minoritaires, des jeunes blancs provoquent également beaucoup de problèmes : « Faut voir comment ils foutent la merde, c'est grave ! » Pour ces jeunes, les problèmes de comportement de certains adolescents n'ont, en fait, rien à voir avec la couleur de leur peau ; en ce sens, il est donc important de dépasser les préjugés racistes. Néanmoins, pour ces mêmes jeunes filles, les « vieux blancs » ne sont pas les seuls à blâmer au sein de la cité. Parallèlement à la condamnation morale du racisme exprimée par des « Blancs », elles critiquent aussi les préjugés et stéréotypes que beaucoup de jeunes du quartier développent à l'encontre de ceux qui apparaissent différents, notamment les homosexuels. En effet, dans le quartier, contrairement à ce qui se passe dans l'ensemble de la société qui paraît de plus en plus ouverte vis-à-vis des choix de vie personnels des individus, notamment en matière de liberté des mœurs, l'homosexualité demeure un tabou. Dans le quartier, l'homophobie est même la norme. En fait, même si la majorité des jeunes ont complètement intériorisé l'idée que les discriminations racistes et sexistes sont négatives et « politiquement incorrectes » au sein de la société contemporaine de plus en plus multiethnique, dans la pratique, ils indiquent que « le racisme existe chez tout le monde » dans le quartier. En effet, alors que beaucoup d'habitants de la cité d'origine étrangère dénoncent les discriminations « ethnoraciales » dont ils sont l'objet, ces mêmes personnes racialisent et dévalorisent, à leur tour, d'autres personnes et groupes à partir de leur couleur de peau. Ainsi, Estelle, une collégienne d'origine antillaise, indique qu'elle a déjà été victime de racisme de la part de noirs d'origine africaine du quartier critiquant le fait que sa couleur de peau noire n'était pas assez foncée pour qu'elle puisse être considérée comme une noire « authentique » : « On m'a déjà dit, commence pas à parler toi la blanche ! » En effet, dans certains groupes de jeunes noirs de la cité notamment, les « lignes de couleur »[127] existent mais sont appliquées à l'envers (le « colorisme » signifie qu'il existe des hiérarchies sociales induites par une hiérachisation des couleurs et de leur intensité. Dès lors, on parle de hiérarchisation mélanique). Autrement dit, puisque des Noirs subissent des discriminations « ethnoraciales » de la part de « Blancs » dans la société française, dans une sorte de « retour du pendule »[128], lorsqu'ils sont majoritaires comme c'est souvent le cas dans le quartier de la Cité des enfants perdus, des jeunes noirs discriminent également des « Blancs » (toubabs ou babtous en verlan) ou des individus apparentés comme tels qu'ils essentialisent comme faisant partie de la « minorité des pires » (oppresseurs, racistes, colonialistes,

127 Cf. P. Ndiaye, 2006, *op.cit.*, p. 37-54.

128 Cf. A. Memmi, *Le racisme*, Paris, éd. Gallimard, 1982 et 1994.

impérialistes…) d'une « communauté » blanche largement mythifiée : « Joyce : Mais pourquoi on est raciste avec les Blancs ? Parce que les Blancs aiment trop traiter les Noirs… Les Blancs se croient supérieurs aux Noirs ce qui fait que nous (les Noirs) on voit les Blancs comme des prédateurs et qu'à force on a envie de les (les Blancs) traiter. » Par conséquent, au fur et à mesure que le sujet du racisme est approfondi au cours de la discussion, les jeunes soulignent que dans la réalité, il existe une grande hypocrisie dans la cité. En effet, par devant, les gens font souvent semblant de s'apprécier et de ne pas être racistes les uns envers les autres. Or, par derrière, lorsqu'ils sont dans leur « communauté d'appartenance » ou « d'apparence », ils n'hésitent plus, à ce moment là, à tenir des propos racistes les uns contre les autres. Des Blancs, des Arabes, des Noirs, voire des Noirs entre eux lorsqu'ils n'ont pas la même origine ethno-culturelle s'hétéro-racisent : « Estelle : Je crois qu'il y a autant de racisme chez les Noirs que chez les Blancs. Il y a autant de racisme entre les Blancs, les Noirs et les Arabes. » Les habitants de la cité, qu'ils soient blancs, noirs ou arabes pratiquent, en fait, allègrement, la hiérarchisation des victimes. Néanmoins, malgré cette complexité des processus racistes, il est certain que la majorité des jeunes de la cité étant désormais d'origine étrangère, les « Blancs » (eux) représentent souvent des « figures d'oppression » auxquels ils peuvent se confronter et, ainsi, se construire une identité collective (nous). Par conséquent, ayant une expérience identique du racisme et généralement une mémoire collective commune reliée à la migration post-coloniale de leurs parents, les jeunes rencontrés jouent largement de leurs ambivalences identitaires entre eux : « Joyce : Entre nous (jeunes de quartier d'origine étrangère), on se traite de sales noirs ou de sales arabes. Les gens qui ne nous connaissent pas croient que c'est sérieux mais c'est pour rire. » Cependant, comme nous l'avons vu, dans des circonstances particulièrement tendues, notamment lorsque des jeunes d'origine ethnoculturelle différentes s'embrouillent, ces « confrontations ethniques » habituellement ludiques, peuvent changer de nature et devenir beaucoup plus sérieuses, voire violentes. Quoi qu'il en soit, pour tous les jeunes présents, les policiers représentent des acteurs principaux de la production des discriminations à l'encontre des jeunes de la cité.

Extrait du carnet de bord

Une matinée d'investigation entre le collège « Pablo Neruda » et le quartier « Molière »

Aujourd'hui, vers 10h, nous jugeons utile de rendre visite aux responsables du collège Pablo-Neruda. Nous rencontrons le principal adjoint, la CPE puis le principal (tous interviewés, il y a quelques mois) pour faire le point sur la situation en matière de violences. Le principal adjoint nous indique qu'il reste très inquiet vis-à-vis de quelques élèves qu'il nous désigne sur un trombinoscope semblant se déscolariser et fréquenter des jeunes fortement inscrits dans la criminalité. Il indique également qu'en ce moment la direction du collège s'occupe de traiter une affaire de « happy-slapping » ayant récemment impliqué plusieurs jeunes du collège. En effet, des jeunes filles ayant été poussées à se battre ont été filmées durant la bagarre et la vidéo a été diffusée sur de nombreux portables et blogs des élèves de l'établissement. En outre, plutôt stressé, le principal nous indique que sa voiture a été caillassée plusieurs fois lorsqu'il sortait de l'enceinte scolaire. Dans la pratique, ces caillassages ont eu lieu suite à l'organisation d'un conseil de discipline à l'issue duquel un jeune impliqué dans une bagarre à la sortie du collège ayant causé l'hospitalisation d'un élève a été définitivement exclu. Bien que les responsables de Pablo-Neruda nous expriment plutôt leur crainte vis-à-vis de l'évolution du quartier en matière de violences, le principal réaffirme, lui, sa volonté de communiquer positivement sur son établissement à l'extérieur de la cité. Ainsi, il nous invite à participer le lendemain matin à l'opération « Portes-Ouvertes » du collège, journée au sein de laquelle, à côté du champion du monde d'athlétisme Stéphane Diagana et du généticien Bertrand Jordain, tous les deux parrains du collège, des athlètes Trincampois et des professeurs doivent animer des ateliers et débattre dans le cadre du forum « sport, sciences et santé » du collège. En sortant du collège, nous rendons ensuite visite à la directrice du groupement d'intérêt public (GIP) notamment chargée de coordonner les actions d'animation sociale et culturelle mises en œuvre au sein de la Cité des enfants perdus et déjà interviewée à plusieurs reprises. Celle-ci nous indique que le changement récent du pouvoir municipal intervenu un mois auparavant va entraîner une profonde transformation du projet de sa structure. En effet, des dirigeants associatifs implantés depuis longtemps dans le quartier sont aujourd'hui élus au sein de la nouvelle majorité municipale et remettent complètement en cause son action. Elle doit donc rencontrer le maire de Trincamp l'après-midi pour en discuter. Lorsque nous sortons du GIP, il est 12h30 et nous donnons rendez-vous à l'animateur Nino dans notre appartement à 13h30.

Celui-ci nous aide depuis plusieurs mois à entrer en contact avec des jeunes de la cité. Nous discutons une bonne heure avec lui des observations de la veille. Lorsqu'il le peut, il vient utilement compléter nos informations sur tel ou tel regroupement de jeunes. Nous convenons ensuite de la date de la première séance d'intervention sociologique qui devrait réunir dans notre appartement des jeunes du quartier et des policiers de la brigade anti-criminalité intervenant la nuit et le jour à la Cité des enfants perdus. Nino se chargera de réunir les jeunes et nous de contacter les policiers volontaires dont certains ont déjà été interviewés. Il est 14h30. Nino part à une réunion regroupant les autres acteurs sociaux du quartier chargés d'organiser les animations à destination de la jeunesse de la cité durant les vacances d'été tandis que nous allons manger un sandwich kebbab dans le centre commercial du quartier « Molière » situé à 300 mètres de notre appartement. Il fait chaud et de nombreux jeunes d'origine africaine et maghrébine, âgés de 16 à 30 ans, sont installés sur des chaises en plastique devant la sandwicherie ou bien juste à côté sous des arcades où l'on peut entendre, à plein volume, de la musique rap diffusée par les jeunes. Parmi les personnes qui passent à proximité des regroupements de jeunes, il y a quelques hommes seuls mais surtout beaucoup de femmes, souvent accompagnées d'enfants transportés dans des poussettes. Quelques-unes sont entièrement voilées alors que certaines autres portent des jupes très courtes. Contrairement aux premières, ces dernières sont bien dévisagées par les jeunes. En regardant passer l'une d'entre elle, un jeune interrompt sa conversation et indique à ses amis qu'il continuera à leur parler uniquement après que la « pub » (la jeune fille dévisagée) sera hors de sa vue. Néanmoins, parmi ces jeunes hommes, certains sont accompagnés de leurs copines et de leurs enfants en bas âge. Quoi qu'il en soit, beaucoup des jeunes se vannent, s'interpellent, chahutent, mettent en scène des histoires de bagarres et serrent les mains des nouveaux venus qui viennent agrandir les groupes stationnés dans le petit centre commercial fortement délabré où, à part la sandwicherie, il existe simplement une boucherie halal, un coiffeur, une épicerie orientale et un marchand de journaux. Un jeune assis à côté de nous indique à ses copains qu'il en a marre de la Cité des enfants perdus et qu'il préférerait vivre à Vitry (en banlieue parisienne) car dans cette ville la police n'ose pas entrer. Après voir fini notre repas, nous décidons de partir de la cité et de revenir la semaine prochaine.

A l'épreuve des forces de l'ordre

« Les keufs cherchent les embrouilles ! »

L'ensemble des collégiens présents lors de la discussion collective semblent partager l'idée que dans le quartier, l'importante présence policière génère du désordre plutôt que de la sécurité. En effet, les policiers en tenue, surtout les CRS ou ceux considérés comme tels, qui patrouillent dans la cité le font souvent de façon provocante. Joyce indique que les policiers paraissent chercher des ennuis alors que généralement le quartier est calme : « A force d'être présents, ils (les policiers) cherchent la merde en fait. Ils n'ont tellement rien à faire qu'ils provoquent les gens. » Par ailleurs, Marie-Louise considère que les policiers ont des comportements discriminatoires et racistes. Le soir, les regroupements de jeunes de couleur sont, en effet, systématiquement contrôlés ; les jeunes sont dévisagés par les policiers présents dans la cité : « A partir de 20h, dès qu'ils (les policiers) voient une bande de noirs, des filles ou des garçons, ils vont s'arrêter et nous dévisager. Ils aiment trop nous tester. Ils nous taillent parce qu'ils savent qu'en étant policiers il ne va rien leur arriver. Ils aiment trop traiter parce qu'ils savent que c'est toujours eux qui auront raison. » Des jeunes relatent ainsi des anecdotes où des policiers, sous prétexte de faire respecter la loi, l'ont eux-mêmes transgressé : « *Karima* : - Ils (policiers) abusent. L'autre jour, une amie s'est fait contrôler et fouiller dans le quartier alors que normalement les policiers hommes n'ont pas le droit de fouiller une fille. *Joyce* : - Un jeune s'est aussi fait contrôler parce qu'il fumait au volant et que c'est interdit mais un des policiers qui l'ont arrêté fumait aussi en conduisant. *Brandon* : - Quelque fois, des keufs passent dans le quartier et téléphonent en conduisant ! *Karima* : - Je peux comprendre qu'ils (les policiers) en aient marre de se faire insulter mais s'ils nous interdisent des choses pourquoi ils le font ? » Pour les jeunes, ces pratiques illustrent donc bien le « deux poids deux mesures » des policiers. Les forces de l'ordre font en fait régulièrement preuve d'abus de pouvoir. Paradoxalement, les policiers sont donc d'abord perçus comme des perturbateurs par les collégiens plutôt que comme des agents de la paix. Estelle critique également le fait qu'à la moindre occasion des courses poursuites entre la police et des jeunes perturbent la cité : « Les flics rentrent avec leur voiture là où les jeunes se regroupent et des petits courent alors partout. Ils ont peur. Des voitures déboulent à toute vitesse. Les parents sont obligés de descendre (des immeubles) pour aller chercher leurs petits. C'est grave ça aussi ! » En fait, pour Estelle, les policiers et les jeunes jouent un jeu qui peut s'avérer dangereux mais surtout il semble faire partie d'un rituel : des jeunes du quartier insultent les policiers et s'opposent à eux sous le regard des plus petits qui, par effet d'imitation, apostrophent, à leur tour, les forces de l'ordre. Dans la pratique, ces « jeux » deviennent ainsi des espaces de socialisation instituant le fait, que dans la cité, les policiers et les jeunes sont des ennemis : « En grandissant, les petits écoutent les grands qui insultent la police. Les petits entendent tout et reproduisent tout ! » C'est pourquoi, l'abus d'autorité dont font preuve certains policiers participe largement au fait que des jeunes, en retour, leur manquent de respect.

Police/jeunes de la cité : « Maintenant, moi je suis choqué ! »

Par conséquent, tout en indiquant qu'il arrive néanmoins que des policiers ne provoquent pas les jeunes lorsqu'ils interviennent dans le quartier, les participants à la discussion soulignent que contrairement à ce que l'ambiance générale de la réunion pourrait laisser penser (entre les jeunes - notamment chez les garçons qui relatent fièrement des histoires dans lesquelles ils narguent les policiers en traversant la cité à toute allure sur des motos hyper-puissantes-, il existe une certaine sur-enchère pour « mettre à l'amende » les policiers), ils n'en veulent certainement pas à tous les policiers. Ils ont, en effet, conscience que les gardiens de la paix sont utiles pour faire respecter la loi et protéger les citoyens. Cependant, pour ces jeunes, les policiers étant les représentants de la république, ils doivent être irréprochables. En ce sens, ils ne devraient pas développer des comportements injustes et provocateurs comme c'est pourtant souvent le cas. Dans la réalité, ces jeunes ont, en effet, le regret de constater que beaucoup de policiers se comportent eux-mêmes comme des membres d'un « gang » et qu'ils sont irrespectueux à l'égard des habitants de la cité : « *Brandon* : - En fait, les policiers aiment bien faire les gangs. *Myriam* : - Ils aiment bien chercher la merde quand les gens sont bien posés. » Les contrôles policiers font donc désormais partie de la vie quotidienne de beaucoup de jeunes de la cité, surtout ceux qui se regroupent en bas des immeubles. Dans ce contexte, Marie-Louise indique que, désormais, pour éviter des embrouilles interminables, des jeunes de la cité, notamment les membres des « soldats du ghetto » (SDG), basés rue Charles Péguy (RCP), qui sont très souvent contrôlés par la police, ont maintenant décidé de ne plus « calculer » les forces de l'ordre lorsqu'ils viennent à leur rencontre pour faire des vérifications de papiers. Ces jeunes se laissent fouiller sans réagir en faisant mine d'ignorer autant qu'ils le peuvent les policiers qui les contrôlent. : « Moi je sais que les grands du SDG-RCP maintenant, ne se prennent même pas la tête. Quand le camion de police arrive, ils n'y font même plus attention. Ils restent assis et ne bougent pas. Ils s'en foutent maintenant. La dernière fois, j'étais étonné. Avant, dès que la police venait, il y avait toujours un problème. Les garçons disaient : - Ouais, pourquoi vous nous saoulez ? Maintenant, c'est comme si c'était un décor. Ils (les jeunes) sont là. Ils ne bougent pas, ils parlent, c'est grave ! » Chez certains jeunes ciblés par la police, les contrôles incessants ont donc transformé les relations qu'ils entretiennent avec la police. La plupart du temps, ces jeunes paraissent, en effet, apathiques et blasés face aux contrôles. Plusieurs fois, lors de notre enquête, nous avons effectivement pu observer plusieurs contrôles policiers effectués de façon tout à fait routinière sur des jeunes de la cité : les policiers contrôlent les jeunes et les fouillent. Ces derniers ne disent pas un mot, se prêtent au « jeu » sans rechigner et repartent tranquillement lorsque les forces de l'ordre remontent dans leurs véhicules. Cependant, pour les collégiens, ce calme apparent est trompeur. Plutôt que d'être embarqués pour rébellion s'ils se révoltent, face à l'acharnement policier dont ils sont l'objet, ces jeunes gardent généralement leur calme ; néanmoins, ils attendent le bon moment pour se venger. Quoi qu'il en soit, même lorsque le rapport de force ne leur est pas favorable, Joyce indique que, contrairement aux policiers, qui calculent toujours avant d'intervenir s'ils ont les moyens de réagir en cas de résistance, il arrive que certains jeunes, confrontés aux policiers, craquent spontanément. Ils se rebellent et sont alors molestés par la police et emmenés au poste.

*

*   *

Les élèves du collège Pablo Neruda, garçons et filles, ont intériorisé cette idée qu'ils représentent des « figures de peur » pour les gens extérieurs à la cité. Ainsi, durant la réunion collective, Marie-Louise a raconté une anecdote assez caractéristique de cette prise de conscience : celle-ci a été très étonnée de constater qu'après avoir demandé l'heure à une dame dans la rue, cette personne a préféré rapidement s'enfuir plutôt que de répondre à sa question : « On aurait dit qu'elle avait peur de moi. En partant presque en courant, elle s'est retournée et m'a dit qu'elle ne répondait pas à des étrangers. » Pour ces jeunes plein de vitalité, leur quartier se caractérise donc en creux : « il n'y a pas de Blancs ! Il y a trop de racisme, trop de discriminations et d'oppression ». Ils se sentent ainsi plus appartenir à une catégorie médiatico-politique dépréciative : « jeunes de cité » plutôt qu'à celle beaucoup plus neutre de « jeunes français » : « *Joyce* : On s'est présenté pour trouver un stage en centre ville mais on est noirs, on est de Pablo, on est de la Cité des enfants perdus, on est donc reparti. » Effectivement, le regard que beaucoup de personnes extérieures à leur quartier portent sur eux leur fait dire qu'ils ne se sentent pas véritablement français (« la France ne valorise pas les gens de quartier »). Durant la séance collective Joyce affirme : « Je suis français papiers ». Leur expérience quotidienne, notamment à l'école et dans la cité, est, en effet, largement associée à des épreuves d'humiliation et de dévalorisation de soi. Dans la pratique, il n'est pas rare que des professeurs crient en s'adressant à eux et les rabaissent notamment parce qu'ils sont issus de milieux populaires et que certains paraissent, de façon caricaturale, inadaptés au système scolaire classique. Ainsi, au lieu d'être un lieu ressource, même si cela n'est pas « républicainement correct », l'école apparaît être un lieu de brimades, de vexations et d'exclusion. Les jeunes rencontrés soulignent que bien que les acteurs socio-éducatifs qui les encadrent aient parfaitement conscience qu'ils agissent dans un quartier dégradé constitué de familles « pauvres » d'origine étrangère[129], à part quelques exceptions[130], ceux-ci cherchent surtout à les « dresser » plutôt qu'à les émanciper par l'instruction. Lors d'un entretien, le principal du collège affirme, en effet, que dans un établissement comme le sien, le respect des règles élémentaires de civilité et de citoyenneté est plus important que les apprentissages scolaires : « J'ai fait le choix personnel d'être un acteur social avant d'être un acteur au service des apprentissages. Je suis au service de l'intégration sociale du jeune. Bien sûr, je suis obligé de conjuguer cette dimension avec le développement des apprentissages pour que les jeunes progressent intellectuellement mais d'emblée, j'attaque mon établissement comme un microcosme à promouvoir. Quand on travaille dans ce genre d'établissement, on met davantage l'accent sur la plue-value sociale et socio-éducative que l'on veut apporter que sur des apprentissages fondamentaux. (...) La pédago ce n'est pas mon truc. » Aussi, l'école est-elle d'abord perçue comme un espace de socialisation des risques où les jeunes et leurs familles doivent se soumettre à l'« ordre républicain ». En effet, selon les jeunes rencontrés, contrairement à ce qui est souvent véhiculé par les mass-médias, à la Cité des enfants perdus, l'école reste une institution autoritaire au sein de laquelle, notamment à cause du comportement rigide et craintif de certains acteurs éducatifs, les collégiens ont le sentiment de ne pas être compris, suffisamment écoutés et respectés. D'ailleurs, les orientations proposées par le corps enseignant sont, en général, en complet décalage avec les aspirations professionnelles (aider les gens, se réaliser et bouger) des jeunes. Pour aider les jeunes à faire face à un certain mal-être propre à la période de forte incertitude que représente l'adolescence[131], le collège est peut être un « milieu socialisant » mais il ne représente pas un lieu chaleureux et sécurisant ; il manque même, singulièrement d'humanité. Pire, alors que nous avons vu qu'une partie de l'équipe de direction du collège s'acharne à vouloir faire une nette séparation entre la vie dans l'établissement et la vie dans le quartier, dans la pratique, il existe un certain continuum entre l'expérience scolaire et l'expérience vécue dans la cité. En effet, l'école et la rue sont perçues, l'une et l'autre, comme des territoires de répression expliquant ainsi certains comportements violents contre les établissements scolaires durant les émeutes

129 Cf. G. Felouzis, F.Liot, J. Perroton, *L'apartheid scolaire. Enquête sur la ségrégation ethnique dans les collèges*, Paris, éd. du Seuil, 2005.

130 Durant l'enquête, nous avons rencontré un enseignant spécialisé dans l'action sur les « terrains sensibles », ayant une grande expérience des modalités d'intervention en zone d'éducation prioritaire. Il nous a ainsi expliqué qu'alors qu'il avait été en échec dans plusieurs « collèges de banlieues », il a décidé, lorsqu'il a été muté à Pablo Neruda, de tenter une expérience personnelle. Il a donc créé un « club nature » au sein du collège et s'est personnellement investi dans l'animation de projets d'éducation populaire au sein de la cité. Il a alors été extrêmement surpris de constater que les élèves lui paraissaient moins hostiles et surtout que ceux-ci lui marquaient une plus grande considération. Son engagement auprès des adolescents dans le milieu associatif local a fondamentalement transformé ses relations avec les élèves.

131 Cf. D. Le Breton (dir.), *L'adolescence à risque*, Paris, éd. Autrement, 2002.

de 2005[132]. Dans ces deux espaces de vie, l'école et la rue, les jeunes doivent surmonter les épreuves du racisme, de la soumission, des préjugés négatifs (les jeunes sont définis par défaut) et des confrontations violentes, notamment avec les forces de l'ordre qui les provoquent et avec lesquelles ils vivent des épreuves de force. Dans ce contexte, bien que les collégiens rencontrés revendiquent le fait que tous les jeunes de la cité ne soient pas identiques, tous souffrent réellement d'être confondus avec la « minorité des pires » de la cité. Ils supportent difficilement d'être stigmatisés et essentialisés comme des « figures de peurs » car ils ont le sentiment qu'en France, malgré leurs efforts, même s'ils sont encore très jeunes, leur avenir est déjà plombé : « *Estelle* : En France, il n'y a pas d'avenir. Tu ne peux pas t'enrichir. » Pour autant, ces jeunes n'en veulent pas à la minorité des jeunes de la cité qui trafiquent pour sauver leur peau ou qui cassent pour protester contre leurs conditions. Ils ont conscience que la vie dans la cité est loin d'être facile et que tous les habitants qui y vivent doivent surmonter de nombreux obstacles pour ne pas sombrer totalement dans un « trou noir »[133] : « Karima : Ici, t'es dans un trou, tu es dans un puits et il faut que tu trouves une lueur. Il faut franchement ramer. » En définitive, pour exister, tous les jeunes du collège rencontrés s'affichent « gangs », cependant, ces jeunes traduisent différemment ce terme : pour certains d'entre eux, notamment les filles, faire partie d'un « gang » signifie d'abord vivre une sociabilité juvénile pour faire du sport (foot, athlétisme, basket, danse…), organiser des fêtes, rêver de beaux voyages tandis que, pour d'autres, notamment les garçons, faire partie d'un « gang » signifie plutôt qu'ils sont prêts au combat et organisés pour se débrouiller et se battre si nécessaire contre leurs agresseurs potentiels, qu'ils s'agissent d'autres bandes de jeunes ou de policiers qui les stigmatisent, les dévalorisent et les oppriment.

132 Cf. L. Ott, « Pourquoi ont-ils brûlé les écoles » in L. Mucchielli, V. Le Goaziou (dir.), *Quand les banlieues brûlent... Retour sur les émeutes de novembre 2005*, Paris, éd. La Découverte, 2007, p. 126-144.
133 Cf. F. Dubet, 1987, *op. cit.*

////////// Chapitre 4

Ultras-gangs : Frakass, Chamo, Rohff et les Soldats du Ghetto

Dans la Cité des enfants perdus, à l'instar de François Dubet plus de vingt ans auparavant lorsque celui-ci travaillait sur « l'expérience de la galère » des jeunes des quartiers populaires[134], nous n'avons pas observé de « gangs » constitués tels que décrits par les spécialistes américains de l'économie clandestine développée dans les rues des ghettos urbains[135]. Néanmoins, nous avons rencontré des « bandes » de jeunes rebelles décrits comme des « apprentis gangsters » par plusieurs représentants de la police des villes. Pour autant, il n'a pas été facile d'entrer en contact avec eux. Dans l'espace public, ces jeunes affichent, en effet, une « esthétique de la violence » et un certain folklore (vêtements, attitudes, musique...) faisant référence à la culture des gangs des *inner cities* d'Outre-Atlantique[136]. Aussi, ces jeunes sont-ils peu enclins à entrer en relation avec des interlocuteurs étrangers venant spontanément à leur rencontre. Lors de nos premières tentatives d'approche dans les zones de la cité où ces jeunes se regroupent habituellement, ceux-ci ont clairement énoncé les pré-supposés qu'ils avaient à notre égard. Pour ces jeunes, soit nous étions des policiers ou des indicateurs pas très discrets, soit des junkies. De plus, bien que peu âgés (15-20 ans), ces jeunes restent assez distants des structures classiques d'encadrement de la jeunesse (maisons de quartier, maison des jeunes, clubs de prévention, associations sportives...) ou sont même déscolarisés. Ainsi, pendant un certain temps, alors que nous

---

134 *Ibid.*

135 Cf. M. Sanchez-Jankowski, 1991, *op.cit.*, S. Alladi Venkatesh, 1997, *op.cit.*, p. 82-111, P. Bourgois, 2001, *op. cit.*

136 Sous l'influence des images venues des ghettos étasuniens véhiculées par les médias, un certain « esthétisme de la violence » est né au sein d'une partie de la jeunesse urbaine mondiale. Un pan de la « culture hip-hop » venue de la côte ouest des Etats-Unis appelé « *Gangsta rap* » symbolise cette fascination pour les armes, les chiens d'attaque (« *Pit-Bull attitude* ») et autres attributs de la violence, gage du pouvoir, de la force sur les choses, les êtres et l'environnement. Cette « esthétisation de la violence » existe également au sein de certains clubs de supporters sportifs utilisant des chants guerriers ou des signes de reconnaissance totémique favorisant la construction d'une identité d'affrontement. Lorsque l'on se sent vulnérable, exprimer à l'autre, lui montrer grâce à de multiples indices objectifs ou symboliques, que l'on est potentiellement violent et prêt au combat, est une façon primitive de se défendre dans un monde hyper-moderne au sein duquel la complexité des interactions déstabilise les plus vulnérables aux changements. Cf. Y, Michaud, *La violence*, Paris, éd. Puf, coll. Que-Sais-Je ?, 1998 ; *Changements dans la violence. Essai sur la bienveillance universelle et la peur*, Paris, éd. Odile Jacob, 2002.

enquêtions et observions dans le quartier depuis plusieurs mois déjà, nous n'avons pas eu la possibilité d'être présentés à ces jeunes par les acteurs de socialisation, professionnels institutionnalisés, œuvrant au sein du quartier. C'est donc seulement après avoir tissé des inter-relations privilégiées avec d'autres jeunes, surtout des médiateurs et des animateurs « indigènes » que, grâce à leur coopération, nous avons finalement pu rencontrer plusieurs « figures de désordres » tant décriées par une partie des acteurs sociaux et des forces de l'ordre rencontrées tout au long de l'enquête. Effectivement, et bien que ces jeunes ne fréquentent pas assidûment les activités organisées par les animateurs socioculturels de proximité, en tant que jeunes résidents du quartier, ceux-ci ont néanmoins tissé de fortes relations d'interconnaissance. C'est pourquoi, à partir du moment où nous avions été introduits par des « animateurs charismatiques » de la cité agissant auprès de « jeunes rebelles » liés à des « bandes » du quartier et mis en confiance par rapport à nos intentions (« ce sont des sociologues qui étudient la violence, notamment les violences policières »), certains d'entre eux ont finalement accepté de nous rencontrer pour témoigner de leur expérience sociale et de leur rapport à la violence. Ainsi, grâce à plusieurs rencontres collectives, nous avons, dans un premier temps, pu mettre des visages sur des noms souvent évoqués, taggés sur les murs des immeubles et dans les cages d'escaliers ou affichés sur des *blogs* « communautaires ». Nous avons, par la suite, pu dépasser quelques idées reçues en tentant de comprendre des conduites juvéniles jusque-là décrites par la plupart de nos interlocuteurs comme vide de sens ou simple expression de la désorganisation sociale et de l'anomie, productrices de phénomènes de délinquance et de violences, notamment développés par des « bandes ethniques criminelles » au sein de la cité.

A l'épreuve des « bandes »

La peur des « bandes juvéniles »

En France, depuis au moins le début de la période industrielle, les « bandes juvéniles » inquiètent la société intégrée (bande vient de l'attribut guerrier = bannière). Effectivement, au fur et à mesure du temps, le mot « bande » qui renvoyait d'abord « à la notion de groupe pourvu d'un leader et arborant un signe distinctif qui le représente et le différencie des autres dans un cadre officiel a, peu à peu, muté pour désigner un groupe marginal et dangereux. »[137] Sans entrer dans une description exhaustive d'un phénomène complexe en transformation constante rappellons quelques repères socio-historiques soulignant que les bandes de jeunes, par la crainte qu'elles générèrent, occupent

137 M. Esterle-Hedibel, *La bande, le risque et l'accident*, Paris, éd. L'Harmattan, 1997, p. 38.

une place particulière au sein de la société moderne[138]. Les premières bandes d'« apaches » parisiennes de la Belle époque décrites par Michèle Perrot[139] et Régis Pierret[140] ont, en effet, défrayé la chronique de la presse quotidienne et représentaient alors des figures caractéristiques des « classes dangereuses » particulièrement redoutées par la bourgeoisie. Dès la fin de la seconde guerre mondiale, sur fond de rock'n roll, de conflits des classes et de développement de la société de consommation, ce sont les affrontements entre les « blousons noirs » et les « blousons dorés » dans les rues ou à la sortie des bals populaires qui ont alors alimenté les craintes d'une partie de la population française[141]. Ces groupes seront ensuite remplacés par les « loubards » dans les années 1970. Avec le passage de la société industrielle à la société post-industrielle, les regroupements de jeunes des milieux populaires inquiètent d'autant plus l'opinion publique et les mass-médias qu'ils sont maintenant ethnicisés[142]. Sur fond de désindustrialisation et de développement du chômage, ces sont les enfants d'immigrés, arabes et noirs, vivant dans des « banlieues » défavorisées qui apparaissent sur la scène médiatique. A partir du début des années 1980, dans un environnement musical et culturel en pleine mutation liée à l'apparition de la culture hip-hop (rap, break-danse, graffs, tags...) venue des Etats-Unis dans les territoires urbains français, des bandes de « zoulous » appelées aussi « cailleras »[143] sont perçues comme particulièrement violentes et barbares. Elles caractérisent également l'installation de la désorganisation sociale au sein des quartiers d'habitat social, le développement du trafic de drogue et l'explosion régulière de révoltes urbaines émeutières, de plus en plus spectaculaires et médiatisées. Aujourd'hui, même si le terme «zoulou » a disparu du vocabulaire médiatique pour désigner les « jeunes de quartier », les représentations pusillanimes à l'égard de la jeunesse colorée des cités populaires n'ont pas, pour autant, vraiment changé. Au contraire, elles se sont même radicalisées dans le sens où les bandes de jeunes de « banlieue » sont dorénavant très souvent assimilées à des « gangs » tels qu'ils existent dans les ghettos américains. Dans le monde des jeunes de la rue, à partir des bandes réunies au gré des opportunités générationnelles et territoriales, il existe, parfois, en effet, des « gangs », c'est-à-dire, des petits groupes issus des rassemblements spontanés de jeunes d'un quartier ou d'une cité, dont les objectifs en matière de délinquance sont plus établis. L'analyse d'une enquête sur le phénomène des bandes, réalisée par l'Education Surveillée (Ministère de la justice) au début des années 1960, révélait déjà que « les bandes préexistent

138 Cf. L. Mucchielli, *Le scandale des tournantes. Dérives médiatiques, contre-enquête sociologique*, Paris, éd. La Découverte, 2005, M. Mohammed, L. Mucchielli (dir.), *Les bandes de jeunes. Des « blousons noirs » à nos jours*, Paris, éd. La Découverte, 2007.

139 Cf. M. Perrot, *Les ombres de l'histoire. Crime et châtiment au XIXe siècle*, Paris, éd. Flammarion, 2001.

140 Cf. R. Pierret, *Les Apaches*, Paris, Diplôme de l'Ecole des Hautes Etudes en Sciences Sociales, 1996.

141 Cf. E. Copfermann, *La Génération des blousons noirs*, (1er édition 1962), Paris, La Découverte, 2003.

142 Cf. M. Boucher, *Turbulences*, 2007, *op. cit.*, p. 271-290.

143 Cf. A. Guidicelli, *La Caillera*, Paris, éd. Bertoin, 1991.

socialement à leur criminalité. »[144] Ces gangs sont, aujoud'hui, plus hiérarchisés que dans les autres types de regroupements de jeunes (désignation d'un chef, de lieutenants, application d'un code singulier, d'un système de valeurs propres). Ainsi, la constitution actuelle de « gangs » dans les cités périphériques populaires symboliseraient le fait que, désormais, il existe en France des « zones de non-droit », des « territoires perdus de la République » contrôlés par des bandes délinquantes.

Soldats du ghetto et Libolo gang : une esthétique de la violence

Ces représentations pusillanimes à l'égard de regroupements de jeunes identifiés comme des « gangs » en constitution existent fortement dans le quartier étudié. Ainsi, les forces de l'ordre décrivent la présence des bandes d'adolescents singulières particulièrement enclines à s'affronter, à commettre des violences et à développer toutes sortes d'incivilités pour s'affirmer dans la cité. Selon la police, les membres de ces bandes cultivent une esthétique de la violence et du ghetto. Stigmatisés comme de potentiels jeunes dangereux, ceux-ci sont fiers de revendiquer leur appartenance au monde des cités populaires ghettoïsées et séditieuses. Dans la pratique, ces jeunes se donnent des surnoms guerriers qu'ils taguent sur les murs du quartier pour marquer symboliquement leur territoire, créent des « blogs » dans lesquels ils diffusent notamment leurs « exploits » en communiquant des photos ou des vidéos sur le site Internet dailymotion les montrant en train de taguer des slogans contre la police (« PSR baise la police », « Nick la police », « Fuck les CRS », « Fuck les putes », « PSR baise la BAC », « PSR à mort les keufs », « J'baise la France »), ou de dévaler les rues de la cité sur une moto sans casque, en roue arrière et à toute vitesse. Sur ces blogs, ces jeunes se mettent également en scène collectivement en exposant des armes, des motos cross, des voitures, de l'argent ou des objets de consommation de luxe fortement valorisés dans les quartiers d'habitat social : « Kan j'serai Graand, j'aurai un gun, le pouvoir et l'argent »[145]. Ils délivrent également des messages où ils revendiquent leur capacité de réaction face aux hypocrites, aux « bandes » rivales et aux jaloux qu'ils nomment les « rageux ». Néanmoins, ces blogs sont également l'expression des inter-relations juvéniles existantes entre les jeunes de la Cité des enfants perdus souvent faites d'amitiés mais également de menaces en cas de trahison.

---

144 M. Ceccaldi, « Le phénomène des bandes. Manifestation actuelle de la délinquance juvénile », extrait de la *Revue Pénitentiaire et de Droit Pénal,* n°50, avril-juin 1961, p. 15.

145 Comme le note M. Fournier dans un article de vulgarisation synthétique sur les bandes juvéniles, en 1974, les sociologues américains H. Bloch et A. Niederfhoffer voyaient déjà dans les valeurs de base de la bande « l'hypostase des vertus fondamentales de la bourgeoisie comme la compétition, le matérialisme, le droit du plus fort, la loyauté, la déification du succès, etc., quoique la bande ne les déguise pas d'illusions hypocrites » (H. Bloch, A. Niederhoffer, *Les bandes d'adolescents,* Paris, éd. Payot, 1974 cité in M. Fournier, « Voyage au cœur des bandes » in *Sciences Humaines,* n°201, février 2009, p. 18-23).

Dans la cité, deux bandes se font particulièrement remarquer. La première bande se fait appeler les « soldats du ghetto » dont les initiales SDG sont présentes un peu partout sur les murs des immeubles de la Cité des enfants perdus (il existe deux versions féminines des SDG appelées « Choupetias » et « Milkshakes » que nous n'avons néanmoins pas pu rencontrer[146]). Les membres de cette « équipe » causent beaucoup de fil à retordre aux policiers des BAC jour et nuit. Pour ces policiers, les SDG constituent, effectivement, un vivier de jeunes potentiellement violents et rebelles à l'ordre établi qui expriment clairement aux policiers, surtout aux brigades de roulement, autrement dit, les policiers en uniforme faisant des rondes dans le quartier, qu'ils ne sont pas les bienvenus sur leur territoire. En effet, les membres du SDG revendiquent clairement le contrôle de leur espace de vie : la rue Charles Péguy (RCP) bien délimitée par rapport aux autres quartiers de la Cité des enfants perdus (Emile Molière, cartier blanc, le macif, h d star, DSLPO, Nvr, la piste, PSR, la plaine, Cité oubliée). Ainsi, une photo déposée sur le blog d'un membre des SDG montrant une voiture de police complètement détruite indique : « Tu pe pas test RCP-SDG » ce qui signifie : « Tu ne peux pas provoquer et battre les membres de la bande de la rue Charles Péguy et des soldats du ghetto dans le quartier de la Cité des enfants perdus. ». En tant que « catégorie stigmatique »[147], tous les membres des SDG ont un surnom (Nesbool, Itris, Zkes, Chamo, Frakass, Moka9, Rohff, Mr. Pizza, V6, Blackos, Arash, Hamtaro, Starki, Killer, Rosty, Arcos, Lkmi...) qu'ils utilisent pour se camoufler tout en mettant en valeur leurs exploits sur leurs blogs : « - *Mathieu* (policier de la brigade anti-criminalité de jour) : tous les deux ans c'est le même phénomène ; il y a une bande qui apparaît, nous (les policiers de la BAC) on les appelle les nouveaux. C'est une nouvelle génération qui, pour s'affirmer, vont nous chercher un peu, vont commencer à traficoter, à faire leurs conneries... - *Jean-Louis* (policier de la BAC jour) : Ces bandes ont toutes un blog sur lequel elles mettent des photos et leurs trophées. Bien souvent, les photos qu'ils mettent sur les blogs sont les mêmes qu'ils mettent sur leurs téléphones portables. – *Dominique* (policier de la BAC jour) : bien souvent ils montrent des armes, de l'argent, des grosses voitures... - *Mathieu* : c'est un peu leurs trophées, c'est ce qu'ils font ou ce qu'ils voudraient faire. Pour certains, c'est ce qu'ils voudraient faire mais, pour d'autres, c'est ce qu'ils font. »

---

146 Cf. S. Rubi, *Les crapuleuses, ces adolescentes déviantes*, Paris, éd. Puf, 2005.

147 « J'ajouterai que les délinquants professionnels connaissent deux façons de changer leur nom : les pseudonymes, d'un emploi tout à fait temporaire, quoique souvent répété, pour éviter d'être identifiés, et les « blases », c'est-à-dire des surnoms reçus au sein de la communauté délinquante et conservés pour la vie, dont l'emploi est strictement réservé aux membres de cette communauté et aux initiés » (E. Goffman, 1975, *op.cit.*, p. 76).

Dans la Cité des enfants perdus, les jeunes du SDG dont les modèles sont explicitement les « gangs américains »[148] ont des concurrents regroupés au sein d'une « bande » signant LBL sur les murs de la cité. LBL signifie « libolo gang », « libolo » désignant un sexe féminin en zaïrois. En effet, contrairement aux jeunes du SDG, les membres du LBL ne revendiquent pas un fort « capital guerrier » mais un impressionnant « capital charme ». Les jeunes du LBL (FerNando, Sucré, DiiViiDii, MaReShAl VeRrYz, RoSkO, VR6, ChatÖn, MerrO, GaCK''ss, DiaBlO, C.R, BoKoR, KaPoRaL, EnIxSoN le félin, Dicap le charmeur) affirment être surtout intéressés par la fête, l'érotisme et l'envie de plaire aux filles. Ils s'affichent dans la cité comme des « beaux gosses ». En revanche, cette volonté de plaire à la gente féminine n'exclut pas, pour autant, leur capacité de réaction physique en cas d'agression. Ainsi, durant notre enquête, des jeunes du SDG ont insulté les membres du LBL sur leur blog. Cette initiative a déclenché un conflit entre les deux groupes et quelques bagarres entre des membres des deux bandes. D'autres jeunes, un peu plus âgés, notamment les animateurs sportifs de proximité eux-mêmes issus du quartier, ont alors joué un rôle de médiation pour apaiser la situation. Ce travail de médiation a, en effet, abouti à l'organisation d'une grande fête de quartier auto-organisée par les jeunes. Malgré des craintes de débordements et de violences exprimées par beaucoup de jeunes de la Cité des enfants perdus sur les blogs des SDG et des LBL, la fête, notamment encadrée spontanément par des animateurs de proximité, s'est bien déroulée et a donc acté le retour à la paix entre les deux « bandes » de jeunes : « *Mesdames et Messieurs en exclusivité mondiale. La fête la plus attendue dans le quartier de la Cité des enfants perdus. Les LBL Gang et les SDG ont l'honneur de vous inviter à leur fête. Donc, venez assister à cet événement mondial. Les tenues de couleur blanche seront exigées à l'entrée et les personnes de plus de 16 ans pourront y entrer. Accompagnés ou seuls mais ne venez surtout pas en couple mais venez célibataires* » (Invitation à la fête co-organisée par les SDG et les LBL déposée sur leurs sites Internet).

Extrait du carnet de bord

La rencontre des soldats du ghetto

Ce soir (8 juillet 2008), nous avons prévu de dormir dans notre appartement. Peut être la dernière nuit car nous devons rendre les clés au bailleur mi-juillet. Avant de venir, nous avons fait le point sur l'état d'avancement de

148 Cf. L. Madzou, *J'étais un chef de gang*, Paris, éd. La Découverte, 2008.

la recherche et avons décidé, au regard de la centaine d'interviews et des nombreuses heures d'observation déjà réalisées depuis 10 mois, que nous prendrions contact avec Nino, Nelson et Johnson, des jeunes du quartier avec lesquels nous avons tissé des relations privilégiées au cours de l'enquête. Ces jeunes, notamment grâce à Nino, animateur de proximité tout au long de l'année de la principale association d'éducation populaire de la Cité des enfants perdus, sont tous mobilisés durant les mois d'été pour faire de l'animation de quartier ou encadrer des petits chantiers (peinture et élagage des sentiers forestiers) permettant aux jeunes qui y participent, en échange de leur bonne volonté, de faire un stage de foot à Saint-Jean de Luz (Pyrénées-Atlantiques) ou de partir en camp de vacances en Loire-Atlantique. Nous souhaitons qu'ils nous permettent, cette fois-ci, d'entrer directement en relation avec les « petits » (15-18 ans) des SDG (soldats du ghetto) si décriés par les policiers de la BAC mais également principaux acteurs des nuisances sonores qui agitent nos nuits lorsque nous dormons à la Cité des enfants perdus. Avec mon collègue Mohamed, nous arrivons dans le quartier vers 14h30. N'ayant pas encore mangé, nous garons la voiture devant notre immeuble et allons rapidement chez « Dadas » (un fast-food turc) nous restaurer. Tous les jeunes sont en vacances et nous sommes étonnés de constater que le quartier est relativement désert. Peu de jeunes et peu d'enfants sont présents dans la rue. En revanche, deux jeunes des SDG sillonnent la cité sur des scooters à vive allure. Ils ne portent pas de casque, montent les trottoirs, prennent les rues en sens interdit et font des dérapages, ce qui fait beaucoup de bruit. Nous reconnaissons particulièrement l'un d'entre eux parce que c'est le seul « Blanc » des SDG surnommé « Chamo » sur leur blog. Après avoir mangé, nous allons donc nous balader dans le quartier et sommes attirés par de la musique rap jouée à fort volume près de la place Kennedy. En fait, nous découvrons que beaucoup de jeunes et d'enfants du quartier sont regroupés dans le square central de la Cité des enfants perdus au sein duquel les animateurs de l'AJC et de l'Arche dont Nino, Nelson et Johnson, encadrent de nombreuses activités socio-culturelles. Organisés par Nelson et un agent communal, certains jeunes repeignent les barrières entourant le square, tandis que d'autres font des jeux de société en plein aire, du badminton, du foot, de la danse, etc. sous le regard de Johnson. Toutes les animations du quartier en direction de la jeunesse sont donc concentrées dans ce square situé au milieu des immeubles. Plusieurs groupes d'âge, de 8 à 20 ans, sont regroupés dans cet espace débordant de vie. Nous saluons Nelson qui montre sa satisfaction de nous rencontrer. En effet, cela fait plusieurs semaines que nous ne l'avons pas vu dans le quartier suite à la mort de son père décédé en Afrique. Il nous décrit alors son rôle en tant qu'animateur de l'AJC. Johnson est à quelques pas en train d'assurer l'animation d'un jeu d'extérieur. Nous le saluons également. Il nous indique alors que grâce à cet emploi, il a pu obtenir l'aménagement des horaires l'obligeant à rester chez lui dans le cadre d'une mesure judiciaire lui imposant de porter pendant plusieurs mois un bracelet électronique suite à une condamnation pour outrage à agent et conduite sans permis. Nelson nous indique ensuite que Nino, l'animateur référent des activités d'été, est juste en face, dans l'appartement de l'association de l'Arche situé dans un immeuble du quartier donnant sur le square et qu'il est en train de jouer avec une console vidéo. Nous allons donc le saluer. Cet appartement est, en effet, un point de ralliement pour de nombreux jeunes du quartier. L'appartement est plein de garçons et de filles, qui font des va-et-vient permanents entre l'extérieur et la cuisine où des adolescentes sous la surveillance d'animatrices du même âge, font des gâteaux qu'elles vendent dans le square en espérant financer une sortie culturelle. Beaucoup de jeunes sont également regroupés devant l'immeuble en bas de la cage d'escalier. L'ambiance est plutôt bon enfant, convivial, presque familial. Les garçons et les filles (pratiquement tous d'origine africaine) se chamaillent et se charrient chaleureusement. Cette mixité relative paraît d'ailleurs propice à la régulation des relations sociales entre les jeunes cherchant à se plaire. Les garçons se montrent avenants et séducteurs plutôt qu'agressifs. Ce que nous découvrons confirme nos précédentes observations soulignant que les jeunes de la Cité des enfants perdus, très majoritairement d'origine africaine, sont encadrés par des animateurs également très jeunes, peu, voire pas formés du tout, tous d'origine africaine et issus du quartier. D'ailleurs, ce constat permet à des acteurs associatifs et para-municipaux concurrentiels d'accuser leurs employeurs (AJC, Arche) d'organiser leurs interventions sur des bases « communautaristes ». Quoi qu'il en soit, malgré l'important engagement des animateurs-médiateurs, il paraît évident (au regard du planning des activités proposées et du matériel disponible) qu'ils interviennent avec un déficit de moyens, sans projet pédagogique réellement construit et qu'ils sont livrés à eux-mêmes.

A l'entrée de l'immeuble, nous reconnaissons plusieurs jeunes des SDG, dont le jeune qui circulait en scooter à toute vitesse dans la cité. Nous demandons alors à Nino et Johnson s'ils seraient d'accord de nous présenter à plusieurs jeunes des SDG. Ils acceptent sans problème et quelques instants après, Johnson (23 ans), très respecté par les « petits » (15-19 ans) des SDG, revient avec neuf membres de cette « bande » (Frakass, Chamo, Rohff, Nesbool, Moka9, Killer, Rosty, Arcos, Fiston) dont le fameux conducteur du deux roues. Nous sommes installés dans la salle centrale de l'appartement de façon décontractée et les invitons à s'asseoir pour discuter avec nous. Bien sûr, nous nous présentons, soulignons que contrairement aux apparences, nous ne sommes pas des policiers mais des sociologues ce qui nous oblige à donner une définition compréhensible de ce drôle de métier. Les jeunes des SDG se montrent différemment intéressés par notre proposition de parler avec eux de leur vie dans le quartier, notamment de la violence et des rapports qu'ils entretiennent avec la police. Cependant, nous leur donnons quelques informations indiquant que nous savons plusieurs choses touchant leur intimité, notamment leurs surnoms, les relations qu'ils entretiennent avec l'autre « bande » du quartier : les « LBL gang » et leur indiquons également que nous les entendons régulièrement depuis notre appartement situé près de le rue Charles Péguy où ils se regroupent quotidiennement le jour et la nuit. Ces informations les étonnent, en font rougir certains qui préfèrent se retirer mais en rassurent et intéressent d'autres qui décident alors d'entamer un véritable dialogue avec nous. Nous discutons alors, à bâtons rompus, des informations données sur eux par la police, des rapports qu'ils entretiennent avec les forces de l'ordre et les autres « gangs », de leur expérience de la galère, de leur scolarité, de leurs aspirations, etc. Les SDG nous indiquent qu'ils ont de très mauvaises relations avec la police, notamment avec les BAC nuit et les CRS qui ne cherchent pas des délinquants en particulier mais « veulent quelqu'un ». En fait, ils soulignent qu'à l'instar d'eux-mêmes, les policiers de nuit (ce qui est moins le cas des BAC jour) sont souvent « en chien » (synonyme de « galère » ou de manque) et cherchent donc de l'action provoquant les jeunes même lorsqu'ils sont tranquilles et n'embêtent personne dans les cages d'escaliers où ils se réfugient notamment pendant les mois d'hiver afin de passer le temps ensemble tout en restant au chaud. Chacun des jeunes raconte ses expériences malheureuses avec la police. En définitive, les SDG décrivent un cercle vicieux où les policiers et les jeunes se provoquent mutuellement, s'invectivent, s'insultent, voire se violentent. En effet, lorsque les policiers arrêtent des jeunes SDG, qu'ils sont amenés au poste de police, ils relatent des scènes où étant menottés, ils sont tabassés, ce qui entraîne chez eux un vif désir de vengeance à l'encontre de leurs oppresseurs. Ainsi, les jeunes nous indiquent que, vivant dans un quartier comme la Cité des enfants perdus, habitués à se faire maltraiter, à vivre des rapports durs et violents entre pairs, avec des jeunes d'autres quartiers, etc., ils n'ont pas peur des policiers avec lesquels ils n'hésitent pas à s'affronter pour préserver leur dignité. Dans cette optique, un jeune nous indique que si un policier le maltraite, à l'instar de ce qu'il ferait avec un jeune d'une autre « bande » de cité, s'il le revoit dans un contexte où il peut se venger, il n'hésitera pas à le « niquer ». Dans ce contexte, les jeunes SDG s'affirment risquophiles, revendiquent être des résistants à l'oppression et à la discrimination dont ils sont souvent la cible et assument en conséquence une figure de potentiels agresseurs plutôt que d'opprimés. Certains d'entre eux relatent leur vie quotidienne où depuis qu'ils sont déscolarisés et sans emplois et, en raison notamment de leur stigmatisation, multiplient de petites activités criminelles, notamment des vols de scooters, de motos, de quads, de vêtements, d'alcool, de cigarettes, etc. qui leur permettent d'une part, de rompre l'ennui de la vie quotidienne des galériens de cité en prenant des risques excitants (voler des motos puissantes puis les conduire à grande vitesse) et, d'autre part, de pouvoir faire de l'argent pour participer à la société de consommation. Comme le révèle Philipe Bourgois dans son enquête sur les gangs à New-York[149], la frontière entre une pratique ludique et délinquante est alors difficile à identifier. En revanche, les SDG critiquent les LBL pour leur immaturité révélée par leur désir exclusif de plaire aux filles. A contrario, les SDG affirment que leur préoccupation principale est de s'organiser en « gang » pour mettre en commun leurs capacités d'actions individuelles et multiplier ainsi leurs chances d'accéder à des ressources. En « gang », ils aspirent à gagner de l'argent, à se protéger et à se reconnaître mutuellement. Ils affirment ainsi leur appartenance à un groupe offensif, solidaire, capable de se mobiliser pour défendre ses membres (*in group*) contre des adversaires (*out group*) composés notamment d'autres « gangs» et de policiers qui se comportent non pas comme des « gardiens de la paix » mais comme une « bande » adverse. Ainsi, le collectif SDG se révèle être un espace chaleureux et protecteur vis-à-vis du monde extérieur, pensé comme incertain et hostile ; en revanche, il semble représenter également un espace d'enfermement où les membres sous influence sont incités à l'hyper-conformisme déviant propre à l'organisation du « gang ».

Questionnés sur leurs relations avec d'autres bandes de la Cité des enfants perdus, ils affirment qu'aujourd'hui les relations sont plutôt bonnes. Même si, de temps en temps, des conflits éclatent, ils se règlent en général d'homme à homme. Cependant, à l'instar d'autres jeunes déjà rencontrés, ils relatent des antagonismes entre jeunes du quartier d'origine Pular et Manjak qui auraient pu dégénérer violemment en raison de conflits sous-jacents impliquant des adultes. Un jeune explique que, paradoxalement, ces conflits ont, par la suite, été régulés sous l'impulsion de la maison de la médiation grâce à l'intervention de « tontons » (des pères de famille) issus des deux « communautés ». Une discussion s'engage alors sur la pertinence de la grille de lecture ethnique de leur organisation. En effet, à part Chamo, les SDG sont tous « noirs ». Or, même s'ils sont considérés de l'extérieur, notamment par la police, comme une « bande ethnique », ceux-ci réfutent l'idée selon laquelle la couleur de peau constitue un mode

149 Cf. P. Bourgois, 2001, *op. cit.*

d'entrée privilégié dans leur « gang ». En fait, ils expliquent qu'ils sont avant tout une « bande » d'amis qui se connaissent depuis l'enfance, ont fréquenté le même quartier, les mêmes établissements scolaires et vivent des épreuves sensiblement identiques. En ce sens, ils se considèrent, avant tout, comme une « bande » de quartier dont la définition est très proche de celle formulée par l'Eurogang Group : « La bande ou le gang est (...) considéré comme une forme d'agrégation juvénile spécifique, décisive dans les processus de socialisation de ses membres, qui fréquentent par ailleurs assidûment l'espace public du quartier en y adoptant une forme de visibilité forte et démonstrative, et qui puisent dans les activités déviantes ou délinquantes menées collectivement une part importante de leur propre identité et de celle de leur groupe »[150].

Interrogés sur leurs capacités de nuisances dans la cité (vols, incivilités, bruits...), notamment la nuit, empêchant ainsi des habitants de dormir alors que certains d'entre eux ont besoin de calme pour aller travailler très tôt le lendemain matin, les SDG reconnaissent qu'à part les bruits de scooters qui leur paraissent supportables car devenus habituels dans la cité, des membres de leur groupe abusent lorsqu'ils traversent le quartier sur de grosses motos faisant un bruit épouvantable. En fait, ces jeunes seraient tellement dans un « mauvais délire », auraient une telle rage au cœur qu'ils se moquent de déranger les habitants de la cité ; ils en font d'ailleurs exprès pour provoquer. Ne se sentant pas respectés dans leur vie, ils se vengent en étant eux-mêmes irrespectueux et incivils à l'encontre des autres. Quoi qu'il en soit, même si les SDG revendiquent être des jeunes turbulents et, préférant la posture de « gangsters » à celle de victimes, les plus âgés d'entre eux (18-19 ans) indiquent qu'ils ont parfaitement conscience qu'ils doivent désormais opérer de manière souterraine et moins démonstrative leur mode de vie délinquant s'ils veulent éviter la prison. Pour autant, un jeune majeur soulignant qu'il a conscience que dorénavant la justice ne lui fera pas de cadeau décrit une situation récente dans laquelle, après avoir beaucoup bu en bande lors d'une soirée chez une amie, il est sorti avec des membres des SDG pour s'approvisionner illégalement en alcool dans une épicerie du quartier mais a été vite pris en chasse avec ses amis par la police. Ils ont finalement tous été arrêtés au petit matin, mis en garde à vue puis inculpés. En effet, même si les plus grands savent qu'ils doivent transformer leurs comportements délictueux, il leur est difficile cependant de s'affranchir d'une dynamique de groupe inscrite dans la déviance et la délinquance. Ainsi un jeune de 19 ans souligne que la manière la plus efficace de sortir d'une spirale

---

150 B. Moignard, *L'école et la rue : fabriques de la délinquance*, Paris, éd. Le Monde/PUF, 2008, p.51.

collective organisée par la galère et la petite délinquance est de sortir du « ghetto », de prendre de la distance avec le quartier en entamant une formation ou en trouvant un travail à l'extérieur (dans le bâtiment, les travaux publics...) sans pour autant rompre complètement avec sa cité et ses amis. En revanche, malgré la bonne foi de certains, cette solution n'est pas évidente à envisager pour tous au regard de la discrimination et de l'essentialisation dont ils sont l'objet. Il est presque 19 heures : nous remercions les jeunes SDG d'avoir pris le temps de discuter avec nous et les invitons à nous rendre visite dans notre appartement s'ils souhaitent continuer la discussion à un autre moment, même tard le soir. Nous saluons Nino, Nelson et Johnson avec lesquels nous avons convenu de manger ensemble le lendemain midi. Nous sortons de l'appartement pour aller boire un café dans un bar de la cité et rencontrons l'unique « éducateur de prévention » de l'association Carrefour Jeunes avec lequel nous parlons un bon moment de la dynamique du quartier et de notre enquête. Nous nous étonnons quand il nous révèle les relations qu'il entretient avec un policier de la DRCI avec qui il collabore en livrant des informations pour « extirper » certaines « mauvaises graines » de la cité. Nous décidons alors de rentrer dans notre appartement pour faire le point et écrire notre carnet de bord avant d'aller manger au dehors. Lorsque nous sortons, il est déjà près de 23h. La Cité des enfants perdus est calme à part quelques pétards explosant de temps en temps (la fête du 14 juillet est proche). Nous rencontrons des jeunes du SDG et du LBL qui reviennent de la veillée organisée à la maison de quartier par l'association l'Arche. Tous nous saluent. Finalement, nous décidons de manger une pizza dans le seul « fast-food » situé place Kennedy encore ouvert. Ce restaurant est tenu par des jeunes du quartier. En arrivant dans la « pizzeria », comme souvent, nous constatons qu'elle est déjà occupée par deux « barbus » très avenants discutant avec les quelques jeunes clients (black, blancs, beurs) présents. Nous nous installons sur la terrasse pour manger. Nous constatons alors que, dès qu'un nouveau client arrive, il vient nous saluer : « Wesh, ça va bien les gars ? » Il est 00h30, nous rentrons alors nous coucher. Sur le chemin, nous croisons, sur le trottoir d'en face, deux jeunes, dont Chamo avec qui nous avons discuté l'après-midi. Il nous interpelle pour nous saluer et nous présenter un autre membre des SDG curieux de savoir si nous avons déjà entendu parler de lui. Il y a du vent ; il fait plutôt froid, nous abrégeons donc la discussion pour aller nous coucher. Nous savons que demain nous rencontrerons encore beaucoup de monde.

Les « bandes de jeunes » : une veille histoire

Lors d'une discussion collective regroupant des membres du SDG, du LBL et d'autres « gars de quartier » un peu plus âgés, les jeunes n'hésitent pas à se vanner réciproquement. Les jeunes adultes charrient les plus jeunes qui s'inscrivent dans des « bandes » comme les SDG ou les LBL. Pour eux, ces affiliations au sein de ces groupes ressemblent plus à une mise en scène et à des rites de passage. D'ailleurs, lorsqu'ils étaient plus jeunes, tous indiquent qu'ils ont également appartenu à des « bandes » de quartier. En effet, selon ces jeunes, loin de représenter des « gangs » organisés pour le contrôle de territoires de « deal », ces « bandes » constituées de « gars de cité » solidaires entre eux servent avant tout aux « petits » qui cherchent à se confronter aux autres pour se construire et ainsi grandir. En faisant partie d'une « bande », les jeunes se sentent ainsi plus forts et peuvent alors se « tester ». Ce cas de figure, finalement très classique[151], fait en fait partie du processus de socialisation viriliste des jeunes garçons des classes populaires bien décrit par Gérard Mauger [152]. Pour celui-ci, en effet, il faut comprendre que « le monde des bandes est, pour les jeunes de milieu populaire qui n'ont pas d'autres ressources à faire valoir sur le marché du travail que leur force physique, un univers d'apprentissage des conduites de virilité. »[153] Ainsi, la constitution de « bandes » est une « logique guerrière » développée par les jeunes des classes populaires pour se confronter et résister à d'autres mondes sociaux ou *champs* également virils ou exerçant un rapport social de domination sur eux : « C'est une logique guerrière qui sous-tend les rapports entre le monde des bandes et les « mondes de la virilité (la police, les autres bandes), « le monde de la culture » (l'école) et « le monde de la richesse ». »[154]

Ainsi, lorsque les SDG et les LBL entrent en conflit, c'est d'abord pour se défier et déterminer laquelle des deux « bandes » est physiquement la plus forte au moment de la confrontation. Ces bandes s'entre-déchirent donc pour des raisons enfantines. Les jeunes décrivent alors le processus qui va finalement aboutir à ce que deux « bandes » opposées se battent entre elles. Dans le quartier, même si les « bandes » se font, se défont et se reconstituent en permanence, il existe plusieurs « équipes » ou groupes de jeunes ayant le même âge (15-18 ans) mais n'ayant pas pour autant le même « délire » explique Diablo (un jeune du LBL). Dès lors, les deux « bandes » se provoquent, se moquent l'une de l'autre, font mutuellement passer des messages dévalorisants dans la cité

151 Cf. M. Mohammed, L. Mucchielli (dir.), 2007, *op. cit.*
152 Cf. G. Mauger, *Les bandes, le milieu et la bohème populaire*, Paris, éd. Belin, 2006.
153 G. Mauger, « Le monde des bandes » in *Neuropsychiatrie de l'enfance et de l'adolescence*, n°3, mars 1995, p. 99.
154 *Ibid.*

ou sur des blogs. La tension monte donc, peu à peu, jusqu'à ce qu'une opportunité se présente pour que les membres des deux bandes s'affrontent et puissent déterminer lequel des deux groupes est, finalement, le plus fort.

« Les bagarres entre bandes, c'est juste pour se tester »

Dans la cité, tous les jeunes savaient que les SDG et les LBL allaient devoir se battre un jour ou l'autre. Pour se tester, les jeunes des deux bandes ont alors convenu de se bagarrer à la suite d'un match de foot organisé par les animateurs du quartier. Dans la pratique, le jour de la « baston », les membres des deux groupes se sont inscrits auprès des animateurs pour participer au match disputé sur le terrain de foot situé à l'entrée de la cité. Les jeunes des SDG et des LBL ont alors joué la partie tout à fait normalement ; certains ont même plaisanté entre eux pendant le jeu. Cependant, dès que la partie s'est terminée, à la sortie des vestiaires, deux jeunes des bandes adversaires se sont provoqués et la bagarre a immédiatement commencé sous le regard des autres jeunes de la cité et de leurs animateurs. Durant les affrontements, personne n'a sorti d'armes blanches ni d'armes à feu. En effet, pour les jeunes interrogés, entre bandes d'un même quartier, les jeunes se battent habituellement à la loyale, c'est-à-dire à poings nus. Seules les confrontations entre groupes de différentes villes peuvent réellement devenir dangereuses puisque des armes peuvent, dans ce cas là, être utilisées. Quoi qu'il en soit et selon les jeunes eux-mêmes des deux camps rencontrés, dans le cas de ce « challenge agonistique » entre les SDG et les LBL, au bout du compte, aucune « équipe » n'a vraiment gagné ce jour-là. Cependant cette bagarre collective a ainsi permis que les jeunes des deux bandes antagonistes expriment leur rivalité et apaisent leurs relations. Suite à la bagarre, certains anciens amis le sont ainsi redevenus. Cette « baston » est même devenue un sujet de moquerie mutuel permettant aux différents protagonistes de ce conflit juvénile de partager une expérience commune faisant désormais partie de l'histoire collective des jeunes du quartier.

Extrait du carnet de bord

Une embrouille de quartier pour se tester

Après la période estivale, cela fait près de trois mois que nous ne sommes pas retournés à la Cité des enfants perdus. Ce matin, j'ai rendez-vous avec Johnson devant chez « Dadas » pour faire le point sur ce qui s'est déroulé dans le quartier depuis que je l'ai quitté. Je suis en retard et Johnson me téléphone pour me demander si j'ai bien l'intention de venir. Arrivé sur les lieux, j'invite Johnson à entrer avec moi dans le restaurant et lui offre un café. Nous faisons rapidement le point sur sa situation. Suite à ses affaires judiciaires (port d'un bracelet électronique à la cheville pendant plusieurs mois), il a travaillé tout l'été comme animateur avec Nino. Lors de notre rencontre, il est en vacances mais il suit une formation professionnelle à l'AFPA devant théoriquement l'amener prochainement à trouver un emploi d'« homme d'entretien » dans un collège ou un établissement de service public géré par le Conseil Général. Mais très vite, Johnson me relate les événements violents qui se sont passés pendant le mois d'août entre plusieurs groupes de jeunes du quartier. Suite au vol d'une casquette d'un jeune par les « petits » du SDG rue Charles Péguy, une bataille rangée a opposé pendant plusieurs jours des jeunes de la cité. La victime du vol était venue passer quelques jours de vacances chez son cousin habitant la Cité des enfants perdus dans le quartier « Molière ». Aussi, les « petits » de Molière qui sont en rivalité depuis longtemps avec les SDG, soutenus par les plus grands du quartier, appelés « RCP » (pour Rue Charles Péguy), ont-ils décidé de récupérer la casquette volée et d'organiser une expédition punitive. Les jeunes de Molière, cagoulés, armés de pistolets, de battes de baseball, de couteaux et de machettes sont alors passés à l'action et ont grièvement blessé un jeune du RCP. Ce jeune a reçu un coup de machette dans la nuque qui a bien failli le tuer. En réponse à cette agression paraissant disproportionnée à beaucoup de jeunes du quartier au regard de l'affront de départ, les SDG et les jeunes de la Plaine ont donc décidé de se venger en tabassant pendant plusieurs jours tous les jeunes de Molière qui passaient à leur portée. C'est seulement lorsque les jeunes du RCP et de la Plaine ont jugé que suffisamment de jeunes de Molière avaient été hospitalisés que les choses se sont calmées. Bien sûr, durant ces événements agonistiques, la police s'est mobilisée. La SDI, les CRS, les BAC, jour et nuit, ont tenté d'intervenir pour empêcher les violences mais d'après Johnson, au regard du nombre de jeunes impliqués dans ces bagarres, les policiers ont été, pendant un temps, dépassés. Lors du pic des tensions entre les « gars du quartier », presque tous les jeunes de la cité stationnaient en bas des immeubles et étaient difficilement canalisables. La presse locale a traité de ces violences en expliquant qu'il s'agissait d'antagonismes opposant des « gangs » pour le contrôle de territoires au sein desquels existent d'importants trafics de drogue. Or, face à cette explication, Johnson est catégorique : il ne s'agissait pas de violences opposant des gangs en concurrence pour le contrôle de territoires de trafics mais bien de confrontations entre jeunes cherchant à préserver leur face individuelle et collective. Les principaux protagonistes de ces violences cherchaient depuis longtemps à se « tester » : c'est donc ce qu'ils ont fait.

Si ces violences se sont, par la suite, étendues, c'est d'abord en raison des inter-connaissances, de relations d'amitié et de solidarité qui existent entre les jeunes belligérants de la cité. Dans ce cas, une sorte de « patriotisme de cage d'escalier » s'est exprimée avant que se manifeste à nouveau un « patriotisme de cité ». En effet, très rapidement, cette « embrouille de quartiers » a été dépassée lorsque les jeunes de la Cité des enfants perdus ont finalement dû se solidariser pour se protéger d'attaques extérieures perpétuées par des jeunes vivant dans une cité voisine. Comme cela a déjà été décrit plusieurs fois dans d'autres enquêtes portant sur les « jeunes de banlieues » populaires, face à d'autres « jeunes de quartier », et notamment pour sauver la réputation et l'honneur[155] de la cité, la « solidarité de cité » paraît plus importante que les « rivalités de quartiers ». En effet, comme le note Didier Lapeyronnie, les embrouilles avec les autres cités ont l'avantage de créer une solidarité de la cité dans son ensemble et ainsi d'effacer ou d'atténuer les embrouilles internes : « Pour les jeunes garçons, les embrouilles jouent trois fonctions essentielles : elles activent et confirment des solidarités, elles assurent des réputations, notamment parce qu'elles permettent l'usage de la violence, enfin, elles sont une occasion d'agir, d'avoir le plaisir de l'adrénaline de l'action et du combat. Elles créent ainsi de l'intégration sociale et rattachent chacun au groupe et au-delà à la cité. »[156]

A l'épreuve du Ghetto

« Aujourd'hui, c'est encore plus hard-core »

Néanmoins, tous les « gars de quartier » s'accordent sur un point : la génération actuelle des jeunes rebelles de la cité est plus dure que la précédente. Ceux-ci respectent beaucoup moins les rapports hiérarchiques qui s'établissaient entre les « grands » et les « petits » de la cité : « - *Moïse* (un ancien membre d'une bande du quartier) : A l'ancienne, entre nous et nos grands, ceux qui étaient au-dessus de nous, on peut dire, on se respectait. Les gens savaient qui étaient petits ou grands. Quand tu étais petit, tu ne chipotais pas, tu ne parlais pas, rien… Tu n'allais pas vouloir t'embrouiller avec un grand, voilà. Alors que maintenant, ici comme dans toutes les villes, c'est l'anarchie ! Tout le monde se tape avec tout le monde. Tu as beau être petit, tu vas quand même menacer le grand. Ouais, je vais te tirer dessus… ce n'est plus la même mentalité – *Kevin* (un ancien membre

155 Cf. C. Calogirou, *Sauver son honneur*, Paris, éd. L'Harmattan, 1989.
156 D. Lapeyronnie, 2008, *op. cit.*, p. 480.

d'une bande de quartier) : Un exemple typique, lorsque l'on était petit, si on jouait au foot et que des grands nous disaient de sortir pour prendre notre place sur le terrain, on sortait sans broncher ; aujourd'hui, si nous demandons aux petits de partir, cela pourrait mal se passer. » Au cours de plusieurs entretiens, des jeunes relatent, en effet, des anecdotes quelquefois sanglantes où des « gars de quartier » de différentes générations « s'embrouillent » pour ne pas perdre la face. Dans ces situations antagonistes, ce qui semble compter le plus pour les différents protagonistes c'est de montrer que, face à une agression réelle ou perçue comme telle, quelles que soient les circonstances, ceux-ci ont une capacité de réaction physique quelquefois démesurée par rapport à la situation de départ. Ainsi, Mehdi (un jeune du quartier PSR) souscrit à l'idée que, dans la cité, il existe effectivement des gamins qui deviennent violents uniquement pour peser, compter ou exister au regard des autres ; il décrit une histoire récente ayant opposé un de ses amis avec des jeunes du quartier : « J'ai un copain qui est toujours en taule actuellement qui était plutôt suiveur que leader quand on était enfant. Pourtant, il a été condamné pour acte de tortures. C'est vrai que lorsque tu parlais de lui pendant un moment tout le monde le considérait comme une terreur alors qu'avant c'était quelqu'un de très gentil. Franchement, je n'ai pas compris comment il avait pu basculer dans un rôle de méchant, de barbare parce qu'il a quand même été accusé d'actes de barbarie pour une question d'honneur. Sa femme et son beau-père ont eu une petite dispute avec un groupe de jeunes, une histoire de rien du tout. Et lui, pour ne pas perdre la face, je me rappelle de ce qu'il m'avait dit : « T'es fou toi, si maintenant les gamins vont me manquer de respect tout le monde va me manquer de respect ! » Donc, il a attrapé un ou deux petits et les a torturés avec un fer à repasser. Ouais, il a pété les plombs ! Tout ça pour un truc d'honneur et de peur de perdre la face et sa crédibilité face aux autres et après d'apparaître un petit peu ridicule. » Ainsi, face à la radicalisation du processus de ghettoïsation qui les malmènent, les jeunes adultes du quartier reconnaissent qu'en comparaison à leurs jeunes années où ils étaient relativement insouciants, les « petits » de la cité d'aujourd'hui sont beaucoup plus agressifs car confrontés, très jeunes, à la « dur réalité de la vie ». Selon Moïse, ils veulent tout de suite gagner de l'argent, devenir les « *boss* ». Ils affirment que ce sont eux les plus « fous ».

« Les jeunes sont beaucoup plus vicieux »

En fait, lorsqu'ils comparent leurs comportements au même âge, les jeunes adultes anciennement membres de bandes aujourd'hui disparues comme celles des « cages jaunes », reconnaissent que les jeunes des SDG et du LBL sont désormais obligés d'être plus prudents mais aussi plus méchants qu'ils ne l'étaient à leur âge. Aujourd'hui, en effet, même si la nouvelle génération de jeunes inscrits dans des bandes continue de tagguer les murs, d'occuper l'espace public bruyamment jusque tard dans la nuit, de caillasser les voitures de police qui s'approchent de leur groupe lorsqu'elles le peuvent, ceux-ci doivent néanmoins trouver des stratagèmes plus élaborés pour exprimer leur révolte. En raison notamment du développement de la prévention situationnelle, de l'amélioration des techniques de surveillance, de la militarisation des forces de l'ordre[157] présentes dans les cités[158] et du durcissement des sanctions pénales, les jeunes rebelles ne peuvent, en effet, plus s'amuser comme leurs aînés le faisaient en narguant les forces de l'ordre qui tentaient de les interpeller ou en se complaisant à se comporter mal en développant une multiplicité d'attitudes et de comportements provocateurs et incivils. Par exemple, Diablo s'insurge contre la construction actuelle de nouvelles routes serpentant entre les immeubles de la cité permettant ainsi aux policiers de circuler en voiture et de rapidement intervenir dans tous les endroits du quartier : « Avant, il y avait des coins où les keufs ne pouvaient pas venir en voiture. Ils étaient obligés de venir à pieds ou ils ne rentraient pas. Ils nous faisaient même des bras d'honneur parce qu'ils ne pouvaient pas rentrer. Maintenant, ils peuvent pratiquement entrer partout. C'est abusé ! » Par conséquent, pour s'affirmer et protester contre leurs conditions de « jeunes de quartier », la nouvelle génération doit tenir compte de cette nouvelle donne. Or, pour Jefferson (un ancien membre d'une bande de quartier), le revers de cet accroissement des capacités de contrôle et de répression policière conduit les jeunes à devenir plus « vicieux » : « Plus tu fais des blocages, plus les policiers sont équipés, plus les jeunes sont énervés et ont la niaque contre la police. Plus ils (les policiers) sont durs pour dégager tout le monde, plus ils vont se confronter à de la riposte. » Ainsi, tous les jeunes interrogés sont certains qu'en comparaison aux dernières émeutes de 2005, les prochaines seront beaucoup plus violentes dans le quartier. Notamment à cause d'une présence policière accrue dans la cité, par rapport aux anciens groupes de jeunes rebelles (ceux qui ont participé aux émeutes de 2005), la nouvelle génération occupe effectivement moins ostensiblement l'espace public. En revanche, au-delà de cette tranquillité apparente, ces jeunes sont aussi beaucoup plus remontés et mieux préparés, psychologiquement et techniquement, à faire face à un nouvel affrontement massif avec des forces de l'ordre aujourd'hui sur-équipées. En effet, les jeunes disent que, puisqu'ils ne peuvent plus exprimer leur ras-le-bol face aux

157 Cf. F. Jobard, « La militarisation du maintien de l'ordre, entre sociologie et histoire » in *Déviance et Société*, 2008, vol. 32, n°1, p. 101-109.

158 Le projet de rénovation de la politique de la ville intitulé "Espoir Banlieues", présenté en 2008 par la secrétaire d'Etat chargée de coordonner les politiques publiques pour améliorer les conditions de vie dans les quartiers d'habitat social, fait le constat « que la majorité de la population installée dans les zones urbaines sensibles n'aspire qu'à vivre en paix. La marginalisation de leurs quartiers tient pour partie à l'activité de quelques-uns qui se sont « appropriés » ces territoires, y font régner leurs lois et y exercent leurs trafics. L'action des policiers sera recentrée sur leur « cœur de métier », avec une occupation adaptée des territoires et une lutte accrue contre les noyaux durs de délinquance en utilisant au mieux les progrès technologiques » (www.espoir-banlieues.fr).

épreuves de la ghettoïsation en mettant de temps en temps le « bordel » dans la cité ou en provoquant épisodiquement les forces de l'ordre (caillassages, insultes, outrages), ceux-ci, en conséquence se préparent à des confrontations beaucoup plus violentes avec des forces de police. En définitive, d'après les SDG et leurs aînés, les mutations des modalités de surveillance et de répression des quartiers populaires, ont permis finalement d'éclipser une « génération qui fout la merde » (18-25 ans) mais ont aussi généré l'émergence de « jeunes vicieux » (15-18 ans) en apprentissage auprès de « caïds » plus âgés, ancrés dans le business et potentiellement plus violents.

Les contradictions du renouvellement urbain

Les jeunes interviewés sont aussi très critiques vis-à-vis des opérations de rénovation urbaine (ORU) inscrites dans le cadre de la politique de la ville qui ont complètement transformé la configuration de la cité ces dernières années. Certes, ils reconnaissent qu'en raison de la vétusté de plusieurs immeubles du quartier, certains d'entre eux méritaient d'être rénovés ; en revanche, notamment dans les rues considérées comme les plus « chaudes », ils dénoncent le caractère hypocrite d'une opération politique visant prioritairement, non pas l'amélioration de la vie quotidienne des résidents mais l'éradication de foyers de délinquance. Cependant, les jeunes soulignent que cette stratégie est un échec dans la mesure où les familles visées par cette opération de « démolition-reconstruction » ont donc été obligées de partir de leurs anciens logements mais ont presque toutes été réinstallées dans d'autres endroits du quartier qui deviennent dès lors de nouvelles « zones de turbulences ». En effet, toutes les « familles à problèmes », surtout des familles nombreuses africaines, notamment pour des raisons financières, n'ont pas disparu de la cité puisqu'elles sont dorénavant concentrées dans les « quartiers d'Arabes » qui paraissaient plus calmes. En effet, dans la représentation des jeunes de la Cité des enfants perdus, bien que d'origine étrangère, les familles maghrébines, installées depuis plus longtemps en France, sont mieux intégrées et ont d'ailleurs beaucoup moins d'enfants que les familles originaires d'Afrique subsaharienne. Ainsi, Moïse indique qu'en tant que « Noir » de la cité vivant dans un « quartier d'Arabes » depuis plusieurs années, il se sent, aujourd'hui, beaucoup moins seul depuis que les familles africaines expulsées de leurs appartements démolis dans de cadre de l'ORU viennent s'installer dans son quartier.

A l'épreuve du durcissement répressif

Derrière le calme, la colère gronde

En fait, dans une perspective très proche de celle défendue par les théoriciens du « *rational choice* », les jeunes rebelles indiquent que, depuis les émeutes de 2005, le calme apparent de la cité reflète surtout deux réalités principales :
• des jeunes sont de plus en plus motivés pour « faire de l'argent, de la maille » en organisant des trafics illégaux. Or, cette activité nécessite un calme relatif au sein de la cité ;
• des jeunes redoutent d'être sévèrement réprimés pour des gains peu rentables s'ils se rebellent contre les abus policiers. Ils craignent d'être finalement privés durant de longs mois de leurs capacités à accéder à des ressources illégales.

Dès lors, semblant reconnaître l'opérationnalité du développement de la prévention situationnelle en matière de tranquillité publique, lorsqu'ils pèsent le pour et le contre, les jeunes rebelles de la cité semblent avoir fait le choix de différer leurs envies de revanche pour ne pas être inutilement réprimés et emprisonnés. Cependant, pour tous les jeunes rencontrés, ce calme apparent n'est bien qu'une façade, conjoncturellement utile, d'une part, aux responsables politiques pouvant communiquer une baisse effective des faits de délinquance et de violence et, d'autre part, aux jeunes faisant du business jugeant contre-productive pour leurs affaires une présence policière trop massive au sein de la cité. D'ailleurs, malgré le renforcement des contrôles et de la surveillance au sein du quartier depuis 2005, les jeunes inscrits dans le « business de cité » ont su s'adapter et mettre en œuvre des stratégies pour continuer leurs trafics sans se faire prendre[159]. Par exemple, l'utilisation de la cagoule s'est presque banalisée pour ceux qui souhaitent se protéger simplement et efficacement de la multiplication des dispositifs d'identification installés un peu partout dans la ville, dans les magasins et dans les endroits considérés comme stratégiques au sein de la cité. En effet, paradoxalement, Frakass révèle que le développement de techniques de surveillance de plus en plus sophistiquées et le durcissement des sanctions dans le cadre d'affaires de « petite délinquance » ont certes abouti à ralentir le développement de la « délinquance de protestation » mais ont finalement conduit aussi à radicaliser les passages à l'acte dans des affaires de trafics, de vols ou de braquages de plus en plus violents et spectaculaires. Fiston (membre des SDG) souligne que face au risque d'être condamnés à de la prison ferme, les jeunes délinquants décident de faire des « coups » qui en valent la peine : « Quand tu sais que pour une petite affaire tu vas prendre dix ans (de prison) ! Et bien tu vas te dire que les dix ans faut que je les fasse pour

159 Cf. D. Duprez, M. Kokoreff, *Les mondes de la drogue. Usages et trafics dans les quartiers*, Paris, éd. Odile Jacob, 2000.

quelque chose. Ça va te mettre dans la tête qu'il ne faut pas faire une petite connerie car c'est quand même dix ans que tu peux te manger. Ça t'incite à faire une grosse connerie pour pouvoir mériter dix ans ? C'est ça que tout le monde se met dans la tête : faut que je fasse quelque chose pour mériter cette peine-là. Si je braque, je prends dix ans mais à la sortie j'aurais au moins de l'argent.»

Vers une américanisation des réponses judiciaires

A partir de leurs expériences vécues, les jeunes sont donc extrêmement critiques à l'encontre des politiques pénales actuellement mises en œuvre. A leurs yeux, ces politiques paraissent hyper-répressives et contre-productives. Pour ceux-ci, en effet, au lieu de contenir et d'éradiquer les phénomènes de violence et de délinquance, l'accroissement de la répression favorise leur production. Ainsi, pour illustrer simplement ce cercle vicieux, Moïse fait référence aux « effets pervers » d'une éducation parentale trop stricte à l'égard des jeunes filles : « Des parents qui sont hardcore, qui ne laissent pas sortir leur fille, qui lui disent : tu ne dis rien, tu ne sors pas, tu vas à l'école et tu rentres tout de suite et bien cette meuf-là, c'est celle qui va être la plus salope de tout le quartier. » Constatant le durcissement des sanctions judiciaires, les jeunes entrevoient donc une américanisation des rapports sociaux en France jugée extrêmement négative : «- *Frakass* : Même si on connaît les erreurs des américains, avec quelques années de retard on les reproduit quand même. » Néanmoins, même si beaucoup de jeunes du quartier sont fascinés par ce qu'ils imaginent des Etats-Unis et se comparent aux habitants « noirs » ou « latinos » des ghettos d'Outre-Atlantique, les jeunes ont conscience qu'il demeure des différences importantes entre les réalités françaises et étasuniennes, notamment le rapport avec les armes à feu. Ainsi des membres des SDG soulignent que même si de nombreux jeunes du quartier possèdent des armes à feu ou savent s'en procurer sans difficultés, il reste extrêmement rare qu'elles soient utilisées lors de conflits ou bagarres et sont surtout sorties pour impressionner mais pas pour tuer : « - *Moïse* : Ici, les jeunes ont des armes, ce n'est pas dur d'en avoir mais elles ne sont pas utilisées comme aux States. – *Diablo* : Franchement, les jeunes ne s'en servent pas ! Ils en parlent surtout. – *Kevin* : Tout le monde a une arme mais c'est surtout pour la nettoyer ! – *Frakass* : s'ils s'en servent c'est surtout pour faire du bruit et impressionner. Ils parlent beaucoup plutôt qu'ils tirent. »

« Il y a toujours une flamme allumée »

Pour autant, le renforcement des techniques de surveillance et des politiques de répression décrites par les jeunes rebelles n'a pas eu pour effet de contenir leurs sentiments de rébellion. Au contraire, ils ont conduit à l'exacerbation des rancœurs et des envies de vengeance contre les forces de répression qui les oppriment. Pour les jeunes rencontrés, entre eux et la police, « c'est toujours la guerre ». Ainsi, même si les jeunes rebelles de la cité s'adaptent au redéploiement des techniques de contrôle, ceux-ci reconnaissent qu'il existe une telle haine à l'encontre des forces de l'ordre que des jeunes, même bien investis dans le business, à certains moments particuliers tels qu'une interpellation policière ayant entraîné des blessures graves, voire la mort d'un gars de la cité, peut déclencher de nouvelles violences émeutières à n'importe quel moment : « - *Frakass* : On peut être assis comme ça et juste parce qu'il y a une bavure ou un vieux truc, ça part en couille et cela ne s'arrête plus – *Moïse* : Sur un simple petit contrôle où, par exemple, ils (les policiers) interpellent Frakass et lui font un truc, par exemple, lui cassent une jambe, deux minutes après c'est parti. Un petit message et ça part. »

Malgré les risques de répression, par solidarité et par haine anti-flic, aucun jeune du quartier n'est véritablement à l'abri d'un « pétage de plombs ». De nombreux jeunes du quartier n'hésiteront effectivement pas à se camoufler le visage pour participer aux violences vengeresses. Cependant, si de nouvelles émeutes devaient éclater, ils imaginent que, par rapport à 2005, un degré de plus pourrait être franchi, de part et d'autre, dans l'intensité des violences : « - *Moïse* : En 2005, un véhicule des flics a été pris au piège par les émeutiers[160]. Donc, maintenant, à ton avis, qu'est-ce qui est armé ? Aujourd'hui, des jeunes ont les armes des keufs. » Ainsi, des jeunes pensent que face à l'arsenal policier désormais mobilisé pour réprimer les violences insurrectionnelles, lors de prochaines émeutes, certains « gars de quartier » n'hésiteront plus à utiliser des armes à feu pour riposter. Rohff indique que, maintenant, certains jeunes rêvent même de pouvoir tuer des flics dans la foule : « Dans leurs têtes, des jeunes vont se dire : tiens, je suis tout seul et personne ne sait que je suis là donc : paf ! Il va tirer dedans (sur le policier). Cela pourrait même devenir une mode à Paris. Je suis sur que cela va arriver. » Starki (membre des SDG) indique également que dans le quartier, en raison de la « misère » qu'ils ont fait subir à certains jeunes, « il y a des flics qui sont pistés ». Autrement dit, des jeunes ont « leur tête » et attendent le bon moment pour se venger. Pour tous les jeunes rencontrés, un policier noir de la brigade anti-criminalité de nuit bien connu de tous, est particulièrement détesté. Non seulement il est accusé d'être un traitre mais également de développer des modes

160 Lors des entretiens sur les violences insurrectionnelles de 2005 dans le quartier, des jeunes relatent des scènes jubilatoires où les émeutiers ayant dérobé les brassards des policiers dans leurs véhicules imitaient les forces de l'ordre de manière ironique. En effet, ils haranguaient les habitants de la cité postés sur leurs balcons et leur disaient, faisant mine de réguler la circulation, que, désormais ils pouvaient dormir tranquilles car ils maîtrisaient la situation : « -*Diablo* : Lors des émeutes en 2005, j'étais encore petit et je regardais ce qui se passait de mon balcon. Il n'y avait plus de keufs dehors. Les keufs, c'était les jeunes du quartier. Ils avaient des trucs de police et disaient aux gens, calmez-vous, c'est nous la police. On contrôle la situation ! »

d'intervention particulièrement agressifs et humiliants : « - *Frakass* : Lui, s'il se fait attraper, il va se faire défoncer. » Cependant, à l'instar d'une partie des jeunes débrouillards, des membres des SDG et du LBL reconnaissent qu'il existe des policiers, surtout des anciens, qui sont individuellement des types sympas et qui « ont une bonne mentalité ». En revanche, comme la plupart du temps ceux-ci sont noyés dans un groupe, ils n'interviennent généralement pas pour calmer leurs collègues et les laissent opérer des brimades. Aussi, tous les flics sont-ils considérés comme des « pourris ».

*

*   *

Au-delà des représentations politico-médiatiques dramatisantes[161] sur la constitution de « gangs », les premiers travaux de l'Ecole de Chicago[162] mais aussi quelques enquêtes ethnographique[163] et sociologiques[164] historiques françaises, ont montré que le phénomène des « bandes juvéniles » est hétérogène et reflète des réalités bien distinctes. Tous les regroupements de jeunes ne signifient pas la même chose et ne sont surtout pas assimilables à des organisations criminelles. Au milieu des années 1970, Philippe Robert et Pierre Lascoumes repèrent ainsi quatre formes de regroupements de jeunes (les groupes à support institutionnel, les groupes spontanés, les hordes et les bandes) qui font toujours référence aujourd'hui : les groupes à support *institutionnel* sont des sous-groupes de jeunes initialement réunis dans un cadre de socialisation (mouvements d'éducation populaire, scolarité, éducation ou compétition sportive) ; les groupes *spontanés* sont des regroupements informels de jeunes d'ordre affectif, ludique, relationnel fréquentant un même lieu (exemple : école) ou territoire (exemple : quartier) dont la composition est assez homogène au niveau de l'âge, du sexe et du milieu social ; les *hordes* sont des regroupements de nombreux jeunes sans structure organisée mais

161 Cf. L. Muchielli (dir.), 2008, *op. cit.*

162 F.-M. Trasher (1927, *op. cit.*), C.R. Shaw et M.D. Mac Kay notamment (*Juvenile Deliquency in Urban Areas*, Chicago, éd. University of Chicago Press, 1940) ont montré que, face à un monde qui se désorganise, les acteurs urbains ont la capacité à construire d'autres modes d'appartenances collectives structurantes. Ainsi, face à la « désorganisation sociale » provoquée notamment par l'expérience migratoire ou les interactions urbaines (quartiers riches/quartiers pauvres), la formation de bandes ou « gangs » de jeunes dans des « zones interstitielles » est une sorte de restructuration sociale et de recomposition de règles spécifiques à des micro-sociétés solidaires (Cf. W. Foote-Whyte, *Street Corner Society. La structure sociale d'un quartier italo-américain* (1943), Paris, éd. La Découverte, 1996). Les « gangs » mobilisent des « identités territoriales » (quartiers) et entretiennent des liens de « solidarité communautaire » grâce à l'état de « guerre » (affaires d'honneur, vengeance, défi…) qu'ils développent avec d'autres gangs. Voir également, R. Cloward, L. E. Ohlin, *Delinquency and Opprtunity : A Theory of Delinquent Gangs*, London, 1961 ; A. K. Cohen, 1955, *op. cit.*, J.-M. Chapoulie, 2001, *op. cit.*

163 A travers une description ethnographique du monde des bandes juvéniles à la fin des années 1960, Jean Monod montre notamment qu'entre les bandes « occasionnelles » et les « gangs », il existe une variété de types intermédiaires. Cf. J. Monod, *Les barjots. Essai d'ethnologie des bandes de jeunes*, Paris, éd. Hachette Littérature, (1968) 2006.

164 Cf. P. Robert, P. Lascoumes, 1974, *op. cit.*

avec une « conscience commune d'appartenance » ou une « communauté d'attitudes » au niveau musical, esthétique ou culturel notamment[165] (dans les *hordes,* les interrelations sont plutôt faibles, et, par ailleurs sont plutôt gestuelles et physiques que verbales) ; les *bandes* sont des formes de *hordes* mais leur composition est plus réduite et les interrelations sont beaucoup plus importantes les rendant ainsi plus efficaces pour agir collectivement vers un but commun. Au regard de la société et des ses représentants ou « promoteurs de morale », selon l'expression de Howard Becker[166], les membres de ces *bandes* d'adolescents apparaissent comme marginaux, déviants, voire délinquants ce qui n'est pas sans incidence sur leurs comportements individuels et collectifs. En effet, cette présomption de délinquance a des répercussions sur les comportements des jeunes désignés comme marginaux. On entre ainsi dans un cercle vicieux très bien décrit par Norbert Elias et John-L. Scotson qui, dans l'étude passionnante des jeunes d'une petite ville d'Angleterre dans les années cinquante (Wintson Parva), ont notamment montré la sociodynamique de la stigmatisation entre groupes « établis » et « marginaux »[167]

En fait, en relevant qu'une sorte de « ségrégation réciproque » se met en œuvre entre la bande et les personnes étrangères et extérieures à celle-ci, Robert et Lascoumes soulignent que les bandes juvéniles ont trois caractéristiques : « un groupe informel – homogène – déviant par rapport à son environnement et déviant à un âge qui est celui de l'insertion sociale. »[168] Ainsi, les bandes structurent une cohésion interne au groupe de pairs « face à l'extérieur, par la délimitation d'un territoire d'action, par un ensemble de valeurs repérables, liées à l'histoire du groupe et à l'origine de ses membres et par des normes de conduites antinomiques avec le reste de la société, entraînant le cas échéant des actes de délinquance plus ou moins importants et des conflits avec l'extérieur. »[169]

Dans la pratique, les jeunes SDG et LBL sont souvent assimilés à des gangs par des personnes extérieures au monde des jeunes de la rue, notamment parce qu'ils reprennent à leur compte les représentations inquiétantes et dangereuses des « bandes ethniques » exploitées par de nombreux médias. En fait, nous avons vu qu'ils correspondent, quasiment trait pour trait, aux définitions des bandes

---

165 Cf. P. Louis, L. Prinaz, *Skinheads, taggers, zulus & co,* Paris, éd. La Table Ronde, 1990.

166 Cf. H.-S. Becker, 1985, *op. cit.*

167 Norbert Elias et John-L. Scotson montrent que les jeunes faisant partie du groupe dominant (le plus anciennement installé) s'identifient à la « minorité des meilleurs » de ce groupe et stigmatisent les jeunes appartenant au groupe dominé (le plus récemment installé) en les identifiant tous à la « minorité des pires » du groupe dominé (pratiques sexuelles débridées, échec scolaire, comportements délinquants, alcoolisme…). Ainsi, face à la stigmatisation dont ils sont victimes de la part des « enfants respectables », Elias et Scotson remarquent que « la minorité la plus rebelle des jeunes gens se sentant rejetés, ceux-ci cherchent à prendre leur revanche en s'appliquant à se conduire mal » (N. Elias, J.-L. Scotson, 1997, *op. cit.*, p. 209).

168 P. Robert, P. Lascoumes, 1974, *op. cit.,* p. 14.

169 M. Estrel-Hedibel, 1997, *op. cit.,* p. 55.

données par les analystes de ces phénomènes depuis le début des années 1960 en France. Ainsi, interrogés sur les rumeurs colportées par des policiers ou des acteurs sociaux décrivant les SDG comme des apprentis gangsters, les jeunes rencontrés réfutent totalement cette idée. Bien sûr, ils ne nient pas, notamment par goût du risque et recherche de sensations fortes[170], qu'ils « foutent le bordel » pour faire parler d'eux. A propos de ces comportements, Jean Monod parlerait de « barjotisme »[171] (se faire remarquer, emmerder le monde et en foutre plein la vue). Ainsi, ils traversent en effet le quartier à toute vitesse sur des motos ou des scooters, font aussi de petits vols, voire « déboulent » à plusieurs dans un magasin pour chaparder quelques objets de consommation dont ils ont besoin ou envie mais ils ne considèrent pas pour autant qu'ils sont organisés en gang pour faire du « business ». En effet, à l'instar des premières descriptions des bandes de jeunes des classes populaires regroupés en bas des immeubles, banalement, les SDG et les LBL représentent, avant tout, des milieux de socialisation singuliers pour les adolescents qui s'y inscrivent : « Le rassemblement spontané des jeunes adolescents en groupes ou en bandes d'importance numérique variable suivant l'âge constitue un phénomène banal et normal dans nos agglomérations industrielles. Il n'est guère de quartier ou de groupe d'immeubles important qui n'ait ce que les adultes appellent communément et improprement sa ou ses bandes. Le plus souvent, il ne s'agit que de groupes plus ou moins instables, non structurés, dont les membres passent une partie de leurs loisirs en commun, et cherchent un aliment à leur affectivité et à leur besoin d'affirmation dans la camaraderie du groupe. Ces bandes constituent l'un des milieux où s'effectue l'apprentissage social du jeune. Elles se rencontrent habituellement dans les lieux publics constituant des centres ou des zones de passage importants et où l'impécuniosité de leurs membres les porte à se réunir, car ils peuvent y stationner longtemps sans bourse délier (carrefours, places, squares). Ce sont aussi des lieux où ils se savent hors de la surveillance et du contrôle des adultes. »[172]

Ainsi, même si l'explosion de rixes entre membres de bandes concurrentes peuvent impressionner ceux qui y assistent[173], pour les membres des SDG, des

170 Selon plusieurs analystes des pratiques ordaliques juvéniles, notamment confrontés à la violence, en bravant la peur et en transformant la prise de risque de leurs expériences limites en plaisir, des jeunes se prouvent à eux-mêmes qu'ils existent en même temps qu'ils se légitiment. Cf. A. Péralva, *Violence et démocratie. Le paradoxe brésilien,* Paris, éd. Balland, 2001 ; P. Peretti-Watel, « Les « conduites à risque » des jeunes : défi, myopie ou déni ? » in *Agora* Débats/Jeunesses, n°27, 2002, p. 16-33 ; D. Le Breton, *La passion du risque,* Paris, éd. Métailiée, 1996.

171 Cf. J. Monod, 2006, *op. cit.*, p. 249.

172 M. Ceccaldi, 1961, *art. cit.*, p. 13-14.

173 Bien qu'elle soit de plus en plus présente dans l'espace médiatique, paradoxalement, l'expression de la violence physique est de moins en moins tolérée dans l'espace public. Cf. N. Elias, 1991, *op. cit.* ; N. Elias, E. Dunning, 1994, *op. cit.* ; R. Muchembled, *Une histoire de la violence de la fin du Moyen Âge à nos jours,* Paris, éd. du Seuil, 2008.

LBL et leurs aînés, l'affrontement physique demeure une valeur centrale pour se tester et s'affirmer au sein du quartier. Celui-ci fait partie de la socialisation des jeunes de rue fréquentant une bande. Néanmoins, même s'il est abusif de confondre les jeunes rebelles des SDG ou du LBL avec des gangs, plusieurs éléments font penser que confrontés à la déscolarisation, à la ghettoïsation de leur quartier, à la complexification du contrôle social, au durcissement des réponses judiciaires et à une forte stigmatisation, pour plusieurs d'entre eux, l'affiliation à une bande juvénile de quartier correspond non pas à un sas mais à une nasse. Pour ces jeunes, la bande devient, en effet, un espace au sein duquel on apprend à se battre, à se faire respecter, à se défendre collectivement contre les attaques extérieures mais aussi à s'organiser pour vivre de trafics illégaux. La sortie de la bande (toujours éphémère) correspondra donc à l'entrée dans le monde de certains « grands » de la cité que l'on ne remarque plus mais qui, eux, sont véritablement organisés pour faire du « bizness » (trafics de drogue, de voitures, de vêtements…, racket, etc.). Or, paradoxalement, le développement de la prévention situationnelle et la radicalisation de la répression policière, largement perçue comme injuste et arbitraire par l'ensemble des jeunes de la Cité des enfants perdus, peut, certes, à court terme, participer au fait de différer des passages à l'acte incivils ou délinquants mais ne contribuent en aucune manière à freiner durablement l'entrée d'une petite fraction de jeunes dans une « carrière délinquante ». Au contraire, ce redéploiement sécuritaire, d'un côté, favorise des « stratégies de camouflage » rendant certains jeunes plus « vicieux », de l'autre, favorise des confrontations quotidiennes avec les forces de l'ordre et génère des envies de vengeance. Face à l'accumulation des humiliations policières, les jeunes rebelles rencontrés indiquent, en effet, qu'ils sont conscients que pour sauver leur honneur et leur estime d'eux-mêmes, face à une énième attitude policière jugée humiliante et injuste, ils peuvent spontanément se rebeller et rapidement basculer alors dans la violence. Pour ces jeunes, « avec les keufs, il existe toujours des flammes impossibles à éteindre. »

Conclusion

Entre humiliation, résignation et « enragement »

Les jeunes rencontrés ont des profils bien différents (âge, sexe, pratiques sociales et culturelles…). Nasser, Philippe et Johnson sont de jeunes adultes qui paraissent assez désabusés par l'expérience qu'ils vivent de la « galère ». En articulant un « conformisme de condition » et un « conformisme déviant », ils s'adaptent à leur situation de « jeunes de banlieue » marginalisés notamment parce qu'ils vivent en groupe les épreuves de la galère. Stomy, Abou et leur *crew* ont sensiblement le même âge et appréhendent collectivement eux aussi

« l'expérience du ghetto ». Cependant, ils paraissent moins résignés que les jeunes « galériens » et s'affichent volontiers plus rebelles au sein de l'espace public. S'intégrant dans un processus de contre-stigmatisation, ils revendiquent une identité fière, celle de jeunes noirs de cité qu'ils mettent en scène grâce à la production rapologique. Ainsi, bien que mis à l'écart ou refusant d'être exploités de façon outrancière par le monde du travail légal mais fortement précarisé, et grâce à leur créativité culturelle[174], ils se débrouillent néanmoins pour pouvoir participer de façon autonome et indépendante à la société de communication caractérisée par « des liens très forts entre les techniques, les formes de vie économique et de nouveaux mondes de représentation de soi, de la société, des autres. »[175] Les soldats du ghetto et les libolo gang sont, quant à eux, beaucoup plus jeunes puisque certains sont encore scolarisés au collège même si la plupart d'entre eux sont déscolarisés ou en voie de l'être. Cependant, ces adolescents représentent des archétypes des « jeunes turbulents ». Ils vivent la plupart du temps en bande dans les rues de la cité et développent des pratiques à risque (consommation d'alcool, de cannabis, conduite de deux roues sans casque...) Regroupés en bas des immeubles ou dans des espaces stratégiques de la cité, il est manifeste qu'ils jubilent de l'image négative et pusillanime qui leur est renvoyée par une partie des habitants, des acteurs sociaux et de la police en jouant souvent de la peur qu'ils suscitent. En s'appropriant des espaces symboliques du quartier, notamment près des commerces, ils s'exposent et se donnent à voir. Ils provoquent et se confrontent aux regards d'autrui pour revendiquer et imposer une place non négociable, notamment avec les autres « bandes » et les forces de l'ordre, au sein de « leur » cité. Medhi, Estelle, Karima et leurs amis, sont aussi très jeunes puisqu'ils sont encore scolarisés dans le collège de la Cité des enfants perdus. Ils appartiennent sensiblement à la même génération que les SDG et les LBL. Néanmoins, contrairement à ceux-ci, ces jeunes vivent encore, pour certains d'entre eux, un fort contrôle parental et éducatif, notamment les filles. En effet, tout en développant une forte sociabilité juvénile à l'extérieur de l'école, une bonne partie de leur existence a lieu au sein du collège. Ils sont donc toujours encadrés par des agents de socialisation professionnels. D'ailleurs, les collégiens rencontrés ne veulent pas être confondus avec les jeunes de la cité associés à des « gangs » tels que les SDG et les LBL qu'ils considèrent être en danger. Par leur mode de vie, ils perçoivent bien, en effet qu'ils sont sur une pente glissante pouvant les conduire tout droit vers une « carrière délinquante ». Pourtant Brandon, Karima et les autres collégiens s'ils regrettent d'être assimilés aux jeunes « figures de désordres » de la cité et notamment lorsqu'ils sortent du quartier n'en veulent pas, pour autant, aux SDG et LBL. Face aux multiples épreuves que doivent surmonter des jeunes

174 Cf. M. Boucher, A. Vulbeau (dir.), 2003, *op. cit.*

175 A. Touraine, F. Khosrokhavar, *Le recherche de soi. Dialogue sur le sujet,* Paris, éd. Fayard, 2000, p. 115.

vivant dans des quartiers d'habitat social stigmatisés, ils se sentent solidaires de tous les jeunes de la cité, voire des familles en difficulté, d'abord perçus comme des victimes d'injustices et de processus d'exclusion. D'ailleurs, les collégiens soulignent de fortes homologies entre la vie à l'école et dans la cité. Ces deux espaces sont effectivement décrits, l'un et l'autre, comme des lieux de discrimination, d'humiliation, de dressage et de répression.

En fait, au-delà de leurs différences, et notamment parce qu'ils fréquentent en groupe les espaces publics de la cité, tous ces jeunes ont conscience de représenter des « figures de peur » et d'être traités comme tels, notamment par tous les agents chargés de maintenir l'ordre et de sécuriser les espaces publics. Or, pour ces « jeunes de la rue », s'approprier des lieux publics dans la cité est, avant tout, une manière de vivre pleinement leur jeunesse et de résister collectivement aux épreuves de la ghettoïsation. A partir de pratiques sportives et ludiques, de confrontations provocatrices, inciviles, voire délinquantes, paradoxalement, même lorsqu'ils s'enragent, ces jeunes s'inscrivent dans un processus positif de réalisation de soi. Ces jeunes se confrontent alors à la criminalisation de l'occupation collective des espaces urbains. Comme le soulignent Michel Parazelli et Annamari Colombo, « loin de considérer les pratiques urbaines des jeunes de la rue comme un processus de recomposition identitaire, la majorité des gestionnaires urbains ont opté pour des politiques de répression face à l'occupation des espaces urbains. (...) Or, là encore, si la rue peut être porteuse de certaines formes de criminalité, le simple fait de l'occuper n'est pas une nuisance en soi, surtout dans le contexte d'individualisation croissante des modes de vie et des modes d'insertion. Les politiques de répression policière ne reconnaissent pas l'occupation de la rue comme un mode d'expression ou de socialisation, elles la réduisent à un désordre urbain. »[176]

A l'épreuve des forces de police

Tous les « jeunes de la rue » décrivent des pratiques policières marquées par de l'acharnement. Les policiers sont dépeints comme faisant partie d'une « bande adverse » entretenant un rapport de force permanent avec les jeunes qu'ils provoquent sans cesse. En fait, les policiers et les jeunes co-produisent quotidiennement un rapport ludico-provocateur. Au sein d'une relation d'inter-connaissance très ambiguë (les policiers et les jeunes se connaissent souvent depuis longtemps et font conjointement partie du décor contemporain des banlieues populaires), et lorsqu'ils sont en nombre suffisant, les policiers contrôlent volontiers les jeunes, quelquefois de façon humiliante. A contrario,

176 M. Parazelli, A. Colombo, « Les jeunes de la rue » in C. Pugeault-Cicchelli, V. Cicchelli, T. Ragi (dir.), *Ce que nous savons des jeunes*, Paris, éd. Puf, 2004, p. 151.

lorsque ce sont les jeunes qui représentent numériquement une force plus imposante, que celle des policiers, ce sont eux qui narguent les représentants de l'ordre sachant pertinemment que dans cette configuration les gardiens de la paix ne prendront pas le risque de perdre la face.
Quoi qu'il en soit, comme l'a illustré la répression policière des violences émeutières de l'automne 2005, les jeunes soulignent que, dans ce « jeu » potentiellement dangereux, ils ne sont pas à égalité avec la police qui peut légalement faire usage d'armes à feu et être violente. Les jeunes ont conscience, en effet, que les policiers représentent l'Etat, seul autorisé juridiquement à pouvoir mobiliser de la violence physique légitime pour maintenir l'ordre[177]. En ce sens, lorsqu'une confrontation sérieuse a lieu entre la police et les jeunes, ces derniers se considèrent comme des « proies ». Pour toutes ces raisons, au même titre que les policiers associent souvent les jeunes de cité à des délinquants, les jeunes rencontrés associent, en général, les policiers intervenant dans leur cité (notamment les brigades de roulement et des BAC nuit) à la « minorité des pires. »[178]

Pour une partie des « jeunes turbulents » les plus révoltés, les émeutes apparaissent alors comme des moments rares, néanmoins très attendus, car libératoires. En effet, lors du déclenchement des émeutes, notamment suite à une bavure policière ou après la mort d'un jeune de quartier tué brutalement[179], les jeunes peuvent tout lâcher et se venger de toutes les confrontations et humiliations qu'ils ont dû subir sans pouvoir réagir à la hauteur de ce qu'ils souhaitaient pour simplement préserver leur dignité. Après une certaine accumulation de frustrations, l'explosion d'une émeute permet donc à une partie de la population humiliée des quartiers populaires ségrégués de sauver sa face en répondant par la violence collective à la violence sociale qu'ils subissent quotidiennement, notamment lors des confrontations brutales avec la police chargée de soumettre les jeunes de cité. Il ne s'agit pas, ici, de décrire ces phénomènes insurrectionnels de façon « romantique »[180] ; néanmoins, les jeunes indiquent que, contrairement aux idées reçues et politiquement attendues, ces violences collectives n'ont pas pour première origine une straté-

---

177 Cf. M. Weber, 1963, *op. cit.*

178 Cf. N. Elias, J.-L. Scotson, 1997, *op. cit.*

179 L'éditorial du journal *Le Monde* daté du 17 juin 2008 et intitulé « Banlieues, « la rage » » traite d'un drame survenu dans la commune de Vitry-le-François (Marne) où dans la nuit du 14 juin une altercation entre jeunes ayant abouti à la mort d'un homme de 20 ans mortellement blessé par une balle en plein front a ensuite conduit l'embrassement émeutier d'un quartier de la cité (voir « Après l'émeute, les souffrances d'un quartier » in *Le Monde* du 17 juin 2008, p. 3).

180 « Mais ne donnons pas une image trop romantique de la rage car celle-ci se retourne le plus souvent contre soi-même. Par extension, on agresse les pompiers, les médecins et les instituteurs, on vole ses voisins encore plus pauvres que soi, on finit par détruire son propre monde social qui en devient encore plus insupportable. Pourtant cette rage est sans doute ce qu'il y a de plus « politique » dans des quartiers où plus aucun réseau militant ne relaie une expérience vécue comme une destruction. Condamner la rage ne nous avance guère ; dire ce qu'elle est ne nous en fait pas pour autant le complice » (F. Dubet, 2007, *op. cit.*, p. 38).

gie criminelle mais une exaspération collective nous amenant donc à penser que ces violences sont des revendications « proto-politiques »[181] en creux, exprimées violemment.

Néanmoins, dans certains cas, cette configuration antagoniste et très tendue entre la police et les jeunes de la cité, propre à l'expérience juvénile du ghetto, peut être atténuée. Des jeunes, notamment parce qu'ils ont pu sortir du quartier à un moment donné de leur vie[182], décrivent des pratiques policières alternatives où les représentants de l'ordre n'ont pas cherché à tout prix à obtenir la soumission des jeunes qu'ils contrôlaient, leur permettant ainsi de préserver leur amour-propre. Cependant, pour les jeunes, ces policiers sortent du lot et interviennent surtout le jour. Contrairement à certains de leurs collègues travaillant essentiellement la nuit, ces policiers, « régulateurs de tensions », ne se comportent pas de façon inutilement brutale et autoritaire. Même dans des situations de contrôle difficiles, ils se montrent respectueux, explicatifs, voire empathiques vis-à-vis de jeunes en situation de faiblesse. Ces policiers ne souhaitent pas imposer un rapport de force, souvent inutile, mais un rapport humain qui, même dans une circonstance de contrôle, est propice à une reconnaissance mutuelle, à terme, facteur d'apaisement plutôt que d'agitation et donc de déclenchement de violences. Ainsi, même dans des conditions dures, ces policiers se comportent d'abord comme des professionnels assurés de leur autorité plutôt que comme des brutes voulant imposer un pouvoir de soumission.

Quoi qu'il en soit, cette posture compréhensive vis-à-vis du travail policier, reconnaissant l'existence de différentes « figures de maintien de l'ordre » est minoritaire chez les jeunes interviewés. Face au sentiment majoritairement partagé d'être déshumanisé par la police lorsque l'on est d'origine africaine et que l'on vit dans une cité, beaucoup de jeunes déshumanisent, à leur tour, les policiers considérés, avant tout, comme racistes, violents et/ou hypocrites. Comme l'écrit François Dubet, analyste précurseur et toujours très pertinent de l'expérience mortifère des jeunes de « banlieues », « même dans le cas où la police serait irréprochable, je ne vois pas comment elle pourrait ne pas cristalliser la rage des jeunes qui galèrent dans des quartiers où l'on finit par ne plus compter que sur elle pour maintenir la paix désirée et cependant toujours perçue comme inacceptable car elle entérine un ordre injuste. »[183] En effet, en

181 Cf. F. Jobard, « Sociologie politique de la « racaille » » in H. Lagrange, M. Oberti (dir.), *Emeutes urbaines et protestations, une singularité française*, Paris, éd. Presses de sciences po, 2006. p. 59-80.
182 Cyprien Avenel indique que chez certains jeunes de quartiers urbains ségrégués, le désir de mobilité individuelle traduit un souci d'autonomisation : « Sortir du territoire de la cité revient alors à s'affranchir d'une sociabilité de voisinage, où chacun se connaît et se surveille, pour intégrer un espace de relations anonymes et autonomes » (C. Avenel, « Les jeunes des quartiers urbains dits « sensibles » in C. Pugeault-Cicchelli, V. Cicchelli, T. Ragi, *Ce que nous savons des jeunes*, Paris, éd. Puf, 2004, p. 182-183).
183 F. Dubet, 2007, *op. cit.*, p. 38.

synthétisant les travaux de Olivier Galland[184] sur les rapports entre de « jeunes émeutiers » et la police, Didier Lapeyronnie note que le rejet de la police s'inscrit dans un double registre : « L'un est symbolique. Il se situe sur le plan de la dignité et de l'humiliation. La police « rabaisse » les individus et, surtout, par ses comportements, au-delà des jeunes, l'ensemble de la population du quartier. Sur ce registre, un simple regard peut être interprété négativement. Le second est pratique. La police ne vient pas véritablement lutter contre la délinquance. Elle est là pour réprimer et contrôler ce qui s'apparente à un mode de vie, la vie du ghetto. Sur ce plan, paradoxalement, elle contribue à légitimer les petits illégalismes, les rassemblements dans les cages d'escaliers, les petits trafics ou la petite délinquance. Ils sont souvent considérés comme n'appartenant pas véritablement au domaine de la vraie délinquance. Tout le monde est persuadé que la police n'assume pas le rôle que l'on attend d'elle, celui de régulateur des rapports sociaux, de pacificateur. »[185] Effectivement, dans la Cité des enfants perdus, ce travail de régulation et de pacification n'est pas prioritairement assuré par la police mais par d'autres acteurs sociaux.

---

184 Cf. V. Cichelli, O. Galland, J. de Maillard, S. Misset, « Les jeunes émeutiers de novembre 2005. Retour sur le terrain » in *Le Débat,* n°145, mai-août 2007, cité in D. Lapeyronnie, 2008, *op. cit.*, p. 287.
185 D. Lapeyronnie, 2008, *op. cit.*, p. 287-288.

Deuxième partie

Pacificateurs indigènes

Dans un contexte de forte fragmentation sociale et culturelle, au-delà des alliances pragmatiques développées entre des élus locaux et des promoteurs de morale politico-religieux et communautaires afin que ces derniers exercent un fort contrôle social sur les jeunes et les familles immigrées ou d'origine étrangère[186], nous avons vu que bien que le quartier de la Cité des enfants perdus fasse l'objet d'une attention particulière de la part d'une pluralité d'acteurs sociaux professionnels engagés dans la police des villes pour prévenir et socialiser des désordres, par crainte, souci de protection et d'efficacité notamment, dans la rue, ces acteurs n'entrent finalement que rarement, directement et durablement, en relation avec les « jeunes turbulents » de la cité. Comme l'indique Abdel, un jeune habitant du quartier qui fut un temps animateur de proximité : « Maintenant, les éducateurs de la prévention spécialisée sont installés au centre ville et ne sont plus dans les quartiers alors qu'à la base ils devaient être au cœur des quartiers au service des habitants et des jeunes de cité, ce n'est plus du tout le cas. » Ce sont en effet des médiateurs et des régulateurs sociaux « indigènes », autrement dit, des intervenants choisis parce qu'ils résident dans un quartier populaire et interagissent quotidiennement avec les jeunes de la cité qui participent activement à la co-production de la sécurité dans cet espace. Ces acteurs sociaux sont, en réalité, généralement sélectionnés pour leur présupposée bonne connaissance des codes, rites et cultures des « jeunes de banlieue »[187] ainsi que pour leur capital social autochtone[188], ethnoculturel, voire mélanique. Effectivement, dans le cas des « quartiers ghettos », être noir ou arabe, est, paradoxalement, un atout pour accéder à un emploi d'intervenant social dans le champ de la « médiation-sécurité »[189]. Dans cette perspective, nous avons vu que les « agents d'ambiance » ou les « médiateurs sociaux » recrutés dans les transports publics, le logement social ou l'intervention sociale de proximité le sont souvent en raison de leur assignation territoriale, sociale et ethnique. En outre, ces types d'intervenants sociaux sont aussi recrutés pour leur capacité à incarner des « figures d'exemplarité ». Ainsi, lors d'un entretien avec le chef d'établissement du collège situé au cœur du quartier, celui-ci indique qu'il est ravi lorsqu'un « assistant d'éducation » issu d'un quartier populaire vient renforcer son équipe pédagogique. Pour ce fonctionnaire de l'éducation nationale, en effet, les « gars de quartier » auraient une bonne « autorité

186 Cf. M. Boucher, « Discrimination positive, ethnicisation et intervention sociale. Analyse critique de la lutte contre les discriminations ethniques » in M. Boucher (dir.), *Le travail social face aux discriminations. Intervention sociale, ethnicité et lutte contre le racisme en Europe*, Montreuil, éd. Aux lieux d'être, 2008, p. 175-218.

187 Cf. D. Lepoutre, 1997, *op. cit.*

188 Cf. J.-N. Retière, « Autour de l'autochtonie. Réflexions sur la notion sur la notion de capital social populaire », in *Politix*, 2003, vol. 16, n° 63, p. 121-143.

189 Cf. M. Boucher, « Les intervenants sociaux au service de la sécurité ? Analyse d'une dérive dangereuse » in L. Mucchielli, V. Le Goaziou (dir.), *Quand les banlieues brûlent... Retour sur les émeutes de novembre 2005*, Paris, éd. La Découverte, 2007, p. 145-158.

naturelle » auprès des « enfants de banlieue ». En fait, si les acteurs politiques, éducatifs et sociaux, « extérieurs » au quartier qu'ils ont néanmoins en charge, plébiscitent autant des intervenants sociaux de « l'intérieur » c'est bien parce qu'ils supposent que, grâce à des compétences personnelles, relationnelles, culturelles, religieuses, phénotypiques, voire physiques, singulières, ceux-ci seront plus opérationnels que d'autres acteurs sociaux pour pacifier les « jeunes de rue » et les empêcher de nuire. Dans ce cadre, au cours de l'enquête, pour saisir la réalité des interactions productrices de violences juvéniles, appréhender leur régulation, voire leur inhibition, nous nous sommes beaucoup intéressés à ces acteurs sociaux indigènes. Cependant, après quelques mois d'investigation dans le quartier de la Cité des enfants perdus, nous avons rapidement constaté qu'au sein de cette catégorie des intervenants sociaux de « l'intérieur », seuls quelques acteurs dont les caractéristiques principales étaient d'être du quartier, d'agir « hors les murs » et de pouvoir se mobiliser à tout moment du jour ou de la nuit pour empêcher l'explosion de désordres urbains, étaient reconnus par les jeunes de la cité et pouvaient en conséquence, théoriquement, exercer une réelle influence sur eux.. Dans cette partie, ce sont donc ces acteurs que nous avons particulièrement étudiés qui sont présentés. Dans la pratique, il s'agit de jeunes animateurs et médiateurs agissant au sein d'associations sportives et d'éducation populaire ou de simples parents mobilisés par les pouvoirs publics, notamment par la police, pour qu'ils participent à la pacification de leur cité. Ainsi, en présentant quelques figures de « pacificateurs indigènes » caractéristiques, en décrivant leur expérience sociale, leurs raisons d'agir et les interrelations qu'ils développent avec les « gars de quartier » et les forces de l'ordre, nous allons pouvoir interroger les rapports qu'ils entretiennent avec la violence mais aussi questionner leurs réelles capacités d'action pour la réguler.

////////// Chapitre 5

Régulateur et agitateur : Dady, un « grand frère[190] » subversif

Vincent (dit *Dady*), animateur territorial dans la ville de Trinquant est mis à disposition de l'association des jeunes de la Cité des enfants perdus (AJC) depuis dix ans. Il a, en fait, créé cette association quatorze ans auparavant avec quelques amis. Originaire d'Afrique (Kinshasa Zaïre), il arrive en France, en 1984, à l'âge de 11 ans dans le cadre d'une procédure de regroupement familial. Il vient rejoindre son père, exilé en France pour des raisons politiques. Au départ, il suit des études scientifiques (Bac D- BTS industrie agroalimentaire) mais, par manque de moyens financiers, il connaît des difficultés pour suivre ses études. Parallèlement à ces difficultés, il s'engage dans le quartier en s'impliquant dans l'association des jeunes de la Cité des enfants perdus. Il abandonne donc ses études et s'engage complètement dans le milieu de l'animation socioculturelle au sein de l'AJC suite à des événements violents sur le quartier de la Cité des enfants perdus, en 1994. Il s'inscrit alors dans un cursus de formation dans le champ de l'animation (formation DEFA), travaille dans une association de prévention implantée dans la ville puis, quelques années après, en 2001, il est titularisé comme fonctionnaire territorial et devient officiellement responsable de l'AJC. Comme principal animateur de l'AJC, ce militant associatif souligne qu'il apprécie particulièrement le fait qu'il se rende service (en ayant créé son poste) tout en rendant service aux autres habitants de la Cité des enfants perdus, particulièrement les jeunes qu'il accompagne pour qu'ils s'insèrent socialement et professionnellement.

Des modes d'intervention et de relation singuliers

La naissance de l'Association des Jeunes de la Cité des enfants perdus (A.J.C.)

L'engagement de Dady au sein de l'AJC correspond à un fait dramatique survenu en 1994 dans la cité : un jeune a été tué par un vigile du magasin « intermarché » situé à l'entrée du quartier de la Cité des enfants perdus ce

190 Cf. P. Duret, *Anthropologie de la fraternité dans les cités*, Paris, éd. Puf, 1996.

qui a entraîné des incidents entre les jeunes et la police. En effet, des jeunes du quartier voulant protester contre ce crime ont mis le feu à l'hypermarché et se sont affrontés aux forces de l'ordre chargées de limiter ces incidents. Dans ce contexte, les autorités municipales ont cherché des interlocuteurs au sein de la jeunesse revendicative pour tenter d'apaiser les tensions et ont, en conséquence, sollicité les jeunes leaders de la contestation, leur demandantde se constituer en association pour qu'ils deviennent des interlocuteurs crédibles auprès des pouvoirs publics : « Les élus nous ont mis à l'épreuve : de toute façon, vous êtes des bons à rien. A part brûler et faire chier le monde vous ne savez rien faire. Mettez-vous en association et nous verrons de quoi vous êtes capables. De là, avec quelques copains nous avons créé l'association des jeunes de la Cité des enfants perdus. De là, je me suis retrouvé dans le milieu social ; je me suis retrouvé dans les conflits entre les élus et la jeunesse et j'ai trouvé ma place dans cet environnement. Je me suis également rendu compte, que j'avais ou plutôt que nous avions un rôle à jouer sur ce quartier. Si nous-mêmes (les jeunes du quartier de la Cité des enfants perdus) nous ne voulions pas nous prendre en main, les élus n'allaient pas le faire à notre place. »

Au milieu des années 1990, dans un contexte de développement de désordres urbains, les élus municipaux tendent donc une perche à quelques jeunes du quartier repérés pour être les porteurs des revendications de l'ensemble de la jeunesse potentiellement agitée de la cité. Les élus ne se font pas beaucoup d'illusions quant à la pérennisation d'une association totalement constituée de jeunes du quartier sans aucune expérience de l'engagement associatif. Comme le souligne Dady, les « politiques » souhaitent néanmoins que ces jeunes s'organisent afin qu'ils deviennent des interlocuteurs représentant notamment la jeunesse « colorée » de la Cité des enfants perdus : « Lors de la création de l'AJC, je crois que l'idée des politiques était que les jeunes s'auto-gèrent. Autrement dit, on nous disait, les Arabes et les Noirs, occupez-vous de vous ! Dans la réalité, ces élus se sont complètement plantés car les problèmes dans ce quartier ne concernent pas que les Arabes et les Noirs. La couleur de peau cela joue. Lorsque l'on fait des visites dans les entreprises avec des jeunes, les Blacks et les Noirs sont pointés du doigt mais certains jeunes à la couleur de peau bien blanche sont aussi discriminés parce qu'ils habitent le quartier. Contrairement aux idées reçues des élus, le problème est donc plus complexe que celui de la couleur de peau. »

Même si elles pensent que c'est à court terme, les autorités municipales aspirent, en effet, à ce que des jeunes respectés et écoutés par la jeunesse turbulente de la Cité des enfants perdus soient également capables de négocier avec les autorités. Or, plus de dix ans plus tard (l'AJC est constituée en janvier 1994), les élus qui avaient favorisé l'émergence de l'AJC n'ont pas été réélus alors que cette association et son leader historique oeuvrent toujours dans le quartier.

En fait, quelque temps après les événements émeutiers de 1994, la municipalité continue d'être confrontée à une difficulté majeure : alors que les actions éducatives mises en œuvre pour les enfants et les pré-adolescents de la Cité des enfants perdus fonctionnent bien (la plupart de ces actions sont assumées par le centre de loisirs municipal), il manque des animateurs capables d'encadrer les adolescents et les jeunes adultes du quartier (16-25 ans) depuis la disparition d'une structure para-municipale, le Foyer des Jeunes Adultes (FJA), incendiée par des jeunes au début des années 1990. Dans ce contexte, la municipalité, constatant qu'après trois années de fonctionnement, l'AJC existe encore et qu'elle est en capacité d'assumer des actions éducatives vis-à-vis de ce public, reconnaît l'utilité de l'association en mettant à sa disposition un animateur municipal chevronné et reconnu par ailleurs par les responsables de l'AJC puisqu'il fut leur animateur fétiche durant leur prime jeunesse lorsqu'ils fréquentaient assidûment les structures d'animation municipales. En effet, ce sont les membres de l'AJC qui ont demandé à la ville que cet animateur soit mis à la disposition de leur association.

De l'animation à l'insertion professionnelle

A la création de l'AJC, les actions plébiscitées se situent exclusivement dans les domaines de la culture et des loisirs. Dans la pratique, l'association met en œuvre des actions spécifiques permettant à la jeunesse de la Cité des enfants perdus d'être occupée plutôt que de demeurer dans le quartier « en étant occupé à ne rien faire ». L'association organise donc des événements sportifs, encadre des sorties culturelles et de détente qui répondent aux aspirations ludiques immédiates des jeunes et contentent les pouvoirs publics qui redoutent de voir exploser des désordres urbains si les jeunes « inactifs » du quartier restent dans la cité durant de longues périodes d'inactivité, notamment pendant les week-ends et les vacances scolaires. En effet, en continuum de ce qu'ils avaient précédemment vécu, au début, les animateurs de l'AJC proposent des modes d'intervention visant essentiellement à pacifier la cité. Ainsi, Dady révèle que, dans les années 1990, l'achat de la paix sociale par la municipalité était un système généralisé au sein de la jeunesse du quartier et qu'à l'époque, il en a profité comme tout le monde. En effet, pour accéder à des ressources financières, notamment pour aller en vacances, Dady indique qu'il suffisait que les jeunes revendiquent et menacent pour que la mairie leur finance des loisirs en échange d'un vague projet stipulant l'intérêt « éducatif » de celui-ci : « L'été il y avait beaucoup d'assistanat. Les jeunes, au bout d'un an de galère, étaient beaucoup plus revendicatifs et demandaient à ce que les vacances soient payées. Moi, j'ai été le premier à en avoir profité. On m'avait payé mes vacances, on m'avait donné de l'argent liquide ! On achetait la paix sociale sur le quartier. On ne voulait pas qu'il y ait des voitures brûlées ou des conflits durant l'été. Ils accordaient des budgets dans le cadre d'« été jeunes » ; beaucoup de gens donc sont partis, grâce à ça, au Maroc et à l'étranger. C'était cool, on avait de l'argent pour partir en vacances, pour quitter le quartier et le laisser tranquille. »

Cependant, après quelque temps de fonctionnement dans cette dynamique culturelle occupationnelle, les acteurs de l'AJC décident de mettre fin à des comportements jugés abusifs. En accédant à des responsabilités en matière d'encadrement de la jeunesse du quartier, ils prennent finalement assez rapidement conscience que les sorties culturelles et sportives sont certes indispensables mais potentiellement contre-productives. En effet, en connaissance de cause, ils considèrent que pacifier le quartier en achetant la paix sociale et en payant notamment l'accès de manifestations ludiques aux jeunes de la Cité des enfants perdus sans contre-partie de leur part, hormis leur bon comportement lors des activités, n'a pas beaucoup d'intérêt éducatif. De plus, dans tous les cas, ces modes d'intervention ne sont pas suffisants car ils ne répondent pas, en profondeur, aux besoins d'insertion professionnelle des jeunes de la Cité des enfants perdus. Par conséquent, prenant conscience de ces « effets pervers » ou des manques générés par des actions exclusivement orientées vers le loisir, l'AJC choisit de combiner des modes d'intervention différents et de diversifier ses activités. Elle maintient donc des activités culturelles et sportives ludiques mais les articulent avec de nouvelles actions tournées vers la découverte de l'insertion professionnelle. Ainsi, l'AJC construit un partenariat avec le principal bailleur social du quartier pour mettre en œuvre des petits chantiers d'entretien ou d'embellissement des bâtiments collectifs. Des jeunes prennent ainsi contact avec les exigences et les contraintes du monde de l'emploi et accèdent à quelques ressources financières leur permettant une relative autonomie pour organiser leur temps libre. Quoi qu'il en soit, cette nouvelle façon de fonctionner et de considérer la relation éducative va profondément changer les modalités d'action et les ambitions des principaux acteurs de l'AJC. En même temps que les fondateurs de l'AJC entrent dans l'âge adulte, l'association, au départ principalement orientée vers l'animation socio-culturelle mute pour devenir une véritable structure d'accueil, d'écoute et d'accompagnement des jeunes du quartier de la Cité des enfants perdus qui souhaitent s'insérer socialement et professionnellement et ainsi sortir du « ghetto » dans lequel ils se sentent englués : « Au début de l'AJC, il s'agissait d'occuper la jeunesse en proposant des sorties à la patinoire, d'aller voir un concert, sortir au stade de foot, aller quelquefois aux sports d'hiver, aller voir une pièce de théâtre, aller au cinéma, c'était basique, c'était simple. Mais très vite, on a bien compris qu'il y avait d'autres attentes qui allaient au-delà de la consommation des activités culturelles ou de loisirs. Ces attentes étaient professionnelles. Il s'agissait donc de s'organiser pour que la jeunesse puisse travailler au lieu de déambuler à tous moments dans les rues. Avec l'aide du bailleur social on a alors mis en place des « camps chantiers » pour nettoyer les tags sur les murs et dans les cages d'escalier (…). En tout, on a donc recruté une cinquantaine de jeunes du quartier qui ont été embauchés chacun une quinzaine de jours en CDD. »

Cependant, malgré ce succès, l'AJC est rapidement dépossédée de cette initiative au profit de la « régie de quartier », autre structure présente au sein de la Cité des enfants perdus et considérée comme plus sérieuse, professionnelle et mieux adaptée pour mettre en œuvre ce type d'actions. Quoi qu'il en soit, à partir de cette expérience, l'AJC décide de développer un partenariat avec plusieurs structures spécialisées dans l'embauche d'intérimaires ainsi qu'avec des entreprises locales pour placer, « cas par cas », des jeunes du quartier qui se voient confier des missions de travail, en général de courte durée. Après plus d'une décennie d'existence, l'AJC se définit donc comme une structure associant des actions de loisirs, de culture (surtout durant les périodes de vacances) et d'insertion professionnelle (tout au long de l'année) des jeunes de la Cité des enfants perdus et de leurs familles.

Un fonctionnement atypique

Les intervenants de l'AJC ont pleinement conscience de fonctionner de manière singulière par rapport aux autres structures sociales agissant dans le quartier de la Cité des enfants perdus. Ils ne se considèrent pas comme des professionnels de l'intervention sociale mais se voient, avant tout, comme des représentants du quartier : « On a un mode de fonctionnement qui est assez atypique. A l'AJC, c'est malheureux à dire mais c'est la vérité, ce sont des « copains » qui prennent véritablement en compte les difficultés des familles qui habitent sur le quartier. Ce sont des copains qui ont leurs frères, leurs parents qui habitent la Cité des enfants perdus donc je crois qu'ils sont plus soucieux de ce qui se passe dans leur quartier. »

D'ailleurs, après plusieurs années d'existence, les autorités locales ne les repèrent toujours pas comme des professionnels sociaux, à part entière, mais plutôt comme des « amateurs qui durent ». En revanche, inscrit dans un processus de contre-stigmatisation, Dady revendique cet état qui lui garantit une liberté d'action et d'initiative : « Je pense comme eux (les élus municipaux) que je ne suis pas professionnel. Je fais mon travail parce que ce que je fais me plait. Je suis plus un militant qui défend le bien être des mes « petits frères » et des mes « grands frères » qui vivent sur ce quartier ; je défends beaucoup de choses comme la représentativité des habitants de la Cité des enfants perdus, notamment des jeunes, dans les instances politiques et administratives. »

Paradoxalement, c'est justement parce que les intervenants de l'AJC ne sont pas considérés comme des professionnels patentés par le champ social et politico-institutionnel (les animateurs de l'AJC reconnaissent que, contrairement à d'autres acteurs associatifs locaux considérés comme plus professionnels, ils ont des difficultés à écrire de « bons projets institutionnels bien ficelés » et ne souhaitent pas « quantifier » les services offerts par l'association à la population) mais plutôt comme des « militants » travaillant pour le respect des habitants du quartier et leur mieux être qu'ils peuvent se permettre d'innover des projets sans avoir l'obligation de les pérenniser et surtout qu'ils peuvent garder une certaine liberté de ton vis-à-vis, non seulement des pouvoirs politiques locaux mais également des autres acteurs sociaux travaillant à la Cité des enfants perdus. En effet, pour les animateurs de l'AJC, considérant la faiblesse de leur financement et leur histoire, les intervenants de cette structure ne peuvent pas se comporter autrement que comme des militants. Par rapport aux autres acteurs sociaux, notamment les travailleurs sociaux patentés, les animateurs de l'AJC ont conscience d'être obligés de faire du « bricolage ». En effet, pour les dirigeants de l'AJC, si les autorités municipales souhaitent réellement que cette structure d'intervention sociale de proximité se comporte de façon plus professionnelle et moins subversive, elles doivent d'abord lui octroyer les moyens financiers de se comporter comme telle. En comparaison avec d'autres structures associatives d'encadrement de la jeunesse intervenant dans le quartier et subventionnées à hauteur de 200 000 à 300 000 euros par an par la municipalité, en 2007, l'AJC n'a obtenu que seulement 20 000 euros pour fonctionner tout au long de l'année, promouvoir de l'insertion socio-professionnelle et conduire des activités de loisirs.

Un lieu de rencontre familial

Malgré le peu de moyens financiers de l'AJC, cette structure a néanmoins une grande notoriété dans le quartier. C'est une association de proximité, d'écoute, d'insertion et de dialogue qui garde un contact direct avec les habitants de la Cité des enfants perdus et notamment avec les jeunes adultes en difficulté d'« intégration ». En effet, cette structure vétuste (l'association dispose simplement de deux pièces au rez-de-chaussée d'une tour centrale du quartier et de quelques ordinateurs plus ou moins anciens à la disposition du public), aux horaires de fonctionnement aléatoires reste cependant grande ouverte une bonne partie de la journée et complètement dévouée aux personnes qui demandent une aide sociale individualisée. Entrer comme dans un moulin et faire des allées et venues permanentes sont des manières de faire considérées comme « normales » à l'AJC. Cette façon de procéder contribue à garantir à la structure une certaine sympathie et une reconnaissance de la part des jeunes habitants de la Cité des enfants perdus qui se sentent un peu comme chez eux à l'AJC : « - *Dady* : On est là pour les jeunes. (...) Alors que j'avais la possibilité de partir ailleurs, d'entrer dans un parti politique, j'ai fait le choix de rester un simple animateur. Je veux défendre ce quartier et je sais que les jeunes que je rencontre ici sont contents du travail que nous menons pour eux. Ce n'est pas toujours extraordinaire mais le peu que nous pouvons faire pour eux, ils en sont conscients et ils nous remercient d'ailleurs assez souvent. »

L'AJC est un lieu ressource et de convivialité où l'on peut rencontrer des amis, des *alter ego* de « galère », mais également trouver de l'aide, souvent de dépannage, des conseils d'orientation prodigués par des intervenants sociaux connus de tous dans le quartier, ayant une culture commune avec les habitants de la Cité des enfants perdus et agissant de façon quasi familiale. Dady est ainsi fier d'animer un lieu au fonctionnement flexible où chacun doit pouvoir trouver sa place : « S'il existe un lieu dans le quartier où il y a du monde, où il y a des allées et venues tout le temps, c'est bien ici. C'est ici que tous les jeunes se retrouvent et se reconnaissent. C'est parce que ces jeunes sont là qu'on nous reconnaît. Contrairement à d'autres structures qui font de la fumée et ont des subventions à fond alors que seulement deux ou trois gars les fréquentent, l'AJC est un vrai lieu de rencontre. Si nous n'étions pas ce lieu, cela ferait longtemps que l'on nous aurait fermés. »

Une subversion pérenne

Désormais, malgré l'institutionnalisation et la professionnalisation de l'AJC dans le champ de l'« insertion » des publics en difficulté du quartier de la Cité des enfants perdus, cette association conserve une particularité forte très certainement reliée à l'histoire subversive de sa création et aux profils atypiques des fondateurs de l'AJC. Presque quinze ans après sa fondation, cette association est, en effet, toujours considérée par de nombreux représentants des pouvoirs publics mais également par des habitants et des acteurs associatifs de la Cité des enfants perdus comme une structure potentiellement remuante et sulfureuse car restée très proche des revendications des jeunes « chauds » du quartier. Il est vrai que les créateurs de l'AJC, toujours aux commandes de l'association au moment de l'enquête furent, dans leur jeunesse, les « porte-paroles » les plus organisés (des interviews réalisées avec des personnes se déclarant « jeunes émeutiers » au milieu des années 1990 indiquent néanmoins que les fondateurs de l'AJC étaient déjà considérés par certains jeunes « ultra-chauds » de la cité comme des individus stratégiques ayant su utiliser à leur profit personnel les violences des premières émeutes au sein du quartier) des revendications contestataires des jeunes de la Cité des enfants perdus au moment où les premiers phénomènes émeutiers vraiment sérieux qui éclatèrent au cœur de la cité donnèrent une image politico-médiatique dangereuse de celle-ci, mauvaise image qui, aujourd'hui, persiste toujours. Ainsi, après plus d'une décennie d'existence, l'AJC est reconnue par tous les acteurs politico-institutionnels comme une structure incontournable pour entrer en relation avec la population de la Cité des enfants perdus, notamment les jeunes. Mais il n'en demeure pas moins qu'elle garde sa part de conflictualité et d'imprévisibilité puisque, paradoxalement, elle apparaît souvent pour des représentants des pouvoirs publics comme trop fusionnelle avec les préoccupations des habitants de la cité.

Cette part de subversion et d'imprévisibilité de l'AJC apparaît d'autant plus dangereuse pour les pouvoirs publics et notamment pour les autorités municipales en place que Dady refuse que des élus municipaux en place intègrent le bureau de l'association (comme cela se pratique pourtant très régulièrement au sein des associations locales majoritairement financées par les collectivités locales) afin de rester libre vis-à-vis des pouvoirs locaux même s'il doit en payer le prix : « On ne veut pas être influencé par les politiques locaux. Par conséquent, on n'a personne pour défendre nos subventions car lorsque tu as un élu dans ton conseil d'administration cela permet qu'il prenne part au combat. Nous, avec le peu de moyens que nous avons, on veut être libre ! Je crois qu'un politique normal, a toujours envie d'avoir la main mise sur la structure qu'il subventionne ; en l'occurrence, ici, ce n'est pas le cas. »

Par ailleurs, Dady tente d'inscrire son action associative visant à défendre la dignité des habitants, souvent économiquement pauvres[191], dans le champ politique local. En mars 2008, celui-ci a été candidat sur sa propre liste aux élections cantonales avec l'étiquette « Mouvement Alter-Natif » et apparaît, aussi bien à gauche qu'à droite, comme un électron libre dont la seule ambition serait de se promouvoir individuellement en menant une campagne électorale populiste et communautariste. Beaucoup d'acteurs politiques locaux reprochent, en effet, à Dady de s'affirmer en tant que représentant politique en expliquant aux des habitants de la Cité des enfants perdus, que tous les responsables politiques des formations politiques classiques affirmant vouloir les représenter font partie de l'*establishment* et instrumentalisent leur misère. Même si Dady prétend défendre l'ensemble des habitants de la cité qu'il connaît bien parce qu'il y habite et y travaille depuis des années, en réalité, il met surtout, en avant, affirme ses adversaires, son origine africaine pour bénéficier des voix des personnes d'origine étrangère ou considérées comme telles, notamment des populations noires, visiblement nombreuses dans le quartier. Son slogan de campagne : « un talent singulier pour un canton pluriel » serait ainsi un euphémisme pour rendre plus acceptable son réel projet : défendre les intérêts particuliers des « communautés » d'origine étrangère visiblement majoritaires dans la cité.
Quoi qu'il en soit, d'un côté, malgré le peu de moyens financiers dont dispose

191 Cf. G. Simmel, 1998, *op. cit.*

l'AJC uniquement soutenue par la ville pour faire son travail quotidien en faveur de l'insertion sociale et professionnelle des jeunes adultes de la Cité des enfants perdus et, de l'autre, l'émission de nombreuses critiques notamment exprimées de la part des responsables politico-institutionnels considérant que l'AJC n'est pas assez professionnelle et trop subversive, l'estime et le prestige dont bénéficient encore les animateurs historiques de l'association garantissent son existence même si celle-ci est économiquement et politiquement précaire. En effet, bien que dérangeante pour les élus locaux, fermer purement et simplement cette structure sur le quartier risquerait de déclencher des formes de mobilisation collective pouvant potentiellement déboucher sur des violences qu'aucun responsable politique local ne voudrait assumer : « Hier, on n'était pas très apprécié par la municipalité mais, aujourd'hui c'est pareil, rien n'a changé. Notre fonctionnement étant assez atypique, ils (les dirigeants municipaux) ne comprennent pas notre fonctionnement. Mais même si c'est avec des miettes, ils sont plus ou moins obligés de faire avec nous. »

Paradoxalement, la part de dangerosité latente dont est porteuse l'AJC, bien que canalisée par la titularisation de son responsable, demeure ainsi sa première protection. En effet, les acteurs de l'AJC ont su maintenir un certain rapport de force avec les autorités locales leur garantissant une certaine sécurité d'existence. En outre, bien que potentiellement séditieux, les acteurs de l'AJC assument, finalement, un rôle de pacification évident lorsqu'ils expliquent aux jeunes qu'ils accompagnent, notamment ceux ancrés dans la délinquance et la violence, qu'ils ont tout intérêt à mûrir et à rapidement s'inscrire dans un projet d'insertion socio-professionnelle (même si celui-ci est modeste) car la violence engendrant la violence, à terme, en empruntant des voies illégales, ils seront toujours perdants.

Les relations avec la police

Les liens entre les acteurs de l'AJC et la police sont aujourd'hui inexistants mais cela n'a pas toujours été le cas. Il y a plusieurs années, l'AJC avait de très bonnes relations avec certains policiers nationaux. En effet, l'association aidait au recrutement des jeunes pouvant participer aux manifestations sportives à destination des jeunes des quartiers « sensibles » organisées par la police (moto-cross, voile). Cependant, depuis que l'Etat a clairement affirmé, notamment suite à l'arrivée de Nicolas Sarkozy au ministère de l'intérieur, que les policiers ne devaient plus être confondus avec des animateurs ou des éducateurs, les membres de l'AJC n'ont plus de contacts réguliers avec les forces de l'ordre. Néanmoins, la police, notamment les agents des renseignements généraux (RG) ayant repéré que Dady est un leader d'opinion dans le quartier et qu'à ce titre il est détenteur de nombreuses informations, en fonction du contexte (élections locales, émeutes urbaines…), ceux-ci tentent régulièrement d'entrer en contact avec lui pour récolter quelques renseignements pouvant leur être utiles. Les RG se sont d'ailleurs étonnés, preuve à l'appui (en l'occurrence de nombreux articles dans la presse locale où le responsable de l'AJC tenait des propos très critiques à l'encontre du pouvoir municipal en place), que malgré les nombreuses attaques médiatiques de Dady à l'encontre des autorités municipales, celui soit toujours employé par la mairie. En fait, d'après Dady, celui-ci est d'abord considéré par la police comme un agitateur potentiel et, à ce titre, elle le surveille tout particulièrement. Ainsi, jugeant d'un mauvais œil ces activités subversives visant à défendre coûte que coûte les jeunes du quartier et afin de calmer le leader de l'AJC, celui-ci nous indique qu'un policier l'a même, un jour, menacé de représailles s'il ne se calmait pas et qu'il continuait à faire du bruit dans la presse en dénonçant ce qu'il considérait comme intolérable pour l'épanouissement du quartier et de ses habitants (notamment les choix municipaux en matière d'urbanisme, de développement social local et de financement des associations, les discriminations et violences policières…) : « Un jour, un responsable policier m'a dit : - Fais attention à toi. Il pourrait t'arriver des bricoles un de ces jours. Arrête de t'occuper de tout et de rien. On te voit partout. » La police estime que cet acteur associatif, en défendant « trop » les jeunes, représente un probable ferment de désordres. La conviction de cet intervenant social est tout autre : en prenant le parti des jeunes, il fait simplement son travail.

Des acteurs sociaux concurrentiels

Dady souligne que l'action associative et l'intervention sociale sont devenues de « bons bizness » dans les quartiers d'habitat social relégués. Dans ce contexte, à la Cité des enfants perdus, les acteurs sociaux venus de l'extérieur du quartier et représentant des associations d'éducation populaire, de prévention spécialisée, d'insertion, etc. entrent en concurrence avec les acteurs sociaux issus du quartier et travaillant dans des associations précaires. Ainsi, Dady accuse les premiers d'œuvrer dans le quartier uniquement parce qu'ils sont payés pour le faire. Ils occupent stratégiquement des places qui leur servent d'abord personnellement. Finalement, ces acteurs sociaux vivent de la misère des autres. A contrario, les seconds sont considérés comme sous-payés mais beaucoup plus légitimes car ils sont originaires du quartier, connaissent bien sa réalité, (d'ailleurs, beaucoup y vivent toujours) et sont surtout plus engagés et militants car ils travaillent avec leur cœur pour les habitants de la cité. Ces acteurs sociaux sont donc au service de la population plutôt qu'ils se servent d'elle : « Si nous qui habitons dans le quartier nous ne faisons pas un travail pour nous-mêmes, ce n'est pas ceux qui viennent de l'extérieur et qui en ont rien à cirer de ce quartier qui vont améliorer la situation. (…) Moi, je gagne 1150 euros par mois. Je bosse du lundi au vendredi, samedi et dimanche s'il le faut. Voilà, moi je travaille, je travaille et j'aime ce travail ;

de toute manière, cela me plait, je suis à fond. Moi, lorsque les gars sont à 15 dans ce bureau, que l'on discute, c'est un grand plaisir, c'est ma vie, c'est mon truc. Contrairement à d'autres, je ne touche pas 2000 ni 2500 euros par mois pour être derrière mon bureau et écrire des notes pour repartir ensuite dans ma campagne. » Ainsi, ce qui est fondamentalement reproché aux acteurs sociaux venus de l'extérieur, d'un côté, est d'accéder à des moyens financiers, à une reconnaissance politico-institutionnelle inaccessible aux petites associations créées par les natifs du quartier, de l'autre, de mettre en place des modalités d'intervention sociale inadaptées à la réalité de ce territoire. En effet, au-delà des discours sur l'importance du partenariat, du respect des habitants et de la co-production de la sociabilité, ces acteurs ne prennent pas en compte la complexité historique, sociale et culturelle du quartier, ne s'adaptent pas aux besoins et aux manières de vivre, de faire et d'être des habitants de la Cité des enfants perdus. Au contraire, ils sont accusés d'utiliser des formes d'intervention bureaucratiques, techniques et institutionnelles qui catégorisent les habitants et leur enjoignent d'entrer dans des moules inadaptés pour eux : « Vous savez lorsque les immigrés arrivent en France, on leur reproche souvent de ne pas s'intégrer, de ne pas suffisamment s'adapter. Dans cette même logique, lorsque des acteurs sociaux venus de l'extérieur arrivent dans un quartier, c'est à eux de s'adapter. Or, ici, les nouveaux acteurs sociaux sont venus avec des a priori. » Ainsi, cette réalité concurrentielle et ces façons d'agir sont profondément ressenties comme une violence et une humiliation pour Dady et les autres membres de l'AJC.

Des acteurs sociaux sous contrôle mais qui résistent...

Après les émeutes urbaines de novembre 2005, l'installation par les autorités municipales associées à d'autres institutions d'un groupement d'intérêt public (GIP) pour coordonner notamment les actions sociales et culturelles développées dans la cité cristallise toutes les tensions et les antagonismes existants entre les acteurs sociaux issus du quartier et ceux venus de l'extérieur. Pour Dady, paradoxalement membre du conseil d'administration de cette structure, « le GIP ne sert à rien et il ne sert à rien là-dedans ». Selon Dady, au-delà des objectifs officiellement affichés, (autrement dit, faciliter la réorganisation du tissu associatif hétérogène de la Cité des enfants perdus) et complètement éclatés, en réalité, cette structure ne sert pas à mettre en relation l'ensemble des acteurs du quartier afin qu'ils optimisent leurs actions en faveur des habitants mais répond à la consigne de mettre en coupe réglée tous les intervenants sociaux du quartier. Au début de l'installation du GIP, Dady souhaitait réellement fonctionner en partenariat avec cette structure mais il a pris conscience rapidement qu'elle avait, en fait, été chargée par les autorités locales de « faire tomber les têtes des leaders de quartier » qui, au nom du bien être des habitants, osaient prendre la parole quitte à s'opposer aux représentants des pouvoirs publics et des bailleurs sociaux en place : « Moi ce que je voulais, c'est que l'on s'entende puisque je représentais le collectif associatif du quartier. Mais j'ai bien vu, puis après la responsable du GIP me l'a dit elle-même, elle était placée là pour éliminer certains leaders de ce quartier. Je m'en fous d'être leader, quitte à apparaître comme un peu démago, ce qui m'importe, c'est qu'il y ait du travail pour les gars du quartier. »

Selon Dady, ceux qui gênent parce qu'ils n'exécutent pas les directives et contestent les choix imposés par la « nomenclature sociale » locale, notamment représentée par les acteurs du GIP, sont donc décrédibilisés et accusés de ne pas jouer le jeu du partenariat pour préserver leur pouvoir personnel et leur emprise sur le quartier : « Le GIP et tous ses élus m'ont demandé d'abandonner un ami issu du quartier, qui y vit toujours d'ailleurs et qui était chef de projet du contrat de ville (CUCS) parce qu'il est aujourd'hui grillé pour les politiques et les institutions. En effet, entre amis, on l'appelle « gros bec » parce qu'il ne sait pas tenir sa langue. On m'a donc demandé de ne plus le fréquenter en me disant plein de méchancetés sur lui. On m'a dit qu'il était un islamiste et encore plein de choses. Je leur ai dit que je n'étais pas le genre de personne à renier un ami parce qu'on me donne un morceau de pain. »

En tant qu'acteur social issu du quartier, bien que précaire et ayant un fort sentiment d'indignation et d'humiliation, Dady affirme donc résister vigoureusement aux logiques d'instrumentalisation mises en œuvre notamment par les acteurs sociaux venus de l'extérieur représentant les pouvoirs publics locaux et/ou l'Etat. Fort de sa légitimité historique, de sa connaissance du quartier et de sa reconnaissance par les habitants, contrairement aux autres acteurs sociaux venus de l'extérieur, comme acteur social « de l'intérieur », Dady se considère comme un intervenant authentique qui, au-delà des manœuvres politiciennes locales et des différentes politiques socio-urbaines successivement mises en œuvre par les différents gouvernements de droite et de gauche depuis plusieurs décennies, incarne la stabilité de l'offre des actions d'accompagnement social dans le quartier : « Les politiques c'est des putes. Nous, on est là pour le bien du quartier. Nous, on a du métier ; cela fait un certain temps que l'on est ici. Nous, on est la gare. Les trains ils passent, ils circulent ; nous on est la gare… »

Ainsi, même si les acteurs sociaux venus de l'extérieur ont de forts appuis politiques puisque, au-delà du fait qu'ils partagent généralement la même culture, celle des classes moyennes, ils sont surtout en poste pour mettre en œuvre des actions décidées par les responsables politiques, les acteurs sociaux de l'intérieur ont néanmoins des capacités de réaction : ils sont en permanence dans le quartier, font jouer la concurrence politique locale mais font également savoir que n'ayant pas grand chose, ils n'ont donc pas beaucoup à perdre. Les responsables politiques locaux savent d'ailleurs que sans leur participation à la co-production de la régulation sociale, le quartier pourrait vite se révéler incontrôlable : « Lorsque le précédent maire est arrivé au pouvoir, malgré le fait que c'est un homme politique de droite et que je suis de gauche, il nous a soutenus financièrement pour développer des activités allant dans le sens de la tranquillité publique. Bien que paternaliste, en bon politique, il a fait le nécessaire. »

Pour faire la démonstration de sa capacité de pression, Dady juge alors utile de relater cette anecdote : A la suite de l'organisation des premières « assises de la vie associative », celui-ci a écrit au maire avec d'autres acteurs sociaux pour lui signifier qu'ils considéraient que la responsable du GIP n'était pas à la hauteur de la tâche. Apprenant cette démarche, logiquement, celle-ci a donc cherché à l'exclure du conseil d'administration du GIP. Or, le maire a bien convoqué cet acteur associatif mais pas pour le sanctionner ; au contraire, l'édile lui a indiqué qu'il n'était pas question qu'il soit exclu du GIP. Un peu surprise, la directrice du GIP a alors compris que la situation était beaucoup plus compliquée qu'elle ne le pensait. En effet, des acteurs associatifs locaux, même peu formés, peu soutenus financièrement et stigmatisés, ont néanmoins une certaine influence parce que les responsables politiques ont besoin d'eux pour maintenir la paix sociale : « - *Dady* : Celle-ci a compris qu'elle n'allait pas arriver à ses fins en nous mettant des coups de fouet derrière le dos et qu'on n'allait pas s'agenouiller. Il faut du temps pour se faire respecter par les acteurs du quartier. (…) On n'est peut-être pas de « bons professionnels » mais on a du vécu et on connaît ce quartier. Tout ce que l'on demande, c'est de vraiment travailler avec les professionnels. Pour l'intérêt du quartier, mon intérêt n'est pas de les mettre mal à l'aise. »

A la Cité des enfants perdus, sur fond de querelles politiques locales extrêmement dures, il existe donc un vrai bras de fer pour s'assurer le contrôle des orientations politiques, sociales et culturelles[192] entre les acteurs sociaux de l'intérieur et ceux, plus institutionnalisés, de l'extérieur. Ainsi, Dady indique que si la responsable du GIP s'est entourée d'associations qu'elle aide financièrement, notamment des associations culturelles, c'est avec l'objectif de privilégier des associations culturelles non subversives animées par des acteurs venant de l'extérieur parlant le même langage de « classe » que la plupart des responsables de projet travaillant dans le cadre de la politique de la ville. Dans cette perspective, les acteurs sociaux de l'intérieur, partageant avec un bon nombre d'habitants du quartier, notamment des jeunes, un sentiment de révolte et de rage, feraient « tâche » dans ce décor politico-institutionnel

192 Cf. A. Touraine, *Production de la société*, Paris, éd. du Seuil, 1973.

dominé par les classes moyennes chargées de mettre en place des actions rassurant les classes dirigeantes. Les acteurs sociaux de l'intérieur dénoncent donc les logiques néo-colonialistes des intervenants sociaux de l'extérieur. Ils n'acceptent pas d'être instrumentalisés ou dominés par des acteurs de l'extérieur chargés de coordonner et d'impulser les politiques socio-urbaines. Néanmoins, ils ne désespèrent pas, notamment grâce à leurs actions réactives, de tisser une véritable relation de partenariat avec l'ensemble des acteurs agissant sur et pour le quartier. Dans cette optique, les acteurs sociaux de l'intérieur refusent l'hétéronomie dont ils sont l'objet. Aussi, se font-ils les porte-paroles des habitants qui critiquent l'existence d'une multiplicité d'« experts » (chefs de projets, urbanistes, sociologues...) qui réfléchissent à leur place, écrivent de nombreux rapports et projets sur ce qu'il conviendrait de faire pour améliorer la situation du quartier mais qui dans la pratique, tardent à passer à l'action.

Les phénomènes de violence à l'épreuve de la réalité sociale, politique, culturelle et sécuritaire

Par rapport à l'image violente de la Cité des enfants perdus, il ne se passe rien...

Abdel a participé avec Dady à la création de l'AJC lorsqu'il avait 19 ans. Il a également assumé une fonction d'animateur en son sein durant plusieurs années. D'origine maghrébine, il se définit comme un « mec du quartier ». A l'instar de Dady, il connaît lui aussi parfaitement les jeunes de la cité et leurs préoccupations, notamment ceux qui s'affichent contestataires, provocateurs et revendicatifs. Plus jeune, il a même pris une part active dans la conduite des premières émeutes qui ont enflammé la cité au milieu des années 1990. Or, en novembre 2005, les émeutes de la Cité des enfants perdus l'impressionnent particulièrement. Il est estomaqué par la puissance dévastatrice des émeutiers prêts à tout casser. Contrairement à ce qu'il avait vécu, les émeutiers se parlaient entre eux pour désigner les cibles qu'ils souhaitaient mettre à sac. Même si certains (« toujours la tête sur les épaules ») semblaient profiter de la situation insurrectionnelle pour dévaliser les magasins au lieu de simplement les détruire, la plupart des insurgés motivés par des leaders, étaient extrêmement déterminés à se confronter aux forces de l'ordre et donner un sens « politique » à leur rage : « Ce jour-là, sincèrement, je n'ai jamais vu autant de haine, autant de rage, autant de feu. Tu ne les (les émeutiers) reconnaissais pas ; ils étaient tous cagoulés ; et puis, il y avait tellement de monde. Il y avait des centaines de jeunes. J'en ai reconnu quelques-uns, des petits jeunes qui n'étaient pas méchants mais tout le monde a voulu participer, apporter sa pierre à l'édifice de cette violence. J'étais impressionné. J'ai vu des gens qui essayaient de passer (à travers le quartier) ; ils ont été tirés de leurs voitures qui ont été utilisées comme des voitures béliers pour entrer dans les magasins. Ils ont mis le feu aux voitures, les ont explosées, c'était incroyable ! Les magasins volaient en éclats. Ils ont brûlé la mairie annexe, la BNP, la pharmacie… Les flics couraient comme des lapins. Franchement, c'était impressionnant, une vraie zone de guerre. »

Or, malgré l'intensité de ces émeutes associées à une véritable situation de « guérilla urbaine », Abdel insiste sur la dimension exceptionnelle de ces violences. En effet, Abdel et Dady indiquent qu'à la Cité des enfants perdus, comme dans de nombreux quartiers d'habitat social, en France, ce qui prime au quotidien, c'est d'abord la production d'une « violence ordinaire » (actes de violences physiques interindividuelles ou collectives) liée à la dégradation sociale du quartier. Le premier facteur générateur de violence serait alors l'oisiveté de nombreux jeunes : « - *Dady* : Des jeunes dorment toute la journée, se réveillent pendant que la plupart des gens dorment et font alors n'importe quoi pour passer le temps ». Les co-fondateurs de l'AJC soulignent qu'ils connaissent très bien, notamment sur le plan amicale, de nombreux jeunes ayant ce profil et que certains des animateurs actuels de l'association ont eu une expérience de « caïd de cité » dans leur jeunesse. A cette époque, ils utilisaient la violence pour protester contre leurs conditions de vie qu'ils jugeaient indignes. Aujourd'hui, les jeunes qui utilisent toujours la violence pour exprimer leur mécontentement vis-à-vis de leur sort revendiquent les mêmes choses que leurs aînés : avoir du travail, habiter dans un lieu de vie correct, c'est-à-dire ne pas être enfermé dans un appartement abritant une dizaine de personnes et, si possible, bénéficier d'une chambre individuelle ou à défaut, évoluer dans un espace qui ne soit pas sur-occupé afin d'avoir un peu d'intimité : « ne pas avoir trois ou quatre frères dans une même piaule ».

Cependant, malgré l'existence objective d'une importante insécurité sociale génératrice de faits de violence de la part de personnes (des jeunes et des adultes) en détresse, excédées et révoltées, il existe, pour les acteurs de l'AJC, un fort écart entre la représentation généralement admise que le quartier de la Cité des enfants perdus est un lieu exemplaire de production d'une violence intense et la réalité qu'ils observent quotidiennement comme habitants et intervenants sociaux. La violence est ponctuelle quand un jeune a été tué ou agressé par la police mais, en temps normal, il y a peu de violences. Bien sûr, depuis plusieurs années, comme dans d'autres quartiers populaires ségrégués, en France, la Cité des enfants perdus a connu des épisodes émeutiers où les « violences urbaines » se sont déchaînées ; en revanche, à part ces épisodes soudains, cycliques et courts, la plupart du temps le quartier est calme, voire apathique. Aussi, est-il important de ne pas amalgamer tous les jeunes du quartier qui traînent dans la rue, le soir, pour rencontrer leurs amis et partager leurs expériences de vie et les quelques jeunes qui pratiquent effectivement la violence pour s'affirmer dans le quartier et s'imposer dans le monde du « bizness » illicite : « - *Dady* : Dans le quartier, de 22 heures à minuit, il n'y a pas de bruit, c'est mort. Il y a peut-être quelques gars qui traînent sous des porches mais sinon il ne se passe rien par rapport aux échos que l'on entend et par rapport à l'image négative que l'on donne de la Cité des enfants perdus. Je trouve que c'est complètement décalé. Sur ce quartier, lorsque les mecs n'en peuvent plus et qu'il faut qu'ils cassent tout et bien la violence est extrême : ils cassent tout. Mais une fois que c'est fait, cela peut durer des années et des années sans qu'il existe le moindre incident. » En fait, selon Dady, s'il existe quotidiennement peu de violences dans le quartier par rapport à l'image politico-médiatique dangereuse qui le stigmatise, c'est que malgré leurs difficultés, il existe néanmoins un ensemble d'acteurs et d'intervenants sociaux qui agissent auprès de la jeunesse.

Les parents assument leur rôle parental

Pour expliquer le fait que la violence individuelle et collective est produite très ponctuellement sur le quartier de la Cité des enfants perdus, notamment lors d'épisodes émeutiers très spectaculaires et fortement médiatisés, la première raison avancée par Dady est d'ordre éducatif. En effet, malgré les idées reçues sur le désengagement des parents dans l'éducation de leurs enfants, Dady souligne que les familles assument une fonction importante de socialisation qui demeure centrale dans la contention des phénomènes de violence au sein de quartiers où les difficultés sociales et économiques sont pourtant criantes et facteurs de désorganisation sociale. En effet, les familles, notamment celles originaires de pays africains, tiennent à ce que leurs enfants se comportent bien et n'entament pas une « carrière délinquante » : « Dans le quartier, la plupart des parents font très bien leur travail de parents. Certains expliquent bien à leur môme qu'ils ont quitté l'Afrique pour trouver du boulot et nourrir leur famille et que c'est une honte de voir la façon dont certains enfants se comportent vis-à-vis du pays qui les a accueillis. Ils expliquent à leurs enfants qu'il n'y a pas de secret, qu'il faut aller travailler. »

Des jeunes musulmans se mobilisent

Abdel, le co-fondateur de l'AJC, affirme également que la religion, notamment musulmane, joue certainement un rôle d'apaisement dans le quartier. Pour certains jeunes rencontrés, en effet, l'islam est un repère structurant non négligeable qui donne un sens à leur vie[193] : « - *Abdel* : La religion permet d'avoir des valeurs. De faire une différence entre le licite et l'illicite et de

193 Cf. F. Khosrokhavar, *L'islam des jeunes*, Paris, éd. Flammarion, 1997.

t'éloigner de certains trucs qui pourraient être nuisibles comme l'alcool, le shit, le business, etc. Je pense que la religion peut être utile pour certains... »

Néanmoins, au sein de la Cité des enfants perdus, les organisations musulmanes sont différemment appréciées par les acteurs sociaux : certains les considèrent comme des régulateurs, d'autres comme des fauteurs de désordres dangereux pour la démocratie. Cette perception extrêmement tranchée est d'ailleurs illustrée par l'image véhiculée à propos des deux principales mosquées présentes dans le quartier : la première, la plus importante, dite « mosquée rose » apparaît comme modérée et ouverte vers l'extérieur, la seconde, dite « mosquée verte » puisqu'elle est située rue de la forêt, apparaît comme plus radicale et repliée sur ses fidèles. Quoi qu'il en soit, à la Cité des enfants perdus, l'histoire de l'influence musulmane sur la dynamique du quartier est souvent associée à la mobilisation, dans les années 1990, de jeunes de la cité affiliés à une association proche du prédicateur Tariq Ramadan médiatiquement connu pour son travail en faveur du développement d'une forme d'islam « néo-communautaire » (non plus rattaché à des traditions ethnico-nationales) implanté en Occident et aussi contesté pour son lien familial et idéologique avec le créateur des « Frères musulmans »[194] (Malgré ces critiques, Abel apprécie ce prédicateur car « il valorise l'idéal du musulman »). Or, certains acteurs sociaux historiques du quartier considèrent que ces jeunes « manipulateurs-manipulés » ont, durant un temps, pratiqué une forte pression sur les intervenants et les habitants de la Cité des enfants perdus au point où, après un épisode rocambolesque, caractérisé par l'occupation des locaux d'une association d'encadrement de la jeunesse et la séquestration de son personnel, cette association a finalement décidé de quitter définitivement le quartier et de s'installer au centre ville pour ne pas avoir à subir les menaces permanentes de ces jeunes militants musulmans. Cependant, les co-fondateurs de l'AJC réfutent totalement cette vision négative de l'action de ces jeunes musulmans. Pour eux, ces acteurs ont durant un temps (ayant grandi, beaucoup d'entre eux aujourd'hui travaillent et doivent assumer la responsabilité d'une famille ce qui leur laisse moins de temps pour militer) fait un très bon travail au sein du quartier. Certes, ces jeunes étaient des militants politico-religieux mais ils étaient avant tout motivés pour « éduquer le quartier ». Leur disparition au sein de l'espace associatif est donc considérée comme une perte pour la régulation des rapports sociaux au sein de la Cité des enfants perdus même si d'autres acteurs musulmans, en particulier des missionnaires du mouvement néo-communautaire tabligh, continuent de militer dans le quartier.

194 Cf. C. Fourest, *Frère Tariq*, Paris, éd. Grasset, 2004.

Extrait du carnet de bord

« Le ghetto rend schizo ! »

Ce soir, nous arrivons sur la place Kennedy et prenons un thé dans un petit fast-food tenu par des « gars du quartier » dont certains sont des musulmans membres du mouvement missionnaire et piétiste Tabligh (association foi et pratique) bien implanté dans la cité. Nous avons, en effet, pu constater que la plupart des vendeurs des petits magasins de proximité du quartier (épiceries, taxi-phone, fast-food ambulants ou non) sont affiliés à ce mouvement. Ils portent généralement une longue barbe, une chechia (un petit bonnet oriental) et un camis (un vêtement islamiquement correct). Le fait de tenir un commerce leur permet de connaître la plupart des habitants, les enfants et les jeunes y compris, d'offrir des services bon marché et ainsi de montrer un visage agréable et chaleureux de l'islam. Tous ces commerçants vivent dans le quartier considéré comme une terre de mission. D'ailleurs, il n'est pas rare de les rencontrer après leurs heures de travail dans la cité jusque tard le soir où ils aiment discuter avec les jeunes qu'ils rencontrent. Ils sont à l'écoute et prodiguent de petits conseils pour améliorer la vie quotidienne tout en faisant systématiquement référence à Dieu (Soubhannoullah ! Macha Allah !). Il est 21 heures et nous décidons d'aller manger chez « Dadas » (restaurant turc). Hier, la Turquie a été battue par l'Allemagne en demi-finale de la coupe d'Europe de football. Malgré les drapeaux de la Turquie toujours affichés un peu partout dans le restaurant, aux fenêtres de certains appartements et sur les voitures garées dehors, l'atmosphère est plutôt morose. Les habitants turcs de la cité étaient certains que leur équipe nationale allait battre celle de l'Allemagne ; la défaite de la Turquie les a donc beaucoup affligés, notamment le vendeur qui nous sert habituellement. Portant un bracelet éponge aux couleurs de la Turquie, nous faisons une blague sur le résultat du match qui manifestement semble le vexer. Il fait beau ; nous mangeons donc dehors et voyons passer, à intervalle régulier, plusieurs voitures de police : d'abord un véhicule banalisé de la SDI (forces de police d'intervention rapide), puis une voiture banalisée de la BAC et, enfin, un fourgon de police secours. Trois enfants d'environ 10 ans d'origine africaine jouent devant nous, dansent, s'invectivent et interpellent certains passants. Nous plaisantons avec eux. L'un d'entre eux me demande alors si je suis turc. Je lui dis que non. Il me répond alors que je suis certainement originaire d'un pays de l'Est. Je lui indique que non, simplement français ce qui semble l'étonner. Ne voyant pas Nino dans la rue, nous lui téléphonons alors pour savoir si nous pouvons le voir ce soir. Il est à la piscine et doit ensuite manger dans sa famille ; quant à Nelson, son bracelet électronique le contraint à rester enfermé chez lui. Après avoir dîné, nous nous résignons donc à faire un tour dans le quartier en pensant qu'au regard de ce qui s'est passé en début de soirée, une confrontation avec la police est envisageable. Soudain, un fourgon de police fait demi tour à grande vitesse devant nous et se lance à la poursuite d'une vieille Renault Clio de couleur verte conduite par deux jeunes d'origine africaine. La police les interpelle rue Voltaire presque devant la sortie du bâtiment flambant neuf de la Communauté d'agglomération de Trincamp entouré de grandes barrières de protection et construit à l'endroit où un garage avait été brûlé lors des émeutes de 2005. Les policiers sont gantés, font descendre les jeunes hommes l'un après l'autre pour les fouiller. Ils inspectent également scrupuleusement le véhicule pendant qu'un policier remonte la rue pour vérifier si les suspects ne se sont pas débarrassés de substances illicites par la fenêtre. Les jeunes apparemment désabusés, se soumettent au contrôle sans opposer de résistance. Ce contrôle donne l'impression qu'il fait partie de la routine des policiers mais aussi des jeunes. D'ailleurs, les quelques habitants et les jeunes qui passent à côté de la scène du contrôle ne semblent même pas y prêter attention. Une fois le contrôle terminé, les policiers et les jeunes remontent dans leurs véhicules et continuent leur route. Nous poursuivons alors notre tour du quartier, allons au terrain de foot mais personne ne joue ce soir. Nous passons donc par le « quartier du PSR ». En route, par hasard, nous rencontrons Ali qui rentre chez lui. Il vient de quitter Nino et une dizaine de jeunes avec qui il était à la piscine. Ali est surpris et content de nous voir. Je connais, en effet, Ali depuis longtemps. Cela remonte à l'époque où je m'occupais, il y a maintenant plus de dix ans, d'organiser des manifestations hip-hop dans la région. Ali est rappeur et fait toujours partie d'un groupe Trincampois désormais historique. Il nous invite alors à prendre un thé chez lui. Il est près de 23 heures mais nous acceptons son invitation. Ali habite toujours chez ses parents dans un petit immeuble défraîchi du « quartier PSR ». Nous nous installons dans la cuisine. Sa mère étant déjà couchée, c'est son père qui nous reçoit et prépare le thé. Ali nous indique qu'il est content de discuter avec nous, que ça lui fait du bien. Il nous informe qu'il est en train de passer des concours pour devenir technicien de laboratoire et nous montre des papiers le prouvant. Ali semble très inquiet, angoissé, a des difficultés à se concentrer. Lorsqu'un moustique rentre dans la pièce il paraît presque paniqué. Il parle du présent puis du passé presque en même temps, notamment de l'époque où je le fréquentais dans le milieu hip-hop local. Il exprime une réelle nostalgie de cette période où il vivait en « groupe » une véritable aventure humaine collective. Nous le remercions pour le thé et lui indiquons que nous allons continuer notre ballade dans le quartier. Ali décide alors de venir avec nous. Le fait de sortir, de rencontrer du monde le rassure. Il est 23h15, Ali nous présente les jeunes regroupés dans les cages d'escaliers de son quartier. Nous discutons plus longtemps avec deux jeunes, dont l'un est vendeur dans la journée dans le principal magasin de fruits et légumes situé sur la place Kennedy. Il s'agit d'un jeune militant tablighi qui nous demande tout de suite si nous sommes musulmans. Nous laissons entendre que oui pour qu'une discussion s'installe. Ali connaît très bien ce jeune car il fréquente beaucoup la mosquée et notamment les musulmans pratiquants avec lesquels il fait quelquefois des sorties durant lesquelles ils accompagnent des jeunes du quartier dans d'autres mosquées des environs. Ainsi, ils relatent ensemble le moment où ils sont allés visiter la mosquée renommée d'une « zone urbaine sensible » de la région car elle dispose d'un minaret. Le thème principal de la discussion tourne autour du fait que dans la « communauté des croyants » musulmans, il existe une grande chaleur humaine qui ne laisse pas sur le côté de la route les personnes fragiles, notamment les personnes âgées et isolées. Nous continuons alors notre route durant laquelle Ali nous indique que pour lui l'islam est un repère et un cadre moral essentiel. L'islam lui permet surtout de faire partie d'une « communauté d'appartenance » structurante. Nous passons par le quartier de « La Plaine » et saluons un regroupement de jeunes dont Alfred (avec son jeune chien de type pitt-bull) et Amine que nous avons déjà rencontré avec Nino. Sachant qu'Ali n'avait pas encore dîné, je lui propose alors de manger une crêpe dans le nouveau « fast-food » installé sur l'espace commercial Kennedy, tenu par des jeunes du quartier. Il connaît tout le monde et nous présente (les vendeurs fréquentent visiblement la mosquée dont un jeune noir également membre du Tabligh). Au moment de nous quitter, en nous éloignant, nous constatons qu'un homme qui était attablé près de nous demande à Ali : « C'est qui ces mecs là ? ». Ali lui répond qu'il me connaît depuis longtemps, que nous sommes sociologues. Il est 00h30. Nous rentrons nous coucher. Comme d'habitude quelques jeunes continuent de discuter devant nos fenêtres en faisant du bruit mais moins bruyamment que les autres fois.

Entre répression et réorganisation sociale délinquante

Les autres grands facteurs pouvant expliquer le fait qu'il existe généralement peu de violences prédatrices au sein du quartier, d'une part, est lié au fait que de nombreux jeunes inscrits dans la délinquance ont été réprimés par les forces de l'ordre puis condamnés à la prison par la justice : « - *Dady* : Un bon nombre de jeunes de ce quartier sont enfermés aujourd'hui, ils sont en prison. Ils prennent conscience que lorsque l'on enfreint la loi on est enfermé. D'ailleurs, je constate que dans ce quartier, contrairement à une certaine époque, il n'y a plus de vrais « caïds » car beaucoup sont incarcérés. », et, d'autre part, que les personnes du quartier qui vivent du bizness de la drogue ou d'autres commerces illégaux ont tout intérêt à ce que les forces de l'ordre n'investissent pas la cité pour rétablir le calme. En effet, les désordres urbains produits par les phénomènes de violence perturbent les trafics et peuvent aboutir à des enquêtes policières pouvant déboucher sur le démantèlement de réseaux délinquants : pas de violences = pas de flics = possibilité de pratiquer tranquillement le commerce illicite.

Faire face aux tensions politico-historiques locales

Quoi qu'il en soit, même s'il est hétérogène, l'ensemble des intervenants pouvant concourir à la régulation des rapports sociaux au sein de la cité doit faire face à une forte dynamique d'instrumentalisation de leurs actions par les acteurs politiques locaux. A la Cité des enfants perdus, le tissu associatif, notamment celui exerçant une fonction d'encadrement de la jeunesse historiquement relié aux associations d'éducation populaire est fortement investi par le monde politique local. Le tissu associatif est au centre d'enjeux politiques et clientélistes très puissants. Ainsi, durant de nombreuses années, l'association laïque de la Cité des enfants perdus (ALC), créée par un jeune habitant du quartier qui sera pendant plus de deux décennies le maire (de gauche) de la ville, régna durant de nombreuses années (24 ans) de façon quasi hégémonique sur le territoire de la Cité des enfants perdus et ses habitants. Au moment de son plein épanouissement, puissamment soutenue et contrôlée par le pouvoir municipal, cette association développait une multiplicité d'actions sportives, sociales et culturelles. Elle représentait, en fait, la principale structure de contrôle social des habitants du quartier mais également sa première vitrine (l'équipe de basket de l'ALC a durant un temps brillé au niveau national et de nombreux champions ont fait de belles carrières sportives, notamment dans la boxe ou le football, à partir de leur engagement dans cette association). D'une certaine façon, l'ALC était la « courroie de transmission » entre le pouvoir municipal (qui, d'après beaucoup d'acteurs sociaux depuis longtemps actifs dans la ville, avait un fonctionnement de type clientéliste et paternaliste) et les habitants du quartier. Or, en 2001, dans un contexte de désindustrialisation, d'augmentation du chômage de masse, de paupérisation des quartiers d'habitat social, de décomposition des mondes sociaux propres aux classes populaires organisés durant l'ère industrielle[195], à bout de souffle, le pouvoir municipal change de camp et l'ALC se trouvant à peu près dans la même situation (le poids de plus en plus lourd de la dimension sociale sur la dimension sportive engendre des tensions internes extrêmement

195 Cf. F. Dubet, D. Lapeyronnie, *Les quartiers d'exil*, Paris, éd. du Seuil, 1992.

violentes) de décomposition se divise en deux. Dans la pratique, l'ALC se sépare définitivement de son volet social de plus en plus difficilement gérable, notamment à cause de la précarisation accrue des habitants de la Cité des enfants perdus et du manque criant de perspectives d'insertion socioprofessionnelles pour les jeunes du quartier. Sur les vestiges du volet social de l'ALC, une autre association, « l'Arche » est donc créée. Cependant, historiquement et politiquement, cette association apparaît trop proche du camp politique de l'ancien pouvoir en place (le président de l'association est salarié du principal bailleur social présidé par un conseiller général par ailleurs nouvelle tête de liste de l'opposition municipale) et rencontre alors une forte méfiance de la part du nouveau pouvoir municipal (à droite) qui cherche donc à faire émerger d'autres acteurs associatifs occupant la même fonction sociale au sein de la Cité des enfants perdus (l'encadrement et l'animation de la jeunesse durant les temps extra-scolaires) mais qui, politiquement, apparaissent clairement proches de la nouvelle municipalité. En conséquence, la création d'une seconde association, Nouvelle Génération (NG) répond à ce souhait. Ainsi, loin de rompre avec les anciennes pratiques clientélistes de l'ancien pouvoir municipal, en soutenant financièrement une nouvelle structure associative dont le bureau est largement occupé par des élus municipaux, en définitive, le nouveau pouvoir s'assure que cette structure, en association avec les services municipaux de la jeunesse, mettra bien en œuvre une politique à destination des jeunes et de leurs familles voulue par le pouvoir local en place. De plus, en créant cette association, théoriquement, la mairie s'équipe d'un bel outil pour communiquer et influencer, dans le sens de ses intérêts politiques, la population de la Cité des enfants perdus. Il s'agit, en effet, d'une nouvelle « courroie de transmission » entre la mairie et les habitants du quartier. D'ailleurs, pour gagner les élections municipales de 2001, contrairement à l'ancien maire, le candidat de droite avait su intégrer sur sa liste électorale des personnes issues du quartier, notamment d'origine étrangère - dont certains avaient même été des animateurs référents de l'ALC - en leur promettant qu'en cas de victoire, ils deviendraient naturellement les élus municipaux en charge de la vie associative à la Cité des enfants perdus ce qui leur garantirait une notabilité forte. En effet, dans les banlieues populaires, le monde associatif représente une part importante de l'activité sociale de beaucoup d'habitants qu'ils soient des usagers de services offerts par les associations ou des acteurs associatifs eux-mêmes (associations de quartier, communautaires, confessionnelles, sportives...) : « - *Dady* : La seule chose que je reconnais de différent dans la gestion politique du quartier entre la municipalité d'obédience communiste et celle dirigée par la droite, c'est que le maire de gauche n'a jamais réellement pris des jeunes issus de l'immigration sur sa liste municipale alors que celui de droite est arrivé et l'a fait. Bien sûr, il l'a fait comme Sarkozy le fait aujourd'hui... Est-ce que cette façon de faire n'est pas en réalité un moyen de tromper les gens ? Est-ce que les personnes issues de l'immigration présentes sur la liste municipale de droite ont réellement du pouvoir ? La différence elle est là ! »

Durant la campagne électorale municipale et départementale de 2008 (période de l'enquête), la question de l'ethnicité a également été largement utilisée par les différents candidats et notamment par la droite locale qui a tenu à faire des réunions de campagne dans les différentes « communautés ethnico-culturelles » de la cité (associations algériennes, d'Afrique de l'Ouest...). La droite communale a ainsi choisi de présenter une candidate d'origine africaine (par ailleurs issue de la bourgeoisie sénégalaise et n'ayant aucune expérience personnelle des quartiers d'habitat social) sur le canton où une grande partie des électeurs, bien que français, sont immigrés et vivent dans le quartier de la Cité des enfants perdus.

Dans un contexte extrêmement tendu, les associations du quartier sont donc bien au centre du champ de bataille opposant les acteurs politiques locaux : « - *Dady* : La question que je me pose c'est comment on a pu créer NG juste à côté de l'Arche alors que ce sont les mêmes publics, les mêmes lieux, pour leur filer, l'un 220 000 et l'autre 300 000 euros. C'est là que tu te dis qu'il y a des intérêts politiques là dedans. » Ces associations sont, en effet, largement utilisées par les différents protagonistes en concurrence pour mener leur combat de prise ou de maintien du pouvoir municipal et départemental. Dans la pratique, la concurrence acharnée que se livrent certaines associations oeuvrant dans le même champ et ayant les mêmes types de publics, au-delà du fait qu'elles se battent pour accéder aux ressources financières, révèlent, également, les conflits de pouvoir que se livrent les responsables politiques locaux. Ainsi, en 2001, la victoire de la droite aux élections municipales correspond à la naissance et au développement de l'association NG parallèlement à l'affaiblissement et à la précarisation de l'Arche. En 2008, le retour de la gauche aux affaires grâce à sa victoire aux élections municipales et départementales correspond alors au retour de l'Arche sur la scène associative locale et, simultanément à, l'affaiblissement de l'association NG (soutenue par l'ancien pouvoir de droite) son principal concurrent associatif. Cependant, les habitants de la Cité des enfants perdus et notamment les jeunes, sont les principaux otages de ces querelles politiques et associatives d'une grande violence : « On raconte des conneries sur la jeunesse comme quoi c'est la jeunesse qui est violente. C'est eux (les acteurs politiques et associatifs locaux) qui sont violents. En fait, ils « profitent » de cette violence pour récupérer du fric qu'ils se partagent entre associations. »

L'instrumentalisation des associations ethno-culturelles

Alors qu'une large partie de la population de la cité a connu une expérience migratoire ces dernières décennies et continue d'entretenir des relations étroites avec le pays d'émigration, de nombreuses associations de type ethno-communautaire, notamment d'aide au co-développement, sont présentes dans le quartier et font donc également l'objet de tentatives d'instrumentalisation par les responsables politiques locaux. A l'origine, comme nous le verrons un peu plus loin, ces associations sont principalement créées pour permettre que les migrants et leurs descendants gardent un lien avec leurs « communautés » et pays d'origine et continuent d'organiser la « solidarité communautaire » en France. Dady connaît parfaitement ces associations. En effet, il aide beaucoup de responsables associatifs, notamment ceux maîtrisant mal le français, à rédiger des dossiers administratifs ou à faire des demandes de subventions. Il sait donc que ces structures sont très peu soutenues par les autorités locales et qu'elles doivent largement s'auto-financer. D'ailleurs, selon Dady, la plupart de ces associations ne demandent pas aux pouvoirs publics de les financer pour mener à bien leurs activités ou alors le font modestement. Elles concernent, au premier chef, des communautés villageoises et familiales qui souhaitent s'entraider. Il ne faut donc pas confondre ces associations avec des acteurs para-publics à qui on déléguerait une mission de service public : « Ces associations sont constituées par des femmes, leurs maris, leurs enfants. Elles ne demandent rien. Elles veulent organiser des activités ne concernant que leurs membres. L'organisation associative permet simplement de louer une salle municipale pour faire une fête ou autre chose ».

Pour autant, ces derniers temps, ces associations sont la source de beaucoup de fantasmes de la part des pouvoirs publics locaux et de leurs techniciens, notamment ces fameux acteurs sociaux venus de l'extérieur. Ceux-ci estiment, en effet, que ces associations ont la capacité d'intervenir dans le quartier auprès des publics, notamment les jeunes, autrement dit les enfants des familles majoritairement d'origine africaine, considérés comme turbulents et potentiellement dangereux pour la tranquillité publique et leur octroient, en conséquence, un pouvoir et une mission qui outre-passe leur volonté et leur possibilité d'agir sur la régulation sociale locale. Effectivement, même si Dady reconnaît que certaines associations « ethno-communautaires » sont composées de quelques familles qui ont un certain pouvoir d'influence dans leur cercle restreint, il réfute néanmoins, catégoriquement, l'idée que ces associations peuvent limiter véritablement le développement des désordres urbains dans l'ensemble du quartier : « Ces associations ne gèrent rien. C'est vrai que ces associations ont peut-être une vingtaine ou une trentaine de mecs qui sont à leur botte mais aucune d'entre elles ne peut aller interdire à un groupe de jeunes de faire des conneries. Aucune ! Ils se feraient caillasser, etc. Et, pourtant, ce sont des parents. »

En réalité, ces associations « communautaires », souvent dirigées par des pères de famille, cherchant à accéder à une reconnaissance intra-communautaire et politico-institutionnelle, seraient surtout trompées et manipulées par les acteurs politiques locaux qui souhaitent d'une part, utiliser ce levier « communautaire » pour s'assurer une clientèle électorale auprès des populations d'origine étrangère (qui représentent un poids électoral non négligeable dans la ville) et, d'autre part, les utiliser pour favoriser le maintien de l'ordre par l'intermédiaire du développement d'un contrôle social communautaire. Or, pour Dady, plutôt que d'être des acteurs de la co-production de la régulation sociale, les représentants de ces associations sont d'abord des victimes plus ou moins consentantes (en échange de leur participation à l'instauration de la paix sociale, les leaders associatifs espèrent qu'on leur octroiera officiellement du pouvoir politique et institutionnel à l'échelle locale) d'une logique de pacification sociale : « Ces associations communautaires sont voulues même si dans la réalité on ne leur file rien. Ces associations sont constituées de pauvres messieurs qui me font même de la peine. Quelquefois c'est moi qui leur dis : pourquoi vous vous laissez autant manipuler que ça ? Quand je vois que, durant les élections, 150 personnes sont regroupées dans la maison de quartier par les Pulars ou une autre communauté avec l'effigie de tel ou tel candidat. Je leur dis, en contre-partie, ils vous donnent quoi ? Ils me disent on verra ça, on verra ça… En fait, ils n'ont rien ! Ils n'ont rien ! Ils se donnent l'illusion d'avoir du pouvoir alors qu'ils ne sont même pas écoutés. J'ai envie de dire que c'est triste car ils ne comptent pas. »

Une violence apprivoisée[196]

Une socialisation agonistique mais moralement correcte

Dady reconnaît qu'il a une relation bien particulière avec la violence. Même si, avec l'âge, il condamne désormais l'utilisation de la violence pour s'affirmer et se faire respecter, il souligne néanmoins qu'il fut un « jeune chaud » dans sa jeunesse. Celui-ci faisait, en effet, parti des jeunes « qui foutaient le bazar dans le quartier ». Il n'était pas un jeune tendre. Dans la pratique, lorsque des histoires de bagarres se produisaient entre les jeunes du quartier avec d'autres adolescents vivant dans les quartiers populaires des villes environnantes, celui-ci faisait partie de l'aventure. Il s'agissait de se faire respecter : « Lorsque tu es en dehors de chez toi, ce n'est pas parce que tu as une voiture immatriculée dans un autre département que l'on peut te péter tes carreaux ou que l'on doit se laisser agresser parce que tu n'es pas du coin. Du coup, lorsqu'il y avait des embrouilles avec un gars du quartier, automatiquement, il y avait

196 Cf. Y. Michaud, *La violence apprivoisée*, Paris, éd. Hachette, 1996.

une quinzaine de voitures qui déboulaient dans la nuit et cela pouvait faire très mal. Bon, il faut que jeunesse se passe... »

En revanche, même si cet acteur a effectivement participé aux échauffourées entre les jeunes de la Cité des enfants perdus et ceux des autres quartiers des villes proches pour préserver son honneur (individuel et collectif), celui-ci n'a jamais participé au « bizness de la drogue », pourtant déjà développé au sein des cités populaires lorsqu'il était adolescent. Il a une explication simple concernant sa non-participation à ce type de trafics : ses parents lui ont donné une éducation dure qui ne lui permettait pas de participer aux différents commerces illicites que mettaient pourtant en place certains de ses amis. Ses parents voulaient, en effet, savoir comment leur fils s'était procuré tel ou tel vêtement. De plus, l'intériorisation des valeurs morales inculquées par ses parents (ne pas faire de mal à son prochain) l'ont automatiquement éloigné de pratiques illégales pouvant nuire à autrui. Pour ce jeune, vendre de la drogue était synonyme de mort : « Je ne voulais pas vendre de la merde pouvant causer la mort de quelqu'un. Je ne voulais pas vendre de la drogue pour ne pas faire du mal ».

La création- déconstruction- reconstruction des correspondants de nuit

Pour prévenir l'explosion de violences dans le quartier, bien avant le déclenchement des émeutes de novembre 2005, en 2002, Dady a proposé aux autorités locales de mettre en place un service de « correspondants de nuit » pour que des acteurs sociaux assument un travail de médiation en intervenant, le soir, et une partie de la nuit dans la cité. Ce service fut d'abord pensé pour offrir un service pouvant sécuriser les habitants et apaiser les tensions. Les autorités municipales donnèrent alors leur accord, des moyens financiers (15 000 euros) et un local fut mis à la disposition de l'association créée pour l'occasion par un bailleur social au cœur du quartier dit « PSR » (signifiant, nous l'avons vu, prison sans retour). Cette dynamique partenariale avait alors permis de commencer l'action : « Le jour de l'inauguration des correspondants de nuit, il fallait voir tout le « *people* » qu'il y avait. Les autorités locales y croyaient. » Or, après trois mois de fonctionnement (des médiateurs habillés de tenus indiquant leur fonction et munis de talkie-walkie sillonnaient le quartier en vélo et assuraient une permanence téléphonique et physique), rapidement, l'Etat - par l'intermédiaire du Préfet - a finalement fait avorter le projet. En effet, le Préfet ayant constaté que certains correspondants de nuit (pourtant encore bénévoles), étaient d'anciens délinquants et qu'ils sortaient de prison, a jugé qu'il était totalement illusoire de penser que cette initiative pourrait participer à co-produire la sécurité dans le quartier de la Cité des enfants perdus. En effet, une forte présomption de culpabilité pesait toujours sur ces correspondants : puisqu'ils avaient été délinquants et trafiquants de drogue, en intégrant un service de médiation, ceux-ci cherchaient certainement une couverture honorable pour continuer à mener des activités illégales. Face à cette crainte, l'Etat avait donc préféré couper court à cette entreprise pour ne pas prendre de risques. Pour l'Etat, il était totalement exclu que d'anciens délinquants, coordonnés de surcroît par des leaders associatifs, considérés comme trop protestataires et pas assez coopératifs ou maniables, puissent travailler en concertation avec les forces de l'ordre républicaines pour pacifier la Cité des enfants perdus durant la nuit. Par ailleurs, l'initiative de créer un service de médiation n'émanant pas d'une institution n'a pas non plus favorisé la reconnaissance de ce projet par l'Etat. Or, cette décision d'interrompre le projet des correspondants de nuit a été très mal vécue par les promoteurs du projet et jugée indigne du modèle républicain. Effectivement, alors que les correspondants de nuit incriminés par l'Etat avaient payé leur dette vis-à-vis de la société en effectuant une peine de prison, le fait de continuer à les discriminer parce qu'ils étaient d'anciens « taulards » fut considérée comme une injustice inadmissible et, aussi, un gâchis. Ainsi, au regard des événements émeutiers qui ont ébranlé la Cité des enfants perdus en novembre 2005, l'initiateur du service des correspondants de nuit signale que l'existence de ces intervenants connaissant intimement tous les jeunes turbulents du quartier aurait peut-être pu éviter qu'éclatent des violences ou même, aurait pu permettre de les prévenir, ou, au minimum, de les limiter.

Epilogue

La création de « Chouette nuit »

Après plusieurs années durant lesquelles plus aucun intervenant social n'était présent la nuit dans le quartier, sous l'impulsion de quelques habitants de la Cité des enfants perdus cherchant à développer leur emploi et ayant repéré qu'une offre en matière de sécurité était attendue (certes par des habitants mais aussi et surtout par les autorités municipales et les bailleurs sociaux), une nouvelle association proposant la mise place d'un service de correspondants de nuit voit le jour en 2008. Effectivement, l'initiateur d'un service de médiation de nuit à la Cité des enfants perdus ayant pris conscience que tant qu'il serait présent les choses ne pourraient avancer du côté des autorités publiques, celui-ci a finalement décidé de se retirer pour laisser la place à d'autres acteurs moins stigmatisés. En effet, face aux difficultés de beaucoup de jeunes adultes habitant un quartier d'habitat social de trouver un emploi, la « médiation sécurité » représente un débouché potentiel pour certains d'entre eux. Ainsi, malgré un haut niveau d'études (un MBA de gestion obtenu suite à un long cursus universitaire au Canada et aux Etats-Unis) et de nombreux efforts pour trouver un emploi, en ayant assez d'être au chômage, un jeune père de famille (4 enfants) d'origine sénégalaise habitant le quartier depuis plusieurs années, finalement, décide de tirer partie de son handicap (résider dans un quartier stigmatisé), de son imposante corpulence et d'un important réseau relationnel pour créer un nouveau service de « médiation – pacification » durant la nuit à la Cité des enfants perdus appelé « Chouette nuit » : « Moi, quelquefois, quand il y a des bagarres, je suis obligé de sortir car les jeunes ont du respect pour moi. La plupart me connaissent ; j'ai des neveux. Quand j'entends un bruit, souvent des mères de famille m'appellent pour me dire : « Tiens, va voir là ; il y a des bagarres, les jeunes ont encore recommencé ». Je me lève, de jour, de nuit ; je me lève pour y aller parce que c'est pour le bien de ce quartier. J'y vais, je parle aux jeunes ; c'est bon. Je m'interpose et c'est bon, l'affaire est rangée. C'est moi qu'on appelle, j'y vais et je règle le problème. Je peux donc aussi faire cette activité dans une association de quartier. Moi, je défends l'idée que tant qu'on ne mettra pas les habitants des quartiers au cœur même des décisions, au cœur de ce qu'ils veulent faire, rien ne marchera en France : qu'on se dise la vérité. Il faut adopter le système anglo-saxon, c'est-à-dire un système qui implique les gens. Quand tu impliques quelqu'un pour bâtir une maison, il ne viendra jamais détruire sa maison. »

Dénoncer les violences policières pour réguler les tensions

Nous avons vu que les pouvoirs publics ont des réticences à reconnaître que des jeunes de quartier autonomes et indépendants puissent authentiquement jouer le jeu de la lutte contre la délinquance et les phénomènes de violence. Or, au-delà de cette méfiance, Dady et les autres membres de l'AJC affirment qu'ils sont pourtant motivés pour empêcher les éruptions colériques au sein du quartier. En effet, s'ils agissent autant qu'ils le peuvent pour éviter l'explosion de violences, c'est avant tout pour le bien du quartier et de leurs « frères » qui y vivent plutôt que pour répondre aux préoccupations de pacification des autorités. Ainsi, Dady relate une situation dans laquelle il a joué un rôle central pour apaiser des tensions entre les jeunes du quartier et la police. Voici une rapide description des faits rapportés par Dady : plusieurs mois après les émeutes de 2005, un samedi soir, suite à un match de football opposant l'OM (Marseille) et le PSG (Paris) des jeunes de la Cité des enfants perdus se regroupent pour fêter la victoire du PSG un peu bruyamment dans les rues du quartier. Beaucoup de jeunes du quartier sont en, effet, extrêmement fiers que l'un des joueurs professionnels de cette équipe soit issu du quartier de la Cité des enfants perdus. Appelée par des habitants incommodés par le bruit, la police arrive donc rapidement dans le quartier pour rétablir le calme. Or, les jeunes présents ne se laissent pas intimider et certains d'entre eux insultent même les policiers. Dans ce contexte tendu, un policier tire avec une arme de défense décrite comme un « flash-ball » et blesse grièvement un jeune. Celui-ci a un énorme trou dans le mollet. Le jeune est donc hospitalisé.

Le dimanche matin, en colère, les jeunes téléphonent à l'animateur pour lui raconter leur version des faits et lui demander un conseil quant à la réponse qu'ils doivent apporter face à ce qu'ils jugent comme une agression policière disproportionnée par rapport au problème initial : un peu de bruit, un samedi soir, dans une rue du quartier. L'animateur se déplace donc à l'hôpital et tente de calmer les jeunes. Il leur conseille surtout de ne pas se venger aveuglément en brûlant une fois de plus les voitures des habitants du quartier, autrement dit, les véhicules de leurs parents mais plutôt de prendre un avocat, de porter plainte et d'organiser une manifestation pacifique pour protester contre cette « bavure » : « Ecoutez les gars, vous allez encore vous énerver, vous allez tout casser et c'est encore nous qui allons subir les conséquences. Alors, pour une fois, allons manifester dans le calme, demandons que justice soit rendue et montrons leur que l'on n'est pas forcément des casseurs ! »

Cependant, la police, informée qu'une manifestation se prépare, indique clairement à l'animateur qu'elle voit d'un très mauvais oeil l'organisation de ce rassemblement. Le sous-préfet convoque alors l'animateur et lui explique qu'il n'a pas à participer à l'organisation de cette manifestation : « Ecoutez, vous vous rendez compte de votre responsabilité si cela déborde et qu'il y a de la casse. Vous allez vous mettre dans une très mauvaise situation. » Face à cette réaction, l'animateur est désarçonné et indique au représentant de l'Etat qu'il ne comprend pas sa position. En effet, quoi qu'ils fassent, qu'ils protestent légalement ou qu'ils déclenchent des émeutes, les jeunes du quartier sont toujours considérés comme des figures de désordre qu'il s'agit de neutraliser. Quelles que soient les situations, les jeunes doivent se taire : « Je ne vous comprends plus. Qu'ils aillent manifester calmement, vous n'êtes pas d'accord ; qu'ils brûlent, vous les mettez en prison : alors qu'est-ce que vous voulez ? »

Finalement, une plainte a effectivement été déposée ; la presse s'est fait l'écho de cette affaire et quelques jeunes du quartier dont la victime ont pu relater leur histoire et exprimer leur révolte dans les journaux locaux. Ces jeunes ont ainsi pu faire, personnellement, l'expérience qu'il existe d'autres moyens pour revendiquer des choses que de mettre le feu à leur quartier.

*

* *

Pour expliquer la production des rapports sociaux dans les milieux populaires de la société industrielle, les disciples de Pierre Bourdieu parlent de production de « capital viril »[197]. En effet, pour résister aux rapports de pouvoir imposés par les classes dirigeantes dominantes combinant de forts capitaux sociaux, économiques et culturels, les hommes des classes populaires mettent en œuvre des processus de contre-stigmatisation par l'intériorisation d'un « capital viril » fortement valorisé dans leur « communauté de référence », c'est-à-dire au sein de la classe ouvrière. Dans la pratique, la possession de ce « capital » permet aux hommes des catégories populaires de revendiquer leur appartenance fière à ce milieu et de participer ainsi à la co-production de relations sociales singulières au sein desquelles ceux qui ne disposent pas suffisamment de « capital viril » sont mal considérés et, finalement, dominés par leurs pairs. Dans cette même optique théorique mais dans un autre contexte, celui des quartiers populaires ghettoïsés des sociétés post-industrielles, Thomas Sauvadet[198] souligne l'importance des jeunes de cité de bénéficier non plus d'un « capital viril » propre aux sociétés de production intégrées mais d'un fort « capital guerrier » afin de participer avantageusement aux rapports de concurrence et ultra-libéraux développés dans les quartiers d'habitat social défavorisés des « sociétés d'exclusion ». En effet, la société de ségrégation des cités populaires est organisée en creux puisqu'elle est dominée par ceux qui possèdent des niveaux de « capital physique ou guerrier » et de « capital économique » illégaux les plus importants. Dans ce cadre, ceux qui dominent les autres catégories de jeunes dans les « zones urbaines sensibles » (toxicomanes, fils à papa encanaillés, purs fils à papa) sont les « jeunes chauds » qui possèdent le plus de capital guerrier correspondant « à un mélange de capacités physiques, de dispositions psychologiques et de réseaux relationnels qui assure une aptitude au combat. » Dans cette optique, pour garder une capacité optimum pour combattre, les « jeunes chauds » doivent avoir un comportement irréprochable (ne pas consommer de drogue, rester en forme physique, avoir une attitude irréprochable vis-à-vis de leurs pairs...) ce qui leur permet ainsi de se distinguer et de garder leur « statut » de jeune potentiellement dangereux et hautement réactif.

197 Cf. G. Mauger, 2006, *op. cit.*

198 Cf. T. Sauvadet, *Le capital guerrier. Concurrence et solidarité entre jeunes de cité,* Paris, éd. Armand Colin, 2006.

Extrait du carnet de bord

L'histoire de la grenouille qui voulait devenir plus grosse que le bœuf

Un midi, je mange chez « Dadas » avec Jalil pour continuer une conversation entamée depuis le matin à propos de son action auprès des jeunes de la Cité des enfants perdus. Jalil est le responsable du centre de loisirs du quartier géré par le Centre communal d'action sociale (CCAS) de Trincamp. Or, quelques minutes après que nous soyons installés à une table, Dady, le principal animateur de l'association des jeunes de la cité (AJC) fait irruption dans le même « fast-food ». Nous apercevant, il se dirige alors vers Jalil d'un pas décidé et s'adresse à lui spontanément. Il ne lui dit pas bonjour mais parait le menacer en faisant usage d'une métaphore. En effet, Dady compare Jalil à une grenouille que l'on laisserait intentionnellement gonfler avant de la piquer pour qu'elle explose suggérant ainsi qu'il pourrait faire partie de ceux qui lui donneront une leçon si celui-ci continue à s'imposer dans la cité. Surpris par cette interpellation, je demande plus tard à Jalil de me donner son opinion à propos de cet « incident » : « - *Jalil* : Je viens d'un quartier défavorisé de Trincamp très proche de celui de la Cité des enfants perdus. Très rapidement, je me lance dans l'animation mais de façon objective, je peux aussi analyser que j'ai toujours été à la limite. Quand tu grandis dans un quartier, pour prendre une image, tu marches sur un fil entre deux mondes, entre un monde qui est en gros le monde de la norme, de l'école, des parents qui veulent que tu réussisses, le côté positif et un autre monde qui est plutôt un monde négatif où tu vas côtoyer des gens qui vont faire du *deal*, qui vont torturer, qui vont avoir fait de la prison, qui vont revenir. Toi, tu vis entre ces deux mondes et tu es, de toute façon, balancé entre ces deux mondes. Les univers sont tellement proximo, à l'école, au collège, dès l'école primaire. Tu côtoies déjà, de façon évidente, des gens qui vont racketter et des gens qui vont être premier de la classe. Et tu marches sur ce fil là. Et comme on dit, « l'occasion faisant le larron », et bien, un jour, tu vas basculer, soit d'un côté, soit de l'autre. Et donc tu vas naviguer là-dedans en essayant de mettre en place une stratégie pour ne pas, un jour, rentrer entre deux flics à la maison et, en même temps, monter une stratégie pour ne jamais te faire traiter de pédé par les gars du groupe ou de la bande. Tu vas mettre en place ce type de stratégie-là. Et si tu es un petit peu intelligent, tu vas devenir super fort, mais super fort en stratégie ; tu vas devenir super fort en analyse de situation : est-ce que je me mets en danger ? Est-ce que je ne suis pas en danger ? Qu'est-ce qui est bon pour moi à ce moment-là ? Tu dois te poser ces questions là constamment et tous les jeunes se les posent. Aujourd'hui, un jeune qui devient délinquant et voyou, à un moment dans sa vie, s'est posé cette question là. Quand on dit aujourd'hui que les jeunes des quartiers n'ont pas de notions du bien et du mal, c'est faut. Ils ont ça, c'est inclus en eux. Mais, arrivé à un moment, le phénomène de groupe sur un instant T fait que tu vas basculer d'un côté ou de l'autre. Et donc tu grandis avec ça, tu mets en place des stratégies et donc tu arrives, petit à petit, au bout de ta stratégie en te disant : voilà vers quoi je veux tendre. Tu as été récupéré, d'un côté par un prof qui t'a adoré, qui t'a sorti la tête de l'eau, de l'autre côté par un professionnel de l'animation, qui t'a pris comme un grand frère et qui t'a récupéré aussi ou, de l'autre côté, par un professionnel du *deal* qui va te récupérer et tu vas faire, au début l'entremetteur entre deux personnes, entre deux rues. Tu vas être un souffleur, tu vas être pris là-dedans, tu ne sais pas. Et tu deviens très fort là-dedans. Donc moi j'ai toujours choisi... Donc voilà : cette menace cachée, cette menace qui n'est plus cachée, elle appartient à ce monde là aussi. Elle est intrinsèque au mode de communication dans les quartiers. Dady, quand il me fait cette menace là, derrière je ne nie pas une menace physique. Je lis : tu nous déranges. Mais derrière je lis aussi autre chose : tu nous déranges mais tu nous rends espoir. Ça te parait bizarre mais moi c'est ça que je lis parce qu'il a relevé ce que tu as dit juste avant, que je pouvais être un acteur ressource, que je travaillais sur le partenariat, que je mettais en avant les partenaires, que j'avais un discours cohérent, que je n'étais pas dans la manipulation et l'instrumentalisation des sujets. Tu vois, il a lu tout ça et moi c'est comme ça que je le vois. Le commun des mortels, deux sociologues assis à la table vont dire : putain, la menace pas cachée ! Putain le fonctionnement mafieux de la personne. Bien, moi, je ne le lis pas comme ça parce que dans les quartiers c'est aussi une façon de communiquer à l'autre quelque chose, non seulement de lui communiquer : putain, tu fais chier ! Mais aussi de lui communiquer : putain, tu es un espoir ! Moi, c'est comme ça que je le vois. »

Au regard de cette grille d'explication sociologique, les logiques d'action mises en œuvre par Dady s'éclairent. En effet, malgré des différences fondamentales, notamment le refus absolu de participer au bizness de la drogue, il semble néanmoins exister une certaine homologie entre la figure des « jeunes chauds » décrits par Sauvadet et celle du co-fondateur de l'AJC. Dans la pratique, cet acteur socialisé au sein de rapports agonistiques propres aux banlieues populaires périphériques contemporaines revendique un comportement personnel irréprochable lui garantissant une bonne reconnaissance ainsi qu'une forte capacité d'action et de réaction pour défendre les intérêts des jeunes de la Cité des enfants perdus. En adoptant des manières d'être hautement combatives, apparemment sans concession vis-à-vis des pouvoirs municipaux, il incarne ainsi une posture militante héroïque aux yeux des habitants du quartier et notamment des jeunes adultes (à propos de Dady, Abdel parle de « dévouement total » pour le quartier) : « Je suis un militant politique révolutionnaire sans étiquette... » Il cultive ainsi une figure d'intervenant social « chaud » représentant les jeunes du quartier ce qui, d'un côté, lui assure du respect de la part des jeunes de la Cité des enfants perdus pouvant s'identifier à lui dans certains de ses discours les plus radicaux et, de l'autre, une relative crédibilité ainsi qu'une forme de crainte de la part des acteurs politiques locaux qui, en revanche, ne lui feront pas de cadeaux s'ils trouvent l'occasion de le faire entrer dans le rang : « Aujourd'hui, je suis un militant, c'est-à-dire que lorsqu'il s'agit de critiquer un politique ou un flic, je n'hésite pas à m'exprimer, notamment dans la presse. Mais pour être propre, pour être entendu, pour ne pas avoir d'histoire, j'essaie d'être le plus carré possible. Je sais qu'ils m'attendent tous (les représentants des pouvoirs établis locaux) au tournant. Dieu sait qu'autour de moi aujourd'hui, j'ai encore des gens qui ne sont pas très nets mais, en ce qui me concerne, je défie quiconque de me faire un reproche. Mais je sais que si je fais un moindre faux pas, par exemple, si, par malheur, ils me trouvent avec un simple joint à la main, c'est toute la presse locale qui sera informée, ce qui est normal car moi, lorsqu'ils font des faux pas, j'en fais part aux médias. » En définitive, dans un contexte marqué par la violence des rapports sociaux concurrentiels entre acteurs politiques locaux cherchant à développer leur influence sur les habitants de cité, Dady représente une figure de pacification atypique. Grâce à un fort potentiel charismatique, Dady mobilise un important « capital combattant » au sein de l'AJC, d'une part, pour, malgré les épreuves, maintenir un haut degré d'estime de soi et, d'autre part, pour affirmer un sens politique à ses actions. Dès lors, par ses modes d'intervention, sa conscientisation des questions sociales et culturelles mais également des rapports de pouvoir, Dady revendique être un acteur politique et s'oppose ainsi aux logiques de moralisation et de dépolitisation actuellement mises en œuvre par la police des villes au sein des quartiers populaires et bien décrites par Didier Lapeyronnie : « Les habitants du ghetto ont le sentiment de ne pas avoir d'existence politique, de ne pas être considérés comme des citoyens. N'étant pas des acteurs, ils sont soumis aux discours moraux des institutions qui les appellent en même temps à se prendre en charge et à ne pas être passifs. En l'absence d'intervention politique, la situation vécue n'est (donc) plus vue que sous l'angle de la norme, de la capacité ou de l'incapacité de ceux qui le vivent d'être conformes à la norme. »[199]

199 D. Lapeyronnie, 2008, *op. cit.*, p. 386.

///////// Chapitre 6

Animateur et « dérouilleur »[200] : Nelson, un « jeune de rue » responsable et amer

De parents d'origine guinéenne et sénégalaise, Nelson est né à Trincamp il y a 26 ans et a toujours vécu dans le quartier de la Cité des enfants perdus. Il a suivi toute sa scolarité dans les établissements d'enseignement de la cité, de l'école maternelle jusqu'au collège. Ensuite, Nelson a été au lycée polyvalent et professionnel Aristide Briand situé également à Trincamp. Cependant, il met précocement un terme à ses études secondaires avant d'obtenir un baccalauréat et suit alors une petite formation professionnelle dans le domaine de l'animation sportive qui est sa passion. Nelson est d'une stature imposante et pratique assidûment de nombreux sports depuis son enfance. Se définissant comme un garçon sérieux et responsable n'appréciant pas l'oisiveté, à la sortie du système scolaire, Nelson suit alors une formation intitulée « jeunes à responsabilité » (coordonnée par le ministère de la jeunesse et des sports) devant le conduire à l'obtention du brevet d'aptitude aux fonctions d'animation (BAFA) et du brevet national de sécurité et de sauvetage aquatique (BNSSA). Il travaille, ensuite, au sein de l'association sportive historique de la ville (ALC) comme animateur sportif de proximité (ASP). Pour Nelson, travailler à l'ALC n'est pas anodin car, depuis qu'il est petit, il a toujours connu cette association qu'il fréquentait régulièrement en participant à de nombreuses activités sportives et culturelles. Cependant, quelque temps après son engagement en tant qu'animateur sportif de proximité dans cette association, Nelson va vite déchanter et vivre des épreuves personnelles éprouvantes. Il profite donc du long entretien que nous réalisons avec lui pour exprimer sa déception et dénoncer le mépris dont il a récemment été victime.

200 Les « dérouilleurs » (voir A. Begag, *Les dérouilleurs. Ces français de banlieue qui ont réussi*, Paris, éd. Mille et une nuits, 2002) où les « faiseurs de bien » sont les jeunes des cités qui choisissent de représenter une face de lumière, de prendre une voie légale et d'apparaître comme des figures d'exemplarité, d'être des médiateurs, des animateurs ou des «éducateurs de conscience» pour construire des ponts entre le monde d'en « bas » et celui d'en « haut », entre les jeunes et les adultes, entre les habitants des quartiers populaires, les populations étrangères ou issues de l'immigration et les représentants de la société intégrée et majoritaire. Ces jeunes s'affirment comme des acteurs de résilience et développent des modes d'intervention, facteurs d'apaisement social.

Réguler les turbulences juvéniles par le sport

L'émergence d'animateurs sportifs de proximité

Suite aux émeutes de l'automne 2005, pour répondre aux « problèmes de banlieues », la direction départementale de la jeunesse et des sports (DDJS), en partenariat avec la préfecture, met en œuvre un plan d'action expérimental à destination de « jeunes oisifs » des quartiers défavorisés de la ville, notamment du quartier de la Cité des enfants perdus. Au moyen du dispositif d'« animation sportive de proximité » (ASP), inventé par la DDJS locale, il s'agit de former et d'insérer professionnellement quelques jeunes de « cités sensibles » dans le domaine du sport et de l'animation. Dans la pratique, le projet consiste à mettre en place des équipes d'« animateurs itinérants » travaillant en binôme, coordonnées par un éducateur sportif référent. Ces équipes sont chargées de circuler dans les « quartiers sensibles » pour proposer aux jeunes sans activités des animations sportives et, ainsi, les amener progressivement à s'inscrire dans des structures pérennes bénéficiant d'un réel encadrement éducatif. Pour porter cette action de façon opérationnelle, la DDJS sous-traite alors avec une structure associative centrale dans le quartier de la Cité des enfants perdus : L'amicale laïque de la Cité des enfants perdus (ALC). Dans ce cadre, cinq jeunes sont sélectionnés dont Nelson. Celui-ci est recruté pour faire de l'animation sportive de proximité auprès des jeunes de la Cité des enfants perdus : « Il fallait être sportif, connaître le quartier et être bon en animation. » Or, plusieurs mois après les émeutes, ce dispositif original n'étant plus une priorité, il est, finalement, brutalement arrêté au bout d'un an et demi : Nelson se retrouve donc au chômage : « Les financeurs de l'action considéraient que cela ne marchait pas comme ils l'entendaient et ont donc décidé de l'arrêter. Il y a eu un nouveau directeur à la DDJS et un nouveau préfet. Ils ont vu le truc ; ça ne leur plaisait pas et ils ont arrêté d'un seul coup. » Cette rupture de contrat est un coup dur pour Nelson. Celui-ci avait le sentiment qu'il commençait, tout juste, à inscrire son travail d'animation dans le paysage associatif local. En effet, au début, les animateurs de proximité ont dû trouver leur place à côté des autres acteurs associatifs travaillant dans le quartier depuis longtemps. Les ASP se sont alors fait surtout connaître surtout par la mise en œuvre de tournois de foot en salle très prisés par les jeunes de la Cité des enfants perdus dont la plupart sont très intéressés par le football. En fait, les ASP mobilisaient les équipements sportifs municipaux, essentiellement les gymnases, pour proposer des activités sportives diversifiées aux jeunes divisés en deux tranches d'âge (8/14 ans et plus de 16 ans). Néanmoins, les ASP se sont essentiellement occupés des jeunes pré-adolescents car les animateurs ne se sentaient pas la capacité d'encadrer valablement les adolescents qui demeurent un public difficile à gérer, surtout lorsque les encadrants ont sensiblement le même âge. Quoi qu'il en soit, avec les pré-adolescents, Nelson avait l'impression que tout fonctionnait bien et que son action était utile : « Ça roulait bien ; ça marchait bien ; il n'y avait pas de soucis. On faisait plein d'activités : foot, des jeux scolaires, basket, volley, ping-pong, rugby, danse… On faisait un petit peu de tout. Chaque semaine, on changeait. Ce n'était jamais les mêmes activités. Les gamins étaient là (une trentaine chaque soir) ; ils étaient contents. »

Cependant, sans réel accompagnement et sans supervision de leurs activités par la structure qui les employait, les jeunes ASP étaient, la plupart du temps, seuls pour assumer le face-à-face avec les jeunes de la Cité des enfants perdus. De plus, le jeune animateur qui était théoriquement chargé de coordonner les actions développées par l'équipe des ASP n'avait suivi qu'une formation sportive universitaire en foot, formation qui était inadaptée pour mener des activités d'animation en dehors d'un club : « L'animateur référent avait une licence STAPS en foot mais, en animation, il avait du mal. Quand tu travailles dans un club de foot, quand tu es entraîneur, tu n'as pas besoin d'aller chercher les gamins. Les gamins savent déjà ce qu'ils viennent faire ; le public, il vient. En tant qu'éducateur sportif, tu fais ta séance et, après, les jeunes rentrent chez eux. Mais, en animation, il faut les (les jeunes du quartier) séduire ; il faut aller les chercher ; il faut les dynamiser ; il faut les motiver ; il faut leur donner envie. » Par conséquent, au fil du temps, de cinq animateurs employés initialement comme ASP, au bout d'une année de fonctionnement, face aux difficultés d'assumer une mission d'« animation de rue » dans un quartier défavorisé et sans réels moyens financiers et humains pour travailler, les animateurs ne sont donc plus que deux à assumer leur travail dont Nelson et un autre collègue, tous deux résidents du quartier de la Cité des enfants perdus. En effet, ces jeunes ont acquis de l'expérience en matière d'animation et ont surtout trouvé une reconnaissance sociale en tant qu'«animateur de quartier » qui les motive. Nelson et son dernier collaborateur s'adaptent donc à la situation et proposent aux dirigeants de l'association qui les emploient de mettre en œuvre de nombreux projets d'animation correspondant aux attentes et aux réels besoins des jeunes de la Cité des enfants perdus. Dès lors, il ne s'agit plus seulement d'animations strictement sportives mais de projets comportant également une dimension sociale et culturelle. Or, les responsables de l'association sportive qui ont autrefois assumé un volet social mais ont désormais cessé de s'en occuper pour des raisons principalement politiques et financières, voient d'un très mauvais œil les initiatives des jeunes animateurs mettant en exergue qu'à la Cité des enfants perdus, on ne peut pas faire de l'animation sportive de proximité sans y adjoindre une dimension sociale et culturelle s'apparentant plus à du travail social de rue qu'à de l'animation sportive stricto sensu. Par conséquent, Nelson est de plus en plus souvent en conflit avec sa direction : « Avec la direction, cela n'allait pas bien du tout. C'était embrouille sur embrouille parce que l'on faisait des projets, on avait pas mal d'idées mais cela n'était jamais bon, jamais bien, ils (les dirigeants) ne voulaient jamais… Après, on se dit que l'on est là pourquoi ? Pour sortir un ballon et dire aux gamins : allez jouer puis rentrez chez vous ! » En fait, à partir de son expérience d'animateur, Nelson a l'ambition de mener un réel travail éducatif émancipateur avec les jeunes de la Cité des enfants perdus. Il ne souhaite pas seulement les occuper pour qu'ils ne commettent pas de bêtises mais ses employeurs n'ont pas du tout la même vision des choses. Ceux-ci ne veulent absolument pas revenir en arrière et « s'occuper du social ». Après la séparation de l'association en deux structures bien distinctes dans les années dix-neuf cent quatre-vingt dix, l'ALC est devenue une association dont les activités sont très majoritairement sportives et désire maintenir ce cap. En fait, sans en prendre conscience, lorsque Nelson dit à ses employeurs qu'il serait salutaire de combiner des actions sportives et sociales, il réouvre une blessure mal cicatrisée. Il souligne, en effet, que la scission anciennement opérée au sein de l'ALC entre les sphères d'action sportives et sociales était uniquement une séparation politique déconnectée des réels besoins de la jeunesse de la Cité des enfants perdus. Quoi qu'il en soit, cette mésentente est très mal vécue par Nelson qui ne comprend pas pourquoi ses responsables refusent de prendre en compte son point de vue : l'animation sportive de proximité à la Cité des enfants perdus ne peut pas être maintenue et rester crédible auprès des jeunes si celle-ci ne s'articule pas avec une dimension sociale et culturelle : « Nous (ASP), on voulait aller plus loin. On avait même projeté de faire de l'aide aux devoirs. Mais, eux, (les dirigeants de l'association) ne voulaient rien entendre ; nous ne devions faire que du sport et uniquement du sport. »

Peu à peu, malgré les réticences des responsables de l'ALC, les activités sportives menées par les animateurs de proximité deviennent néanmoins des supports propices à des actions de médiation sociale : « On faisait plus que de l'animation sportive ; on faisait aussi de la médiation. On parlait avec les gamins. On leur demandait comment cela se passait à la maison et à l'école. Cela restait vague mais, avec ceux qui avaient vraiment des problèmes, on (ASP) essayait de suivre. On allait voir les grands frères, les parents et les professeurs si nécessaire. » Grâce à ces actions, les jeunes, encadrés par les ASP, sentaient qu'ils avaient des référents éducatifs au fait de leur situation et connaissant bien les difficultés des jeunes de la Cité des enfants perdus. Durant cette période, Nelson se sentait bien et utile : « J'étais impliqué dans ce que je faisais et je trouvais que c'était bien. Les gamins accrochaient aussi. Ils étaient bien parce que l'on s'occupait d'eux. » Mais ce sentiment d'utilité et de « bien être » ressentie par Nelson était loin d'être partagé par les représentants de l'ALC. C'est pourquoi, après plusieurs tentatives de reprise en main de l'action, notamment par la nomination d'un nouveau coordinateur, également de formation sportive, mais sans expérience de l'animation, les responsables de l'ALC ont finalement laissé pourrir la situation jusqu'au jour où le manque d'investissement des co-responsables du dispositif ASP (Etat et ALC), plus du tout convaincus de l'intérêt de ce dispositif qui devait être « innovant » pour la paix sociale, a finalement conduit à l'arrêt complet de l'action : « D'un seul coup, on (les responsables de l'ALC et les représentants de la DDJS) nous a annoncé que les ASP n'allaient pas continuer. Moi, je pensais qu'à l'issue des deux ans du dispositif, celui-ci n'allait pas continuer, mais non. Ils nous ont dit : dans trois semaines, on arrête ! J'étais déçu. Ça m'a cassé le moral parce que je me suis dit que tout le travail que l'on avait fait partait en fumée. On laissait les gamins comme ça, et puis, je n'avais plus d'emploi. » En effet, au moment où l'Etat et son principal partenaire associatif décide de mettre un terme à l'action des ASP, Nelson était devenu un animateur reconnu par les jeunes de la Cité des enfants perdus. Il avait une fonction sociale valorisée. La fin de son contrat a donc totalement déstructuré son identité socio-professionnelle. Ainsi, en me promenant avec Nelson dans le quartier, des jeunes sont venus plusieurs fois à sa rencontre pour l'interpeller en lui demandant pourquoi il n'organisait plus d'activités sportives et socio-culturelles dans le quartier. Face à ces interpellations, Nelson paraissait alors fort embarrassé, voire dépité : « Au début, lorsqu'ils (les responsables du dispositif ASP) m'ont dit que je devais arrêter mes activités, je ne m'en suis pas bien rendu compte. Je n'ai pas bien réalisé tout de suite. C'est après, quand tu te dis que tu n'as pas de boulot, et que tu dors jusqu'à midi, que tu ne fais plus rien, que tu commences à te dire : oh ! J'ai dû rater un truc, là. Puis, même, quand les gamins viennent te voir et te disent : - oh ! Nelson, tu ne t'occupes plus de sport, tu ne nous entraînes plus. Tu fais quoi ? On ne te voit plus ! Quand même, cela fout les boules. Que leur répondre ? Oui, ils (les responsables du dispositif ASP) nous ont arrêtés parce que, d'après eux, cela ne marchait pas. Mais pour les jeunes, cela marchait. Ils étaient contents de venir. Si je leur explique vraiment ce qui s'est passé, ils (les jeunes) ne vont rien comprendre. Là, ça fout les boules et tu es vraiment énervé. Hier, tu as vu, il y a une petite qui est venue et qui m'a demandé pourquoi cela faisait longtemps qu'elle ne m'avait pas vu, voilà quoi… »

Des pratiques concurrentielles et élitistes : « Ils sélectionnent maintenant, c'est devenu grave »

Nelson exprime également sa déception et son incompréhension à l'encontre de la politique associative de ses anciens employeurs qu'il juge contre-productive d'un point de vue éducatif. En effet, en tant qu'ASP, Nelson avait aussi pour mission la sensibilisation des jeunes de la Cité des enfants perdus à la pratique sportive. Nelson devait aller à la rencontre des jeunes qui traînent dans la rue et leur proposer de faire du sport. Par conséquent, connaissant parfaitement l'ensemble des structures sportives proposant des activités sur le territoire ébroïcien, en fonction de leurs intérêts pour tel ou tel sport, Nelson mettait les jeunes en relation avec les acteurs qui s'occupaient des sports que les jeunes souhaitaient faire. Or, pensant bien faire, en pratiquant de la sorte, Nelson s'est rapidement confronté à sa direction. En effet, celle-ci était catégorique : l'ALC ne s'occupant pas elle-même de l'ensemble des pratiques sportives désirées par les jeunes de la Cité des enfants perdus, notamment l'athlétisme, Nelson devait faire pression sur les jeunes pour qu'ils choisissent un sport coordonné par l'ALC. Ainsi, au lieu que l'ALC s'organise, notamment avec les autres structures sportives présentes sur le quartier, pour proposer aux jeunes des activités correspondant à leurs envies, ces derniers devaient s'adapter au fonctionnement de l'ALC. De plus, l'ALC étant en compétition avec d'autres organisations sportives agissant sur le territoire de la Cité des enfants perdus, les ASP devaient s'organiser pour que les jeunes ne soient pas dirigés vers la concurrence. Dans ce cas, le fonctionnement associatif et les enjeux concurrentiels étaient prioritaires par rapport au bien être et à l'intérêt des jeunes de la Cité des enfants perdus. Cette façon de procéder semblait donc contraire aux valeurs de l'éducation populaire pourtant revendiquées par l'ALC : « Peu importe quelle structure sportive un jeune va fréquenter ; l'essentiel c'est que le gamin fasse du sport et qu'il ne galère pas devant sa cage, c'est ça qui compte mais, avec l'ALC, ça passait moyennement. Il y avait toujours des clashs pour des broutilles ; moi, je n'ai pas compris. »

Par ailleurs, Nelson signale que bien souvent, alors que l'ALC est subventionnée par les pouvoirs publics pour permettre aux jeunes du quartier de pratiquer un sport quel que soit leur niveau de départ, dans la réalité, notamment dans la branche footballistique, les dirigeants de l'association, sous prétexte qu'ils n'ont pas assez d'éducateurs sportifs pour s'occuper de tous les jeunes qui le souhaitent, faisaient des sélections en ne retenant, finalement, que les jeunes ayant un potentiel suffisant pour remporter des médailles. Ainsi, au lieu de se comporter comme une association sportive d'éducation populaire accueillant l'ensemble des jeunes montrant un intérêt pour le sport, l'ALC se comporte comme une structure de sélection de futurs athlètes professionnels excluant tous les jeunes jugés inaptes à devenir de futurs champions. Face aux jeunes rejetés par l'ALC, Nelson se trouvait donc en mauvaise posture pour continuer à faire un travail éducatif avec eux alors que sa structure les avait rejetés, blessés et humiliés. C'est pourquoi, cette façon de procéder est condamnée par Nelson pour qui l'exclusion de jeunes souhaitant s'intégrer dans une association pour pratiquer une activité physique est d'une grande violence : « Certaines fois, puisque beaucoup de gamins veulent faire du foot, on les a ramenés à l'ALC foot mais lorsque nous arrivions là-bas, ils (les responsables de l'ALC foot) nous disaient que c'était saturé, qu'ils avaient trop de jeunes, qu'ils n'avaient plus de place. Un jour, après qu'ils m'aient recalé comme ça avec des jeunes, j'ai pris un groupe de gamins (ces gamins jouaient bien au foot), je les ai ramenés là-bas (ALC foot) et je leur ai demandé de jouer dans un coin. Ils jouaient au foot, ils driblaient, ils jonglaient… des dirigeants sont arrivés, sont partis les voir et ont été impressionnés : - (*Les dirigeants de l'ALC s'adressant aux jeunes)* Vous faites du foot à l'ALC ? – (*les jeunes*) Non. Nelson nous a accompagnés mais les entraîneurs ne veulent pas nous prendre. Direct, ils les ont pris parce que les gamins savaient jouer au ballon. Ils sélectionnent maintenant, c'est devenu grave ! Les gamins avaient entre 6 ans et 8 ans et, à cet âge-là, on sélectionne alors que l'ALC est un petit club ; ce n'est pas le PSG ni un centre de formation. »

Face à ces situations, Nelson est révolté : plutôt que les jeunes de la Cité des enfants perdus soient accompagnés par des animateurs socio-éducatifs cherchant, en premier lieu, à ce qu'ils se socialisent et se réalisent par le sport, ces derniers sont instrumentalisés et sélectionnés par des opérateurs du « marché sportif» agissant souvent pour des clubs. Ceux-ci considèrent, en effet, les quartiers populaires comme des viviers de jeunes talents sportifs à exploiter. Or, avec de telles pratiques, dans le foot mais aussi dans le basket et d'autres sports, pour la majorité des jeunes du quartier n'ayant pas eu la chance d'avoir été repérés, le milieu sportif paraît être un espace de sélection et d'exclusion plutôt qu'un lieu de réalisation de soi et d'émancipation.

« Foot'Travailler »

L'ambivalence de la pratique footbalistique dans un quartier populaire

Agé d'une vingtaine d'année, Jérémie se définit lui-même comme un « jeune de la campagne » passionné de football. En effet, cela fait près de 14 ans qu'il fréquente le club de foot de la Cité des enfants perdus et qu'il a ainsi pu se faire reconnaître par les autres jeunes du quartier qui le respectent aujourd'hui. Même s'il est licencié en STAPS (sciences et techniques des activités physiques et sportives), c'est d'abord grâce à ses compétences sportives mais aussi relationnelles et qu'il a finalement été embauché par l'association sportive historique de la cité au sein de la « section foot » en tant qu'« agent de développement du sport pour les quartiers sensibles ». Sa mission principale, en relation étroite avec les représentants locaux du ministère de la jeunesse et des sports qui financent son poste (suite aux émeutes de 2005, l'Etat, des fédérations et des associations sportives de proximité ont signé des accords pour que ces dernières emploient - grâce à des contrats aidés financés complètement par les pouvoirs publics - des animateurs sportifs spécialisés dans l'encadrement de la jeunesse populaire), est d'utiliser l'activité footbalistique pour intervenir auprès des jeunes des quartiers populaires et, plus spécifiquement, auprès de ceux de la Cité des enfants perdus. En effet, les jeunes de la cité apprécient particulièrement le football. Selon Jérémie, « ils veulent tous faire footballeur professionnel ». A l'instar de plusieurs figures héroïques du club du quartier entrées dans des équipes prestigieuses (Olympique de Marseille, de Lyon, Paris Saint-Germain...), beaucoup de jeunes du quartier rêvent, en effet, de devenir comme eux, c'est-à-dire, connaître la gloire, fréquenter des stars et gagner, rapidement, beaucoup d'argent. Ainsi, alors qu'elle manque de moyens humains et matériels (24 intervenants diplômés bénévoles), la section foot de l'association compte plus de 500 licenciés dont près de 80% sont issus de la cité.

Ainsi, dans un contexte de forte dénonciation de phénomènes de désocialisation, de déscolarisation et de déresponsabilisation parentale exprimée par de nombreux acteurs de la police des villes, le développement massif de la pratique footbalistique chez les jeunes garçons de la cité est plébiscité, sans équivoque, par beaucoup d'acteurs sociaux et économiques : d'un côté, le développement du foot apparaît être un moyen efficace de socialiser les conduites juvéniles turbulentes des enfants du quartier. Dans cette perspective, les pouvoirs publics, notamment les établissements scolaires, n'hésitent pas à sous-traiter avec la section foot de l'association sportive locale afin que celle-ci organise le respect de règles de « bonnes conduites » à l'intérieur et à l'extérieur de l'école. De l'autre, le grand nombre de jeunes joueurs issus des classes populaires, extrêmement motivés pour tenter une « carrière » dans le football, représente une formidable opportunité pour les clubs professionnels. Pour ceux-ci, les cités représentent, en effet, d'extraordinaires « terrains de chasse » et de recrutement dans lesquels ils peuvent repérer les jeunes « talents » qu'ils ont besoin, sans cesse, de renouveler pour demeurer compétitifs.

« Permis de conduite »

Dans la pratique, grâce au label « soyez sport » octroyé par le Comité National Olympique et Sportif Français (CNOSF) pour favoriser la socialisation et la réussite scolaire des enfants des quartiers défavorisés, Jérémie est chargé de développer des projets « socio-sportifs » en articulant des dimensions physiques, éducatives et d'insertion professionnelle. Il s'occupe plus spécialement de la tranche d'âge 12-14 ans (60 jeunes dont 82% sont du quartier) ce qui l'amène à travailler en étroite collaboration avec les établissements scolaires, surtout avec le collège du quartier avec lequel il fait du suivi et de l'accompagnement scolaire. Dans le cadre d'un projet partenarial appelé « Foot-Travailler », afin de responsabiliser les jeunes et leurs parents, en collaboration avec les conseillers principaux d'éducation du collège, Jérémie est donc chargé de faire signer puis de suivre des « contrats éducatifs d'objectifs » individualisés où il est stipulé que les signataires doivent respecter leurs engagements, notamment dans le cadre de l'aide aux devoirs et des entraînements sportifs. Le fil rouge de ces contrats est, en fait, l'engagement des enfants et de leurs parents qu'ils feront tout le nécessaire pour respecter les règles de « bonnes conduites » édictées au sein du collège et dans le club de foot. Pour évaluer l'attitude des enfants, Jérémie a donc mis en oeuvre un « permis à points ». Ce « permis de conduite » sanctionne positivement ou négativement les comportements des jeunes observés sur les terrains de sport, dans l'enceinte du collège, voire dans le quartier. Ainsi, si un jeune perturbe le bon fonctionnement des cours, celui-ci peut faire l'objet de retraits de points sur son permis ce qui, à terme, peut entraîner son déclassement au sein de l'équipe de foot. Par exemple, un jeune à qui il ne resterait plus beaucoup de points peut être privé de participer à une compétition sportive ce qui est extrêmement redouté par la plupart des jeunes que Jérémie accompagne. En revanche, si les jeunes ne posent pas de problèmes de discipline pendant plusieurs semaines, ceux-ci reçoivent des récompenses (places de matchs, survêtements, maillots, etc.).

Réglement du « Permis de conduite »

Ce « permis de conduite » a un double objectif : sanctionner les comportements répréhensibles des jeunes joueurs du quartier qui vivent dans un environnement hostile au développement des valeurs de notre société ; récompenser les attitudes méritantes par un système de points. Le principe est celui du permis à points : lorsque le joueur a épuisé son crédit, il se voit interdit une semaine complète de football (entraînements et matchs).

En début de saison, chaque joueur se voit attribuer 30 points.

Barème de retrait de points (Football) :

Absence injustifiée ou non prévenue : - 3 pts
Oubli de ses « affaires » : - 1 pt
Refus manifesté de participer à la préparation ou au rangement du matériel : - 4 pts

Retard injustifié ou non prévenu :	- 2 pts
Désapprobation, verbale ou gestuelle, répétée d'une décision :	- 7 pts
Perturbation répétée :	- 5 pts
Manque de respect envers une personne dans l'enceinte du club :	- 10 pts
Carton jaune (comportement) :	- 8 pts
Carton rouge direct (comportement) :	- 15 pts
2ème carton jaune avec raisons comportementales :	- 10 pts

Barème de retrait des points (Scolarité) :

Absence injustifiée ou non prévenue :	- 3 pts
Oubli de ses « affaires » :	- 1 pt
Retard injustifié ou non prévenu :	- 2 pts
Désapprobation, verbale ou gestuelle, répétée d'une décision :	- 7 pts
Perturbation répétée :	- 5 pts
Manque de respect envers une personne (insolence, insultes…) :	- 10 pts
Exclusion de l'établissement :	- 15 pts
Exclusion supérieure à 5 jours :	- 30 pts

Barème de crédit de points (Football) :

Aucune absence aux entraînements pendant le mois :	+ 7 pts
1 seule absence (prévenue) aux entraînements pendant le mois :	+ 3 pts
Aucun reproche ne nécessitant de retrait de points pendant le mois :	+ 3 pts
Action effectuée pour l'intérêt de l'association (Actions à l'initiative du joueur) :	+ 5 pts

Barème de crédit de points (Scolarité) :

Aucune absence pendant le mois :	+ 7 pts
1 seule absence (prévenue) aux entraînements pendant le mois :	+ 3 pts
Aucun reproche ne nécessitant de retrait de points pendant 1 mois :	+ 3 pts

Barème par rapport à la note de Vie scolaire :

Note entre 15.5 et 20 :	+10 pts
Note entre 10.5 et 15 :	+ 5 pts
Note = 10 :	0 pt
Note entre 5.5 et 9.5 :	- 5 pts
Note entre 0 et 5 :	-10pts

Chaque retrait ou crédit de points devra être signé du joueur, des parents et de l'éducateur. Pour toute absence de signature lors d'un retrait de points, le joueur ne pourra réintégrer son groupe de travail et donc la séance d'entraînement ou le match.

Le classement sera affiché tous les mercredis avant l'entraînement.

Chaque fin de trimestre, une récompense sera attribuée à celui dont le crédit de points est le plus important (fin décembre, fin mars et fin juin).

Une forte emprise du football professionnel

Les intervenants de l'activité foot ont une grande influence sur les jeunes. Jérémie souligne, en effet, que grâce à leur fort intérêt pour cette discipline, généralement, ils écoutent les éducateurs sportifs qui, notamment en raison de leurs relations avec le monde du football professionnel, peuvent leur demander n'importe quoi : « Nous, on travaille avec des clubs professionnels. Alors, dès que les petits voient des professionnels avec nous, on peut leur demander ce que l'on veut. Ils feront n'importe quoi. On leur demande de se jeter n'importe où, ils vont le faire. » Deux fois dans l'année, la section foot de l'association fait une détection des meilleurs joueurs avec des clubs partenaires. Environ 120-150 enfants sont regroupés dans un stade mais seulement 3 ou 4 jeunes seront finalement sélectionnés par ces clubs à chaque fois. Ainsi, même s'ils ont objectivement peu de chance d'être sélectionnés, tous ces jeunes rêvant néanmoins d'être choisis, sont très motivés et respectent donc les consignes des « éducateurs sportifs ». La plupart du temps, les « éducateurs » notifient aux jeunes qu'ils doivent se conformer aux règlements sportifs, scolaires, familiaux, ethnoculturels, etc. : « On a la chance de pouvoir faire passer des messages forts sur la violence et sur la scolarité. »

En fait, si ces jeunes footballeurs amateurs aspirent tant à être sélectionnés par le milieu professionnel, c'est qu'ils savent que, même s'ils sont très jeunes, des clubs n'hésiteront pas à les « acheter », eux et leurs familles : « Ils (les clubs professionnels) vont leur acheter des écrans plats, des machins, des trucs, pour que le gamin de 12 ans signe un petit papier. C'est un engagement de trois ans qui stipule que tous les autres clubs ne peuvent plus les solliciter. Désormais, ils appartiennent à un club. » Certains jeunes sélectionnés toucheront même un salaire. Face à la « jungle » que représente le football professionnel, dans la mesure du possible, Jérémie tente donc de protéger les enfants sélectionnés par les clubs professionnels afin qu'ils ne coupent pas totalement les liens avec leur environnement familial et n'abandonnent pas leur scolarité. Par expérience, Jérémie sait, en effet, que la majorité des enfants sélectionnés ne perceront finalement pas dans le football professionnel, rateront leurs études et retourneront donc dans leur quartier en situation d'échec : « Beaucoup (de jeunes sélectionnés par des clubs) reviennent dans le quartier, malheureusement. S'ils ne vont pas en prison, ils sont violents, ils sont déscolarisés, c'est le gros problème que l'on peut observer. (...) Ces jeunes signent des contrats de 3-4 ans. A 18 ans, ils vont gagner de l'argent, peut être jusqu'à 3000 euros par mois, simplement en jouant qu'au foot. Par contre, à 19 ans, ils reviennent dans la cité. Ils sont au chômage comme n'importe qui et reviennent à la case départ. »

Une injonction paradoxale

Cependant, même si Jérémie est très critique à l'encontre de certains clubs de football professionnel n'hésitant pas à « jeter » de jeunes recrues très rapidement considérés comme improductifs, il vit néanmoins une injonction paradoxale. En effet, d'un côté ses dirigeants lui donnent pour première mission de socialiser les jeunes du quartier par le sport afin d'accroître leurs capacités d'insertion sociale et professionnelle, de l'autre, ils lui demandent de trier ces jeunes en fonction de leurs performances sportives. Dans ce cas, il s'agit de privilégier la sélection de certains jeunes repérés comme potentiellement « performants » d'un point de vue sportif au détriment d'autres jeunes, peut-être moins doués physiquement, mais ayant de l'appétence pour la pratique du foot et, surtout, des besoins spécifiques en matière d'encadrement éducatif. Ainsi, dans un contexte d'inflation des demandes pour faire partie d'une équipe de foot (20 places pour 100 demandes), les jeunes du quartier les plus en difficulté (sauf s'ils sont extrêmement performants sportivement), notamment d'un point de vue comportemental, sont délaissés au profit des plus « performants ». Ces derniers sont, en effet, privilégiés car considérés comme potentiellement producteurs de meilleurs « gains » (victoires sportives, intégration dans un club professionnel...).

En définitive, au sein du quartier, d'une part, le football représente un formidable moyen d'action pour contenir et socialiser des enfants des classes populaires potentiellement dérangeants, d'autre part, le football peut permettre à quelques jeunes extrêmement chanceux et talentueux d'un point de vue sportif de sortir du ghetto en entamant une carrière de footballeur professionnel. Cependant, ces capacités de régulation d'un grand nombre d'enfants, passionnés de football et d'ascension sociale pour une toute petite minorité développées au sein de la section foot, ne doit pas masquer, pour autant, une autre réalité bien plus sombre. Il existe, en effet, un écart important entre les objectifs affichés par les promoteurs du projet « Foot-Travailler » : favoriser la socialisation et la réussite scolaire des enfants de la Cité des enfants perdus et ce qui est réellement produit sur le terrain. Dans la pratique, d'un côté, la section foot paraît effectivement confondre des pratiques éducatives et pédagogiques avec des actions de conditionnement et de dressage lorsqu'elle met en place un « permis de conduite ». De l'autre, elle privilégie des logiques de marché sur celles de l'éducation populaire lorsqu'elle entérine des logiques de sélection, basées sur des critères de performances individuelles répondant d'abord aux exigences des clubs professionnels cherchant à recruter des joueurs pouvant leur faire gagner des parts de marché au sein de l'espace politico-financier du football professionnel. Ainsi, au lieu de produire de la pacification, ces logiques, notamment en raison des frustrations, des processus d'exclusion, d'humiliation, de décomposition de soi qu'elles favorisent, comportent, paradoxalement, d'importants risques de productions de violences inter-subjectives.

Un dispositif politiquement instrumentalisé

En fait, Nelson exprime une grande amertume vis-à-vis de cette mauvaise expérience et des relations conflictuelles qu'il a entretenues durant plusieurs mois avec les responsables de l'ALC et les fonctionnaires de la DDJS. Il s'est profondément senti humilié de ne pas avoir eu la possibilité de faire pleinement son travail d'animateur mais également d'avoir été instrumentalisé pour des raisons politiques. En effet, une fois engagé dans le dispositif ASP, Nelson a rapidement senti que celui-ci avait été mis en œuvre, avant tout, pour servir une communication politique suite aux émeutes de 2005. Après ces événements insurrectionnels, l'Etat devait montrer qu'il ne faisait pas uniquement de la répression mais qu'il se préoccupait de l'emploi des jeunes de quartier en difficulté d'insertion sociale ainsi que de leur encadrement éducatif. Rapidement, le dispositif ASP avait donc été monté pour répondre à ce seul objectif communicationnel. Il s'agissait donc d'un coup politico-médiatique plutôt que d'une réelle action de fond menée sur plusieurs années et cherchant véritablement à agir sur la dynamique du quartier de la Cité des enfants perdus : « Suite aux émeutes de 2005, ils (l'Etat) ont voulu sortir un truc (le dispositif ASP) qui était plus politique qu'autre chose. C'était, bon, on fait quelque chose pour les jeunes du quartier. On leur propose du travail. C'était plus ça qu'autre chose. Comme à chaque fois qu'il y a une émeute, ils inventent des trucs pour les jeunes de quartier. Mais le problème, c'est qu'aujourd'hui dans les associations il y a trop de politique… » Nelson explique, en effet, que dans les quartiers populaires, au lieu que le tissu associatif soit financé correctement pour mettre en place des projets de qualité à destination de la population, notamment des jeunes, les associations sont surtout utilisées pour servir des projets politiques à courte vue qui participent, finalement, à maintenir les quartiers d'habitat social dans la précarité. C'est pourquoi, en ayant été engagé comme ASP suite aux émeutes, Nelson indique qu'il a vite eu la désagréable sensation d'avoir été le « dindon de la farce » de logiques politiciennes : « Quand il y a des élections, il y a de nouveaux trucs qui se mettent en place. Il y a de nouvelles lois, de nouveaux contrats, puis, dès que les politiques terminent leur mandat, ce qui avait été développé est arrêté et d'autres trucs sont mis en place. Ça ne marche que comme ça ! Après les émeutes, lorsqu'ils ont balancé le truc (mise en place du dispositif ASP), c'était bien. C'est comme s'il y avait des étoiles. Il y avait la presse ; il y avait tout. Oui ! Les ASP, suite aux émeutes, ont fait ci, ont fait ça. On réagit aux problèmes ; on veut aider les gens du quartier mais, après, une fois qu'ils ont endormi le truc, une fois que les gens ont oublié, après, on coupe ; on ne met plus d'argent dans l'action entreprise, et l'argent on ne sait plus alors où il est passé, alors qu'il y avait pourtant un budget pour les ASP sur deux ans et qu'ils ont décidé de les arrêter au bout d'un an et demi. »

En tant qu'ASP, Nelson a montré sa volonté farouche d'agir, certes pour montrer son utilité, accéder à une reconnaissance sociale et trouver une solution d'insertion sociale professionnelle personnelle pérenne mais pas seulement. Nelson s'est également sincèrement investi dans l'animation pour participer à améliorer le sort des jeunes de la Cité des enfants perdus et concourir ainsi à leur émancipation. Or, l'arrêt brutal du dispositif ASP avant son terme et de façon unilatérale a engendré une certaine rancœur chez Nelson à l'encontre des responsables politiques. L'arrêt du dispositif ASP, sans solutions de rechange pour les animateurs pourtant fortement engagés dans leurs actions, n'a fait que confirmer les pré-supposés négatifs de Nelson sur les responsables politiques. Lorsque les difficultés sociales sont médiatisées, notamment lors des émeutes ou des élections, ceux-ci communiquent leur désir de débloquer des moyens pour éviter que des violences insurrectionnelles se reproduisent mais lorsque les « banlieues populaires » et les désordres urbains sont moins sous le feu de l'actualité, ces mêmes responsables politiques se désintéressent alors des quartiers populaires et n'y investissent plus suffisamment de moyens. Dans tous les cas, ce grand écart entre de belles paroles et des actes, au-delà de l'hypocrisie qu'elle démontre de la part d'une grande partie des acteurs politiques, est surtout perçu comme du mépris à l'égard des habitants des quartiers d'habitat social. Il semble, en effet, que c'est uniquement lorsque les quartiers populaires se rebiffent que des moyens sont alloués et médiatisés.

Une expérimentation productrice de violence

Au cours d'un long entretien, lors de l'enquête, nous rencontrons les responsables de la direction départementale de la jeunesse et des sports pour discuter avec eux de la mise en place du dispositif ASP et confronter leur point de vue à celui de Nelson. Rapidement, les deux fonctionnaires en charge du dossier montrent un certain embarras : ils reconnaissent qu'ils ont commis « quelques erreurs », notamment l'imposition d'un coordinateur qui s'est révélé inexpérimenté et inadapté à la situation (pas de management, pas d'écoute...). Néanmoins, pour expliquer l'échec du dispositif (des jeunes abandonnent la formation tandis que d'autres démissionnent du projet avant la fin théorique du dispositif et se retrouve, de nouveau, dans une situation d'inactivité), ils se dédouanent de leur responsabilité, d'une part, en vilipendant l'attitude irresponsable des jeunes animateurs qui auraient rapidement compris qu'ils pouvaient tirer parti personnellement du dysfonctionnement managérial du dispositif (« les jeunes étaient des électrons libres livrés à eux-mêmes et faisaient tourner en bourrique un peu tout le monde »), et d'autre part, en accusant les acteurs associatifs porteurs de l'action concrète de faire du « communautarisme associatif » au lieu d'agir pour l'ensemble des jeunes de la Cité des enfants perdus. Pour autant, les agents de la DDJS se retrouvent face à leurs contradictions et finissent par reconnaître que les jeunes « ASP » ont été mis devant le fait accompli : ils se sont retrouvés prisonniers d'une « usine à gaz » et de querelles politico-institutionnelles extrêmement complexes (« Devant le bazar de la Cité des enfants perdus, cela ne s'est pas bien terminé »). Ainsi, alors que le dispositif ASP devait concourir, d'une part, à redonner confiance en eux-mêmes à des jeunes en difficulté d'insertion socio-professionnelle et, d'autre part, favoriser la recomposition du contrôle social au sein de la cité (« On va essayer de remettre de l'ordre là-haut (la Cité des enfants perdus), quand je dis de l'« ordre », je parle de l'ordre républicain, de l'ordre social, de l'ordre éducatif. »), il a finalement conduit certains jeunes de la Cité des enfants perdus à revivre une situation d'échec et à perdre la face devant leurs pairs. Indirectement, le dispositif « ASP » a donc bien produit de la violence en humiliant des jeunes au lieu de les valoriser. Cet effet contre-productif est bien décrit par Jérémie, l'« agent de développement du sport pour les quartiers sensibles » licencié en STAPS et cité précédemment par Nelson qui fut, un temps, en concurrence avec lui mais aussi son supérieur hiérarchique au sein de l'ALC : « Je n'ai jamais vu quelqu'un comme Nelson diriger aussi bien un groupe, avoir autant de charisme par rapport aux jeunes. Nelson est un véritable médiateur alors qu'on lui a proposé un emploi d'animateur. Mais lorsque les jeunes viennent le voir, il peut faire passer des messages, des messages forts. Un jour, on a mis en place, avec lui, un projet pour favoriser la pratique féminine (100% féminin). Il a été capable de gérer toutes les violences extérieures pour que les garçons n'entrent pas dans le gymnase. C'était impressionnant. Je me mets à la porte ; même si je suis bien vu dans le quartier, je crois que je ne peux pas réussir ce qu'il a fait. Lui, il est arrivé avec son pote Bakari et ils ont géré toute cette violence, parce que les garçons voulaient absolument entrer. Nelson, c'est un vrai médiateur et un animateur de base très efficace. Il avait plein d'idées pour organiser des jeux collectifs. Aujourd'hui, je critique un peu le système parce qu'on lui a proposé un poste d'animateur professionnel alors qu'il a suivi une formation à deux balles qui ne vaut rien du tout. Cette formation pour les jeunes de quartier ne les valorise pas. »

Un quartier coupé du monde

Les jeunes ne se contentent plus de courir derrière un ballon

Pour Nelson, il est d'autant plus dommage que, pour des raisons politiciennes et des enjeux de concurrence associative notamment, le dispositif ASP ait été arrêté alors qu'il est de plus en plus difficile d'intervenir auprès de jeunes qui paraissent blasés et, surtout, sont très réticents à fréquenter des structures éducatives : « Aujourd'hui, tu ne vas pas descendre avec ton filet et ton ballon, siffler et voir tous les gamins venir. Ça, tu peux le faire avec des gamins qui ont entre 5 et 6 ans. Ils voient des ballons et ils sont tout fou mais va faire ça avec des pré-ados, ils vont te regarder deux fois. Ils vont dire : c'est un fou, lui ! Pourquoi il siffle ? Ils ne vont pas courir sur les ballons. » En effet, contrairement à une autre époque, lorsque les dirigeants de l'ALC étaient eux-mêmes animateurs dans les années 1970 et 1980, désormais, les jeunes de la Cité des enfants perdus paraissent peu disponibles et ne sont pas prêts à adhérer aux propositions des structures d'encadrement de la jeunesse si celles-ci ne prennent pas en compte, dans leurs modes d'intervention, les changements importants qui sont intervenus ces dernières années : les jeunes et leurs familles vivent des difficultés sociales et économiques qui se sont accrues, ce qui transforme leurs besoins et leur manière de réagir vis-à-vis des structures éducatives : « Il y a des choses qui ont changé. Il y a beaucoup de problèmes. Les gamins ont du mal à aller dans les structures. Il y a aussi des problèmes d'argent. Certains jeunes veulent faire du tennis ou du judo mais cela a un coût. Il faut payer la licence et un équipement. Même s'il existe des aides, les parents ne sont pas trop chauds pour des trucs comme ça. Les parents, c'est limite s'ils ne préfèrent pas que leurs gamins restent à la maison regarder la télé ou surfer sur Internet. Ils préfèrent ça que voir leurs gamins pratiquer un sport ou faire autre chose. Les parents ne calculent pas. » Nelson souligne en effet que, pour beaucoup de jeunes avec lesquels il est en lien, très peu sont bien encadrés par des parents qui sont eux-mêmes en difficulté et sont donc peu disponibles pour s'occuper correctement de leurs enfants.

Dès lors, ces parents ne sollicitent pas leurs enfants pour qu'ils fréquentent les structures associatives à destination de la jeunesse. Ils laissent fréquemment leurs enfants seuls s'amuser dans la rue, regarder la télévision ou jouer durant des heures aux jeux vidéos. Pour autant, Nelson ne fustige pas trop ces familles car il sait que, dans la majorité des cas, celles-ci aimeraient faire autrement mais n'ont souvent pas la possibilité de le faire. Elles sont effectivement trop empêtrées dans leurs problèmes : « Aujourd'hui, dans le quartier, les parents sont souvent en difficulté. Certains ne travaillent pas. D'autres travaillent et n'ont pas le temps de s'occuper des gamins. S'il y a des problèmes, c'est aussi là. C'est le chômage ; même quand on trouve un boulot, ce n'est pas un bon boulot. Ce sont des boulots où tu es obligé de faire des heures supplémentaires pour arrondir les fins de mois ou bien de faire un autre boulot et tes enfants tu ne t'en occupes pas. C'est tout ça. Après, quand il y a tous ces problèmes-là, c'est normal que les gamins soient victimes de ces problèmes. » Dans ce contexte, il est donc de la responsabilité des pouvoirs publics et des associations qui œuvrent pour les habitants de la Cité des enfants perdus de prendre en compte cette situation pour soulager les parents dans leur fonction éducative. Ainsi, Nelson est d'autant plus écœuré que le dispositif ASP ait été suspendu sans raisons valables à ses yeux alors que les actions qu'il mettait en œuvre semblaient correspondre aux besoins de nombreux jeunes de la Cité des enfants perdus et de leurs familles.

Eviter une cassure éducative

Après la rupture de son contrat de travail, un temps déboussolé, Nelson a néanmoins tenté de minimiser les conséquences négatives de la fin du dispositif ASP pour les jeunes du quartier. En effet, ayant déjà connu lui-même, lorsqu'il était plus jeune, une telle situation, suite aux conflits internes de l'ALC qui ont finalement conduit à la scission de l'association en deux identités distinctes, Nelson sait bien que la disparition d'une structure d'encadrement de la jeunesse considérée comme un espace ressource produit une perte de repère chez les jeunes qui le fréquentaient durant un certain temps : « Avant, quand j'étais gamin, j'allais à l'ALC qui proposait beaucoup de choses. Tout le monde allait là-bas de toute façon. Puis, du jour au lendemain, pour des problèmes internes, ils ont tout arrêté et on (les jeunes du quartier) s'est retrouvé sans rien. Voyant qu'il n'y avait plus d'association pour s'occuper de nous, il a donc fallu se débrouiller seuls. On se voyait avec les potes ; on prenait un ballon et on organisait des matchs de foot. On se débrouillait tout seul. » Cependant, Nelson indique que ce manque d'encadrement de la jeunesse peut certes produire des jeunes autonomes sachant se prendre en main pour faire des activités positives mais cette situation peut conduire aussi des enfants à suivre un « mauvais chemin ». Pour Nelson, la « rue » est effectivement un espace en proie à tous les dangers où les jeunes de quartier peuvent vite être embarqués dans un processus mortifère où les pratiques délictueuses peuvent devenir leur quotidien : « Quand il n'y a rien, soit le gamin il va commencer à aller dans la mauvaise voie, voler et faire des trucs bizarres, soit il va s'impliquer dans le sport. Moi, je faisais du foot et même lorsqu'il n'y avait pas d'entraînement de foot, j'allais jouer au ballon dans le terrain avec les copains. D'autres fois, on sortait tous les vélos pour faire des sorties ; d'autres fois, on allait chercher des châtaignes, des pommes ou des cerises. On n'avait besoin de personne. » Pour Nelson, lorsque des enfants ont été habitués à être encadrés, l'arrêt brutal de cet accompagnement peut donc produire le meilleur comme le pire. Aussi est-il préférable d'éviter de prendre des risques inutiles en n'investissant pas suffisamment l'action socio-culturelle et sportive auprès de la jeunesse populaire sachant qu'une partie des jeunes non-encadrés prendront inévitablement le chemin de la prison : « Dans le quartier, il y a plein de jeunes qui ne glandent rien parce qu'ils n'ont pas pris l'habitude de se prendre en main. Ils ont toujours été assistés puis, du jour au lendemain, ils ne le sont plus ; puis, ils perdent leurs repères et quelquefois tombent dans un truc. Quand c'est un bon truc, c'est bien mais quand c'est un mauvais truc, et bien, ils restent dedans et puis voilà. Ils creusent, ils creusent, ils creusent et puis ils vont en prison. » Pour éviter de laisser les jeunes dont il s'occupait sans repère, Nelson s'organise alors, de manière bénévole, pour passer le relais de ses actions à des pairs travaillant dans d'autres associations de quartier mais agissant auprès du même type de public. Se sentant personnellement responsable du sort des jeunes qui suivaient ses activités, Nelson fait donc tout ce qui est en son pouvoir pour que les jeunes qu'il avait réussi à insérer dans une activité sportive régulière et structurée ne rompent pas complètement avec une structure d'animation et retournent dans la rue : « Quand j'ai arrêté, j'ai été voir Nino (un jeune animateur de quartier très respecté à la Cité des enfants perdus et présenté dans la partie suivante), je lui ai dit que l'on avait un public, du matériel pour bosser, des créneaux d'utilisation du gymnase et que puisqu'il faisait à peu près le même boulot que moi, il fallait qu'il essaie de récupérer tout ça et proposer quelque chose parce que, maintenant, les gamins perdent leurs repères. Je lui ai dit de faire ça rapidement avec mon aide s'il le voulait. » En fait, notamment durant les vacances scolaires, Nelson se met à fréquenter les lieux où des activités ludiques et sportives sont organisées pour les jeunes par son ami Nino qu'il aide désormais volontairement et sans rémunération : « Dans les activités organisées par Nino, je suis là sans être là. Lorsque les gamins que je connais me voient, ils se disent c'est bon, Nelson est là. Ils s'arrêtent et participent aux activités. » Ainsi, Nelson assiste aux activités uniquement pour mettre en confiance les jeunes avec lesquels il avait l'habitude de travailler afin qu'ils ne perdent pas leurs repères trop rapidement et ne se « trouvent pas en galère ». Nous avons ainsi pu observer un fait étrange à la Cité des enfants perdus : plusieurs soirs de la semaine mais également durant les vacances, malgré le fait qu'il existe un service social municipal de la jeunesse et plusieurs centres de loisirs, dans la pratique, la majeure partie des activités culturelles et sportives organisées pour les jeunes du quartier, quelquefois une centaine, sont encadrées par très peu de jeunes animateurs (souvent issus eux-mêmes de la cité) officiellement rémunérés par une association de quartier. En revanche, ces animateurs sont épaulés par de nombreux amis qui font office d'animateurs auprès des plus jeunes sans qu'ils soient rémunérés pour autant. En général, ces « aides animateurs » font partie de « l'équipe », autrement dit, de la « bande d'amis » des animateurs officiels. Quoi qu'il en soit, sans l'aide de ces jeunes bénévoles, les animateurs agissant au nom des associations de quartier ne pourraient certainement pas organiser des activités quotidiennement. Les « animateurs municipaux » sont, en effet, invisibles dans les « animations de rue » et, la plupart du temps, ne connaissent même pas les animateurs de proximité agissant et vivant dans le quartier de la Cité des enfants perdus. Dans la cité, la qualité de l'animation de rue est donc largement tributaire de l'engagement de quelques « jeunes de quartier » dont certains sont faiblement rémunérés tandis que la plupart sont volontaires et bénévoles. Par défaut, ce sont, en fait, les fortes inter-relations développées par des jeunes de quartiers désireux de se prendre en main et de participer à l'éducation des jeunes de la cité qui permettent l'organisation d'activités culturelles et sportives de façon régulière : « A la Cité des enfants perdus, on (les jeunes du quartier) a l'impression d'être coupé du monde. Les gens du centre ville (les responsables de l'animation municipale) on ne les voit jamais. Le responsable du service municipal de la jeunesse, je n'en ai jamais entendu parler ; pourtant, cela fait un moment que je travaille avec les enfants et les jeunes. »

Ça fonctionne à l'envers dans le quartier

Nelson ne se fait néanmoins pas trop d'illusions concernant l'impact réel des « animateurs de rue » sur le degré de pacification du quartier. En effet, venant contredire les pré-supposés des représentants de l'ordre régalien qui avaient décidé de dissoudre une association de « médiateurs sociaux » à la fin des années 1990, intervenant à la Cité des enfants perdus pour assurer la tranquillité publique sous prétexte que certains médiateurs avaient un casier judiciaire, Nelson indique que les seules personnes qui ont véritablement la capacité de raisonner les « jeunes turbulents » de la cité sont les anciens « caïds » du quartier. Certes les animateurs sont écoutés par les plus jeunes mais seuls les anciens « caïds », reconnus pour leur passé de délinquants, bénéficient d'une aura suffisante auprès des plus agités leur permettant d'avoir une réelle influence sur ces derniers. Comme le développe Thomas Sauvadet, chez les « jeunes chauds » du quartier, le « capital guerrier » l'emporte sur tous les autres capitaux[201] : « C'est bizarre parce que ceux qui peuvent apaiser les tensions, ce sont les gens qui ont un passé de délinquant. C'est ceux qui ont foutu la merde avant comme je ne sais pas quoi. Qui ont déjà fait de la prison, qui ont déjà fait des trucs pas bien. C'est ces gens-là qui arrivent à raisonner les gamins. Pour les gamins, ce sont des gars qui ont fait des trucs et tout... Ici, quand tu sors de prison. Tu n'es plus considéré pareil. Tu es quelqu'un qui a goûté, quelqu'un de fort. Genre on te respecte. Je ne sais pas, ça fonctionne à l'envers dans le quartier.» Dans ce contexte, Nelson qui n'a jamais été délinquant et qui a toujours investi le sport plutôt que les « gangs » sait que même s'il bénéficie d'un certain respect pour sa sagesse et ses capacités sportives, dans des moments de tension avec les forces de l'ordre notamment, il y a peu de chance pour que ceux qui souhaitent en découdre écoutent ses paroles d'apaisement : « Moi, j'aurai du mal à apaiser les tensions. Sur le coup, ils (les jeunes rebelles) vont m'écouter. Certains vont dire que j'ai raison mais quand je vais partir, ils vont voir les policiers, ils vont oublier et se dire qu'ils s'en fichent. On nique tout, c'est tout ! » Par conséquent, pour Nelson, alors que les « petits » ne respectent véritablement que les anciens « caïds », il paraît complètement incongru, parce que des personnes ont fait des bêtises à un moment de leur vie, mais qu'ils ont payé leur dette à la société en faisant de la prison, de les empêcher de se réinsérer en ne leur permettant pas de jouer un rôle éducatif régulateur lorsque ceux-ci le souhaitent. Dans ce cas, l'idéologie normative et bien pensante (ne pas employer d'anciens délinquants pour assumer une fonction éducative) développée par l'Etat et ses représentants est contre-productive pour la régulation sociale et inadaptée à la réalité des quartiers populaires. Dès lors, Nelson apparaît à contre-courant de la dénonciation politico-médiatique largement développée au moment de l'enquête visant à dénoncer la politique des « grands frères » pourtant plébiscitée par les acteurs politiques locaux quelques années auparavant[202] : « La réinsertion, elle est où ? Un gars a fait une bêtise, a été en prison, a purgé sa peine, il sort et a envie de se réinsérer. Il a envie d'aller voir les petits qui peuvent faire les mêmes bêtises que lui a faites et leur transmettre un message : les gars ne faites pas ça, parce que, moi, j'ai vécu ça. Il peut jouer un rôle de grand frère mais si t'as un casier, tu ne peux pas ; franchement, c'est dommage ! »

201 Cf. T. Sauvadet, 2006, *op. cit.*

202 Cf. P. Duret, « Gratuité et professionnalisation dans le travail social : le cas des grands frères » in *Revue française des affaires sociales*, n°3, 1996, p.89-98.

Des pratiques policières humiliantes

Nelson n'a pas bien compris pourquoi, à l'automne 2005, la Cité des enfants perdus s'est enflammée si rapidement. En effet, la mort de deux jeunes de banlieue parisienne, tués par la police ayant finalement déclenché de nombreuses émeutes dans des centaines de quartiers populaires n'aurait théoriquement pas dû conduire à de si impressionnantes violences dans la cité puisque ces jeunes n'étaient pas issus du quartier. Néanmoins, Nelson souligne que beaucoup de jeunes du quartier ont, en fait, saisi cette occasion pour exprimer violemment leur ras-le-bol contre les agressions policières qu'ils subissent quotidiennement : « Il y a un ras-le-bol avec les gardiens de la paix. C'est difficile de se dire que c'est des gardiens de la paix. » Même si Nelson n'a personnellement pas choisi de participer aux violences insurrectionnelles pour protester contre les agissements de la police, en revanche, il indique qu'il est aussi la cible d'un certain acharnement policier à l'encontre des « jeunes de cité » : « Tu es dans la rue, ils (les policiers) passent en voiture. Ils vont te regarder comme si tu étais suspect, comme si tu avais fait quelque chose. Moi je sais que c'est un petit peu pour tout le monde pareil. Quand ils (les policiers) passent, ils ralentissent, ils te regardent et t'as l'impression qu'ils se disent des choses sur toi et souvent ils continuent mais toi tu as une drôle d'impression : pourquoi ils me regardent comme ça ? » Nelson relate alors deux anecdotes lui semblant symptomatiques de la discrimination policière généralement développée à l'encontre des jeunes du quartier de la Cité des enfants perdus.

Fermez-là et c'est tout !

La première expérience que Nelson raconte, illustre le rapport de force et de domination dont peuvent faire preuve les policiers cherchant à soumettre les « jeunes de quartier » lors d'un contrôle. Ainsi, un samedi soir, Nelson et plusieurs amis de la Cité des enfants perdus circulaient en voiture. Or, ils se font contrôler par la police qui constate que le conducteur n'a pas assuré le véhicule. Celui-ci se fait donc sermonner, reçoit une amende et un document lui intimant l'ordre de se présenter au poste de police le lundi matin avec des papiers en règle. Néanmoins, lors de ce contrôle, Nelson indique que les deux policiers, en fait des policières restent correctes, « cool » et n'immobilisent pas le véhicule. Un peu surpris mais contents de ce dénouement, les jeunes remontent dans la voiture. Cependant, quelques instants après, un véhicule de police banalisé passe à très vive allure devant la voiture des jeunes. Il s'agit de policiers de la BAC venus intercepter ces derniers. Nelson et ses amis comprennent très rapidement que ces policiers ont été appelés en renfort par leurs collègues femmes qui n'avaient pas immobilisé la voiture des jeunes auparavant par crainte de réactions violentes de leur part : « La première fois, les policiers ont eu peur car on était quatre « black » dans la voiture. » Mais ce second contrôle se passe très différemment du premier. Les policiers sont immédiatement très agressifs et n'écoutent pas les jeunes leur expliquant qu'ils viennent juste de se faire contrôler par d'autres policiers : « Ils (les policiers de la BAC) ne voulaient rien entendre ! On (les policiers) s'en fiche, nous on contrôle et vous (les jeunes) vous la fermez, c'est tout ! » Les policiers fouillent donc le véhicule, les jeunes et leurs sacs. Lorsque les policiers contrôlent les papiers d'identité de Nelson, ils s'arrêtent tout de suite sur son nom de famille. En effet, dans un autre quartier de Trincamp, existe un homonyme de Nelson, très connu par les services de police pour de nombreux faits de délinquance. Nelson indique donc aux policiers qu'ils ne doivent pas confondre les deux identités. Les policiers répondent alors à Nelson qu'il n'a pas intérêt à faire les mêmes bêtises que l'« autre », ce qui amène Nelson à réagir. Il répond aux policiers que ce que fait l'« autre » n'est pas son problème. C'est alors que les policiers s'énervent et indiquent à Nelson que, s'il répond aux forces de l'ordre lors du contrôle, il sera amené au poste et placé en garde à vue. N'ayant rien à se reprocher, Nelson décide sagement de ne pas monter le ton mais un policier souhaite, lui, le provoquer et le soumettre : « Le policier m'a dit : - Change de prénom ! - Mais pourquoi je devrais changer de prénom ? – T'as un deuxième prénom, je le vois sur ta carte d'identité alors change de prénom car Nelson c'est nul ! – Pourquoi je changerai de prénom ? Est-ce que moi, je vous demande de changer de prénom ? – Déjà, tu ne sais pas comment je m'appelle ; mon prénom il est mieux que le tien ; je te dis de changer de prénom et ton prénom est nul ! – Ok ! Vous dites ce que vous voulez, moi maintenant mes parents m'ont appelé comme ça et s'il existe un autre Nelson avec lequel vous ne vous entendez pas, moi en tout cas, je suis *clean.* » En fait, Nelson n'accepte pas d'être rabaissé lors du contrôle policier et ce d'autant plus qu'il n'a rien fait de mal. Il se sent humilié et l'indique au policier qui lui intime alors l'ordre de se taire sous peine d'être embarqué. Ne souhaitant pas envenimer les choses, contraint et forcé, Nelson obtempère donc mais se sent profondément blessé. Il a le sentiment d'avoir été traité injustement par des représentants de l'ordre qui l'ont quasiment confondu avec un délinquant notoire : « - Vous n'avez pas à me dire ça ; vous essayer de me diminuer – Ouais, on sort les grands mots ; on veut faire le gars intelligent ; je vais te mettre en garde à vue ; tu ne vas rien comprendre ! Je me suis dis ok. J'ai arrêté de parler. Quand je suis arrivé chez moi, j'ai dit ça à mes parents ; mon père voulait aller au poste ; il est devenu fou. » Ainsi cette mauvaise expérience avec la police est une épreuve pour Nelson mais également pour sa famille qui s'est sentie bafouée par ce comportement discriminatoire, arbitraire et injustifié. Pour autant, Nelson s'est finalement résigné et exprime un certain fatalisme devant cette situation d'injustice, expérience largement partagée par l'ensemble des jeunes du quartier. Cette situation lui a simplement rappelé, à l'instar de la plupart des jeunes résidents de la Cité des enfants perdus, qu'en tant que « jeune de quartier », il est souvent considéré par les forces de l'ordre comme un « citoyen de seconde zone ». Pour Nelson, dans ces situations, il est cependant important de réussir à préserver sa face tout en ne s'énervant pas pour ne pas finir en prison suite à un mouvement de révolte : « J'ai dit à mon père de laisser tomber. Que cela ne servait à rien d'aller porter plainte. Tu vas aller voir le chef de la police. Il va t'écouter et te dire oui, oui, oui... mais demain ils (les policiers) vont aller faire la même chose à un autre. Ça ne change rien. C'est comme ça et puis on fait avec. Maintenant, il faut être plus intelligent qu'eux (la police) et ne pas répondre à leurs provocations et puis c'est tout. »

Tous les policiers ne sont pas cons mais voilà...

Comme dans la première anecdote, la seconde expérience que Nelson relate, d'un côté, souligne la présomption de culpabilité dont font l'objet les « jeunes de cité » de la part des policiers, et de l'autre, montre néanmoins que les fonctionnaires de police ne réagissent pas tous de manière agressive, notamment lorsqu'ils prennent conscience que le jeune qu'ils interpellent n'est pas une « figure de désordre ». Cependant, ce comportement singulier reste minoritaire. Ainsi, alors qu'il préparait un bac professionnel logistique, Nelson raconte cette histoire vécue : devant trouver un stage, Nelson décide de faire du porte à porte auprès de plusieurs entreprises dans la zone industrielle de la Cité des enfants perdus pour déposer une lettre de motivation et un CV. Or, en sortant d'une entreprise, la police passe devant lui une première fois, puis une seconde fois lorsque Nelson allait presque arriver dans son quartier. Sans raison apparente, les policiers l'arrêtent, le questionnent et le fouillent. Or, Nelson ayant oublié ses papiers, les policiers commencent à le « fouiller mal », c'est-à-dire violemment. Cependant, pendant que des policiers se renseignent sur l'identité réelle de Nelson en interrogeant leur base de données, l'un des policiers prenant conscience que Nelson est un jeune scolarisé et que celui-ci circulait dans les rues pour réellement trouver un stage, change soudain d'attitude à son égard. Ce policier encourage même Nelson dans ses démarches. Nelson est alors surpris par ce changement de comportement mais lui fait prendre également conscience que, contrairement à ce qu'il pensait, de la même manière que tous les « jeunes de cité » ne sont pas tous des délinquants, il existe des policiers qui ne sont pas racistes et inutilement agressifs. Cependant, pour Nelson, ce policier reste une exception qui confirme la règle : « Alors que les policiers me bousculaient, je leur disais de se calmer car ils m'avaient arrêté alors que je ne faisais que marcher dans rue. Ils me crient dessus en disant que je n'ai pas mes papiers. Je leur réponds qu'ils ont raison mais que j'habite juste à côté et que s'ils doivent faire leur contrôle, qu'ils le fassent. Je leur ai donné mon nom et mon prénom et ils sont allés appeler leur centrale. Après, il y en a un (un policier) qui a commencé à me parler en me demandant ce que je faisais dans la zone industrielle et m'avertit que, si je ne lui réponds pas, il va m'amener au poste de police. Je lui explique et quand il comprend que je prépare un bac pro logistique, il change d'attitude et me dit que c'est bien. Tout de suite, dès qu'ils (les policiers) voient que c'est quelqu'un qui veut faire quelque chose de sa vie, tu en as au moins un qui parle bien avec toi mais les autres restent froids. Tu en as au moins un qui dit, ouais, c'est bien ! C'est quelle entreprise ? Tu te projettes comment dans l'avenir ? Tu en as au moins un qui n'est pas con et qui ne fait pas le con ; après, le reste… mais ils ne sont pas tous cons. C'est comme tout, nous (les jeunes de quartier), on généralise sur eux (les policiers) et eux (les policiers), généralisent sur nous (les jeunes de quartier). Après, ils m'ont laissé partir et celui qui était *cool* m'a souhaité bonne chance pour mon diplôme et voilà. Mais c'est vrai que c'est rare que l'on tombe sur des policiers comme ça. » A partir de sa seule expérience, Nelson est donc bien obligé de reconnaître que, même s'il existe des policiers pouvant montrer une certaine empathie à l'égard de « jeunes de cités » une fois que ceux-ci sont reconnus comme des « jeunes positifs », la plupart du temps, les policiers sont désagréables et suspicieux à l'encontre de la jeunesse populaire, ce qui favorise, en conséquence, une grande animosité entre les « jeunes de quartier » et la police. Sans le savoir, Nelson donne, en fait, une partie de l'explication de cette attitude policière généralement agressive à l'encontre des jeunes interpellés dans la rue. En effet, dans la rue, contrairement à ce que peut penser Nelson n'imaginant pas que des policiers apparemment sur-armés puissent se sentir vulnérables (comme nous l'ont indiqué des policiers interviewés, ces derniers craignant de devenir des cibles lors d'un contrôle dans la rue, jusqu'à ce qu'ils se sentent en sécurité) et faire alors preuve d'une certaine brutalité : « Quand on arrive au poste, les policiers sont généralement *clean* mais, dans la rue, c'est un film ! » Cependant, face à ces comportements vécus comme des agressions, la distanciation dont fait preuve Nelson n'est pas forcément partagée par tous les jeunes du quartier qui attentent donc l'occasion pour se venger de la police. Ainsi, pour Nelson, même si cela s'est, au bout du compte, retourné contre les habitants de la Cité des enfants perdus qui ont dû subir la destruction de leurs commerces de proximité, de leurs biens et l'imposition d'un important couvre-feu, Nelson pense, comme beaucoup d'analystes des événements de 2005, que les émeutes ont surtout servi d'exutoire aux jeunes enragés par les comportements outranciers de la police : « Les jeunes du quartier ne prennent pas les choses comme moi. Face à la police, certains ne vont pas réagir mais vont avoir la rage ! Ils vont se dire si demain je peux faire quelque chose, je ne vais pas hésiter. D'autres vont réagir sur le coup. Ils se battent avec les policiers, soit ils vont en garde à vue, soit ils vont en prison. Voilà ! Tout le monde ne réagit pas comme Nelson. C'est pour ça qu'après il y a un ras-le-bol. Ce qui s'est passé avec les émeutes de 2005, et bien, c'est le petit truc qu'il fallait aux jeunes du quartier pour foutre la merde. Tout le monde s'est dit : ils ont trouvé un motif pour tout casser, brûler des voitures, casser la pharmacie… après ils (les jeunes émeutiers) ont fait n'importe quoi parce qu'ils ont brûlé les voitures de leurs voisins, du père de famille qui est dans les soucis, qui n'a pas fini de payer sa voiture, qui n'est pas bien assuré. »

De la socialisation à l'inhibition de la violence

Je suis un martien ou quoi ?

A l'instar de beaucoup de jeunes de la Cité des enfants perdus, notamment d'origine étrangère, nous avons vu que Nelson doit faire face à des discriminations quotidiennes. En fait, pour le dire de façon triviale, Nelson a le « cul entre deux chaises » : d'un côté, en France, les « Français de souche », autrement dit, les Blancs le considèrent comme un étranger, comme un Noir, de l'autre, lorsqu'il est au Sénégal ou en Guinée, les Africains le considèrent également comme un étranger, comme un français. Cette configuration inconfortable blesse un peu Nelson car à part le regard des autres qui le stigmatisent, Nelson ne ressent pas de problèmes identitaires, pas plus que des difficultés d'intégration. Il se sent appartenir aux deux cultures : « Je suis les deux moi ». Il est né en France, est allé à l'école de la République, connaît la culture et les traditions françaises et, en même temps, ses parents lui ont également transmis des éléments culturels de leur culture africaine d'origine. Dès lors, Nelson se décrit d'abord comme un « gars de quartier » évoluant dans un environnement ambivalent : d'une part, son quartier vit des problèmes (souvent médiatisés) particulièrement développés dans les « banlieues populaires » (racisme, discriminations, inégalités sociales et économiques, violences…) françaises, de l'autre, il montre une grande richesse culturelle grâce au multiculturalisme qui façonne beaucoup de rapports sociaux en son sein : « Je connais les problèmes qu'il y a ici (le quartier de la Cité des enfants perdus) mais il y a aussi beaucoup de bonnes choses. Ici, on a la chance d'avoir beaucoup de nationalités. Il y a des Maliens, des Français, des Arabes, des Congolais, il y a tout. C'est diversifié ; il y a plein de trucs. Tu peux apprendre plein de trucs. Maintenant je comprends des mots en congolais, en pular, en malien, en arabe. Ce n'est pas tout le monde qui a la chance de vivre ça. Cela enrichit de connaître les manières de vivre des autres. » Ainsi, même si Nelson doit affronter le racisme et la stigmatisation, lot commun de beaucoup de jeunes de cité lorsque ceux-ci sortent de leur quartier, il considère également qu'il a beaucoup de chance de vivre dans un quartier pluriculturel et multiconfessionnel au carrefour de nombreuses traditions du monde. Pour Nelson, le quartier n'est donc pas qu'un lieu d'enfermement ; il représente également une « communauté de vie » et un territoire d'enrichissement. Ainsi, en ce qui le concerne, le quartier de la Cité des enfants perdus est un espace de vie structurant au sein duquel il n'a jamais vraiment été tenté par la violence et la délinquance : « J'ai fait quelques conneries mais jamais des trucs importants. J'ai jamais volé une voiture ou arraché un sac, fait des trucs pas bien. » Pour expliquer le fait que contrairement à beaucoup de jeunes de sa génération, il n'a pas participé à des faits de délinquance importants qui l'auraient entraîné dans une « carrière déviante »[203], Nelson cite alors plusieurs facteurs lui ayant permis de ne pas prendre une « mauvaise voie ».

Une pratique sportive structurante

Depuis qu'il est enfant, Nelson aime faire du sport. Avec ses amis, il a l'impression qu'il a toujours fait du football. Ce sport pratiqué de manière assidue lui a non seulement procuré du plaisir mais l'a également éloigné des autres jeunes qui ont choisi des chemins plus tortueux. En effet, lorsqu'il était petit, pratiquement tous les garçons de la cité faisaient du foot, c'était la période de l'enfance, des copains et de l'insouciance. Cependant, au moment de l'entrée dans la pré-adolescence, une séparation entre les jeunes du quartier s'est produite : certains ont continué à faire beaucoup de sport mais les « autres » ont notamment arrêté de faire du foot et ont, en même temps, commencé à faire des bêtises (eux/nous) : « Nous, c'était foot, foot, foot... eux, c'était autre chose. » A l'adolescence, le groupe de pairs de Nelson se définissait donc d'abord par leur motivation commune pour le sport. Il s'agissait bien là d'une identification collective structurante.

Une forte éducation religieuse

Nelson a également de fortes convictions religieuses. Il est catholique pratiquant et n'hésite pas à l'affirmer. En effet, si Nelson a intériorisé de fortes convictions morales c'est parce qu'il a bénéficié d'une importante socialisation religieuse depuis sa petite enfance : « J'ai été éduqué avec la religion. Quand j'étais petit, j'allais tout le temps à l'église. J'allais aux cours de catéchisme donnés par les sœurs installées dans le quartier.» De plus, au sein de la Cité des enfants perdus, le père de Nelson occupe une position particulière au sein de la « communauté » d'origine africaine de culture « manjak » généralement d'obédience catholique. En donnant des cours de catéchisme, le père de Nelson est devenu un référent religieux pour de nombreux adultes de la « communauté manjak » du quartier : « Grâce à mon père, beaucoup de manjaks d'ici (le quartier de la Cité des enfants perdus) se sont fait baptiser et ont fait leur communion. Beaucoup de parents de jeunes d'ici ont bénéficié des cours de catéchisme. On peut dire que mon père est un homme d'église. Ici, beaucoup de personnes disent que mon père est un prêtre, ce qui n'est pas vrai.

203 Cf. H. Becker, 1985, *op. cit.*

En fait, il traduisait avant l'évangile en manjak pour ceux qui ne savaient pas lire le français. » Dans cette situation, Nelson a donc reçu une « éducation morale » forte qui le guide tout au long de son existence : « La religion fait partie de moi. C'est un repère important. » Par ailleurs, il ne vit pas sa croyance religieuse de manière agressive et ne se sent pas en concurrence avec les autres religions présentes dans le quartier, notamment la religion musulmane. Pour Nelson, tous les « gars du quartier », qu'ils soient catholiques, musulmans ou autres, vivent les mêmes choses en France.

Un encadrement parental strict

Nelson a aussi reçu une éducation autoritaire et sévère. Il se souvient, en effet, qu'il a reçu de nombreux coups dans son enfance lorsqu'il faisait de petites bêtises ou qu'il ne respectait tout simplement pas les consignes familiales. Ainsi, à l'instar d'autres jeunes du quartier d'origine africaine de la même génération, il a le sentiment d'avoir été élevé à la dure, d'une certaine manière d'avoir été dressé par un père très présent à la maison même si celui-ci travaillait beaucoup comme ouvrier dans une grande usine d'électroménager : « Dès que tu faisais une connerie, tu goûtais ! Bâtons, ceintures, claques, mains. On a tout goûté, moi comme ceux de ma génération. » Nelson a, en fait, été marqué par cette éducation. Il indique ainsi que, contrairement à d'autres jeunes de la cité, la crainte de recevoir des coups par son père faisait qu'il se tenait le mieux possible et évitait d'avoir de « mauvaises fréquentations » : « Certains (jeunes) étaient plus têtus. Les corrections ne leur suffisaient pas. Par contre, moi, si mon père me corrigeait, je comprenais ». Pour autant, Nelson loue l'éducation structurante que ses parents lui ont donnée.

*

*   *

Sans conteste, Nelson est un jeune régulateur plutôt qu'un agitateur. Ainsi, en tant que « gars de quartier » d'origine africaine, même si Nelson a fait l'expérience de discriminations négatives de la part de policiers, face aux provocations, il a néanmoins pris le parti de prendre de la distance. Sa filiation (son père est considéré comme un homme d'église) lui impose, en effet, de montrer une certaine sagesse, voire d'avoir un comportement irréprochable : « Moi, je n'ai pas envie d'être connu par les services de police. Ils font leur travail et moi, j'ai ma vie. Demain, j'aurai peut-être besoin d'eux et, eux, auront peut-être besoin de moi. » Dans cette optique, en 2005, durant les émeutes, Nelson était très critique vis-à-vis de ceux qui voulaient en découdre avec la police. A l'époque, il faisait partie des quelques jeunes de la Cité des enfants perdus qui affirmaient que, malgré les pratiques discriminatoires quotidiennes de la police à l'encontre de tous les jeunes de la cité dont lui-même, il serait néanmoins contre-productif de mettre le feu au quartier pour se venger des forces de l'ordre : « A l'époque (lors des émeutes de l'automne 2005), je n'arrivais pas à comprendre ceux (les jeunes émeutiers) qui disaient que la police fait des trucs, fait craquer, qu'il fallait donc tous (les policiers) les niquer, qu'ils devaient goûter : c'est trop ! Dans le quartier ils nous font la misère, aujourd'hui ils vont payer ! Ouais. Moi, je leur disais : si vous voyez les choses comme ça, on ne va pas avancer. Ceux qui se sont fait attraper doivent maintenant assumer. Certains ont vraiment fait les cons. » Pendant ces événements insurrectionnels, Nelson incarnait donc plutôt une « figure de sage ». Il n'a donc pas été entraîné, lui, dans la dynamique collective émeutière qui a coûté si cher à certains. D'après Nelson, des jeunes condamnés à de lourdes peines de prison ont vraiment activement participé aux violences tandis que d'autres ont également été condamnés alors qu'ils étaient simplement là, au mauvais moment, lorsque les forces de l'ordre les ont interpellés. Quoi qu'il en soit, même si Nelson n'hésite pas à dénoncer de fréquentes pratiques policières abusives à l'encontre des jeunes du quartier entraînant des envies de vengeance de la part de beaucoup de ces derniers, il ne croit pas que la violence soit une bonne réponse ; elle conduit surtout, explique-t'il, à l'autodestruction. Plutôt que d'incarner une « figure de désordre », Nelson a donc choisi de représenter une « figure d'exemplarité » en s'investissant dans l'action socio-culturelle et sportive afin de dépasser les antagonismes police/jeunes et, finalement, de participer à co-produire la régulation sociale locale. Nelson se sent, en fait, pleinement animateur. Il aime ce métier et la sensation d'utilité qu'il procure dans le quartier. Vis-à-vis des gamins de la cité pour lesquels il exprime de l'empathie, Nelson, en conséquence, assume une certaine « éthique de responsabilité » qui l'amène à être constructif plutôt que négatif. Durant un temps, l'investissement de Nelson dans l'animation sportive de proximité traduit donc cette volonté d'apparaître comme un acteur ressource pour le bien être et l'émancipation des jeunes du quartier. Or, malgré d'importants efforts pour incarner une « figure positive » au sein du quartier, dans la pratique, pris dans des contraintes politico-institutionnelles le dépassant, Nelson a, finalement, été prié d'arrêter brutalement son travail d'animateur de proximité qui lui donnait pourtant un statut socio-professionnel valorisant et la légitimité d'agir auprès de la jeunesse du quartier. Nelson s'est alors senti humilié et brutalement méprisé par ceux-là même (Etat et association sportive historique du quartier) qui, quelque temps auparavant, suite aux émeutes de l'automne 2005, l'avaient pourtant sélectionné et embauché pour participer à une opération politico-médiatique consistant notamment à montrer que les quartiers populaires ne sont pas seulement habités par des jeunes violents mais également par des « jeunes dérouilleurs » qui, notamment par l'intermédiaire du sport, peuvent participer à la pacification sociale. Dans un premier temps, ne comprenant pas ce qui lui arrivait, face à un tel mépris, Nelson a été déboussolé puis a ressenti de la rancœur, voire même de la rage à l'encontre de ses anciens employeurs. Néanmoins, notamment pour sauver sa face et l'estime de lui-même, Nelson a finalement choisi de continuer bénévolement son travail d'animateur de quartier, nécessaire à son équilibre, en proposant son aide à d'autres animateurs officiels du quartier. A la Cité des enfants perdus, conscient que les choix politiques et institutionnels ne s'effectuent pas d'abord par rapport aux besoins et aux intérêts réels des jeunes de la cité, face aux épreuves que le mépris de la police lui a fait subir, face à l'attitude hostile des représentants de l'Etat et de ses partenaires associatifs, Nelson a décidé néanmoins d'être plus intelligent que ceux qui l'ont maltraité et de ne pas sombrer dans un processus mortifère et nihiliste. Grâce à une forte socialisation primaire (parentale, religieuse, communautaire, sportive) qui lui a donné d'importants repères pour agir, malgré les épreuves personnelles de mépris et sans l'appui des institutions chargées de l'encadrement de la jeunesse, il a donc choisi résolument, de rebondir, de garder la tête froide et haute en continuant d'assumer, coûte que coûte, des actions d'animation pour les jeunes de la cité.

////////// Chapitre 7

Educateur et médiateur : Nino, un « gars de quartier » sur-engagé

Pour les jeunes de la Cité des enfants perdus, au même titre que Dady qui a beaucoup influencé Nino, ce dernier est une figure centrale du quartier. A 27 ans, il est l'animateur référent d'une association d'éducation populaire historique. Par son jeune âge, sa manière d'être, rien ne le distingue de la majorité des jeunes d'origine africaine de la cité. Originaire de la Guinée-Bissau, Nino est, en effet, un enfant du quartier puisqu'il vit à la Cité des enfants perdus depuis qu'il a 7 ans. Dans son enfance, il a intensément fréquenté de nombreuses structures d'encadrement de la jeunesse agissant dans les quartiers populaires de Trincamp et cette expérience a ainsi fini par engendrer chez lui une véritable vocation pour l'animation socio-culturelle et sportive. Nino est, en effet, un grand sportif ; il pratique assidûment l'athlétisme et une multitude d'activités physiques (foot, basket...). Le sport représente d'ailleurs son support d'action privilégié pour entrer en relation avec les jeunes. Avant d'être animateur, Nino a assumé un rôle de médiateur. Il a, en effet, été employé pendant plusieurs années comme agent local de médiation sociale (ALMS). Au moment de l'enquête, ce service para-municipal avait disparu. En outre, Nino a bien conscience qu'il fait partie des rares acteurs sociaux à pouvoir entrer en relation avec tous les adolescents de la cité, notamment ceux qui apparaissent aux yeux de la « police des villes » comme les plus turbulents. En fait, en tant que « gars du quartier », Nino assume une fonction d'animateur bien singulière puisqu'il apparaît comme extrêmement engagé dans son quartier : durant les soirées, les week-ends et les vacances, il est pratiquement le seul animateur à organiser systématiquement des « animations de rue » très fréquentées. Nino affirme être un « gars de terrain ». Au cours de l'enquête, Nino sera une personne ressource très importante que nous rencontrerons de nombreuses fois ce qui nous permettra d'entrer en relation avec beaucoup de jeunes qui seront mis en confiance grâce à son intervention.

L'espace local de l'animation socio-culturelle et de la médiation

L'engagement dans l'animation

Depuis qu'il est petit, Nino est motivé par l'animation : « L'animation, cela a toujours été mon truc. » Ainsi, lorsqu'il était encore enfant, notamment influencé par l'Association laïque de la Cité des enfants perdus (ALC) hégémonique à l'époque en matière d'animation, Nino avait monté avec des copains une association informelle pour organiser des tournois de foot dans la cité. Néanmoins, ce qui l'a réellement conduit à choisir la voie professionnelle de l'animation est la riche expérience qu'il a vécue en tant que jeune « consommateur » de camps de vacances, à cette période, déjà majoritairement encadrés par les « grands frères » du quartier. Cette expérience fonde réellement son engagement dans les métiers de l'animation. L'exemple des « grands frères » animateurs et la rencontre d'une personnalité locale engagée dans l'éducation populaire, particulièrement empathique à son égard, ont motivé son choix et son aspiration à devenir un animateur professionnel reconnu dans la cité : « Aujourd'hui, tout ce que j'ai appris quand j'avais 10-11 ans, j'ai envie de le transmettre et de redonner ainsi un dynamisme au quartier. C'est un quartier qui me plait et me tient à cœur ; c'est pour ça que j'y bosse et que je n'en suis pas parti. »

A l'instar de Nelson, quand Nino est recruté comme animateur au sein de la principale association d'éducation populaire du quartier, celui-ci suivait depuis plusieurs mois la formation « jeunes à responsabilité » proposée par la direction départementale de la jeunesse et des sports (DDJS) et la préfecture. Cependant, cette formation étant relativement difficile, notamment en ce qui concerne les épreuves sportives aquatiques, Nino rate finalement les examens et se raccroche, alors à l'association qui vient de l'employer. En effet, dépassant cet échec, Nino reste très motivé pour mettre en place des actions d'animation même si son statut salarié est relativement précaire : son employeur étant en redressement judiciaire depuis plusieurs années, Nino est effectivement embauché mais seulement à temps partiel. Néanmoins, au regard des compétences indéniables de Nino en matière d'« animation de rue », celui-ci est rapidement confirmé dans son poste et son contrat à durée déterminée est transformé en contrat à durée indéterminée dans le cadre d'un « emploi tremplin ».

Un déficit d'encadrement des adolescents

Pour les enfants de la Cité des enfants perdus, en plus de l'éducation nationale, de nombreuses structures municipales et associatives chargées de les accompagner existent. Toutefois, en même temps, le déficit criant d'acteurs qualifiés en capacité d'encadrer les adolescents du quartier est manifeste (le club de prévention spécialisée local ne dispose pas de local dans la cité et un seul éducateur intervient régulièrement à la Cité des enfants perdus, essentiellement avec quelques familles). Même s'il existe officiellement trois structures associatives devant s'occuper des adolescents en dehors des temps scolaires (aide aux devoirs, animations culturelles et sportives, etc.), dans la pratique, Nino apparaît être le seul animateur pouvant agir quotidiennement auprès des jeunes les plus désocialisés de la Cité des enfants perdus. Par ailleurs, Nino a la capacité de repérer les jeunes « leaders positifs » du quartier qu'il responsabilise et qui pourront, à leur tour, devenir de futurs animateurs : « Ici (le quartier de la Cité des enfants perdus), on a pas mal de bénévoles ; en fait, ce sont des ados que je responsabilise et qui interviennent directement auprès des jeunes lorsque je ne suis pas là. Ils peuvent s'autogérer. » Conscient de cet état de fait et donc de la valeur qu'il représente pour son employeur, Nino en profite alors pour exprimer des revendications salariales auprès des responsables de l'association qui l'emploient. Il souhaite être mieux rémunéré pour l'engagement dont il fait preuve dans sa fonction éducative. Si ce n'est pas le cas, il menace de partir travailler dans une structure concurrente qui reconnaîtrait, elle, mieux son talent : « Je me sens un peu isolé par rapport à la valeur que j'ai sur le quartier ; j'aimerais obtenir un meilleur poste. Quand je regarde ce que je touche pour le boulot que je fais, je pourrais me plaindre. Mais si je pars, l'association va mourir. J'estime que si je m'en vais et que je crée autre chose, l'association va mourir parce qu'après tout ce que j'ai fait pour eux (les jeunes du quartier), ceux-ci vont me suivre. »

Les associations se tirent dessus

Les quatre principales associations d'éducation populaire, financées par les pouvoirs publics pour encadrer les jeunes de la Cité des enfants perdus sont effectivement en conflit et en concurrence entre elles. Elles convoitent les mêmes publics et proposent souvent les mêmes modes d'action. Ainsi, il existe de forts antagonismes entre ces associations qui s'expriment le plus fortement dans les mauvaises relations qu'entretiennent entre eux les présidents de ces associations. Or, ces querelles rejaillissent inévitablement sur les opérateurs associatifs qui ont des difficultés, au-delà des belles déclarations d'intention sur la nécessité de favoriser le partenariat, à mettre en place des projets d'action communs : « Il y a énormément de problèmes entre nos présidents. Il y a énormément de problèmes pour faire des projets en partenariat avec les autres associations s'occupant de la jeunesse. Pour faire un projet en partenariat, il faut passer par le président mais celui-ci veut être le seul porteur du projet. » Les responsables associatifs, chargés de l'encadrement de la jeunesse, sont en fait tous impliqués dans l'espace politique local et utilisent largement leurs responsabilités associatives pour mener leurs luttes partisanes : « Nos associations se tirent dessus mais c'est plus politique qu'autre chose. » En effet, comme nous l'avons déjà vu, à l'arrivée du nouveau pouvoir municipal, au milieu des années 1990, la nouvelle majorité de droite a notamment favorisé l'émergence d'une nouvelle association chargée de s'occuper de la jeunesse de la Cité des enfants perdus en dehors des temps scolaires. En creux, cette nouvelle structure devait concurrencer puis, à terme, remplacer les associations d'éducation populaire depuis longtemps implantées dans le quartier et plutôt classées à gauche. Or, cette stratégie politique a, bien entendu, immédiatement eu des incidences sur les inter-relations des acteurs associatifs locaux. Dans la pratique, au détriment des jeunes de la cité, cette tactique politicienne de reconquête du pouvoir « par le bas » participe largement au pourrissement des interactions développées par des acteurs associatifs en forte compétition entre eux : « Aujourd'hui, l'asso numéro 1 sur le quartier, il ne faut pas se le cacher, c'est mon association et ce n'est pas parce que j'y travaille. Même Stéphane (responsable de l'Association des Jeunes de la Cité des enfants perdus) qui a été mon animateur référent quand j'étais plus jeune, je le respecte mais, aujourd'hui, il pourrait quand même reconnaître que mon association se place au-dessus de la sienne. »

Une expérience amère de la médiation sociale

Avant d'être animateur, Nino a travaillé durant cinq années dans un service de médiation sociale au sein de l'agglomération de Trincamp. En effet, saisissant l'opportunité offerte par le dispositif « emplois-jeunes » développé par le gouvernement Jospin pour favoriser l'insertion sociale des jeunes sans qualification professionnelle, notamment ceux vivant dans les quartiers d'habitat social, comme de nombreuses collectivités locales au milieu des années dix-neuf cent quatre vingt dix, l'agglomération de Trincamp avait mis en œuvre un service de médiation sociale dans le quartier de la Cité des enfants perdus pour assurer la tranquillité publique[204]. Ce service avait alors largement puisé dans les ressources humaines locales. L'idéologie sous-jacente qui influençait l'ensemble des services para-publics de médiation sociale durant cette période était effectivement reliée à la « politique des grands frères » consistant à recruter des « jeunes de cité », notamment des jeunes reconnus pour être des leaders « positifs » ou « négatifs », afin qu'ils fassent du contrôle social dans leur quartier d'origine. Néanmoins, durant près de cinq ans à la Cité des enfants perdus, le service de médiation sociale, coordonné par un travailleur social expérimenté, avait tenté d'expérimenter, au-delà de la contention des désordres potentiels, un réel travail de médiation, de prévention et d'animation de rue. Cependant, notamment suite à un

204 Cf. M. Boucher, *Turbulences, contrôle et régulation sociale. Les logiques des acteurs dans les quartiers populaires*, Paris, éd. L'Harmattan, 2003.

changement de majorité municipale de la ville centre de l'agglomération, à la fin de son existence, ce service de médiation tendait plus à devenir un service d'information municipal des « figures de désordre » qu'un service d'animation sociale. Dans ce contexte, le service de médiation sociale s'est rapidement délité jusqu'à sa fermeture définitive lorsque le dispositif « emploi jeune » n'a pas été reconduit par l'Etat. Les médiateurs sociaux, dont Nino, ont alors mal vécu la transformation puis la fin de ce service de médiation. Nino a, en effet, eu l'impression d'avoir été utilisé par les acteurs politiques locaux, d'avoir été pressé comme un citron puis jeté lorsque l'on a plus eu besoin de lui. Il s'est profondément senti méprisé et abandonné. En effet, au cours de ses cinq années de travail dans le service de médiation, Nino n'a reçu aucune réelle formation, et surtout, on ne lui a proposé aucune solution d'emploi pérenne lorsque l'agglomération a décidé, finalement, d'arrêter de financer ce service : « j'ai travaillé comme médiateur de quartier pendant cinq ans et au bout de ces cinq ans on m'a simplement dit merci. On avait mis des choses en place, on a bossé et, à la fin, on m'a dit merci ! Tout ce que l'on avait mis en place, c'est tombé à l'eau. Il n'y avait pas de suivi derrière et donc il n'y avait personne pour suivre tout ce que l'on avait mis en place ; pourtant on avait fait du bon boulot pendant ces années-là. » L'abandon de cinq années de travail a donc vraiment été ressenti comme du gâchis par Nino qui a alors tenté, à l'instar de Nelson quelques temps après, de continuer, de façon autonome dans un premier temps, les actions qu'ils jugeaient intéressantes et utiles, notamment les animations sportives de rue.

Des animations sportives de « rue » sous surveillance

L'expérience de Nino dans le domaine de la médiation sociale lui a au moins permis d'expérimenter plusieurs formes d'action, notamment des animations sportives de proximité ouvertes à tous les jeunes de la Cité des enfants perdus sans obligation d'inscriptions préalables et organisées régulièrement. Or, pour mettre en place des activités sportives, Nino a besoin d'utiliser les équipements sportifs municipaux, notamment les gymnases construits au cœur du quartier de la Cité des enfants perdus. Cependant, Nino a dû batailler un certain temps avec la municipalité pour qu'elle octroie officiellement à l'association qui l'emploie des créneaux horaires réguliers des équipements sportifs municipaux sans lesquels il ne peut pas mettre en place des animations collectives. Dans la pratique, pour accéder à des salles polyvalentes, Nino a dû mobiliser ses connaissances personnelles, surtout le chef de la police municipale avec lequel il fait du sport dans un club privé du centre ville, pour débloquer la situation. Or, pour Nino, devoir faire appel à des connaissances personnelles bien positionnées au sein de la municipalité pour tout simplement pouvoir utiliser des équipements normalement prévus pour être fréquentés par les habitants du quartier est inacceptable. Ce freinage politico-bureaucratique souligne, en effet, qu'il n'existe pas de réelle coordination entre l'ensemble des acteurs sociaux, ni de confiance réciproque entre les intervenants municipaux et associatifs pour œuvrer ensemble à la régulation du quartier. En fait, la mairie est d'autant plus encline à favoriser les activités associatives qu'elle arrive à avoir un regard sur celles-ci. Ainsi, Nino peut certes maintenant bénéficier des équipements sportifs pour mener à bien ses actions mais, en échange de ce prêt, il a dû consentir à mettre en œuvre un partenariat avec la police municipale : « Pour avoir des créneaux de gymnase, je suis passé par un ami, le patron de la police municipale, qui a un plus grand bras que moi à la mairie. Mais, en échange, on a créé un partenariat entre mon association et la police municipale. Maintenant, on fait un travail entre les jeunes et la police municipale. On va organiser des rencontres entre les jeunes de la Cité des enfants perdus et la police municipale pour montrer qu'il peut exister un dialogue. »

Production et régulation des « embrouilles de quartier »

Les conflits inter-communautaires sont rares

Dans la cité, Nino ne nie pas l'existence de problèmes pouvant entraîner la production de violences. Des « embrouilles » éclatent régulièrement dans le quartier entre des jeunes, des familles, voire des îlots de la cité. Toutefois, à l'instar de nombreux jeunes rencontrés, Nino est catégorique : contrairement aux apparences et à ce que beaucoup d'acteurs sociaux de l'extérieur déclarent à propos de ces embrouilles, les antagonismes sont rarement « communautaristes ». Elles n'opposent généralement pas des représentants des « communautés » pular, manjak ou diollas mais simplement des jeunes entre eux soutenus par leurs familles et leurs amis. Aussi, privilégier une grille de lecture ethnique de ces conflits, constitue non seulement une erreur mais favorise également, artificiellement, l'émergence de « leaders communautaires » qui ont un intérêt personnel à maintenir la fiction d'une opposition inter-ethnique : « En général, il y a un échauffement entre deux jeunes ; puis, après, cela arrive aux parents et, après, cela dégénère mais cela arrive rarement mais ils (les acteurs politoco-institutionnels) en font une histoire de fous parce qu'ils ont peur que cela pète. » En fait, lorsque des conflits éclatent impliquant des jeunes et leurs familles d'origine étrangère, ce sont d'abord les acteurs politico-institutionnels interprétant ces « échauffements » comme des antagonismes inter-ethniques qui font appel à des « leaders communautaires » pour tenter d'apaiser les relations conflictuelles. Cependant, en procédant de la sorte, ces acteurs prennent le risque de participer réellement à la fondation de « barrières ethniques » qui sont, en réalité, largement fictives. Les habitants du quartier d'origine africaine s'identifient, effectivement, à des groupes culturels spécifiques. Nino revendique ainsi être chrétien[205] et faire partie de la « communauté manjak », la plus représentée à la Cité des enfants perdus. Cependant, selon Nino, même si des « échauffements » peuvent exister entre des parents de culture pular ou manjak, ils ne sont pas reliés à d'importants conflits. Il est donc certain que les jeunes de la Cité des enfants perdus ne se regroupent pas en fonction de ces appartenances « communautaires ».

Un important abandon parental

Nino reconnaît néanmoins que les associations « communautaires » du quartier, souvent constituées de mères et pères de famille (associations sénégalaises, pular…), peuvent avoir une action de pacification assez efficace lors de moments de crispation (procès de jeunes de la cité, focalisation médiatique des problèmes de violence dans les quartiers populaires, etc.) : « Il y a le respect des parents. Si les parents sortent lorsque cela pète, c'est sûr, les jeunes vont rentrer directement. » Cependant, Nino juge assez durement les parents d'origine africaine vivant dans la cité, notamment certaines familles plus stigmatisées que d'autres. Comme Nelson, il affirme en effet que, contrairement à l'époque où il était petit, désormais, la plupart des parents sont plus souples et laissent faire beaucoup de choses à leurs enfants : « Avant, les parents étaient plus durs avec nous et cela marchait. Aujourd'hui, je ne sais pas ce qui se passe mais il y a un laisser aller et des jeunes font un peu ce qu'ils veulent. » En tant que jeune du quartier mais également en sa qualité d'intervenant social, Nino semble, en fait, partager une idée souvent répandue dans l'opinion publique, dans les médias, les forces de l'ordre et l'action sociale selon laquelle il existerait, aujourd'hui, une importante co- responsabilité des parents lorsque les enfants, laissés à eux-mêmes, deviennent incivils, voire délinquants : « Quand je vois les jeunes qui squattent les halls d'immeubles ou les abribus, ce sont des jeunes qui ne vont pas à l'école, qui ne travaillent pas, qui rentrent à l'heure qu'ils veulent, qui se lèvent à l'heure qu'ils veulent. Ils se lavent, prennent leur petit dej, ils mangent puis ils sortent. Du jour au lendemain, ils peuvent ramener des habits, que des fringues de marque ! Je ne sais pas moi, toi t'es parent, comment tu perçois ça ? Ils peuvent même être amenés à donner de l'argent. Sachant qu'ils ne travaillent pas, ils ne peuvent pas te donner de l'argent. Ils le trouvent où cet argent ? Donc, ces parents-là, ils sont quand même conscients que leur enfant deale. » C'est pourquoi, Nino opère clairement une séparation entre les « bons » (nous) et les « mauvais »

205 Dans son enfance, à l'instar de Nelson, Nino a suivi les cours de catéchisme dispensés par les sœurs implantées depuis des années dans le quartier. Aujourd'hui, il continue à fréquenter régulièrement l'église le dimanche. En revanche, Nino indique qu'il ne souhaite pas s'étendre sur le sujet de la religion. Il indique notamment qu'il est mal à l'aise vis-à-vis des prosélytes musulmans qui font beaucoup de propagande dans la cité auprès de jeunes chrétiens afin qu'ils se convertissent à la religion musulmane.

(eux) parents. Pour reprendre les termes de Didier Lapeyronnie[206], afin de se donner une forme « positive », celle d'un jeune bien socialisé par une famille responsable ayant pleinement assumé son rôle en matière d'éducation des enfants, Nino déconsidère d'autres familles du quartier qu'il accuse d'être co-responsables de la dérive de leurs enfants en n'assumant pas suffisamment leur rôle de parents. Dans la cité, selon Nino, il existe donc des familles laxistes tandis que d'autres, même démunies d'un point de vue économique, se comportent comme des éducateurs responsables. Dans tous les cas, pour Nino, les difficultés sociales et l'exploitation vécues par certaines familles ne peuvent excuser le fait qu'elles acceptent de participer à des trafics illégaux. Dans l'adversité, sous peine de perdre l'estime de soi, les principes moraux doivent toujours l'emporter sur l'adaptation pragmatique au « business de quartier ». Nino affirme donc faire partie des familles respectables n'acceptant pas de transiger avec des conduites délinquantes : « Certains (parents) travaillent. Je connais des mamans qui vont faire du ménage : deux heures par-ci ; trois heures par-là. Ces mamans rament pour nourrir le foyer et, derrière, elles laissent traîner leurs enfants dans la rue au lieu de leur trouver un boulot. Elles acceptent aussi de l'argent sale ! Mais l'argent sale, tu vas l'avoir un moment mais cela n'est pas éternel ! »

Des bons et des mauvais

Lorsqu'on l'interroge sur la dynamique du quartier en matière de tranquillité publique, Nino affirme que, malgré les actions entreprises par une multiplicité d'intervenants sociaux dont lui, le « quartier peut (néanmoins) exploser à n'importe quel moment. » En effet, là-encore, comme beaucoup d'acteurs politiques du monde des médias[207] et de la police notamment, Nino pense qu'à l'instar des parents, il existe une dichotomie entre les « bons » et les « mauvais » jeunes dans la cité : « Dans ce quartier t'as les bons et les mauvais. Le quartier n'est pas en totale sécurité parce que tu as pas mal de mauvais quand même. » Dans cette configuration « dialectique », Nino se considère comme « bon » et communique le fait que lui et ses amis sont indispensables pour maintenir la paix sociale dans le quartier. Sans ces figures de pacification que Nino incarne idéalement, il serait, en effet, presque inévitable que les « mauvais jeunes » dominent totalement le quartier et sèment la violence en son sein : « Si la plupart des bons (jeunes du quartier) ne sont pas là à un moment donné, c'est là que le quartier peut péter. » Pour Nino, c'est

206 Cf. D. Lapeyronnie, « L'ordre de l'informe. La construction sociale et politique du racisme dans la société française » in *Hommes & Migrations*, n° 1211, janvier-février 1998, p.62-82.
207 Cf. M. Boucher, « La médiatisation des violences juvéniles et leur ethnicisation. De la stigmatisation à l'éthique de responsabilité » in I. Rigoni (sous la dir.), *Qui a peur de la télévision en couleurs ? La diversité culturelle dans les médias*, Montreuil, éd. Aux lieux d'être, 2007, p. 155-172.

effectivement uniquement grâce à l'implication d'animateurs et de médiateurs de proximité extrêmement engagés et reconnus dans la cité que la plupart des confrontations quotidiennes, notamment entre des jeunes et des policiers ou entre des jeunes et leurs « bandes » respectives, n'aboutissent finalement pas à des explosions colériques pouvant déboucher sur des émeutes urbaines. Selon Nino, l'intervention de « médiateurs » (les bons) est fondamentale pour éviter que dans des circonstances de conflits, les co-producteurs de violence (jeunes, policiers, parents…) autrement dit, les « mauvais » ne finissent pas par « engrainer » l'ensemble de la cité l'entraînant ainsi dans une spirale mortifère.

Cependant, malgré ses efforts, Nino sait qu'il a de grosses difficultés à contenir certaines catégories de jeunes très rebelles vis-à-vis des représentants de l'ordre. Il s'agit notamment des jeunes ayant fait de la prison qui, lorsqu'ils reviennent vivre dans le quartier, sont encore plus révoltés qu'avant leur incarcération. Contrairement à ce qu'une partie de l'opinion publique imagine, loin de les avoir matés, l'expérience de la prison les a endurcis. Ces jeunes deviennent alors les plus « chauds » du quartier : « Mon gros problème sont les jeunes qui sortent de prison. Je cherche des solutions mais, aujourd'hui, il n'y en a pas. Que faire de ces jeunes-là ? Une fois qu'ils ont été incarcérés, qu'ils ont fait leur peine, il faut qu'on leur trouve des choses à faire. Il ne faut pas les laisser comme ça dans la rue. Avant même d'entrer en prison, ces jeunes n'avaient rien. Ils sortent de prison, ils n'ont toujours rien. Qu'est-ce qu'ils peuvent faire ? » Selon Nino, de simples animations ne sont pas suffisantes pour encadrer ces jeunes. Ils ont besoin d'un accompagnement personnel approfondi pouvant peut-être leur permettre de s'inscrire dans une démarche d'insertion sinon ils se retrouvent sans perspective d'avenir crédible. Or, la plupart du temps, ces jeunes paraissent abandonnés à leur sort et expriment une grande haine qui est difficilement canalisable : « Je suis mal quand ils me racontent ce qu'ils ont vécu. Ils me disent que je n'étais pas là quand on leur demandait de baisser leur froc et qu'on leur parlait comme s'ils étaient des chiens. En tant qu'éducateur, t'es mal. Tu te dis, je peux leur dire quoi ? A part leur dire : calmez-vous, je comprends… mais tu ne peux pas comprendre puisque tu ne l'as pas vécu. »

Des représentants de l'ordre opérateurs de désordres

Un tournoi de foot sous haute-tension : « Les matons sont venus au gymnase »

Comme nous l'avons vu avec les « jeunes turbulents » du quartier, la Cité des enfants perdus a la particularité d'abriter une prison sur une partie de son territoire surnommée par les jeunes et une large proportion des habitants de la cité : prison sans retour (PSR). L'existence d'une prison sur un « territoire sensible » comme la Cité des enfants perdus oblige donc les autorités publiques à prendre en compte cette réalité sachant que beaucoup de jeunes de la cité sont ou ont été incarcérés dans cet établissement pénitencier. La plupart des jeunes de la Cité des enfants perdus ont en effet vécu personnellement ou entendu parler d'une histoire ayant un lien avec la prison de Trincamp. Autrement dit, un nombre important de jeunes de la Cité des enfants perdus ont des raisons d'en vouloir collectivement et quelquefois personnellement aux agents pénitenciers qui font respecter l'ordre dans la prison, c'est-à-dire les « matons » qui sont au moins autant détestés et même quelquefois plus que les policiers par certains jeunes. Or, durant l'enquête, un dysfonctionnement du service municipal en charge de la distribution des salles a finalement conduit à ce que des jeunes du quartier entrent en confrontation avec des « matons » de la prison. En fait, l'explosion d'une émeute a été évitée de peu.

Dans la pratique, la municipalité a mis en place un dispositif intitulé le « challenge de la ville » consistant à organiser un petit championnat amateur de « foot en salle » entre plusieurs équipes regroupant des employés des plus grandes entreprises de la ville. Ainsi, pour s'entraîner, ces équipes utilisent régulièrement des équipements sportifs municipaux dont certains sont situés dans le quartier de la Cité des enfants perdus. Ceci ne pose d'ailleurs généralement pas de problèmes notamment lorsqu'il s'agit des équipes du centre hospitalier local ou même des pompiers. En revanche, faire s'entraîner l'équipe des surveillants de prison dans le quartier de la Cité des enfants perdus comporte, évidemment, beaucoup plus de risques pour la paix sociale. Dès lors, la municipalité a fait en sorte que les activités sportives encadrées par Nino ne se produisent pas les mêmes jours que les entraînements de l'équipe de football des surveillants de prison. Cependant, malgré ces précautions, un quiproquo a finalement conduit à l'éclatement d'affrontements physiques entre une partie des jeunes de la Cité des enfants perdus fréquentant les activités sportives de rue et des membres de l'équipe de football amateur des surveillants de la prison de Trincamp. En effet, le jour des affrontements, contrairement à ce qui se produit habituellement, Nino avait bien été informé par la ville qu'il ne devait pas organiser d'activités sportives avec les jeunes. Or, même si Nino n'est pas venu encadrer d'activités ce soir-là, de nombreux jeunes n'ayant pas été mis en courant de la modification du programme se sont néanmoins rassemblés dans le gymnase. Ils ont alors eu la stupeur de constater que des « matons » occupaient « leur » salle de sport à leur place. Très rapidement, la situation dégénère nécessitant donc l'intervention de Nino et d'autres « jeunes responsables » dont Nelson pour tenter d'éviter que la confrontation n'aboutisse à des violences. Concrètement, Nelson étant sur les lieux, celui-ci a appelé en renfort Nino et d'autres « animateurs ». Cependant, malgré leurs tentatives de médiation, des jeunes très énervés ne semblent pas prêts à dialoguer avec les surveillants et se montrent très agressifs. Pour légitimer leur colère auprès des « médiateurs », ces jeunes leur expliquent que, lorsqu'ils étaient incarcérés, les « matons », dont certains sont présents dans la salle, les ont traités comme des « chiens », n'ont pas arrêté de les « mettre à l'amende » et de les maltraiter : « Les jeunes m'ont expliqué qu'en prison, on les prenait pour des moins que rien. On leur disait : - baisse ton froc ! » En effet, en prison, les matons étant en position de force, en profitent pour insulter et humilier les détenus. Ces jeunes expliquent alors à Nino que, cette fois-ci, le rapport de force s'est inversé. Dans leur quartier, ce sont maintenant les ex-détenus qui sont supérieurs en nombre. Dès lors, dans un esprit de revanche, c'est au tour des « matons » de « morfler » et d'avoir peur de perdre la face. Pour ces jeunes, l'occasion de se venger est bien trop belle et ils décident alors de reproduire ce que les surveillants leur ont fait subir : « Ils se sont mis à la place des matons – Viens-là, c'est le gradé qui te parle ! Viens-là, t'as pas compris ou quoi ? C'est le gradé qui te parle ! C'est moi le boss ici, c'est moi le chef ! » Le climat de tension était alors très fort mais des forces de l'ordre appelées par le gardien du gymnase sont intervenues brutalement pour disperser les jeunes présents. La police intervient effectivement massivement (cinq véhicules de police, des chiens et un fourgon) pour mettre un terme à la confrontation jeunes/surveillants de prison : « Quand les flics ont débarqué, j'étais là, devant la porte des vestiaires des matons et je vois les flics débouler. J'ai dit aux jeunes de sortir et de ne pas se prendre la tête pour rien. Les jeunes sont sortis tranquillement et sont tous rentrés chez eux.» En définitive, l'extension du climat de violence a donc, heureusement, été évitée notamment grâce à l'intervention des animateurs de proximité. Face à la présence des « matons » et à l'intervention musclée de la police, ceux-ci ont su apaiser les esprits. En revanche, Nino exprime de la rancœur à l'encontre du gardien de gymnase qu'il accuse de mettre de l'huile sur le feu.

« Un gardien de gymnase à la limite facho ! »

Nino indique qu'à l'instar de beaucoup de jeunes du quartier, il entretient de mauvaises relations avec le gardien du gymnase « Pablo Neruda », situé au cœur de la Cité des enfants perdus. Ce gardien est décrit comme un « petit blanc ». Il est accusé d'être hypocrite et de stigmatiser les jeunes du quartier. Ainsi, lors des affrontements entre les jeunes et les surveillants de prison, Nino souligne que ce gardien n'a pas hésité, d'une part, à faire appel à la police sans en parler aux animateurs présents ce qui aurait pu avoir des conséquences graves et, d'autre part, à rédiger un rapport à destination de sa hiérarchie municipale dénonçant le comportement des jeunes de la cité et celui de leurs animateurs. En fait, Nino accuse cet agent municipal de racisme et de discrimination anti-jeunes. Il considère que ce gardien ne facilite pas les relations entre la jeunesse du quartier et les représentants institutionnels. En fait, tout son comportement montre, dit-il, de l'hostilité envers les jeunes de la cité ce qui est contre-productif pour la cohésion sociale : « Le lendemain (de la confrontation jeunes/surveillants de prison), il ne m'a même pas dit bonjour tellement il avait honte de ce qu'il avait fait. Il a rédigé un rapport contre nous (les jeunes du quartier). Lui, c'est un gardien, à la limite facho mais il ne va pas te le montrer en face par contre derrière... Il faut voir tous les rapports qu'il a faits contre nous ! Il nous fait toujours des rapports dans le dos pour dire que cela s'est mal passé. » Certes, ce fonctionnaire occupe un poste peu prestigieux au sein de la municipalité. Cependant, ce qu'exprime Nino et de nombreux jeunes de la cité rencontrés à propos de ce gardien, montre que son comportement quotidien peut avoir de graves conséquences sur le déclenchement de confrontations violentes : « Pour moi, il (le gardien du gymnase) ne peut pas gérer la situation avec les jeunes. Je sais que si je ne suis pas là, cela se passerait mal avec les jeunes ; ça c'est sûr. C'est sa manière d'être, sa manière de parler et de dire les choses. »

Lors de l'interview avec ce gardien, notamment lorsqu'il a également décrit la scène de confrontation entre des jeunes de la cité et des surveillants de prison, celui-ci a exprimé de la méfiance, voire de la crainte vis-à-vis des « gars de quartier ». Par ailleurs, les termes utilisés pour désigner ces jeunes (eux) ne laissaient effectivement pas de doute sur l'existence de préjugés xénophobes qu'il développe à leur encontre : « Des Noirs sont arrivés par groupe dans le gymnase. Les jeunes blacks, je ne les connais que de vue car leurs noms sont incompréhensibles (...) Là, il y avait un petit black et une sorte d'Algérien que j'avais déjà arrêté parce qu'il fumait son pétard dans la salle. Ils sont venus provoquer les gardiens dans leur vestiaire (...) Les blacks tapaient sur la porte du vestiaire et voulaient entrer en force (...) Les Noirs étaient tous autour des gardiens (...) La police est alors arrivée en nombre avec des chiens et les Noirs n'aiment pas les chiens (...) Là, ça sortait. Un Noir est venu me voir pour me demander si c'était moi qui avais mouchardé (...) La police a escorté les gardiens jusqu'à leurs voitures et les Noirs étaient encore regroupés devant le gymnase (...) Les policiers ont attendu que tous les blacks soient partis pour que je puisse sortir et tout fermer (...) Mais c'est toujours les mêmes, avec les Noirs il y a ce petit Arabe avec son pétard. Il a déjà fait de la taule ; il est provocateur et a des yeux... Ces gens-là, il vaut mieux les prendre de loin (...) Ils (jeunes noirs) parlent dans leur langage, leur langue de blacks et je ne comprends pas. (...) Quand ils font du foot en salle, les jeunes de la rue, ce sont des brutes ! »

L'attitude négative de ce gardien est d'autant plus mal acceptée par Nino et ses pairs que les autres gardiens municipaux ont, eux, un comportement empathique à l'égard de la jeunesse du quartier. Certains de ces gardiens sont d'ailleurs encore assez jeunes et sont issus de la cité : « Avec les autres gardiens, il n'y a rien. Il n'y a jamais d'incidents. Pourquoi avec les autres ça marche et pourquoi avec lui il y aurait des problèmes ? » Ainsi, à la Cité des enfants perdus, le comportement d'un simple agent municipal vis-à-vis de la jeunesse peut entretenir un climat de tension pouvant, un jour ou l'autre, provoquer des réactions violentes : « Si je ne suis pas là, cela peut dégénérer à tout moment et, même pour lui-même, (le gardien) c'est pas bon parce que si, par exemple, il habite sur le quartier et qu'il n'est pas bien avec eux (les jeunes de la cité) et bien le jour où il en croise deux ou trois, cela peut se régler comme ça… Moi, je lui ai dit plusieurs fois qu'il fallait qu'il se méfie. »

« Les flics sont très mal vus dans la cité »

Nino confirme que le quartier est sous tension de façon quasi permanente. Une simple étincelle peut, à tout moment, enflammer l'ensemble de la cité. Dans cette optique, selon Nino, les confrontations quotidiennes entre les jeunes et la police sont des situations typiquement dangereuses pour la tranquillité publique au sein de la cité : « Une simple embrouille avec les flics peut faire péter le quartier car les flics sont vraiment des gens qui sont mal vus ici. » Or, depuis plusieurs années maintenant, notamment depuis les émeutes de l'automne 2005, les antagonismes entre les jeunes et la police n'ont fait qu'empirer. Pourtant, Nino a suffisamment d'expérience en tant qu'intervenant social dans le quartier pour se rappeler une autre époque, pas si lointaine, où des policiers conscients de leur responsabilité en matière de tranquillité publique entretenaient de bonnes relations avec beaucoup d'acteurs sociaux, notamment les agents locaux de médiation sociale mais également avec une grande partie de la population dont de nombreux jeunes. Durant cette période, Nino a d'ailleurs tissé des liens de respect puis d'amitié avec des policiers. Pour faire leur travail, ces policiers semblaient chercher, avant tout, à comprendre la complexité des inter-relations développées au sein de la cité. Ainsi, grâce à leur connaissance fine des micro-relations en œuvre dans le quartier, notamment le repérage de leaders « positifs », ces policiers ne paraissaient pas faire d'amalgames entre les « bons » et les « mauvais » pour reprendre la terminologie de Nino. Cependant, avec une certaine nostalgie de cette époque où il était encore possible de s'afficher dans le quartier avec certains policiers repérés par les jeunes comme de « bons flics », Nino indique que les choses ont désormais bien changé. Ces policiers sont maintenant à la retraite, ont été mutés et ceux qui les ont remplacés dans la cité sont très distants et, surtout, agissent principalement de manière répressive : « Aujourd'hui, j'ai toujours des amis flics ; par exemple, l'ancien policier référent de la Cité des enfants perdus qui travaillait beaucoup avec nous, les médiateurs. Avec lui il n'y avait rien, c'était bien. Avec lui, il y avait le lien ; on pouvait discuter et dialoguer ; il demandait à rencontrer les parents. Il y avait du dialogue mais aujourd'hui ce n'est plus pareil, c'est plus de la répression donc et c'est pour cela que cela peut péter à n'importe quel moment. » Dans ce contexte, Nino continue certes d'entretenir des rapports d'amitié avec certains policiers, notamment, comme on l'a vu précédemment, avec le chef de la police municipale qui fréquente la même salle de sport. Cependant, il ne montre pas cette relation amicale dans la cité. Dans un climat de nette dégradation des relations police/jeunes, cette relation singulière pourrait, en effet, être très mal perçue par beaucoup de jeunes qui expriment désormais une véritable « haine » à l'encontre de toutes les forces de l'ordre. Nino ne souhaite pas, en effet, prendre le risque d'être taxé d'indicateur, de « faux-frère » et de « balance » et donc de ne plus pouvoir agir pour jouer son rôle de régulateur de tensions.

Des réactions juvéniles face aux provocations policières : « Les jeunes ont leurs « têtes de flics »

A l'instar de beaucoup de jeunes du quartier, Nino pense qu'au-delà du fait que les médias ont largement contribué à l'embrasement de beaucoup de quartiers populaires durant l'automne 2005, à la Cité des enfants perdus, le déclenchement des émeutes doit également et surtout être relié aux mauvaises relations entre la police et les jeunes de la cité. Il existe, en effet, de nombreuses histoires de « règlements de comptes » entre des policiers et des jeunes qui concourent à entretenir un climat d'hostilité qui débouche quelquefois sur des violences. Ainsi, si les émeutes de 2005 ont été si spectaculaires à la Cité des enfants perdus, c'est que de nombreuses rancœurs accumulées ne demandaient qu'à exploser à ce moment là. Pour illustrer ses propos, Nino indique que, depuis longtemps, certains policiers se comportent comme des membres d'une « bande » adverse n'hésitant pas à provoquer les jeunes en les incitant à s'affronter avec eux pour leur montrer qu'ils sont les plus forts sur leur propre territoire : « Dans le quartier, si on fait un bilan, il y a tellement de choses qui se sont passées. Les flics donnent même des rendez-vous aux jeunes pour qu'ils se tapent dessus... Ils leur disent : - Dans les autres quartiers ça bouge et vous (les jeunes de la Cité des enfants perdus), vous êtes là, tranquilles. Vous êtes des baltringues ! Ça donne des rendez-vous ! Les flics passent l'après-midi, baissent le carreau (de leur voiture) et donnent rendez-vous à telle heure : - Si vous êtes des bonhommes, venez sinon... ». Néanmoins Nino fait une distinction entre les pratiques policières de la BAC et celles des CRS. Selon lui, ce sont, en effet, les policiers de la BAC qui provoquent les jeunes tandis que les CRS font régulièrement de l'« abus de pouvoir » pendant les contrôles : « Ce sont les policiers de la BAC qui jouent les cow-boys. Pendant les interventions, les CRS jouent quelquefois les cow-boys mais, surtout, ils t'arrêtent, te demandent tes papiers, parfois les jettent par terre et te demandent de les ramasser. Si tu ne les ramasses pas, tu te fais taper dessus. »

Tous ces comportements enveniment les relations police/jeunes à tel point que lorsqu'ils ne sont pas en position de force, des policiers évitent de s'exposer dans le quartier. Nino souligne que les agents du poste de police ne sortent pratiquement jamais de leur local : ils ont trop peur. En revanche, dès lors que ces policiers se retrouvent en situation de force, ils se vengent : « Sur les fouilles, ils se vengent. A la limite ils te crachent dessus, jettent ta caquette par terre. » La spirale des confrontations violentes et des envies de vengeance est donc bien établie. En effet, lorsqu'une interpellation se passe mal, les jeunes contrôlés identifient personnellement les policiers qui se sont mal comportés à leur égard en espérant trouver un jour l'opportunité qui leur permettra de prendre leur revanche. Ainsi, présent lors des émeutes de 2005, Nino affirme que des jeunes émeutiers ne frappaient pas au hasard. Ils tentaient de repérer les policiers avec lesquels ils avaient eu des problèmes : « Une fois qu'un flic a eu un échauffement avec un jeune, il l'identifie et il est visé directement. Par exemple, lors des émeutes, ils (les jeunes émeutiers) avaient leurs têtes ! Ils ne s'attaquaient pas à n'importe qui. Ils avaient leurs têtes. Les flics eux-mêmes le savaient et ceux qui étaient particulièrement recherchés n'étaient donc pas devant. Ces flics savent qu'au moindre coup ou échauffement ils seront visés.»

Des médiateurs traités comme des perturbateurs : « Quand t'es médiateur, tu n'es rien du tout ! »

Nino entretient donc une relation ambivalente avec les forces de l'ordre. En effet, nous avons vu qu'il développe des relations personnelles amicales avec certains policiers qu'il considère, au premier chef, comme des personnes compréhensives et humaines. A l'extérieur du quartier, Nino a ainsi pu tisser des relations de reconnaissance réciproque avec des représentants de l'ordre. En revanche, aujourd'hui, à l'intérieur du quartier et, plus généralement dans sa vie quotidienne, Nino exprime une grande méfiance envers la police avec qui il a connu de mauvaises expériences personnelles. Nino relate précisément plusieurs anecdotes dans lesquelles il s'est confronté aux forces de l'ordre, notamment dans le cadre de son travail de médiation et d'animation. Ainsi Nino indique que certains de ses collègues, comme lui, ont dû subir plusieurs fois des interpellations musclées de la part de policiers qui ne reconnaissaient pas leur travail de médiation. Pour ces policiers, les médiateurs étant présents dans la rue, le soir, ceux-ci étaient amalgamés à des « jeunes de quartier » potentiellement perturbateurs et, par conséquent, traités comme tels, autrement dit, ils étaient la plupart du temps maltraités lors des interpellations : « Moi, j'en ai eu des interpellations avec les flics qui se sont mal passées. En tant que médiateur même, j'ai eu un collègue qui a été mis en garde à vue alors qu'il travaillait. Quand il est arrivé devant le juge, il a expliqué qu'il était médiateur – T'es qui ? Médiateur ? Tu n'es rien du tout ! Un agent de la police te parle. Tu fermes ta gueule et tu ne l'ouvres pas. C'est comme ça que la juge lui a parlé. » Lorsqu'il était médiateur, Nino a, en fait, très mal vécu ces confrontations avec la police. Il se considère donc comme une « victime » des forces de l'ordre. A cette époque, ayant en effet le sentiment d'œuvrer dans le même sens que les gardiens de la paix, autrement dit, de participer à l'établissement de la tranquillité publique au sein de la Cité des enfants perdus, il n'accepte pas d'être traité comme un jeune trublion, d'être humilié et insulté par des policiers alors qu'il est dans l'exercice de ses fonctions de médiation. Nino a alors tenté de dénoncer ces pratiques discriminatoires en interpellant un représentant de l'Etat : « A l'époque, quand j'étais médiateur, j'avais été reçu par le substitut du procureur de la République et je lui avais tout craché à la gueule. Je lui avais expliqué comment intervenaient les policiers. Il n'y a pas à le cacher. » Par ailleurs, ces confrontations avec la police ont été d'autant plus mal supportées par Nino qu'elles exprimaient le fait que les médiateurs ne sont généralement pas reconnus par les autres acteurs sociaux (forces de l'ordre, travailleurs sociaux, enseignants...) comme étant des professionnels de la régulation sociale. Les médiateurs sociaux, issus des quartiers populaires, sont, en effet, généralement considérés comme des « jeunes de quartier » pouvant certes, quelquefois, servir opportunément la paix sociale mais aussi utiliser cette « identité professionnelle » pour, en réalité, camoufler des pratiques juvéniles délinquantes largement développées dans les cités.

*

*　　*

Selon Nino, il existera toujours une forte crainte que le quartier explose si les relations entre les forces de l'ordre et la jeunesse ne s'améliorent pas fondamentalement. Pour éviter des désordres urbains, il est, en effet, indispensable que des liens différents s'établissent entre les jeunes et la police. Dès lors, il faut absolument stopper des modes d'intervention policiers vexatoires considérés comme des « abus de pouvoir » par les jeunes du quartier. En effet, ces modes d'intervention pourrissent durablement les inter-relations police/jeunes et entraînent des envies de « vengeance réciproque ». Or, notamment depuis la disparition du service de médiation sociale, les confrontations entre la police et les jeunes se sont accentuées. En effet, même si nous avons vu que lorsque ce service existait les médiateurs n'étaient pas pour autant considérés comme de réels partenaires par les forces de l'ordre, les médiateurs sociaux étaient néanmoins généralement bien reconnus par les jeunes de la cité et pouvaient donc agir pour réguler et apaiser les tensions. Ainsi, pour Nino, si les médiateurs n'avaient pas déjà été renvoyés au moment des émeutes de 2005, il n'y aurait certainement pas eu autant de « casse ». Nino est persuadé que si les médiateurs avaient fait une ligne entre les policiers et les jeunes lors de l'explosion des émeutes, les jeunes n'auraient pas lancé de boules de pétanque et de cocktails molotovs sur eux, ce qui aurait donc évité que le quartier s'embrase. Dans la pratique, contrairement à ce que l'on pourrait imaginer, ce n'est donc pas la peur d'affronter des policiers sur-armés qui pourrait empêcher des jeunes révoltés de la cité de passer à l'acte et de participer à des violences mais l'existence de « médiateurs » et de figures de régulation décidés à maintenir le dialogue avec les jeunes prêts à en découdre avec les représentants de l'ordre. Cependant, pour que ces spécialistes de la régulation de proximité maintiennent leur volonté d'engagement, encore faudrait-il qu'ils soient pleinement respectés et reconnus. Or, nous avons vu que Nino est un « jeune régulateur » blessé. Depuis qu'il a l'âge de raison, toute son existence s'est organisée dans le cadre d'actions constructives (pratique du sport, engagement associatif, interventions de médiation et d'animation…). Nino est ainsi extrêmement fier de dire qu'il s'est aujourd'hui fait un nom dans le quartier. Grâce à l'accompagnement de nombreux jeunes mais aussi suite à plusieurs interventions ayant permis à certains « gars du quartier » de trouver du travail et à d'autres de revenir dans le droit chemin, Nino est un garçon bien respecté dans la cité. Il est aussi reconnu pour son code de conduite apparemment irréprochable. Nous avons vu que Nino fait, en effet, une nette distinction entre les « mauvais » (parents/jeunes) et les « bons » habitants de la cité ; il est donc heureux d'appartenir à cette dernière catégorie. Il a même le sentiment de représenter un « modèle » de jeune entreprenant et responsable. En ce sens, la formation de « jeunes en responsabilité » qu'il a suivi après son expérience de médiateur l'a beaucoup marqué. Les valeurs morales respectueuses des règles collectives et des lois structurent l'ensemble de sa vie quotidienne et influencent énormément son engagement dans le sport. Pour Nino, la pratique sportive demeure, en effet, « le meilleur moyen de communication et d'intégration » des jeunes de la Cité des enfants perdus dont beaucoup gardent l'espoir de réussir un jour dans ce domaine (selon Nino, les quartiers sont des viviers de talents sportifs mais largement sous exploités en raison des stéréotypes développés sur les jeunes des quartiers populaires). Pour autant, malgré son total engagement dans le monde de l'animation, de la médiation et de l'éducation sportive lui garantissant une certaine autorité auprès des jeunes du quartier et des acteurs associatifs de proximité, Nino souffre de ne pas être suffisamment reconnu par les professionnels de l'action sociale, socioculturelle et sportive qui continuent de le considérer, avant tout, comme un « gars de quartier ». Pire, malgré tous ses efforts d'« intégration », les acteurs « extérieurs », notamment les forces de l'ordre, l'associent généralement à une « figure de peur » parce qu'il est issu et vit toujours dans une cité populaire. Par conséquent, cet écart entre ce qu'il pense représenter, autrement dit, un acteur de régulation et d'apaisement important dans la cité et la stigmatisation dont il fait régulièrement l'objet de la part d'acteurs sociaux institués ne le reconnaissant pas comme l'un des leurs ou par des représentants de l'ordre le considérant d'abord comme un « jeune de cité » potentiellement violent et délinquant, suscite chez lui un réel sentiment d'injustice et des réactions ambivalentes face aux épreuves de mépris qui, systématiquement, le dévalorisent : d'un côté, Nino a réellement la volonté de continuer à incarner une figure de médiation au sein du quartier (il est d'ailleurs prisonnier de cette image) et, de l'autre, il exprime également des signes de découragement et des envies de révolte à l'encontre de ceux qui ne le reconnaissent pas comme un acteur incontournable de régulation sociale et, même, le trahissent et l'humilient régulièrement à l'instar de certains policiers, de personnels municipaux ou d'acteurs politico-instutionnels. Nino exprime donc le fait que, dorénavant, il acceptera de continuer à se sur-engager auprès des jeunes du quartier qu'à la seule condition qu'il soit pleinement reconnu comme un « éducateur » et traité comme tel (au milieu de l'enquête, Nino a entamé un processus de qualification professionnelle dans le champ de l'animation socioculturelle), y compris par les forces de l'ordre. Sinon, à l'instar de la plupart des intervenants sociaux agissant dans la cité, il menace de faire le strict minimum (après 18h, seul Nino organise des activités éducatives pour les jeunes de 9 à 25 ans). Or, Nino a conscience que ce désengagement personnel aurait rapidement des conséquences négatives sur la capacité d'encadrement de la « jeunesse turbulente ».

///////// Chapitre 8

Délateurs et protecteurs : Abdulaï, Salimata, Seynabou et les autres, des « parents volontaires »

Après plusieurs mois d'investigation dans le quartier de la Cité des enfants perdus, grâce à la construction d'une relation de confiance avec plusieurs « adultes relais » travaillant comme médiateurs interculturels dans la principale association de proximité spécialisée dans la gestion des conflits familiaux et inter-communautaires, nous rencontrons, à plusieurs reprises, des parents d'adolescents de la cité, tous migrants d'origine africaine (Sénégal, Mali, Cameroun, Congo), des pères et des mères dont certains sont très impliqués dans la vie associative locale. En effet, beaucoup de ces parents participent à des associations dites « communautaires » ou ethno-culturelles (Femmes africaines de l'Eure, Association d'aide au développement de l'île de Jeta, Femmes Baïnouk, Communauté africaine de la Cité des enfants perdus, Association Trincampoise des Sénégalais, Association des Pulaars de l'Eure, etc.) permettant notamment aux familles immigrées de garder un lien avec leurs pays d'origine en favorisant son développement (envoi de médicaments, construction d'écoles, etc.) mais aussi de maintenir des solidarités singulières en France. Aussi ces associations favorisent-elles des échanges culturels et linguistiques, l'entraide en cas de décès ou de mariage, l'organisation de « tontines[208] », et de sorties familiales. Ces associations offrent également des possibilités de sortir de l'isolement ou d'améliorer les relations entre les parents et les enfants. Bien qu'assez fragiles puisque ces associations sont généralement auto-financées et reposent, en grande partie, sur le volontarisme de quelques figures charismatiques, elles intéressent néanmoins beaucoup les pouvoirs publics en charge de la paix sociale (police, justice, municipalité). En effet, l'existence de ces associations permet aux autorités, ayant des difficultés à encadrer efficacement les jeunes des quartiers populaires, d'entrer en relation

208 Les « tontines » sont des associations plus ou moins formelles regroupant des membres d'un groupe culturel, d'une famille, des voisins ou des particuliers développant des liens sociaux forts qui décident de mettre en commun des biens ou des services au bénéfice de tous. Dans la pratique, un groupe de personnes décide de créer un pot commun où chacun versera la même somme d'argent régulièrement. Cette somme profite alors à chacun, à tour de rôle, sous forme d'un prêt sans intérêts. Les tontines permettent ainsi aux plus pauvres n'ayant pas accès au crédit bancaire de pouvoir néanmoins financer des projets indispensables à la vie familiale ou « communautaire ».

avec leurs parents. Dans la pratique, parallèlement à la réalisation d'entretiens individuels approfondis, nous avons pu organiser des réunions collectives avec des parents, notamment avec une vingtaine de mères et de pères de familles, mobilisés et responsabilisés par des représentants du pouvoir municipal et de l'Etat afin qu'ils participent intensément à la co-production de la sécurité et à l'auto-contrôle de leurs enfants[209].

Des « volontaires citoyens » pour assurer la tranquillité publique

Quand les mamans se lèvent

Face à nos interrogations sur leur vie quotidienne dans le quartier de la Cité des enfants perdus, la vingtaine de femmes présentes lors des réunions collectives, toutes d'origine africaine, commencent par nous dire que, contrairement à ce qui est régulièrement véhiculé par les médias, « il ne se passe pas que des mauvaises choses dans le quartier ». En se définissant comme des « mamans » (beaucoup de femmes ont entre 4 et 9 enfants, âgés de 2 à 30 ans, dont la plupart sont nés en France), ces femmes se citent en exemple en soulignant qu'il existe des réalités « positives » dans la cité. Ces mères de famille se mobilisent, en effet, pour parler régulièrement ensemble des difficultés vécues par beaucoup de jeunes de la cité et, aussi, dans la mesure du possible, pour tenter de trouver des solutions collectives. Ces femmes affirment qu'elles se sentent plus fortes ainsi pour faire face ensemble au défi que représente l'éducation de leurs enfants dans un environnement social, culturel et politique n'acceptant pas que s'exerce l'« éducation traditionnelle », quelquefois rude, de leurs pays d'origine[210] : « Nous, au pays, si mon père ou ma mère me tape pour m'éduquer, je l'accepte parce que c'est mon papa ou ma maman mais ici (en France) tu n'as pas le droit de taper l'enfant ou de faire ceci ou cela ; c'est aussi pour ça que les enfants dépassent les limites. » Cependant, ces femmes tiennent à préciser que, même si leurs propres enfants ne sont

209 Durant les discussions collectives, les femmes parlant tantôt en français, tantôt dans une langue vernaculaire africaine (Wolof, Bambara, Soninké...) l'intervention de traducteurs (habitants et adultes relais) s'est avérée souvent nécessaire mais n'a pas pour autant porté préjudice à la qualité des échanges extrêmement vifs et animés.

210 Lors des entretiens individuels, les hommes expriment le même point de vue que les femmes à propos de l'éducation des enfants en France. Ils considèrent également que les lois de la République protégeant les enfants, certes sont nécessaires, mais participent aussi à restreindre leur autorité parentale. En effet, empêchés de pouvoir éduquer leurs enfants comme ils l'ont été eux-mêmes en Afrique, ils ont le sentiment d'être délégitimés en tant qu'éducateurs. En revanche, tous les hommes rencontrés indiquent leur difficulté à maintenir une « autorité paternelle » forte dans un environnement culturel et politique propice à l'émancipation des femmes et à la sur-protection des enfants. Aussi, les services sociaux sont-ils perçus comme les complices de ces logiques. En fait, se percevant comme les véritables « perdants » du processus d'acculturation, ces hommes révèlent un profond désarroi face à la décomposition du modèle patriarcal qu'ils pensent génératrice de beaucoup de conflits familiaux rendant plus difficile l'éducation des enfants. Ainsi, Souleymane indique que les Africains du quartier sont souvent en « guerre » avec leurs épouses.

pas directement concernés par des faits de délinquance ou de violence, elles considèrent néanmoins que tous les jeunes de la cité sont un peu leurs enfants et qu'elles ont donc une « responsabilité parentale » vis-à-vis d'eux. Elles soulignent qu'il est effectivement possible de faire des choses pour que les jeunes, très souvent révoltés face à leur condition sociale difficile, ne sombrent pas tous dans la violence. Face aux épreuves de certains jeunes et au sentiment d'impuissance de beaucoup de parents du quartier souvent accusés, notamment par des médias, des enseignants, des travailleurs sociaux ou des élus, de ne pas assumer leur fonction éducative, ces femmes veulent montrer, d'une part, que tous les jeunes du quartier ne sont pas « pourris » et, d'autre part, que tous les parents d'origine africaine de la cité, ne sont pas des « mauvais » parents, autrement dit qu'ils gardent encore de l'autorité et qu'ils s'organisent pour la faire respecter : « On a vu que nos enfants ont vraiment des difficultés. Ce n'est pas seulement le fait de parents qui ont abandonné. On a vu qu'il y a autre chose qui fait que ces enfants se révoltent tout le temps. Ça nous fait mal car ce sont nos enfants et tout ce qui les touche nous touche. Voilà pourquoi on s'est réuni pour essayer de faire quelque chose pour ces enfants-là. Ils ne sont pas tous pourris ; certains peuvent encore être récupérés. »

Des trophées de la République

En fait, ces femmes se sont initialement regroupées suite à la sollicitation d'« adultes relais » de l'association de médiation interculturelle du quartier elle-même mobilisée par les autorités préfectorales et policières cherchant à motiver des parents de la cité pour qu'ils participent au maintien de l'ordre au sein de la Cité des enfants perdus. Dans la pratique, après des épisodes de violences juvéniles entre des jeunes de deux quartiers limitrophes durant l'été 2007, l'association de médiation interculturelle lance un « appel » à tous les parents de la Cité des enfants perdus pour qu'ils s'organisent et se prennent en main pour empêcher l'explosion de nouvelles violences. Dès lors, une vingtaine de mères de familles d'origine africaine fréquentant déjà l'association de médiation dans le cadre d'un « atelier parentalité » décident de répondre à cet appel et de se réunir régulièrement sous la coordination d'une « adulte relais », également d'origine africaine, mère de famille et longtemps habitante du quartier, avec laquelle elles ont déjà tissé une forte relation de confiance. Cette « adulte relais » leur a notamment appris l'importance de dialoguer avec leurs adolescents pour faire baisser les tensions au sein du foyer familial ainsi que dans le quartier : « - *Diarra* (adulte relais) : « Au début de nos réunions, c'était un peu difficile mais, à partir du moment où l'on a commencé à échanger un peu, des parents ont compris qu'il n'y avait pas que les enfants qui pouvaient se plaindre de leurs parents ; les parents peuvent aussi se plaindre de leurs enfants. Ils peuvent se plaindre au juge du mauvais comportement de leurs enfants. Les parents peuvent aussi essayer de plus dialoguer avec leurs enfants. Depuis que nos réunions ont eu lieu, il y a beaucoup plus de dialogues au sein des familles. Les parents qui fréquentent nos réunions ont déjà appris à demander à leurs enfants comment s'est passé leur journée à l'école mais aussi ce qui s'est passé dehors. Ainsi, si un parent constate que son enfant monte à la maison en colère, il peut essayer de lui demander qu'est-ce qui se passe. On ne sait jamais ; peut-être que ce jeune-là a eu un conflit avec d'autres jeunes et qu'il est rentré chez lui pour chercher un couteau ou une autre arme pour aller tuer ! Dans ce cas, si la maman dialogue avec son enfant, elle peut peut-être l'apaiser et éviter ainsi un drame. Ce jeune pourra redescendre la tête haute en disant aux autres que ses adversaires ont eu la vie sauve grâce à sa mère. Les parents ont compris que le dialogue peut sauver des vies.»

Ces mères de famille deviennent ainsi des interlocutrices privilégiées de l'association de médiation mais également des pouvoirs publics, notamment des dirigeants de la police, qui utilisent cette association pour entrer en contact avec des parents capables de policer l'espace public surtout lors de moments de tensions entre des bandes de jeunes ou entre des jeunes et des policiers : « - *Diarra* (adulte relais s'adressant directement aux parents) : L'autre jour, j'ai été témoin d'un contrôle par des CRS. Ils ont entouré un jeune qui était dans sa voiture, juste en bas de son immeuble et je suis intervenue. A partir du moment où je me suis présentée, que j'ai renseigné les policiers sur l'identité du jeune, mis en confiance, les CRS m'ont remerciée et ont relâché le jeune. Je suis intervenue car aucun parent n'était présent à ce moment là. Mais l'autre jour, quand il y a eu la descente (dans le quartier) du commissaire de police et des CRS, vous avez vu par vous-même que si les parents n'avaient pas été dehors, ils (les policiers) auraient embarqué tout le monde mais, à partir du moment où le commissaire de police nous a vus dehors, il nous a dit : « vraiment, j'ai confiance en vous ; merci d'être là ; je laisse mes hommes et, si vous avez besoin de moi, vous savez où me trouver. Je pars tranquille car je vous fais confiance ». Il est parti et il n'y a eu aucune arrestation car des parents étaient là. »

Déjà, lors du procès des émeutiers de 2005, le commissaire de police avait mobilisé des pères de famille reconnus pour leur action auprès de leur « communauté » afin qu'ils empêchent leurs enfants de provoquer des désordres. Ainsi, lorsque les sentences ont été prononcées dans le palais de justice, Abdulaï (un Sénégalais arrivé en France en 1977 et père de dix enfants dont huit sont nés à la Cité des enfants perdus), à la demande du commissaire, était présent pour prévenir d'éventuelles explosions de violences : « Cette soirée-là, j'étais dans l'escalier du palais de justice pour attendre le verdict. Mes enfants faisaient partie des groupes de jeunes qui attendaient la sentence. Tout de suite, j'ai dit (il s'adresse aux jeunes présents et très en colère) : « que personne ne touche à rien. Rentrez, cela suffit ! Il y a déjà eu suffisamment de jeunes condamnés. Ne leur donnez pas l'occasion de vous punir. Si vous faîtes trop de revendications ou de problèmes, de nouveau, cela va retomber sur vous ; vous ne pourrez pas sortir. Je vous en prie, rentrez ! Rentrez ! » Il y avait des CRS partout. Il y avait le commissaire qui était là, en face de moi, et qui regardait comment je faisais, comment je faisais pour disperser les jeunes et les faire remonter dans le quartier. J'ai donc appelé d'autres papas pour qu'ils viennent chercher des jeunes en voiture. Nous avons tenté de repérer le leader des troupes pour le mettre dans une voiture et le remonter. »

Ainsi, pour notamment motiver ces parents et faire connaître des expérimentations « positives » en banlieue, les autorités municipales et la préfecture ont inventé un prix : « Les trophées de la République » prix délivré aux citoyens ayant accompli, au cours de l'année, des actions salutaires pour la tranquillité publique. La plupart des participants aux rencontres collectives de « parents volontaires » ont ainsi reçu ce prix à l'issue de cérémonies largement médiatisées dans les journaux locaux. Sur le prix d'une mère de famille appelée Seynabou on peut ainsi lire : « Le trophée de la République de la ville a été attribué à Madame Mendy pour son courage et sa détermination à encadrer les jeunes de la Cité des enfants perdus dans des situations potentielles de débordements. » En réalité, Seynabou a été récompensée car elle participe à des opérations consistant à aller à la rencontre des enfants mineurs présents dans la rue, le soir, afin qu'ils rentrent chez eux : « - *Diarra* (adulte-relais) : Les parents qui ont été récompensés cette année participent tous aux patrouilles de nuit. Alors que l'on sait que c'est lorsque les enfants sont en groupe qu'ils font des bêtises. Dès qu'il y a des attroupements d'enfants, grâce à leur autorité naturelle, surtout les mamans, ces parents essaient de discuter avec eux et les dispersent. »

La métaphore de la pomme pourrie

Dans cette dynamique de coopération avec les pouvoirs publics et leurs partenaires chargés de faire respecter l'ordre public, en tant que mères de famille responsables, les femmes rencontrées indiquent qu'elles ont bien conscience d'habiter dans un « quartier sensible » au sein duquel vivent de nombreux jeunes dont certains sont loin d'être des « saints ». Lors d'une réunion, elles font un rapide tour de table montrant que la moitié de leurs enfants ont déjà connu l'expérience de la prison (« - *Abdulaï* : Les parents ici, ils ont l'habitude d'aller à l'hôtel de police »). Dès lors, reprenant à leur compte les arguments des médiatrices interculturelles qui les accompagnent et les responsabilisent, elles affirment qu'elles acceptent, d'une part, de participer à la co-production de la paix sociale locale, notamment en intervenant dans les familles d'origine africaine pour demander aux parents de prendre leur responsabilité éducative lorsque leurs enfants font des bêtises ou traînent dans les rues[211] et, d'autre part, de dénoncer leurs propres enfants lorsqu'ils commettent des actes délictueux afin qu'ils ne viennent pas « contaminer » leurs autres enfants qui, eux, ont de bons comportements, réussissent à l'école et peuvent donc encore s'en sortir. Ces femmes ont, en effet, été convaincues par les autorités, notamment la police mais aussi des médiateurs sociaux, que pour sauver la grande majorité de leurs enfants qui n'ont pas de comportements hors-la-loi, afin de les préserver de la mauvaise influence des quelques « mauvais jeunes » qui ont sombré dans la délinquance, il est nécessaire qu'elles participent à la délation de ces derniers. Ainsi, à l'instar de leur coordinatrice affirmant qu'il est indispensable de dénoncer les jeunes qui tentent de s'imposer par la violence (« Il y a des jeunes qui essaient de s'imposer dans les familles. Alors, c'est pour cela que l'on s'est dit que si ces jeunes ne veulent pas écouter leurs propres parents, s'ils ne veulent pas écouter non plus les parents organisés en collectifs de vigilance, mieux vaut les punir et les dénoncer pour qu'au moins ils comprennent que ce qu'ils font n'est pas bien ».), ces femmes font une nette différence entre les « bons » et les « mauvais » jeunes même lorsqu'il s'agit de leurs propres enfants. Dans cette optique, au commencement d'une discussion dans les locaux de l'association de médiation, elles expriment ce que l'on attend qu'elles disent : elles sont prêtes à dénoncer les jeunes délinquants pour éviter que tous les jeunes de la Cité des enfants perdus soient associés à ceux-ci et soient ainsi traités comme tels par les autorités, la police, les employeurs et la population, en général : « Après les émeutes, quand la police est venue chercher nos enfants pour les emmener en prison, ça nous a fait mal. Sept ou huit ans de prison, ça fait mal. Mais on a quand même reconnu que l'on a des enfants voyous mais il ne faut pas mélanger les bons et les mauvais. Celui qui fait des bêtises, il doit payer. Nous avons fait une réunion entre nous (collectif de femmes d'origine africaine) dans les locaux de l'association et nous avons décidé que tous ces enfants qui cherchent à se bagarrer tout le temps avec les autres, il faut qu'on les dénonce ! On a pris cette décision. » En dénonçant les quelques « enfants » considérés comme irrécupérables, elles espèrent ainsi pouvoir sauver les autres enfants de la mauvaise influence des premiers en escomptant que les seconds arrêteront de traîner en bas des immeubles, continueront de faire des études et pourront ainsi trouver un emploi : « Il faut que l'on dénonce nos mauvais enfants. Comme on dit chez nous, une pomme de terre pourrie vaut beaucoup mieux qu'un sac de pommes de terre pourries. On ne va pas laisser une pomme de terre pourrir tout le sac. C'est pour cela que l'on a pris cette dure décision mais c'est pour éviter que tous nos enfants aillent en prison. »

211 A l'instar de la police, les mères et pères de famille interviewés affirment que les parents qui ne disent rien, lorsque leurs enfants ne travaillant pas, reviennent à la maison avec des objets de luxe, voire des voitures, sont les complices de leurs enfants délinquants.

« Nos enfants ne sont pas tous pourris »

Cependant, au fur et à mesure que se déroulent les entretiens, les discours rédempteurs ne tiennent pas très longtemps. En parlant de leurs cas personnels, des femmes révèlent, en effet, leur souffrance et expriment des critiques vis-à-vis de l'injonction qui leur est faite : sous prétexte que certains de leurs enfants ont été condamnés par la justice, elles doivent rejeter et dénoncer leurs « mauvais » enfants parce qu'ils sont accusés d'avoir des comportements délinquants ou, tout simplement, parce qu'ils se révoltent lorsqu'ils se sentent humiliés. Dans la pratique, au regard de leur expérience vécue, les discours opposant les « mauvais » jeunes aux « bons » jeunes paraissent, en réalité, totalement désincarnés. Ainsi, une mère de famille indique que, suite aux émeutes, son fils a été condamné par la justice à trois ans de prison alors qu'il n'y avait aucune preuve tangible de sa participation aux violences. D'ailleurs, elle est personnellement persuadée que son fils est innocent et cet emprisonnement la fait réellement souffrir : « Mon fils de 23 ans a pris trois ans de prison et ça me fait très mal. » D'autres femmes soulignent que leurs fils sont également emprisonnés pour des histoires de violences conjugales ou de bagarres avec des forces de l'ordre et qu'ils ont souvent été condamnés injustement ou, que les peines prononcées à leur encontre ont été trop lourdes par rapport aux faits reprochés. Finalement, les « mamans » interviewées contredisent les propos qu'elles tenaient au début des discussions : elles tiennent à dire qu'au lieu d'incriminer, souvent à tort, quelques jeunes accusés de tous les maux, beaucoup de problèmes de violences et de délinquance développés dans le quartier sont d'abord reliés à l'accroissement des difficultés sociales, aux discriminations racistes et à la paupérisation de la cité. En effet, par comparaison à ce qu'elles ont vécu à leur arrivée en France, ces femmes constatent que bien que leurs enfants soient français, leur situation sociale et économique est beaucoup plus difficile et inquiétante aujourd'hui.

L'expérience du mépris

Un processus d'acculturation ambivalent

Grâce à la procédure du regroupement familial, la grande majorité des mères de famille interviewées sont arrivées en France entre les années 1980 et 1990. Ainsi, même lorsqu'elles n'ont pas la nationalité française, ces femmes sont installées en France depuis de nombreuses années. Pour certaines, elles vivent dans ce pays depuis près de vingt-cinq ans. Autrement dit, alors qu'elles ont généralement quitté leur pays d'origine lorsqu'elles étaient encore très jeunes, elles ont vécu plus longtemps en France que dans leur pays natal. Aussi, certaines expriment-elles le fait qu'elles se considèrent plus françaises qu'africaines. Cependant, depuis leur arrivée en France, toutes ces femmes n'ont jamais résidé ailleurs que dans un quartier d'habitat social. D'ailleurs, la majorité des femmes interrogées habitent la Cité des enfants perdus depuis plus de vingt ans. L'une d'entre elle y demeure même depuis trente ans. Ainsi, durant l'entretien, cette femme indique que depuis son arrivée dans la cité, le quartier a énormément changé. Au début, elle était isolée et ne sortait presque jamais notamment parce qu'il n'y avait presque pas de familles originaires d'Afrique dans la cité. Aujourd'hui, elle se sent beaucoup plus à l'aise car le quartier étant composé pour une grande part de personnes natives d'Afrique, elle fait maintenant partie du paysage et fréquente désormais régulièrement des « dames comme elle ». Les femmes interviewées indiquent, en effet, qu'elles s'épanouissent grâce à une forte intégration dans des « communautés » de femmes d'origine africaine développant une importante sociabilité entre elles. En fait, ces femmes décrivent une expérience personnelle et collective s'inscrivant dans un processus d'« acculturation permanente »[212] réussi. Cependant, parmi ces femmes, certaines ont également conscience que leur épanouissement « communautaire » au sein du quartier s'est opéré parallèlement à un processus d'ethnicisation et de relégation de la cité. Effectivement, quelques femmes regrettent le temps où étant minoritaires en tant que mères de famille d'origine africaine, elles devaient faire l'effort d'entrer en contact avec d'autres habitantes du quartier « franco-françaises », autrement dit, des femmes blanches. Cette rencontre interculturelle signifiait, en effet, que la cité comportait encore une relative mixité sociale et culturelle. Or, dorénavant, au regard du nombre de familles d'origine africaine vivant à la Cité des enfants perdus, les familles « blanches » ont, semble-t-il, presque disparu ou alors se sont repliées sur elles-mêmes. En effet, selon ces femmes, la concentration de populations d'une même origine ethno-culturelle dans les mêmes espaces ne favoriserait pas les échanges interculturels mais renforcerait une sorte de séparatisme social et culturel. Ainsi, cette ethnicisation du quartier, non seulement est peu propice aux échanges exogamiques mais, surtout, favorise le développent de la peur de l'autre : « Quand je suis arrivée ici, il n'y avait pas beaucoup de dames africaines ; donc, on allait vers les blancs qui étaient là. Moi, j'avais même une dame blanche que j'appelais ma mère sur mon palier. Elle m'aidait à écrire des courriers pour trouver du travail. Aujourd'hui, ces choses là ont totalement disparu. » Au sein de la ville et même au-delà, « à cause des médias », les femmes critiquent le fait que le quartier de la Cité des enfants perdus soit systématiquement stigmatisé comme étant une cité majoritairement composée d'africains aux mœurs barbares ainsi que de « jeunes dangereux ». Cette mauvaise réputation du quartier les inquiète profondément pour leur avenir et celui de leurs enfants : « Dans la ville, il y

212 Cf. R. Bastide, *Les Amériques noires. Les civilisations africaines dans le nouveau monde*, Paris, éd. L'Harmattan, 1996.

a plein de gens qui sont des blancs qui disent n'avoir jamais mis les pieds à la Cité des enfants perdus parce qu'ils ont peur. Pourtant, ils emploient des mamas (noires) pour faire le ménage dans leurs maisons et ils n'ont même pas peur de leur confier leurs clés. Mais venir là où les mamas habitent leur fait vraiment peur. C'est pourquoi toutes ces choses-là me traquassent au point que, certaines fois, je ne dors pas lorsque je pense à ces problèmes. » C'est donc notamment pour combattre la peur des gens à l'égard de la Cité des enfants perdus que le groupe de femmes interviewées aimerait pouvoir mener des actions pour faire disparaître la crainte existant entre les différents habitants de la cité, notamment les familles africaines et les « Blancs » du centre ville : « Pourquoi ces Blancs-là ont-ils peur de nous ? »

De l'égalité formelle aux discriminations réelles

Les femmes interviewées indiquent donc que contrairement à leur expérience marquée par l'amélioration de leur vie quotidienne depuis leur arrivée en France, et bien qu'ils gardent un fort rapport affectif avec les pays d'origine de leurs parents[213], leurs enfants sont français depuis leur naissance mais souvent beaucoup d'entre eux ont pourtant de grandes difficultés à s'insérer dans la société française. La situation des jeunes du quartier se serait même nettement dégradée depuis plusieurs années. En effet, contrairement à une autre époque, celle d'une société de quasi plein emploi où les hommes de la famille travaillaient tous dans des entreprises et des usines environnantes, désormais l'expansion du chômage de masse et la précarisation des conditions de travail ne permet plus aux jeunes du quartier de s'insérer rapidement dans le monde du travail ce qui favorise le développement de difficultés sociales et familiales et engendre des problèmes de comportements : « Les jeunes font leur possible pour chercher du travail mais ils n'y arrivent pas. Ils vivent le racisme. Les enfants cherchent du boulot mais n'en trouvent pas. C'est plus dur que dur. » Ainsi, au cours des séances collectives, les femmes mettent en perspective l'écart entre l'amélioration de leur vie sociale et la dégradation des conditions d'insertion socio-professionnelle d'une grande partie de leurs enfants qui, malgré des discours politico-médiatiques sur la nécessité de lutter contre les discriminations[214], doivent surmonter les épreuves du racisme et de la stigmatisation : « Nos enfants nous disent qu'ils subissent le racisme et nous le voyons. » Ainsi, ces mères de famille tiennent à dénoncer une situation qu'elles jugent profondément injuste : alors que contrairement à elles leurs enfants ont la nationalité française, qu'ils sont également « mentalement » français, autrement dit, qu'ils sont culturellement assimilés à la société française, ils sont encore considérés, le plus souvent par beaucoup de gens,

213 Cf. D. Lepoutre, I. Cannoodt, *Souvenirs de familles immigrées*, Paris, éd. Odile Jacob, 2005.
214 Cf. « Comment Sarkozy veut intégrer les banlieues » in *Le Monde* du 18 décembre 2008, p. 1-12.

comme des étrangers ou alors comme des « Français de papiers » puisqu'ils sont noirs de peau. Adama, un père de famille arrivé en France dans les années 1970 déplore également que les Noirs d'origine africaine, même lorsqu'ils sont de nationalité française, ne sont pas suffisamment respectés. Ainsi, même s'il ne regrette pas d'être venu en France dans le but de gagner sa vie (il a travaillé comme ouvrier et manutentionnaire dans plusieurs secteurs industriels durant plus de 20 ans), il indique néanmoins qu'au regard de la mauvaise situation de ses six enfants nés en France et des relations exécrables qu'il entretient avec eux, il déplore certainement qu'ils soient nés sur le sol français : « Quand je vois les enfants d'aujourd'hui, j'ai pitié d'eux. Même mes enfants, j'ai pitié d'eux. La nuit, ils sont là au bas des escaliers où ils restent dans les voitures pour fumer. » Les hommes et les femmes interviewés dénoncent alors l'écart flagrant qu'ils constatent, tous les jours, entre des discours politiques de tolérance, de fraternité et d'égalité exprimés par des responsables politiques et une réalité quotidienne faite de discriminations et de mises à l'écart vécues par leurs enfants. Ces familles aspirent donc à plus de respect.

A l'épreuve de l'arbitraire policier

Des contrôles abusifs et humiliants

Les parents qui nous avaient été présentés par les acteurs de l'association de médiation interculturelle locale comme des adultes responsables ayant, semble-t-il, intériorisé cette idée simple qu'il est nécessaire de dénoncer les jeunes délinquants de la cité pour améliorer la vie du quartier ainsi que les rapports entre la jeunesse, les adultes et les forces de l'ordre, au fil des entretiens ont, finalement, eux-mêmes, remis en cause cette croyance en décrivant tout simplement leur vie quotidienne. En effet, au regard de leurs expériences personnelles, ces mêmes parents ont mis en exergue, qu'au-delà des déclarations d'intention des autorités, les forces de l'ordre intervenant dans la cité ne traitaient pas moins mal les jeunes qui ne participaient pas à des trafics illégaux ou à des phénomènes de violence. Ainsi, lors d'une discussion collective, une mère de famille qui faisait pourtant partie du groupe de femmes ayant été récompensée, en 2008, par l'Etat et la municipalité pour son action d'apaisement lors des tensions générées dans le quartier lors des émeutes de Villiers-le-Bel, en novembre 2007, relate une anecdote où elle et l'un de ses fils (dont elle est, par ailleurs, très fière en raison de sa réussite scolaire) ont été maltraités par les forces de l'ordre sans raison valable. Cette femme indique, en effet, qu'un dimanche soir, alors que son fils venait de descendre les escaliers de son immeuble pour aller prendre un train devant le conduire à Rouen où il suit des études supérieures à l'Université, la police l'a rudement interpellé puis a ouvert ses bagages, les a étalés, par terre dans la rue. Intriguée par le bruit que provoquait cette arrestation sur la voie publique, inquiète, cette femme est alors descendue à son tour et a constaté la méprise des policiers. Immédiatement, elle a tenté d'expliquer aux forces de l'ordre qu'ils se trompaient certainement de personne car son fils était inconnu des services de police et qu'il s'apprêtait simplement à rejoindre le campus universitaire où il passe la semaine. Or, à sa grande stupéfaction, en guise de réponse, cette femme s'est fait repousser par les policiers qui ont refusé d'entendre ses arguments : « Un de mes enfants va à l'école à Rouen. Ce jour-là, on avait fini de manger vers 20h. Je lui ai dit : - Eh ! Prends tes bagages et tu t'en vas à Rouen pour l'école. Il a pris ses bagages, beaucoup de bagages et il est descendu. Arrivé en bas, il y avait plein de CRS. Je les ai vus fouiller ses affaires, jeter ses affaires par terre. Moi-même je suis descendue ; j'ai dit : mais qu'est-ce que c'est que ça ? Ma fille est descendue aussi pour demander des explications. Finalement ils (les CRS) m'ont dit qu'il y avait des jeunes qui venaient de se bagarrer ici. Je leur ai dit : Mais si des jeunes viennent de se bagarrer ici, fouillez ceux qui viennent de se bagarrer et qui ont couru. Si mon enfant avait couru vous croyez qu'il serait descendu tout de suite pour se faire prendre avec ses bagages. Ça aussi, c'est dur, cela m'a fait mal. » Pour cette femme, la fouille extrêmement brutale dont a été l'objet son fils, certes a été traumatisante mais elle a aussi changé l'image de son enfant aux yeux des autres, ce qui a été ressenti comme une profonde humiliation. En effet, au regard de sa famille et des habitants du quartier, avant cette interpellation musclée, son enfant était considéré comme un jeune scolairement brillant et sérieux ; pourtant, à l'instar de beaucoup de jeunes de la cité en échec scolaire, perçus comme oisifs et turbulents, son fils a été traité sans ménagement par la police comme s'il était un délinquant dangereux. Cette interpellation a donc également remis en cause la certitude qu'avait cette mère de famille que la police ne traite pas injustement des personnes si elles sont innocentes et qu'elles se comportent de bonne manière. Effectivement, comme cette femme a pu le constater par elle-même, comme l'affirment beaucoup de jeunes de la cité, la police peut traiter arbitrairement et violemment des innocents uniquement parce qu'ils sont des « jeunes de quartier » et qu'ils représentent donc, aux yeux des forces de l'ordre, des présumés coupables. Dans cette perspective, une autre « maman » tient également à décrire, à son tour, le contrôle policier arbitraire qu'a dû subir son fils et ses amis alors qu'ils se rendaient très tôt au travail : « A une époque, beaucoup de jeunes du quartier travaillaient à Peugeot. Ceux qui travaillaient la nuit devaient se lever tôt pour prendre le bus. Un jour, ces jeunes-là attendaient le bus pour aller au travail, le matin, de bonne heure. Les CRS sont arrivés à l'arrêt de bus et ont fouillé tous les jeunes. Heureusement que le chauffeur a eu la patience de les attendre. Si ces contrôles sont faits plusieurs fois, les jeunes peuvent perdre leur travail. Le patron peut les virer ! Mon enfant m'a dit : « Moi, si ça continue comme ça, je ne vais plus aller au travail. Le matin, de bonne heure, on nous dit que l'on ne fout rien ; on cherche du travail ; on se lève à 4 heures du matin et la première chose que l'on nous fait quand on est dehors c'est de nous fouiller, fouiller, fouiller alors que l'on va simplement au travail ». » En fait, presque toutes les mamans présentes aux réunions collectives vont décrire, à tour de rôle, des anecdotes où leurs enfants ont été contrôlés de façon abusive par la police, souvent parce qu'ils se trouvaient simplement dans la rue avec des amis.

Un fort sentiment d'injustice

En définitive, les femmes présentes lors des discussions collectives refusent catégoriquement le processus de ghettoïsation dans lequel elles et leurs familles sont engluées et expriment donc leur colère, leur révolte et leur indignation face au traitement négatif, notamment médiatique, de leur quartier : « On veut que le quartier de la Cité des enfants perdus soit mélangé ! Le mélange permet une meilleure intégration. » En effet, cet étiquetage négatif a des conséquences désastreuses sur la vie quotidienne des habitants de la cité. Ainsi, ces femmes s'insurgent contre les injustices dont seraient particulièrement victimes les habitants du quartier. En effet, ces mères de famille soulignent qu'alors qu'en 2005, à l'instar de la Cité des enfants perdus, de nombreux quartiers populaires ont connu des violences émeutières, elles ont le sentiment que les résidents de leur cité ont été plus rudement sanctionnés qu'ailleurs : « Après les émeutes, pourquoi la Cité des enfants perdus a t'elle été plus affectée que les autres coins ? Quand ils (les pouvoirs publics) nous (les habitants des quartiers populaires) ont punis, ils ont puni seulement la Cité des enfants perdus. Ils nous obligent à rester dans notre quartier et c'est de plus en plus dur. » Ces femmes font, en fait, référence au couvre-feu mis en place pendant plus d'une dizaine de jours suite aux émeutes empêchant tous les habitants du quartier, quel que soit leur âge, d'entrer ou de sortir du quartier, à partir du soir et ceci jusqu'au matin. Ces femmes ont véritablement vécu ce « couvre-feu » comme l'imposition d'une punition collective infligée à tous les habitants de la Cité des enfants perdus assimilés à des casseurs ou à des « mauvais » parents. Ainsi, plusieurs années après les émeutes qui étaient en elles-mêmes déjà violemment ressenties par les habitants, notamment par les parents qui ont eu très peur pour leurs enfants, les effets dévastateurs pour l'estime de soi de l'application du couvre-feu représentent toujours un épisode douloureux et humiliant pour les résidents interviewés : « Ils nous ont punis car, après les émeutes, ils (les pouvoirs publics) nous (les habitants du quartier) ont appelés à la réunion et nous ont dit que de telle porte à telle porte de la Cité des enfants perdus, de telle heure à telle heure, cela serait fermé et que l'on ne pourrait plus sortir ni entrer. » Dès lors, les femmes interviewées réfutent totalement cette idée pourtant développée par les autorités publiques, notamment par la police, selon laquelle le couvre-feu a été mis en place pour protéger les habitants des émeutiers. Pour ces « mères de famille », une fois les violences contenues et arrêtées par les forces de l'ordre, il aurait, en effet, été préférable que tous les habitants de bonne volonté puissent se solidariser pour que des émeutes ne recommencent pas. Or, dans la pratique, au lieu de favoriser cette mobilisation collective, une punition a été infligée à tous les résidents de la cité. Les femmes présentes aux réunions ont bien conscience que l'instauration d'un couvre-feu n'a pas été décidé pour protéger les habitants de la Cité des enfants perdus mais a été mis en œuvre pour permettre aux responsables politiques (nationaux et locaux) de faire savoir à l'ensemble de la population que la police veillait à les protéger des habitants des « quartiers chauds » comme le leur. Durant le couvre-feu, les mères de famille interrogées déclarent avoir eu le sentiment, extrêmement révoltant, que les habitants de la Cité des enfants perdus, quels qu'ils soient, étaient traités comme des « citoyens » de seconde zone. Dans cette perspective, les parents rencontrés indiquent que les policiers, notamment les CRS qui tournent dans et surtout autour du quartier, ne sont pas là pour les protéger de violences ou d'agressions éventuelles mais sont présents pour d'abord surveiller tous les habitants de la cité, amalgamés à des délinquants potentiels : « Contre qui, contre quoi (les forces de l'ordre) nous protègent-ils. Ils nous enferment dans un quartier chaud ; je ne vois pas comment ils peuvent nous protéger. Après les émeutes, c'était à nous de nous protéger ! » En outre, pour illustrer le mépris avec lequel des familles du quartier sont traités par les pouvoirs publics, notamment la justice, une autre femme raconte, avec une grande émotion, l'histoire incroyable dont elle a été victime. En effet, alors que l'un de ses fils s'était suicidé en prison, six mois auparavant, des policiers sont venus frapper à sa porte pour apporter une convocation afin que son enfant - décédé - se présente au tribunal. Pour les parents présents, cette erreur administrative est jugée impardonnable et tout à fait caractéristique du manque d'humanité dont ils sont souvent victimes de la part des administrations et des autorités.

*

*   *

Désemparés face aux comportements délinquants de quelques-uns de leurs enfants amenant certains d'entre eux à être emprisonnés, les mères et les pères de famille rencontrés, extrêmement inquiets et insécurisés pour l'avenir de tous leurs enfants, sous la pression notamment des responsables de la police et de médiateurs interculturels en charge de mettre en place des actions de prévention de la délinquance dans le cadre de la politique de la ville, ont finalement été convaincus qu'il est nécessaire de faire une différence entre les « bons » et les « mauvais » jeunes. Individuellement et collectivement hyper-responsabilisés, ces parents ont apparemment accepté de participer à co-produire le maintien de l'ordre au sein du quartier en dénonçant à la police les jeunes « leaders négatifs » de la cité, même lorsque ceux-ci sont leurs propres enfants. Les parents interviewés ont, en effet, été conduits à penser que la seule manière pour eux d'agir afin que tous leurs enfants ne connaissent pas un jour la douloureuse expérience de la prison est notamment liée au fait qu'ils doivent participer à faire un tri entre la « minorité des pires » et la majorité des meilleurs. Ils ont, semble-t-il, intégré l'idée que c'est à cette seule condition que la majorité des « bons » jeunes du quartier ne seront plus sous la mauvaise influence de la minorité des pires et qu'ils ne seront également plus amalgamés, notamment par la police, par le monde du travail mais plus largement par l'ensemble de l'opinion publique, à des délinquants ce qui handicape fortement leur insertion socio-professionnelle. Cependant, au fur et à mesure des entretiens, nous avons vu que cette croyance volontairement induite par des représentants de la police des villes chargés, entre autre, de mobiliser des habitants de la cité pour qu'ils participent à la sécurisation de leur quartier, se confronte à plusieurs écueils : d'une part, à l'expérience du mépris dont sont l'objet les parents qui acceptent pourtant de collaborer avec les forces de l'ordre en régulant moralement d'autres habitants (jeunes et adultes) et en dénonçant des délinquants ; d'autre part, aux épreuves de discriminations vécues par leurs enfants, quel que soit leur degré d'intégration dans la société française : « - *Salimata* : Moi, mon propre fils avec ses trois copains qui sont tous des jeunes qui travaillent ou vont à l'école ont été contrôlés par la police alors qu'ils étaient simplement dans leur voiture garée devant chez moi en train de causer. C'était la nuit. La police leur a demandé leurs papiers d'identité, leurs permis de conduire ainsi que les papiers de la voiture, ce qu'ils ont fait. Mais pendant qu'ils sortaient leurs papiers, un des policiers leur a demandé ce qu'ils faisaient dans la vie. Mon fils, lui, a répondu qu'il étudiait à la fac de Rouen, les deux autres ont répondu qu'ils travaillaient et l'un des deux, à Vernon, comme ingénieur dans l'aéronautique. Le policier leur a alors répondu : « moi, de toute façon, j'en n'ai rien à foutre de votre gueule ! » Vous vous rendez compte ! Heureusement que d'autres policiers ont calmé leur collègue en expliquant aux jeunes qu'il lui arrivait de péter les plombs mais si ces trois enfants-là avaient répondu, peut-être qu'aujourd'hui ils seraient en prison au lieu de travailler ou d'étudier. Ça c'est révoltant. » Dans ces conditions, au cours des entretiens collectifs, les acteurs sociaux chargés de mobiliser des parents afin qu'ils coopèrent avec la police au maintien de la paix sociale dans la cité ont dû faire preuve d'une grande habileté et d'un fort volontarisme pour que ces parents ne remettent finalement pas en cause leur participation à la sécurisation de leur quartier. En effet, la description de leur vie quotidienne, fortement marquée par la ségrégation, le mépris, la racisation et ponctuée d'épreuves de discriminations et d'humiliation a révélé le grand écart existant entre les promesses de bienveillance énoncées par des représentants des pouvoirs publics récompensant (les trophées de la République) les familles qui acceptent de collaborer au maintien de l'ordre avec la réalité de leur vie quotidienne, au bout du compte identique à celle des parents et des jeunes désignés comme de « mauvais » éléments par les « promoteurs de morale » et les « pathologistes du social » professionnels[215] intervenant dans la cité. Par conséquent, à l'issue de nos séances de travail, même si les parents rencontrés n'ont pas pu dénoncer clairement le rôle de pacificateurs sociaux que l'on cherche, presque sous la contrainte, à leur faire jouer. Néanmoins, au-delà des discours attendus par les autorités en charge de la paix sociale, les mères et les pères de famille interviewés ont collectivement fait preuve d'un grand sens critique. Contrairement à ce que l'on aurait pu penser au début des entretiens, ces parents sont loin d'être dupes. Ils savent pertinemment que les conditions sociales difficiles dans lesquelles vivent leurs enfants (même lorsqu'ils ne sont pas inscrits dans la délinquance) ainsi que les provocations policières dont ils sont l'objet sont propices à la révolte : « - *Bakari* : Moi, dans les dix ans à venir, je ne vois pas de changements. Je sais que les politiciens se servent de nos enfants à chaque fois qu'il y a quelque chose, un événement, des votes et tout ça. Ils tombent sur les étrangers, sur l'insécurité et nos enfants servent de boucs émissaires. » Dès lors, leur participation à des actions de contrôle social dans la rue ne doit pas être entendue comme un soutien à l'idéologie sécuritaire promue par des représentants de la police des villes faisant une différence entre les « bons » et les « mauvais » jeunes mais comme un moyen pragmatique de protéger leurs enfants : « - *Abdulaï* : Moi, s'il y a un débordement, un problème, s'il le faut, je fais tout pour que la paix revienne. Je suis prêt à gaspiller mon essence, à aller aux services de police, à aller n'importe où pour que la paix revienne. Je suis un père de famille de dix enfants, je sais que la paix cela apporte beaucoup de choses. » Ainsi, si la présence des parents dans la rue, fortement sollicitée, par les pouvoirs publics peut permettre que leurs enfants ne soient plus la proie des forces de l'ordre (qu'ils ont souvent vu agir de façon arbitraire et agressive), même s'ils ont conscience qu'ils risquent d'être instrumentalisés, ces parents sont néanmoins volontaires : « - *Adama* : Le commissaire de police nous a appelées et nous, les mères, on est venue. Dès qu'il s'agit de nos enfants, on est là. Dès qu'il s'agit du bien être de notre quartier, nous les mamans, nous les parents, on est là. On est prêt à faire tout ce qui est possible pour faire que notre quartier soit plus agréable à vivre mais si l'on intervient dans la rue, ce n'est pas pour faire plaisir au commissaire mais pour nos enfants. »

En définitive, se saisissant de l'espace de parole qui leur a été offert lors des réunions collectives pour dénoncer les injustices et la stigmatisation dont sont victimes de nombreuses familles du quartier, les parents rencontrés ont fini par affirmer que le vrai combat qu'il faudrait mener pour faire baisser le sentiment d'insécurité devrait d'abord concerner le processus de ghettoïsation qui fait

215 Cf. C. Wright Mills, « The Professionnel Ideology of Social Pathologists », *American Journal of Sociology*, vol. XLIX, n°2, septembre 1943, p. 165-180 cité in D. Lapeyronnie, 2008, *op. cit.*, p. 193.

souffrir les résidents du quartier. Dans cette optique, ces parents espèrent que leur collaboration avec les pouvoirs publics pourra contribuer à faire disparaître les peurs développées à l'encontre de tous les habitants de la Cité des enfants perdus, notamment des familles d'origine africaine concentrées dans des quartiers ghettos en proie à tous les fantasmes.

Conclusion

Pacification, instrumentalisation et humiliation

Dady, Nino et Nelson sont des jeunes pacificateurs indigènes, personnellement sur-engagés (posture militante héroïque et sacrificielle). Ce sont des acteurs centraux de la régulation sociale locale en ce sens que, contrairement à d'autres intervenants sociaux professionnels mais extérieurs au quartier, ils gardent une réelle capacité d'action sur les « jeunes turbulents » de la cité. En effet, en affirmant toujours leur appartenance au « monde des banlieues populaires », en développant, pour certains, une posture de « combattants » extrêmement critiques à l'encontre des classes dirigeantes, des acteurs politico-institutionnels et de la police, pour les « jeunes turbulents », malgré le fait qu'ils mettent en œuvre des actions de socialisation et de pacification, ces intervenants sociaux continuent de représenter des « gars de quartier. Ainsi, ces acteurs gardent une certaine respectabilité, une confiance et une relative écoute de la part des « jeunes turbulents » qui peuvent toujours s'identifier à eux et les considèrent d'abord comme des personnes ressources pouvant les aider à mettre en œuvre des projets d'animation ou d'insertion.

Bien que considérés comme trop insaisissables et potentiellement subversifs par les acteurs politico-institutionnels en charge du maintien de l'ordre et de la tranquillité publique, c'est pourtant grâce à cette proximité avec les « jeunes de cité » incarnant des figures de peur et de désordre que ces intervenants sociaux sont plébiscités pour qu'ils participent activement à la pacification sociale et à l'inhibition des violences juvéniles.

Ainsi, au-delà de motivations stratégiques, notamment en raison d'une forte socialisation opérée, dès leur enfance, dans leur milieu d'appartenance (famille, religion, communauté) puis développée par des agents de socialisation au sein de structures d'encadrement de la jeunesse, ces jeunes pacificateurs indigènes responsabilisés ont intériorisé le fait qu'ils représentent, avant tout, des « figures d'exemplarité » pour co-produire la sécurité au sein d'espaces urbains ghettoïsés. Ces acteurs ont en effet conscience qu'ils sont désormais considérés comme indispensables pour réguler « hors les murs » les jeunes « les plus rebelles », ces fameux « purs et durs » qui ne sont plus accompagnés, voire approchés par les travailleurs sociaux classiques[216].

Effectivement, nous avons vu qu'une des caractéristiques du territoire étudié est la distance importante entre les intervenants sociaux institutionnels et les jeunes, notamment à cause des risques potentiels qu'il y aurait à les fréquenter : d'une part, les acteurs patentés de l'insertion et de l'accompagnement social des jeunes (mission locale, club de prévention[217]) ne possèdent pas de bureaux dans le quartier, d'autre part, les autres travailleurs sociaux de l'« extérieur », comme les assistantes sociales du département, sont, quant à eux, essentiellement tournés vers l'assistance aux adultes et interviennent dans des locaux hyper-sécurisés[218]. De fait, les acteurs publics de l'intervention sociale ont délégué aux associations de quartier de proximité précarisées l'encadrement des adolescents.

Cependant, cette proximité, voire cette fusion avec les « gars de quartier » qui fait la force des pacificateurs indigènes pour interagir avec les « jeunes turbulents » des quartiers impopulaires est également la source de nombreuses épreuves vécues par la plupart de ces derniers, surtout lorsqu'ils sont d'origine étrangère ou perçus comme tels. Dans la pratique, bien que ces pacificateurs soient intimement convaincus qu'ils représentent des « faiseurs de bien », qu'ils condamnent moralement les jeunes et leurs parents qui ont fait le choix de la délinquance et de la violence pour « sortir de la galère », qu'ils acceptent de jouer le jeu de la régulation plutôt que celui de la rébellion, qu'ils préfèrent promouvoir le dialogue entre les jeunes et les forces de l'ordre plutôt que de favoriser des confrontations, ils restent néanmoins assimilés à de jeunes trublions, potentiellement violents, voire délinquants et traités de la sorte. En effet, alors qu'en échange de leur collaboration à l'évitement des désordres qui peut se révéler dangereuse[219], ils attendent un minimum de reconnaissance

216 Néanmoins, nous avons vu que les jeunes régulateurs interviewés ne se font pas trop d'illusions concernant leur impact réel sur le degré de pacification du quartier. En effet, ceux-ci ont bien conscience que les seules personnes qui ont véritablement la capacité de raisonner les « jeunes turbulents » de la cité sont les anciens « caïds ». Certes les animateurs sont écoutés par les plus jeunes mais seuls les anciens « caïds », reconnus pour leur passé de délinquants, bénéficient d'une aura suffisante auprès des plus agités leur permettant d'avoir une véritable influence sur ces derniers.

217 Les éducateurs de prévention spécialisée sont des travailleurs sociaux qui revendiquent leur appartenance au champ spécifique de l'éducation spécialisée. La prévention spécialisée a une histoire particulière ; elle a une éthique, un cadre déontologique façonnant des modes d'intervention distincts (arrêté interministériel du 4 juillet 1972). Ainsi, les clubs de prévention développent des formes d'action qui leur appartiennent en propre (anonymat, libre adhésion…). Cf. M. Boucher, « Les travailleurs sociaux face aux « bandes ». Stigmatisation de la jeunesse populaire et instrumentalisation des acteurs sociaux » in M. Mohammed, L. Mucchielli (dir.), *op. cit.*, p. 217-244.

218 Suite à des antagonismes avec des habitants de la cité, notamment des menaces de mort, le centre médico-social (CMS) au sein duquel exercent les assistantes sociales de polyvalence de secteur a été sécurisé : d'une part, des grilles et des portes blindées ont été installées ; d'autre part, un gardien de sécurité filtrant les entrées dans le CMS a été embauché.

219 Cf. L. Bronner, « La mort de son médiateur social plonge l'Isle-sur-la-Sorge (Vaucluse) dans le désarroi » in *Le Monde* du 23 janvier 2009, p. 10.

pour leur travail de médiation, d'animation, d'éducation et de régulation, notamment de la part des acteurs socioculturels professionnels de l'extérieur et des responsables politiques locaux, sur le terrain, non seulement ils ne sont pas reconnus comme des intervenants sociaux à part entière, voire sont suspectés de camoufler des activités illégales mais encore sont également, à part quelques exceptions lorsqu'ils servent d'indicateurs, régulièrement victimes de mauvais traitements et d'abus de pouvoir de la part de « flics de rue » qui nient leur fonction de régulateurs et les stigmatisent à l'instar des autres jeunes de la cité. Dans ce contexte, ces jeunes pacificateurs sont donc solidaires de la grande majorité des « gars de quartier » discriminés, méprisés et humiliés pour dénoncer les forces de police présentes dans la cité, avant tout considérées comme une « armée d'occupation » provocatrice, agressive et, paradoxalement, fauteur de troubles. En effet, malgré leurs efforts, si les forces de l'ordre - hormis quelques individualités atypiques - n'ont pas plus de discernement lorsqu'elles interviennent dans la cité, abusent de leur pouvoir et humilient régulièrement les gens lors d'interventions inutilement musclées, les jeunes pacificateurs indigènes sont finalement dans l'impossibilité d'établir des relations entre les « gars de quartiers » et la police et donc d'éviter des confrontations.

Dans cette perspective, à travers les figures d'Abdulaï, Salimata, Seynabou et d'autres parents de la cité, nous avons vu que la participation de pères et mères de familles « volontaires » dans la co-production de la sécurité au sein de leur quartier était beaucoup plus ambivalente que semblaient vouloir le laisser penser des représentants centraux de la police des villes qui les sollicitent, notamment les adultes relais de l'association de médiation interculturelle locale et des responsables de la police nationale. En effet, la participation de ces parents à des actions de prévention des violences dans les rues n'est pas liée à l'intériorisation de l'idée, qu'en tant que parents ou représentants communautaires, il est de leur responsabilité individuelle et collective de dénoncer quelques fauteurs de désordres ou des délinquants considérés comme les véritables coupables de la dégradation des relations humaines et de la cohésion sociale au sein du quartier. La première motivation de leur collaboration avec les pouvoirs publics ou leurs représentants est d'abord à mettre en relation avec leur crainte vis-à-vis de comportements policiers jugés dangereux pour la santé, la dignité et l'avenir de leurs enfants. Ayant eux-mêmes vécus des épisodes humiliants avec des policiers, en tant qu'adultes, s'ils sont présents dans la rue, ce n'est certainement pas pour assumer prioritairement un rôle de pacificateur, voire de délateur indigène que l'on souhaite leur faire jouer mais, avant tout, pour protéger leurs enfants des abus policiers même lorsque ceux-ci sont considérés comme des agitateurs.

Ethniciation, racisation et violence symbolique

En définitive, alors que d'un côté les pacificateurs indigènes (jeunes et parents) sont incités à co-produire de la sécurité dans leur espace de vie, de l'autre côté, ils continuent d'être dénigrés, voire maltraités par les forces de l'ordre qui les assimilent à la « racaille » ou à la « minorité des pires » des habitants des quartiers populaires. Ces intervenants sont donc inscrits dans un processus d'injonction paradoxale générateur de souffrance, de désubjectivation et de mépris de soi. Qu'ils soient maintenus dans des situations d'emplois précaires comme c'est le cas pour les jeunes médiateurs et animateurs[220] de « l'intérieur » ou qu'ils soient instrumentalisés en raison d'une pré-supposée autorité « naturelle » ou « communautaire » comme c'est le cas pour les parents « volontaires », finalement, tous ces pacificateurs indigènes sur-responsabilisés représentent des « supplétifs »[221] ethnifiés. Autrement dit, l'ethnicité[222] de ces acteurs hétéro-racisés et essentialisés est principalement utilisée par les pouvoirs en charge de la pacification sociale pour servir des logiques de maintien de l'ordre plutôt que de conflictualisation ou de subjectivation, pourtant propices à une repolitisation des rapports sociaux[223].

Dans un contexte d'ethnicisation accrue des rapports sociaux dans la société française contemporaine[224], encore plus développée dans les quartiers de ségrégation, ces intervenants sociaux culturalisés et phénotypés sont donc mobilisés parce que leurs « compétences indigènes » apparaissent comme directement opérationnelles pour rénover le contrôle social des populations des cités périphériques défavorisées, elles-mêmes racisées. Cependant, sans réelle reconnaissance professionnelle, sociale et politique, l'utilisation des « compétences ethnico-culturelles » des pacificateurs indigènes conduit surtout à leur assignation identitaire[225]. Ainsi, alors que ces acteurs sociaux sont chargés de prévenir et de neutraliser des comportements violents, ils

220 D'une part, ces intervenants sociaux évoluent au sein de structures associatives précarisées du champ de l'animation socioculturelle ou de la médiation sociale, d'autre part, étant peu qualifiés, ils sont également en concurrence les uns avec les autres dans un environnement où les ressources économiques sont rares.

221 Durant la guerre d'Algérie, beaucoup de harkis (Algériens de souche engagés dans l'armée française) furent des « supplétifs », c'est-à-dire, des « indigènes » recrutés par l'armée pour renforcer ses effectifs. Cf. R. Pierret, *Les filles et fils de harkis. Entre double rejet et triple appartenance*, Paris, éd. L'Harmattan, 2008.

222 L'ethnicité ne doit pas être confondue avec le processus d'ethnicisation. Ce dernier processus se caractérise, en effet, le plus souvent par des formes d'exo-définition essentialisantes appliquées de façon plus ou moins forte alors que l'ethnicité recouvre toujours un caractère d'auto-définition qui lui confère un caractère mouvant favorable à la subjectivité des acteurs. Cf. M. Wieviorka, *La démocratie à l'épreuve. Nationalisme, populisme, ethnicité*, Paris, éd. La Découverte, 1993.

223 Cf. M. Boucher, *Repolitiser l'insécurité*, Paris, éd. L'Harmattan, 2004.

224 Cf. M. Boucher, *Discriminations et ethnicisation. Combattre le racisme en Europe, La Tour d'Aigues*, éd. de l'Aube, 2005.

225 M. Boucher, M. Belqasmi, « L'intervention sociale et la question ethnique. Ethnicisation, racisation et déprofessionnalisation » in M. Boucher (dir.), *Le travail social face aux discriminations. Intervention sociale, ethnicité et lutte contre le racisme en Europe*, Montreuil, éd. Aux lieux d'être, 2008, p. 287-321.

sont eux-mêmes l'objet de « violences objectives » lorsque les forces de l'ordre les malmènent mais, aussi et surtout, « subjectives » lorsqu'ils sont hétéro-racisés, stigmatisés et contraints par les pouvoirs publics et leurs représentants (abus de la volonté d'autrui) de différencier, voire de dénoncer des « figures de désordres » accusées de pourrir les liens sociaux du quartier. En effet, ces acteurs évoluent dans un espace dominé par une forte « violence symbolique »[226] au sein duquel ils doivent se soumettre à des rapports de force inégalitaires mais pas nécessairement visibles, intériorisés. Ainsi, en tant qu'agents ethnifiés du contrôle social, même s'ils subissent une grande violence, lorsqu'ils reprennent à leur compte la vision dichotomique du quartier divisé entre des « méchants délinquants » et des « gentils habitants » dont ils feraient partie, ils sont finalement complices de la violence qui s'exercent sur eux en même temps qu'ils participent à son exercice. Or, ces rapports de domination sont générateurs d'une grande souffrance autodestructrice car ils empêchent les acteurs de se construire comme « sujet ». (Sujet est ici entendu comme la capacité de construire un rapport de soi à soi et de produire sa propre existence[227].)

Dans la pratique, contrairement à certains « jeunes turbulents » qui se rebellent et s'enragent quelquefois violemment face aux injustices et au déni de subjectivité dont ils se sentent victimes (Michel Wieviorka parlerait de « sujets flottants »[228]), la violence symbolique dont sont l'objet les pacificateurs indigènes les empêche de se rebeller totalement puisque, malgré les épreuves et les humiliations, ces « régulateurs de violence » violentés aspirent néanmoins toujours à être récompensés pour leur participation à la pacification sociale. Ils se comportent, en fait, comme des « non-sujets » dans le sens où ils acceptent de jouer d'abord le rôle qu'on leur assigne : faire respecter la loi et l'ordre.

Cependant, même si contrairement à certains « jeunes turbulents », il est effectivement peu probable, notamment à cause d'une forte socialisation, que ces acteurs se révoltent violemment pour faire face aux épreuves de désubjectivation qui les écrasent, nous avons néanmoins pu constater que certains pacificateurs tels que Dady, Nino ainsi que des parents, grâce notamment à la préservation d'un important sens critique, résistent néanmoins

226 Cf. P. Bourdieu, L. Wacquant, 1992, *op. cit.*.

227 Cf. A. Touraine, *Qu'est-ce que la démocratie*, Paris, éd. Fayard, 1994.

228 Dans son analyse de la violence, Michel Wieviorka a proposé de distinguer cinq cas de figures qui correspondent chacun à un type de subjectivité que l'on peut relier à la violence (Cf. M. Wieviorka, *La violence*, Paris, éd. Hacherre-Littératures, coll. « Pluriel », 2004). Dans cette typologie des « sujets de la violence » (sujet flottant, hyper-sujet, non-sujet, anti-sujet, sujet en survie), le « sujet flottant » est « celui qui, ne parvenant pas à devenir acteur, passe à la violence : par exemple, le jeune immigré d'un quartier à la dérive qui brûle des voitures au cours des émeutes d'octobre-novembre 2005 faute de pouvoir exprimer autrement sinon des demandes sociales précises, du moins son désir de construire son existence » (M. Wieviorka, *Neuf leçons de sociologie*, Paris, éd. Robert Laffont, 2008, p. 230).

aux logiques de domination (économiques, communautaires, politiques...) et envisagent, voire menacent de se désengager de leur fonction de pacification pour se construire comme des individus singuliers, capables de faire des choix et ainsi de produire une existence politique. Dès lors, pour pallier ce risque de désengagement et de repolitisation de certains « éducateurs » indigènes, notamment assuré par leur professionnalisation, leur sortie du ghetto[229] et/ou leur implication dans un mouvement social, culturel et politique, les promoteurs de la police des villes doivent sans cesse veiller à faire émerger de nouvelles « figures de pacification » pour qu'ils contribuent, notamment pour « sauver leur peau », au maintien de l'ordre local, parallèlement à l'action des forces de police.

229 Cf. C. Withol de Wenden, S. Body Gendrot, *Sortir des banlieues. Pour en finir avec la tyrannie des territoires*, Paris, éd. Autrement, 2007.

Troisième partie

Forces de sécurisation

Suite aux émeutes de l'automne 2005, face à l'intensité des violences (policiers gravement blessés, pompiers agressés, etc.), une fois le calme rétabli, pour éviter que cela se reproduise, nous avons vu que les pouvoirs publics locaux ont décidé de réorganiser la police des villes en promouvant notamment des pacificateurs indigènes responsabilisés pour qu'ils co-produisent la sécurité de leur cité. En outre, pour prévenir et réprimer d'éventuels nouveaux désordres urbains tant redoutés, l'Etat a également décidé de renforcer la présence policière, plus particulièrement les forces de l'ordre en capacité de se confronter à la jeunesse populaire[230] et de la policer. Ainsi, à la Cité des enfants perdus, au-delà du travail de renseignement effectué par les fonctionnaires des renseignements généraux (RG), de nombreuses forces de police sont présentes dans la journée et la nuit. Le jour, comme dans toutes les villes de France, les interventions policières sont d'abord assurées par la « brigade », autrement dit par les agents de « police secours » qui agissent sur tous types d'affaires en fonction des besoins recensés notamment par une centrale téléphonique (17). Les policiers de la section départementale d'intervention (SDI) circulent également dans le quartier. Ils font essentiellement du contrôle, des interpellations et des opérations anti-délinquance. Il existe également deux autres services de police effectuant des missions très différentes mais qui sont en même temps les plus présents dans le quartier. Il s'agit du poste de police assurant un travail de proximité et de l'équipe de la brigade anti-criminalité (BAC) jour, chargée surtout de faire du flagrant-délit. Le soir, la présence policière est également assurée mais essentiellement par des compagnies républicaines de sécurité (CRS) circulant dans la cité toutes les nuits depuis les émeutes de 2005 et par une équipe de la BAC. Lors d'un entretien, le préfet nous indique, en effet, que « la peur du gendarme étant le début de la sagesse », à la Cité des enfants perdus, la forte présence policière, durant la nuit, est une manière efficace de maintenir l'ordre en dissuadant des fauteurs de troubles potentiels de passer à l'action : « Montrer ses dents empêche de s'en servir (...) Les CRS sont présents pour faire peur aux gamins. » Au regard de ces informations, après avoir réalisé un long entretien avec un policier des renseignements généraux et avoir reçu l'autorisation (difficilement donnée par le commissaire de police de la direction départementale de la sécurité publique suite à un long entretien que l'on nous a d'ailleurs interdit d'enregistrer pour des raisons de confidentialité), d'interviewer les policiers intervenant à la Cité des enfants perdus, nous avons donc choisi d'enquêter principalement, d'une part, auprès du service ayant la meilleure connaissance du quartier et de ses habitants, c'est-à-dire, le poste de police du quartier, et, d'autre part, auprès des policiers entretenant des relations fréquentes avec les adolescents de la Cité des enfants perdus, autrement dit, les équipes de la BAC jour et nuit qui,

230 Pour une présentation de l'organisation policière et de sa sociologie, voir, notamment, les travaux de E. Bittner (1990), D. Bayley (1990), J.-L. Loubet del Bayle (1992), D. Monjardet (1996), C. Mouhanna (2007) et J.-P. Brodeur (2003).

d'une certaine manière, représentent une « police des jeunes »[231]. Avec ces derniers, nous avons mené plusieurs entretiens approfondis et organisé une séance d'intervention sociologique au cours de laquelle des policiers de la BAC et des jeunes de la Cité des enfants perdus ont confronté leurs points de vue et leurs positionnements.

231 Cf. A. Vulbeau, « Ce que fait la police… avec les jeunes » in *Informations Sociales*, n°92, 2001, p. 58-69.

////////// Chapitre 9

Informateuretvigilant:Henri,unagentdurenseignementlucide

Délitement et mutations du contrôle social

Nous rencontrons Henri, l'un des responsables de la police des Renseignements Généraux (RG) de la ville, aujourd'hui intégrés au sein d'une direction nationale du renseignement (DRCI[232]). Oeuvrant depuis de nombreuses années au sein des RG, celui-ci reconnaît qu'avant les émeutes urbaines de 2005, il est vraisemblable que les services de police de la sécurité publique avaient « perdu pieds » sur le quartier de la Cité des enfants perdus. En effet, alors que le jour précédant le déclenchement des émeutes une rumeur circulait dans la cité indiquant que la Cité des enfants perdus allait brûler le lendemain, le commissariat ignorait pourtant, totalement, cette information. Or, pour Henri, cette perte de contact avec l'environnement du quartier est la conséquence d'une nouvelle dynamique politique en matière de sécurité publique mise en œuvre depuis plusieurs années. Malgré des effets d'annonce, il existe, en effet, un net recul des effectifs de la police de proximité dans les quartiers d'habitat social ce qui engendre un délitement des contacts de la police avec la population dans ces territoires. Ainsi, alors que la situation socio-économique est de plus en plus difficile pour toute une catégorie de personnes précarisées produisant de fortes tensions dans les cités populaires, la police a beaucoup de mal à prévenir les turbulences urbaines d'autant qu'elle manque de partenaires locaux pour l'aider dans son travail de renseignement et d'apaisement. En effet, Henri souligne qu'en comparaison à ce qui existait à une autre époque, à l'instar de la police nationale, les bailleurs sociaux ont réduit la présence humaine dans les immeubles qu'ils gèrent : « Avant vous aviez des concierges pour un groupe de deux ou trois immeubles qui habitaient sur place, qui connaissaient la population, qui avaient des contacts avec la population : c'était donc beaucoup plus facile à gérer. On arrivait facilement à cibler un personnage. Si on nous disait untel a visiblement un comportement un peu

232 Opérationnelle depuis l'été 2008, la direction centrale du renseignement intérieur (DCRI) est le service de renseignement du ministère de l'intérieur français. La DRCI est née de la fusion de la direction de la surveillance du territoire (DST) et de la direction centrale des Renseignements Généraux au sein de la direction générale de la police nationale.

particulier, il suffisait de se renseigner auprès des bailleurs sociaux et puis vous aviez la concierge qui vous disait et bien oui effectivement, c'est le fils du troisième dans tel collectif qui est toujours avec le fils untel, le fils untel et le fils untel et on arrivait à faire des choses… » Avec une certaine nostalgie d'une autre époque pas si lointaine (jusqu'au début des années 1990), Henri indique que le contrôle social du quartier, autrefois assumé par une pluralité d'acteurs, notamment la police de sécurité publique ou police de proximité mais également des élus locaux, des bailleurs sociaux et un tissu associatif fortement engagé et encadré par une importante association laïque para-municipale très puissante (ALC), est aujourd'hui complètement décomposé : « C'est assez classique. Dans des gros quartiers comme celui de la Cité des enfants perdus, lorsqu'une nouvelle équipe municipale arrive au pouvoir, elle essaie de mettre son empreinte sur le quartier en cassant un peu ce qui a été fait auparavant. Elle essaie alors d'implanter de nouvelles structures. »

Développement du clientélisme

Suite à des antagonismes politiques locaux extrêmement violents pour prendre le pouvoir municipal, le tissu associatif fortement impliqué dans ces querelles s'est rapidement délité à un tel point qu'une partie du monde associatif est désormais devenu un espace de conflit plutôt qu'une ressource pour la régulation. En effet, les leaders politiques locaux aux commandes des différentes collectivités territoriales (mairie, agglomération, département, région) en opposition pour la conquête du pouvoir ou pour sa conservation, espèrent s'assurer le soutien d'une partie de la population en finançant des associations censées représenter ou au moins avoir de l'influence sur une partie de l'électorat. Ainsi, paradoxalement, alors que le renforcement de la décentralisation politico-administrative opérée à partir du milieu des années 1980 devait rapprocher les élus des citoyens afin de renforcer l'organisation de la « démocratie participative », on constate, dans la réalité, notamment dans les quartiers populaires comme la Cité des enfants perdus, une institutionnalisation de pratiques « clientélistes » au sein desquelles les associations jouent un rôle important. En effet, en fonction de leurs financements, de la composition de leurs conseils d'administration, des associations affiliées à tel ou tel camp politique reproduisent les antagonismes politiques locaux et se battent entre elles, prenant ainsi en otage la population qui a pourtant réellement besoin d'un accompagnement social. Dans ce contexte, les structures de médiation (comme le groupement d'intérêt public (GIP) mis en place par la municipalité et la caisse d'allocation familiale (CAF) après les émeutes de 2005) censées agir pour l'intérêt général en régulant les actions associatives mises en œuvre dans les quartiers défavorisés, se trouvent concrètement en difficulté pour pouvoir réaliser ce travail. Malgré les discours et les positions de principe sur l'importance de la mobilisation collective, au-delà des clivages politiques, pour construire la citoyenneté et la cohésion sociale, les associations en concurrence entre elles, soutenues par différentes forces politiques, œuvrent, avant tout, pour la satisfaction d'intérêts particuliers exacerbés durant les périodes électorales.

L'ethnicité à l'épreuve de la pacification sociale

Dans cette perspective, dans un contexte d'ethnicisation du quartier, la dimension « ethnico-raciale » des associations locales est désormais largement instrumentalisée. Ainsi, au début de l'enquête, le directeur de cabinet d'un élu municipal nous dit fièrement qu'il a aidé à mettre en place une grande « fête de la fraternité » sur la place de l'hôtel de ville mais, qu'en réalité, il s'agit d'une « fête des communautés », ce qui ne peut pas être affiché politiquement. Cette manifestation regroupe toutes les associations ethnoculturelles animées par des personnes d'origine étrangère soutenues par la municipalité en échange de leur coopération électorale et de leur aide dans la gestion des désordres potentiels. Pour autant, cette coopération pragmatique ne signifie pas nécessairement la construction d'un respect mutuel entre les promoteurs ethniques et les responsables politiques locaux. Ainsi, lors de l'entretien, le directeur de cabinet affirme avec un fort mépris, qu'en permettant aux responsables « communautaires » d'occuper la place de la mairie une fois par an avec « leurs chameaux, leurs tentes berbères et leurs représentants diplomatiques », la municipalité s'assure, finalement à bon compte, la collaboration des « leaders ethniques » dans la gestion des affaires de la ville, notamment en ce qui concerne le maintien de la paix sociale. Cependant, Henri et ses collègues ont conscience que ce manque de respect mutuel entre des élus municipaux et les habitants du quartier de la Cité des enfants perdus peut avoir des conséquences négatives en matière d'ordre public. En privé, des élus expriment un fort dédain à l'encontre des habitants de la Cité des enfants perdus, notamment des immigrés ou des personnes d'origine étrangère. Or, ce mépris de type néo-colonialiste a une influence directe sur le climat du quartier de la Cité des enfants perdus. La violence raciste exprimée en creux dans les discours, les attitudes ou les comportements de certains élus et responsables municipaux, engendrent de la révolte chez les racisés et provoquent en conséquence des formes de violence réparatrices de la part des « victimes » : « C'est vrai que si vous faites entendre ce type de discours (racistes) aux jeunes de la Cité des enfants perdus, on ne peut pas s'étonner qu'il y ait ensuite des réactions violentes. »

Dans l'environnement fortement ethnicisé de la Cité des enfants perdus, peuplé de nombreuses personnes d'origine africaine, Henri souligne également que la municipalité entretient une relation ambivalente avec l'islam et ses acteurs locaux. En effet, au regard de la radicalisation d'une partie des croyants musulmans dans le monde depuis plusieurs décennies[233], notamment dans les quartiers populaires de plusieurs pays d'Europe, l'islam et plus largement des « mouvements communautaristes » radicaux « anti-système » recrutant au sein de la jeunesse des banlieues populaires, représentent un danger pour l'ordre public et inquiètent la police[234]. En revanche, dans les cités d'habitat social, l'islam représente également une ressource pour la paix sociale. Certains militants musulmans sont, en effet, considérés comme des acteurs émergents du contrôle social[235].

A la Cité des enfants perdus, il existe deux principaux lieux de cultes musulmans dans le quartier (la mosquée « rose » et la mosquée « verte ») regroupant, à l'exception des Turcs qui disposent de leur propre mosquée à l'extérieur du quartier, l'ensemble des musulmans de la cité quelle que soit leur origine nationale ou ethnico-culturelle (Maghreb, Afrique noire, Europe...). Ainsi, les élus municipaux entretiennent des relations de coopération avec des « leaders » modérés de la communauté musulmane trincampoise surtout présents dans la mosquée « rose ». Des élus municipaux sont des personnes influentes au sein de cette communauté musulmane locale. Certains sont des acteurs centraux des associations qui gèrent les lieux de culte. En revanche, la municipalité entretient moins de rapports avec les responsables de la mosquée « verte » gérée par le *Tabligh* (association foi et pratique) apparaissant comme la moins ouverte sur le monde extérieur à la « communauté » de croyants musulmans. Cette mosquée est dirigée par des piétistes musulmans. C'est également un lieu de passage pour des missionnaires qui agissent à l'échelle nationale, voire au-delà. Cette mosquée est, en fait, un espace ressource à partir duquel des musulmans prosélytes démarchent les habitants, notamment les jeunes, des quartiers populaires. Historiquement, la Cité des enfants perdus n'avait qu'un lieu de culte musulman (la mosquée « verte ») principalement animé par des croyants originaires du Maroc. Or, ce lieu de culte a peu à peu été investi par des missionnaires du mouvement « néo-communautaire », piétiste et prosélyte, du *Tabligh* qui ont pris, petit à petit, le pouvoir dans ce lieu de culte historique musulman de la Cité des enfants perdus. Ainsi, après une période très conflictuelle au sein de la « communauté musulmane » trincampoise, des musulmans historiques de la Cité des enfants perdus ont finalement décidé d'ouvrir un second lieu de culte (la mosquée « rose ») au sein duquel ils développent désormais une sociabilité musulmane (prières,

233 Voir les travaux de G. Keppel depuis son ouvrage : *Les banlieues de l'islam*, Paris, éd. du Seuil, 1991.
234 Dans un article du journal *Le Monde* portant sur le rapprochement paradoxal de groupuscules extrémistes racistes « noirs » et « blancs », un haut responsable de la police indique : « Aujourd'hui, nos inquiétudes vont vers l'islam radical. Mais il est probable qu'une fois l'effet de mode passé, d'autres formes d'extrémisme prendront le relais. Notamment des mouvements communautaristes dirigés contre la société et le système » (*Le Monde* du 24 septembre 2008, p. 3).
235 Cf. D. Bouzar, *L'islam des banlieues. Les prédicateurs musulmans : nouveaux travailleurs sociaux ?*, Paris, éd. Syros, 2001.

école coranique, fêtes religieuses…) plus ouverte vers le monde extérieur, notamment les représentants du pouvoir municipal. Quoi qu'il en soit, il est certain qu'à la Cité des enfants perdus, des jeunes du quartier entretiennent de fortes relations avec les leaders musulmans des deux mosquées.

Par ailleurs, Henri souligne que les promoteurs de morale musulmans occupent une place non négligeable dans la construction du contrôle social local. Les responsables associatifs qui gèrent les lieux de culte musulmans vont à la rencontre des parents inquiets de vivre dans un territoire potentiellement criminogène. Dans la pratique, ces acteurs musulmans proposent aux parents de confier l'éducation de leurs enfants aux responsables religieux. Ces acteurs religieux affirment que si les enfants sont confiés aux « éducateurs islamiques », ces enfants entreront dans le droit chemin et ne feront pas de bêtises, et c'est ainsi que les acteurs musulmans les plus prosélytes revendiquent la prise en main des jeunes musulmans du quartier, ce qui inquiète les RG.

On est assis sur un baril de poudre

En définitive, depuis l'éclatement de l'association para-municipale autrefois centrale, l'Association Laïque de la Cité des enfants perdus (ALC), Henri constate que, malgré des initiatives politiques pour redonner des capacités de régulation au monde associatif (création d'un groupement d'intérêt public pour coordonner les actions associatives et de nouvelles associations para-municipales), aucune association n'a finalement pu prendre la place de l'ALC ni avoir son importance et être en capacité d'encadrer les jeunes de la Cité des enfants perdus en dehors des temps scolaires. A l'exception de l'animation sportive, l'accompagnement social des adolescents de la cité est en complète déliquescence. En effet, en ce qui concerne la tranche d'âge des adolescents et des jeunes adultes, les quelques actions socioculturelles menées par les associations et encadrées par des « amateurs », autrement dit, des jeunes du quartier, certes reconnus par les autres jeunes car faisant partie de la cité mais sans réelle formation dans le champ de l'animation ou de l'intervention sociale, ne sont pas reconnues par les professionnels de l'éducation et du travail social, ce qui empêche de mettre en place un réel travail partenarial. Par ailleurs, le service municipal de la jeunesse, pourtant majoritairement composé de professionnels de l'animation socio-culturelle, s'il assume parfaitement la prise en charge para-scolaire des enfants en lien avec les familles rechigne par contre à s'occuper d'adolescents considérés comme trop turbulents en prétextant que le monde associatif est plus adapté pour s'en occuper : « Les jeunes de 15-18 ans sont les plus difficiles à prendre en charge sur le plan associatif parce qu'ils sont les plus exigeants. Le travail est plus difficile. C'est plus difficile de s'occuper d'un gamin de 17 ans que d'un gamin de 8 ans. Un gamin de 8 ans, vous allez lui trouver une activité cela va aller, alors que le gamin de 17 ans sera beaucoup plus exigeant et l'organisation est plus compliquée. Le gamin de 17 ans est dehors et doit être pris en charge le soir. Or, on ne trouve pas beaucoup d'éducateurs, le soir, sur le quartier. » Cependant, comme nous l'avons vu, complètement précarisé et déstructuré, le tissu associatif est également dans l'incapacité de prendre en charge correctement ces jeunes : « Lorsqu'il y a une confrontation de structures associatives sur un quartier, cela fait mal ! ». Dorénavant, le tissu associatif local est un espace fortement conflictuel, concurrentiel et précarisé (fortes difficultés financières et problèmes de reconnaissance professionnelle des acteurs associatifs indigènes) au sein duquel quelques « figures de quartier » ayant eu une jeunesse mouvementée, en continuum de leurs expériences juvéniles, font toujours pression sur le pouvoir politique local pour garder une totale autonomie d'action en mettant en avant le fait qu'ils sont incontournables puisqu'ils ont potentiellement la capacité de participer à l'apaisement ou au « réveil » du quartier. En effet, pour Henri, ces acteurs ont intériorisé un mode de fonctionnement ancien à la Cité des enfants perdus consistant, pour le pouvoir municipal, à acheter la paix sociale en finançant directement ou indirectement des « leaders » de quartier en échange de leur action de contention sociale de la cité : « Allez-y, vous voulez de l'argent, je vais vous en donner mais en échange vous m'assurez la tranquillité sur le quartier. Cela a été une erreur. » Or, l'intérêt de ces acteurs sociaux du « bas », notamment pour « sauver leur peau », surtout s'ils rencontrent des obstacles ne leur permettant pas d'entrer dans un processus de qualification[236], n'est certainement pas de permettre que l'organisation de la régulation sociale locale se rationalise et se professionnalise au profit d'une « magistrature sociale »[237] et d'acteurs sociaux du « haut », institutionnalisés. Ces acteurs sociaux, horsains au quartier, finiront, en effet, par marginaliser et dominer les intervenants sociaux issus de la Cité des enfants perdus.

*

*   *

Dans ce contexte de désorganisation, d'instrumentalisation et d'ethnicisation du tissu associatif, de déficit récurrent de professionnels qualifiés de l'intervention sociale contraints par ailleurs par des logiques politiciennes locales, de rivalité, voire d'opposition entre les acteurs sociaux du « bas » et ceux du « haut », et d'augmentation de la précarité sociale pour beaucoup de résidents de la Cité des enfants perdus, Henri est donc pessimiste sur

236 Cf. M. Boucher, « Jeunes discriminés et intervention sociale. Les enjeux des discriminations raciales dans le travail social», in M. Boucher (sous la dir.), *Discriminations et ethnicisation. Combattre le racisme en Europe,* La Tour d'Aigues, éd. de l'Aube, décembre 2005, p. 381-394.
237 Cf. J. Donzelot, A. Wyvekens, 2004, *op. cit.*

l'avenir du quartier en matière de sécurité publique. En effet, au regard de la situation de beaucoup de jeunes de la Cité des enfants perdus en situation d'échec scolaire, au chômage, sans ressources, vivant dans l'errance, Henri et ses collaborateurs pensent que tous les ingrédients sont réunis, à l'instar de l'automne 2005, pour que de nouvelles émeutes urbaines, de grande ampleur, embrasent le quartier. Henri a conscience d'être assis sur un baril de poudre. A partir de leur expérience vécue, les RG savent qu'une émeute peut éclater très rapidement dans un quartier populaire. Le facteur déclenchant peut simplement être une intervention policière mal interprétée par les jeunes et, plus généralement, par les habitants du quartier. En effet, Henri sait que l'intervention des services publics, notamment de la police et des pompiers, si elle est mal ressentie par la population peut vite conduire à l'éclatement de désordres urbains collectifs impliquant des jeunes et des adultes : « On est conscient que cela peut déraper en l'espace de quelques secondes. On en a eu l'expérience avant les émeutes. Suite à un accident mortel avec une moto volée, les sapeurs pompiers et les services de police ont été pris à partie par la population sous prétexte qu'ils n'intervenaient pas assez rapidement… Pendant ce temps-là, les jeunes brûlaient la moto volée pour effacer les traces et permettre au conducteur de s'échapper. » En fait, alors que les RG savent qu'une grande partie des résidents de la Cité des enfants perdus ont des difficultés à surmonter les épreuves relatives à la vie dans un « ghetto urbain », sont sur les nerfs et expriment une grande rancœur à l'encontre des institutions et de leurs agents, notamment les agents du maintien de l'ordre, conscients que les opérateurs de la régulation sociale locale sont désormais désorganisés, précarisés, divisés, quelquefois co-producteurs de désordres, Henri redoute qu'un incident, surtout s'il est médiatisé et instrumentalisé à l'intérieur comme à l'extérieur du quartier, devienne l'étincelle qui enflammera la Cité des enfants perdus. En ce sens, soucieux de préserver la tranquillité publique, très attentifs à toutes les formes de turbulences, les RG craignent autant les désordres produits par des habitants de la Cité des enfants perdus, notamment des « bandes » de jeunes souhaitant en découdre avec les représentants de l'ordre établi que des incidents déclenchés, même involontairement, par des représentants institutionnels, notamment par des policiers plus soucieux de réprimer des « désordres » ou des événements perçus comme tels plutôt que de les éviter. En effet, pour Henri, la répression est certes nécessaire à certains moments bien précis, notamment lors de débordements dangereux pour la tranquillité publique (émeutes, bagarres entre bandes, agressions physiques…) mais, en aucune manière, elle ne doit être utilisée quotidiennement lorsqu'une autre approche policière, moins offensive, pourrait être mobilisée. A partir de son expérience d'observateur des phénomènes pouvant porter atteinte à l'ordre public, Henri souligne qu'au-delà de l'« idéologie du chiffre » et de la « tolérance zéro », des modes d'intervention plus souples mis en œuvre par une « police de proximité », appréciée par la majorité de la population, sont certainement plus efficaces et moins dangereux pour la paix sociale qu'une police essentiellement répressive pouvant elle-même co-produire du désordre, des injustices et ainsi susciter la haine des jeunes et, plus largement, de la majeure partie de la population des quartiers populaires défavorisés. Pour Henri, « le tout répressif n'est pas une solution ». Or, à la Cité des enfants perdus, la « police de proximité », étant en sous effectif, ne va pas beaucoup à la rencontre des habitants et évite les jeunes.

Extrait du carnet de bord

Une nuit de vandalisme à la régie de quartier

Ce matin, avant de prendre notre petit-déjeuner, nous décidons d'aller visiter l'immeuble pratiquement abandonné car voué à une démolition prochaine (cette démolition aurait du être réalisée depuis juin 2006) situé juste devant le notre et au sein duquel un groupe de jeunes a fait beaucoup de bruits une bonne partie de la nuit. Cet immeuble est encore habité par une famille et abrite la régie de quartier qui occupe tout le rez-de-chaussée. En fait, une bande d'une trentaine de jeunes squatte, dès le début de l'après-midi le hall de cet immeuble ainsi que le parking attenant. En effet, ces jeunes passent une partie de la journée dans des voitures à écouter de la musique, à fort volume, grandes portes ouvertes. Ces jeunes ont entre 15 et 20 ans ; certains vont encore au collège Pablo Neruda situé à 200 mètres mais la plupart d'entre eux sont déscolarisés. Ils passent donc leur temps à faire des petits trafics, à consommer du haschich et de l'alcool mais aussi à provoquer les passants qu'ils dévisagent systématiquement. En effet, d'après nos observations, ces jeunes semblent se construire dans la confrontation avec le monde qui les environne et le revendiquent en inscrivant de nombreux messages sur les murs des immeubles et des cages d'escaliers qui entourent le territoire qu'ils revendiquent, en fait tout l'espace situé autour de la rue Charles Péguy. En arrivant sur les lieux, vers 9h, nous sommes surpris de constater l'état de délabrement et de saleté dans lequel se trouvent les immeubles qui ont été squattés durant la nuit. Dès lors, nous décidons de rendre visite aux acteurs de la régie de quartier pour leur demander leur point de vue sur la situation constatée. A l'accueil, nous demandons donc à rencontrer la directrice, longuement interviewée, il y a déjà plusieurs mois, lors de la phase exploratoire. Or, nous constatons que l'intérieur des locaux est complètement taggué à la bombe de peinture de propos injurieux envers la police. La directrice nous annonce que les locaux de la régie, en effet, ont été totalement vandalisés la nuit précédente. Les vandales ont volé tous les ordinateurs portables, soit six postes informatiques mais ont également trouvé les clefs d'un véhicule garé un peu plus loin qu'ils ont alors dérobé sans difficulté. Au préalable, les voleurs ont défoncé l'ensemble des portes, fracturé un coffre et trouvé des perceuses électriques avec lesquelles ils ont joué en faisant de nombreux trous un peu partout dans les murs. Les salariés de la régie paraissent blasés et expliquent que ces comportements sont l'aboutissement d'une situation de pourrissement des rapports entre ces jeunes et les acteurs institutionnels de la Cité des enfants perdus, notamment la police. Effectivement, les graffitis ne visent que les forces de l'ordre qui, par ailleurs, les deux jours précédents les faits de saccage, sont venues avec des chiens dressés pour repérer la présence de stupéfiants dans l'immeuble de la régie de quartier, squatté par des jeunes jour et nuit. Il faut aussi noter que les compagnies de CRS qui sillonnaient les quartiers de la Cité des enfants perdus depuis trois ans durant toute la nuit ont été retirés le soir même où la régie de quartier s'est fait cambrioler. Pour la directrice, le cambriolage de ses locaux est un message, tout à fait clair, envoyé par les jeunes stationnés quotidiennement devant sa structure. Par l'intermédiaire de ce passage à l'acte, les jeunes s'auto-désignant « RCP-SDG gang », signifiant « rue Charles Péguy – soldats du ghetto », indiquent aux autorités ainsi qu'aux acteurs politico-institutionnels que le territoire sur lequel est situé la régie appartient, désormais, à leur « bande ». Après avoir constaté les dégâts, pris quelques photos des graffitis, nous décidons donc d'aller déjeuner puis de nous informer auprès de la police pour connaître leur point de vue sur cet incident.

////////// Chapitre 10

Gardien de la paix et du contrôle social : major Mitchel, un agent de proximité en terrain hostile

Nous rencontrons le major Mitchel. Il est entré dans la police en 1975 et travaille dans la même ville depuis 1982. Au moment de l'entretien, le major Mitchel est responsable du poste de la Cité des enfants perdus depuis 3 ans (en 2005, le poste de police de la Cité des enfants perdus a été incendié par des émeutiers). Il va néanmoins prendre sa retraite dans seulement quelques mois et profite de notre entretien pour faire une sorte de bilan de son expérience de policier dans les quartiers populaires. Il a effectué toute sa carrière sur le terrain, en « brigade » (police secours) ou dans des groupes d'intervention (SDI). A quatre mois de la retraite, après tant d'années de service dans la police nationale, le major Mitchel paraît donc un peu désabusé mais exprime sa satisfaction de finir sa carrière en effectuant une activité policière principalement organisée par du travail de procédure judiciaire. En effet, il a aimé faire du travail de terrain mais celui-ci l'a usé : « Le terrain, j'ai bien donné. Je ne veux plus me bastonner ». D'ailleurs, avec quatre femmes comme uniques collègues pour tenir le poste de police ouvert tous les jours de 13 heures jusqu'à 21 heures, le major Mitchel indique qu'il ne dispose pas de forces suffisantes pour sortir régulièrement dans la cité.

Des modes d'intervention routiniers

Gérer la misère du monde

Le travail quotidien du major Mitchel est rythmé par le suivi des procédures. Lui et ses collègues s'occupent essentiellement des suivis d'instruction au parquet et des plaintes : « Nous, on fait beaucoup d'auditions : que de l'audition, que de l'audition, que de l'audition… » Dans la pratique, les fonctionnaires du poste de police reçoivent énormément de plaintes des résidents de la Cité des enfants perdus qu'ils traitent eux-mêmes. Néanmoins, cette tâche fastidieuse leur permet d'effectuer du travail de renseignement sur les habitants de la cité (beaucoup d'habitants de la Cité des enfants perdus, notamment les personnes âgées ayant un fort sentiment d'insécurité désignent les individus à surveiller tout particulièrement). Le major Mitchel assume également une mission de conseil et d'orientation auprès des plaignants. Il oriente notamment de nombreuses personnes vers des associations de médiation chargées de réguler des problèmes de couple ou de voisinage. Quoi qu'il en soit, les policiers du poste de la Cité des enfants perdus traitent énormément de « petits dossiers », c'est-à-dire des « affaires » concernant des « violences légères[238] », des menaces, des insultes, etc., en fait, tout ce qui ne nécessite pas une procédure de mise en garde à vue. Souvent, le traitement des plaintes pour insultes, coups et blessures s'effectue suite à des problèmes de voisinage, des différends familiaux renforcés par le manque d'argent de beaucoup de ménages et par des problèmes d'alcoolisme. Ainsi, de nombreux habitants de la Cité des enfants perdus se rendent au poste de police, d'abord pour se plaindre de leurs conditions mais également pour parler avec un représentant institutionnel. Bien qu'elles souhaitent trouver une solution rapide à leurs problèmes, ces personnes veulent, avant tout, être écoutées. En effet, le major Mitchel indique que, bien souvent, les plaignants qui viennent au poste de police y arrivent en dernier lieu, lorsqu'ils ont tenté de rencontrer d'autres acteurs institutionnels, notamment des représentants des services sociaux, qu'ils n'ont pas pu voir ou qui ne leur ont pas donné de réponses satisfaisantes pouvant leur permettre de trouver une solution immédiate à leurs difficultés. C'est pourquoi le poste de police se transforme en bureau des plaintes et tient lieu de service social lorsque les autres services publics et para-publics sont fermés ou indisponibles, notamment le soir et le week-end. Les policiers ont ainsi le sentiment d'être des sortes d'« agents publics » de permanence d'un système « bureaucratico-assistanciel »[239], en panne une bonne partie du temps, alors que beaucoup d'habitants de la Cité des enfants perdus en dépendent : « Les gens ont toujours besoin de la police. (...) Pour eux, la police doit tout savoir. (...) Les gens viennent le samedi et le dimanche parce que tout est fermé et le recours, ce n'est pas les urgences ; il faut la police ! Le 115 (appel d'urgence des sans-abris) : ce n'est pas facile de les avoir. Donc c'est vrai que l'on gère la misère du monde. Les femmes battues, c'est à 23h30, la nuit. Il y a beaucoup de problèmes le week-end lorsque tous les services sociaux sont fermés. »

Traiter le sentiment d'insécurité

Parallèlement à ce travail de « traitement social » de la misère, les agents du poste de police ont également le sentiment qu'ils représentent une « bouée de sauvetage », un recours potentiel pour toute une partie de la population,

238 Les « violences légères » sont des actes contraventionnels nécessitant moins de 8 jours d'interruption temporaire de travail (ITT).
239 Cf. J. Damon, *La question SDF*, Paris, éd. Puf, 2002.

notamment les personnes âgées et isolées, qui vivent dans la crainte et l'insécurité et se sentent sans défense face aux incivilités développées par des jeunes regroupés en bas des tours : « Il y a des grands-mères qui ne sortent plus. Une dame m'a dit qu'elle n'acceptait plus d'invitations le soir parce qu'elle a peur de rentrer puisque les jeunes sont dans le hall. A partir d'une certaine heure, les gens ont peur.» Par conséquent, même si le poste de police ferme ses portes à partir de 21h, le major Mitchel prend soin d'écouter les doléances des personnes venant se plaindre de l'insécurité qu'ils vivent mal au quotidien et, dans la mesure du possible, informe les autres services de police pour qu'ils interviennent dans les espaces publics où il existe le plus de plaintes. Comme l'indique Didier Lapeyronnie à partir d'une enquête réalisée dans un autre « quartier ghetto », beaucoup d'habitants des cités périphériques populaires, notamment les « blancs » précaires dépendants des services sociaux, sont les plus fortement concernés par l'insécurité. Pour ces résidents, « l'insécurité se décline à travers l'abandon institutionnel et finalement politique : c'est bien parce qu'ils sont des « *petits* » ou qu'ils n'ont pas d'existence reconnue, qu'ils ont perdu toute protection. Tous sont bien persuadés que la police ne laisserait jamais s'installer un tel climat dans les beaux quartiers. »[240]

Des patrouilles pédestres ciblées

Dans ce contexte d'insécurité sociale[241], les fonctionnaires du poste de police de la Cité des enfants perdus n'ont donc pas beaucoup de temps pour faire « de la voie publique ». Néanmoins, en plus du travail de procédure, de la prise des plaintes et de l'information donnée au public, les policiers du poste de la Cité des enfants perdus essaient de faire quelques « patrouilles pédestres » dans le quartier. Autrement dit, ils essaient de faire de la police de proximité, dénommée « pol prox » dans le jargon des forces de l'ordre. En effet, pour Mitchel, « voir de la tenue rassure les gens ». Par ailleurs, cette forme d'action policière appelée également « 'îlotage » permet d'aller au contact de la population et représente alors un mode d'intervention efficient pour faire du renseignement. Cependant, Mitchel indique que, contrairement à une autre époque où les fonctionnaires de police étaient une quarantaine à travailler quotidiennement dans les quartiers populaires de la ville, désormais, avec seulement cinq fonctionnaires (toutes des femmes), il est pratiquement impossible d'assurer un travail de « pol prox » régulier et d'aller partout dans la cité : « On ne peut pas traiter autant de dossiers et être dehors. » Dans ces conditions, le major Mitchel préfère faire des patrouilles pédestres ciblées. De plus, contrairement à ce que l'on pourrait penser, le major Mitchel souligne que les patrouilles pédestres sont une priorité pour la hiérarchie policière

240 D. Lapeyronnie, 2008, *op. cit.*, p. 281.
241 Cf. R. Castel, 2003, *op. cit.*

dans les centres ville mais pas dans les quartiers populaires. Par conséquent, même si les agents du poste de police sortent quelquefois pour montrer à la population qu'ils sont présents dans la cité et qu'ils n'ont pas peur de sortir, ils évitent néanmoins de circuler dans des endroits considérés comme des « points chauds » (Les Arcades, la Fromenterie, Rue Charles Péguy...). Pour le major Mitchel, il est en effet inutile de prendre des risques physiques ou tout simplement de perdre la face, notamment si un groupe de jeunes insulte les policiers alors qu'il sait pertinemment qu'il n'a pas la force de riposter immédiatement à leurs injures.

Les agents du poste de police connaissent néanmoins très bien la cité. Ils ont identifié les lieux où des groupes de jeunes dealent de la drogue ou, plus exactement, notamment à cause des caméras de surveillance et des « chiens stups », prennent uniquement des commandes pour éviter de se faire prendre en flagrant délit : « Ils prennent des commandes ou alors ils n'ont qu'une barrette ou deux ; ils prennent sur eux le minimum. Ils savent très bien que s'ils se font pincer la procédure sera légère. »

En effet, le quartier de la Cité des enfants perdus, comme beaucoup d'autres quartiers populaires, aujourd'hui[242], est en proie au trafic de drogue. Quotidiennement, le major Mitchel et ses collègues observent le travail des guetteurs et des *dealers* postés à des endroits stratégiques de la cité. Cependant, même s'il paraît évident aux policiers que les personnes qu'ils observent quasiment tous les jours sont impliquées dans des affaires de business illégal, ils soulignent qu'il n'est en revanche pas évident de prendre ces individus en « flag » (flagrant délit). En effet, sachant qu'ils sont observés et filmés par la police nationale et municipale, ces personnes s'organisent pour ne pas être prises sur le fait. En ce sens, de sa place, le major Mitchel regrette que le côté « chasseur » des policiers, témoins d'une scène de crime, ne puisse que rarement s'exprimer à la Cité des enfants perdus : « Pour un flag on ne réfléchit pas ! Mais même s'il est évident que tous les jeunes qui squattent en bas des immeubles sont là pour dealer, si vous observez bien, on ne voit pas grand chose. Vous voyez les mecs qui viennent pour acheter. C'est clair. Ça vient, ça part, ça vient, ça part. Mais vous ne voyez rien. Vous ne voyez pas de transaction. » Ainsi, même si les policiers ne sont pas dupes des trafics qu'ils ont repéré, les guetteurs agissant dans la cité (Les Arcades, rue Charles Péguy, La Fromenterie, Rue Molière), ne se sentent pas pour autant la force d'intervenir. Ils se limitent donc à observer ce qui se passe dans la rue, à discuter avec les commerçants et effectuent ainsi un travail de renseignement utile en cas de nécessité sur les agissements d'individus

242 Cf. D. Duprez, M. Kokoreff, 2000, *op. cit.*

et de groupes, pas seulement des jeunes, qui concourent à la production des désordres, de la délinquance et des incivilités : « Rue Voltaire, à partir de 17h, il y a un attroupement tous les jours. Il y a une personne qui a ouvert un bar clandestin et, tous les soirs, une quinzaine de personnes picolent, urinent sous les arbres, sur les murs devant les gosses. Il y a aussi beaucoup de femmes. Le propriétaire du « bar » leur donne donc des clés pour qu'elles aillent faire pipi dans le sous-sol de l'immeuble. Là, il y a vraiment un problème. Au pénal, on ne peut pas leur reprocher grand chose mais ils gênent vraiment le secteur. Et ce ne sont que des adultes africains, africains…. Ce ne sont pas des gamins. Certains ont plus de 40 ans. Ce ne sont pas des gosses. Depuis un an, il y a un vrai problème et puis, l'été, je ne vous dis pas : musique africaine, boissons, bières… Vous regardez par terre, il y a au moins mille capsules de bouteilles de bière par terre. »

Eviter les « points chauds »

Dans cet environnement, le major Mitchel est catégorique. Dans les « points chauds » de la Cité des enfants perdus, il est totalement irréaliste et dangereux de faire des patrouilles pédestres avec un petit effectif de policiers mal équipés pour riposter en cas d'affrontement. En effet, contrairement aux espaces urbains pas encore ghettoïsés au sein desquels des sorties pédestres effectuées par des « îlotiers » rassurent les habitants, il est contre-productif d'intervenir, dans les zones connues pour être massivement occupées par des « délinquants » hostiles aux forces de l'ordre, lorsque la police ne s'est pas préalablement donnée tous les moyens d'avoir le dessus au cas où l'intervention policière tournerait mal. Fort de son expérience, le major Mitchel indique, en effet, qu'en petit nombre, les policiers ne doivent pas prendre de risques inutiles et ne surtout pas tenter d'entrer dans des endroits potentiellement dangereux : « Dans certains coins, il ne faut pas intervenir. Point final. Si vous êtes seul ou seulement deux, on sait très bien qu'il ne faut pas intervenir. Vous n'allez pas faire le contrôle d'un hall d'immeuble à deux. On sait très bien que cela va finir par des outrages, des rebellions ou alors des violences… Il y a des choses à ne pas faire. »

Dans la pratique, en matière de tranquillité publique, les agents du poste de police ne voient donc pas l'intérêt de faire des patrouilles pédestres dans les zones particulièrement à risque et évitent systématiquement de pénétrer dans ces zones. Celles-ci sont, en effet, investies par d'autres services de police spécialisés dans l'intervention en terrain sensible. Ainsi, le poste de police fait régulièrement appel, d'une part, aux équipages de la « section départementale d'intervention » (SDI) composés de quatre policiers, bien protégés par des équipements adaptés, pouvant rapidement intervenir à dix en cas de difficulté, d'autre part, à la BAC jour qui connaît parfaitement les

« jeunes délinquants » du quartier et qui, d'après Mitchel, aime « rentrer dedans » lors des interpellations : « Ce qui embête le plus les jeunes, c'est qu'ils sont identifiés par la BAC. Quand la BAC vient les voir en les nommant par leur prénom, ils n'aiment pas parce qu'ils savent qu'ils sont identifiés alors que les CRS ne connaissent pas les gars. » Le major Mitchel fait, en effet, régulièrement appel aux policiers de la BAC jour, notamment parce qu'il a des difficultés à reconnaître les jeunes de la Cité des enfants perdus souvent en raison de leur couleur de peau. En effet, un grand nombre de jeunes de la cité étant noirs, le major Mitchel indique qu'il a des difficultés à les différencier : « Je ne fais pas d'interpellation car je ne peux pas me le permettre mais, quand j'ai un bon truc, je le refile aux collègues de la SDI ou de la BAC jour qui est opérationnelle à 100% (...). Pour nous (agents du poste de police), comme il y a beaucoup d'Africains, ce n'est pas évident de les repérer. Pour nous, ils se ressemblent beaucoup et puis, en plus, s'ils (les jeunes du quartier) font un coup ils s'échangent les vêtements, ce qui est un grand classique. Tenue vestimentaire sur un flag, il ne faut pas en tenir compte ! »

Au cœur d'espaces urbains classés comme des « points chauds », le major Mitchel n'imagine pas d'autres formes d'intervention crédibles que celles aboutissant à la constitution d'une épreuve de force devant être nécessairement remportée par la police : « Dans un secteur comme la rue Charles Péguy (lieu répertorié comme particulièrement hostile à la police) faire de « la pédestre », cela ne donne rien. Si on fait un contrôle d'un groupe, on le fait avec un véhicule. Cela ne sert à rien de faire du pédestre. Pour pouvoir intervenir sur des coins chauds, en pédestre, il ne faut pas y aller à deux. Il faut du monde. Dans les coins chauds, il faut un véhicule en cas de pépin. Il faut pouvoir se dégager. Si on interpelle, il faut pouvoir charger rapidement parce que si vous interpellez là-bas (point chaud) et que vous attendez un véhicule, vous avez trente jeunes qui vous arrivent dessus. Un coup de sifflet et tout le monde est là. Vous avez pu le voir, ils sont quand même nombreux ! »

Dans les « points chauds », le major Mitchel craint donc de se trouver en difficulté face à des « bandes » de jeunes prêtes à en découdre avec la police lorsque celle-ci tente d'interpeller l'un des leurs. Ainsi, paradoxalement, il existe une sorte de « syndrome du coup de sifflet » chez les agents du poste de police. Ces policiers redoutent la force que représentent les petits groupes de jeunes concentrés en bas des immeubles, très remontés contre les forces de l'ordre.

Construire un rapport de force

Confrontés à des jeunes potentiellement agressifs, le mode d'intervention privilégié (contrôle/interpellation/dialogue) par Mitchel et ses collègues dépendra donc de leur capacité à imposer ou non un rapport de force : « C'est un rapport de force. Vous arrivez à deux, vous vous faites insulter ; vous arrivez à dix en tenue spéciale, il n'y a plus personne. Ils (les jeunes de quartier) sont courageux mais pas de trop. » Ainsi, si les policiers sont suffisamment nombreux, ceux-ci ne vont pas hésiter à contrôler les jeunes qui vont eux-mêmes se laisser faire au regard du rapport de force visiblement favorable à la police ; en revanche, si les policiers se trouvent en sous-effectif pour contrôler des jeunes plus nombreux qu'eux, les représentants de l'ordre vont éviter d'entrer en contact avec ces jeunes ou alors, au lieu de les contrôler, vont s'obliger à dialoguer avec eux pour éviter de perdre la face en cas de résistance, voire de défiance et de provocation : « C'est simple. Si vous arrivez à deux, on dialogue ; vous n'avez pas le choix. Si vous arrivez à six ou sept, il n'y a jamais de problèmes parce qu'ils ne sont pas fous. Si vous arrivez en nombre, il y a un contrôle de police : vos papiers, palpation. Il n'y a rien. Au revoir messieurs et on s'en va. C'est carré. Si vous allez faire un contrôle à deux, c'est l'embrouille ! »

En fait, les policiers savent qu'il est toujours hasardeux d'intervenir auprès d'un groupe de jeunes si les forces de l'ordre ne sont pas au moins de trois personnes lors de la prise de contact (protection, liaison, intervention) : « Si on est trois, on travaille en sécurité ; si on est deux, on est toujours sur la tangente. Trois ça va, deux c'est toujours limite.» Dès lors, pour le major Mitchel, durant les contrôles de groupes de jeunes, ce qui assure la protection des policiers et rend l'intervention moins risquée, c'est le nombre d'agents mobilisés sur une même action : « A deux, pour interpeller quelqu'un vous êtes léger. S'il y a un costaud, il faut bien l'attraper et, à deux, il y a des risques à chaque fois. »

D'après les déclarations du major Mitchel, les agents du poste de police de la Cité des enfants perdus se perçoivent donc, avant tout, comme des représentants du maintien de l'ordre agissant dans un territoire majoritairement opposé aux forces de police. D'ailleurs, lorsqu'ils sont en nombre suffisant, ces policiers apprécient de participer à des opérations de maintien de l'ordre. Or, au regard du peu de moyens humains et techniques dont dispose le poste de police de la Cité des enfants perdus, comme nous l'avons vu, les représentants de l'ordre sont la plupart du temps contraints d'assurer uniquement une mission d'information et de renseignement tout en prenant garde de ne pas se mettre en danger, notamment en évitant de rencontrer les jeunes dans les « points chauds » de la cité. Cependant, dans l'échelle de valeurs propre au corps de la fonction publique policière, la participation au maintien de la paix sociale (information, renseignement, écoute, médiation…) assumée par les agents du poste de police est beaucoup moins cotée que des actions de maintien de l'ordre qu'ils sont pratiquement incapables de mettre en œuvre s'ils ne sont pas appuyés par d'autres agents de police de services plus spécialisés dans la confrontation violente. C'est ainsi que dans un quartier sensible comme la Cité des enfants perdus, l'instauration d'un rapport de force est nettement plus valorisée par le major Mitchel que la constitution d'une interaction dialogique généralement mise en œuvre de façon purement préventive, voire défensive. Ainsi, si le major Mitchel décide d'entamer le dialogue avec des jeunes de la cité regroupés en bas des tours lors d'une intervention, c'est uniquement par obligation (prévenir des risques de dérapages) lorsqu'il juge que le rapport de force lui est défavorable.

Radicalisation et ethnicisation de la production/contention de la violence

Des violences invisibles

Dans leur travail quotidien, les agents du poste de police de la Cité des enfants perdus gèrent beaucoup de « cas sociaux » de tous âges, notamment des jeunes « SDF » mis à la porte par leurs parents. Ces jeunes squattent généralement chez des amis installés dans les HLM où même co-habitent avec des personnes fragiles psychologiquement et sur lesquelles ces jeunes font pression pour qu'ils soient hébergés dans leur appartement. Ainsi, en cas de contrôle de police dans les halls, il n'est pas rare que les jeunes qui les occupent se réfugient dans l'appartement d'un ami ou d'une personne se sentant obligée de les accueillir. Concernant l'occupation forcée d'appartements habités, le major Mitchel indique que « c'est surtout le fait de Sénégalais. Les plus durs vont chez les gens qui sont un peu faibles et s'installent. Les gens ont tellement peur d'eux qu'ils les laissent faire. Donc, ils squattent des appartements habités par des personnes sous tutelle, sous curatelle ou simplement alcooliques. » Néanmoins, selon le major Mitchel, cette forme de squattage est assez récente. Elle découle directement des modes d'interventions policières mis en œuvre ces dernières années consistant à empêcher que les caves des immeubles, autrefois souvent occupées par les jeunes, deviennent des repères leur permettant de se réunir pour consommer des substances illicites, cacher de la drogue et du matériel volé : « Dans les caves, maintenant il n'y a plus rien. Notre chien stup tourne très bien. Il a trouvé tellement de camelote que cela a dû leur coûter très cher. » Cependant, au lieu de freiner des pratiques de squattage indispensables au commerce illégal et au trafic de drogue, le major Mitchel met en lumière le fait que la répression policière a finalement conduit les squatteurs, non pas à arrêter d'occuper illégalement des espaces dans la cité mais à transformer et à radicaliser leurs pratiques au point où des résidents du quartier les plus vulnérables sont devenus les otages des « caïds » de la cité : « Avant, les jeunes avaient leurs squats dans les caves. Mais il y a eu tellement de contrôles de police des squats, d'interventions de chiens stup...qu'ils se sont aperçus qu'ils ne pouvaient plus entreposer d'objets volés dans les caves... Ils se sont donc rabattus, dans un premier temps, sur les appartements inoccupés. Ils faisaient sauter la porte puis s'installaient, mais les logeurs n'ont pas accepté la situation, donc contrôle ! Contrôle ! Ces jeunes se sont donc aperçus qu'en squattant un appartement occupé, bien souvent on ne s'en apercevait pas et que c'était plus sûr. On (la police) ne peut plus aller chez les gens comme dans des appartements vides. Il y a une procédure à suivre. » Ainsi, dans le quartier de la Cité des enfants perdus, la répression policière à l'encontre des pratiques de squats, loin d'avoir éradiqué ces phénomènes, les a, en réalité, rendus plus invisibles mais aussi plus traumatisants pour une partie de la population contrainte de co-habiter avec les squatters qui les instrumentalisent pour faire leurs trafics[243]. Mais plus fondamentalement, cet exemple nous permet de questionner l'efficacité de la répression policière et l'utilisation accrue des techniques de « prévention situationnelle » (installation des caméras de vidéo surveillance, de patrouilles de gardiens de sécurité...) dans des territoires fortement défavorisés où les liens sociaux sont en voie de délitement. En effet, paradoxalement, dans ce cas, il semble que la répression policière a, d'une part, surtout amené à complexifier les formes d'occupation illégale des espaces nécessaires au maintien d'une activité lucrative délinquante et, d'autre part, a aussi conduit à encourager le développement de la violence de squatters à l'encontre de personnes fragiles.

De nombreux jeunes « délinquants »

La plupart du temps, le major Mitchel reconnaît que le quartier de la Cité des enfants perdus semble calme. Cependant, cette tranquillité apparente cacherait une autre réalité moins paisible. La nuit, le quartier est défini comme un lieu de « misère » où il n'y a personne dans les rues à part les regroupements de jeunes dans les halls d'immeubles. Or, selon Mitchel, cette quiétude illusoire peut vite se révéler fausse si une « bande de jeunes » rencontre une personne seule, notamment une femme, qui deviendra rapidement leur victime : « La nuit, c'est la misère mais d'un autre côté, il ne faut pas qu'une femme se promène toute seule la nuit parce qu'elle n'est pas sûre de finir avec son sac à main. Ils (les jeunes) sont dans les halls d'immeubles, ils discutent, ils fument mais sont à l'affût. S'ils voient un coup à faire, c'est l'occasion qui fait le larron et hop ! Ils y vont. Il y a donc certains coins où il ne faut vraiment pas passer. » En fait, pour le major Mitchel, la plupart des jeunes de la Cité des enfants perdus, notamment lorsqu'ils sont en groupe, sont des agresseurs en puissance. D'ailleurs, dans ces groupes, beaucoup de jeunes qui les constituent sont déjà connus des services de police et ont en général une affaire judiciaire en cours. Le major Mitchel n'ignore pourtant pas les conditions d'habitat difficiles

243 Cf. L. Bronner, « Le procès d'un trafic de cannabis à Sevran illustre l'enracinement du « business » dans les quartiers » in *Le Monde* du 4 octobre 2008, p. 13.

dans lesquels beaucoup de jeunes de la Cité des enfants perdus se trouvent conduisant ainsi ceux-ci à sortir dans les halls d'immeubles pour respirer un peu. Pour autant, ces jeunes sont tous catalogués comme des délinquants à partir du moment où ils se regroupent le soir dans les parties communes des immeubles tandis que les « honnêtes gens » restent tranquillement chez eux : « Quand vous avez neuf frères et sœurs dans un F4, quand on est délinquant, on est mieux avec les copains, en bas des immeubles, qu'avec la famille. Ils discutent de leur business. Ils essaient de trouver une combine. »

Ainsi, les jeunes « galériens » de la Cité des enfants perdus sont majoritairement décrits comme des délinquants ayant certainement des armes (des fusils à canon scié ont régulièrement été saisis) mais qu'ils n'utilisent pas souvent. En effet, il n'y a pas réellement d'affrontements entre « gangs » dans la cité car, au fil des années, les jeunes de la Cité des enfants perdus ont réussi à bien délimiter leur territoire et s'opposent plus volontiers à d'autres jeunes venus de cités d'autres villes.

Par conséquent, le calme apparent de la Cité des enfants perdus serait d'abord lié au fait que les « grands frères » inscrits dans le trafic de drogue, « tiennent bien le quartier ». Ce sont les « caïds » qui donnent du travail aux plus jeunes en les employant comme guetteurs ou vendeurs de drogue et leur demandent de ne pas être trop turbulents pour que la police les laisse tranquille : « Il y a des grands frères qui dealent à un autre sommet. Lorsque le quartier est bien calme, c'est que ça *buziness* à fond. Quand ça tourne bien, ils (les caïds) ne veulent pas que la police intervienne ; les jeunes doivent donc rester calmes le plus possible. Plus le quartier est calme, moins il y a de contrôles.» Les caïds de quartier sont d'ailleurs des exemples respectés par les plus jeunes de la cité : « Les grands frères arrivent dans le quartier avec les BMW dernier modèle. Les jeunes ont l'exemple de l'argent facile ! Regardez comme ils sont habillés ! » Pour le major Mitchel, il ne fait donc pas de doute que les jeunes de la Cité des enfants perdus sont les premiers responsables de la délinquance et du trafic de drogue, en développement rapide dans la cité. Ce sont également les principaux acteurs des phénomènes de violences, qu'ils médiatisent ou pas, en fonction de leurs intérêts.

Une population africaine particulièrement violente et sans limite

Dans ce contexte de réorganisation sociale criminelle du quartier, le major Mitchel exprime alors une certaine nostalgie de la période, jusqu'au début des années 1980, où le quartier était notamment habité par des familles de policiers, de gendarmes et même de militaires indiquant ainsi qu'il conservait une certaine mixité sociale. En fait, Mitchel associe la détérioration effective de la cité à la période où des familles originaires d'Afrique noire sont venues s'installer massivement dans le quartier. Selon Mitchel, ce sont, en effet, les populations africaines qui ont « pourri le quartier » à partir du début des années 1990. Même si avant l'installation des familles africaines, la cité était déjà composée de populations étrangères notamment originaires du Maghreb avec lesquelles il y avait quelquefois des problèmes de petite délinquance, selon Mitchel, les difficultés posées par ces familles étaient beaucoup moins importantes et tout à fait gérables par la police. En revanche, les populations étrangères d'origine sub-saharienne, aujourd'hui majoritaires dans beaucoup d'immeubles de la Cité des enfants perdus sont beaucoup plus déstructurées. Dès lors, les jeunes issus de ces familles développent des formes de délinquance plus importantes et sont surtout plus violents. Mitchel a désormais le sentiment que ces jeunes d'origine africaine sont prêts à tout, autrement dit, sont prêts à tuer. Ils pourraient, en effet, tuer pour s'imposer dans le trafic de drogue ou tout simplement pour ne pas perdre la face. Ils ont, en fait, banalisé le passage à l'acte violent : « Avant, on avait des familles maghrébines qui étaient connues mais ce n'était pas un problème. Ils (les délinquants issus de ces familles) étaient voleurs mais il n'y avait pas de violence et peu de trafics de drogues. C'est une maladie le vol. Certains naissent voleurs. On jouait un peu aux gendarmes et aux voleurs. Mais maintenant, ils (jeunes délinquants d'origine africaine) s'en foutent et n'ont pas de limites. Ils iraient bien planter quelqu'un pour n'importe quoi. Avant, il était rare que l'on en chope un (un jeune de cité) armé. Maintenant, les jeunes ne se rendent pas compte et vont sortir un couteau pour rien. » A la Cité des enfants perdus, par comparaison aux années 1980, en quelques années, donc, la violence juvénile se serait fortement développée et radicalisée en même temps que le quartier s'est racialisé. Néanmoins, et même s'il considère généralement les populations africaines comme de probables fauteurs de troubles, dans une perspective néo-colonialiste, le major Mitchel nous déclare que certains résidents immigrés par ailleurs fortement ethnifiés (exo-définition ethnique essentialiste) restent une ressource pour contenir les désordres et la violence. Il s'agit d'alliés de la pacification et de l'ordre social encore capables de maintenir une certaine pression morale et ethno-culturelle sur des jeunes d'origine étrangère en voie de désocialisation.

Des familles africaines partenaires et adversaires de la pacification sociale

A la Cité des enfants perdus, le major Mitchel n'a pas connu la période où des « grands frères », c'est-à-dire des médiateurs sociaux (agents locaux de médiation sociale), faisaient des rondes dans le quartier pour assurer la tranquillité publique. Cependant, il sait que ces médiateurs étaient peu appréciés par ses collègues car la police « ne savait pas trop ce qu'ils faisaient ». En effet, ces jeunes dont certains étaient connus par les services de police pour avoir été délinquants à un moment de leur vie étaient, en fait, toujours suspectés d'utiliser la médiation sociale comme couverture pour camoufler des activités illégales. En revanche, Mitchel cite volontiers l'action pacificatrice de « mamas africaines » qui auraient une bonne influence sur les jeunes du quartier lors de périodes de tension. En effet, à l'instar du commissaire de police qui sollicite régulièrement ces femmes, Mitchel indique que ces « mamans » peuvent utilement participer au travail de régulation sociale locale : « Ce que l'on a repéré et qui a bien marché, c'est l'intervention des mamas africaines qui sont intervenues quand cela a commencé à brûler en banlieue parisienne. Elles sont allées voir les gamins et les ont ramenés chez eux car elles ont du poids les mères africaines. » Ainsi, contrairement à l'action ambiguë des « grands frères » avant tout considérés comme des « jeunes de cité » potentiellement délinquants, l'action de pacification sociale mise en œuvre par des mères de famille africaines de la Cité des enfants perdus semble plus efficace et surtout plus « naturelle ». Pour Mitchel, cette forme d'intervention paraît être dans l'ordre des choses. Effectivement, en assumant pleinement leur autorité parentale, ces femmes font un travail de contrôle social nécessaire tout en donnant le bon exemple aux autres parents souvent accusés d'être démissionnaires et, finalement, complices des désordres commis par leurs enfants. Par ailleurs, dans une vision culturaliste, le major Mitchel indique que cette action des « mamans » est surtout possible auprès des jeunes d'origine africaine. En effet, dans le cas de la Cité des enfants perdus, la capacité d'action et de contrôle « communautaire » développée notamment dans les sociétés africaines traditionnelles est louée par le major Mitchel. Malgré l'expérience migratoire ayant conduit les parents immigrés à entrer dans un processus d'acculturation[244] peu propice au maintien des formes d'organisation sociale pré-existantes au projet migratoire, Mitchel souhaite néanmoins, à l'instar de beaucoup d'immigrés nostalgiques des modes d'éducation « traditionnels » de leur pays d'origine, que les capacités de contrôle social communautaire soient maintenues : « Grâce à mes discussions avec beaucoup de Sénégalais, je sais qu'en Afrique le rôle de la famille est différent. Au Sénégal, les gamins de 13 ou 14 ans ne traînent pas dans la rue. Si un papa voit un enfant dans la rue, le soir, et qu'il n'est pas son père, il va quand même lui dire de rentrer chez lui. Là-bas, au pays, les enfants obéissent car s'ils n'obéissent pas ils vont prendre un coup de trique. Donc s'ils (les parents d'origine africaine) le veulent, ils peuvent tenir leurs gamins mais uniquement s'ils le veulent… » Ainsi, pour Mitchel, afin de garantir la tranquillité publique à la Cité des enfants perdus, il est salutaire de maintenir l'éducation traditionnelle africaine auprès des jeunes dont les parents sont originaires d'un pays d'Afrique même si ceux-ci sont nés en France et que beaucoup sont français. En ce sens, Mitchel regrette que, contrairement à ce qui se passait quelques années auparavant, la punition consistant à retourner au « bled » (au pays) pour y être rééduqué (plus de télé, plus de console de jeu, plus de copains) si les

244 Cf. M. Boucher, *Les théories de l'intégration*, Paris, éd. L'Harmattan, 2000.

enfants ne sont pas sages ne soit plus exécutée, notamment par manque de moyens financiers et à cause de l'installation définitive de beaucoup de familles africaines en France. Cependant, Mitchel fait une nette différence entre les « bons parents immigrés » souhaitant « tenir leurs jeunes » (les mamans africaines récompensées par les trophées de la citoyenneté pour leur action de pacification sociale lors des émeutes de Villiers-le-Bel en novembre 2007) et les parents immigrés profitant du fait d'avoir émigré en France pour se déresponsabiliser de leur rôle parental sur les institutions républicaines. Selon Mitchel, c'est d'ailleurs avec les enfants de ces familles, notamment les familles polygames, que la police a le plus de difficultés. Ces jeunes sont particulièrement turbulents et incontrôlables : « Souvent, vous voyez des gamins faire les cons avec des motos. Vous demandez à la maman de les identifier. Elle répond qu'elle ne les connaît pas alors que l'un d'eux est son fils. Elles (les mères africaines) les couvrent aussi. Vous avez aussi des papas qui ont deux ou trois femmes. Certaines familles ont vingt-six enfants avec lesquels on a pas mal de difficultés. »

Des interactions productrices de racisme et de stigmatisation

Police/jeune : des interactions tumultueuses

Dans ce climat souvent tendu entre une partie des habitants, notamment les jeunes et les forces de l'ordre, le major Mitchel a bien conscience qu'une proportion importante de la jeunesse de la Cité des enfants perdus déteste les policiers. Il suffit de regarder les murs de la cité sur lesquels on peut lire un peu partout « Nick la police » ou, tout simplement, qu'il se risque à faire des patrouilles dans certains endroits du quartier où des jeunes se regroupent et l'insultent copieusement. Cependant, face à cette haine « anti-flic », Mitchel ne voit qu'une explication sérieuse : ces jeunes ont la rage contre les forces de l'ordre car ce sont les seules à réellement s'opposer à leurs trafics et à leur violence : « On (la police) est les seuls à vraiment les (les jeunes de quartier) gêner. C'est nous qui les contrôlons, qui les empêchons de dealer, de voler et d'agresser les grands-mères.» D'ailleurs, pour Mitchel, la détestation de la police par une partie de la population, souvent la plus défavorisée, a toujours existé. Même si trois quarts des gens soutiennent l'action de la police, le quart qui reste est largement associé à des ennemis de l'ordre ou même à des délinquants. Ainsi, à l'instar de beaucoup de jeunes du quartier, le major Mitchel inscrit son action dans un rapport ou plutôt un anti-rapport social considérant les jeunes (eux) comme des délinquants et les policiers (nous) comme les défenseurs des trois quarts de la population honnête qui soutiennent l'action policière. En ce sens, en tant que policier, Mitchel assume parfaitement d'être régulièrement requis par les bailleurs sociaux pour défendre leurs intérêts de propriétaires. Ceux-ci font, en effet, souvent appel à lui pour qu'il fasse cesser les dégradations dans les immeubles. Pour le major Mitchel, il est, en effet, évident que le rôle de la police est, au premier chef, de faire respecter l'ordre et la propriété privée. A la Cité des enfants perdus, la police représente donc le dernier rempart contre l'épanouissement d'une organisation sociale majoritairement criminelle : « C'est notre travail de contrôler ces jeunes. On ne peut pas les laisser faire n'importe quoi. » Mitchel reconnaît néanmoins, notamment poussés par les bailleurs sociaux, que les policiers (brigades, SDI, CRS) contrôlent très régulièrement les jeunes du quartier. En revanche, si ceux-ci n'ont rien à se reprocher, s'ils ne montrent pas d'hostilité lors du contrôle, en général tout se passe bien. Dès lors, selon le major Mitchel, si les jeunes ne veulent pas être maltraités ou être considérés comme des délinquants potentiels par la police et traités en conséquence, ceux-ci doivent se soumettre sans conditions et sans opposer de résistances aux contrôles ou bien ne pas se regrouper dans les espaces publics, notamment le soir, ce qui est désormais interdit par la loi.

Pour Mitchel, si les relations entre les « jeunes de cité » et la police sont effectivement exécrables, c'est donc uniquement de la faute, d'une part, de « jeunes délinquants » considérant la police comme des ennemis pouvant les arrêter et, d'autre part, de « jeunes rebelles », hostiles à l'autorité de l'Etat incarnée par la police nationale : « Les bailleurs en ont marre de refaire leurs portes, leurs boites aux lettres et les peintures. On est requis par les bailleurs tout le temps. J'ai une réunion avec eux tous les mois. La préoccupation des halls, c'est tout le temps. Les dégradations des jeunes, ça leur coûte énormément d'argent. Donc, nous (la police), on les contrôle. S'ils ont une arme ou du shit, c'est bien… s'ils n'ont rien du tout, au revoir messieurs. Il y en a qui ont bien compris le système. On les contrôle ; on les laisse passer ; puis il y en a qui, eux, ne comprennent rien et qui vont toujours à l'affrontement. »

On n'est pas raciste mais...

Dans cette perspective, Mitchel récuse totalement les accusations de racisme et d'abus d'autorité dont pourraient être porteurs certains policiers entraînant une révolte des jeunes à leur encontre et une envie de se venger. Selon Mitchel, les critiques émises par des jeunes du quartier affirmant que les policiers ont des comportements racistes sont totalement fausses. D'ailleurs, il souligne qu'il a sous sa responsabilité directe une jeune fonctionnaire de police d'origine marocaine qui accueille correctement tous les plaignants quelle que soit leur nationalité ou leur couleur de peau. En revanche, il reconnaît que, bien souvent, les jeunes avec lesquels la police a le plus de difficultés sont d'origine étrangère et sont notamment issus de l'immigration africaine : « Nous (la police) ne sommes pas racistes mais nous n'y pouvons rien. Ce n'est pas de notre faute si nous arrêtons toujours les mêmes qui font toujours les mêmes conneries ! »

Le major Mitchel sait qu'officiellement, il est politiquement et socialement généralement incorrect d'associer délinquance et immigration ou une forte présence de personnes d'origine étrangère. Pour autant, le major Mitchel ne peut s'empêcher de faire un lien entre l'expérience migratoire et la délinquance. Ainsi, même si les autorités judiciaires affirment que la prison de la Cité des enfants perdus est peuplée de « seulement » 25% d'étrangers, il affirme qu'une simple visite de la prison permet de visualiser que la plupart des prisonniers sont néanmoins d'origine étrangère puisqu'ils ont la peau noire ou plus foncée que la majorité de la population française. Dès lors, pour Mitchel, cette sur-représentation des individus étrangers ou perçus comme tels, est bien une preuve que, malgré les discours anti-racistes qu'il est aujourd'hui de bon ton de communiquer dans l'espace politico-médiatique, les personnes d'origine étrangère sont plus délinquantes que les « autochtones ». En effet, semblant nier l'explication sociologique du « théorème de Thomas » et de la « prophétie auto-créatrice »[245] visant à indiquer que lorsque l'on stigmatise des personnes, elles finissent par se comporter comme on attend qu'elles se comportent, Mitchel semble penser que les personnes immigrées ou d'origine étrangère, même lorsqu'elles ont la nationalité française, se comportent « naturellement » plus mal que les « français de souche », autrement dit, les « Blancs ». Dans cette optique, même s'il s'insurge contre les accusations de racisme de la police envers les « jeunes de cité », souvent d'origine étrangère, le major Mitchel participe pourtant bien aux processus de stigmatisation et d'essentialisation de ces jeunes favorisant, notamment par contre-stigmatisation, la production de comportements délinquants. Même si c'est indirectement, le major Mitchel n'a pas conscience qu'il est co-producteur des phénomènes de délinquance dans le quartier de la Cité des enfants perdus: « Vous allez dans les prisons et bien on n'y peut rien. Ils disent qu'il n'y a pas beaucoup d'étrangers, qu'il y a que 25% d'étrangers. Moi, je veux bien. Les autres ne sont pas étrangers puisqu'ils sont nés en France mais il y en a plus de 25% d'origine étrangère. On (la police) ne les arrête pas parce qu'ils sont noirs ; on les arrête parce qu'ils ont volé ou dealé. »

Une forte pression « anti-flic »

Ces inter-relations difficiles entre les jeunes de la cité et les forces de l'ordre ont, par ailleurs, des conséquences directes sur la vie quotidienne des policiers de base. Celles-ci ont notamment un coût financier, moral et psychique. Ainsi, le major Mitchel souligne que, malgré de petits salaires, surtout pour les jeunes gardiens de la paix, ceux-ci ne peuvent pas résider dans des logements HLM car ils sont tout de suite la cible de brimades et de violences. Ainsi,

245 Cf. R.-K. Merton, « La prédiction créatrice » in *Eléments de théorie et de méthode sociologique* (1953), 1997, *op. cit.*, p. 136-157.

lorsqu'ils n'ont pas les moyens de vivre dans un pavillon, les policiers de Trincamp sont contraints de résider au centre ville même si les loyers sont plus élevés que dans des zones urbaines périphériques où ils pourraient théoriquement vivre. Pour autant, même en prenant des précautions pour ne pas habiter dans des endroits proches des quartiers populaires où les policiers interviennent, il n'est pas rare que, durant les moments où les policiers ne sont pas en service, lorsque les jeunes les reconnaissent, les policiers et leurs familles soient importunés par ces jeunes. Le major Mitchel a ainsi été obligé de changer sa fille de lycée lorsqu'elle a été démasquée par des jeunes de la Cité des enfants perdus : « Les policiers ne pourraient pas vivre à la Cité des enfants perdus. Déjà, ils n'auraient plus de bagnoles ; leurs femmes et leurs gamins se feraient insulter. Ce n'est pas possible de vivre à la Cité des enfants perdus. Moi, quand je fais mes courses, je n'ai pas de problèmes mais j'ai des collègues qui ont des problèmes lorsqu'ils font leurs courses avec leur famille. Ma fille a eu des problèmes. J'ai été obligé de la changer de lycée. » Dans ce contexte, les policiers redoutent donc d'être identifiés par les jeunes, craignent que leur lieu de vie privée soit repéré, que leurs femmes et leurs enfants soient insultés et mal-traités. La pression que subissent les policiers a d'importantes conséquences sur leur vie familiale. De nombreux policiers ont des problèmes de couple, divorcent et font des dépressions : « Beaucoup de policiers ont des problèmes... Après, on gère ou on ne gère pas mais la dépression est reconnue comme maladie professionnelle. » Les agents des forces de l'ordre ne sortent donc pas indemnes de cette confrontation police/jeunes, ils la paient humainement, quelquefois très cher entraînant chez certains policiers une forte rancœur à l'encontre des « jeunes des cités ». Ainsi, pour Mitchel et beaucoup de ses collaborateurs, contrairement à ce que certains acteurs sociaux développent, notamment dans la presse ou dans le monde de l'éducation et de l'action sociale, ce ne sont pas les jeunes des quartiers populaires, surtout lorsqu'ils sont délinquants, qui sont le plus à plaindre mais plutôt les policiers qui pour protéger les honnêtes citoyens de petits « caïds » de cité, en payent le prix fort. Outre le fait qu'être policier dans un quartier populaire soit physiquement dangereux, c'est également, psychologiquement, extrêmement éprouvant. De plus, Mitchel souligne que souvent, même si un nombre important de policiers sont en souffrance, ils communiquent rarement leur malaise et restent isolés. En effet, entre eux, par pudeur ou par honte, les policiers taisent généralement leurs difficultés familiales ou psychiques. Pour Mitchel, les premières « victimes » de ces confrontations sont donc les policiers et certainement pas les jeunes de la Cité des enfants perdus dont nous avons vu que la plupart sont assimilés à des délinquants.

*

* *

Mitchel veut rassurer les « honnêtes gens » et, à défaut de pouvoir les mettre hors d'état de nuire, dénoncer les « délinquants ». Au sein du poste de police, Mitchel a donc conscience qu'il effectue un travail indispensable pour faire baisser le sentiment d'insécurité. L'existence d'une antenne de police dans le quartier de la Cité des enfants perdus rassure des habitants, surtout les personnes âgées et isolées ainsi que les populations, caractérisées comme honnêtes, se sentant fragiles pour faire face à l'organisation sociale délinquante de la cité en voie de développement et de radicalisation. Cependant, se comparant à d'autres collègues, notamment ceux de la BAC qui font un travail valorisant lorsqu'ils interpellent de façon ciblée des personnes recherchées (les BAC sont définis comme les « chasseurs » de la police nationale), Mitchel, en assurant une simple présence policière (service d'information, de suivi des procédures, de renseignement, patrouilles pédestres), a finalement la sensation de faire les basses besognes policières. Dominique Monjardet a, en effet, bien montré que si certaines activités sont valorisées par l'administration policière, d'autres sont perçues comme dégradantes (l'ordre dans les transports publics, les sorties d'école, les femmes battues quand l'ensemble des services sociaux sont fermés...) : « Si un gardien de la paix arrête un cambrioleur en action, dans une procédure de flagrant délit, il recevra une lettre de félicitations du directeur départemental de la sécurité publique. Si ce même gardien de la paix effectue un travail patient de contact avec la population pour développer la prévention du cambriolage, il n'en tirera aucune gratification car personne n'est capable de mesurer ce travail ni sa qualité. »[246]

Sans moyens humains suffisants, Mitchel et ses collègues, en effet, n'ont pas l'impression de pouvoir contribuer efficacement à garantir l'ordre dans un territoire urbain en pleine décomposition et au sein duquel, au-delà des jeunes, des adultes se comportent mal et sont incivils. Ainsi le quartier apparaît-il ainsi comme une « zone de non-droit » où de « jeunes délinquants » s'imposent dans l'espace public pour faire du trafic de drogue, importuner, voire violenter des personnes sans défense. En définitive, face à la production de violences juvéniles caractérisées comme étant de plus en plus dures de la part de jeunes essentiellement d'origine africaine qui ne seraient plus suffisamment contrôlés par leur « communauté » (malgré les efforts de quelques promoteurs de morale associés au traitement sécuritaire de la cité), Mitchel se sent démuni pour contrer leurs agissements négatifs. En effet, s'il est seulement accompagné de ses collègues du poste de police, Mitchel a l'impression désagréable d'être totalement impuissant pour intervenir dans des « points chauds », désormais

246 D. Monjardet, « Vivre le métier de policier » in *Informations Sociales*, n°92, 2001, p. 25.

contrôlés par des « bandes » ayant une véritable haine « anti-flic ». Or, pour Mitchel, face à ces jeunes, seule l'imposition d'un rapport de force est efficace. Effectivement, selon le major Mitchel, les jeunes du quartier qui traînent en bas des immeubles sont presque tous des délinquants avec lesquels il ne voit pas l'intérêt de dialoguer. Dès lors, plutôt que parlementer avec eux, il souhaite surtout disposer de moyens pour les mettre hors d'état de nuire : « Avec les 3% de jeunes qui restent en bas des immeubles, il n'y a pas de dialogue à avoir. Ils sont délinquants, ils sont délinquants... On les contrôle mais pas de dialogue. Il faut rester correct et c'est tout. Ils ont fait une connerie, je les embarque ; ils n'ont pas fait de conneries, ils restent là et cela s'arrête là. Je ne vais pas discuter avec eux en sachant très bien qu'ils vont dealer derrière moi. Ils restent délinquants pour moi. Avec certains, ce n'est pas la peine de dialoguer.» Ainsi, s'appuyant sur une vision essentialiste, voire raciste des « jeunes de cité », soulignant que beaucoup de policiers vivent des difficultés personnelles à cause de la violence des interactions police/jeunes et ayant le sentiment d'être une sorte de « fantassin » de la République, en très mauvais état dans les quartiers populaires, Mitchel plaide, avant tout, pour un accroissement des moyens répressifs. Dans cette perspective, la judiciarisation accrue des rapports sociaux (dès qu'un jeune a une difficulté avec un représentant de la loi, il porte plainte) et le développement des droits des « délinquants », que ceux-ci vivent dans les quartiers d'habitat social ou en prison, sont donc vécus comme contre-productifs pour le rétablissement de l'ordre qu'heureusement, ses collègues de la BAC assurent.

///////// Chapitre 11

Chasseurs et moralisateurs : Régis, Dominique, Jean-Louis et Mathieu, des « flics de rue » entre répression et éducation

Nous interviewons collectivement l'équipe de la brigade anti-criminalité[247] de jour intervenant dans le quartier de la Cité des enfants perdus. Cette équipe se compose de quatre policiers, tous expérimentés et travaillant presque toujours ensemble. Dans la pratique, la BAC jour est constituée :

• d'un brigadier. Nous l'appellerons Régis. Il a 23 ans d'ancienneté. Il est en poste à Trincamp depuis 1994. Auparavant, il a travaillé à Paris, pendant la nuit, durant 8 ans. Cela fait près de 15 ans qu'il est affecté à la BAC de Trincamp. Il est originaire de la petite couronne parisienne où il a vécu dans une cité ;

• d'un major. Nous l'appellerons Dominique. Originaire de la banlieue parisienne, il a 53 ans. Il est entré dans la police à l'âge de 30 ans. Il a été affecté à Trincamp en 1995. Auparavant, il a travaillé en banlieue parisienne dans des « brigades de roulement » et des « sections départementales d'intervention » (SDI) mais il a réalisé la plus grande partie de sa carrière dans les BAC. Il est à trois ans de la retraite ;

• d'un brigadier major. Nous l'appellerons Jean-Louis. Il a 33 ans de police. Il est originaire de la Bretagne. Il est entré dans la police en 1975. Il a travaillé pendant quatre ans dans une compagnie républicaine de sécurité (CRS), à Rouen, puis a été affecté à Trincamp en 1978. Cela fait donc trente ans qu'il travaille à Trincamp en tant que policer. Il a d'abord fait des brigades de roulement pendant dix neuf ans puis de la SDI avant de travailler à la BAC jour. Ce sont ses collègues qui lui ont demandé de venir dans ce service. Il signale qu'il a accepté ce challenge car ses collègues lui ont promis de le former ;

• d'un brigadier. Nous l'appellerons Mathieu. Il est trentenaire. C'est le plus jeune policier de l'équipe. Il est originaire de Caen et a commencé sa carrière à Trincamp juste après être sorti de l'école de police en 2000. Il a déjà cinq ans d'ancienneté dans la BAC de Trincamp.

247 La spécificité de ces brigades est d'intervenir dans des voitures banalisées pour répondre à leur premier objectif : faire du flagrant délit.

A l'épreuve du terrain

Eviter que l'économie souterraine soit trop visible

Pour les policiers de la BAC jour, le quartier de la Cité des enfants perdus est un « terrain de chasse » situé dans un territoire sensible où ils sont systématiquement en confrontation avec les acteurs impliqués dans les économies souterraines. Il s'agit principalement de deux types d'individus : d'un côté, des jeunes « qui tiennent les murs », autrement dit des jeunes oisifs qui galèrent, et de l'autre, ceux qui organisent de façon plus « professionnelle » le business illégal. Tous ces acteurs sont en relation les uns avec les autres. Dans ce contexte, les policiers de la BAC, contrairement à d'autres services de police plus spécialisés et mieux dotés d'un point de vue humain (police judiciaire, stupéfiants), ne sont pas chargés de faire d'importantes investigations sur les trafics et leurs auteurs mais sont surtout tenus de s'occuper de la petite et moyenne délinquance. En fait, comme l'indique Régis, les policiers de la BAC doivent essentiellement éviter que le business illégal s'étende trop fortement au sein des quartiers défavorisés de Trincamp : « Dès que le business devient trop visible, trop proéminent et bien nous (policiers de la BAC jour), on est là pour agir de façon à ce que la vie reste à peu près normale et possible pour les gens qui vivent dans les quartiers. » En effet, les policiers de la BAC jour ont conscience qu'ils interviennent dans des quartiers « pauvres » au sein desquels de nombreux trafics illégaux existent. Pour ces policiers, l'économie souterraine se développe à la Cité des enfants perdus parce qu'il existe un chômage important et que beaucoup de jeunes sont en rupture de ban, au niveau scolaire, social et familial. La Cité des enfants perdus regroupe, en fait, une population hétérogène qui concentre une diversité de problèmes sociaux, éducatifs, identitaires et économiques. Les populations reléguées dans des quartiers comme celui de la Cité des enfants perdus n'ont donc quelquefois pas beaucoup d'autres choix pour survivre et participer à la société de consommation que de faire partie, voire de développer des réseaux impliqués dans une économie parallèle. Les policiers de la BAC jour n'ont donc pas pour première vocation d'éradiquer tous ces réseaux. Néanmoins, ils peuvent s'informer sur leur fonctionnement, repérer leurs principaux auteurs et, surtout, empêcher que le « business de cité » déborde sur l'espace public. Ainsi, même si les quartiers d'habitat social comme celui de la Cité des enfants perdus sont en voie de ghettoïsation, les policiers de la BAC doivent participer néanmoins au maintien de la paix sociale et favoriser un sentiment de sécurité pour la majorité des habitants durant la journée.

Régulateurs plus qu'agitateurs de tensions

Contrairement aux idées reçues sur le travail policier des brigades anti-criminalité, communément taxées de cow-boys par les jeunes de cité mais également par les médias et beaucoup de commentateurs des quartiers populaires, Régis affirme que les BAC jour sont des « régulateurs de tensions » agissant dans un quartier taxé de « soupière » pouvant exploser à tout moment. En effet, une partie de leur travail consiste à éviter que les acteurs du business, illégal bien sûr, importunent les habitants mais également s'entredéchirent générant ainsi un risque pour la sécurité des habitants. Dans cette optique, les policiers de la BAC jour tentent de repérer les principales « bandes » qui trafiquent dans le quartier de la Cité des enfants perdus, les interactions qui existent entre ces groupes et les territoires qu'ils « contrôlent ». Selon Régis, cette compréhension fine des inter-relations en œuvre dans le quartier est nécessaire pour mener à bien un travail de prévention des phénomènes de violence liés au business illégal : « On est des régulateurs de tensions dans le quartier ainsi qu'entre les différents quartiers dans le quartier et même entre différents blocs d'immeubles. Il faut savoir que sur Trincamp, il y a environ une quinzaine de bandes de jeunes et qu'elles ont toutes leur business. Si on n'arrive pas à comprendre les interactions qui existent entre ces gens-là, on ne peut pas comprendre les conflits et on ne peut pas les résoudre. » Dans cette perspective, les BAC jour se considèrent donc comme des pacificateurs plutôt que comme des agitateurs. Leur but n'est pas de traquer, à tout prix, les petits délinquants mais de comprendre ce qu'ils font et avec qui ils le font pour intervenir à bon escient et si nécessaire en empêchant que les événements dérapent trop fortement en évitant notamment des règlements de compte qui pourraient devenir sanglants ou violents. Les BAC jour sont des policiers de contact qui entrent partout dans la Cité des enfants perdus : pour réguler, Jean-Louis indique qu'il faut entrer dans les groupes, souvent à quatre ou cinq policiers contre trente jeunes. Néanmoins, lorsque c'est possible, ces policiers recherchent, avant tout, à apaiser les rapports sociaux plutôt qu'à les attiser.

Sauver la mise de délinquants

Dès lors, contrairement à ce que l'on pourrait attendre de la police, et notamment qu'elle interpelle tous les délinquants identifiés, les policiers de la BAC jour soulignent que, bien souvent, ils ont « sauvé la mise » à des délinquants pour éviter que des antagonismes entre délinquants dégénèrent au sein du quartier. Cependant, pour sauver la face vis-à-vis des autres jeunes du quartier, ces délinquants se gardent bien de le reconnaître et, au contraire, expriment publiquement et de manière véhémente leur haine de la police. Quoi qu'il en soit, les policiers de la BAC savent qu'il s'agit d'un jeu de rôle et ne s'en offusquent pas pour autant : « - *Régis* : Quand les jeunes disent que l'on attise les tensions, dans la réalité, on est des régulateurs de tensions (…) Bien souvent, on va interpeller des mecs à qui on a sauvé la mise trois, quatre fois. – *Dominique* : Là cela vient de se passer. On vient de sauver la mise à un ancien délinquant. - *Régis* : Qui est toujours dans les stups d'ailleurs. Il y a une affaire de crime entre eux. – *Dominique* : Il allait se faire massacrer. – *Régis* : Oui, il allait se faire massacrer, et bien qui a-t-il appelé ? Il a appelé la BAC. – *Dominique* : On est arrivé, on a interpellé les auteurs armés d'un couteau de boucher et de pistolets à grenaille. – *Régis :* Par contre le gars, si vous le prenez en tête-à-tête, je suis sûr qu'il va vous dire que l'on est des fouille-merdes. »

En fait, les policiers de la BAC jour travaillent beaucoup avec des individus bien implantés dans le tissu social local. Ils sont constamment en lien avec d'anciens délinquants toujours au fait des « affaires de quartier » ou même avec des délinquants notoires, quelquefois très actifs, mais qui les renseignent sur la dynamique du quartier en espérant compter sur la bienveillance des policiers de la BAC à un autre moment, lorsqu'ils seront directement impliqués dans des « histoires de magouilles ». Aussi les policiers de la BAC soulignent-ils qu'ils peuvent bien faire leur métier uniquement parce qu'ils entretiennent des relations de proximité avec les petits délinquants de quartier. Ils travaillent beaucoup en maintenant des relations avec des « indicateurs » qui les renseignent sur ce qui se passe au sein de la Cité des enfants perdus. A charge de revanche, ils leur arrivent donc, fréquemment, de rendre des services aux délinquants, et, notamment de leur « sauver la peau » lorsque des affaires de business illégales menées par des jeunes de quartier tournent mal entre eux. En effet, pour les policiers de la BAC jour, dans ce type d'affaires, il ne faut pas tergiverser : plutôt que de compter les coups échangés entre des protagonistes d'un trafic illégal ou d'une vengeance pouvant causer la mort ou des blessures graves avant d'intervenir, il leur paraît plus important de garantir la paix sociale en mettant avant la sécurité des personnes visées par des actes de représailles. Régis relate, par exemple, des souvenirs récents dans lesquels les policiers de la BAC jour ont dû intervenir pour mettre en lieu sûr des individus poursuivis par plusieurs personnes : « Combien de fois, on a vu des gars à la Cité des enfants perdus poursuivis par dix, quinze blacks avec des couteaux à la main. Il est clair que, dans ces situations-là, il n'y a pas trente-six choses à faire : on voit le mec prendre à droite. On prend la voiture, on ouvre la portière et on lui crie : monte ! Le type monte dans la bagnole ; il se cache dans la voiture et on le dépose plus loin parce que l'on sait qu'il y a eu des magouilles entre eux mais on ne va pas attendre de constituer l'infraction, c'est-à-dire qu'ils se prennent des coups de couteau pour intervenir. Cela arrive régulièrement ça, mais les mecs n'iront pas s'en vanter.»

Pas d'affrontements...

Les policiers de la BAC jour doivent ainsi juger le degré de dangerosité de certaines situations et savoir prendre des risques pour éviter que les dynamiques de quartier, structurées à partir du business de la drogue, enflamment les cités. Empêcher que des violences incontrôlables se déclenchent au cœur de la Cité des enfants perdus est un objectif important des policiers de la BAC jour. Pour illustrer cet objectif, Jean-Louis relate alors un autre épisode récent auquel l'équipe de la BAC jour a été confrontée. En plein jour, celle-ci a, en effet, dû s'interposer entre deux bandes adverses, l'une composée de demandeurs d'asile politique tchétchènes placés dans la Cité des enfants perdus par la préfecture, l'autre par des jeunes Noirs du quartier bien décidés à en découdre au cœur du quartier de la Cité des enfants perdus : « On a dû régler un problème entre des gens de l'Est et des Africains en s'interposant entre eux. Il y avait une centaine d'Africains contre une quarantaine de gars de l'Est, rue Charles Péguy. On est arrivé en voiture, à deux au début. On a fait un peu du Starsky et Hutch (série policière américaine) parce qu'il fallait faire de l'esbroufe. On ne veut pas d'affrontements, on en veut pas. On s'est mis en travers. S'ils s'affrontent, il y aura des blessés. »

En fait, les policiers de la BAC jour signalent qu'au sein d'un contexte de ghettoïsation - comme c'est le cas dans le quartier de la Cité des enfants perdus - où des « bandes » s'affrontent pour le contrôle de territoires de deal, paradoxalement, lors de moments particuliers où les tensions sont extrêmement fortes entre ces bandes, la présence des BAC jour rassure les protagonistes d'affrontements potentiels. L'interposition des BAC permet, en effet, que chacun sauve la face et évite ainsi que des personnes soient gravement blessées, voire tuées, lors de bagarres : « - Mathieu : Quand les Tchétchènes et les Blacks ont commencé à s'affronter, quand cela a commencé à dégénérer, on l'a vu et on a donc commencé à jeter des grenades fumigènes pour les disperser. Les blacks sont partis en courant. Les Tchétchènes sont restés à côté. Ils n'ont pas bougé. Jean-Louis : Les Tchétchènes ont fait la guerre, la vraie. » Dans ce cas, malgré le danger bien réel, la BAC joue un rôle d'apaisement : « - Dominique : Nous ne sommes pas des agitateurs car, bien souvent, quand il y a des affrontements entre bandes, lorsque l'on arrive, cela se calme tout de suite, rien qu'avec notre présence. Dès qu'ils voient la voiture arriver et que l'on descend, cela se calme. Notre présence calme le jeu. – Mathieu : Ils nous ont vus, ils savent que l'on n'envenime pas les choses, que l'on essaie d'apaiser ; ils savent qu'on connaît ceux qui sont là. Donc, ils se disent qu'ils vont essayer de faire autrement. On a donc un caractère apaisant. – Dominique : Ils savent que l'on peut identifier n'importe lequel d'entre eux et ça c'est notre force. »

Dans de telles situations extrêmement sensibles, Jean-Louis indique qu'à la BAC jour, il est donc impératif qu'existe une bonne ambiance entre les policiers. En effet, puisque les BAC sont composées de petites équipes intervenant sur des terrains difficiles où les missions sont quelquefois très délicates, la confiance réciproque entre les policiers est un atout nécessaire pour pouvoir faire leur métier avec le plus de sécurité possible : « Nous sommes obligés d'avoir une bonne équipe. On n'est pas nombreux et les missions sont quelquefois sensibles ; donc, si on ne se connaît pas, le travail de l'équipe n'est pas possible. On ne peut pas travailler parce que cela va trop vite ; donc il faut apprendre à se connaître sans se parler. »

Pas éducateurs mais agents de socialisation

Quoi qu'il en soit, même si les policiers de la BAC jour se voient comme des « régulateurs » devant comprendre le contexte social, culturel et économique dans lequel ils interviennent pour remplir efficacement leur mission, ils ne confondent pas pour autant leur action avec celui d'éducateurs ou de travailleurs sociaux. Ainsi, bien sûr, ils développent des relations humaines avec les habitants, notamment les jeunes lorsqu'ils interviennent à la Cité des enfants perdus. Cependant, ils établissent des relations en tant que policiers, ce qui signifie qu'ils n'ont pas de solutions à trouver pour résoudre les problèmes sociaux qu'ils constatent. Ils savent pertinemment que ces difficultés sociales et économiques subies par une grande partie des habitants de la Cité des enfants perdus constituent une forte source pour le développement de la petite et moyenne délinquance dans le quartier. Néanmoins, ils doivent en faire abstraction lorsqu'ils mènent leur travail de policier. Comme l'indique Régis, le premier travail des BAC jour est d'éviter, le plus possible, les désordres et non de résoudre les causes de ces désordres. En tentant de prendre en compte toutes les contraintes légales – souvent rappelées par les juges - qui s'imposent aux policiers, les BAC jour essaient de faire leur travail de maintien de l'ordre : « Nous, on est des régulateurs mais on n'est pas là pour résoudre les problèmes. Nous, on agit avec le code de procédure pénale. Dès que l'on est saisi de tensions, d'actes d'incivilité ou de trafics dans telle ou telle cage d'escalier, on intervient et on essaie de résoudre les problèmes avec nos moyens. (...) Maintenant, il est clair que l'on n'apportera jamais de solutions ; on n'est pas là pour en apporter et on ne peut pas en apporter. »

Les policiers de la BAC jour indiquent qu'en tant que représentants de la loi, une certaine « défiance naturelle » existera toujours entre eux et les « délinquants », autrement dit, les jeunes du quartier de la Cité des enfants perdus qu'ils ont déjà interpellés pour faits de délinquance ainsi que leurs amis qu'ils considèrent comme de potentiels délinquants. En effet, même si Régis souligne qu'il ne faut pas faire d'amalgame entre des jeunes délinquants et l'ensemble des jeunes qui habitent la Cité des enfants perdus, dans la pratique, au regard des policiers de la BAC jour, tous les jeunes de la cité apparaissent comme de potentiels délinquants. Néanmoins, Régis et ses collègues expriment une certaine empathie à l'égard des jeunes de la Cité des enfants perdus. Ils connaissent beaucoup de ces jeunes depuis longtemps, notamment ceux qu'ils ont interpellés. Or, paradoxalement, ce rapport frictionnel de longue date entre eux et une partie de la jeunesse de la cité a créé, en creux, des liens, une interconnaissance, voire un certain respect mutuel facilitant leur intervention dans la Cité des enfants perdus à des moments où d'autres services de la police nationale rechignent à agir par crainte de perdre la face ou de déclencher des violences collectives. Ainsi, pour Régis et Dominique, la longue implantation de l'équipe de la BAC jour dans le quartier de la Cité des enfants perdus accroît fortement sa capacité d'action : « - Régis : Les gens nous connaissent depuis longtemps. En général, on a arrêté toute la fratrie. Cela a commencé il y a dix ans et, maintenant, les plus vieux (des anciens délinquants ou des jeunes turbulents), qui nous ont connus, sont rangés et ont des enfants. Même s'il demeure un rapport de défiance lié à une vision déplorable de la police, ils connaissent notre façon de résoudre les problèmes et en général, cela ne se passe pas trop mal. - Dominique : On connaît les jeunes nominativement et on sait comment ils réagissent. - Régis : Ils savent jusqu'où on peut aller. Ils savent que même s'ils sont une trentaine, on peut se déplacer et sortir de la voiture que l'on soit cinq ou même simplement deux ou trois. On va quand même aller les voir. »

En fait, les policiers de la BAC jour ont le sentiment, d'une certaine manière, de devoir remplir une mission éducative. Leur présence et les interactions qu'ils développent avec les jeunes leur paraissent salutaires dans le sens où ils incarnent des représentants de l'ordre qui rappellent régulièrement aux jeunes qu'il existe des règles nécessaires pour le bon fonctionnement de la société. Ainsi ils expliquent aux jeunes que « pour leur bien », ils doivent s'y conformer. En effet, dans certains cas, les policiers de la BAC jour ont l'impression de jouer un rôle éducatif en se substituant à des parents qu'ils considèrent comme souvent défaillants d'un point de vue éducatif et moral. Dès lors, les policiers de la BAC jour se transforment en agents de socialisation normatifs, soulignant aux jeunes que, s'ils se comportent en délinquants, voire en déviants, comme l'indique Régis, ils seront sanctionnés par les représentants de l'ordre agissant au nom de la société intégrée majoritaire : « Il y a des règles dans la vie. Quelque part, on se substitue parfois à l'éducation qu'ils (les jeunes de la Cité des enfants perdus) n'ont pas reçue. On leur fait comprendre que, dans la vie, il y a des règles et que, de toute façon, s'ils ne marchent pas avec ces règles-là, ils seront perdants parce que la société est exclusive. Les gens qui ne marchent pas sur les passages piétons sont forcément exclus. » Ainsi, bien qu'en profonde mutation, dans la pratique, les policiers de la BAC montrent que le passage de la société industrielle à la société post-industrielle n'a pas, pour autant, renversé l'idée selon laquelle l'ensemble des citoyens doivent respecter les conventions sociales inscrites dans la loi et s'imposant à tous. Même si la Cité des enfants perdus concentre de nombreuses difficultés d'ordre social, économique et éducatif, pour autant, les habitants de ce quartier, notamment les jeunes, doivent se comporter de manière exemplaire et « marcher dans les clous ».

Privilégier le dialogue sur la répression mais toujours rester sur ses gardes

Contrairement à l'ensemble des descriptions dernièrement publiées[248] soulignant la « haine réciproque » existant entre ce type de policiers dits d'interpellation rapide et les jeunes des quartiers populaires, à la Cité des enfants perdus, selon les déclarations des policiers décrivant leurs modes d'intervention, la spécificité de l'action des BAC jour paraît articuler une volonté de protéger la société contre les délinquants mais aussi d'agir sur les jeunes de la cité pour qu'ils ne deviennent pas délinquants ou ne s'ancrent pas définitivement dans la criminalité. Ainsi, pour les policiers de la BAC jour, certes les jeunes sont potentiellement dangereux, notamment pour la police, mais ils sont aussi en danger[249]. Les policiers de la BAC jour ne confondent pas pour autant leur rôle avec celui d'éducateurs de prévention ; ils se perçoivent d'abord comme des représentants de l'ordre républicain qu'ils veulent faire respecter. Néanmoins, comme l'indique Régis, ils ne négligent pas leur rôle éducatif vis-à-vis de jeunes qu'ils perçoivent d'abord comme des jeunes en difficulté : « On essaie de faire comprendre aux jeunes qui ne respectent pas la loi qu'ils sont forcément perdants. Cela dit, on leur fait comprendre avec notre sémantique à nous, notre façon de travailler : on n'est pas des éducateurs, on reste policier. Nous, notre bible, c'est le code de procédure pénale. »

Dans la pratique, prenant conscience qu'il est plus opérationnel de construire une relation de respect mutuel avec les jeunes de cité, les policiers de la BAC jour privilégient donc le dialogue plutôt que la répression aveugle : « - *Dominique* : Bien souvent, on s'arrête ; on discute avec certains jeunes avec lesquels on peut discuter. Normalement on ne doit pas le faire car on nous l'interdit mais je sais qu'avec certains jeunes, il n'y a pas de soucis ; on les appelle par leurs prénoms, on les tutoie ; cela se passe très bien, on se respecte mutuellement. – *Régis* : Moi, les jeunes que je connais depuis dix ans, je les tutoie. »

Cependant, cette approche privilégiant le dialogue sur la répression comporte plusieurs limites :
• en premier lieu, comme le souligne Jean-Louis, elle demande un engagement total des policiers : « Il faut dialoguer et on ne peut pas se permettre d'avoir un esprit fuyant en disant on dialogue ; puis après on se tire ; il faut aller au bout

248 Cf. F. Jobard, 2006, *art. cit.*, p. 59-80 ; L. Bonelli, *La France a peur. Une histoire sociale de l'« insécurité »*, Paris, éd. La Découverte, 2008 ; L. Mucchielli (dir.), 2008, *op. cit.*
249 Cf. T. Sauvadet, *Jeunes dangereux, jeunes en danger*, Paris, éd. Dilecta, 2006.

des choses parce qu'ils (les jeunes de quartier) le savent » ;

• en second lieu, elle est peu réalisable avec les jeunes « chauds », les plus rebelles qui cherchent à s'affirmer et à se valoriser par rapport aux autres jeunes en se confrontant violemment aux policiers ;

• en troisième lieu, certains jeunes habitués à la présence de policiers assez ouverts au dialogue et au développement d'une relation humaine de proximité, peuvent finir par dépasser les limites acceptables pour des personnes dépositaires de l'autorité de l'Etat. Ces jeunes peuvent effectivement confondre les policiers avec de simples intervenants sociaux, voire avec des amis avec lesquels on peut tout se permettre impunément.

Par conséquent, pour toutes ces raisons, quotidiennement, les policiers de la BAC jour restent sur leurs gardes, sont extrêmement vigilants et restent déterminés comme le souligne Dominique : « On respecte les jeunes mais s'ils veulent aller à la confrontation et bien on y va. Mais on ne fera jamais marche arrière parce que le jour où l'on fait marche arrière et bien c'est terminé ; on peut changer. » Comme l'indique Mathieu, les policiers souhaitent, en effet, que les jeunes gardent toujours à l'esprit qu'ils sont, avant tout, des gardiens de la paix qui utiliseront la force si cela devient nécessaire : « C'est vrai qu'avec certains, on est familier parce qu'on les connaît depuis longtemps. On plaisante avec eux mais, en même temps, en échange, on leur demande d'être réglos et corrects avec nous. C'est là où c'est peut-être ambigu ; ils ne peuvent pas plaisanter avec nous comme ils plaisantent avec leurs copains. On n'est pas des copains ; on peut discuter tous ensemble mais on reste la police. » D'ailleurs, les policiers de la BAC jour soulignent que, dans les quartiers défavorisés, un certain respect peut être instauré avec les jeunes qu'à partir du moment où ils ont compris que vous aviez une capacité de réaction physique, un certain « capital viril » ou « capital guerrier » diraient les analystes bourdieusiens de la jeunesse populaire[250], à leur opposer. Ainsi, alors que les policiers de la BAC indiquent avoir le même grade et, finalement, les mêmes prérogatives que les policiers de brigade en tenue, les BAC sont néanmoins perçues par les jeunes de cité comme ayant plus de pouvoir que leurs collègues ce qui leur assure un certain prestige dans le quartier de la Cité des enfants perdus : « - *Dominique* : Le plus important, c'est le respect mutuel. Avec certains jeunes, on y arrive très bien mais il y a des cas où ce n'est même pas la peine d'y penser. En général, c'est le chef de bande. Systématiquement, il essaie de se mettre en valeur par rapport aux autres en entrant en conflit avec nous. Il sort du lot rapidement. - *Régis* : C'est valorisant par rapport au groupe. Lors d'un contrôle, l'enjeu primordial est le rapport de force. De toute façon, ces jeunes ne connaissent que ça. Ce sont des gamins qui, depuis tout jeune se sont battus avec leurs frangins pour bouffer ; ils se

250 Cf. G. Mauger, 2006, *op. cit.* ; T. Sauvadet, 2006, *op. cit.*

battent pour obtenir quelque chose. D'abord, ces jeunes ne savent donc pas donner, ils ne savent que prendre. Ils ont eu aussi un environnement où le rapport de force est leur seul exemple. Quand on intervient, au départ, ils ont eu tendance à nous prendre un peu pour des copains. Avec le temps, on leur a fait comprendre que nous étions la police. Ils ne sont pas fous. Ils font quand même le distinguo entre nous qui sommes des gens chargés d'une mission de service public au même titre que le pauvre type qui est derrière son guichet et qui renseigne pour les ASSEDIC ou autre chose. La seule différence, c'est qu'ils perçoivent en nous le côté répressif qu'ils ne perçoivent pas vis-à-vis d'un agent agissant dans une antenne sociale de quartier. Pour eux, celui-là, ils peuvent lui taper dans la gueule, ce n'est pas un problème. Nous, ils savent que l'on a du répondant et que, malgré tout, on représente, un petit peu, la loi. Mais la confusion est telle dans leur esprit que, parfois, ils ont tendance à l'oublier, il faut donc les recadrer. »

Pas là pour jouer au ballon !

En ce sens, les policiers de la BAC jour sont très dubitatifs vis-à-vis des formes de police de proximité très médiatisées mais également caricaturées ces dernières décennies privilégiant l'aspect ludique et l'animation sportive et culturelle au détriment du côté répressif avec les jeunes des cités périphériques populaires. En effet, si les policiers peuvent se permettre de privilégier le dialogue plutôt que la répression dans le quartier de la Cité des enfants perdus, c'est uniquement parce qu'ils préservent une certaine distance, un mystère auprès des jeunes ne connaissant pas réellement leur capacité de réaction physique : « Jean-Louis : Moi je pense que faire du sport avec un jeune fait que le jeune apprend à te connaître trop bien. Il n'y a plus de part d'inconnu et de réserve. Les jeunes vont dire : attends, celui-là (un policier particulier) on le connaît... Ils connaissent ta valeur sportive : ils connaissent donc tes limites. Il faut une part d'inconnu en nous (les policiers de la BAC) : cela nous évite de nous mettre en position de faiblesse. » La forme de « police de proximité » que les policiers de la BAC jour pratiquent et plébiscitent n'est effectivement possible, à leurs yeux seulement, parce que les jeunes ont conscience qu'ils sont avant tout des policiers capables d'utiliser la force pour faire respecter la loi. Pour être opérationnels, les policiers de la BAC jour doivent donc maintenir un certain prestige garanti par la « violence physique légitime » dont ils peuvent faire preuve en cas de besoin. Par conséquent, pour les policiers de la BAC jour, présenter aux jeunes des quartiers populaires une image éducative de leur mission, paradoxalement, empêche qu'ils assument un réel rôle éducatif, basé sur le pouvoir de coercition qu'ils peuvent légalement utiliser et qui garantit leur autorité auprès de ces jeunes. Ainsi, les policiers de la BAC jour imaginent que s'ils arrivent à construire des relations avec des jeunes du quartier de la Cité des enfants perdus, c'est uniquement parce que ces jeunes savent qu'ils peuvent potentiellement leur imposer un rapport de force. A contrario de beaucoup de travailleurs sociaux, du point de vue de l'équipe de la BAC jour, pour entrer en relation avec des jeunes, la crainte d'une réaction physique de la part de figures d'autorité chargées de faire respecter la loi, est plus efficace que la construction d'une relation éducative, avant tout basée sur l'élaboration, longue et fragile, d'une confiance réciproque. C'est pourquoi, pour les policiers de la BAC jour, la mise en œuvre des unités territoriales de quartier, annoncée par le ministère de l'Intérieur durant notre enquête, venant ainsi renouer avec la volonté de l'Etat de favoriser des relations de coopération entre la police et les habitants ne peut être efficace que si elle ne déguise pas les policiers en éducateurs ou en animateurs socioculturels[251]. Les policiers redoutent, en effet, que les jeunes les voient comme des professeurs de sport et plus comme des policiers : « - Dominique : De la proximité, on en fait mais on n'est pas là pour jouer au ballon. – Mathieu : On peut être proche des habitants et des commerçants mais il faut aussi maintenir notre côté répressif. Il ne faut pas que l'action de proximité nous empêche d'aller interpeller les auteurs de tels ou tels faits. On est la police. On peut être agréable avec des gens, leur apprendre certains trucs mais jouer au ballon, non ! – Dominique : De toute façon, cela a déjà été fait et cela n'a jamais marché. Il ne faut pas se leurrer – Mathieu : Même nous qui sommes de la BAC, on nous remet en tenue et on se met à faire que ça (jouer au ballon) ; les jeunes, ils ne discutent même plus avec nous. – Dominique : Il y avait les CLJ (centres de loisirs jeunes de la police nationale) ; avant, on leur apprenait à faire de la moto. – Jean-Louis : Bien, maintenant, on court derrière les motos. – Dominique : Non seulement, on leur apprenait à faire de la moto mais, en plus, ils les piquaient. Ils partaient avec des motos toutes neuves. Cela n'a jamais marché et cela ne marchera jamais.»

251 Mise en œuvre par les gouvernements de gauche, la police de proximité a longtemps été caricaturée et associée par les responsables politiques de droite et une grande partie des médias à une vision angélique et inefficace du traitement de l'insécurité. Ainsi, la droite et notamment Nicolas Sarkozy, d'abord en tant que ministre de l'Intérieur puis comme candidat aux élections présidentielles, a fait de la disparition de la police de proximité un argument de campagne. Or, à l'épreuve de la réalité, notamment celles des émeutes urbaines de l'automne 2005, beaucoup d'observateurs, bien sûr des sociologues mais également des responsables syndicaux de la police nationale, ont fait remarquer que refuser, de manière idéologique, l'émergence d'une police de proximité gardant néanmoins une fonction régalienne ne pouvant pas être confondue avec de l'animation socioculturelle, était également contre-productive du point de vue de l'efficacité du maintien de l'ordre et de la baisse du sentiment d'insécurité. Par conséquent, l'initiative de la ministre de l'Intérieur Michèle Alliot-Marie de mettre en place, de façon expérimentale, des unités territoriales de quartier en Seine-Saint-Denis vise à dépasser les crispations idéologiques et à augmenter l'efficacité de la police nationale dans les quartiers populaires. Il s'agit de mettre en place une police judiciaire de proximité. Cf. S. Roché, 2006, *op. cit.*

Extrait du carnet de bord

Une interpellation policière dans la cité

Ce soir, Mohamed est venu me chercher à la gare de Trincamp à 19h. L'après-midi, j'avais, en effet, un rendez-vous à Paris ce qui m'a empêché de venir avec lui en voiture. Arrivé à Trincamp, je vois Mohamed me faire de grands signes de l'autre côté du quai. Il descend de la Cité des enfants perdus et m'informe qu'il vient juste d'assister à une altercation entre des jeunes et des policiers en bas d'une tour du côté de la rue Molière. En arrivant à la Cité des enfants perdus vers 18h, Mohamed aperçoit quatre véhicules de police (une camionnette et trois voitures dont une banalisée) ainsi qu'une dizaine de policiers de la brigade anti-criminalité et de police secours postés au pied d'un immeuble. Il se gare aussitôt juste en face de la tour où se déroule la scène. Des jeunes de 12 à 17 ans sont mêlés aux policiers qui viennent d'interpeller un jeune homme d'environ 16-17 ans. Autour de l'altercation, de nombreuses personnes sont présentes : des enfants jouent au football, une dizaine de jeunes plus âgés (20-24 ans) stationnent un peu plus loin sur un trottoir et observent attentivement ce qui se passe (certains sont des rappeurs que nous avons déjà interviewés). A l'instar de mères de familles assises sur des bancs avec leurs enfants, à partir de leurs fenêtres, des habitants regardent également ce qui se passe juste en bas de chez eux. Au total, environ une centaine d'individus assistent à l'intervention policière. Le jeune homme sort de la voiture et stationne dans un « abri bus » pour se rapprocher. Devant lui, les policiers tentent de continuer leur interpellation dans une ambiance électrique. Les forces de l'ordre ne quittent pas le quartier parce qu'elles désirent interpeller un autre jeune vraisemblablement réfugié dans un appartement de l'immeuble et doivent faire face à une situation qui peut rapidement déraper. Un jeune homme que nous avons interviewé, il y a quelques semaines, passe près de Mohamed à vélo. Ils se saluent et Mohamed lui demande ce qui se passe : il lui explique que les policiers viennent arrêter des jeunes qui ont volé des boissons alcoolisées. Mohamed se rapproche alors de l'immeuble pour écouter de plus près ce qui se dit. A ce moment-là, des policiers ramassent deux grands sacs pleins de boissons (cannettes métalliques, bouteilles de verre,...) qui viennent d'être jetés au pied de l'immeuble par le balcon d'un appartement. Il assiste alors à un véritable jeu du chat et de la souris : tandis que des adolescents discutent au téléphone portable avec le jeune homme qui se cache dans l'appartement et le tiennent informé du déroulement des opérations, d'autres jeunes vont au contact des policiers postés autour de la tour et font des allers-retours dans la cage d'escalier où des policiers surveillent une éventuelle tentative d'évasion. Les insultes fusent de toute part : « Wesh ! On va pas laisser les keufs nous faire la misère chez nous ! », « Eh ! Le gros porc, sale pédé. » Un policier de stature imposante faisant particulièrement l'objet de provocations de la part du groupe de jeunes assis sur le trottoir un peu plus loin, manifestement agacé, répond : « Eh ! Bandes de tarlouzes, sales pédés, venez le dire ici si vous avez un problème, venez vous expliquer ici si vous avez des couilles ! » Dans la situation d'attente où se trouvent les policiers (ils attendent d'obtenir un mandat de perquisition pour pénétrer en force dans l'appartement où le jeune homme qu'ils veulent interpeller s'est réfugié), les esprits de certains fonctionnaires commencent visiblement à s'échauffer et le chef de la BAC décide d'aller seul parler aux jeunes adultes assis sur le trottoir. Ce policier, connu par tous les jeunes du quartier qui l'appellent par son nom, leur demande de se calmer et d'arrêter d'insulter certains de ses collègues. Or, dès qu'il tourne le dos et s'éloigne de quelques mètres, les échanges d'insultes recommencent de plus belle. Il est temps que l'intervention se termine parce qu'elle peut basculer d'un moment à l'autre. En effet, cela fait plus d'une demi-heure que la confrontation a lieu. Soudain, une nouvelle voiture de police arrive en renfort et, quelque temps après, des policiers équipés d'un bouclier et d'un bélier en descendent. Ils sont suivis d'un policier en civil qui tient un bloc-notes (sûrement un mandat de perquisition). Ils passent par les caves et s'enfoncent dans l'entrée de l'immeuble En quelques secondes, les policiers postés en surveillance à l'extérieur de l'immeuble foncent vers les jeunes attroupés non loin de là. L'un des policiers s'élançant derrière les plus petits active un « taser » (pistolet électrique) sans lancer de projectile pour leur faire peur ; un autre policier, en protection derrière un véhicule armé d'un Flashball, se tient prêt à s'en servir. A cet instant, le jeune que les policiers cherchent à arrêter se met à courir à toute allure (il a vraisemblablement sauté de la fenêtre de l'appartement où il se cachait) et deux policiers se mettent à le poursuivre à pied. Durant la poursuite, un policier de la BAC fait tomber son portable (il ne le retrouvera pas). Au volant d'une voiture, un autre policier fonce à grande vitesse au risque de percuter des enfants. Mohamed suit alors le mouvement de foule tout en discutant avec un homme, employé du service municipal des espaces verts qui lui explique qu'il en a marre que « la racaille emmerde le monde », que « le maire va se mordre les doigts d'avoir fait partir les CRS » qui, depuis les émeutes de 2005, étaient stationnées en permanence dans la cité. Les policiers sont sous tension et certains essoufflés. Finalement, ils finissent par abandonner l'interpellation du deuxième jeune homme qu'ils sont venus arrêter et décident de quitter le terrain. Il est 18h50 ; Mohamed remonte dans sa voiture pour aller me chercher à la gare. En montant à la Cité des enfants perdus, Mohamed m'explique la situation et nous garons la voiture à proximité de l'endroit où a eu lieu la course poursuite. La police vient juste de partir et l'attroupement qui s'était formé (des passants, des mères de familles, des enfants, de jeunes footballeurs...) finit de se disperser. Nous décidons alors de faire un tour dans le quartier. En traversant le petit centre commercial Félix Marchand assez dégradé (un coiffeur, une épicerie, une boucherie hallal, un buraliste, un fast-food oriental) situé dans le « quartier Molière » que nous ne fréquentons qu'épisodiquement lorsque nous allons à la Cité des enfants perdus, des jeunes regroupés là, ne nous connaissant pas, nous dévisagent. Après les avoir dépassés, l'un d'entre eux souhaitant nous tester crie à tue-tête : « Eh ! les RG (policiers des renseignements généraux) ! » Nous ne nous retournons pas et continuons notre chemin rue de Rugby, passons devant l'immeuble où nous avons notre appartement et traversons un rassemblement d'hommes africains constitué d'une vingtaine de personnes souvent regroupées près d'un « *play ground* » (terrain de sport de proximité) en fin de soirée lorsque le climat est clément. Ce sont des migrants primo-arrivants qui discutent, installent des chaises et des fauteuils, boivent de la bière, ce qui amène bon nombre d'entre eux à uriner sur les murs de l'immeuble situé en face du terrain de sport. Lors de nos interviews, les policiers de la BAC jour nous ont d'ailleurs indiqué qu'ils considéraient ce regroupement d'adultes comme problématique pour la tranquillité publique.

Pas de contact avec les acteurs sociaux

La spécificité du travail effectué par les policiers de la BAC jour fait qu'ils ont très peu de contacts avec les acteurs sociaux œuvrant dans le quartier de la Cité des enfants perdus. Bien sûr, ils connaissent les noms des principaux intervenants sociaux agissant dans la cité mais ils ne les ont pas nécessairement rencontrés et ne cherchent pas d'ailleurs à le faire. En outre, les policiers indiquent que les acteurs sociaux, de leur côté, ne cherchent pas non plus à les rencontrer. En fait, il semble exister une certaine méfiance réciproque entre les acteurs sociaux et les policiers de la BAC jour. Les acteurs sociaux ne veulent pas être taxés d'indicateurs par les jeunes du quartier en raison de leur fréquentation de la police et les policiers ne souhaitent pas être confondus avec des travailleurs sociaux. A part les éducateurs des foyers de la protection judiciaire de la jeunesse (PJJ) ou de l'aide sociale à l'enfance (ASE), les seuls intervenants sociaux que les policiers de la BAC jour rencontrent régulièrement et qui sont clairement prompts à échanger avec les forces de l'ordre sont les représentants des bailleurs sociaux. La police et les bailleurs sociaux ont effectivement un intérêt commun à communiquer entre eux. Les policiers reçoivent des informations nominatives actualisées très utiles pour mener leur travail de renseignement et d'investigation tandis que les bailleurs sociaux peuvent désigner les personnes et les groupes qui perturbent la tranquillité publique au sein des logements sociaux, voire les dégradent venant ainsi détériorer l'attractivité de leur parc immobilier. Ainsi, contrairement aux travailleurs sociaux qui refusent bien souvent de communiquer des informations à la police, les gardiens d'immeubles sont des indicateurs d'une grande utilité pour la police. En outre, comme on l'a déjà vu, à l'instar de leur réticence à l'égard de certaines formes médiatiques de police de proximité, les policiers de la BAC jour expriment une grande méfiance vis-à-vis de la « politique des grands frères ». Il leur semble, en effet, complètement inconséquent d'utiliser des jeunes, souvent ex-délinquants, voire des délinquants toujours actifs pour agir auprès des jeunes de quartier. Dès lors, ils jugent très sévèrement des initiatives publiques reconnaissant l'utilité de « médiateurs sociaux » issus des quartiers populaires pour pacifier ces territoires sensibles. Pour les policiers de la BAC jour, ces médiateurs jouent un double jeu qui leur paraît dangereux. De la même façon, les policiers de la BAC jour ont très peu de relations avec les représentants religieux présents dans le quartier de la Cité des enfants perdus, notamment avec les imams. D'ailleurs les policiers indiquent que ceux-ci n'aiment pas non plus s'afficher avec la police car cela est assez mal perçu dans leur « communauté de croyants ». En revanche, les imams ont des relations régulières avec leurs collègues des renseignements généraux. Sans commune mesure, les policiers de la BAC préfèrent surtout développer une relation directe avec les jeunes de quartier.

Pas de contrôle à outrance

L'atout principal des policiers de la BAC jour pour intervenir dans le quartier de la Cité des enfants perdus est leur connaissance très précise des jeunes et des groupes qui fréquentent la cité et des inter-relations qu'ils développent entre eux. En effet, grâce à leur présence quotidienne dans le quartier depuis de nombreuses années, les policiers de la BAC jour, connaissant parfaitement et nominativement les jeunes qui vivent à la Cité des enfants perdus, exercent donc un fort contrôle social sur ces jeunes. D'ailleurs, lorsque les policiers de la BAC sont présents dans le quartier, à la Cité des enfants perdus, ces policiers indiquent que, généralement, les jeunes se tiennent correctement. Dans ce contexte de forte interconnaissance, pourquoi alors beaucoup de jeunes affirment-ils qu'ils sont néanmoins régulièrement contrôlés par des policiers de la BAC qui, pourtant, les identifient parfaitement ? Ces contrôles exaspèrent les jeunes qui considére que ces interpellations sont injustes et discriminatoires. En fait, les policiers de la BAC jour savent parfaitement que les jeunes leur font souvent ce reproche mais expliquent qu'il existe un important décalage entre les représentations des jeunes concernant des contrôles qu'ils jugent gratuits et intempestifs et la réalité de leur utilité d'un point de vue policier. Dans la pratique, malgré les apparences, les policiers de la BAC jour sont, certes, spécialisés dans l'interpellation mais affirment qu'ils ne font jamais de contrôle sans une raison objective. D'ailleurs, Dominique a intériorisé le fait que, si lors d'un contrôle intempestif les choses tournent mal et qu'un jeune est blessé, voire tué, les policiers devront rendre compte des raisons de leur contrôle et de la façon dont il a été effectué devant leur hiérarchie, voire devant la justice. En revanche, il est vrai que, pour des raisons évidentes de confidentialité et d'efficacité, la police ne communique pas aux jeunes les raisons pour lesquelles ils sont contrôlés et palpés, ce qui peut conduire les jeunes à penser qu'ils sont victimes d'une discrimination au faciès. En fait, les policiers de la BAC jour indiquent qu'ils interpellent des jeunes uniquement s'ils ont une réquisition du procureur de la république, s'ils sont témoins d'un flagrant-délit manifeste ou s'ils disposent d'informations nécessitant un contrôle de groupe. Or, selon Jean-Louis, il n'est pas rare que les policiers de la BAC jour disposent de renseignements nécessitant un contrôle et une palpation : « Il y a toujours un motif de contrôle, notamment des histoires, des différends entre groupes. Pourquoi on contrôle et on palpe tout le groupe ? Parce que, comme tout à l'heure, on a enlevé un couteau de boucher et un pistolet à grenaille. Alors qu'on avait le signalement du jeune, si on était passé à côté sans faire de contrôle parce que l'on n'était pas sûr de l'identité du jeune, peut-être que, maintenant, il y aurait un mort. Quand on a un motif de groupe, on palpe tout le monde et on enlève les couteaux, les tournevis... »

Pas de chasse ni de discrimination par plaisir !

Les policiers de la BAC jour réfutent ainsi, catégoriquement, ces idées, notamment développées par des spécialistes des questions de sécurité, que les violences émeutières résulteraient, d'un côté, d'une recherche de la part des jeunes de quartier et des policiers de sensations fortes à caractère ludique[252]et, de l'autre, d'une révolte des jeunes vis-à-vis de pratiques policières racistes et discriminatoires[253]. En effet, les policiers de la BAC jour affirment qu'en ce qui les concerne, ils ne se donnent pas pour objectif de « chasser » les jeunes de la Cité des enfants perdus ni de contrôler plus spécialement des jeunes d'origine étrangère. Ce qu'ils apprécient le plus, c'est de faire correctement leur travail, autrement dit, empêcher que des délinquants nuisent au bon fonctionnement de la société : « On chasse parce que c'est notre métier de policier ; on chasse des délinquants mais on ne chasse pas par plaisir. On se fait peut-être plaisir quand on fait une bonne interpellation mais on ne va pas chasser l'individu par

---

252 *Ibid.*

253 Cf. F. Jobard, 2006, *art. cit.*, p. 59-80 ; L. Mucchielli, V. Le Goaziou (dir.), 2007, *op. cit.*

plaisir. On ne va pas chercher le plaisir en chassant un individu ; on recherche un individu parce qu'il a d'abord commis quelque chose. » Jouant ainsi sur les mots, un peu remonté contre les accusations médiatiques et sociologiques de racisme et de violences illégitimes dont ferait souvent preuve la police, lors de l'entretien, Mathieu fait alors un peu de provocation en affirmant qu'il est effectivement « raciste » mais seulement vis-à-vis des délinquants : « Moi, oui, je discrimine. Je discrimine le délinquant par rapport à l'honnête citoyen ou le citoyen qui n'a rien demandé et qui s'est fait agresser. Moi, je parle de discrimination comme on parle de racisme pour les étrangers. Oui, je suis raciste. Moi je suis raciste envers les cons et les délinquants. On dit que la police est raciste mais on est cinq dans l'équipe et il n'y en a pas un de raciste. Je vous jure que c'est vrai. » Ainsi, les policiers de la BAC jour affirment sincèrement qu'ils ne sont pas racistes vis-à-vis des immigrés et de leurs descendants mais reconnaissent qu'ils discriminent les délinquants. Or, toute la question est bien là : de nombreuses enquêtes ont montré, notamment sous l'influence des médias[254], que les jeunes des quartiers populaires surtout d'origine étrangère, font l'objet de stéréotypes et de préjugés. Ils sont stigmatisés et souvent amalgamés à des délinquants et à des figures de désordre. Dans ce cas, comme l'ont fort bien montré Norbert Elias ou Howard Becker, les jeunes et les policiers sont entraînés dans un processus psychosocial destructeur pouvant engendrer une forme de « ségrégation réciproque »[255]. Dans la pratique, co-producteurs d'une « prophétie créatrice », les policiers stigmatisent les jeunes d'origine étrangère en les considérant comme des délinquants potentiels. Les policiers se conduisent dès lors avec ces jeunes comme s'ils étaient vraiment délinquants ou pouvaient fortement le devenir. Par conséquent, les jeunes essentialisés cherchant une revalorisation identitaire ont alors de grandes chances de s'inscrire dans une relation antagoniste avec la police et, plus largement, avec l'ensemble des représentants institutionnels mais aussi, pour certains d'entre eux, notamment les plus révoltés vis-à-vis de cette injustice, de se conduire effectivement comme des délinquants. On passe donc d'une prophétie créatrice à une « prophétie destructrice »[256]. Comme le remarque Laurent Mucchielli, « dans ce type de relations conflictuelles, l'on trouve des mécanismes de peur et de diabolisation réciproque. Tandis que, pour les jeunes, les policiers apparaissent comme des personnes racistes usant illégitimement de la violence à leur égard, pour les policiers, ces jeunes apparaissent comme des délinquants sans moralité défiant l'ordre social et la sécurité des autres habitants que les policiers pensent protéger. Cette conflictualité est, enfin, enserrée dans des cycles de vengeance qui occasionnent des passages à l'acte

254 Cf. M. Boucher, 2007, *op. cit.*, p. 155-172.

255 Cf. M. Esterle-Hedibel, « La marque de l'étranger. La construction d'identités délinquantes chez des jeunes d'origine maghrébine » in Bessette, J.-M., dir., *Crimes et cultures*, Paris, L'Harmattan, 1999, p. 137-146.

256 Cf. M. Boucher, 2007, *op. cit.*

parfois très violents, aussi bien du côté des jeunes (lors des émeutes) que de celui des policiers (lors des interpellations et des gardes à vue). »[257]

Ils sont plus racistes que nous !

Lors des interventions, les policiers de la BAC jour ne sont pas insensibles aux propos haineux et racistes dont ils font l'objet de la part de certains jeunes de la Cité des enfants perdus. L'équipe de la BAC jour insiste, en effet, sur ce point : alors que les jeunes crient partout au racisme qui serait violemment exprimé à leur encontre par les forces de l'ordre, la réalité des quartiers populaires est aussi définie par un fort racisme anti-français développé par de nombreuses personnes d'origine étrangère. Des jeunes expriment des discours racistes, sexistes et dévalorisants à l'encontre des « Blancs » et des « Blanches ». En réponse au racisme dont ils seraient l'objet, des jeunes du quartier de la Cité des enfants perdus d'origine étrangère, notamment des « Noirs » assument leur racisme anti-blanc. Au sein d'un processus de déshumanisation, ces jeunes racistes comparent en effet les « personnes blanches » à des porcs et leurs femmes à des prostituées bonnes à engrosser.

Les attaques racistes et provocatrices dont sont témoins les policiers de la BAC jour, bien sûr, ne les laissent pas de marbre : « *Dominique* : Ils ont la haine des Blancs et des flics. Ça c'est sûr. J'ai même entendu dire une fois : On va tous vous enculer et on va baiser toutes vos femmes. Un autre jeune m'a dit un jour que je faisais partie d'une race en voie de disparition.»

Dans son travail sur le « capital guerrier » des jeunes de cité, Thomas Sauvadet a également décrit l'utilisation régulière de clichés sexistes et racistes par des jeunes des quartiers populaires. Selon Sauvadet, pour rire et blesser, des jeunes se qualifient et se disqualifient par la couleur de leur peau ou leur origine ethno-culturelle (Blancs, Noirs, et Arabes sont les trois grandes catégories utilisées). Beaucoup de jeunes originaires du Maghreb ou d'Afrique subsaharienne se réfèrent à une « théorie du complot ». Ils dénoncent l'exploitation colonialiste et post-coloniale. L'histoire familiale se vit sous le joug de la « domination blanche ». Néanmoins, la plupart de ces jeunes se considèrent comme français et ne veulent pas retourner au « bled » où ils se font traiter de français. Farid, un jeune interviewé par Sauvadet exprime ainsi une double défiance et de la rancœur, d'une part, envers son pays d'origine et, d'autre part, envers la France : « Et quand tu penses à la France, c'est pas mieux. Un Français de cité ça vaut pas un vrai Français ! Et un étranger de cité ça vaut pas un Français de cité ! Alors un étranger de cité ça vaut rien. Moi, j'vais avoir pleins de fils ! Et

257 L. Mucchielli, « Penser la question de la sur-représentation des jeunes issus de l'immigration dans la délinquance » in M. Boucher, M. Belqasmi (dir.), *Guide pédagogique de l'antiracisme en formation sociale*, Paris, éd. Vuibert, 2008, p. 155.

je leur dirai : Va niquer la France ! Va niquer les Français. »[258]

Pour Sauvadet, alors que l'origine africaine handicape l'intégration à la société française », celle-ci est en position dominante dans « l'univers de la rue ». Remettre en cause la légitimité des fils d'immigrés africains dans leur révolte contre « l'oppression blanche » correspondrait, dans les cités, à un suicide social. Sauvadet relève également une certaine antipathie entre « Arabes » et « Noirs ». Les Arabes expriment une inquiétude vis-à-vis de la montée des « Noirs », mais aussi une jalousie vis-à-vis du statut occupé par les Noirs dans la culture de la rue (rap) et le sport (football, boxe...). Paradoxalement, des jeunes d'origine étrangère dont l'expérience vécue est dominée par des mécanismes d'exclusion, de discrimination, de racisme (islamophobie, arabophobie) ordinaire ou institutionnel et de diabolisation (jeune de banlieue = délinquant ou musulman = terroriste islamiste), intégrés culturellement, sont eux aussi entraînés dans le cercle vicieux du racisme. La contre-stigmatisation opérée par ces « jeunes racisés » pour faire face à l'échec « relatif » de l'intégration républicaine peut, en effet, encourager les victimes à se définir elles-mêmes en terme de « race », à « hétéroraciser » les autres groupes humains en développant des postures racistes et antisémites. Albert Memmi parlerait de « retour du pendule »[259]. On le voit, dans le quartier de la Cité des enfants perdus, les jeunes et les policiers sont bel et bien pris dans un engrenage destructeur et propice à la désubjectivation des individus : la racisation des rapports sociaux.

Quoi qu'il en soit, les policiers de la BAC jour affirment profondément qu'ils ne sont pas racistes car sinon, ils ne pourraient pas travailler dans le quartier de la Cité des enfants perdus : « *Jean-Louis* : Pour faire partie d'une BAC, il ne faut pas être raciste. Celui qui est raciste, il ne tient pas dans une BAC. Il ne peut pas tenir, ce n'est pas possible. Nous, on n'est pas raciste.»

Des modes d'intervention différents avec les jeunes « turbulents» et ceux qui sont calmes

Les policiers de la BAC jour réfutent donc catégoriquement cette idée reçue selon laquelle ils pratiqueraient des contrôles « gratuits » sur les jeunes. Néanmoins, Mathieu reconnaît qu'il arrive que son équipe contrôle très régulièrement, quelquefois trois fois par jour, les mêmes jeunes. Cependant, si ces jeunes sont si fréquemment fouillés, c'est qu'ils sont repérés comme particulièrement turbulents et/ou qu'ils sont des délinquants actifs : « Si des

258 Entretien cité in T. Sauvadet, 2006, *op. cit.*, p. 81.

259 Cf. A. Memmi, 1994, *op. cit.* ; M. Boucher, « Le « retour du pendule » : l'affirmation de la différence en question » in M. Boucher, M. Belqasmi (dir.), *Guide pédagogique de l'antiracisme en formation sociale*, 2008, *op. cit.*, p. 185-188.

jeunes sont contrôlés plusieurs fois, c'est que, dans 90% des cas, il y a une raison. Ce sont des délinquants qui ont fait quelque chose. Mais on le dit tout le temps… sur la Cité des enfants perdus, vous avez vingt à trente gars qui font le bordel partout, pour n'importe quoi et pour tout. Donc, effectivement, ceux-là vont être contrôlés quatre, cinq fois dans la même journée. Pourquoi ? Parce qu'un coup, ils vont avoir un couteau, un coup ils vont avoir du shit, un coup ils vont avoir une fiche de recherche, des trucs comme ça. » Ainsi, les policiers de la BAC jour reconnaissent, finalement, qu'ils n'agissent pas de la même façon avec des jeunes qu'ils qualifient de « gentils » et avec d'autres jeunes qu'ils définissent comme « délinquants ». Ces derniers sont systématiquement interpellés et fouillés. Quoi qu'il en soit, il est certain que, pour les jeunes constamment contrôlés, ces pratiques policières, même si celles-ci sont au départ basées sur des faits objectifs de délinquance ou d'incivilité, sont néanmoins perçues comme du harcèlement. En effet, avec de telles pratiques policières, des jeunes catalogués comme délinquants par les BAC auront beaucoup de difficultés à sortir du cercle vicieux dans lequel ils sont englués. Puisqu'ils ont été repérés comme délinquants et stigmatisés comme tels, les policiers agissent en conséquence avec ces jeunes, ce qui renforce leur stigmatisation et leur « statut » de délinquant. Paradoxalement, ici encore, comme dans le cas du major Mitchel, ces pratiques policières peuvent ainsi participer à la réalisation d'une « prophétie auto-réalisatrice », bien décrite par Merton[260] au sein de laquelle un jeune, un temps impliqué dans des affaires criminelles ou considéré comme y participant, à force d'être étiqueté comme délinquant, s'inscrira, finalement, dans une « carrière » délinquante[261]. En continuum des travaux sociologiques de l'Ecole de Chicago, comme l'ont bien montré les sociologues Elias et Scottson[262], des jeunes stigmatisés comme déviants peuvent effectivement radicaliser leurs pratiques déviantes pour opérer une sorte de contre-stigmatisation et, dès lors, construire, malgré les discriminations négatives dont ils sont l'objet, une identité rebelle valorisée. Dans la pratique, la stratégie policière consistant à contrôler régulièrement des jeunes définis comme particulièrement remuants et délinquants en vue de les dissuader de passer à l'acte peut donc se révéler contre-productive. Non seulement ces jeunes peuvent, en définitive, s'enfermer dans la délinquance mais, de plus, ils peuvent également se rebeller en développant une haine farouche vis-à-vis de la police et de l'ensemble des représentants de l'ordre et de la société intégrée. Par conséquent, dans ce cas, au lieu d'être des régulateurs et, même si c'est de manière inconsciente, les policiers deviennent des « agitateurs » puisqu'ils co-produisent la radicalisation de jeunes en proie à la stigmatisation, à la présomption de culpabilité et à l'acharnement policier.

260 Cf. R.-K. Merton, 1997, *op. cit.*

261 Cf. H.-S. Becker, 1985, *op. cit.*

262 Cf. N. Elias, J.-L. Scotson, 1997, *op. cit.*

Une condamnation morale adaptée à la réalité du « ghetto »

La dichotomie opérée par les policiers de la BAC jour entre deux catégories principales de jeunes de quartier : les « gentils » et les « délinquants », ne correspond pas à la réalité des pratiques objectives de délinquance développées par les jeunes de la Cité des enfants perdus. En effet, leur critère de classement n'est pas nécessairement associé au fait que des jeunes sont délinquants et que d'autres ne le sont pas. Pour les policiers de la BAC jour, tous les jeunes de la Cité des enfants perdus sont des délinquants potentiels et ils connaissent d'ailleurs de nombreux jeunes qui sont délinquants, qui l'ont été à un moment de leur courte vie ou qui pourraient le redevenir. En ce sens, les gardiens de la paix de la BAC jour n'expriment pas, pour autant, d'animosité particulière contre les jeunes délinquants. D'une certaine manière, les policiers ont intériorisé l'idée que, dans les quartiers populaires, cette potentialité que les jeunes soient délinquants est la norme. Ils n'en veulent donc pas particulièrement aux jeunes qui participent à l'économie souterraine. En effet, dans un quartier d'habitat social comme celui de la Cité des enfants perdus, les policiers ont conscience que les pratiques illégales sont le lot de beaucoup de jeunes qui cherchent à se débrouiller pour néanmoins participer à la société de consommation. C'est pourquoi, leurs critères de jugement se situent plutôt au niveau des comportements et de l'attitude des jeunes de cité[263]. Ce qui importe le plus aux policiers de la BAC jour sont les manières d'être plus ou moins agressives et violentes des jeunes envers autrui et notamment vis-à-vis des forces de maintien de l'ordre. Ainsi, pour les policiers de la BAC jour, comme l'a également indiqué Lamence Madzou (ancien chef de « gang » en banlieue parisienne) dans sa biographie[264], les jeunes avec lesquels les forces de l'ordre développent une certaine empathie sont ceux qui se montrent les moins agressifs à leur égard et envers la population même s'ils ont connaissance que certains de ces jeunes participent pourtant à des trafics illégaux. Paradoxalement, comme le laisse entendre Mathieu, pour les policiers de la BAC jour, les comportements incivils paraissent donc plus condamnables que les faits de délinquance à condition que ces pratiques illégales n'utilisent pas la violence : « On en connaît des jeunes qui étudient ou qui font du business mais qui sont calmes. Par exemple, à la Cité des enfants perdus, le jeune qu'on appelle Platon, c'est un black qui traîne place Rabelais avec une bonne bande

---

263 Cf. S. Roché, « La théorie de la vitre cassée en France. Incivilités et désordres en public » in *Revue Française de Science Politique*, 50-3, 2000, p. 387-412.

264 « Il y a des connards dans la police comme partout. Mais il y a des flics qui font bien leur boulot. Moi je faisais le mien. J'ai joué, j'ai perdu. C'est le jeu du gendarme et du voleur : on sait que le gendarme arrêtera peut être le voleur mais il le respecte parce qu'il se dit qu'il a choisi un chemin et qu'il l'assume. Il y a des policiers à qui je serre la main, il y a du respect. Ils ont l'habitude de fréquenter les voyous, les truands, les voleurs. Ils ne respectent plus quelqu'un qui mène son affaire, qui n'emmerde personne parce que c'est la voie qu'il a choisie, que le petit connard qui les fait chier continuellement pour des broutilles » (L. Madzou, 2008, *op. cit.*, p. 114).

mais il se tient à carreau. Cela arrive qu'on le contrôle quand il est avec un groupe mais on ne le contrôle pas plus que ça et si on le croise, on ne va pas le contrôler gratuitement. C'est un gamin qui fréquente des délinquants. Ils habitent le même quartier mais, lui, il ne fait pas d'histoire. »

En revanche, Mathieu et Jean-Louis indiquent que lorsque l'équipe de la BAC jour croise des groupes de jeunes constitués de « délinquants » et dans lesquels il existe également des « gentils », les policiers contrôlent néanmoins tout le monde pour ne pas mettre en danger les seconds : « -*Mathieu* : Par contre, on ne peut pas nous demander de contrôler ces trois-là mais nous dire : vous ne pouvez pas contrôler le quatrième qui est avec eux parce que c'est un gentil. – *Jean-Louis* : Si sur neuf gars on ne contrôle pas le dixième, les mecs vont se demander pourquoi et penser qu'il y a un indic parmi eux. Il faut que l'on fasse un travail propre pour que, lorsque l'on est parti, cela se passe bien. Si on arrive pour régler un différend et que lorsque l'on repart cela continue de plus bel ou que cela reparte, ce n'est pas notre but. Donc, s'il y a dix individus on contrôle les dix car, sinon, ils vont se poser des questions et trouver ça bizarre. A la limite le gars gentil, il veut être contrôlé.»

Pour autant, même si les policiers de la BAC jour ont adapté leur jugement moral et leur perception de la gravité des désordres et des faits de délinquance à la réalité du quartier, ils classifient néanmoins les jeunes de la Cité des enfants perdus en fonction de leur degré de docilité et de la volonté d'intégration dont ils font preuve. Dans cette catégorisation, les filles, n'étant pas essentialisées comme des « figures de désordre », contrairement à leurs frères d'origine étrangère[265], sont nettement mieux classées : « - *Mathieu* : Ceux qui veulent s'en sortir, ils s'en sortent. Des Blacks de la Cité des enfants perdus qui ont été à Pablo Neruda (collège de la Cité des enfants perdus cumulant de nombreuses difficultés, classé « ambition réussite » par l'éducation nationale), il y en a qui s'en sortent. Ils font des études ; ils ont du boulot mais il y en a qui ne veulent pas s'en sortir. – *Dominique* : Regardez les filles ! En général elles y arrivent. – *Jean-Louis* : Toutes les filles. On n'a aucun problème avec les filles. »

Les émeutes de l'automne 2005

Des violences impressionnantes

Lorsque les émeutes urbaines ont éclaté dans la soirée du 5 novembre 2005 dans le quartier de la Cité des enfants perdus, les policiers de la BAC jour n'étaient pas présents. En effet, durant la nuit du 5 au 6 novembre 2005, les forces de

265 Cf. N. Guénif et E. Macé, 2006, *op. cit.*

l'ordre mobilisées pour canaliser les violences collectives d'une partie des jeunes de la Cité des enfants perdus ont dû résister à trois grandes charges de la part des émeutiers. Or les policiers de la BAC jour sont arrivés dans la cité juste avant la deuxième attaque des assaillants bien décidés à en découdre avec les représentants de l'ordre. Une fois sur les lieux des affrontements, les policiers de la BAC jour ont vite pris conscience de la gravité de la situation. Ils ont rapidement constaté que leurs collègues policiers, ayant déjà dû repousser la première charge des émeutiers, semblaient pétrifiés de peur. Ceux-ci n'étaient pas du tout sereins ; ils étaient même blancs et livides. Habituellement, lors de petits affrontements avec des jeunes de quartier, lorsqu'ils sont bien équipés et en nombre suffisant, il n'est pas rare que les policiers plaisantent entre eux. Paradoxalement, ces situations critiques produisent une sorte d'excitation collective consolidant les relations de groupe au sein des différents services de police. Or, le 5 novembre 2005, l'émulation habituellement générée lors de heurts avec des jeunes s'est rapidement transformée en peur collective. Surprises par l'intensité et l'ampleur des violences émeutières dans le quartier de la Cité des enfants perdus, les forces de l'ordre ont réellement eu la frousse. Ainsi, Jean-Louis indique que, ce soir là, les policiers ont d'abord craints pour leurs vies mais senti aussi que cette pusillanimité était propice à des dérapages mortifères : « On n'avait aucun répit. Ils (les émeutiers) chargeaient, ils jetaient des cocktails molotovs et des boules de pétanque et, par la suite, quand on se disait ça y est, c'est fini, on va pouvoir y aller et bien non ! Lorsque la première ligne se retirait, la seconde ligne arrivait et lorsque la seconde ligne se séparait, la troisième ligne arrivait. Néanmoins, cela s'est bien passé car il n'y a pas eu de panique. Je veux dire que des collègues auraient pu tirer de vraies cartouches. Faut dire qu'il y avait de quoi ; il y avait tous les ingrédients. Quelqu'un qui arrive dans la police et qui ne connaît pas ça, à un moment donné, il se dit ma mort va donc arriver … » Dans ces circonstances, pour les policiers, avoir pu éviter que des balles réelles soient tirées causant ainsi la mort d'une personne est un exploit dont ils sont fiers. En effet, même si cela n'a pas été simple, ils ont finalement pu rétablir l'ordre républicain sans causer la mort d'un émeutier. Néanmoins, ils ont conscience que si des circonstances similaires se reproduisaient, un drame serait toujours possible.

Les mecs ils ne plaisantaient pas !

La haine des jeunes émeutiers envers les représentants de l'ordre et, plus largement, envers tous ceux qui portaient un uniforme, notamment les pompiers, a tellement ébranlé les policiers de la BAC qu'ils reconnaissent avoir réellement craints pour leur peau et failli perdre leur sang froid à plusieurs reprises. C'est pourquoi, pour ces policiers, les événements émeutiers de novembre 2005 demeurent un traumatisme qu'ils ne souhaitent vraiment plus revivre. Ils ont eu le sentiment que, durant la nuit de l'émeute, même si le pire a été évité, autrement dit la mort d'un jeune ou d'un policier, en revanche, le quartier de la Cité des enfants perdus était en état de guerre. Aussi, la description des événements insurrectionnels donnée par les policiers fait-elle clairement référence à certains films hollywoodiens dans lesquels des « tuniques bleues », autrement dit des soldats américains, ou des « tuniques rouges », c'est-à-dire des soldats britanniques, doivent se battre contre des tribus indiennes ou africaines composées de « sauvages » sans pitié utilisant des techniques guerrières terrifiantes. Dans cette perspective, les policiers sont comparés à une armée coloniale occupant des territoires hostiles tandis que les émeutiers sont, eux, confondus avec des indigènes révoltés, survoltés qu'il s'agit néanmoins de mater et de pacifier : « - *Jean-Louis* : Les émeutiers ne faisaient pas de différence entre les pompiers et nous (la police). On a obligé les pompiers à partir alors qu'ils voulaient éteindre un feu mais les jeunes arrivaient trop nombreux. On leur a dit de rentrer dans leur camion et de partir. Ce n'était pas un conseil ; il fallait qu'ils partent tout de suite. On a donc ouvert le barrage : ils sont passés et, là, on s'est fait charger. C'est vrai que c'est impressionnant. – *Mathieu* : Quand je suis arrivé, on a essuyé des jets de pierre ; on a donc lancé des grenades. Je suis arrivé ; il y avait des collègues de la BAC et de la SDI ; je les ai tous vus blancs, livides. Je leur ai lancé une boutade et pas un n'a réagi. Ils étaient tous livides ; ils ne parlaient pas ; ils avaient les yeux hagards. Pourtant, ce sont des gens qui sont compétents et qui sont courageux. Comme policiers, ils ont dû avoir peur deux fois dans leur vie. Là, j'ai dit ce n'est pas comme d'habitude. On s'est mis en ligne même s'il ne nous restait plus grand chose comme matériel. Là, vous aviez des bâtiments en feu derrière et de la fumée et vous aviez une ligne de cent à cent cinquante individus qui avançaient vers vous. Vous voyez les zoulous : Ouh ! Ouh ! Ouh ! Comme des CRS marquant le pas : Ouh ! Ouh ! Ouh ! Ils avancent vers vous et vous en avez trois fois plus derrière. Et bien moi, cela n'est pas pour me vanter ou quoi que se soit, c'est la seule fois où j'ai regardé derrière moi pour savoir où je pouvais partir. Et je vous jure que c'est vrai ! – *Jean-Louis* : Les jeunes avaient de grands sacs remplis de boules de pétanques (la nuit avant le déclenchement des émeutes, le boulodrome municipal a été dévalisé). A un moment donné, on entendait du bruit, c'était des marteaux de chantiers qui arrivaient en faisant Vouh ! Vouh ! Vouh ! Si tu en reçois un, t'es mort ! Les cocktails faisaient de grandes flammes mais, par rapport aux objets, cela ne faisait pas peur. Les objets tu ne les vois pas arriver mais tu les entends. Les marteaux de chantier faisaient comme des tomahawks. A un moment donné, quand on voit que le bouclier est cassé en deux, on se dit Bof ! On va essayer de faire pour le mieux. »

Des violences organisées et externalisées

Durant les émeutes, les policiers de la BAC étaient tellement concentrés pour résister aux charges des assaillants qu'ils n'ont pas tenté de reconnaître nominativement les émeutiers. Les policiers expliquent que, durant ces moments d'explosion de violence extrême, les forces de l'ordre directement visées par les émeutiers regardent partout pour éviter des mauvais coups et ne se focalisent donc pas sur des visages particuliers. De plus, il faisait nuit et beaucoup d'émeutiers portaient des cagoules. Cependant, juste après les événements insurrectionnels, notamment grâce aux films vidéo tournés par la police durant l'insurrection, les policiers de la BAC jour ont pu reconnaître un certain nombre de jeunes du quartier. Effectivement, les policiers de la BAC jour connaissant parfaitement les jeunes de la Cité des enfants perdus, ont pu identifier certains émeutiers simplement en observant leur façon de s'habiller ou même de se déplacer. L'équipe des BAC jour a ainsi pu relever que, durant les émeutes, toutes les générations de jeunes (12-25 ans) du quartier avaient participé aux violences collectives. Néanmoins, les émeutiers n'étaient pas composés uniquement de jeunes du quartier. En effet, les policiers ont su, par la suite, que des jeunes des villes alentours étaient également présents pour « se faire du flic » à la Cité des enfants perdus.

Finalement, les policiers de la BAC jour restent convaincus que ces émeutes n'étaient pas spontanées. Elles auraient été organisées par des « cerveaux » rompus aux techniques de guérilla urbaine apprises dans des pays actuellement en guerre. Ainsi, à l'instar de ce qu'avaient affirmé les services du ministre de l'Intérieur de l'époque (Nicolas Sarkozy), Mathieu affirme qu'il a vu dans des films tournés durant les émeutes de la Cité des enfants perdus des « barbus », autrement dit des musulmans radicaux, distribuer des projectiles aux insurgés. En effet, durant les événements émeutiers de l'automne 2005 ayant éclaté un peu partout en France dans les zones urbaines sensibles, une rumeur s'est vite répandue dans les médias : des « musulmans intégristes » auraient eu intérêt à déclencher des « violences urbaines ». Or, avec du recul, la plupart des analyses sociologiques qualitatives et quantitatives réalisées sur les acteurs des émeutes ont réfuté cette idée que les intégristes religieux avaient participé au déclenchement des émeutes ; bien au contraire, dans certains endroits, ceux-ci ont même compris qu'ils avaient intérêt à participer au rétablissement de l'ordre[266]. A Trincamp, nous avons d'ailleurs vu que la justice a condamné à de lourdes peines les « leaders » des émeutes ayant eu lieu en novembre 2005. Or, tous ces leaders insurrectionnels étaient issus du quartier de la Cité des enfants perdus. L'un d'eux était même très bien connu des policiers des

266 Cf. M. Mazars, *Le traitement judiciaire des « violences urbaines » de l'automne 2005. Le cas de la Seine-Saint-Denis,* Rapport pour le centre d'analyse stratégique, février 2006 ; C. Cazelles, B. Morel, S. Roché, *Les « violences urbaines » de l'automne 2005. Evénements, acteurs : dynamiques et interactions,* Rapport pour le centre d'analyse stratégique, février 2007 ; *Enquêtes sur les violences urbaines. Comprendre les émeutes de novembre 2005. Les exemples de Saint-Denis et d'Aulnay-sous-Bois,* Rapport et Documents n°4, 2006, Centre d'analyse stratégique ; L. Mucchielli, V. Le Goaziou (dir.), 2007, *op. cit.* ; M. Kokoreff, 2008, *op. cit.*

BAC jour puisqu'il était repéré comme une véritable « tête brûlée » cherchant à s'affirmer dans le quartier en se confrontant de façon agressive aux forces de l'ordre. Cependant, au regard de la peur engendrée chez les policiers par la fureur des émeutes déclenchées dans le quartier de la Cité des enfants perdus, on comprend que Mathieu et ses collègues ne puissent pas imaginer que les instigateurs directs de ces violences aient pu être simplement les jeunes rebelles à l'ordre établi qu'ils fréquentent, quotidiennement, dans ce quartier. Pour ces policiers, à l'instar de beaucoup d'habitants du quartier ne pouvant imaginer que ce sont leurs enfants qui ont été les principaux auteurs de violences collectives, l'organisation d'un tel déchaînement de violences ne peut venir que de l'extérieur de la Cité des enfants perdus. En effet, pour les policiers de la BAC jour, même si certains jeunes de la Cité des enfants perdus ont des capacités physiques pour participer à des révoltes spontanées, ils ne considèrent pas, pour autant, qu'ils ont assez de « cerveau » pour fomenter une émeute de grande ampleur : « *Jean-Louis* : Dans la journée, avant que les émeutes éclatent, c'était ville morte dans le quartier. On voyait quelques filles, quelques jeunes, quelques gamins mais pas de garçons. – *Dominique* : Pour être bien organisés comme ça, il y en avait sûrement qui avaient dû faire des stages à droite, à gauche. – *Jean-Louis* : Oui des stages en Tchétchènie ou dans d'autres pays, certainement. – *Mathieu* : Oui, cela n'a jamais été dit mais on l'a vu sur des bandes vidéo. On voit des barbus ; on les appelle comme ça ; ce n'est pas péjoratif, ce sont des intégristes musulmans. On les voit bien ; ils arrivent en voiture. On en voit un sortir de la voiture et déposer des sacs remplis de pavés et de boules de pétanque aux pieds d'autres intégristes. Les bagnoles repartent et on voit des gars arriver, prendre des projectiles dans leurs poches et repartir. Ça c'est vrai ! On l'a vu sur les bandes vidéo. Mais c'était organisé, il ne faut pas dire le contraire ! – *Dominique* : Le leader qui a fabriqué les cocktails molotovs on le connaît, c'était Ronaldo. Il a pris six ans de prison. C'est celui qui voulait se mettre en valeur. Il n'est pas bien dans sa tête. Il faut que ce soit lui le meilleur… mais il était incapable de penser tout seul l'organisation d'une telle émeute. – *Dominique* : Pour moi, il est irrécupérable ce garçon. – *Jean-Louis* : Il fera un braquage, il tuera. C'était le plus hard. On l'a pris pour rébellion – *Mathieu* : Il était hyper violent mais il était incapable d'organiser un truc comme ça. – *Jean-Louis* : Oui, il a les bras mais ce n'est pas un cerveau. »

Des producteurs et régulateurs de violences

Il existe des « bandes ethniques »

Selon les policiers de la BAC jour, le quartier de la Cité des enfants perdus est territorialisé d'un point de vue ethnique. Ainsi, même si à l'échelle de la zone urbaine sensible (ZUS), il existe encore une diversité de populations, autrement dit, des Noirs, des Arabes et des Blancs, dans la pratique, à part quelques exceptions, la plupart des jeunes d'origine maghrébine fréquentent le quartier dit « PSR », situé à proximité de la prison de Trincamp, tandis que les jeunes d'origine noire africaine sont, eux, majoritaires dans tous les autres secteurs de la Cité des enfants perdus. Cette séparation, spatiale et ethnique, est aussi une réalité dans la composition des « bandes » de jeunes. Pour les policiers, il est assez rare que les jeunes se regroupent de façon pluriethnique. Bien sûr, quelle que soit leur couleur de peau, les jeunes de la Cité des enfants perdus se connaissent et se fréquentent, épisodiquement ; cependant, les groupes de jeunes organisés en fonction de critères générationnels et affinitaires, également producteurs de liens forts, sont souvent constitués quasi exclusivement de Noirs, d'Arabes ou de Blancs. Il est, en effet, très rare que les groupes de jeunes soient pluriethniques. Lorsqu'ils le sont, les policiers affirment qu'il s'agit de « bandes » organisées d'un point de vue stratégique pour faire du « business de cité ». Ainsi, il n'y aurait pas de « problèmes de couleurs » au niveau du « bizness » alors qu'il existerait beaucoup d'antagonismes interethniques dans la vie quotidienne des jeunes de la Cité des enfants perdus. Pour les policiers de la BAC jour, il existe ainsi, régulièrement, des tensions entre des jeunes noirs et des jeunes arabes, entre des jeunes noirs d'« ethnies » différentes ou entre des Noirs et des personnes venues de pays de l'Europe de l'Est.

Dans cet environnement sous « tension ethnique », les jeunes blancs « franco-français » sont minoritaires et occupent une place singulière. Ils se constituent rarement en « bandes » structurées ce qui a des effets sur la position qu'ils occupent dans le quartier et sur les relations qu'ils développent avec les autres jeunes faisant partie de groupes constitués : comparés aux jeunes noirs et arabes, la plupart de ces jeunes sont en retrait, occupent peu l'espace public de la cité et représentent de potentielles victimes tandis qu'une minorité de jeunes blancs, souvent les plus durs et les plus agressifs, s'assimilent culturellement et affectivement au sein de « bandes ethniques ». Ces derniers, quitte à s'éloigner de leur groupe d'appartenance ethno-culturel d'origine préfèrent être confondus avec des jeunes appartenant à des groupes désignés comme des « bandes ethniques » par les policiers plutôt que de risquer de faire partie du monde des « Blancs » perçu comme minoritaire à l'échelle du quartier et donc vulnérable : « - *Mathieu* : Il y a des Blancs qui arrivent à faire de petites bandes mais, s'ils veulent s'en sortir, ne pas prendre trop de pains plein la tête et bien, ils fricotent avec des Noirs et des Arabes et se mettent sous leur protection. – *Dominique* : Mais les Blancs dans les bandes sont très peu nombreux et sont toujours chapotés. » A l'instar des Noirs taxés de « Bounty » (noir à l'extérieur et blanc à l'intérieur) par des jeunes d'origine africaine du quartier lorsqu'ils épousent les pratiques sociales et culturelles de la société intégrée majoritaire, les policiers assimilent ces jeunes blancs à des « glaces eskimos » d'une sorte particulière : blancs à l'extérieur et noirs à l'intérieur : « *Mathieu* : Il y a des Blancs, qui restent Blancs mais malheureusement, bien souvent, ils deviennent des victimes et puis, il y a des Blancs qui pour s'en sortir deviennent Noirs. Ils ont la mentalité de la bande qui les entoure. Je dis Noirs mais j'aurais également pu dire Arabes. Rue Charles Péguy, on a un cas caractéristique. Jason est blanc, même plus blanc que nous à l'extérieur mais il a une mentalité de Noir. Ce n'est pas forcément péjoratif. – *Jean-Louis* : Il pense africain. »

Les policiers de la BAC jour ont ainsi complètement intériorisé l'idée que les relations interethniques participent fortement à l'organisation sociale et culturelle du quartier de la Cité des enfants perdus, aussi bien chez les adultes que chez les jeunes. Cependant, ces relations sont d'abord perçues comme antagonistes. Il y aurait une séparation ethno-raciale spontanée, productrice de tensions entre les habitants de différentes origines ethno-culturelles. En effet, la mixité culturelle ne s'opèrerait que pour accroître la réussite de projets criminels. Dans ce cadre, on peut ainsi noter que, contrairement aux regroupements de jeunes d'origine africaine, les quelques regroupements de jeunes blancs, au sein du quartier, ne sont pas perçus comme des « gangs ». Pour les policiers de la BAC jour, l'ethnicité plurielle du quartier de la Cité des enfants perdus est donc plutôt négativement perçue et largement associée à l'organisation criminelle du quartier. La division sociale ethnique serait d'ailleurs une chance pour les policiers de la BAC jour car, sinon, comme l'exprime Jean-Louis, ils ont le sentiment qu'ils auraient de grandes difficultés à contenir les « bandes » du quartier : « Dans le quartier, il y a Blancs, Blacks, Beurs, ça c'est sûr car s'il y avait Blancs et Blacks/Beurs ensemble, je peux vous dire que l'on ne tiendrait pas. Il y a division. Il y a toujours eu les Noirs ensemble, les Arabes ensemble et les Blancs plus ou moins ensemble. Il n'y a pas eu de gros mélanges. C'est comme ça ; ils font leurs business ; puis, ils se séparent. »

Dans ce contexte, malgré cette vision plutôt négative du rapport à l'ethnicité exprimé par les policiers de la BAC jour, certaines « communautés » leur paraissent néanmoins plus promptes à contrôler culturellement leurs membres évitant ainsi la production de désordres dans l'espace public. Selon les policiers, il existe, en effet, une hiérarchisation des « communautés ethno-culturelles » en capacité de maintenir un certain contrôle social informel même si cette aptitude peut également être associée à une capacité de réaction collective, potentiellement violente, vis-à-vis des autres « communautés » avec lesquelles elles sont en concurrence. Dans ce classement, les populations originaires d'Afrique noire arrivent en dernier tandis que les personnes d'origine turque sont classées premières : « - *Jean-Louis* : Les Turcs, on les considère comme des bosseurs. Pour la plupart, ils n'ont pas de papier ; ils travaillent au black mais ils n'embêtent personne. Ils bossent. Ils ne posent pas de problèmes. – *Dominique* : Mais ceux qui s'attaqueraient aux Turcs auraient des problèmes. – *Jean-Louis* : Les Turcs, attention ! C'est la force tranquille. Faut pas jouer avec eux mais les Blacks le savent. Parce que les Turcs vont aller jusqu'au bout. Vous ne trouverez même pas le corps. – *Mathieu* : Les Turcs ont souvent des réactions disproportionnées. – *Jean-Louis* : Mais les anciens ont de l'autorité sur les jeunes alors que les anciens africains ne l'ont pas. »

Les policiers préfèrent donc travailler avec des « communautés », certes composées le plus souvent de membres pas bien intégrés dans la société française, mais, néanmoins, fortement structurées garantissant ainsi une importante capacité de maintien de l'ordre au sein du groupe communautaire (Turcs, Asiatiques). A contrario, les policiers de la BAC jour restent méfiants à l'égard de groupes ethno-culturels dont beaucoup de membres sont en voie d'assimilation culturelle mais également beaucoup plus fréquemment sources de problèmes pour la tranquillité publique. En effet, la dislocation et la fragmentation culturelle[267] de certaines communautés (Africains, Maghrébins) très ébranlées par les processus d'acculturation, d'intégration et d'individuation[268] dans lesquels ses membres sont inscrits ne leur permettent plus d'opérer un important contrôle social communautaire. En matière de maintien de l'ordre et de neutralisation des désordres, dans un contexte d'ethnicisation du quartier de la Cité des enfants perdus, les policiers paraissent donc considérer que le processus de « communautarisation » est préférable à celui d'« individuation » pourtant inséparable de celui d'intégration[269].

267 Cf. M. Wieviorka (dir.), *Une société fragmentée ? Le multiculturalisme en débat*, Paris, éd. La Découverte, 1996.

268 Cf. M. Boucher, 2000, *op. cit.*

269 Le terme « intégration » vient du latin *integrare* (renouveler, rendre entier). Il s'agit de l'action de faire entrer une partie dans le tout. En sociologie, il s'agit d'une partie ou d'un groupe s'insérant dans un tout, comme une collectivité. En psychologie sociale, l'intégration s'exprime dans un groupe par l'interaction entre les membres construisant un sentiment d'appartenance et d'identification au groupe et à ses valeurs. Cependant, le plus souvent, on utilise la définition des sciences politiques qui regroupe l'ensemble des définitions : « *c'est le degré de cohésion de l'ensemble qu'il est important de mesurer. Il peut s'agir de socialisation des enfants, d'intégration d'immigrés, d'une nation nouvelle ou du consensus et de la participation des citoyens à la vie de la collectivité* » (M. Grawitz, *Lexique des sciences sociales*, Paris, éd. Dalloz, 1988, p. 215). « C'est un processus dialectique. La politique d'intégration, ce n'est pas seulement l'effort d'intégration fait par l'immigré pour trouver sa place dans la société (…) mais aussi l'effort de la société (…) pour intégrer les immigrés » (*Le contrat et l'intégration*, rapport du HCI, janvier 2004). Dans le rapport intitulé : *L'intégration à la française*, il s'agissait de « *concevoir l'intégration non comme une sorte de voie moyenne entre l'assimilation et l'insertion, mais comme un processus spécifique : par ce processus, il s'agit de susciter la participation active à la société nationale d'éléments variés et différents, tout en acceptant la subsistance de spécificités culturelles, sociales et morales et en tenant pour vrai que l'ensemble s'enrichit de cette variété, de cette complexité. Sans nier les différences, en sachant les prendre en compte sans les exalter, c'est sur les ressemblances et les convergences qu'une politique d'intégration met l'accent afin, dans l'égalité des droits et des obligations, de rendre solidaires les différentes composantes ethniques et culturelles de notre société et de donner à chacun, quelle que soit son origine, la possibilité de vivre de cette société dont il a accepté les règles dont il devient un élément constituant* » (Haut Conseil à l'Intégration,

Cependant, ce processus d'émancipation permettant aux personnes ne de plus être sous l'emprise communautaire leur donne également plus de liberté de s'affirmer dans l'espace public, notamment en produisant des désordres.

Il y a des jeunes avec qui on peut discuter et d'autres non

Les policiers de la BAC jour répertorient plusieurs catégories de jeunes avec lesquels ils adaptent leurs modes d'intervention. Ainsi, même si nous avons vu que les policiers de la BAC jour préfèrent privilégier le dialogue sur des opérations musclées de contrôle et d'intervention, il est certain que dans un même groupe de jeunes, les réactions à leur encontre sont très différentes. Ainsi, des jeunes seront enclins à la discussion tandis que d'autres montreront des signes évidents d'agressivité. Ce sont ces jeunes que les policiers redoutent le plus. En effet, alors que les policiers de la BAC jour peuvent avoir l'intention d'effectuer une simple prise de contact avec des jeunes, l'attitude agressive d'un jeune peut rapidement faire dégénérer la situation. Certes, les policiers ont conscience que le jeune le plus vindicatif à leur encontre se construit une identité valorisée vis-à-vis de ses pairs en s'opposant ostensiblement à la présence policière ; cependant, les policiers visés par le comportement hostile de ce jeune ne peuvent pas, pour autant, perdre la face. En effet, s'ils ne réagissent pas, ils risquent de perdre leur autorité gage de leur capacité d'action auprès des jeunes du quartier de la Cité des enfants perdus. Avant d'entrer en contact avec un groupe de jeunes, il est donc préférable que les policiers évaluent la situation et qu'ils entrent en relation avec des personnes avec lesquelles ils savent qu'il existe un certain respect mutuel : « - *Dominique* : Les jeunes avec lesquels on ne peut pas discuter, cela se voit tout de suite. D'entrée, ils demandent à leurs copains de ne pas parler aux keufs, en leur disant que ce n'est pas la peine. – *Mathieu* : Les jeunes avec lesquels on peut discuter, ce sont ceux qui restent dans les normes, qui respectent des règles en n'enfreignant pas la loi, en ne nous insultant mais aussi qui ont un comportement plus ouvert. Ces jeunes nous répondent normalement lorsqu'on leur pose une question alors que les autres vont se retourner et refuser de nous parler. Il y a des jeunes avec qui le courant passe, avec qui on peut discuter et d'autres, pas du tout. D'ailleurs, on en connaît certains très très bien. On a connu leurs grands frères qui pouvaient être de vraies têtes de cons et puis les deuxièmes sympas, ou le contraire. »

A contrario, Jean-Louis indique qu'il arrive que, dans un groupe de jeunes, tous aient un comportement sympathique et ouvert au dialogue. Dans ce cas, les policiers de la BAC jour ne sont pas dupes. Ils supposent fortement que ces

---

L'intégration à la française, Paris, éd. UGE 10-18, 1993, p. 34-35).

jeunes font du business dans le cadre de l'économie parallèle et que ceux-ci ont pris conscience qu'ils n'ont aucun intérêt à entretenir de l'animosité avec les policiers de la BAC. Pour ces jeunes, en effet, il s'agit que les policiers émettent un diagnostic positif, autrement dit, qu'ils concluent que ce regroupement ne comporte aucun risque en matière de désordres et de turbulences. Quoi qu'il en soit, pour les policiers de la BAC jour, il est certain que leur priorité demeure la paix sociale du quartier : « - *Jean-Louis* : La politesse des jeunes peut aussi être liée aux affaires de business. Des jeunes se disent que, s'ils sont gentils avec les flics, ils vont aller voir ailleurs. Ils recherchent la tranquillité pour continuer leur business. Si, c'est une stratégie de groupe, s'ils sont tous sympas, on se dit d'accord. Ils se donnent la consigne d'être très gentils et ils appellent les plus jeunes pour leur dire d'aller faire des conneries ailleurs que sur leur territoire car si vous vous faites avoir, les flics vont venir et ils vont nous empêcher de faire notre boulot. Il ne faut pas se voiler la face, il y a un business et il y aura toujours un business. – *Dominique* : C'est certain et on ne se gène pas pour leur dire que l'on sait ce qu'ils trafiquent. »

Disparitions et émergence de « bandes » juvéniles

Les policiers de la BAC jour sont, tous les ans, confrontés à une même réalité tous : d'un côté, ils voient disparaître des « bandes » de jeunes turbulents qui étaient très actives pendant plusieurs années, de l'autre, ils repèrent de nouveaux groupes de jeunes desquels émergent des « leaders », c'est-à-dire des « jeunes chauds » avec lesquels ils pressentent qu'ils entreront peut être en confrontation avant de construire des relations autres qu'antagonistes : « - *Dominique* : On a une petite bande de la nouvelle génération de jeunes de 15 ans qui se pointe depuis quelques mois et puis on a commencé à repérer le chef de bande : il est vraiment sorti du lot ; c'est le meneur. – *Jean-Louis* : il a un caractère fort, c'est la tête brûlée. – *Dominique* : C'est le genre de gars qui nous posera des problèmes, un jour, sur un contrôle ou un truc comme ça. – *Jean-Louis* : Il surenchérit. – *Dominique* : Voilà, je suis sûr qu'il ne tardera pas à faire une rébellion. – *Mathieu* : Avant l'été, tous les ans, on a une bande qui change de quartier. Elle est composée de jeunes de 13 à 15 ans. Tous les ans, il y en a une nouvelle qui va faire parler d'elle. Cette bande va continuer pendant deux trois ans puis, après, on n'en entendra plus parler. Là, en ce moment, c'est la fin des anciens de Charles Péguy qui ont 18 ans maintenant. Par contre, il y a une petite bande à Charles Péguy et rue Auguste Delaune qui ressort. Ce sont des gamins de 13/15 ans. L'année dernière, une nouvelle bande est apparue place Rabelais. – *Dominique* : Mais ce sont ces bandes-là qui commencent à nous poser des problèmes. »

Pour les policiers de la BAC jour, ces bandes de jeunes sont, en fait, au cœur de leur action de surveillance et de pacification sociale. En effet, au regard du jeune âge des membres de ces groupes, il ne s'agit pas de bandes bien structurées capables d'organiser, de manière quasi professionnelle, des formes de business illégal ; en revanche, il s'agit de jeunes très remuants, provocateurs et potentiellement violents faisant leur apprentissage du monde de la délinquance (au moment où nous enquêtons, il s'agit principalement des jeunes se faisant appeler les « soldats du ghetto »). Ainsi, au moment où nous interviewons les policiers de la BAC jour, ceux-ci nous indiquent qu'ils ont des difficultés avec des jeunes d'âge scolaire caillassant (jets de cailloux) régulièrement la voiture du principal du collège Pablo Neruda, présent au cœur du quartier de la Cité des enfants perdus[270]. En définitive, en entrant dans ces bandes, ces jeunes débutent une « carrière délinquante ». Or ce sont, principalement, les policiers de la BAC qui doivent les neutraliser autant que possible : « - *Dominique* : Ces bandes font des vols à l'arrachée, des vols avec violences, des VPE (des vols par effraction). – *Jean-Louis* : ils (les jeunes membres de ces bandes) tiennent leur quartier. – *Mathieu* : Effectivement, les phénomènes de trafics concernent plus les anciens, les 18/20 ans, mais les petits font la sonnette (cela signifie que les jeunes guetteurs postés dans des endroits stratégiques sifflent pour prévenir les plus grands de l'arrivée de la police), ils trimballent les produits, ils font des vols de portables… »

Des relations interpersonnelles particulières

Les jeunes cherchent à nous diviser

Les policiers de la BAC jour réfutent l'idée émise par les jeunes selon laquelle il existe des gentils et des méchants policiers. En effet, selon eux, il s'agit d'une stratégie des jeunes de la cité pour diviser l'équipe de la BAC jour lors des contrôles ou des interpellations. Quoi qu'il en soit, dans la réalité, comme l'indique Mathieu, il est certain que des policiers vont développer plus d'affinités avec certains jeunes et plus d'animosités vis-à-vis d'autres : « Chacun de nous est le gentil de certains. C'est-à-dire que l'on a plus d'affinités avec certains jeunes plutôt qu'avec d'autres. Par exemple, moi je vais être le gentil pour certains et Régis va être le méchant et puis, avec un autre groupe de jeunes, ça sera Régis le gentil et Dominique ou Jean-Louis les méchants… On a des affinités avec certains et pas avec tous.»

270 Durant notre enquête, comme nous l'avons décrit dans la partie précédente, un différend éclate entre deux jeunes du collègue Pablo-Neruda. Une bagarre oppose ces deux jeunes et leurs copains à la sortie de l'établissement. Durant la bagarre, après avoir reçu un coup de poing, un jeune tombe dans le coma. Une enquête policière est alors menée parallèlement à un travail de médiation effectué par une association de quartier en relation étroite avec les services de la préfecture. En outre, le collège convoque un conseil de discipline à l'issue duquel les principaux protagonistes sont exclus définitivement de l'établissement. Pour se venger de cette décision considérée comme injuste, des jeunes de la Cité des enfants perdus s'en prennent alors au principal du collège en caillassant sa voiture lorsqu'il sort de son établissement.

L'un des enjeux des BAC jour, lors des interpellations, est donc de réguler ce fait au sein de l'équipe policière pour éviter que les provocations des jeunes finissent par engendrer des dérapages, notamment des violences physiques[271] mais également fissurent l'unité des équipiers de la BAC : « Il faut se méfier des jeunes lorsqu'ils disent qu'il y a des gentils et des méchants. En fait, dans un groupe, lorsque l'on veut que cela parte en quenouille, il faut toujours qu'il y ait des gentils et des méchants. Nous, on le fait aussi. Quand, dans un groupe de jeunes, il y a deux trois types qui sont à peu près intelligents et qui suivent le mouvement, c'est sûr que l'on sera plus sympa avec eux qu'avec le mec qui va commencer à gueuler. Et bien eux (les jeunes) ils agissent de la même façon avec nous. Ils se rendent compte que l'on est un groupe et, pour eux, ce qui est important, c'est de créer une scission dans le groupe, car ils ne sont pas idiots. Donc forcément, il y a des gentils et des méchants. Donc dans des situations extrêmes, notamment lors d'interpellations, il arrive un moment, lorsque l'on ramène les mecs à l'hôtel de police, où l'on est obligé d'isoler un ou deux collègues, de leur dire de faire autre chose parce que l'on sait que cela va partir en live. Cela peut aller jusqu'à l'affrontement physique. Leur but, c'est qu'il y ait des gentils et des méchants dans le groupe. Quand on contrôle un groupe, il y aura toujours trois gentils et deux connards ; c'est tout le temps comme ça ; ils cherchent toujours à nous diviser. »

En fait, les policiers de la BAC jour, au-delà du fait qu'ils n'aiment pas être taxés de « méchants policiers » par certains jeunes, craignent surtout que leur cohésion de groupe soit mise à rude épreuve par les stratégies de division opérées par des jeunes interpellés ou contrôlés. En effet, les policiers de la BAC ont bien conscience que, sans une forte unité de leur groupe d'intervention, l'action des BAC est beaucoup plus risquée et dangereuse. Les tensions internes à l'équipe de la BAC sont donc aussi dangereuses que les attaques potentielles venues de l'extérieur, notamment de la part des jeunes les plus révoltés et les plus agressifs à l'encontre de la police. Or, les manières de procéder de la BAC jour, privilégiant les prises de contact et le développement de relations humaines singulières sur l'aspect répressif est paradoxalement propice à l'émergence de dissensions au sein de l'équipe des policiers de la BAC jour. Les policiers doivent donc demeurer toujours vigilants pour que les interactions empathiques ou agressives développées entre certains jeunes et certains policiers n'aboutissent pas, à terme, à décomposer les capacités d'action de la BAC jour.

---

271 Des policiers de la BAC jour entretiennent une relation de proximité telle avec des jeunes du quartier de la Cité des enfants perdus que certains d'entre eux se sont renseignés sur la vie personnelle des policiers. Ainsi, il n'est pas rare qu'ils connaissent les lieux d'habitation des policiers et qu'ils en usent pour faire pression sur leurs familles. Les familles des policiers subissent effectivement des menaces.

Une relation paternaliste ambiguë

Les policiers de la BAC jour soulignent qu'ils entretiennent souvent une relation ambivalente avec beaucoup de jeunes du quartier qui, certes, proclament haut et fort leur rage vis-à-vis de la police alors que, dans les faits, ces mêmes jeunes, bien que les policiers ne leur demandent rien, viennent leur donner, spontanément, des renseignements pouvant les intéresser. En fait, des jeunes ont un tel besoin de reconnaissance, que la relation qu'ils entretiennent avec les policiers de la BAC jour peut s'avérer importante pour les personnes, notamment pour les jeunes. Celle-ci s'inscrit, en effet, dans un rapport d'inter-connaissance. Ainsi, même si le point de départ de cette relation est associé à une interpellation ou à une confrontation violente, il s'agit néanmoins d'une interaction sociale où les jeunes sortent de l'anonymat et co-produisent une relation humaine singulière : « Ils (les jeunes de quartier) aiment bien, c'est ambigu ; c'est le côté flics et voyous. Ils n'aiment pas les flics mais, en même temps, ils sont plutôt fiers quand on leur dit bonjour. C'est bizarre. Peut-être que c'est tout simplement humain, c'est le besoin de reconnaissance. Moi, je sais que j'habite Trincamp ; j'ai toujours habité cette ville, je me ballade en centre ville, je vois régulièrement des types que l'on a interpellé des dizaines de fois et je n'ai jamais eu de problèmes. Il y en a même quelquefois qui me présentent leurs gosses. » En définitive, les policiers de la BAC jour indiquent que la forme de police, à visage humain, qu'ils pratiquent dans le quartier de la Cité des enfants perdus a finalement des conséquences sur le long terme : à l'instar de beaucoup de travailleurs sociaux ayant accompagné à un moment de leur vie des jeunes en difficulté, avec lesquels quelquefois ils ont été fortement en conflit[272], plusieurs années après, comme l'indique Dominique, les policiers de la BAC jour sont eux-mêmes agréablement surpris de susciter du respect, voire de la sympathie plutôt que du mépris ou de la haine de la part des ex-délinquants : « En octobre 1995, on contrôlait un scooter à la Cité des enfants perdus attaché à un piquet ; on relevait le numéro et une trentaine de jeunes nous sont tombés dessus. On était deux. On s'est fait agresser, on s'est battus. Les mecs ont été interpellés. Ils ont fait de la prison et quand ils sont ressortis et bien cela s'est très bien passé. Maintenant ces gens-là sont mariés. Ils ont des enfants et, à chaque fois, qu'ils me voient, ils me serrent la main. C'est bizarre. » Dominique a ainsi le sentiment que les policiers assument un rôle éducatif auprès des jeunes de cité même si, au départ, cette relation s'inscrit souvent dans la confrontation. Pour Dominique et ses collègues, les policiers sont, en fait, des représentants de l'ordre qui posent des limites aux jeunes en recherche de repères. Ainsi, même si le rapport conflictuel entre la police et les jeunes peut quelquefois amener des jeunes à être emprisonnés, plusieurs années après, si ces jeunes ont réussi à dépasser l'épreuve de

272 Cf. F. Deligny, *Graine de crapule,* Paris, éd. Dunod, 2004.

l'emprisonnement sans trop de dommages psychoaffectifs, ils expriment alors leur reconnaissance aux policiers d'avoir arrêté leurs débordements. Ainsi, d'une certaine manière, d'un côté, les policiers se comporteraient à l'égard des jeunes de cité comme des pères de famille un peu sévères et autoritaires vis-à-vis d'enfants turbulents cherchant à se confronter à la règle ; de l'autre, les jeunes de cité se comporteraient à l'égard des policiers comme des enfants qui, une fois arrivés à l'âge adulte, sont reconnaissants à l'égard de leur père de ne pas les avoir laissés faire n'importe quoi au moment de l'adolescence. Dans cette perspective, Dominique, chroniquant des inscriptions contre la police sur les murs de la cité, indique : « Les jeunes se vengent comme des gamins pourraient se venger de leurs parents quand ils leur ont fait une réflexion ou leur ont interdit quelque chose. C'est-à-dire que si on en emmène un en garde à vue, même si ce n'est pas pour grand chose, il va être rancunier contre nous et va graffer. » En fait, les rapports conflictuels entretenus entre des jeunes et les policiers de la BAC jour peuvent conduire à l'instauration d'une relation de reconnaissance réciproque inscrite dans le long terme. Ainsi, Jean-Claude et Dominique indiquent qu'il n'est pas rare que des ex-délinquants considèrent les policiers comme des « acteurs ressources » pouvant les aider à s'insérer professionnellement. Dans ce cas, dans la limite de leurs possibilités, les policiers mobilisent leurs réseaux sociaux pour trouver du travail aux jeunes qu'ils connaissent bien et avec lesquels ils ont tissé une forme de relation de confiance. Les policiers soulignent que, lorsqu'ils le peuvent, ils développent des pratiques pouvant contribuer au fait que des ex-délinquants ne replongent pas dans la délinquance : « - *Dominique* : J'ai de très bonnes relations avec A. qui a été longtemps délinquant. L'autre jour, il m'a demandé de lui trouver un boulot, de parler pour lui au maire pour qu'il lui trouve un travail – *Jean-Claude* : On lui a trouvé un travail durant quatre week-ends où il était payé 1400 à 1500 euros mais il voulait travailler en semaine et on n'a pas trouvé. Mais quand on en a, on leur donne des indications pour trouver du travail. L'autre fois, la BAC mobile pique un mec appelé T qui avait une fiche où était inscrit qu'il avait un an à faire. Il voit Dominique et lui dit : j'ai ma femme, j'ai ma fille, c'est mon passé qui me rattrape ; cela fait trois ans que je me tiens tranquille. Dominique lui a dit : bon, écoute… va leur dire au revoir, prépare ta valise et on revient te chercher dans une heure. Vous trouvez ça où ? Quel service peut faire ça ? On n'est pas sûr de le revoir le gars… » Dans ces cas et dans d'autres similaires, les policiers de la BAC jour considèrent que la lenteur de la justice et son dysfonctionnement peut conduire des jeunes pourtant « rangés » à retomber dans la délinquance parce qu'ils sont victimes de « jugements à retardement ». C'est pourquoi, les policiers partagent le désarroi des jeunes vis-à-vis de mesures judiciaires inadaptées condamnant effectivement des jeunes à plusieurs années de prison trois ans après les faits commis. A l'instar des jeunes, les policiers jugent donc l'application de ces peines d'emprisonnement comme totalement injustes.

Les policiers expriment donc leur incompréhension vis-à-vis d'une justice trop lente, quelquefois inhumaine et irrationnelle. En effet, ils ne saisissent pas la raison pour laquelle des jeunes ne sont pas emprisonnés pour des faits graves durant des années puis, un beau jour, pour une petite incartade à la loi, sont lourdement condamnés. Dans ces conditions, d'une certaine manière, les policiers comprennent l'insatisfaction des jeunes suscitée par ce type de « justice » et l'expriment en ayant un comportement compréhensif et humain avec les condamnés qu'ils doivent appréhender.

*

*   *

La force des BAC jour est leur connaissance du terrain. Les policiers de la BAC ont une parfaite perception du quartier, de son organisation sociale et ethnique, qu'elle soit visible ou souterraine, ainsi que des inter-relations qui s'y développent. Intervenant à la Cité des enfants perdus depuis de nombreuses années, ils connaissent nominativement les jeunes délinquants, leur filiation ainsi que la plupart de ceux qu'ils assimilent à des figures de désordre potentielles, autrement dit, l'ensemble des jeunes qui passent une partie de leur temps dans la rue. Les groupes de jeunes sont ainsi répertoriés et catégorisés, notamment d'un point de vue ethnico-racial. Ils surveillent ainsi tout particulièrement des « gangs », en renouvellement permanent, constitués de jeunes étant quasiment tous d'origine africaine et s'affichant dans l'espace public en affirmant une *hexis* corporelle d'apprentis gangsters (à l'instar du major Mitchel, pour les policiers de la BAC jour, contrairement aux jeunes noirs, les jeunes blancs sont plutôt considérés comme des victimes ou des suivistes que comme des meneurs délinquants). Pour autant, au premier chef, le travail de la BAC jour ne consiste pas à réprimer ces bandes mais à éviter les débordements de la délinquance, notamment du trafic de drogue et à réguler les tensions internes au quartier. Dans ce cas, les policiers affirment préférer le dialogue à la répression pour faciliter la collecte d'informations et maintenir le calme. Dès lors, grâce aux relations qu'ils entretiennent avec les jeunes, les policiers pensent aussi incarner une figure d'autorité et favoriser la socialisation de certains jeunes en manque de repères. D'ailleurs, il n'est pas rare qu'au fil du temps, les policiers tissent des relations privilégiées avec des personnes qui avaient pourtant été très turbulentes durant un temps. Pour autant, ils ne souhaitent pas être confondus avec des travailleurs sociaux et pensent d'ailleurs que si, généralement, ils arrivent à obtenir le respect des jeunes du quartier ; c'est que ceux-ci savent que les policiers exercent sur eux un fort contrôle social, qu'ils disposent d'une force de frappe importante et n'hésitent pas à intervenir si nécessaire pour interpeller l'un d'entre eux. En effet, même si les policiers de la BAC jour affirment faire un réel travail de proximité et être conscients que les premières causes des désordres à la

Cité des enfants perdus sont reliées à la misère du quartier, ils revendiquent néanmoins leur travail de maintien de l'ordre et d'interpellation. Ainsi, même s'ils affirment développer des relations plutôt empathiques avec les jeunes et exercer une certaine « discrimination positive » à leur égard, même lorsqu'ils sont délinquants, si ces jeunes acceptent de dialoguer, voire de coopérer avec la police, en revanche, les policiers déclarent vouloir imposer un rapport de force à l'encontre des jeunes rebelles. En effet, les policiers revendiquent exercer une certaine « discrimination négative » à l'encontre des jeunes se montrant agressifs, voire violents envers les forces de l'ordre. Quoi qu'il en soit, et bien que la BAC jour et la BAC nuit soient souvent confondues, les policiers de la BAC jour ont conscience qu'ils ont une approche des jeunes totalement différente que celle développée par leurs collègues de la BAC nuit. Ainsi, selon les policiers de la BAC jour, les tensions entre les jeunes et les BAC sont essentiellement le fait des mauvaises relations qui existent entre les jeunes et les policiers de la BAC nuit. En fait, ces tensions seraient d'abord liées à la réalité du travail de nuit des policiers qui est totalement différent du travail de jour. Les modes d'intervention de la BAC durant la nuit sont toujours beaucoup plus tendus que durant la journée. En effet, le travail de jour effectué par la BAC nécessite que les policiers connaissent bien le tissu social et créent des liens avec les acteurs sociaux, notamment pour pouvoir accéder à des informations utiles au travail d'investigation de la police dans des affaires illégales ou criminelles. Effectivement, puisque les policiers de la BAC jour connaissent bien le terrain sur lequel ils interviennent, entretiennent des relations régulières avec des habitants, notamment avec des jeunes qu'ils ont précédemment interpellés et dont certains deviennent des « tontons » autrement dit, des « balances », la BAC jour effectue un travail policier diversifié. Certes, les policiers font quelques interpellations mais ils mènent aussi beaucoup de petites enquêtes les amenant à dialoguer avec la population. En revanche, comme l'indique Régis, les policiers de la BAC nuit sont constamment sur le qui-vive et sont essentiellement chargés de maintenir l'ordre et d'interpeller les délinquants dans un contexte nocturne propice au développement du sentiment d'insécurité et à des comportements violents : « La BAC de nuit, à 90%, travaille en flagrant-délit alors que nous (la BAC jour), on fait un peu de tout, on fait des recherches ; quelquefois, on se substitue un peu au service d'investigation parce qu'on nous le demande. On connaît bien le tissu social et tous les gars. » Dans ce contexte, il est certain que les policiers de la BAC de nuit entretiennent des rapports beaucoup plus conflictuels avec les jeunes du quartier de la Cité des enfants perdus. Comme le souligne Jean-Louis, leurs modes d'intervention policière sont beaucoup plus démonstratifs et violents : « Lorsque nos collègues de la BAC nuit interviennent, c'est toujours chaud parce que la nuit on ne voit jamais qui arrive derrière. Donc nos collègues sont toujours sur les dents. Ils sont obligés de sécuriser l'intervention au maxi ; donc, ils font ce que nous on ne fait jamais : ils sortent avec le flash[273] et c'est normal. Nous, on serait des nuiteux, on interviendrait de la même façon. Mais comme il y a la nuit, il existe un climat particulier ; donc, eux, forcément, ils ont moins le temps de se lier avec les types qu'ils interpellent ou qu'ils contrôlent. Ils connaissent moins la faune locale. La nuit, les gars sont toujours sur les dents, c'est obligé. Quand ils interviennent une nuit d'été, à 2 heures du matin, place Rabelais, à la Cité des enfants perdus et qu'il y a les trois quarts des mecs qui sont défoncés mais qui ne sont pas fous pour autant : ils savent très bien qu'il n'y a qu'une brigade de roulement avec trois bonhommes qui vont venir et, si ça se passe mal, les rapports sont forcément plus tendus. »

273 Le « flash-ball » est une « arme à létalité atténuée » (slogan du fabricant), ou LBD pour « lanceur de balle de défense » (ministère de l'Intérieur). Il existe aussi des mini-flash-balls appellé GOM-COM. Le flash-ball est une arme de poing sub-létale, c'est-à-dire conçue pour être moins létale que les armes à feu conventionnelles ou à balle en caoutchouc. Il est principalement destiné à permettre aux forces de police de restaurer l'ordre sans causer de morts.

////////// Chapitre 12

Traqueur et victime : Eric, un « nuiteux » face aux « rageux »

Nous rencontrons longuement et plusieurs fois Eric. Il est lieutenant de la brigade anti-criminalité (BAC) de nuit de Trincamp. Originaire d'une petite ville de Basse Normandie, fils de gendarme, il a 30 ans et travaille à Trincamp depuis sa sortie de l'école de police il y a cinq ans. Avant d'entamer une carrière d'officier de police qu'il souhaitait initialement débuter chez les CRS, Eric a préparé une maîtrise de droit et a fait son service militaire. Dès son affectation à Trincamp, il a assumé un travail de police de nuit (le travail de nuit s'effectue sur la base du volontariat) avec de fortes responsabilités. En effet, il a coordonné les équipes des BAC nuit du département pendant deux ans, puis de l'ensemble des effectifs de la police de nuit pendant un an. Ce jeune officier de police a donc sous sa responsabilité une soixantaine de personnels de police durant la nuit. Néanmoins, même si son travail inclut une part non négligeable de coordination d'équipe, il demeure un policier de terrain n'hésitant pas à aller au contact : « Mon travail c'est de surveiller, c'est de voir que tout se passe bien ; c'est de gérer les incidents lorsqu'il y en a de façon à ce qu'il n'y ait pas d'incidents supplémentaires et d'être sur le terrain au contact des citoyens et des collègues à encadrer. » D'ailleurs Eric n'a pas choisi une affectation à Trincamp pour se rapprocher de sa région d'origine mais parce qu'il avait entendu parler médiatiquement de l'un de ses quartiers : la Cité des enfants perdus. Il souhaitait, en effet, être nommé dans un « quartier qui bouge » : « Je ne connaissais pas du tout Trincamp. Je traversais cette ville uniquement pour me rendre à Paris ; c'est tout mais j'en avais entendu parler plusieurs fois à la télévision pour des faits divers et je me suis dit que cela devait bouger d'où mon affectation à Trincamp. » Ainsi, même si Eric est « capitainable », il indique sa forte envie de garder un lien avec la pratique policière de terrain afin d'apprendre des choses et de ne pas s'ennuyer. En effet, il souhaite que « ça bouge » et redoute de devoir faire principalement du *management* et du commandement. Selon Eric, il existe deux formes principales de travail au sein de la BAC nuit considérées de façon nettement différente par les policiers : le flagrant délit est considéré comme « agréable et super-plaisant » tandis que la présence dans les quartiers est jugée usante, voire violente.

Des modes d'action très contrastés

En devenant policier, je me suis fait plaisir...

En tant que jeune officier, Eric revendique son plaisir à faire un travail policier qui bouge. En effet, il a toujours souhaité intégrer un corps de forces de l'ordre (gendarmerie ou police) au contact direct du terrain. Ainsi, lorsqu'il a intégré la BAC de nuit de Trincamp qu'il a rapidement encadré, durant les deux premières années, la réalité quotidienne de ce type de police amenant les agents à passer une bonne part de leur temps de travail à sillonner les rues à la recherche de délinquants n'a pas été vécu comme une contrainte par Eric, bien au contraire. Celui-ci exprime son enthousiasme pour un métier consistant à traquer des criminels pris sur le vif. Etre un policier de la BAC nuit est effectivement largement associé à une pratique policière d'interpellation, potentiellement dangereuse, risquée donc excitante : « A la base, je voulais être officier de CRS. Je voulais être au plus proche du terrain. Or, à la sortie de l'école, les seules places qui étaient disponibles étaient situées dans l'est ou le nord de la France et cela ne m'attirait pas forcément. J'ai donc bifurqué vers un commissariat. En commissariat, on m'a tout de suite orienté vers un quart de nuit. Le boulot, c'était vraiment être sur le terrain, au plus proche des collègues. C'est vrai que le patron (le commissaire) m'a vraiment fait un grand cadeau, il y a deux ans, lorsqu'il m'a mis à la tête des BAC. Il m'a vraiment affecté en BAC et là mon travail c'était de tourner avec les collègues. J'ai fait ça pendant deux ans et là je me suis fait plaisir pendant deux ans. C'était vraiment pour cela que j'étais entré dans la police. » En fait, en intégrant la BAC nuit, Eric reconnaît avoir réalisé un « rêve de gosse » : au même titre que des enfants souhaitent devenir pompiers, Eric a toujours voulu devenir policier ou gendarme comme son père. Il souhaitait transformer son jeu d'enfance favori : « le gendarme et le voleur » en une véritable activité professionnelle. Ainsi, en devant policier de la BAC nuit, Eric a pu incarner le rôle du policier poursuivant des « méchants » dans la réalité, ce qui lui a procuré une grande satisfaction personnelle : « Quand j'étais gamin, je voulais vraiment entrer dans la police ; je voulais être sur le terrain, faire du travail policier, faire des enquêtes, des filatures, du flagrant délit, des planques, des interpellations..., rouler vite dans une voiture avec un gyrophare. En BAC, j'ai vraiment fait ça pendant deux ans. J'ai tapé des voleurs en flagrant délit, ce qui est royal quand on est en BAC parce que c'est vraiment pour cela qu'on entre dans la police. A la base, c'est pour arrêter des malfaisants. C'est vrai que, quand on fait des voleurs, on se fait vraiment plaisir. Quand on arrête des personnes en train de voler une voiture ou sur un cambriolage, là, c'est vraiment plaisant. On a l'adrénaline qui monte... » Dans la pratique, pour Eric, être policier de la BAC nuit est donc une prise de risque vivifiante donnant une intense sensation de plaisir mais également l'impression d'une utilité sociale immédiate, notamment lorsqu'un délinquant est pris sur le fait. Faire un travail policier de terrain représente donc une sorte d'antidote à une existence monotone, sans aspérité ni danger venant pimenter le quotidien. Dans le cas d'Eric, les pratiques policières propres à la BAC nuit semblent ainsi pouvoir être associées, à l'instar de certains comportements juvéniles[274] (toxicomanie, fugues, accidents...), d'une part, à des « pratiques ordaliques »[275] intensifiant le rapport à l'existence (fabrication de sens) et, d'autre part, à des « rites de passage » (se confronter au terrain) permettant de revendiquer une inclusion pleine et entière dans une carrière de policier.

L'occupation des quartiers est usant

Parallèlement au travail de « flagrant délit » très apprécié par les policiers de la BAC nuit et, comme nous l'avons vu, source de plaisir pour les forces de l'ordre, Eric indique qu'une bonne partie de l'activité des BAC nuit consiste aussi à intervenir dans les quartiers populaires. Or, contrairement à la première activité, la seconde est peu valorisée et surtout usante. Ainsi, Eric souligne que, même s'il a pris du plaisir, au début de sa carrière, à intervenir dans les cités pour faire du maintien de l'ordre en bas des tours des immeubles (« si on est rentré dans la police, c'est un peu pour contrôler les gens »), après plusieurs années de service, il est aujourd'hui fatigué de devoir intervenir dans les quartiers pour imposer une certaine tranquillité publique alors que la confrontation avec les jeunes est systématique. En effet, à chaque fois que les policiers de la BAC nuit interviennent à la Cité des enfants perdus, ils savent qu'ils vont aller au contact et entrer en conflit avec les jeunes présents entraînant donc une certaine réticence des policiers à faire des contrôles inopinés : « La présence dans les quartiers est un travail qui use tout le monde. Au début, je trouvais ça intéressant. Faire du contrôle dans les cages d'escaliers j'adorais ça. Mais moi, honnêtement, aujourd'hui, je ne prends plus aucun plaisir à le faire. Je trouve que c'est usant. Au final, cela n'amène à pas grand chose. Il faut toujours être sur ses gardes. On va au contact et on entre systématiquement en conflit et le conflit à force est usant. Quand on sait que l'on va passer une soirée à la Cité des enfants perdus à faire des contrôles de caves et de cages d'escaliers, on sait que cela va aller au conflit. On sait que cela va mal se passer et, honnêtement, j'en ai soupé ; j'en ai marre ; ce métier-là ne me plait plus. » Eric exprime ainsi sa difficulté, voire son épuisement à devoir assumer un travail de maintien de l'ordre et d'occupation de terrain dans l'environnement urbain particulier que représentent les cités populaires : « Notre travail, c'est de l'occupation de terrain. Il faut que l'on occupe le terrain ; il faut que l'on

274 Cf. P. Peretti-Watel, *Sociologie du risque*, Paris, éd. Armand Colin, 2000 ; D. Le Breton (dir.), 2002, *op. cit.*

275 Cf. D. Le Breton, 1996, *op. cit.*

montre que l'on est présent pour le bien de tous mais c'est épuisant. » En effet, contrairement à d'autres espaces, dans ces quartiers, la confrontation entre la police et les jeunes est constante. Les contrôles sont systématiquement tendus. Il existe un tel sentiment d'animosité des jeunes, souvent regroupés en bas des immeubles, envers la police, que le conflit est systématisé. Il existe ainsi une sorte de monotonie du conflit donnant le sentiment aux policiers que leurs interventions sont, au bout du compte, inutiles puisqu'ils devront, à chaque fois, entrer en conflit avec les jeunes de la cité. En effet, malgré leurs actions régulières, ils savent que leur présence à la Cité des enfants perdus sera toujours perçue comme une intrusion déclenchant des réactions d'hostilité à l'égard des forces de l'ordre. Eric indique, en effet, que le travail de contrôle et de sécurisation des espaces au sein du quartier de la Cité des enfants perdus est réalisé tous les soirs, ce qui n'aboutit pas pour autant à l'apaisement des tensions : « Tous les soirs, on contrôle parce que tous les soirs on est requis. Forcément, il y a des riverains, des habitants qui en ont marre et qui veulent dormir… Quand vous avez une quinzaine de jeunes dans les cages d'escaliers qui fument des pétards et qui font un peu de bruit, c'est difficile pour les habitants de dormir ; donc, on le fait pour eux et on y va mais, voilà, c'est du travail policier qui peut se passer plus ou moins bien selon que les mecs sont plus ou moins alcoolisés. On les connaît, c'est toujours les mêmes dans les mêmes cages d'escaliers et, tous les soirs, on fait toujours la même chose. Parfois, ça monte en conflit ; parfois ça part en sucette. Sur dix contrôles, cela va se passer très bien ; dix fois, avec les mêmes individus, puis, le onzième soir, le gars va le prendre mal, il va peut-être être plus alcoolisé ; je ne vais pas forcément être en forme ; la remarque qu'il va me faire va m'énerver ou vice-versa, et là, on va partir au conflit. » Ainsi, au-delà du fait qu'il exprime sa lassitude, Eric manifeste aussi son incompréhension face aux réactions violentes de jeunes contrôlés pour la onzième fois sans prendre la mesure de la grande patience dont ces mêmes jeunes ont fait preuve auparavant. En effet, quel citoyen vivant ailleurs que dans un quartier populaire accepterait de se faire contrôler dix fois par la police sans se révolter ? Or, pour Eric, se plier au contrôle de la police est un acte citoyen auquel les jeunes doivent se soumettre.

Une action de maintien de l'ordre

En fait, une partie importante du travail de la BAC nuit peut s'apparenter à une action de maintien de l'ordre dans une situation, toute proportion gardée, de guerre civile larvée où les policiers doivent disposer de tous les moyens « militaires » nécessaires pour faire face à l'hostilité d'une population se sentant occupée. Dans cette perspective, Eric relate une opération récente qu'il a dirigé dans la cité des « Moutardes », dans une ville voisine de Trincamp dans laquelle il intervient également durant laquelle il a dû mettre en œuvre, avec ses collègues de la BAC, une action de pénétration de type « guérilla » pour maintenir l'ordre suite à une bagarre collective ayant éclaté lors d'une fête de mariage : « Il y a un mois et demi, les CRS terminant à 2 h, on a été appelé à 2h15 pour une rixe opposant plus de 110 personnes de type africain suite à un mariage. Très très violent, c'était très très violent ! Les collègues étaient quatre. Je leur ai dit de partir et de s'équiper en attendant que l'on arrive. On est arrivé à 10 de Trincamp ; on était donc 14. Là, on a mis pied à terre. On a mis toutes les protections individuelles. La nuit, on a à peu près les mêmes que la SDI (service départementale d'intervention). On a le casque, les jambières, les coudières... On est descendu, les véhicules se sont avancés ; on a fait une petite progression flashs (flash-balls) et couguars[276] à la main. On a fait une pénétration dans la cité, mais c'est vraiment pénétration, c'est-à-dire que l'on avance à côté de nos véhicules, on fait une progression de type guérilla, on fait une progression militaire. » Dans la pratique, à l'instar de ce qui s'est passé au Kosovo où l'armée française chargée par l'ONU de garantir la sécurité publique des habitants a été prise à partie par la population. Eric décrit la mise en œuvre d'une tactique militaire éprouvée durant les opérations de maintien de l'ordre dans des territoires extrêmement hostiles à l'encontre des forces de l'ordre considérées comme des ennemies à abattre car symbolisant l'oppression du peuple : «S'il y a un problème, on est en capacité de foncer dans le tas ou de nous replier assez rapidement. Il ne faut jamais se fermer la porte et toujours penser au repli. Ça, c'est une notion que je n'avais pas intégrée avant. A 25 ans, on a envie de foncer et on ne pense pas au repli. On pense que l'on est policier et que l'on ne va pas nous taper, c'est faux ! Au début, on a cette image-là. On est policier donc il ne nous arrivera rien, c'est complètement faux ! Justement, j'ai parfois un peu l'impression que cela attise la haine...l'uniforme. » Face à cette situation paradoxale : d'un côté, le sentiment que la présence policière est légitime pour assurer la protection des « citoyens honnêtes » dans des situations tendues, de l'autre, l'impression d'une grande partie de la population des cités que la police est, avant tout, une force d'occupation et de répression illégitime méritant qu'on lui résiste quelquefois avec une grande violence, Eric exprime son incompréhension mais aussi la volonté pragmatique de bénéficier d'équipements militaires adaptés à des situations de « guérilla urbaine » permettant aux forces de l'ordre de riposter, voire d'être offensifs tout en évitant aux policiers de se trouver en danger physique[277]. Finalement, la description faite par Eric de son travail

276 Pour Eric, les couguars sont des armes importantes, dans le sens où elles impressionnent et font peur aux assaillants potentiels. Il s'agit de petits canons qui balancent très fort des grenades lacrymogènes ou des petits sacs de plâtre qui peuvent également, si nécessaire « coucher quelqu'un à dix mètres » contrairement aux flash-balls.

277 Le 18 mars 2008, le journaliste David Dufresne révèle dans le journal en ligne *Mediapart* (www.mediapart.fr) l'existence de deux rapports, l'un émanant de la direction centrale de la sécurité publique (DCSP), l'autre, de la direction centrale des CRS (DCCRS) livrant tous les deux la pensée policière brute actuellement développée suites aux émeutes de l'automne 2005 et celles de Villiers-le-Bel entre le 25 et le 27 novembre 2007 : « il est fait mention d'adaptation « aux contraintes des cités de banlieue » comme

quotidien indique d'une part, l'existence d'une crispation des relations police/jeunes de quartier, voire plus largement, police/habitants de cité ; de l'autre, une militarisation de la présence policière dans les banlieues périphériques populaires.

Les CRS nous prennent notre pain !

En effet, suite aux émeutes de 2005, les BAC nuit doivent partager le territoire du quartier de la Cité des enfants perdus avec les CRS qui sont tout le temps présents, à partir de 21 heures jusqu'à 5 heures du matin. Etonnamment, Eric indique que les policiers de la BAC nuit peuvent se trouver dans une situation concurrentielle de celle des CRS : « Depuis qu'il y a les CRS, on fait beaucoup moins de contrôles parce que les CRS occupent le terrain à notre place et ils font beaucoup, beaucoup, beaucoup de contrôles ; donc, on ne va pas repasser derrière eux pour faire des contrôles. Je me mets aussi à la place des individus contrôlés ; c'est vrai que c'est galère de se faire contrôler deux trois fois par jour. A partir du moment où les CRS sont sur le secteur et qu'ils ont contrôlé deux trois fois les cages d'escaliers, je ne vais pas après remettre une couche BAC. » En fait, à la Cité des enfants perdus, les BAC nuit et les CRS font à peu près le même travail : contrôler, occuper et pacifier le territoire. Dans la pratique, cette forte présence policière durant la nuit entraîne deux faits majeurs selon Eric : d'une part, les CRS dissuadent les délinquants de faire des vols ou des braquages dans le quartier ce qui entraîne un changement des modes d'action des policiers de la BAC nuit qui sortent moins souvent, font moins régulièrement de « belles interpellations » (flagrants délits de vols) mais de plus en plus d'interventions de police de la route (faux papiers, conduite en état d'ivresse) ; d'autre part, la délinquance est externalisée de la Cité des enfants perdus et se dirige vers les zones rurales où des jeunes de la cité font des vols de voiture, de maisons, voire font du « home jacking » : « Les petits jeunes de la Cité des enfants perdus qui « tapent » des cambriolages, qui « tapent » des home-jacking, c'est à la mode ; ils ne le font pas à Trincamp. C'est-à-dire qu'ils arrivent la nuit ou à 7 heures du matin quand vous sortez tranquillement de chez vous ; ils vous braquent, ils rentrent à l'intérieur, ils prennent les clés de la voiture et puis, ils se servent. Il y a six mois, il y a eu une grande vague de home-jacking ; ce sont les gendarmes qui se sont occupés de ça ; ils ont interpellé sur Trincamp. Ce sont des Trincampois,

d'«un besoin impérieux » de « sang froid », de « maîtrise du terrain sans recours aux armes de service », d'« expérience acquise dans la gestion des crises urbaines », de « légitime défense ». » Ces rapports soulignent des revendications déjà connues (demandes de formation, meilleur équipement de protection) mais également des nouveautés (généralisation des caméras et des moyens aériens, dotation de « gomme-cogne », autrement dit des balles en plastique dur plus rigides que les balles en caoutchouc souple des flash-balls). Mais, « au final, ces deux rapports suggèrent que le maintien de l'ordre pourrait entrer dans une phase très offensive ».

des jeunes de quartier qui vont « taper » en zone rurale. Chez nous (la ville de Trincamp), ils savent que ce n'est pas possible car, s'il se passe quelque chose, on va être avisé assez rapidement et, en trois minutes, on est sur les lieux alors qu'à la campagne les gendarmes mettent trois quarts d'heure pour arriver. » Après les émeutes, le renforcement du quadrillage policier durant la nuit (au total huit véhicules de police circulent quasiment en permanence) a donc éloigné les « roulottiers » (voleurs à la roulotte) du quartier. En revanche, si cette importante présence policière a, d'une certaine manière, permis de policer apparemment la cité, elle n'a pas pour autant fait disparaître les trafics illégaux plus souterrains comme le business de la drogue. Cette présence policière massive a même complexifié et radicalisé les manières d'opérer des petits délinquants comme l'a indiqué le major Mitchel, notamment à propos du développement des squats au sein d'appartements occupés afin de remplacer l'utilisation des caves désormais inaccessibles. Par ailleurs, cette militarisation de la Cité des enfants perdus durant la nuit n'a pas non plus favorisé l'établissement de meilleures relations entre la police et les jeunes. D'ailleurs, même si Eric a bien conscience que cette forte présence policière des CRS et des BAC peut être pesante pour les jeunes du quartier hautement surveillés et souvent contrôlés, il n'en demeure pas moins qu'il souligne également que les BAC nuit doivent maintenir une certaine pression pour contrer les effets pervers de la forte présence des CRS. Les BAC nuit doivent, en effet, veiller à préserver leur autorité et sauvegarder une autonomie d'intervention : « Les jeunes nous disent maintenant que sans les CRS on ne peut plus rien faire ; les jeunes sont persuadés que sans les CRS on ne peut plus les contrôler. Pendant un moment, ils étaient même intimement convaincus que l'on n'avait plus le droit d'être à la Cité des enfants perdus et que c'était les CRS qui nous remplaçaient. Il faut donc que l'on continue de réaffirmer notre présence. On doit garder notre positionnement sur la Cité des enfants perdus, c'est-à-dire que l'on doit continuer notre occupation de terrain. On doit montrer que là-bas (la Cité des enfants perdus), c'est le territoire de la République comme partout et, voilà, on doit y aller, on doit vraiment montrer à ces jeunes que l'on est là-bas tout le temps ! » Dans ces conditions, les affrontements police/jeunes sont donc sous-jacents et potentiellement extrêmement violents.

Un exemple de conflit caractéristique : « c'était tendu de chez tendu... »

Afin de mieux faire comprendre comment un conflit émerge lors d'une intervention de la BAC nuit, Eric relate alors une anecdote vécue trois semaines avant notre interview qu'il juge caractéristique. Ainsi, pour se rendre à la Cité des enfants perdus, Eric avait constitué deux équipages, autrement dit, deux voitures de police contenant chacune trois agents (dont deux stagiaires). Il est environ 23h30 lorsque sa voiture passe place Rabelais à proximité d'un site appelé « La Plaine » par les jeunes du quartier. Une trentaine de ces jeunes sont regroupés sous les arcades caractéristiques de cet endroit. Certains des jeunes présents invectivent alors les policiers qui passent en voiture banalisée: « Cassez-vous bandes de connards ! Allez-vous faire enculer ! Vous n'avez rien à foutre ici ! ». Sous le regard des stagiaires, Eric décide alors de ne pas laisser passer cet affront, arrête la voiture et descend (« met pied à terre »). Eric souligne, en effet, que dans ce genre de cas, dans la mesure du possible, il réagit, c'est-à-dire qu'il ne passe pas son chemin pour éviter qu'un sentiment d'impunité s'installe dans la cité. Or, ce soir là, face à un équipage de trois personnes, la trentaine de jeunes semble prête à en découdre. Effectivement, malgré le fait qu'Eric et ses deux collègues (dont un stagiaire de l'ENA) soient descendus du véhicule, les jeunes continuent d'insulter copieusement les policiers. Eric prend donc conscience qu'il est plus prudent d'appeler des renforts car la situation est « très très tendue ». En attendant les renforts (le second équipage et les CRS), Eric et ses deux collègues ont du « pacifier » le terrain en faisant un contrôle à trois contre trente. Or, en sous effectif, Eric et ses hommes ont néanmoins du prendre sur eux-mêmes, c'est-à-dire que, malgré les insultes dont ils étaient l'objet, ils ont du calmer la situation et ne pas envenimer les choses en tentant d'apaiser un climat extrêmement agressif : « C'était tendu. J'avais même fait un mail au patron (le commissaire) pour lui indiquer que cela faisait très longtemps que je n'avais pas vu une situation tendue comme ça. Là, on a pacifié. On a pris énormément sur nous. On a mis les formes parce que, là, ça ne demandait qu'à éclater, ça ne demandait qu'à partir. » Cependant, pour Eric, cette intervention a été vécue de façon humiliante. En effet, pour ne pas perdre la face en étant molesté ou obligé de s'enfuir, Eric et ses collègues ont dû négocier avec les jeunes pour qu'ils acceptent, finalement, avec une grande résistance, de se prêter au « jeu » du contrôle et d'une action de pacification. Cette anecdote illustre bien le paradoxe dans lequel se trouve régulièrement la BAC nuit de Trincamp : devoir occuper un terrain hostile à la présence policière, souvent sans moyens suffisants pour pacifier ces territoires dans de bonnes conditions de sécurité. Par conséquent, les policiers doivent puiser dans leurs ressources personnelles (orgueil, instinct de survie...) des forces suffisantes pour parvenir à faire leur travail en évitant au maximum des dérapages. Ces modes d'intervention sont très éprouvants pour les policiers de la BAC nuit. En effet, dans ces circonstances, les policiers peuvent potentiellement passer du statut de « chasseurs » à celui de « proies ».

Je ne suis pas un héros

A l'épreuve du terrain et après plusieurs années de pratiques, Eric a pris conscience que, dans des circonstances particulières de confrontations avec les jeunes de la Cité des enfants perdus, les dangers sont importants pour la police. En effet, à certains moments, il existe une telle concentration de haine envers les forces de l'ordre que des jeunes, notamment sous l'emprise de substances toxicologiques, peuvent passer à l'acte et violenter les policiers de la BAC, surtout lorsque les jeunes se trouvent en nombre suffisant pour imposer un rapport de force aux policiers. Lorsqu'ils sentent un danger, qu'ils ne sont pas en nombre suffisant, les agents de la BAC nuit doivent alors prendre toutes les précautions pour éviter de se trouver en mauvaise posture, voire contraints à organiser la retraite. En effet, même si Eric indique que dans la mesure du possible, il n'hésite pas à aller au contact des jeunes pour faire son travail de police, il ne souhaite évidemment pas perdre la vie ou être gravement blessé, uniquement pour assurer un travail de pacification dans des circonstances où la tranquillité publique est quasiment impossible à maintenir : « Avant l'intervention, on gare nos voitures de telle façon que nous puissions partir vite. Moi, je ne suis pas un héros. Je n'ai pas envie d'envoyer mes gars au carton. Si je vois que ça commence à chauffer, ce que je préfère faire maintenant, c'est balancer une grenade et partir. Moi, j'ai mes gars qui sont tous pères de famille ; je ne vais certainement pas les amener au carton, cela ne vaut pas le coup. (…) Moi, je n'ai aucune honte à dire que, parfois, il vaut mieux se replier, partir, fuir. Je n'ai pas peur de ces mots-là. Je préfère fuir mais que mes gars retournent chez eux, le soir, et qu'ils retrouvent leurs gamins. » Pour autant, pour la BAC nuit, cette retraite ne peut être que stratégique. Eric indique, en effet, que dans tous les cas, les policiers doivent revenir très rapidement, en force, pour reprendre possession du terrain. La police ne peut pas laisser croire aux jeunes, cherchant à chasser les représentants de la loi du quartier, qu'ils ont mis en fuite les forces de l'ordre en toute impunité. Si les policiers perdent momentanément la face, ils doivent la reconquérir très vite et imposer, de nouveau, un rapport de force favorable à la police. D'après Eric, sans cette reconquête quasi instantanée, la police aurait, en effet, de plus en plus de difficultés à occuper la Cité des enfants perdus, voire, simplement, à y circuler en toute sécurité : « Si on est obligé de partir, on revient plus nombreux. On constitue un groupe au niveau de l'Intermarché. On attend que la PS (police secours) arrive et, dans le quart d'heure, on y retourne mais, cette fois-là, plus nombreux et équipés. On est casqué, ganté… »

Des violences hallucinantes et effrayantes

C'était Beyrouth !

Lors de l'explosion des émeutes à la Cité des enfants perdus dans la nuit du 5 au 6 novembre 2005, Eric était chef des brigades anti-criminalité. Eric signale tout d'abord que, contrairement à ce qui a été communément dit, les émeutes ont en réalité commencé la veille au soir, lorsque dans un contexte de forte médiation des violences émeutières en banlieue parisienne, des contrôles de police se sont mal passés. Ce soir là, cependant, personne n'a pris la mesure de ce qui allait se passer le lendemain, dans la nuit. En effet, suite à des refus d'obtempérer lors d'un contrôle de cages d'escaliers puis à la présence d'un véhicule stationné au sein de la Cité des enfants perdus, quelques jeunes sont interpellés. Des violences vont alors opposer des policiers à une trentaine de jeunes. Un véhicule sera ainsi incendié en plein milieu de la rue Molière nécessitant une charge policière et le tir de grenades lacrymogènes. Le 4 novembre au soir, la situation est donc déjà tendue. Néanmoins, cela n'inquiète pas outre mesure les autorités publiques. Le 5, il s'agissait donc, apparemment, d'un soir normal. Toutefois les BAC nuit décident d'aller faire un contrôle à la Cité des enfants perdus pour montrer qu'ils contrôlent le territoire : « Trincamp était calme, c'est pour ça que l'on n'a pas senti les émeutes arriver. Même la veille, lorsque l'on a commencé à recevoir des pierres pendant que l'on faisait enlever la voiture qui avait fait un refus d'obtempérer, on a simplement dégagé la zone aux flash-balls et à la grenade lacrymogène. On a dû faire deux ou trois interpellations. C'était la première fois que je voyais un affrontement comme ça à Trincamp en deux ans de temps mais bon. Et bien, le lendemain soir, c'était Beyrouth. » En fait, dans une atmosphère nationale catastrophiste sur le développement des violences insurrectionnelles, Eric indique lui-même que la police de Trincamp, dont lui, était bien décidée à ne pas se laisser intimider. Les forces de l'ordre et les responsables départementaux de la police sont donc revenus le lendemain à la Cité des enfants perdus avec la ferme intention d'interpeller les jeunes qui avaient participé aux violences contre la police, le 4 au soir. Or, ces nouvelles interpellations ont finalement correspondu au déclenchement de phénomènes émeutiers réellement impressionnants, voire effrayants selon les descriptions des policiers, ce qui a d'ailleurs entraîné chez Eric une transformation profonde de sa vision du travail policier de nuit dans les quartiers populaires : « La veille (le 4 novembre) un gars m'avait insulté, outragé et menacé de mort. Le soir des émeutes, on a fait des contrôles en présence du commissaire, du préfet et la SDI qui étaient sur le terrain. Contrôles tendus rue Molière. Là, je reconnais le gars qui m'avait insulté et outragé la veille. Je dis : Monsieur le Directeur, celui-là il m'a outragé et insulté, hier soir, est-ce que je peux l'interpeller ? Le commissaire me répond : Bien sûr, lieutenant. On y va, le gars est un beau gaillard ; il ne se laisse pas faire. Interpellation houleuse. Il repousse même le chien à coups de pieds. Il se barre. Le groupe commence à bouger. Des collègues l'interpellent. Moi je le ramène au commissariat pour lui faire sa garde à vue. Le temps que je fasse la garde à vue, j'entends sur les ondes : Demande de renfort ! Demande de renfort ! J'entends rue Voltaire. Je monte dans une voiture banalisée avec un jeune collègue et j'arrive rue Voltaire. Moi, j'avais quitté la Cité des enfants perdus pacifiée, calme ; là j'arrive, il y avait cent à cent vingt personnes dans la rue et une voiture de police qui brûlait. On passe dans la rue ; on s'est pris des caillasses, des coups de batte de base-ball dans la voiture. Ils (les émeutiers) commençaient à secouer la voiture. J'ai dit à mon collègue, vas-y, accélère, on s'en fout. Moi, j'ai balancé deux trois grenades et là, c'était le chaos, le chaos ! Je les voyais (les émeutiers) piller les magasins ; je voyais les voitures en feu ; enfin, je ne comprenais pas ce qui se passait. Je croise un véhicule de police avec deux collègues dedans un peu paumés. Je monte avec eux. On essaie de savoir où sont les effectifs. En fait, les effectifs ont été obligés de se retirer un peu plus loin, au-delà de la rue de la forêt. Et encore, ils avaient (les effectifs) été poursuivis et agressés par les jeunes. Là, on reculait et c'est là, qu'à un moment, j'ai vu la police municipale dont une policière à terre, grièvement blessée. Là, on s'est mis en unité le temps que le SAMU fasse les soins. Mais pendant que le SAMU prodiguait les soins, les jeunes sont venus à la charge, à plusieurs reprises. On a donc été obligé de dire au SAMU de partir. C'était extrêmement tendu. Ils (les émeutiers) nous ont chargés à plusieurs reprises. On a donc dégagé le terrain pour que les pompiers puissent éteindre les commerces en feu. Ils ont mis le feu à la pharmacie, au tabac ; les émeutiers étaient en train de piller l'épicerie et les pompiers devaient absolument faire leur travail pour éteindre les incendies. On a été obligé de dégager la place mais, à un moment, on n'a pas pu faire face. On était dix-sept casqués, boucliers et équipés de flash-balls mais les mecs nous chargeaient. On a donc été obligé de demander aux pompiers de partir. On a reculé sur plus d'un kilomètre et les mecs venaient au contact avec des battes de base-ball, avec des matraques, des barres de fer. Ils nous tapaient avec tout. C'était hallucinant : les mecs, ils n'avaient peur de rien ! Peur de rien ! »

Des émeutes organisées pour brûler la cité

A l'instar de la description des émeutes faite par les policiers de la BAC jour, également réquisitionnés ce soir là, ce qui a énormément impressionné Eric et ses collègues de la BAC nuit, c'est la stupéfiante « organisation émeutière » dont ont fait preuve les assaillants. En effet, alors que la police semblait totalement désemparée pour réprimer, voire simplement contenir les violences collectives hautement destructrices, les émeutiers paraissaient, quant à eux, sûrs de leur force dévastatrice mais, surtout, copiaient les méthodes d'intervention des forces de maintien de l'ordre. Cette stratégie guerrière, apparemment coordonnée, a donc totalement désarçonné Eric et ses co-équipiers, plutôt habitués, dans leur exercice de maintien de l'ordre au sein des quartiers populaires, à affronter des groupes, certes révoltés et souvent prêts à s'affronter avec les représentants de l'ordre mais le plus souvent, spontanés, pas organisés et donc peu efficaces pour imposer un rapport de force crédible à la police : « C'était organisé. En fait, on les chargeait mais ils avaient les mêmes méthodes que nous. C'était assez hallucinant. Nous, on les chargeait pour dégager le terrain en balançant des grenades. On a fait un mouvement offensif, un peu à la romaine, en faisant du bruit pour nous imposer mais, eux, ils faisaient exactement la même chose, c'est-à-dire qu'ils nous chargeaient en criant. Ils faisaient : Ouh ! Ouh ! Ouh ! C'était impressionnant, effrayant même. On voyait leurs renforts arriver derrière avec des caisses de bar remplies de cocktails molotovs. La veille, le boulodrome avait été cambriolé et ils avaient volé les bouteilles, les casiers et les boules de pétanques. (...) On a reculé à plusieurs reprises. On s'était mis en ligne mais ils sont revenus de partout. Ils sont venus en hordes, vague après vague. Des cris, des boules (de pétanque) et des cocktails molotovs. Les cocktails tombaient à nos pieds sur nous ! » Pour autant, même si Eric pense comme ses collègues de la BAC jour que ces violences avaient été préparées, il rechigne à penser que des « barbus », autrement dit des islamistes formés à la guérilla urbaine dans des pays étrangers en guerre (Afghanistan, Irak...) auraient instrumentalisé et préparé ces émeutes. En revanche, pour Eric, ce qui paraît évident, c'est que des jeunes de la Cité des enfants perdus, associés à d'autres jeunes venus des villes proches, se sont rencontrés et organisés pour copier le « modèle » émeutier parisien et faire parler de leur quartier comme l'illustre la présence du clip de rap, réalisé sur les émeutes trincampoises avec la plupart des téléphones portables des jeunes de la Cité des enfants perdus contrôlés par la BAC nuit. Ainsi, Eric pense que les émeutes de la Cité des enfants perdus ont éclaté, par effet d'imitation venant de l'extérieur (copy-cat riot). Cette volonté d'imitation a alors conduit des jeunes venus de plusieurs quartiers du département de l'Eure à se concerter pour brûler la Cité des enfants perdus : « Les émeutiers de la Cité des enfants perdus voulaient faire parler de Trincamp. Ils ont appelé des amis ; ce soir-là, c'était organisé car il y avait des habitants de villes limitrophes parmi les interpellés. Ils n'étaient pas montés par hasard. Ils s'étaient dit : ce soir, on va brûler la Cité des enfants perdus ! C'était le mot d'ordre : ce soir on va cramer la Cité des enfants perdus et bouffer du flic ! »

Peur des émeutes et de la haine anti-flic : « Pourquoi voulaient-ils nous tuer ? »

Trois années après les émeutes de 2005, quel que soit le degré d'exactitude des événements décrits par Eric, on comprend néanmoins que l'ampleur de ces violences a totalement surpris et bouleversé les représentations des policiers de terrain intervenant à la Cité des enfants perdus. Quartier plutôt calme comparé à d'autres espaces urbains de la région, la Cité des enfants perdus est dès lors apparue comme un espace sulfureux et dangereux pour la police, particulièrement visée par les émeutiers semblant prêts à tuer du « flic » : « Pourquoi tant de haine ? Moi, je n'ai pas compris pourquoi ? Pourquoi c'était si violent ? Pourquoi ? Là, ils (les émeutiers) voulaient nous tuer. Moi, je n'ai jamais voulu les tuer. Je ne suis jamais monté à la Cité des enfants perdus dans l'idée même d'en taper un ou d'en tuer un (un jeune du quartier), jamais, jamais, jamais... alors qu, ce soir-là, ils voulaient nous tuer ; ils voulaient nous tuer ! C'était impressionnant. En tous cas, moi, j'ai vraiment eu peur, ce soir-là ! J'ai franchement eu peur ! C'était la guerre ! C'était Beyrouth !»

Le soir des émeutes, Eric a réellement pris conscience que les violences collectives étaient principalement dirigées contre la police. Eric a ainsi, douloureusement, saisi le fossé qui sépare les jeunes de quartier et les forces de l'ordre mais, plus largement, la police et une grande partie de la population des cités développant quelquefois un sentiment de haine à l'encontre des représentants de l'ordre. Or, cette haine « anti-keuf », au-delà du fait qu'elle paraît disproportionnée pour Eric, suscite surtout, chez lui, une grande crainte : celle de ne pas pouvoir endiguer, à terme, malgré des moyens de plus en plus sophistiqués de maintien de l'ordre[278], une telle envie d'en découdre avec la police. Beaucoup d'habitants des quartiers, notamment des jeunes, veulent, en effet, se venger de situations d'humiliation où ils se sont sentis impuissants face à des brimades policières jugées arbitraires et injustes. C'est dans ce contexte qu'Eric indique qu'il a eu peur de perdre la vie en 2005 et qu'il ne perçoit donc plus son métier comme avant les émeutes : « - *Eric* : On l'a vu lors des émeutes, les violences étaient dirigées uniquement contre nous (la police). (...) Ce que je ne supporterais pas, c'est, un jour, d'avoir absolument voulu contrôler, que cela se passe mal, qu'un des mes gars ne rentre pas et d'être obligé de l'expliquer à sa femme. Je ne le supporterais pas, j'aurai du mal. Avant les émeutes, c'est une réflexion que je n'avais pas du tout. – *interviewer* : C'est lié à votre expérience ? – *Eric* : Ouais, la peur aussi. Je ne l'avais pas avant. Avant je n'avais pas peur. C'est bizarre mais je n'avais pas peur. Maintenant je commence à avoir peur. Je côtoie les gars en dehors du travail ; je côtoie leurs femmes et leurs enfants. Quand je commence à voir que la situation est tendue, je n'hésite plus à dire : on se met en groupe, on fait front ensemble. On ne part pas à droite et à gauche, on reste unit. Les émeutes ont vraiment changé notre façon de travailler. On opère vraiment différemment. » Dorénavant, comme policier de la BAC nuit, Eric se sent vraiment en danger et redoute d'être, un jour, la victime de violences collectives qu'il associe à une sorte de « lynchage populaire » anti-flic opéré par des « hordes » en furie : « Peu de temps avant les émeutes, j'avais vu un film de guerre de Ridley Scott (Le Faucon Noir) dans lequel il y a un hélicoptère qui se scratche à Mogadiscio. Les militaires sont alors encerclés par les Africains. A la Cité des enfants perdus, c'était vraiment ça ! On était vraiment encerclé et on ne savait pas quand cela allait cesser. On ne savait pas. C'était impressionnant ! Quand

278 Lors d'un symposium européen sur « les défis des violences urbaines » (voir *Le Monde* du 18 octobre 2008, p. 10) , l'état major de la direction centrale de la sécurité publique française (DCSP) a présenté l'équipement des policiers anti-émeutes français qui a beaucoup évolué et s'est sophistiqué depuis les émeutes de l'automne 2005 : les policiers sont désormais équipés de flash-balls, d'une portée de 40 mètres, avec lunettes de visée, disposent de fusils tirant des balles en caoutchouc, peuvent utiliser des motos banalisées et des caméras embarquées sur des véhicules ainsi que des moyens aériens (hélicoptères, avions, drones) munis de spots d'éclairage permettant d'éclairer les toits et les espaces publics. Par ailleurs, au niveau judiciaire, les policiers peuvent placer les émeutiers en garde à vue pendant 96 heures comme dans les affaires de terrorisme.

les renforts sont arrivés sur le coup de 23 heures/minuit, nous (les policiers), on a vu plein de casques bleus arriver. » Dans cette description où les émeutes sont associées à un film de guerre dans lequel les soldats américains sont à la merci d'une bande de « sauvages » assoiffés de sang. Eric nous donne alors des informations sur son sentiment profond : en tant que policier de la BAC nuit travaillant à la Cité des enfants perdus, dans des situations de tensions extrêmes, il se perçoit comme un soldat en mission intervenant au cœur d'un terrain étranger, peuplé de populations hostiles prêtes à l'écharper. Or, par rapport à ses représentations initiales du métier de policier, cette posture de potentielle victime le désarçonne.

Le soir des émeutes, j'ai eu la haine et envie de tuer

On l'a vu, les émeutes de 2005 ont représenté un baptême du feu assez traumatisant pour Eric. C'est durant ces violences insurrectionnelles qu'il a eu vraiment peur de perdre la vie, pour la première fois, en tant que policier. Or, au-delà de ce sentiment de peur, Eric reconnaît aussi avoir ressenti un fort sentiment de haine à l'encontre des émeutiers. Face à la violence des coups portés par les insurgés, notamment à l'encontre des forces de l'ordre, Eric a donc ressenti l'envie de prendre sa revanche, voire de se venger, quitte à tomber dans l'engrenage de la violence aveugle. En tant que professionnel de la sécurité, Eric a pourtant été formé au maintien de l'ordre dans des circonstances extrêmement tendues ; néanmoins, pendant les événements et quelque temps après, il souligne avoir eu beaucoup de difficultés à maîtriser ses émotions face à un tel déploiement de violences. On comprend dès lors que, durant des émeutes de 2005, il suffisait de peu de choses pour que des dérapages, notamment provoqués par la peur et l'émotion des policiers, conduisent à l'irréparable : la mort de jeunes rebelles entraînant elle-même le désir de vengeance du côté des jeunes de quartier populaire : « Ce soir-là (nuit des émeutes), j'ai pris conscience que l'on a beau être policier, rien ne nous protégeait, au contraire, car quand j'ai vu notre collègue de la police municipale à terre, j'ai cru qu'ils (les émeutiers) l'avaient tuée. Moi, je croyais qu'elle était morte et donc là, j'ai eu la haine. Là, je ne vous le cache pas, j'ai eu la haine et si j'avais pu en tuer un (un jeune émeutier), ce soir-là, je l'aurais fait. Ce n'est pas professionnel du tout mais ouais j'ai eu la haine ; je voulais en tuer, même deux, trois jours, un mois après. Après, le temps a fait son effet mais nous ne sommes pas sortis indemnes. » A travers cette déclaration d'Eric faisant froid dans le dos ; on constate que ces émeutes et leur gestion sécuritaire ont, finalement, conduit beaucoup de jeunes de quartier et des policiers de terrain à renforcer une crainte mutuelle, voire une « haine réciproque », radicalisant ainsi les manières d'intervenir, la nuit, des policiers dans les cités populaires. Ainsi, comme l'a indiqué Didier Lapeyronnie analysant les émeutes de l'automne 2005[279], même s'il est certain que le déclenchement stratégique des émeutes par des jeunes de quartier ségrégués et ghettoïsés n'ayant pas beaucoup d'autres choix de se faire entendre et d'exprimer leur mal-être que de provoquer des violences collectives, a entraîné des réactions des pouvoirs publics, ces jeunes, notamment à la Cité des enfants perdus, n'ont pas pu calculer néanmoins que ces réponses seraient, avant tout, sécuritaires et répressives plutôt que sociales et éducatives.

Les émeutes ont transformé les pratiques : « on a été sur nos gardes un bout de temps »

Pendant un temps, la peur générée par les émeutes de 2005, a totalement transformé les manières d'opérer de la BAC nuit. Sur leurs gardes, les policiers de la BAC nuit prennent désormais toutes les précautions pour éviter de se trouver en mauvaise posture lors de leur travail de police à la Cité des enfants perdus. En effet, le traumatisme des émeutes a entraîné le fait qu'Eric et ses collègues ont longtemps redouté qu'un affrontement probable avec des regroupements de jeunes joue, de nouveau, en leur défaveur : « A l'époque (avant les émeutes de 2005) on tournait dans des équipages de deux tout le temps. Lorsque l'on était quatre en BAC, on faisait deux équipages de deux. Depuis ce temps-là, c'est révolu, fini. Maintenant, lorsque l'on est quatre, on fait un équipage de quatre ; on ne fait plus deux/deux. Terminé. Avant, on contrôlait à deux. On n'appelait personne, on contrôlait un groupe de six/sept individus à deux. On n'appelait pas de renforts. Terminé. Avant quand on était sur la Cité des enfants perdus, on tournait à un seul véhicule, l'autre véhicule tournait dans un autre quartier de Trincamp) ; maintenant, terminé. Lorsqu'un véhicule est à la Cité des enfants perdus, l'autre n'est pas loin. L'autre est dans le secteur aussi. Cela a vraiment changé nos façons de faire, notre façon de voir les choses aussi. » En définitive, les émeutes ont totalement réveillé Eric. Elles l'ont fait « sortir de sa bulle ». Lors de ces événements dont il a fait sa propre analyse, Eric a pris réellement conscience que les BAC étaient haïs par beaucoup de jeunes de la Cité des enfants perdus au point où dans des circonstances d'affrontement, ces jeunes pourraient le tuer ou le blesser grièvement s'ils en avaient la possibilité. C'est ainsi que cette peur de l'affrontement décrite par Eric a amené les policiers de la BAC nuit à ne plus s'équiper simplement pour faire un travail de police classique mais à se préparer physiquement et mentalement pour aller à l'affrontement : « Avant, lorsque je partais en patrouille et que j'oubliais mon tonfa (bâton de self-défense et d'intervention très utilisé par la police), je me disais : ce n'est pas grave, je le prendrai après. Suite aux émeutes, je ne pars plus sans tonfa, je ne pars plus sans gilet pare-balles et je fais gaffe que ma cartouche soit

279 Cf. D. Lapeyronnie, 2006, *art.cit.*

bien chambrée (prêt à tirer) avant de partir. Je vais à la guerre, je ne vais plus compter fleurette. »

Une puissance de feu pour pénétrer les cités et réprimer les émeutes

Auparavant, contrairement à leurs collègues CRS, les policiers de la BAC nuit étaient peu équipés pour faire face à des affrontements émeutiers. Or, depuis le choc des violences collectives de l'automne 2005, chaque policier de la BAC nuit de Trincamp dispose désormais d'un équipement individuel adapté à ce type de configuration ce qui rassure beaucoup Eric. En effet, en 2005, surpris par la violence des émeutes à la Cité des enfants perdus, Eric et ses collègues, par manque de matériels notamment, ont eu un moment le sentiment qu'ils devraient se battre quasiment à main nue contre des hordes de jeunes cagoulés décidés à « casser du keuf (flic en verlan) » : « Lors de la première nuit d'émeute, on avait tout grillé. Tout notre stock de munitions y était passé. Donc, j'ai fait rapatrier le soir même de Oissel (école nationale de police) des couguars, des grenades lacrymogènes, des munitions flash-balls, au moins une cinquantaine. » Pour les policiers de la BAC nuit, les émeutes ont eu au moins l'intérêt de faire prendre conscience à la hiérarchie policière qu'il y avait une nécessité à mieux équiper et surtout à moderniser les matériels de protection et de défense, voire de riposte des policiers de terrain. En effet, pour Eric, seule une intervention massive des forces de police a finalement permis de mettre fin aux saccages de la nuit du 5 au 6 novembre 2005 et c'est également seulement grâce à l'acquisition d'armes de défense, suffisamment imposantes, que les policiers de la BAC nuit pourraient aujourd'hui endiguer une nouvelle tentative de déclenchement d'une émeute : « - *Interviewer* : Les émeutes se sont terminées comment ? – *Eric* : Des renforts sont arrivés de partout, de partout. Impressionnant. Je n'ai jamais vu autant de flics de ma vie. Les jeunes qui étaient là, ceux qui participaient aux émeutes ont donc tous regagné leur domicile. C'était très simple pour eux ; ils sont rentrés dans leurs cages d'escaliers et au revoir. C'était très très simple, ils étaient aux pieds de leurs immeubles de toute façon ; ils étaient à côté et ils sont donc rentrés chez eux. Puis sur le coup de minuit - une heure, il y avait six cent policiers sur la Cité des enfants perdus. – *Interviewer* : Le rapport de force avait changé ? – *Eric* : Oui ! Mais déjà si l'on avait été équipé comme on l'est maintenant cela ne se serait pas passé comme ça. Maintenant, même à dix-sept, je pense que l'on peut faire face à leurs vagues ; notre façon de travailler a évolué ; maintenant, on peut faire face. La dernière fois, on avait qu'un seul couguar. Si on l'avait eu dès le début des émeutes, déjà, on dégageait le terrain avec ça. Maintenant, dans chaque véhicule, on a un couguar et un flash-ball alors qu'auparavant on avait un flash-ball et six munitions de flash. Maintenant, dans chaque véhicule BAC, vous avez, le plus souvent, deux flash-balls, un couguar et cinquante munitions de flash-balls. »

Néanmoins, l'acquisition par les policiers de nouvelles armes plus puissantes et effrayantes, sensées les rassurer et leur donner des moyens d'action supplémentaires, comme cela a été dit par les jeunes interviewés, renforce également le fossé qui existe entre les policiers de la BAC nuit et les jeunes de la Cité des enfants perdus. En effet, sachant qu'ils disposent d'un arsenal important, des policiers de la BAC nuit peuvent trouver plus commode d'imposer un rapport de force lors des contrôles plutôt que de favoriser le dialogue et le respect mutuel. Grâce à leur matériel, s'ils le souhaitent, les policiers de la BAC peuvent ressembler à des « robocops » (policiers cyborgs) et se comporter comme tels favorisant ainsi une surenchère des logiques de confrontation entre les jeunes et la police de nuit. Les policiers cherchent ainsi à instaurer un « rapport de peur » qui leur soit favorable : « Ils (les jeunes) redoutent tout notre attirail (flash-balls, couguars). Souvent, cela ne pète pas parce qu'ils voient que l'on a des flash-balls. On arrive à tempérer grâce à ça parce qu'ils savent, malgré tout, que l'on a une puissance de feu. » En marge d'un colloque européen sur les « violences urbaines », un responsable policier d'un pays voisin de la France exprimait ainsi son scepticisme vis-à-vis du « haut niveau de performance française en matière de maintien de l'ordre » : « La police française envoie des robocops en banlieue mais ne peut plus parler avec les habitants. Nous, on fait le choix d'envoyer des hommes pratiquement sans équipement pour avoir un dialogue. »[280]

Des fauteurs de trouble

Les gamins de 15/20 ans sont les plus difficiles

Lors des interventions de la BAC nuit, Eric souligne que les policiers entrent systématiquement en conflit, non pas avec l'ensemble des habitants de la Cité des enfants perdus mais avec les personnes ayant entre 15 et 30 ans qui « traînent dans les cages d'escaliers ». Les individus potentiellement les plus violents sont le plus souvent des jeunes entre 15 et 20 ans, alcoolisés : « Les jeunes de 17 ans qui sortent du lycée sont très violents, très virulents, très grands et très costauds aussi. Ils sont taillés ; c'est des masses. Les gamins de 15/20 ans, sont les plus difficiles ; après, ils se rangent ou ont intérêt à se faire plus discrets ». Alors qu'un contrôle peut relativement bien se dérouler, lorsque des jeunes ont bu, les relations s'enveniment généralement vite et les choses peuvent alors rapidement dégénérer : « Lors d'un contrôle, on ne sait jamais ce qui peut se passer. La fumette, ça les rend zen mais ils (les jeunes) tisent beaucoup de rhum et de whisky dans les halls d'immeubles ou les voitures et pas seulement le week-end.» Dans la pratique, à la Cité des

280 Voir « La France promeut un modèle antiémeute d'exception » in *Le Monde* du 18 octobre 2008, p. 10.

enfants perdus, les policiers de la BAC nuit ont des difficultés particulières à intervenir rue Charles Péguy, près d'immeubles promis à la démolition mais qui sont toujours habités par quelques familles et squattés par des jeunes du quartier, notamment une « bande » dont certains font partie des fameux SDG (soldats du ghetto). Ces jeunes (entre dix et vingt) sont regroupés en bas des immeubles jusqu'à tard dans la nuit (3 heures du matin) ; ils dégradent les lieux et font le business de la drogue. Les BAC nuit rechignent donc à intervenir dans cet endroit s'ils ne sont pas assez nombreux car ils savent que le contrôle va certainement mal se passer, voire dégénérer : « Là, c'est auch ! C'est chaud ! Là, il n'est pas possible de parler avec les jeunes. C'est une zone de *deal ;* c'est très clair. Si l'on y va, on les dérange. Là, vous voulez un kilo (de drogue), vous y aller, vous le prenez. » La nuit, la BAC, en fait, n'a pas affaire au même public que la BAC jour. Les filles ont généralement disparu, les petits de 8-12 ans également, ce sont donc surtout des jeunes de 16-25 ans qui leur donnent du fil à retordre. Si l'on excepte les contrôles effectués par les CRS, la BAC nuit est la seule à intervenir auprès de ces jeunes. A l'exception de quelques moments particuliers, notamment lors des émeutes de Villiers-le-Bel (novembre 2007) où sous l'impulsion du commissaire, des pères de familles ont fait des rondes durant la nuit pour prévenir d'éventuels débordements, les policiers ne rencontrent aucun acteur associatif. La nuit, les policiers de la BAC ont donc le sentiment que les jeunes sont livrés à eux-mêmes.

Un clash culturel et « ethno-racial »

Au regard de leur jeune âge, la différence culturelle entre les jeunes de la Cité des enfants perdus et les policiers de la BAC nuit s'exprime notamment dans les goûts musicaux des uns et des autres. Les policiers sont presque tous des « Blancs » originaires de villes moyennes et petites écoutant du rock tandis que les jeunes de la Cité des enfants perdus sont majoritairement des « Noirs » qui écoutent, voire qui font du rap ou des musiques digitales venues d'Afrique ou des Antilles : « On n'est pas hip-hop à la BAC nuit. On est plutôt rock. C'est aussi un clash de… un clash ! C'est vrai qu'on est très rock français. On n'a pas de mecs hip-hop qui arrivent avec une casquette à l'envers et des jeans larges ! » Eric a, en fait, bien conscience qu'à la Cité des enfants perdus, il existe une police de « Blancs » contrôlant une population majoritairement « noire » laissant penser que les jeunes sont victimes de discriminations racistes. Or, Eric affirme ne pas être raciste ni être responsable de la composition ethnique du quartier de la Cité des enfants perdus habité par de nombreuses familles d'origine étrangère ou perçues comme telles. Les jeunes de la Cité des enfants perdus, d'origine africaine, sont pourtant souvent persuadés que la société française est raciste vis-à-vis des « Noirs » et que les policiers sont le bras armé de cette société raciste. Lors des contrôles,

les policiers de la BAC se voient donc régulièrement accusés de racisme par les jeunes « Noirs » du quartier. Ceux-ci affirment qu'ils sont contrôlés uniquement parce qu'ils sont « blacks », ce qui a le don d'énerver Eric qui pense contrôler ces jeunes uniquement parce qu'ils ont fait un acte délictueux ou parce qu'il y a de fortes présomptions qu'ils l'aient commis. Pourtant, lors de l'entretien, interrogé sur les différences pouvant exister dans les rapports police/jeunes entre les jeunes « blancs » et « noirs » de la Cité des enfants perdus, Eric va indiquer que la BAC nuit contrôle plus régulièrement les « Noirs » que les jeunes « blancs » alors que ces derniers sont également tous, potentiellement, outrageants à l'encontre de la police. Cependant, grâce à ces contrôles fréquents, les « Noirs » plus habitués à se faire arrêter et fouiller seraient généralement plus soumis que les « Blancs ». Ceux-ci accepteraient plus volontiers la routine des contrôles policiers : « Les Blancs de la Cité des enfants perdus s'affichent moins et on les contrôle peut-être moins souvent. Mais quand on les contrôle, ça se passe en fréquence moins bien avec eux qu'avec les Blacks. De fait, on les contrôle moins souvent, ils sont donc moins habitués à nos contrôles et ils le prennent d'autant plus mal alors qu'avec les Blacks, les contrôles, c'est tous les soirs. Ils donnent leurs papiers d'identité ; passage fichier ; deux trois petits mots : cela dure une minute trente. Bonjour et au revoir. Alors que les Blancs, eux, n'ont pas encore compris que plus ils ramenaient leur gueule, plus cela se passait mal. »

Quoi qu'il en soit, dans la pratique, lorsque les jeunes commencent à parler de contrôle raciste, Eric sait que le contrôle va inévitablement déraper : « Eux (les jeunes noirs de la Cité des enfants perdus) s'appellent négros entre eux mais si nous (la BAC nuit), on a le malheur d'utiliser ce mot, cela ne va pas le faire. » Au sein de l'équipe de la BAC nuit de Trincamp, un policier d'origine antillaise est « noir ». Or, Eric indique que, contrairement à ce qu'il aurait pu penser, c'est ce policier qui a le plus de difficultés relationnelles avec les jeunes « noirs » et qui est le plus souvent victime d'outrages à agent[281]. En effet, les jeunes considèrent que ce policier est un traître à sa « communauté mélanique » lorsqu'il pactise avec un Etat raciste et ses « chiens de garde » : « Dans la BAC, on a un Black et c'est marrant parce que c'est vachement plus dur pour lui... Ils (les jeunes noirs) ne le loupent pas. Ils l'appellent le Bounty (noir à l'extérieur et blanc à l'intérieur). Sur les contrôles, si ça part en sucette, c'est avec lui. Ils le cherchent ; ils le cherchent, ils le cherchent. Ils le traitent : - Enculé, t'es un sale traître à ta race, un Bounty ! L'autre jour, on arrive dans une cage d'escalier avec lui pour contrôler et il y avait cinq Blacks. Les mecs, ils

281 Eric souligne qu'il est également très difficile d'avoir une femme dans une équipe de la BAC nuit. En effet, les jeunes de quartier ne supportent pas d'être contrôlés par une femme. Lorsque c'est le cas, les jeunes « partent à l'outrage, systématiquement » : « Vas-y, elle ne me touche pas la pute ! Ils sont misogynes, c'est hallucinant ! »

parlaient entre eux et il y en a un qui a dit : - de toute façon ici, il n'y a que cinq négros ici ! Il était à côté de nous le collègue. Le Black, il n'a pas dit il y a six négros ; cela voulait donc dire que notre collègue n'était pas des leurs mais il le vit bien. »

En définitive, dans son action quotidienne, Eric a totalement intégré l'idée qu'il existe une ethnicisation des rapports sociaux à la Cité des enfants perdus. En effet, pour Eric, au-delà du fait qu'il existe de la musique rock écoutée surtout par les « Blancs » et de la musique rap et assimilée, essentiellement destinée aux Noirs ou aux jeunes d'origine étrangère, il existe également des formes particulières d'occupation de l'espace public propres aux « Blancs » et aux « Noirs », des manières singulières de boire de l'alcool (les « Blancs » boivent souvent seuls tandis que les « Noirs » consomment plutôt en groupe) mais aussi des façons différentes de se faire contrôler et de « délinquer » : les délinquants blancs seraient des voleurs, des violeurs et des cogneurs (notamment de leurs épouses) alors que les délinquants noirs seraient des voleurs violents (vols de portables à l'arrachée), agissant plutôt en « bande ».

L'expérience personnelle de l'hostilité et de la violence

Une découverte frontale du monde des cités

Avant d'être nommé dans le quartier de la Cité des enfants perdus, Eric n'avait pas d'expérience réelle du monde des quartiers populaires et de ses habitants, notamment de la population immigrée ou d'origine étrangère, peu nombreuse dans sa ville d'origine. En sortant de l'école de police, c'est donc en novice qu'il a commencé son travail de maintien de l'ordre dans le quartier de la Cité des enfants perdus. Or, la découverte des quartiers populaires et des jeunes de cité a été brutale car tout de suite conflictuelle. En effet, contrairement à lui, les jeunes de la Cité des enfants perdus ont l'habitude de côtoyer des policiers avec lesquels ils entretiennent souvent un rapport antagoniste, la nuit. Dès lors Eric a dû rapidement apprendre que pour beaucoup de « jeunes de cité », le fait de recevoir un ordre d'obtempérer de la part d'un policier lors d'un contrôle ne suffit souvent pas pour qu'ils obéissent. La peur du gendarme, généralement partagée par la majorité de la population française, n'est effectivement pas une réalité établie à la Cité des enfants perdus, bien au contraire. Pour les jeunes de la cité contrôlés, en tant que policier, même novice, Eric est avant tout considéré comme un adversaire venu « tester » les jeunes du quartier et à qui l'on se doit de résister : « Au début, je ne connaissais pas. J'allais un petit peu la fleur au fusil dans les cages d'escaliers : Bonjour, contrôle de police...

enfin bon, très utopiste le garçon encore[282]. J'arrivais d'A. Je n'avais jamais vu de Blacks de ma vie, j'avais deux/trois potes turcs et deux/trois potes arabes à l'école et voilà ! C'était une toute petite ville. En fait, j'ai eu le clash à Trincamp. La population africaine, je ne la connaissais pas du tout et, là, je l'ai connue mais frontalement ! »

Une proximité générationnelle : un atout et un handicap

Nous avons vu qu'Eric a une préférence pour la musique rock ; il lui arrive néanmoins d'écouter du hip-hop. Contrairement à ses collègues plus âgés, il reconnaît, en effet, qu'il n'a pas une vision purement négative de l'expression rapologique. Il exprime d'ailleurs une certaine fascination pour cette musique qu'il écoute régulièrement chez lui durant ses loisirs pour s'informer de cette culture musicale particulièrement appréciée dans les quartiers populaires : « Avec notre jeune âge, on a à peu près les mêmes goûts. On se fringue à peu près pareil, à peu près dans les mêmes endroits. On n'écoute pas la même musique bien que j'écoute *skyrock* (chaîne de radio commerciale affirmant être la première planète rap en France) justement pour comprendre et rester un peu sur la même longueur d'onde alors que je n'écoutais pas *skyrock* avant. Dans ma voiture, c'est *sky* et France-info (chaîne de radio d'information du groupe radio France). » Dans cette optique, Eric indique qu'il aime beaucoup la chanson diffusée sur le site Internet *Dailymotion,* chroniquant les émeutes de 2005 à la Cité des enfants perdus et produite par les rappeurs de ce quartier. De plus, pour le travail mais surtout par plaisir, il passe aussi beaucoup de temps à regarder les blogs (il s'agit de sites web personnels dans lesquels le ou les auteurs notent, au fur et à mesure de leurs réflexions sur un sujet qui leur importe, des avis, des impressions pour les diffuser et susciter des réactions, commentaires et discussions) réalisés par les jeunes de la Cité des enfants perdus, notamment ceux revendiquant une appartenance à une « bande » comme les SDG ou les LBL. Ainsi, pour les besoins de son travail d'investigation mais surtout par curiosité, Eric aime surfer sur les blogs de jeunes du quartier bien au-delà de son temps de travail : « Par l'exploitation des blogs, on arrive à repérer leurs surnoms et leurs habitudes. Moi, je suis tous les jours sur *Dailymotion,* sur *Skyblogs.* Moi, je vais voir les blogs du ghetto du 27, du SDG. On a vraiment l'impression de pénétrer dans l'intimité des jeunes. Là, on les voit différemment. On les voit prendre leurs photos ; on les voit avec leurs potes. Pour les policiers, c'est aussi intéressant parce qu'on voit les motos et les quads volés. On voit aussi qu'ils utilisent des armes. » Eric souligne bien que le temps qu'il passe sur les blogs des jeunes de la Cité

282 Face à l'« expérience de l'hostilité », Dominique Monjardet révèle que les jeunes recrues de la police s'écartent rapidement de la vision ouverte et généreuse du début. Ils s'éloignent, en effet, de l'esprit de service, du goût de porter secours et d'être utile, du désir de développer une variété de contacts sociaux pour, finalement, déployer les ressources d'une « solidarité défensive ». Cf. D. Monjardet, 2001, *art. cit.*, p.24-31.

des enfants perdus lui permet de les surprendre lors des contrôles. Il aime leur donner des détails sur leur vie privée (description de photos, de petits mots entre amis...) qu'il s'est appropriés en visionnant les blogs. Les jeunes sont généralement surpris et impressionnés par la précision des informations données sur leur vie intime. La jeunesse d'Eric lui permet donc de garder une certaine proximité avec les jeunes qu'il contrôle et côtoie, de mieux comprendre leurs codes, leurs attentes et leurs représentations du monde. En revanche, cette proximité peut également s'avérer problématique lorsqu'il s'agit d'affirmer une autorité, notamment lors des contrôles. En effet, Eric indique que, contrairement à ses collègues de la BAC jour plus âgés que les policiers de la BAC nuit, eux ne possèdent pas encore d'« autorité naturelle » pouvant en imposer aux jeunes. Aussi, les policiers de la BAC nuit doivent-ils fréquemment user de la force pour s'imposer auprès des jeunes : « Les BAC jour ont moins de problèmes avec eux (les jeunes de la Cité des enfants perdus) parce que les BAC jour, c'est des anciens. Nous (la BAC nuit), c'est vraiment toujours un rapport de forces. Les jeunes regardent les BAC jour comme des anciens alors que, nous, vu notre âge (25-30 ans), c'est toujours un rapport de force. Au début, il fallait vraiment s'affirmer : enlève les mains de tes poches, enlève les mains de tes poches ! Il faut s'affirmer. C'est celui qui va tenir tête à l'autre. C'est difficile. »

Une inter-connaissance ambivalente

En général, Eric et ses collègues de la BAC nuit ne peuvent pas discuter avec les jeunes de la Cité des enfants perdus lorsque ceux-ci sont trop nombreux. En revanche, il n'est pas rare qu'ils arrivent à entamer un dialogue sur le ton de la raillerie lorsque les jeunes, stationnés en bas d'un immeuble, sont seulement deux ou trois. Eric affirme, en effet, que contrairement à ce que l'on pourrait penser, un contrôle d'identité est propice à la discussion quand les jeunes ne sont pas énervés, pas alcoolisés et peu nombreux : « Quand on se connaît, on se chambre mutuellement avec les jeunes sur un contrôle – Eric : Bien, tu te laisses pousser les cheveux toi, qu'est-ce qui se passe ? – Un jeune contrôlé : Et toi, tu te laisses pousser le ventre ? On se fait des petites chambrettes – Eric : ton fut (un pantalon), il est chouette, tu l'as eu où ? » Il est néanmoins certain que les policiers de la BAC nuit connaissent beaucoup moins les jeunes de la Cité des enfants perdus personnellement que leurs collègues de la BAC jour. Cependant, à force de se dévisager et d'entrer en conflit en bas des tours ou des cages d'escaliers, les jeunes et les policiers de la BAC nuit se repèrent, au moins de vue (tous les jeunes condamnés pour leur participation aux émeutes de 2005 étaient connus par les policiers de la BAC nuit. Certains d'entre eux n'étaient d'ailleurs pas repérés comme étant les plus violents du quartier). Rapidement, si l'on excepte les policiers les plus anciens appelés par leur nom parce qu'ils font désormais partie du décor du quartier, les jeunes de la Cité des enfants perdus identifient les policiers de la BAC et leur donnent un surnom ; c'est le cas d'Eric appelé « parabole » en raison de ses grandes oreilles : « On a tous des petits surnoms. Le major de la BAC jour, ils (les jeunes du quartier) l'appellent tous par son nom de famille ; même un gosse de 6 ans connaît son nom. Il est connu comme le loup blanc à la Cité des enfants perdus, c'est un mythe. Il est partout présent. On a un collègue de la BAC nuit, qu'ils ont surnommé Pento parce que c'est vrai qu'il se met de la laque. Moi, ils m'ont surnommé « parabole 27 », à cause de mes oreilles. J'ai retrouvé mon petit nom sous les arcades, rue Charles Péguy : « Nick parabole » ». Cette inter-connaissance produit au moins deux effets : d'un côté, elle envenime les relations car les jeunes et les policiers se testent et se provoquent mutuellement, quotidiennement, de l'autre, elle limite les interactions ultra-violentes puisque les policiers ont la capacité de reconnaître leurs agresseurs : « Il est hors de question que je passe dans le quartier et qu'ils m'insultent. Les mecs me connaissent personnellement ; je suis BAC mais aussi officier de police judiciaire. J'en ai placé plusieurs en garde à vue. Moi, il y en a certains, je ne leur demande même pas leur pièce d'identité ; je sais comment ils s'appellent ou, si je le leur demande, c'est seulement pour leur faire passer un fichier parce qu'avec toutes les petites affaires, on les met en recherche pour savoir s'ils n'ont pas fait un truc entre temps. Mais bon, on les connaît. Ce soir-là (confrontation tendue place Rabelais), sur les trente jeunes, il y en avait au moins une quinzaine que je connaissais. Cela aurait pu partir à l'affrontement mais sachant qu'on les connaît, dans la mesure du possible, ils ne vont pas utiliser la violence. Ils nous insultent quand ils sont nombreux parce qu'ils savent que l'on ne va pas nécessairement identifier le gars qui nous a insultés, ils ne craignent rien. Mais enfin, si un gars commence à nous porter un coup, ils me connaissent, ils savent que le lendemain matin, à 6 heures, je serai devant l'appartement et que je défoncerai la porte. Il n'y a aucun souci. Ils le savent pertinemment. »

Quoi qu'il en soit, en raison de ses inter-relations en dents de scie avec les jeunes de la Cité des enfants perdus, à l'instar du major Mitchel, Eric doit, sans cesse, faire attention que sa vie professionnelle ne fasse pas brutalement irruption dans sa vie privée. En effet, même si Eric habite, aujourd'hui, à vingt-cinq kilomètres de Trincamp cela n'a pas toujours été ainsi et, en tant que policier, il n'est pas à l'abri de vengeances personnelles de la part de « clients » gardant une certaine rancœur à son encontre. C'est pourquoi, même lorsqu'il n'est pas de service, Eric demeure armé lorsqu'il se trouve à Trincamp (durant l'entretien, Eric soulève son pull pour nous montrer que son arme est accrochée à son ceinturon et dégaine). Pour Eric, lorsqu'on est policier, on l'est en fait 24h/24h : « Même si le commissariat est un peu ma vie, je ne peux pas habiter à Trincamp. Quand on rentre chez soi, on tombe sur des « clients » et c'est super dérangeant. Là, on se dit, merde ma voiture ! Il va faire une connerie dessus ; ma copine… voilà. Suite aux émeutes, j'avais déménagé. J'habitais le vieux Trincamp et j'avais retrouvé mon adresse inscrite dans un hall d'immeuble… Le gars qui avait été interpellé pour outrage et menaces de mort à mon encontre, l'après-midi avant le déclenchement des émeutes avait justement cité mon adresse au procureur et au juge. Le patron (le commissaire) m'a donc convoqué pour me demander de déménager, ce que j'ai fait dans les dix jours. »

L'imposition d'un rapport de force n'est pas une solution

En fait, pour dépasser les rapports antagonistes endémiques en œuvre à la Cité des enfants perdus entre les jeunes et les policiers de la BAC nuit, Eric ne voit pas d'autres issues que sa mutation dans un territoire moins marqué par l'existence de cités populaires érigeant la haine des flics comme l'expression d'une culture largement revendiquée par la majorité de la jeunesse populaire. En effet, même si Eric indique qu'il a parfaitement conscience que la présence de la police à la Cité des enfants perdus, la nuit, est nécessaire pour assurer la sécurité d'une grande partie des habitants, il ne se sent plus la force de l'assumer personnellement. Il s'agit d'une épreuve devenue extrêmement pénible pour lui. En ce sens, durant l'entretien, Eric nous informe que, pendant qu'il préparait une maîtrise de droit, il était surveillant dans un lycée ce qui l'a ensuite amené à penser qu'il pourrait peut-être tenter de devenir conseiller principal d'éducation (CPE) au lieu de préparer le concours de gardien de la paix. En effet, lorsqu'il était surveillant, Eric aimait le rapport social empathique et généralement convivial qui existait avec les jeunes. Il conserve une certaine nostalgie de la relation humaine qu'il tissait alors avec les adolescents. Or, aujourd'hui, en tant que policier de la BAC nuit, Eric se sent prisonnier d'une sorte de cercle vicieux producteur de confrontations violentes entre la police et les jeunes de quartier. A la Cité des enfants perdus, les relations entre les jeunes et les forces de l'ordre paraissent si dégradées, notamment depuis les émeutes de 2005, qu'il semble malheureusement impossible à Eric d'intervenir autrement qu'en instaurant un rapport conflictuel et antagoniste entre les deux parties, ce qu'il regrette profondément. Entre les jeunes et la BAC nuit, il existe un trop important contentieux. Les policiers se méfiant des réactions cyclothymiques et « bizarres » des jeunes qu'ils contrôlent (les jeunes acceptent la plupart du temps d'être contrôlés sans opposer de résistance mais d'autre fois, sans crier gare, ces mêmes jeunes se rebellent), Eric reconnaît que les BAC, notamment par crainte de se retrouver en mauvaise posture, peuvent se montrer agressifs, ce qui renforce la haine que certains jeunes de cité peuvent ressentir vis-à-vis de la police. Finalement, les jeunes et les policiers de la BAC nuit s'inscrivent dans un processus de « ségrégation réciproque » qu'Eric supporte de plus en plus difficilement. Dans ce contexte, d'un côté, le sur-armement des BAC nuit rassure Eric et ses collègues car ils ont le sentiment de pouvoir se défendre face aux attaques potentielles des habitants de la Cité des enfants perdus, de l'autre, il entretient une crainte réciproque et favorise le développement de relations uniquement basées sur l'imposition d'un rapport de force : « Moi, maintenant, je n'aime plus aller à l'affrontement. A la base, j'hésitais entre faire flic ou CPE. J'étais pion lors de mes dernières années d'études et, honnêtement, lorsque j'étais pion en collège puis en lycée, cela m'a franchement botté ce que j'ai fait. Donc, au début, lorsque je suis arrivé dans la police, j'avais cette approche, un peu de CPE. J'avais un autre regard et c'est un regard que j'aimerais retrouver vraiment parce que je préfère avoir des rapports détendus. On peut faire un contrôle de façon très correcte et détendue. On n'est pas obligé d'être martial sur tous nos contrôles, au contraire. Moi, je préfère la petite « blagounette ». Je préfère qu'un contrôle se fasse bien, je n'aime pas quand c'est trop strict ; enfin, je n'aime plus quand c'est trop strict. Parfois il le faut mais je n'aime plus trop. »

Une confrontation antagoniste inévitable

Eric a conscience de la contradiction dans laquelle il est empêtré en tant que policier de la BAC nuit intervenant dans un quartier populaire : d'un côté, il est convaincu que la loi de la République doit s'imposer sur tout le territoire national y compris dans les quartiers périphériques populaires. Il s'agit de veiller à ce que des trafics illégaux ne se développent pas en plein jour, que la tranquillité publique soit assurée pour le bien être des citoyens et leur sécurité. Il considère dès lors que son travail de maintien de l'ordre est parfaitement légitime lorsqu'il s'agit de neutraliser des fauteurs de trouble, des voleurs ou des délinquants violents agressant une femme âgée ou une personne fragile. D'un autre côté, même s'il affirme vouloir faire sérieusement son travail de policier en faisant respecter la loi républicaine, Eric ressent également un certain malaise de devoir imposer des règles pratiquement inapplicables dans les quartiers défavorisés comme la Cité des enfants perdus. Ainsi, pour notamment lutter contre les comportements incivils et le sentiment d'insécurité, la loi donne la possibilité aux policiers de contrôler les halls d'immeubles et d'empêcher que des jeunes s'y regroupent. Cependant, la situation sociale, souvent désastreuse (déscolarisation, chômage, appartements trop petits au regard de l'importance des familles...) dans laquelle se trouvent beaucoup de jeunes de cité fait qu'ils adaptent leur mode de vie à cette situation entrant ainsi dans un cercle vicieux. Sans occupation dans la journée, ils se couchent et se lèvent tard. Ainsi les regroupements dans les cages d'escaliers sont des sortes de soupape permettant aux jeunes de maintenir des relations sociales et d'éviter que des tensions explosent trop souvent à l'intérieur du foyer familial. Ces regroupements dans les parties communes des immeubles sont également une réponse spontanée au déficit d'offres des pouvoirs publics n'adaptant pas souvent leurs manières d'intervenir à la réalité des comportements et des besoins quotidiens de la jeunesse populaire : « On les vire tout le temps des immeubles mais ils peuvent aller où ? » Comme ailleurs, dans de nombreuses cités, à la Cité des enfants perdus, il existe, en effet, un réel déficit en matière d'encadrement de la jeunesse en soirée et durant la nuit. Dans un tel contexte, l'intervention policière dans les halls d'immeubles pour déloger les jeunes qui y squattent ne peut alors être que mal perçue par ceux-ci. Ayant le sentiment de ne rien faire de mal ni de véritablement illégal d'ailleurs (même lorsqu'il s'agit de petits trafics de shit), mais se conformer simplement à la « culture de quartier » où « galérer » dans un hall est une habitude bien ancrée chez une partie de la jeunesse et des adultes de cité, l'interaction qui a donc lieu entre les BAC nuit et les « bandes » de jeunes ne peut alors qu'être électrique et conflictuelle. En effet, les policiers se sentent obligés de faire respecter la loi tandis que les jeunes trouvent également légitimes de se regrouper en bas de leurs immeubles pour vivre ensemble leur jeunesse dans la cité : « Je ne fais pas une soirée sans monter à la Cité des enfants perdus où il m'arrive souvent de m'arrêter pour leur (les jeunes du quartier) dire bonjour parce que je les connais : - Hé ! Vous faites quoi les jeunes ? Vous glandouillez ? – Oh la BAC, ça va ! Ouais, il y a cette petite relation qui ne va pas toujours aboutir à la confrontation quand ils ne sont pas nombreux, qu'ils sont seulement deux ou trois. Mais c'est aussi possible parce que l'on ne va pas dans la cage d'escalier, qu'on ne va pas les chercher pour les mettre dehors car c'est ça aussi le problème : ils sont dans les cages parce qu'ils n'ont pas d'autres endroits où aller, où se regrouper, la nuit. A la Cité des enfants perdus, il n'y a rien ; c'est le vide, c'est le néant. Forcément, quand nous on y va pour les virer d'une cage d'escalier où ils sont une quinzaine au chaud, où ils tisent (boivent) tranquillement, où ils fument quelques produits illicites et bien, forcément, quand on arrive, ils n'aiment pas ça, d'où le conflit parce que l'on y va pour les contrôler et les virer. Depuis la loi de Sarkozy sur l'occupation des halls d'immeubles, nous on a un cadre légal d'intervention. » Dans ce cas, la loi pour la sécurité intérieure, dite loi Sarkozy (février 2003) incluant un article rendant illégale l'occupation des halls d'immeubles[283] vient directement percuter des habitudes inscrites depuis longtemps chez de nombreux « jeunes de cité » et induit, dès lors, le renforcement des rapports de confrontation entre ces jeunes et la police.

En fait, au regard de son expérience de policier de la BAC nuit surtout marquée par les rapports antagonistes avec les jeunes de quartier, Eric indique qu'il a aujourd'hui le sentiment d'avoir fait le tour de cette forme de

283 En 2003, l'article 61 de la loi sur la sécurité intérieure, dite loi Sarkozy, renforce les dispositions prises par le gouvernement Jospin dans le cadre de la « loi de sécurité quotidienne » qui visait notamment à empêcher « l'envahissement des cages d'escalier » en permettant aux forces de l'ordre d'intervenir sans toutefois y associer de sanction. En revanche, la loi de sécurité intérieure initialise un nouveau délit passible de deux mois d'emprisonnement et de 3 750 euros d'amende.

police essentiellement organisée pour faire du maintien de l'ordre. Dans la pratique, les modes d'intervention privilégiés par la BAC nuit sont, en effet, propices à la répression, voire à l'oppression plutôt qu'à la prévention. Or, Eric souhaite désormais travailler dans la journée en partenariat avec une pluralité d'acteurs susceptibles d'agir pour la paix sociale. Effectivement, à partir de son expérience personnelle, même s'il ne nie pas l'importance d'une police d'intervention, la nuit, pouvant œuvrer au maintien de la tranquillité publique, Eric pense néanmoins qu'il serait beaucoup plus intéressant mais aussi plus efficace pour le maintien de l'ordre de réussir à tisser un maillage composé d'une multitude d'intervenants en inter-connexion : « Je suis officier de police et j'ai vécu ce que j'avais à vivre la nuit. Quand on est flic, on peut faire des tas de choses et, maintenant, j'ai vraiment envie de m'ouvrir sur autre chose. Je voudrais m'ouvrir sur les intervenants extérieurs. J'en ai marre, la nuit je ne parle à personne, à part les pompiers, l'hôpital et puis la police municipale, ce sont mes seuls interlocuteurs, cela m'énerve un peu ; je trouve ça un peu réducteur à force. Moi, j'ai franchement envie de voir autre chose. J'adorerais faire des réunions comme fait le directeur (commissaire) avec les parents ; j'adorais rencontrer les bailleurs ; j'adorais rencontrer les municipalités ; j'adorais aller dans les lycées, dans les bahuts, parler parce que je pense qu'il y a plein de problèmes qui pourraient être réglés autrement que par la confrontation. Je pense également que si on n'était pas tout le temps les seuls présents, la nuit, s'il y avait des éducateurs, une salle ouverte la nuit, enfin, un endroit où ils (les jeunes) puissent aller, cela nous aiderait quand même à ne pas être tout le temps dans la confrontation. »

*

* *

Depuis les émeutes de l'automne 2005, la BAC nuit pense qu'elle peut maintenir la paix sociale grâce à deux éléments principaux : une puissance de feu importante, une bonne connaissance des jeunes du quartier et de leurs inter-relations. En fait, les policiers et les jeunes semblent faire partie d'un système d'interaction agonistique, particulièrement développé au sein de la jeunesse et des milieux populaires[284]. A la Cité des enfants perdus, dans un contexte de ghettoïsation, l'emploi de la force est ainsi normalisé aussi bien du côté des jeunes que du côté de la police. L'emploi de la force reste, en effet un moyen suffisamment sûr pour garantir « une construction positive de la face personnelle »[285] et « sauver son honneur »[286]. Ainsi, dans un environnement où

284 Cf. O. Schwartz, *Le monde privé des ouvriers. Hommes et femmes du nord*, Paris, éd. Puf, 1990 ; G. Mauger, C. Fossé-Poliak, « Les loubards » in *Actes de Recherche en Sciences Sociales*, n°50, 1983, p. 49-67 ; D. Lepoutre, 1997, *op. cit.*

285 Cf. B. Moignard, 2008, *op. cit.*

286 « Je suis intervenu sur un truc très très violent la semaine passée. Un Black que je connais bien a frappé

la « loi du plus fort » est normalisée, à l'instar de certains jeunes de quartier assumant une « culture de rue » (parfaitement mise en scène aujourd'hui par des rappeurs et leur crew s'insultant et se provoquant mutuellement sur Internet notamment), les policiers doivent, sans cesse, mettre en jeu leurs capacités de réactions physiques et montrer qu'ils demeurent les plus forts. Les policiers de la BAC nuit font, en effet, totalement partie du décor de la « culture de la rue »[287] dans laquelle la loi du plus fort domine une bonne partie des inter-relations des « jeunes de cité », notamment des plus jeunes. La loi du plus fort joue à plusieurs niveaux, celui des individus, des groupes et des pairs[288] (dans un contexte où le rapport de force est central dans la construction et la préservation de sa face personnelle et collective) confrontés à des groupes de jeunes ; dans la pratique, les policiers adoptent la posture d'un autre groupe partageant la même culture agonistique. En s'opposant au groupe « policiers », des jeunes cherchent ainsi à éprouver leur courage et à construire une face positive, personnelle et collective, dans l'affrontement. Le rapport eux/nous dans lequel s'inscrivent de nombreux jeunes de quartier ainsi qu'une part importante de policiers de la BAC nuit, façonne donc beaucoup d'interactions au sein desquelles chacun tente de soumettre son « adversaire » souvent hétéro-désigné, voire hétéro-racisé négativement. Cependant, dans cette interaction virile et dure et dans le but de maintenir l'ordre et d'assurer la tranquillité publique des « honnêtes citoyens », les policiers revendiquent le fait qu'ils sont les seuls agents légitimes ayant le droit, voire le devoir, d'imposer un rapport de force en utilisant la violence si nécessaire. Or, ce positionnement n'est pas accepté par la plupart des jeunes de quartier considérant les policiers, notamment à l'aune de leurs comportements agressifs et provocateurs, avant tout comme les membres d'une « bande » rivale avec lesquels il faut batailler pour préserver sa face. En fait, dans une situation où les jeunes des quartiers populaires, en difficulté d'insertion

sa petite sœur très très violemment. Sa petite sœur et sa meilleure amie sont allées en boîte de nuit un vendredi soir et une rumeur a couru dans le quartier comme quoi sa sœur serait sortie avec un mec. Ce jeune a alors voulu laver l'honneur de sa famille. Il a donc frappé sa sœur et l'amie de sa sœur, très violemment, le lundi soir. Il les a laminées de coups. Elles ont été transportées à l'hôpital et étaient ouvertes de partout. Il a fait preuve d'une violence inouïe » (Entretien avec Eric, policier de la BAC nuit).

287 « La notion de « culture de rue » renvoie ainsi à « un réseau complexe de croyances, de symboles, de modes d'interaction, de valeurs et idéologies émergeant en opposition à l'exclusion suscitée par la société dominante (P. Bourgois, 2001, *op. cit.*, p. 36). La densité et la variété des réseaux d'interconnaissances supposent une maîtrise de son image sociale qui nécessite une parfaite connaissance des codes sociaux dictés par la culture de rue. Les questions d'honneur et de réputation, l'inculcation de l'habitus agonistique, comme sa place dans la hiérarchie de la « loi du plus fort », deviennent ainsi des enjeux centraux dans la construction de la « façade personnelle » entendue « comme les éléments qui, confondus avec la personne de l'acteur lui-même, le suivent partout où il va » (E. Goffman, 1973, *op. cit.*, p. 30). Autant d'enjeux sur lesquels il est nécessaire de s'arrêter pour tenter de saisir quelques-uns des éléments décisifs de la définition des systèmes normatifs adolescents, dans un contexte où le sentiment d'appartenance au quartier s'exacerbe » (B. Moignard, 2008, *op. cit.*, p. 42).

288 Cf. « La loi du plus fort joue donc sur trois niveaux : dans les relations d'individu à individu, dans les interactions de groupe à groupe, et à l'intérieur du groupe de pairs » (S. Rubi, 2005, *op. cit.*, p. 183 cité in B. Moignard, 2008, *op. cit.*, p. 47).

socioprofessionnelle, sont livrés à eux-mêmes durant la nuit, il semble que les policiers de la BAC et les jeunes de cité sont condamnés à s'opposer plus ou moins violemment : les premiers sont, avant tout, chargés de pacifier des espaces ghettoïsés et de soumettre les jeunes de quartier tandis que les seconds tentent de maintenir une estime d'eux-mêmes en se confrontant, quelquefois violemment, avec ceux qui représentent, de la façon la plus caricaturale, leur oppression. Pour autant, comme nous l'avons vu, certains policiers, à l'instar d'Eric, ont conscience que la militarisation des cités durant la nuit n'est pas une solution acceptable : d'une part, elle envenime les antagonismes jeunes/police, favorise les confrontations violentes et, d'autre part, elle met en danger les forces de l'ordre devant occuper des territoires de plus en plus révoltés et sous tension permanente. En ce sens, le jour comme la nuit, Eric pense donc qu'à la place d'interventions policières répressives, il serait préférable d'organiser une forme de régulation sociale plurielle mobilisant une pluralité d'acteurs, notamment des éducateurs, devant permettre d'éviter des passages à l'acte violents entraînant des réactions policières quelquefois disproportionnées, injustes et humiliantes, elles-mêmes productrices de rancœurs et d'envies de vengeance[289] : « C'est vrai que le couvre-feu mis en place à la Cité des enfants perdus, après les émeutes, avait été impressionnant. C'était fort, c'était une mesure très très forte. L'extérieur était balisé. Il y avait un barrage, des gendarmes mobiles qui filtraient et, à l'intérieur du périmètre, des CRS qui tournaient et un hélicoptère qui survolait la zone. Pour moi, c'était beaucoup, c'était trop fort. J'aurais été habitant de la Cité des enfants perdus, je n'aurais pas aimé ; je me mets à leur place ; je n'aurais pas aimé du tout. Là, c'était vraiment Banlieue 13 (titre d'un film) ; on quadrille la cité ; puis, on met un mur autour ; je n'aurais pas du tout apprécié. » Or, malgré cette prise de conscience de la part d'Eric que la militarisation, la nuit, des modes d'intervention policiers, paradoxalement, renforce des confrontations violentes, facteurs de désordre, au moment où nous menons notre enquête, le gouvernement en place, notamment sous la pression des différents lobbies sécuritaires, promet de mettre en œuvre un régime de traitement policier d'exception pour les « banlieues sensibles » : « En recourant de plus en plus à la technologie et en spécialisant ses forces d'intervention, le ministère de l'Intérieur met en place un régime d'exception pour les banlieues. (...) Pour limiter les risques de diffusion des incidents, la police mobilise des moyens absolument considérables – qui traduisent son inquiétude quant au climat réel dans les cités sensibles. »[290]

289 Suite aux émeutes de l'automne 2005 à la Cité des enfants perdus, seize personnes ont été interpellées pour avoir enfreint le couvre feu mis en place durant onze nuits. Toutes ces personnes ont été condamnées par la justice.
290 L. Bronner, I. Mandraud, « Trois ans après la crise des banlieues de 2005, la police française adopte de nouvelles techniques » in *Le Monde* du 18 octobre 2008, p. 10.

Extrait du carnet de bord

Le jour de la réunion collective avec des policiers et des jeunes de la cité

Aujourd'hui, il s'agit d'un jour important pour notre enquête. A 14 h, des policiers de la BAC jour et de la BAC nuit viennent dans notre appartement participer à une séance « d'intervention sociologique ». Avec l'autorisation du commissaire de Trincamp, nous avons en effet convenu avec le chef de la BAC jour et plusieurs de ses collègues de la BAC nuit qu'ils participent à une réunion avec des jeunes de la Cité des enfants perdus pour discuter, à partir de nos observations de terrain et des entretiens déjà réalisés, de la réalité des rapports entre les forces de l'ordre et les jeunes de la cité. Au cours de notre campagne d'entretiens, nous avions prévenu quelques-uns des interviewés, notamment des jeunes et des policiers, de notre souhait d'organiser une rencontre police/jeunes afin de confronter leurs points de vue sur les relations qu'ils entretiennent ainsi que sur leurs représentations des phénomènes de violence dans le quartier. A notre grande surprise, les policiers comme les jeunes ont d'ailleurs spontanément accepté de participer à cette rencontre pensant qu'elle pouvait tenir lieu d'espace de médiation. Les jeunes qui ont accepté de participer à cette séance collective ont été invités par Nino, un animateur sportif issu du quartier, très connu et respecté et avec qui nous avons peu à peu tissé une relation privilégiée. En effet, durant les mois où nous avons arpenté les rues de la Cité des enfants perdus pour réaliser des entretiens et des observations, assisté à des rencontres sportives, passé des soirées et des week-end à sillonner la cité, nous avons régulièrement rencontré cet animateur très investi professionnellement, amicalement et familialement dans le quartier. Nino a reconnu notre volonté de comprendre ce qui se déroule à la Cité des enfants perdus au-delà des apparences et des images négatives, souvent spectaculaires, véhiculées par les médias. C'est ainsi qu'un climat de confiance s'est, peu à peu, constitué avec lui et un de ses amis proche, également très reconnu dans le quartier notamment pour ses relations tumultueuses avec la police lorsqu'il était plus jeune. Quoi qu'il en soit, si ces jeunes ont pris des risques, notamment vis-à-vis de leurs pairs, en acceptant d'être nos intermédiaires pour que d'autres jeunes de la cité participent à une rencontre réunissant des acteurs habituellement engagés dans des interactions antagonistes, c'est qu'ils ont manifesté un réel intérêt pour notre démarche d'« engagement sociologique ».

Ainsi, afin de préparer dans de bonnes conditions cette séance de travail collectif, nous nous rendons dans la matinée à la Cité des enfants perdus. Arrivés dans la cité, nous faisons quelques courses, achetons du café, des gâteaux, des jus de fruit pour que les participants à la réunion soient à l'aise pour discuter de sujets potentiellement sensibles. Ensuite, nous allons manger dans le restaurant turc « Dadas » situé au cœur de la cité, place Kennedy, où nous avons pris l'habitude de nous restaurer. D'ailleurs, nous avons donné rendez-vous aux jeunes dans ce restaurant, dès 13h30, pour leur expliquer plus concrètement comment nous envisagions d'animer la réunion et de leur préciser quels policiers seront effectivement présents. En effet, certains jeunes nous ont fait part de leur réticence à s'exprimer devant des policiers qu'ils connaissent parfaitement, en particulier le chef de la BAC jour en poste à Trincamp depuis de très nombreuses années. Apprenant que ce policier sera finalement là, des jeunes, dont certains ont reçu une convocation pour se présenter au commissariat de police, décident alors de ne pas assister à la réunion une fois arrivés devant la porte de l'immeuble où se trouve notre appartement. Heureusement, quatre jeunes acceptent quand même de participer à la réunion. Lorsqu'ils arrivent dans le local, les quatre policiers sont déjà installés autour de la table. L'atmosphère est plutôt lourde. Néanmoins, les jeunes serrent la main des fonctionnaires de police chacun leur tour. Une tasse de café chaud est la bienvenue pour briser la glace. Nous expliquons à tous les participants présents la règle du jeu dans ce genre de travail puis annonçons notre première hypothèse sur les rapports tendus entre les jeunes de la cité et la police. Nous proposons alors de faire un tour de table de manière à ce que chaque personne se définisse comme elle le souhaite. En effet, nous avons pris le soin de ne pas présenter les jeunes aux policiers afin de leur laisser toute latitude de le faire comme ils l'entendaient. Un jeune prend alors la parole, suivi d'un policier lançant ainsi une discussion à bâtons rompus qui durera plus d'une heure sur les relations complexes entre les jeunes et la police à la Cité des enfants perdus. Les policiers connaissent tous les jeunes présents, au moins de vue pour les avoir souvent croisés dans le quartier ou même les avoir arrêtés et mis en garde à vue. Les policiers interrogent les jeunes sur leurs comportements provocateurs, sur le manque de respect dont ils font preuve systématiquement vis-à-vis des forces de l'ordre (notamment, lorsqu'ils crachent par terre, chaque fois qu'une voiture de police passe devant eux). Les jeunes connaissent également tous les policiers présents et les questionnent sur des attitudes qu'ils ont eues à leur égard, jugées abusives et humiliantes. Les échanges sont quelquefois vifs mais toujours corrects. En revanche, chacun campe sur ses positions mais tous regrettent que de telles explications n'aient pas lieu plus souvent puisqu'ils affirment, qu'en comparaison à d'autres endroits, à la Cité des enfants perdus, finalement, les anciens « flics » et les jeunes s'aiment bien. En effet, au fil du temps, des jeunes et des policiers ont fini par se reconnaître mutuellement. Ils se fréquentent depuis longtemps et régulièrement, ce qui limite les dérapages. Au bout d'une heure vingt de débats intenses, nous demandons si quelqu'un à quelque chose à rajouter. Tous pensent avoir déjà beaucoup parlé et nous levons donc la séance. Les policiers serrent la main à chacun et les jeunes font de même.

Après avoir rangé l'appartement et préparé notre chambre à coucher (nous avons décidé de passer la nuit dans le quartier), nous faisons un tour dans la cité qui est plutôt animée au moment où nous sortons. En effet, nous sommes vendredi et c'est le jour du marché. Comme de nombreux marchés dans les quartiers périphériques populaires, celui-ci est majoritairement composé de vendeurs de produits moyens-orientaux, de fruits et de légumes, de vêtements et de chaussures bon marché. C'est un marché très coloré où de nombreuses femmes d'origine africaine ou du Maghreb, souvent accompagnées de jeunes enfants, viennent faire leurs courses tandis que les hommes prennent un thé ou un café dans les bars situés autour de la place centrale. En nous baladant, nous rencontrons les jeunes qui ont participé à la réunion en présence d'amis discutant au coin d'une rue. Nous nous joignons à eux, un moment, pour commenter ce qui vient de se passer avec des policiers. Les jeunes affirment que, malgré cette discussion cordiale, rien ne changera fondamentalement. D'ailleurs, juste après être sortis de l'appartement, ils ont constaté que les policiers ont appelé leurs collègues avec un talky-walky pour qu'ils viennent les chercher. Une voiture, postée en embuscade, a alors surgi en trombe et les policiers s'y sont rapidement engouffrés. En fait, les jeunes expriment leur fatalisme : rien ne changera jamais dans le quartier. Même s'il est vrai qu'à la Cité des enfants perdus, à force de côtoyer les policiers de la BAC jour, les choses se passent généralement bien, il n'en reste pas moins que beaucoup de policiers, notamment les CRS ou les brigades de roulement, provoquent les jeunes. Nous parlons alors d'autre chose tandis que nous saluons très fréquemment des groupes de jeunes filles ou de garçons qui viennent à la rencontre de notre petit attroupement. Après un salut collectif, nous décidons de continuer notre route dans le quartier en allant prendre des nouvelles de plusieurs personnes y travaillant (régie de quartier, maison de la médiation, centre de loisirs, commerçants, jeunes rappeurs...). Mais, finalement, nous allons nous reposer dans notre appartement avant de sortir nous restaurer vers 21 heures dans le quartier du « PSR » où nous mangeons un sandwich préparé dans une camionnette ambulante, tenue par des commerçants affichant ostensiblement leur croyance musulmane. D'ailleurs, cette sandwicherie est un lieu très prisé par les « barbus » du quartier, en particulier, les missionnaires musulmans qui aiment fréquenter cet endroit convivial pour tisser des liens avec les jeunes et leur proposer de venir prier à la mosquée (à la Cité des enfants perdus, il existe plusieurs « fast-food » pratiquement tous tenus par des « barbus »). En nous restaurant à l'extérieur, nous pouvons donc observer les réseaux de sociabilité du quartier mais également établir plusieurs conversations informelles, notamment avec les commerçants. Il est presque 23 heures lorsque nous décidons de rentrer nous coucher. En cours de route, nous rencontrons quelques familles avec des enfants, plusieurs voitures de police qui font des rondes en dévisageant les différents regroupements de jeunes postés à plusieurs endroits stratégiques du quartier (PSR, la Plaine, Molière, RCP). Nous observons également un temps des jeunes « SDG » qui s'amusent assez bruyamment dans les rues près de la place Kennedy. Lorsque nous nous couchons, comme habituellement, des jeunes sont regroupés non loin de nos fenêtres. Ils s'amusent en faisant beaucoup de bruit durant une bonne partie de la nuit (cris, invectives, coups de klaxons, rires, crissements de pneu...) J'en profite donc pour écrire le carnet de terrain. Il est 00h53, je m'allonge sur mon matelas pneumatique tandis que le vacarme extérieur bat son plein. Le lendemain, nous nous levons à 6h45. La nuit a été courte et peu propice à un sommeil réparateur. En effet, plusieurs groupes de jeunes ont, finalement, fait du bruit jusqu'à au moins 3 heures du matin et notre voisin situé juste en dessous de nous a écouté de la musique à plein volume durant toute la nuit. D'ailleurs, à l'instant où j'écris (7h36), cette musique n'a toujours pas cessé, ce qui provoque un fort bourdonnement dans ma tête. Nous prenons rapidement notre petit déjeuner et décidons de faire un tour du quartier, de bon matin (8h05) avant de quitter la cité.

Conclusion

Contrôler, occuper et pacifier des territoires de désordres

La police chargée du renseignement indique que, depuis la désindustrialisation de la ville et la dissolution de l'organisation sociale municipale « communiste » et paternaliste qui accompagnait cette période[291], le quartier de la Cité des enfants perdus est en proie à un processus de ghettoïsation et de désorganisation/réorganisation sociale, propice au développement d'un climat de violence. Dans ce contexte, les jeunes du quartier de la Cité des enfants perdus sont désignés comme des producteurs centraux de la violence. Après plusieurs épisodes émeutiers dans les années 1990 mais surtout après les violences insurrectionnelles

291 Cf. M. Boucher, 2004, *op. cit.* ; O. Masclet, *La gauche et les cités. Enquête sur un rendez-vous manqué*, Paris, éd. La Dispute, 2003.

de l'automne 2005 qui furent traumatisantes pour beaucoup d'acteurs sociaux de la ville, la police craint fortement que de nouvelles explosions de violences collectives juvéniles se déclenchent. Néanmoins, d'autres acteurs locaux, notamment politico-institititutionnels, sont désignés comme ayant leur part de responsabilité dans la production indirecte de phénomènes de violence. Ces acteurs apparaissent, dès lors, comme des co-producteurs de la violence plutôt que comme des régulateurs de tensions. Au niveau politico-institutionnel, depuis la décomposition du pouvoir « communiste » ayant gouverné la ville durant plusieurs décennies, des acteurs politiques locaux, en concurrence pour la prise du pouvoir local, considèrent, avant tout, le quartier de la Cité des enfants perdus comme un vivier électoral à conquérir. Dès lors, ces acteurs considèrent les associations locales, théoriquement chargées, dans l'intérêt de tous, de rendre des services sociaux et culturels aux résidents du quartier comme des courroies de transmission de leurs luttes politiciennes et de leurs intérêts particuliers. Ainsi, les associations locales souvent précaires, créées ou instrumentalisées par les acteurs politiques locaux, entrent en concurrence entre elles au lieu de coopérer pour participer à la régulation sociale locale. Dans la pratique, ces acteurs associatifs co-produisent ainsi un climat de tension et de violence au lieu d'apporter des solutions concrètes et émancipatrices aux habitants. Dans cette optique, alors qu'en quelques années le quartier s'est fortement ethnifié, dans une perspective néo-coloniale, méprisante, voire raciste, il existe aussi une forte instrumentalisation de la dimension « ethnico-raciale » et religieuse de beaucoup d'associations locales. Celles-ci sont utilisées par les acteurs politiques locaux, d'une part, pour faire du « rabattage électoral ethnique » et, d'autre part, pour assurer la paix sociale à partir de référentiels ethnico-religieux. Dans ce cadre, même si cela reste encore peu médiatisé, des leaders de la « communauté musulmane » sont mobilisés par le pouvoir politique local pour participer au maintien de l'ordre. Cependant, pour la police, la sous-traitance du contrôle social à des promoteurs de morale religieux peut s'avérer contre-productive si, finalement, ce sont les musulmans les plus radicaux qui tirent profit de l'espace politique et éducatif laissé en friche par les pouvoirs publics. En effet, le processus de ghettoïsation de la Cité des enfants perdus se caractérise également par un véritable déficit d'encadrement professionnel de la jeunesse du quartier puisque, la plupart du temps, ce sont des jeunes de la cité repérés pour leur charisme et/ou leurs capacités à apaiser ou enflammer le quartier qui sont employés par des associations impliquées dans les conflits politiques locaux pour assumer une mission éducative. Reste qu'il est certain qu'une partie des policiers interrogés sont parfaitement conscients que les jeunes de la Cité des enfants perdus, même s'ils ne les dédouanent certainement pas de leur responsabilité individuelle dans certaines affaires criminelles, ne sont pas, pour autant, les seuls acteurs en cause dans la production du désordre. Dans un contexte de paupérisation, de relégation et de racisation du quartier de la Cité des enfants perdus, des acteurs politico-institutionnels locaux mais également la mise en œuvre de décisions politiques nationales (notamment la déstructuration de la police de proximité et de renseignement au profit d'une police de répression mais, plus largement encore, l'affaiblissement des services publics de proximité) participent à la détérioration des rapports sociaux et à la décomposition de l'espace démocratique (clientélisme) générant ainsi un climat de tension permanent difficile à maîtriser.

La police en charge du travail de proximité exprime également sa difficulté à agir dans un territoire urbain fortement dégradé, désocialisé et racisé au sein duquel, faute de moyens humains et de capacités de répression, les forces de l'ordre se sentent assez démunies pour assurer correctement la tranquillité publique sur la totalité du quartier de la Cité des enfants perdus. Dans ces conditions, une grande partie de leurs activités consiste à gérer des problèmes relatifs à la misère sociale des habitants conduisant notamment des personnes à s'alcooliser et à se battre entre elles (violences conjugales, problèmes de voisinage). Ces policiers doivent également traiter des problèmes d'incivilités et d'insécurité en tentant de rassurer des personnes fragiles et isolées se sentant démunies pour se faire respecter dans un quartier où, pour exister, il est préférable d'avoir la capacité d'imposer un rapport de force. La cité est, en effet, décrite comme un territoire particulièrement pathogène et criminogène au sein duquel les trafics illégaux sont en plein développement et conditionnent beaucoup de comportements agressifs de jeunes dont la plupart sont assimilés à des délinquants en voie de désocialisation. Le quartier de la Cité des enfants perdus est effectivement un territoire largement perçu comme mortifère, composé de plusieurs catégories de populations ethnicisées et essentialisées dans trois principaux groupes : les « victimes », les « irresponsables » et les « agresseurs ». Le premier groupe est constitué de « petits Blancs », autrement dit, de personnes fragiles psychologiquement, notamment les « cas sociaux » ou de personnes âgées. Ces personnes sont d'abord présentées comme les victimes de la misère, du chômage mais aussi des populations immigrées et de leurs enfants. Les policiers se sentent alors le devoir de les aider à surmonter leurs difficultés et de les protéger contre leurs agresseurs. Le second groupe est constitué de familles nombreuses, notamment de familles d'origine étrangère, désormais majoritaires dans de nombreux immeubles qui, à part quelques exceptions (il s'agit des parents qui acceptent de collaborer avec les forces de l'ordre pour garantir la paix sociale), sont caractérisées par la police comme des populations irresponsables posant des problèmes d'intégration et productrices d'incivilités. Le troisième groupe est composé des enfants turbulents de ces familles. Ces jeunes mal éduqués sont considérés comme des délinquants en puissance, particulièrement hostiles à la police. Or, si elle s'en donne les moyens, la police est pourtant considérée comme la seule force républicaine encore en capacité de s'opposer à ces jeunes producteurs de désordres. Bien loin d'être considérée comme une ressource, la jeunesse populaire de la Cité des enfants perdus, surtout celle visiblement issue de l'immigration africaine est, en effet, pensée comme un problème majeur puisque les jeunes apparaissent comme potentiellement dangereux, producteurs de phénomènes de délinquance et d'une violence définie comme étant de plus en plus forte et gratuite. Ainsi, faire parti d'un groupe de jeunes réunis en bas d'un immeuble suffit à vous assimiler à des trafiquants de drogue et à des voyous. Il existe, en effet, une sorte de présomption de culpabilité des jeunes de la Cité des enfants perdus qui justifie le fait que ceux-ci soient souvent contrôlés par la police. Les relations établies avec les jeunes de cité sont, en fait, toujours inscrites dans un rapport de confrontation et d'hostilité. En ce sens, les policiers ont peur des regroupements de jeunes et de l'unité dont ils peuvent faire preuve face aux forces de l'ordre lors d'un contrôle ou d'une interpellation. Lors d'une séance collective, un policier relate une anecdote qui illustre cette crainte : « Un collègue est resté dans le coma pendant quinze jours pour une histoire de scooter volé. Nos collègues contrôlent un scooter volé et s'apprêtent à interpeller le gars qui était dessus. Là, des jeunes sont descendus à une trentaine et ont frappé à terre un des collègues. Ils ont pu se dégager parce qu'ils ont sorti leur arme de service et ont menacé de faire feu. Ils ont donc pu se replier mais, sinon, ils le massacraient, ils te tuaient. » Face aux regroupements juvéniles, les policiers souhaitent donc imposer un rapport de force qui leur soit favorable même si celui-ci engendre des envies de vengeance du côté des jeunes stigmatisés, ce qui complique alors la vie quotidienne des policiers. Lorsqu'ils ne sont pas assez nombreux face aux jeunes, notamment dans certains endroits décrits comme des « points chauds », les policiers évitent le contact dans la mesure du possible. S'ils sont contraints de parlementer avec les jeunes, le dialogue est alors perçu comme une incapacité à imposer un rapport de force.

La police chargée du maintien de l'ordre et des interpellations n'a pas exactement la même appréciation du rapport police/jeunes. Les BAC jour et les BAC nuit n'interviennent pas de la même façon. Même si les deux BAC font un travail de prévention des passages à l'acte délinquants et d'interpellation, les premiers travaillent plus dans l'inter-connaissance tandis que les seconds, au regard de la spécificité de la nuit, font surtout du contrôle, de la régulation et de la répression, bref, du maintien de l'ordre. Ainsi, lors d'une séance d'intervention sociologique réunissant des policiers des BAC jour et nuit, en dialoguant entre eux, les policiers décrivent des modes d'intervention différents : « *Policier de la BAC nuit* : - J'ai tourné avec lui (il s'adresse au chef de la BAC jour). J'ai tourné pas mal avec la BAC jour durant un temps puis j'ai beaucoup tourné avec la BAC nuit, énormément. On a beaucoup de différences. Déjà, il y a une différence d'âge. A la BAC jour, vous avez tous la quarantaine passée. *Policier de la BAC jour* : - Oui,

oui, c'est vrai. *Policier de la BAC nuit* : - ils ont une bonne connaissance des individus depuis une dizaine d'années, une quinzaine d'années. Quand je travaille avec Dominique, j'hallucine. Quelqu'un passe dans la rue. Il fait « tiens » (claquement de doigt), Vincent, viens là, faut qu'on t'ramène au poste. Alors, le gars arrive… Nous (policiers de la BAC nuit), la nuit, c'est pas pareil. Le contexte change souvent. Il y a l'alcool, il y a tout ça ; c'est vrai que c'est parfois plus tendu. Nos rapports sont parfois plus frontaux. J'aime bien tourner quelquefois avec la BAC jour parce que les rapports sont plus simples. On peut parler plus facilement avec les gens alors que la nuit c'est plus difficile. » Les jeunes présents lors de l'intervention sociologique font d'ailleurs une nette différence entre les modes d'intervention de la BAC jour et ceux de la BAC nuit : « *Un jeune décrivant l'action du chef de la BAC jour* : Si on le voit dans le quartier, c'est qu'il y a quelque chose. On le voit mais voilà, il ne vient pas pour contrôler tout le temps ; il sait ce qu'il vient chercher alors que la BAC nuit, elle est plus folle entre parenthèse : dès qu'une voiture passe… » Pour autant, contrairement à d'autres forces de police de passage, les équipes de la BAC doivent exercer leur travail sur le long terme et prendre garde de ne pas se mettre à dos toute la population du quartier : « *Un policier de la BAC* – Quand on débarque dans le quartier, on est trois ou quatre tandis que les CRS sont douze. Le rapport n'est donc pas le même. De plus, les CRS ne connaissent pas les jeunes. Pour eux, si ça se passe mal, ils s'en foutent ; la semaine d'après ils seront à Rennes, Toulouse ou Marseille. Nous (la BAC), on doit agir sur le long terme, on a des relations à gérer sur le long terme, c'est le long terme notre travail. On ne peut donc pas réagir comme les CRS et avoir une stratégie à court terme. »

Quoi qu'il en soit, au bout du compte, même si les policiers de la BAC sont souvent connus par les jeunes, que ces derniers ont conscience que les agents de la BAC nuit et ceux de la BAC jour n'interviennent pas de la même façon, qu'ils sont perçus différemment par la population du quartier et ne produisent pas les mêmes risques de dérapage, néanmoins, ce sont bien les pratiques policières, jugées humiliantes et oppressives, qui dominent dans la plupart des représentations juvéniles des jeunes de la cité. Dans la pratique, et notamment parce que les policiers craignent de perdre la face lors de confrontations avec des jeunes qui, depuis les émeutes de 2005, apparaissent comme particulièrement dangereux (« certains n'ont peur de rien »), effectivement, les policiers de la BAC décrivent des modes d'intervention policiers assez agressifs à l'encontre des « jeunes de quartier », surtout si ces derniers sont regroupés et sont, dès lors considérés comme faisant partie d'une « bande ethnique». A l'instar du major Mitchel, les policiers de la BAC formulent une sorte de présomption de culpabilité à l'encontre des jeunes de la Cité des enfants perdus, notamment des Noirs (il existe un important séparatisme racial et culturel) perçus comme potentiellement plus violents, plus imposants physiquement et ayant des réactions plus « barbares » que les autres jeunes de la cité. Dans ce contexte pusillanime, en s'appuyant si nécessaire sur de nouveaux matériels défensifs et des équipements offensifs, les policiers de la BAC imposent donc un rapport de force, voire, comme nous l'avons vu, instaurent un « rapport de peur ». Dans le cas de la BAC nuit, la proximité générationnelle et une moins grande expérience professionnelle peut d'ailleurs favoriser le développement de confrontations virilistes même si les policiers sont théoriquement tenus de respecter un cadre légal : « *Un policier de la BAC s'adressant à un jeune* : Le collègue avec qui tu vas t'accrocher verbalement, dans un premier temps, ça reste verbal, après ça va monter, ça va monter, ça va monter et, à un moment, à force de monter, ça risque d'en arriver aux mains. T'es d'accord ? Or, nous (les policiers de la BAC) on est limité par un cadre légal et on ne peut pas tomber le ceinturon et la veste et dire que, maintenant, on va s'expliquer à la main. On ne peut pas, on n'a pas le droit. Donc, comme on ne peut pas aller plus loin, il faut que l'on arrête là et que l'on fasse une procédure. On peut pas tomber la veste et puis se bastonner... » . Quoi qu'il en soit, les jeunes doivent se soumettre et se montrer dociles en cas de contrôles : « Enlevez les mains des poches ! Ne crachez pas ! Enlevez vos caquettes ! etc. ») Ainsi, il existe une sorte de routinisation des contrôles et des mécanismes de domination. D'ailleurs, chez tous les policiers de terrain rencontrés, la négociation avec des jeunes est vécue comme un échec. Discuter simplement avec des jeunes présents dans la rue ne sera pas mal vécu par les policiers uniquement si les policiers le décident de leur propre chef et qu'ils ont le sentiment qu'ils auraient, de toute façon, le dessus en cas de réactions violentes. Dans cette perspective, beaucoup de jeunes de la Cité des enfants perdus considèrent les modes d'action de la BAC comme de l'oppression. Ce sentiment génère alors de la haine à l'encontre de toutes les forces de l'ordre et l'envie de se venger des brimades qu'ils subissent. Les policiers sont, en effet, considérés comme les représentants d'un Etat raciste et ségrégationniste : « *Un jeune de la Cité des enfants perdus lors d'une réunion collective* – Pour moi, l'Etat est responsable des problèmes qu'il y a dans le quartier. Ils (les représentants de l'Etat) ont concentré des Arabes, des Africains et les gens, en général, se sont sentis parqués. Les jeunes disent : on est à part ; on ne nous accepte pas ! » La racisation dont font l'objet beaucoup de jeunes de la Cité des enfants perdus est alors également appliquée aux policiers traités de « sales Blancs » ou de « Bounty » lorsqu'ils sont noirs. Ainsi, rares mais cycliques, des confrontations guerrières et leurs les épisodes émeutiers permettent alors aux jeunes de se libérer du rapport de domination qui les étouffe. Or, les opérations de maintien de l'ordre, menées pour ramener la tranquillité publique dans des territoires de sécession, est alors propice au développement d'une crainte et d'une haine réciproque. Les jeunes et les policiers sont entraînés dans un cercle vicieux où ils co-produisent la violence. Face à des réactions perçues comme ultra-violentes de la part de certains jeunes de quartier, les policiers ont des réponses qu'ils qualifient également d'ultra-violentes. Au cours de la séance d'intervention sociologique, un policier de la BAC indique ainsi que, lors des émeutes de 2005, si la police avait réagi avec la même intensité et la même violence que les jeunes émeutiers, la Cité des enfants perdus se serait certainement transformée en champ de bataille où il aurait dès lors fallu compter les morts. Dans des situations très tendues comme lors d'épisodes émeutiers, les policiers en appellent alors à leur professionnalité et à leur « self-contrôle » pour ne pas sombrer, à leur tour, dans une violence aveugle : « *Un policier de la BAC* – Le soir des émeutes, c'était très violent. Maintenant, heureusement que nous (les policiers), ce soir-là, on s'est raisonné parce que l'on aurait pu arriver à des extrêmes. Face à la violence qui s'est exprimée, surtout contre une collègue de la police municipale à terre et grièvement blessée, là oui, on aurait pu aller très très loin. Quand j'ai vu la collègue en sang par terre, je la croyais morte ; j'avais donc plus beaucoup de raison. Heureusement que l'on s'est tous finalement auto-raisonnés. On aurait pu péter les plombs. Il y a eu un mouvement. Heureusement qu'on était un groupe solidaire et qu'on a fait en sorte de tous garder la raison. »

Les confrontations violentes à l'épreuve des interactions police/jeunes

Au-delà des caricatures sur la police, nous avons vu qu'à la Cité des enfants perdus, existent plusieurs types de police et une pluralité de points de vue. Les policiers étudiés n'ont pas tous, nécessairement, la même appréciation de la situation en matière de production de la violence. Certains d'entre eux insistent plus particulièrement sur la désorganisation sociale, la paupérisation, l'ethnicisation et la ghettoïsation du quartier ainsi que sur le rôle fondamental des acteurs politiques locaux dans le développement de phénomènes de violence. D'autres expriment une forte crainte vis-à-vis d'une jeunesse populaire très stigmatisée, racialisée, perçue comme imprévisible, profondément délinquante et « anti-flic », voire barbare. A contrario, des agents des forces de l'ordre soulignent que, malgré des confrontations régulières avec des jeunes de la cité, grâce à une présence quotidienne et ancienne, ils arrivent néanmoins à tisser des relations sociales d'interconnaissance avec certains jeunes et à représenter une figure d'autorité dans le quartier. Cependant, de façon générale, d'un côté, les policiers essentialisent largement les jeunes de la Cité des enfants perdus dans le sens où ils les considèrent tous comme de potentiels « graines de crapule », et, de l'autre, insistent sur l'importance de pouvoir imposer à ces jeunes un rapport de force. Dès lors, entre les jeunes et la police, c'est une logique de confrontation qui domine les inter-relations. Dans cette perspective, lors de l'intervention sociologique réunissant des jeunes de la Cité des enfants perdus et des policiers de la BAC (nuit et jour), les jeunes décrivent des interventions policières de la BAC ressemblant plus à une agression ou à une séance d'humiliation qu'à un simple contrôle[292]. En effet, ceux-ci dénoncent l'abus de pouvoir dont font preuve certains représentants de l'ordre qui, notamment lors de fouilles au corps, brutalisent inutilement les jeunes interpellés : « T'as des policiers qui vont te fouiller un peu n'importe comment ! » Les policiers réagissent vivement à cette dénonciation. Les jeunes feraient une confusion entre une agression et une technique de police particulière apprise dans les écoles de police : *la palpation de sécurité* : « *Policier de la BAC* : - En école de police, on nous apprend la palpation comme ça. C'est pour une raison très simple : quand on tombe sur un toxicomane qui a une seringue sur lui, ça évite justement de se piquer sur un embout d'aiguille ; alors on ne glisse pas parce que quand on glisse on va peut-être se piquer sur une aiguille. Donc, on palpe le corps. *Jeune* : - Quand tu tombes sur un toxicomane, (le jeune est offusqué qu'on puisse le confondre avec un toxicomane), moi, je ne sais pas ça... ça se reconnaît non ? – *Policier de la BAC* : Non, pas toujours. Justement, c'est ça le problème. Parfois, on est surpris par des gens. On ne sait pas forcément sur qui on va tomber. » Ainsi, alors que les jeunes considèrent que les contrôles sont souvent abusivement agressifs, stricts et humiliants, les policiers affirment qu'il s'agit avant tout de mesures de sécurité afin d'éviter que les policiers soient blessés : « *Un policier de la BAC* : - Si on demande de sortir les mains des poches lors d'un contrôle, c'est par mesure de précaution. Il peut y avoir un couteau, il peut y avoir n'importe quoi. On demande également d'arrêter de fumer, pas parce que cela nous dérange mais parce qu'avec la clope, on peut se faire brûler. *Un policier s'adressant aux jeunes* - Je crois qu'il y a énormément de choses que vous ne comprenez pas dans nos manières d'intervenir comme les mains des poches, comme allumer une cigarette, il y a plein de choses comme ça, vous ne comprenez pas pourquoi. Pourtant, les explications sont toutes simples. A la base, c'est de la procédure et, ensuite, c'est de la sécurité pour nous parce qu'avec n'importe quoi, on peut tomber sur quelqu'un qui pète un plomb et qui peut nous blesser. » Mais cette explication, apparemment de bon sens, ne satisfait pas les jeunes pour autant. En effet, un jeune décrit une situation dans laquelle il a été impliqué et où un policier l'a malmené et humilié alors qu'il demandait simplement un renseignement au commissariat dans le cadre de la garde à vue de son petit frère. Le policier tente alors d'expliquer au jeune que ce qu'il a perçu comme de la mauvaise volonté, voire de la provocation de la part du gardien de la paix, était peut-être simplement lié à des règles de procédure s'imposant aux policiers. Mais face à ces explications, le jeune en question n'en démord pas : il a eu affaire à un policier agressif et provocateur, ayant fait de l'abus de pouvoir car, face aux questionnements du jeune, le policier l'a alors menacé de l'embarquer. Les policiers sont, en fait, accusés de mal se comporter avec

292 Cf. F. Jobard, « Comprendre l'habilitation à l'usage de la force policière » in *Déviance et Société*, 2001/3, vol. 25, p. 325-345.

les jeunes parce qu'ils les considèrent comme des citoyens de seconde zone et qu'ils pensent être au-dessus des lois. En effet, les jeunes relatent des anecdotes qu'ils ont personnellement vécues dans lesquelles des jeunes ont été placés en garde à vue sans motifs sérieux alors qu'ils résistaient simplement à un contrôle de police jugé abusif : « *Un jeune* : L'autre jour, trois jeunes ont été mis en garde à vue juste pour des paroles. Ils discutaient, ça chauffait puis hop, ils avaient trente secondes pour sortir de l'immeuble sinon on leur rentrait dedans. Moi, j'ai eu le temps de sortir mais mon collègue, derrière moi, n'a pas eu le temps. Vous avez trente secondes pour dégager sinon on vous rentre dedans ! » Dès lors, les policiers rétorquent en soulignant qu'ils n'ont pas le droit de placer en garde à vue une personne sans un motif recevable par la justice. Dans ce genre d'« affaires », il s'agit donc souvent d'outrages à agents. Cependant, les policiers reconnaissent eux-mêmes que ce motif permet une grande interprétation de la loi par les forces de l'ordre : « *Un policier de la BAC* - L'outrage, c'est très subjectif. Si tu regardes le code pénal et l'article en question, l'outrage est un comportement quel qu'il soit. Ça peut-être un regard, un geste, des paroles… Après, c'est une question d'appréciation. » En fait, la plupart du temps, dans les nombreux cas de confrontations entre des jeunes et des policiers, le plus souvent, ce qui limite l'établissement d'une procédure pour outrage, c'est le temps de travail que cela demande aux policiers : « *Un policier de la BAC s'adressant aux jeunes* - Faire des procédures d'outrage ne nous amuse pas parce qu'il faut savoir que, pour un outrage, il faut beaucoup écrire derrière. Il faut que l'on se tape un PV, que l'on se tape une garde à vue, que l'on se tape un compte-rendu, c'est super long. Pour dix minutes sur le terrain, on a plus de trois heures dans le bureau. Cela n'a rien d'enrichissant pour nous. » Quoi qu'il en soit, même si les policiers souhaiteraient pouvoir tisser des relations moins conflictuelles avec les jeunes, ils affirment néanmoins que la dimension répressive est une partie intégrante de leur travail : « *Un policier de la BAC* - Le problème, c'est que lorsque t'embrasse la profession de flic, t'es aussi là pour la répression ; c'est notre travail, il faut l'accepter. On n'est pas postier, on n'est pas éducateur, on est flic. Ça fait partie intégrante de notre boulot la répression. » D'ailleurs, les policiers tiennent à expliquer aux jeunes que, dans certains cas, notamment dans des territoires comme la Cité des enfants perdus où les « figures d'autorité » sont désormais peu présentes et n'assument pas souvent leur rôle d'éducation (les parents sont jugés les premiers responsables du mauvais comportement de leurs enfants), la répression a alors, dans ce contexte, une fonction éducative. En ce sens, les policiers ont le sentiment d'être les derniers remparts contre une totale désorganisation sociale et sont fiers d'assumer une fonction éducative, même si elle s'opère le plus souvent par la répression : « *Un policier de la BAC* – Si on ne vous dit pas « arrêtez de cracher », qui va vous le dire ? Si les parents ne vous le disent pas, qui va vous le dire ? Ce n'est certainement pas le postier ; c'est donc notre boulot de vous dire ça aussi. Si des gars ne respectent pas les règles, c'est à nous de les réprimer, c'est à nous de verbaliser. Si nous ne le faisons pas, qui va le faire ? » En effet, malgré les difficultés sociales et culturelles que vivent beaucoup d'habitants de la Cité des enfants perdus, les policiers souhaitent occuper le terrain et faire respecter les lois de la République pour que chacun puisse vivre et cohabiter dans le quartier en ayant une vie normale : « *Un policier de la BAC* – La loi Sarkozy, même si elle a été mal faite, elle nous donne un cadre légal pour intervenir quand il y a une dizaine de jeunes dans une cage d'escalier alors qu'il y a des gens qui habitent au 3ème ou au 4ème étage et qui bossent chez Renault à 5 heures du matin. Je parle de Renault parce que beaucoup de personnes y travaillent ici. Quand le mec doit se lever à 5 heures et qu'il y a des jeunes dans la cage d'escalier jusqu'à 1 heure ou 2 heures du matin en train de picoler, de parler fort et tout ça, le mec il ne s'en sort pas. Donc, nous occupons le terrain. C'est pour lui qu'on est là. On est là pour la majorité silencieuse du quartier qui bosse. On est vraiment là, pour ces gens là ; c'est pour eux qu'on occupe le terrain. » Mais face aux accusations de brutalité policière, dénoncées par les jeunes, à leur tour, les policiers interpellent les jeunes présents et leur demandent pourquoi les policiers de la BAC sont presque toujours dévisagés et provoqués par les jeunes de la cité lorsqu'ils passent devant eux : « *Policier de la BAC* : - On parle des policiers mais moi je vais parler des jeunes maintenant. Moi (il s'adresse aux jeunes), je voudrais savoir le sens du crachat quand un véhicule de police passe, systématiquement vous crachez. *Jeune* : - On crache où ? *Policier de la BAC* : - Par terre. C'est systématique ! Un véhicule de police passe, vous le regardez, vous crachez. *Jeune* : - On va pas attendre que la police passe pour cracher... *Policier de la BAC* : - Systématiquement, on passe, vous nous regardez, vous crachez. *Jeune* : - Après j'sais pas si un crachat.... *Policier* de la BAC : -Si, si, ça veut dire quelque chose. *Jeune* : - Non. *Policier* : Mais si ! Ca veut bien dire quelque chose ! *Jeune* : - Non... non. » En fait, les jeunes comme les policiers reconnaissent qu'il existe, de part et d'autre, une dimension ludique et provocatrice dans leurs inter-relations. Cependant, il peut arriver que ce « jeu » se termine mal : « *Un policier de la BAC décrivant les inter-relations entre la BAC et les jeunes :* - Il y a un aspect jeu et un aspect provocation dans nos relations mais même l'aspect provocation reste aussi un jeu. Tout le monde cherche un petit peu à se tester, à tester les limites de chacun mais quelquefois cela déborde. Aujourd'hui, le jeu a commencé à déborder un petit peu, ça va même un petit peu trop loin. » En définitive, contrairement à une autre époque, celles des années 1970 et jusqu'à la fin des années 1980, où les jeunes restaient relativement bien contrôlés par des parents insérés socialement et encadrés par des structures municipales et associatives volontaristes, désormais, les policiers ont le sentiment d'intervenir dans un « ghetto » où, à part la police, il n'y a plus beaucoup d'acteurs sociaux suffisamment crédibles pour structurer des jeunes de plus en plus agressifs et inscrits dans la délinquance. Les policiers sont donc assez fatalistes concernant l'avenir de beaucoup de jeunes de la Cité des enfants perdus : « *Un policier de la BAC* : - Ils (les jeunes de la Cité des enfants perdus) vont monter en puissance et, un jour, quelques-uns d'entre eux vont monter au braquage. On connaît des jeunes qui, un jour, peuvent arriver à un acte fatal ». Pour les policiers, le quartier de la Cité des enfants perdus représente donc une sorte de pouponnière pour de futurs braqueurs. Face à cette situation « chaotique », même s'ils sont fortement décriés par les jeunes accusant les forces de l'ordre d'être racistes et d'abuser de leur pouvoir de coercition, les policiers se sentent donc la responsabilité de réagir pour éviter que le quartier se désagrège complètement : « Si on ne fait rien, un jour, ça va vraiment être le souk ». En revanche, les policiers ont conscience qu'à moyen terme, s'ils restent la seule force régulatrice capable de contrôler les « jeunes de quartier », notamment en s'opposant frontalement à eux, cette configuration est également une impasse. Les policiers appellent donc de leur vœu une recomposition de l'espace du contrôle social au sein duquel une pluralité d'acteurs en interaction assumeraient leur fonction pour le bien de tous et la tranquillité publique. Les policiers aspirent donc à la mise en œuvre d'une « police des villes » au sein de laquelle ils continueraient à occuper une place spécifique : « *Des policiers de la BAC* - Il faut que chacun respecte ses attributions régaliennes. S'il y a une bagarre, on interpelle les protagonistes et les éducateurs font leur métier et apaisent les tensions. Nous (les policiers), on fait notre boulot d'interpellation-répression et les éducateurs éduquent et régulent. – Là où cela deviendrait intéressant, c'est si nous arrivions à travailler de manière conjointe, ensemble plutôt que chacun de son côté. Le mieux serait d'intervenir ensemble. »

////////// Conclusion générale

De la police des villes à la police des jeunes

Cohésion et pacification sociales

A l'instar de ce que note Jacques Donzelot sur les transformations des politiques de cohésion et de pacification sociales[293], confrontés à la radicalisation des processus de paupérisation et de relégation des habitants des quartiers populaires, du côté des acteurs de la police des villes, nous avons fait le constat qu'il existe une importante revalorisation des causes subjectives mais également ethnoculturelles pour expliquer les phénomènes de turbulences et de violences juvéniles. Comme nous l'avions déjà montré au début des années 2000[294], dans les quartiers d'habitat social, on assiste à une intensification et à un renouvellement du contrôle social et de la gouvernance urbaine caractérisés notamment par la participation de nombreux acteurs sociaux agissant dans trois principaux espaces d'intervention (social, culturel, urbain) et collaborant, entre eux, à la mise en œuvre d'un espace « social-sécuritaire »[295] au sein duquel se combinent des valeurs de sanction et de « correction éducative » ou de re-socialisation (voir schéma de la complexification du contrôle social en annexe). Cependant, contrairement à ce qu'écrit Jacques Donzelot, dans le quartier urbain impopulaire étudié, nous ne passons pas « d'un social de compensation conçu dans la perspective d'une pacification de la société, d'une réduction de ses conflits internes, à un social de compétition destiné à permettre la mobilisation de la société par rapport à des enjeux économiques définis au plan externe. »[296] En revanche, nous sommes d'accord avec Donzelot pour dire que nous n'assistons pas pour autant à une régression de l'« Etat gendarme » mais à sa complexification. Si « recyclage » il y a, c'est dans la mobilisation de « gouvernements locaux » sous l'égide d'élus, eux-mêmes en

293 Cf. J. Donzelot, « Le social de compétition » in *Esprit*, n°349, novembre 2008, p. 51-77.

294 Nous avions déjà révélé dans d'autres travaux que, contrairement à l'idée encore très répandue selon laquelle les quartiers populaires urbains seraient des espaces de déréliction et de désorganisation sociale, au contraire, il s'agit de territoires où se déploie une myriade d'intervenants sociaux développant une pluralité de logiques d'action. Cf. M. Boucher, « Turbulences, contrôle et régulation. Des modèles sécuritaires et démocratiques dans des quartiers impopulaires » in *Déviance et Société*, vol. 27, n°2, 2003, p. 161-182.

295 Cf. E. Baillergeau, « Intervention sociale, prévention et contrôle social. La prévention sociale d'hier à aujourd'hui » in *Déviance et Société*, vol. 32, n°1, 2008, p. 2-20.

296 J. Donzelot, 2008, *art. cit.*, p. 53.

tension, ordonnant le « social » vers un souci de « performance sécuritaire ». Dans cette perspective, la mobilisation d'une pluralité d'acteurs sociaux inscrits dans la police des villes n'ambitionne pas, prioritairement, de faire « bouger les gens », autrement dit, les populations en situation de stagnation dans les « quartiers ghettos » [297] (jeunes squatteurs de halls, par exemple) en leur permettant d'accéder à un meilleur « capital social » pour favoriser le développement d'une confiance réciproque afin que chacun coopère et puisse participer à la compétition économique. En effet, ce redéploiement de forces « sociales » et sécuritaires, inscrites dans l'espace de la prévention sociale et situationnelle, vise, avant tout, la neutralisation et la répression des capacités de révolte et de sédition des personnes et des groupes englués dans des processus de ghettoïsation au sein de quartiers d'habitat social sous surveillance renforcée. Ainsi, avec le déclin du « *penal welfarism* »[298], développé durant les « trente glorieuses » et articulant des logiques de prévention, de sanction et de re-socialisation, tout se passe comme si l'intervention sociale et culturelle était déniée dans sa fonction d'accompagnement et d'émancipation et qu'elle se relégitimait en assumant un autre rôle, celui principalement de surveiller et contenir des figures de désordres potentiels (prévention, sanction, surveillance). Les frontières se brouillent entre le social et le sécuritaire. En fait, notamment depuis les émeutes urbaines de l'automne 2005, la plupart des acteurs sociaux et politico-institutionnels sont obnubilés par ces violences. Tous les acteurs sociaux ont en commun d'être hantés par le spectre des émeutes. Ainsi, malgré des « fonctions manifestes » qu'ils revendiquent classiquement (assistance, insertion, éducation...), même les intervenants sociaux rencontrés occupent des « fonctions latentes », avant tout orientées vers la régulation des désordres urbains. La gestion des risques de violences juvéniles est une des principales préoccupations de l'action publique dans les quartiers populaires. Or, paradoxalement, le plus souvent, les acteurs sociaux institués, par crainte et/ou par méconnaissance de « l'expérience du ghetto »[299], s'inscrivent dans des logiques d'évitement des jeunes turbulents. En effet, dans la rue, c'est-à-dire dans les espaces interstitiels « hors les murs », en plus d'une présence accrue des forces de l'ordre chargées d'éviter les débordements et d'interpeller les délinquants, le renouvellement du contrôle social s'opère notamment par la mobilisation d'une partie des habitants des cités périphériques populaires

297 « Mais, à présent, le problème subjectif paraît beaucoup plus lié à la stagnation qu'à l'excès de mobilité. C'est la propension à l'immobilité que l'on incrimine dans la persistance du chômage. Elle aussi dénonce l'association avec la délinquance : le jeune criminel n'est-il pas, à présent, d'abord celui qui squatte les halls d'immeubles ? Et c'est elle aussi que l'on accuse d'engendrer les problèmes de logement par le blocage de la population dans le parc d'habitat social. Bref, prendre en compte la subjectivité revient, à présent, à lutter pour « faire bouger les gens ». Aussi voit-on le social redistribuer ses moyens dans le sens de « l'activation » et non plus de la stabilisation » (J. Donzelot, 2008, *art. cit.*, p. 57).

298 Cf. D. Garland, *The Culture of Control : Crime and Social Order in Contemporary Society*, Oxford, éd. Oxford University Press, 2001, « Adaptations politiques et culturelles des sociétés à forte criminalité » in *Déviance et Société,* 2007, vol. 31, n°4, p. 387-403.

299 Cf. M. Boucher, « L'expérience du Ghetto » in *Déviance et Société,* 2009, vol. 33, n°2, p. 221-248.

(incitation à la mobilisation) afin de permettre, par « le bas », (*bottum up*) un meilleur « rendement » de la production de la paix sociale locale. Dans cette voie de l'*empowerment*, ce sont en effet des habitants « en mouvement » ou considérés comme des pacificateurs potentiels qui sont, avant tout, placés aux avants-postes des interactions avec les « jeunes de cité ». Ces acteurs régulateurs formels et informels de l'« intérieur », autrement dit, originaires eux-mêmes de cités populaires (parents de potentiels délinquants et émeutiers), sont ainsi utilisés comme des supplétifs de l'ordre social local et responsabilisés notamment par des représentants de l'Etat régalien et des pouvoirs politiques locaux en charge du respect de l'ordre établi mais aussi par des acteurs sociaux professionnels. Ils sont ainsi incités par ces derniers à participer au traitement des comportements anti-sociaux en mettant « en mouvement », en moralisant ou en occupant les jeunes oisifs et « stagnants », potentiellement délinquants et violents.

L'injonction à la participation

Il ne s'agit donc pas de peindre un tableau idyllique de la démarche « communautaire » américaine[300]. Au-delà de l'enthousiasme de certains analystes français pour un bon usage du « modèle civique » américain, ce modèle contient plusieurs limites inquiétantes pour la démocratie et le respect des individus. En effet, cette approche nostalgique du modèle « communautaire classique », caractéristique des sociétés traditionnelles - et qui était d'ailleurs déjà regretté par les premiers sociologues (E. Durkheim, F. Tönnies, M. Weber…) qui cherchaient à reconstruire des formes de solidarités nouvelles pour lutter contre l'anonymat et l'anomie destructrice des sociétés modernes émergentes[301] - valorise la constitution de groupes de « vigilants » et la dénonciation de personnes présumées déviantes, anormales ou délinquantes, transformant ainsi chaque inconnu ou individu « non-conforme » aux manières d'être et de faire de la « communauté » en une menace potentielle (« mes voisins surveillent »). En effet, dans cette perspective, les « bons » habitants sont les « voisins délateurs » qui désignent les « mauvais » résidents pour obtenir une récompense. Il faut également souligner que l'émergence de « communautés de responsabilité », certes, d'un côté, responsabilise les individus (régulation morale d'auto-contrôle et de responsabilisation individuelle) vis-à-vis de leur participation dans la co-production de la sécurité mais, de l'autre, engendre aussi une dépolitisation des acteurs vis-à-vis des problèmes sociaux facteurs d'insécurité. Ce processus dit d'« internalisation » déplace les explications et les causes générales (politiques, économiques, sociales) des phénomènes de violence et d'insécurité vers les individus en

300 Cf. M. Boucher, 2004, *op. cit.*

301 Cf. E. Durkheim, *De la division du travail social*, Paris, éd. Puf/Quadrige, 1998 ; R.A. Nisbet, *La tradition sociologique*, éd. Puf, coll. Quadrige, 1993.

particulier. Ainsi, les enjeux politico-sociaux collectifs se transforment en épreuves individuelles et/ou communautaires. Les questions d'insécurité qui sont, avant tout, des problèmes politiques et socio-économiques deviennent des problèmes propres à des individus ou à des groupes socio-culturels spécifiques (jeunes de quartiers populaires, enfants d'origine étrangère, familles immigrées...). Dans cette optique, parlant du « travail sur autrui », François Dubet indique que « les individus peuvent se faire à cette situation et adopter effectivement des conduites qui manifestent le plus nettement les problèmes qui leur sont attribués : ils buvaient parce qu'ils étaient au chômage ; ils finissent par être au chômage parce qu'ils boivent. »[302]

La prévention des troubles de la conduite chez l'enfant :
Un exemple de revalorisation des causes individuelles de production de la violence

L'expertise de l'institut national de la santé et de la recherche médicale (Inserm) sur la prévention des troubles de conduite chez les enfants, dès l'âge de 3 ans, voire dès la grossesse, est caractéristique de cette logique. En effet, en 2005, une expertise de l'Inserm mettait le feu aux poudres : sous prétexte de dépister les enfants à risques qui pourraient développer des problèmes de comportement à l'adolescence, les recommandations « scientifiques » de l'Inserm (repérer les facteurs de risque familiaux, pré-et périnataux, génétiques ; prévenir, dépister et traiter le trouble) semblaient surtout servir un projet politique de contrôle social des « indésirables », autrement dit, des enfants turbulents considérés comme de la « graine de délinquants ». Dès lors, une fronde menée par de nombreux sociologues, psychologues et éducateurs s'est organisée[303] pour dénoncer notamment une démarche de médicalisation et la stigmatisation des familles en difficulté sociale. Pour autant, malgré de nombreuses critiques soulignant que cette expertise de l'Inserm légitime surtout une politique sécuritaire, l'un des experts de l'Inserm, Richard E. Tremblay réaffirme néanmoins l'utilité sociale de ce dépistage précoce des enfants présentant des « troubles du comportement[304] », dépistage qu'il présente, par ailleurs, comme un « mouvement irréversible ». Cette conception de la prévention des troubles des conduites laisse pourtant clairement penser que ce ne sont

302 F. Dubet, 2002, *op. cit.*, p. 358.
303 En 2006, le collectif « Pas de zéro de conduite pour les enfants de 3 ans » voit le jour. Il est appuyé par près de 50 organismes dont la société française de psychiatrie, le syndicat national des psychologues, la ligue des droits de l'Homme... (www.pasde0deconduite. Ras.eu.org/appel).
304 Cf. R.-E. Tremblay, *Prévenir la violence dès la petite enfance*, Paris, éd. Odile Jacob, 2008.

pas les épreuves de conditions de vie misérables qui sont la première source de dysfonctionnements sociaux et psychologiques vécus par certains individus mais, avant tout, le psychisme des personnes en situation de précarité. Dans ce cas, ce sont donc les personnes en souffrance qui sont tenues responsables de leur mal-être et pas les choix (ou des non-choix) politiques entraînant la décomposition du lien social : « De nombreuses recherches indiquent que les interventions préventives précoces sont les plus efficaces pour favoriser la santé mentale et physique à long terme. La grossesse semble d'ailleurs le meilleur moment pour commencer. Il ne s'agit évidemment pas de diagnostiquer un trouble des conduites chez un fœtus, mais d'apporter du soutien aux femmes enceintes jeunes, peu éduquées, isolées, déprimées, avec très peu ou pas de ressources, c'est-à-dire cumulant les facteurs de risques que les études à long terme ont bien identifiés. D'autres facteurs environnementaux pendant la grossesse et après (carence alimentaire, stress, alcool, tabagisme, drogues…) ont des répercussions sur le développement du cerveau de l'enfant, ce qui engendre des difficultés d'apprentissage, dont celui du contrôle des émotions. »[305]

Par conséquent, on peut se demander s'il n'est pas illusoire de vouloir initier des modes d'intervention sociale de type « communautaire » dans la co-production de la régulation au sein des quartiers d'habitat social sans permettre à la majorité des membres de ces « communautés d'habitation » d'accéder à une intégration socio-économique et d'avoir une reconnaissance sociale individuelle réelle ? En effet, il semble problématique de vouloir favoriser la cohésion sociale[306] et le développement de modalités de contrôle social informel alors que l'ensemble des habitants des quartiers populaires manquent, d'abord, de moyens pour pleinement s'intégrer socialement, culturellement, économiquement et politiquement. Paradoxalement, l'injonction à la participation active des « exclus », des pauvres, des désaffiliés, des disqualifiés et des hétéro-racisés dans la

305 Entretien avec R.-E. Tremblay, « Enfants violents. Dépister n'est pas réprimer » in *Sciences Humaines*, n°195, juillet 2008, p. 34.

306 François Dubet (voir *Le travail des sociétés*, Paris, éd. du Seuil, 2009, p. 131-135) souligne que l'utilisation de la notion de « cohésion sociale » permet de mettre en œuvre des politiques actives enjoignant la société civile, des élus, des associations et des citoyens de se mobiliser eux-mêmes au nom de leur autonomie. Mais, contrairement à Dubet, nous ne nous satisfaisons pas de constater que la cohésion sociale est un appel à l'autonomie. Elle ne vient pas uniquement d'en « bas ». En effet, son utilisation exponentielle indique une recomposition des processus de contrôle et de pacification sociales se traduisant notamment par la responsabilisation d'individus et de groupes devant participer à leur autocontrôle. La cohésion sociale peut donc être considérée comme une tentative de neutralisation des logiques d'émancipation et de conflictualisation et signifier l'abandon d'un volontarisme politique cherchant à transformer la société vers plus d'égalité et de justice sociale.

gestion des risques de turbulences et de désordres sociaux[307] ne renforce-t-elle pas des processus anti-sociaux de domination propices au développement de la « conscience malheureuse »[308] des populations précarisées, encadrées et assistées ? En effet, comme le souligne Danilo Martuccelli dans un article décrivant les différentes figures contemporaines de la domination, la « participation citoyenne » demandée aux habitants des quartiers d'habitat social, notamment dans le cadre de la politique de la ville, peut s'apparenter à une nouvelle forme de domination (rapport social basé d'une part, sur la subordination et, d'autre part, sur des processus assurant la reproduction du consentement des dominés). Dans un contexte général de renforcement des processus d'individuation dans l'ensemble des sociétés occidentales contemporaines, il est effectivement étonnant de demander aux populations des quartiers populaires de subordonner leur individualité ou leur liberté personnelle à la collectivité. Pour ces habitants, « les devoirs de l'individu envers la communauté priment largement sur les droits et les libertés des individus[309]. »

C'est pourquoi, alors que ces processus « volontaristes » de participation des populations marginales en matière d'insertion socio-économique à la gestion des problèmes d'insécurité ordonnent à ces personnes de s'auto-pacifier, ils leur interdisent, en même temps, de se révolter. Bien au contraire, ces politiques de gouvernance urbaine demandent aux habitants des quartiers périphériques populaires fortement dégradés, défavorisés et stigmatisés de participer à la dénonciation et à la délation des figures de désordres en rébellion vis-à-vis de leurs conditions sociale et culturelle misérables.

Co-production de la sécurité ou déconstruction de la solidarité ?

Dans la tentative de participer à l'élaboration d'une « nouvelle prévention » en recomposant une police des villes qui conjugue « prévention sociale » et « prévention situationnelle », au nom d'une posture pragmatique responsable et démocratique (participation des habitants à la co-production de la sécurité), l'idéologie qui sous-tend l'élaboration de la police des villes ne contribue-t-elle pas à dépolitiser le débat sur la régulation sociale ? En effet, sur fond de « démonopolisation des fonctions régaliennes de l'Etat en matière de sécurité »[310], ces analyses ne s'inscrivent-elles pas, finalement, au sein d'une idéologie de type « libéral-sécuritaire », actuellement largement répandue et consistant à participer à l'aménagement sécuritaire de quartiers ségrégués[311].

---

307 Cf. M. Boucher, *Turbulences*, 2007, *op. cit.*

308 Cf. F. Dubet, *Les inégalités multipliées*, La Tour d'Aigues, éd. de l'Aube, 2000.

309 D. Martuccelli, « Figures de la domination » in *Revue Française de Sociologie*, 45-3, 2004, p. 487.

310 Cf. S. Roché, 2004, *art. cit.*, p. 43-70.

311 La police n'est plus une simple affaire d'Etat puisque la sécurité est désormais assurée par une ky-

Ainsi, au-delà de l'utilisation de techniques réduisant l'intérêt des personnes à commettre des délits ou des incivilités (prévention situationnelle), il s'agit de promouvoir le redéploiement d'un contrôle social institutionnalisé et pratiqué par une multiplicité d'acteurs agissant dans le cadre de la politique de la ville (Etat, communes, départements, associations, organisations para-publiques, entreprises...) sur les habitants des quartiers périphériques impopulaires d'une part, et, d'autre part, de favoriser le développement du contrôle social informel des habitants, entre eux, engendrant ainsi, sur fond de retour à l'ordre moral, une classification des « bons » et des « mauvais » habitants. Dans ce cas, la « police des villes » n'est rien d'autre qu'une complexification des techniques de contrôle et de gestion des risques des familles[312] des classes populaires concentrées dans les cités ségréguées qui, bien que plus colorées, sont toujours considérées, depuis le XIXème siècle, comme dangereuses[313] pour l'ordre établi. Or, dans cette approche sécuritaire « bon teint » et séduisante pour les responsables politiques locaux en charge de la gestion de l'urbanité, tous les conflits, tous les mouvements sociaux, toutes les revendications portés par les habitants, notamment les jeunes, sont alors considérés comme délétères et séditieux, s'ils ne sont pas encadrés institutionnellement ou politiquement. L'important est de policer des espaces (rues, quartiers, villes, transports urbains, immeubles d'habitation, centres commerciaux) plutôt que de les humaniser. En effet, il est demandé aux habitants de participer concrètement à l'établissement et au maintien de l'ordre social et culturel au sein de leur quartier qu'il n'est surtout pas question de transformer au point de changer les rapports sociaux inégalitaires qui y règnent. Au prétexte de lutter plus efficacement contre les actes de délinquance, les incivilités et le sentiment d'insécurité en intégrant la collaboration des habitants, le plus important pour les promoteurs de la « police des villes » - craintifs face au mouvement - est de pacifier l'ensemble des turbulences qui sont souvent amalgamées à des incivilités, des actes de délinquance, voire de la violence.

En réalité, les habitants des quartiers ne sont pas considérés comme des individus-citoyens autonomes et libres de co-produire leur trajectoire personnelle et la société à laquelle ils participent mais comme des représentants de « communautés » et de catégories (âge, genre, ethnie, religion, niveau de revenu...) devant être surveillés et/ou instrumentalisés pour collaborer à la production du contrôle social local (appels à la délation, anticipation des risques...) dans des territoires ghettoïsés. Pour les théoriciens de la police

rielle d'acteurs. Néanmoins, comme le stipule la loi du 5 mars 2007 sur la prévention de la délinquance, à l'échelle locale, les maires deviennent des animateurs et des contrôleurs de l'élaboration collective du traitement de l'insécurité.

312 Cf. J. Donzelot, *La Police des familles*, Paris, éd. de Minuit, 1977 ; R. Castel, *La gestion des risques. De l'anti-psychiatrie à l'après-psychanalyse*, Paris, éd. de Minuit, 1981.

313 Cf. L. Chevalier, *Classes laborieuses, classes dangereuses*, Paris, éd. Hachette, 1984.

des villes, partisans d'une forme d'organisation sociale sécuritaire feutrée, les analystes des questions sociales, urbaines et culturelles contemporaines défendant l'idée qu'il est encore possible de combattre en profondeur les « logiques d'exclusion »[314], de stigmatisation et de discrimination négative[315], en œuvre dans les banlieues défavorisées, sont donc délégitimés. Ceux-ci sont accusés d'être trop naïfs, radicaux et pas assez opérationnels. Bien sûr, ces critiques apparemment de « bon sens » sont essentiellement idéologiques : même si les partisans de la « police des villes » souhaitent combiner la « prévention sociale » et la « prévention situationnelle », l'ensemble des agents qui y concourent sont d'abord au service de la « sécurité civile » plutôt qu'au service de la protection sociale[316]. Autrement dit, la « question sociale » est noyée dans la « question urbaine ».

Même s'il est vrai qu'il est un peu simpliste de confondre la situation américaine avec les mutations de la société française en proie à la mondialisation néo-libérale, c'est-à-dire à un basculement d'un « Etat-providence » vers un « Etat-pénitence »[317], en revanche, la co-production de la sécurité ne peut pas, elle, être confondue avec la co-production de la solidarité : la première voit les individus par défaut[318], comme des criminels potentiels à auto-surveiller, contrôler socialement, judiciairement et techniquement, la seconde considère les individus comme des acteurs-sujets[319] interdépendants, solidaires et devant construire leur autonomie à travers la conflictualisation des rapports sociaux[320].

Au regard des observations effectuées à la Cité des enfants perdus, le rôle principal de la police des villes est donc bien de contenir les nouveaux exclus de la mondialisation, autrement dit, « les hommes en trop qui ne relèvent plus que de politiques d'assistance et de surveillance, destinées à réduire les risques de gênes et de désordres que cette population surnuméraire fait peser sur la vie urbaine » notamment décrits par Robert Castel[321] et de nombreux sociologues de la jeunesse populaire[322]. La police des villes peut ainsi facilement s'accommoder de la décomposition d'un type d'organisation sociale basée sur la solidarité collective[323] et ne cherche même plus à éradiquer les causes fondamentales productrices de phénomènes anti-sociaux puisqu'elle est, avant

314 Cf. N. Elias, J.-L. Scotson, 1997, *op. cit.*
315 Cf. R. Castel, *La discrimination négative. Citoyens ou indigènes ?*, Paris, éd. du Seuil, 2007.
316 Cf. R. Castel, 2003, *op. cit.*
317 Cf. L. Wacquant, *Punir les pauvres. Le nouveau gouvernement de l'insécurité sociale*, Marseille, éd. Agone, 2004.
318 Cf. R. Castel, C. Haroche, *Propriété privée, propriété sociale, propriété de soi. Entretiens sur la construction de l'individu moderne*, Paris, éd. Fayard, 2001.
319 Cf. A. Touraine, F. Khosrokhavar, 2000, *op. cit.*
320 Cf. E. Macé, « Dé-naturaliser/repolitiser la violence » in *Cosmopolitiques*, n°2, octobre 2002.
321 Cf. R. Castel, 1995, *op. cit.*
322 Cf. M. Boucher, A. Vulbeau (dir.), 2003, *op. cit.*
323 Cf. S. Paugam (dir.), *Repenser la solidarité. L'apport des sciences sociales*, Paris, éd. Puf, 2007.

tout, orientée vers la gestion des risques de populations « anomaliques ». Le bourdieusien Laurent Bonelli parle de « reformulation progressive de la question sociale en impératif d'« ordre dans la rue ». »[324]

« Gars de quartier » et forces de l'ordre

A l'épreuve de l'insécurité sociale

Les « jeunes de quartier » rencontrés sont directement atteints par l'effritement, voire la déstructuration de l'Etat social, développé en France à partir de la IIIème République et durant toute l'ère industrielle et dont les axes majeurs ont été bien définis par Robert Castel lorsqu'il décrit le passage de la « propriété privée » à la « propriété sociale »[325]. En ce début de XXIème siècle, dans un contexte post-industriel et post-national propice au libéralisme économique, au chômage de masse et à la précarisation de l'emploi et qui touche particulièrement les classes populaires, les « gars de quartier » rencontrés sont intimement concernés par le retour de « l'incertitude de l'existence », un temps combattu, dans la société industrielle, par le développement de lois sociales, protectrices des « travailleurs » et de leurs familles[326]. Souvent surnuméraires, exclus de l'emploi stable, de la réussite scolaire et de la reconnaissance sociale[327], les jeunes rencontrés vivent une profonde insécurité qui les empêche de faire partie de la « société des individus »[328]. En effet, comment exister positivement en tant qu'individu libre alors que l'on ne peut pas participer à la co-production de la « société de semblables »[329] ? : « Avec l'érosion du socle des sécurités collectives, on assiste donc à la multiplication

324 L. Bonelli, 2008, *op. cit.*

325 « (Au XIXème siècle, afin d'éviter une fracture sociale et démocratique, pour les penseurs qui veulent trouver une voie alternative entre le laisser faire des libéraux et le collectivisme des socialistes révolutionnaire), on voit que sont clairement articulés : une justification de l'intervention de la puissance publique dans la question sociale : contre les interdits du libéralisme et des tenants du conservatisme religieux, l'Etat peut et doit intervenir au nom de la justice sociale ; le mode privilégié d'intervention de cet Etat social : il doit instituer l'obligation que les travailleurs s'assurent afin de maîtriser leur avenir, prévenir les risques sociaux et stabiliser la condition ouvrière ; le résultat de cette intervention qui produit « comme un minimum de propriété », dispensant les ressources nécessaires pour que chacun puisse accéder à la citoyenneté et que le travailleur misérable devienne un individu économiquement et socialement indépendant et d'une certaine manière égal aux autres citoyens ; la finalité politique de l'opération est enfin clairement affichée : conjurer le risque de subversion que porte le prolétariat ou une classe ouvrière non stabilisée, tout en évitant sa mise en tutelle par des pratiques assistantielles humiliantes » (R. Castel, « La propriété sociale : émergence, transformations et remise en cause » in *Esprit,* n°347, août-septembre 2008, p. 179-180).

326 Cf. H. Hartzfeld, *Du paupérisme à la sécurité sociale,* Paris, éd. Plon, 1971.

327 Cf. S. Paugam, *Le lien social,* Paris, éd. Puf, 2008.

328 Cf. N. Elias, 1991, *op. cit.*

329 La « société de semblables » est une expression de Léon Bourgeois signifiant que pour former une société, il est nécessaire que tous ses membres participent à sa constitution et bénéficient de protections minimales afin qu'ils ne basculent pas dans la dépendance et se maintiennent dans un commun régime d'échanges réciproques. Cf. L. Bourgeois, *Solidarité* (1er édition, 1896), Villeneuve-d'Ascq, éd. Presses du Septentrion, 1998.

d'individus sans supports que l'on pourrait alors qualifier *d'individus par défaut.* Toujours en dehors de la propriété privée, ce qui les rend incapables de s'assurer eux-mêmes, mais ne bénéficiant plus de ressources collectives de la propriété sociale, ils risquent de se retrouver individualisés négativement comme l'était « la classe non propriétaire », avant l'imposition des régimes de régulations constitués autour du statut de l'emploi. » [330]

La relégation, dont ces jeunes font l'objet, les stigmatise alors comme des ferments de désordres et de déstabilisation. Effectivement, face à « l'inexistence sociale », au mépris et aux discriminations racistes, nous avons vu que beaucoup d'entre eux se révoltent de façon plus ou moins violente. Ainsi, pour les classes dirigeantes et la société insérée en général, ces jeunes représentent de nouvelles « classes dangereuses »[331] qu'il faut spécifiquement surveiller, contrôler et neutraliser. Pour ces « jeunes de quartier » que nous avons rencontrés et dont le quotidien est fait notamment de précarité, de stigmatisation et d'insécurité permanentes, génératrices de rébellion mais aussi, pour certains d'entre eux, de sujétion absolue, la conscience de vivre dans une « société de dissemblables » plutôt que dans une « société d'égaux » est forte. L'Etat ne représente plus, prioritairement, un « réducteur d'insécurité » (Etat social) mais un promoteur de violences illégitimes (Etat régalien), perpétrées surtout par des forces de l'ordre racistes et injustement agressives. Dans ces conditions, les interactions développées entre la police et la jeunesse populaire sont dès lors plus propices aux ressentiments, aux stigmatisations voire à la haine réciproques qu'à des échanges respectueux pourtant nécessaires à la production d'une reconnaissance mutuelle.

La militarisation du ghetto

A la Cité des enfants perdus, le modèle de la « police communautaire » décrit par les criminologues George Kelling et Catherine M. Coles[332] ou Wesley Skogan et Susan Hartnett[333] est quasiment inexistant. Largement inspiré par la théorie dite de la « vitre brisée »[334], ce modèle insiste sur

330 R. Castel, 2008, *art. cit.*, p. 188.

331 Cf. L. Chevalier, 1984, *op. cit.*

332 Cf. G. Kelling, C. Coles, *Fixing Broken Windows. Restoring Order and Reucing Crime in our Communities,* New York, éd. Free Press, 1996.

333 Cf. W. Skogan, S. Hartnett, *Community Policing, Chicago Style,* New York, éd. Oxford University Press, 1997.

334 En partant de l'idée que les incivilités, c'est-à-dire un ensemble de comportements d'incivisme, d'impolitesse et de petite délinquance (attroupements de jeunes, insultes, regards menaçants, graffitis, cris dans les espaces publics, crachats, etc.) qui bien que pas toujours punis par la loi, renforcent le sentiment d'insécurité, empoisonnent la vie quotidienne de nombreuses personnes et favorisent la désorganisation sociale ainsi que la croissance du crime sur un territoire, en 1982, James Q. Wilson et George L. Kelling ont développé la théorie de la « vitre brisée » (voir la traduction française de « *Broken windows. The police and neighborhood safety* » dans *Les Cahiers de la sécurité intérieure,* n°15, 1994, p. 163-180). Comme le note Julien Damon, cette théorie affirme que « si la vitre d'une usine ou d'un bureau est brisée et n'est

l'importance d'orienter les actions policières vers plus de prévention et de proximité dans les zones urbaines. Dans la pratique, il s'agit de rapprocher les policiers présents dans les quartiers de leurs résidents, en particulier des « minorités visibles ». Ainsi, connaissant bien les difficultés des habitants, les policiers peuvent adapter leurs modes d'action au terrain sur lequel ils sont impliqués. Comme le note Julien Damon, « pour Kelling et Coles, la connexion avec la population est primordiale pour le travail policier. Il faut être familier des quartiers. Les réactions des habitants ne sont pas les mêmes quand il s'agit d'un débarquement de « cow-boys » inconnus dans le quartier ou quand il s'agit d'une présence quotidienne qui permet des actions plus éclairées. Les interventions sporadiques et brutales d'une police cantonnée au maintien de l'ordre et éloignée des citoyens expliquent même certaines émeutes urbaines. »[335] Or, notamment par crainte d'être confondus avec des animateurs ou des travailleurs sociaux, à Trincamp, nous avons vu que les policiers rechignent à se rapprocher des habitants. Pour les policiers rencontrés, par rapport aux modalités d'intervention classiques, la répression des crimes continue, en effet, d'être plus valorisée que leur prévention. La police de Trincamp est donc bien plus réactive (*problem solving policing*) que préventive (*community policing*). Ainsi, paradoxalement, entre autre par manque de moyens spécifiques, les gardiens de la paix en charge d'actions de proximité qui participent à de rares et épisodiques patrouilles pédestres pour rencontrer les habitants et les commerçants, sont bien moins familiers avec la population, notamment avec les jeunes de la Cité des enfants perdus, que les policiers de la brigade anti-criminalité de jour, pourtant prioritairement chargés, non pas de prévenir les crimes ou les désordres mais de réprimer ceux qui ont déjà été commis. Dans ce contexte, la question du discernement des policiers agissant dans la cité est donc posée. Or, il existe un décalage entre les prérogatives de coopération affichées par les dirigeants de la police et la réalité des comportements des forces de l'ordre développés au sein de la cité. En effet, même si, à certains moments tendus, les responsables de la police participent à des échanges et provoquent des rencontres pour que des représentants des habitants, des acteurs politico-institutionnels, des intervenants socio-éducatifs et des bailleurs sociaux en particulier, discutent ensemble des modalités à mettre en œuvre pour assurer la sécurité et la tranquillité publique, dans la pratique, et bien loin des principes généraux de la police communautaire[336],

---

pas réparée, le passant conclut que personne ne s'en inquiète. Bientôt toutes les vitres seront cassées et le passant pensera alors, non seulement que personne n'est en charge de l'immeuble, mais que personne n'a la responsabilité de la rue où il se trouve. Finalement, il y aura de moins en moins de passants dans les rues. Les opportunités de délinquance vont augmenter en même temps que le sentiment d'insécurité » (J. Damon, *Questions sociales : analyses anglo-saxonnes socialement incorrect ?*, Paris, éd. Puf, 2009, p. 162).

335 J. Damon, 2009, *op. cit.*, p. 164.

336 Wesley Skogan et Susan Hartnett « dégagent les principes généraux et interdépendants de la police communautaire : décentralisation organisationnelle et refonte des patrouilles afin de faciliter la communication entre la police et le public ; réorientation vers la résolution des problèmes repérés par les habitants

les forces de sécurisation de terrain ne jugent généralement pas les autres acteurs sociaux du quartier, pas plus que la majorité de la population, comme des partenaires crédibles pouvant participer à sa pacification. En effet, se considérant comme les principaux responsables, voire les derniers remparts du maintien de l'ordre républicain dans les zones de fragmentation sociale et culturelle, les policiers expriment avant tout, une extrême méfiance à l'encontre de tous les habitants de la cité même si certains d'entre eux, déjà bien connus des services de police, sont plus surveillés que d'autres. Par conséquent, les policiers se méfient également de nombreux intervenants sociaux, surtout lorsqu'ils sont issus du quartier car ils sont identifiés comme de potentiels complices, voire des acteurs directs d'actes criminels. Ainsi, cette méfiance à l'encontre de la population inscrite dans la culture policière et renforcée, par ailleurs, à l'encontre des personnes issues des classes populaires, est clairement propice à des réactions arbitraires[337]. Les policiers n'ignorent donc pas les fortes difficultés, sociales, économiques et culturelles que vivent de nombreux habitants des quartiers populaires ghettoïssés. Néanmoins, comme indique Jacques Donzelot à propos de la transformation des politiques de prévention de la délinquance en Europe[338], généralement, semblant épouser les théories de l'«action rationnelle »[339] expliquant la délinquance par la multiplication des occasions de délinquance[340], les mêmes policiers considèrent que l'ensemble des individus et des groupes associés aux quartiers populaires sont, avant tout, des « criminels en puissance beaucoup plus que des malades qu'il faudrait soigner. » Ainsi, les jeunes turbulents et pacificateurs indigènes sont essentialisés car, aux yeux des forces de l'ordre, ils représentent tous des

et non plus par les policiers ; prise au sérieux de la définition donnée par les habitants des problèmes qu'ils souhaitent voir traités ; valorisation de l'idée selon laquelle la police, la population et toutes les institutions municipales travaillent pour une « coproduction » de la sécurité » (J. Damon, 2009, *op. cit.*, p. 169).

337 Le 28 novembre 2008, un ancien directeur de la publication du journal *Libération* a été interpellé à l'aube, humilié et menotté, pour une simple plainte en diffamation en raison du commentaire d'un internaute sur le fondateur du fournisseur d'accès Internet free. Face aux protestations d'associations, de syndicats de journalistes et d'élus critiquant d'une part, des atteintes à la liberté de la presse et, d'autre part, des pratiques policières brutales, dans un premier temps, les ministres de la Justice et de l'Intérieur, rétorquent que les forces de l'ordre ont suivi des procédures, notamment pour des raisons de sécurité. Cependant, au regard du tollé que cette « bavure » génère dans les milieux politico-médiatiques, le président de la République, annonce finalement une modernisation prochaine de la procédure pénale en matière de diffamation qui serait plus respectueuse des droits et de la dignité des personnes. Quoi qu'il en soit, cette histoire a révélé au grand public que, dans de nombreux cas, sous prétexte de mettre en œuvre des procédures légales et des mesures de protection, dans les faits, des policiers ne respectent pas dans leur intégrité les personnes qu'ils interpellent, les intimident, les humilient et les rabaissent. Or, pour de nombreux jeunes des quartiers populaires, ces pratiques d'humiliation sont régulières mais ne sont pas suffisamment communiquées car ils manquent des relais, dans les sphères politico-médiatiques, pour les dénoncer.

338 Cf. J. Donzelot (dir.), 2008, *op. cit.*

339 Cf. R. Fillieule, *Sociologie de la délinquance*, Paris, éd. Puf, 2001.

340 Gérard Mauger note que pour les théoriciens de l'approche dite de l'« action rationnelle » (*Rational Action Theory*), « lutter contre la délinquance, ce n'est pas combattre la pauvreté, le chômage, le racisme, etc., mais renforcer les sanctions (pour accroître les coûts de la délinquance) et les contrôles (pour réduire les opportunités) » (G. Mauger, *La sociologie de la délinquance juvénile*, Paris, éd. La Découverte, 2009, p. 36).

« gars de quartier » et, à ce titre, ils ne sont pas prioritairement pensés comme des « insuffisants sociaux » à resocialiser mais d'abord comme des délinquants et des jeunes potentiellement dangereux à contrôler et réprimer.

De la routinisation de la stigmatisation à la « réification réciproque »

Didier Lapeyronnie note que les « ghettos urbains » sont largement définis par un ensemble de stéréotypes, de défauts et de manques. Il s'agit de zones de non-droit, de chômage, de violences, d'insécurité, de comportements immoraux, incivils, voire barbares ; ces territoires ont une très mauvaise réputation qui induit une forte méfiance vis-à-vis de ses habitants qui ont « la forme de l'informe »[341]. Ainsi, au-delà du fait que cette méfiance enferme et stigmatise les habitants des cités périphériques populaires considérés comme des individus peu fiables, amoraux, voire dangereux, elle favorise également leur maltraitance : « Les habitants évoquent souvent le fait d'être traités comme des parias et regardés comme des « *animaux* » »[342]. A la Cité des enfants perdus, les habitants, en particulier les jeunes, sont, en effet, confrontés à une routinisation des processus de stigmatisation conduisant à leur réification. En s'inspirant des travaux de Karl Marx, Max Weber et Georg Simmel, le concept de « réification » a été forgé par Georg Lukacs[343] (*Histoire et conscience de classe,* 1923) mais c'est Axel Honneth qui l'a récemment mobilisé et développé pour mieux analyser les mutations de sociétés modernes postindustrielles. Ainsi, selon cet auteur, cette notion ne peut pas être comprise comme une simple forme d'instrumentalisation des personnes mais comme un processus de chosification et de déhumanisation au sein duquel existe une sorte d'oubli de la « reconnaissance » des individus chosifiés : « A la différence de l'« instrumentalisation », la « réification » suppose donc que nous ne percevions plus chez les autres personnes les qualités qui font d'elles des membres de l'espèce humaine. Ainsi, traiter quelqu'un comme une « chose » veut dire prendre cette personne pour un objet, pour un être qui est dépourvu des qualités ou des capacités humaines caractéristiques. (…) Il n'y a véritablement réification que là où un être est perçu ou traité comme une chose alors qu'il ne possède pas, en réalité, les propriétés caractéristiques des choses. »[344] En fait, la réification intervient lorsqu'au sein d'une interaction on assiste à la suppression de la reconnaissance élémentaire : « Dans le cas du rapport à d'autres personnes, la notion de réification signifie l'oubli de leur reconnaissance préalable. »[345]

341 Cf. D. Lapeyronnie, janvier-février 1998, *art. cit*, p. 62-82.
342 D. Lapeyronnie, 2008, *op. cit.*, p. 150.
343 « … se réclamant de Marx, il (Lukacs) affirme, en ouverture de son essai, que la réification signifie rien d'autre que le fait « qu'une relation entre personnes prend le caractère d'une chose » » (A. Honneth, *La réification. Petit traité de théorie critique*, Paris, éd. Gallimard, 2007, p. 21).
344 A. Honneth, « Réification, connaissance, reconnaissance : quelques malentendus » in *Esprit,* n°346, juillet 2008, p. 98.
345 A. Honneth, 2007, *op. cit.*, p. 89.

Dans cette perspective, alors que les quartiers populaires sont actuellement souvent perçus comme des territoires rebelles, antagonistes voire sécessionnistes, notamment lors de périodes extrêmement tendues telles que des événements émeutiers, nous avons vu que la cité étudiée apparaît, au regard de certains acteurs sociaux, comme une sorte de « terrain de guerre », majoritairement peuplé par des adversaires de la République, des sortes d'ennemis de l'intérieur potentiels. L'ensemble des habitants de cette cité court dès lors le risque d'être chosifié à l'instar des populations impliquées dans des conflits guerriers apparaissant, même lorsqu'elles ne prennent pas directement part aux combats, comme des ennemis à abattre. En effet, Axel Honneth souligne que c'est certainement dans les situations de guerre, esthétisées dans les films et les romans, que les formes de réification apparaissent de façon limpide : « Dans des contextes de ce genre, on voit comment le fait de vouloir détruire l'adversaire s'autonomise jusqu'au point où s'évanouit la perception des personnes étrangères au conflit armé (enfants, femmes, civils). Finalement, tous les membres des groupes que l'on présume liés à l'ennemi ne sont plus traités que comme de simples objets, comme des choses ; on peut leur faire subir toutes les violences et les tuer de façon gratuite. »[346] Dans cette optique, nous avons vu que certains policiers de la BAC nuit ont reconnus que, suite aux manifestions émeutières de 2005 où ils ont craint de mourir face à la fureur haineuse « anti-flic » des insurgés, ils ont, à leur tour, voulu tuer des « jeunes de quartier » à ce moment-là tous amalgamés à des ennemis (depuis les émeutes de 2005, ces réactions violentes pourraient s'avérer d'autant plus fortes que les policiers expriment, de plus en plus nettement, dans les médias notamment, leur peur de perdre la vie lors d'une intervention dans un « quartier sensible » où l'animosité contre les forces de l'ordre s'expriment de plus en plus durement[347]). Honneth formule alors l'hypothèse qu'une fois que le processus de la reconnaissance élémentaire est étouffé, il se produit une forme de réification propice au développement de phénomènes de violence, non plus opérée à l'encontre de personnes mais de simples choses. Honneth explique que, généralement, dans la « vie sociale concrète », les cas de réification sont improbables. C'est effectivement dans des situations exceptionnelles, « lorsque la socialité atteint le niveau zéro, que l'on peut parler de ces moments où la reconnaissance primordiale est annulée »[348]. Cependant, dans les quartiers populaires, d'après nos observations, ces « situations exceptionnelles » se produisent très régulièrement. Ainsi, lorsque les forces de l'ordre interviennent dans ces territoires, les interactions entre les jeunes et la police conduisent, généralement, à l'expression d'une « réification réciproque ». Le développement d'un certain cynisme et de logiques de

346 A. Honneth, juillet 2008, *art. cit.*, p. 105.

347 Cf. « Banlieues : les tirs contre la police se multiplient » in *Le Monde* du 17 mars 2009, p. 1-12.

348 A. Honneth, juillet 2008, *art. cit.*, p. 106.

sécession par de jeunes rebelles peut alors être interprété comme la mise en œuvre, avant tout, de stratégies de contre-stigmatisation qui, paradoxalement, peuvent renforcer des interactions productrices de « haine réciproque ». En effet, étant niés en tant que « sujets », sujet étant entendu comme la capacité de construire un rapport de soi à soi et de produire sa propre existence, ces jeunes peuvent à leur tour désubjectiver, voire animaliser leurs « réificateurs » et finir par incarner une figure d'« anti-sujet » telle que Michel Wieviorka[349] la décrit. Dans ce cas de figure, la violence apparaît, en effet, comme un phénomène en soi, lié à la satisfaction de celui qui l'exerce. Ainsi, l'anti-sujet se caractérise notamment par le refus absolu de considérer son adversaire comme un sujet et par sa réduction à une simple chose.

Par conséquent, alors que le processus d'individuation s'est radicalisé dans la société contemporaine et que les conflits de reconnaissance ainsi que l'expérience du mépris[350] sont devenus des sources de souffrances importantes, co-productrices de phénomènes de violences, dans les quartiers populaires, particulièrement visés par ces épreuves, comment sortir d'un processus de « réification réciproque » propice au développement de la violence ? Comment sortir d'une « réification intersubjective », propice à la « déshumanisation réciproque » ? Comment mettre fin à des processus de routinisation et d'«habituation »[351] d'actions, rendant aveugle aux qualités spécifiquement humaines d'autrui (routinisation des pratiques dépersonnalisantes des forces de l'ordre) ? Comment rompre avec des représentations et des relations interpersonnelles mortifères engendrant une « attitude réifiante » à l'égard d'autrui ? Dans ces situations conflictuelles et antagonistes, il s'agit donc de favoriser des interrelations individuelles et collectives amenant des acteurs à devenir des partenaires plutôt que des adversaires de l'interaction. Dans ce cadre, au-delà de la conscientisation que l'«égalité formelle » est un cadre juridique régissant les relations interpersonnelles des sociétés démocratiques, il s'agit de faire prendre conscience à l'ensemble des parties prenantes de l'existence d'une interaction que seules des pratiques concrètes d'« égalité réelle », reconnaissant les spécificités humaines des individus, même dans des moments et des

349 Cf. M. Wieviorka, 2008, *op. cit.*

350 Au sein de la société capitaliste néo-libérale, Axel Honneth montre que les individus doivent, sans cesse, lutter contre les atteintes aux conditions sociales d'autoréalisation individuelle puisque ce système déforme tous les projets émancipateurs. Dans ce cadre, les demandes de reconnaissance (dont la finalité première consiste à s'orienter de manière affirmative vers l'existence de l'autre personne ou de l'autre groupe) sont constamment inquiétées par l'indifférence ou le mépris. Cf. A. Honneth, *La société du mépris. Vers une nouvelle théorie critique,* Paris, éd. La Découverte, 2006.

351 « L'attitude réifiante n'est pas engendrée par la mise en œuvre d'une action dont le succès exige que l'on fasse abstraction de la qualité des personnes qui est celle des partenaires de l'action ; pour cela, il faut plutôt que s'installe une routine durable, car seule l'habituation dérivant de la routine possède la force suffisante pour désarmer l'attitude de reconnaissance préalablement adoptée » (A. Honneth, 2008, *art. cit.*, p. 106).

espaces de confrontation, peuvent permettre d'exclure la production néfaste d'un processus de « réification totale ». En définitive, il s'agit de favoriser la mise en œuvre d'une « politique de reconnaissance » concrète en tension permanente au croisement d'une posture « universaliste » et « différencialiste », basée sur la reconnaissance réciproque d'acteurs « égaux » et « singuliers » à la fois. Ainsi, dans la pratique, lorsque des policiers ou des intervenants sociaux entrent en interaction avec un jeune vivant dans un quartier populaire, ceux-ci doivent non seulement établir une relation de communication en intériorisant le fait que ce jeune est un citoyen à part entière ayant les mêmes droits que l'ensemble des autres citoyens (égalité formelle) mais également construire une relation spécifique en prenant conscience qu'ils interagissent avec un individu complexe et singulier et non pas avec un représentant d'une « catégorie stigmatique ». En effet, nous avons pu constater que, pour la police notamment, au-delà des « signes porteurs d'information sociale » (vêtements, hexis corporelle...) quelquefois mal interprétés, simplement parce que des jeunes de quartier populaire sont effectivement connus pour faits de délinquance, tous les jeunes qui sont en relation avec eux sont alors assimilés à des délinquants, autrement dit, à la « minorité des pires » de la cité : « Le point important est que, dans certaines circonstances, l'identité sociale de ceux avec qui se trouve un individu peut servir de source d'information sur son identité sociale à lui, partant de l'hypothèse qu'il est ce que les autres sont. C'est peut-être dans les milieux de délinquants que se rencontre le cas extrême : l'individu recherché contamine aux yeux de la loi tous ceux avec qui on le trouve, les exposant à être arrêtés comme suspects. (C'est pourquoi on dit dans le milieu d'une personne contre qui un mandat d'arrêt est délivré qu'elle est « contagieuse »). Dans tous les cas, si l'on veut analyser la façon dont les individus manient l'information qu'ils émettent à propos d'eux-mêmes, on doit nécessairement considérer aussi comment ils se préparent à l'éventualité d'être vu « avec » certaines personnes. »[352]

Ainsi, sans cette prise de conscience fondamentale de la part des acteurs chargés de maintenir l'ordre et la cohésion sociale qu'il est important qu'ils préservent les individus et les groupes de l'expérience du mépris et des processus de stigmatisation, à terme, les interactions ne peuvent que conduire vers un processus de réification mortifère. Dans tous les cas, le dépassement des relations sociales réifiées ne peut être pensé que comme un mouvement par lequel les acteurs stigmatisés ou potentiellement en proie à un processus de réification prennent conscience des opérations, des processus et des motivations qui conduisent à leur réification.

---

352 E. Goffman, 1975, *op. cit.*, p. 64.

Faire face au mépris brutal

En définitive, pour réguler, voire éradiquer les confrontations violentes entre jeunes et acteurs sociaux dans les quartiers populaires, deux orientations fondamentales nous paraissent devoir être prises par ceux qui ont la charge d'animer[353] et de pacifier ces territoires : d'un côté, la mise en œuvre d'un processus de démocratisation, de l'autre, le passage d'une logique de réification à une logique de reconnaissance. Ainsi, plutôt que de renouveler le contrôle social et la répression des « habitants de cité » au moyen de la mise en place d'un appareil de « gouvernance urbaine », de plus en plus sophistiqué, engendrant, finalement, la réification des individus plutôt que leur émancipation, ne serait-il pas plus opportun de favoriser, sur le plan local, des modes d'organisation et d'interventions sociales propices à la repolitisation des acteurs ? En effet, alors que les quartiers populaires sont des espaces anti-démocratiques où les individus ne sont pas considérés comme des citoyens politiques, reconnus à part entière, mais comme des pauvres, des exclus et des délinquants à mettre hors d'état de nuire, l'un des enjeux essentiels n'est-il pas de repolitiser et de démocratiser ces quartiers ? Comme le dit Jacques Rancière, « la politique commence avec la démocratie parce que la démocratie est le pouvoir de ceux qui n'ont pas de titre particulier à exercer le pouvoir ; elle est la reconnaissance du pouvoir de « n'importe qui ». »[354] Le problème majeur des populations habitant les quartiers populaires n'est donc pas lié à un hypothétique défaut d'intégration ; ces populations sont, au contraire, souvent, trop intégrées, voire hyper-intégrées mais subissent un déni de démocratie. A l'issue de notre immersion dans la Cité des enfants perdus, nous pensons, en effet, que l'explication de la violence juvénile par le vide social n'est pas satisfaisante. Le passage à l'acte de certains jeunes des quartiers périphériques populaires est d'abord la conséquence de leur trop fort conformisme. Ils sont prisonniers d'une image dévalorisante (victimes) ou stigmatisante (acteurs violents) construite par les représentants de la société majoritaire et dominante ou aspirant à en faire partie qui, bien-sûr, leur permet d'avoir une existence sociale, mais enfermante, car elle nie leurs individualités propres. Face à la violence dans les quartiers d'habitat social, le problème n'est donc pas d'intégrer des personnes qui le sont déjà, ni de renforcer les interventions institutionnelles qui restent, finalement, extrêmement fortes et contraignantes mais plutôt de « fabriquer du conflit » et de construire une « politique du sujet[355] » (articulation de l'universel, du particularisme et de la distanciation). Au lieu de privilégier des logiques normatives, de stigmatisation et de répression, l'ensemble des acteurs sociaux, en interaction

353 Cf. P. Estèbe, J. Donzelot, *L'Etat animateur,* Paris, éd. du Seuil, 1996.

354 J. Rancière, *Repenser l'émancipation,* entretien in *Sciences Humaines,* n°198, novembre 2008, p. 35.

355 Cf. A. Touraine, *Critique de la modernité,* Paris, éd. Fayard, 1992 ; *Pourrons-nous vivre ensemble ?,* Paris, éd. Fayard, 1997.

dans des espaces de « conflictualisation[356] », pourraient alors co-produire une logique de subjectivation (la logique de subjectivation à laquelle nous aspirons s'appuie sur la créativité des acteurs et les accompagne pour qu'ils développent une activité critique, subversive et participative). En permettant aux acteurs de donner un sens politique à leur vie, la logique de subjectivation faciliterait ainsi la reconnaissance de l'autre[357], cette dernière logique étant intrinsèquement liée au « principe de reconnaissance »[358]. Comme l'indique François Dubet, la reconnaissance protège « les individus de la dévalorisation de soi et de la culpabilité qui deviennent les formes essentielles du contrôle social. »[359]

Quoi qu'il en soit, dans la pratique, contrairement aux idées reçues, à part quelques épisodes émeutiers (il est vrai quelquefois très impressionnants, comme à l'automne 2005) souvent déclenchés suite à la mort d'un jeune, tué lors d'une confrontation avec un acteur de sécurisation, la plupart du temps, ces quartiers restent calmes. Au-delà du fait que certains jeunes impliqués dans des trafics illégaux auraient stratégiquement besoin de tranquillité pour la réussite de leurs affaires, à la Cité des enfants perdus, nous avons constaté que cette ataraxie quotidienne n'est pas le résultat de la militarisation de ce quartier mais plutôt le fruit du travail de quelques acteurs sociaux qui façonnent des interactions singulières, basées sur des relations sociales de respect, de reconnaissance réciproque, de contre-stigmatisation, favorables au développement de la subjectivation (rapport de soi à soi), de l'esprit critique et de l'émancipation des personnes, améliorant ainsi les relations sociales. En effet, pour contre-balancer la violence (symbolique, physique, morale, psychologique…) produite par la mobilisation politico-institutionnelle, hyper-intégratrice et répressive, décidée par les pouvoirs publics enjoignant aux habitants (considérés comme des représentants des populations marginalisées plutôt que comme des personnes) des quartiers populaires de se soumettre et/ou de participer à leur auto-contrôle, nous avons vu que des acteurs sociaux de « front office », souvent précarisés, développent des modalités d'intervention et d'interrelation spécifiques basées, non pas sur l'instauration d'un rapport

356 Très concrètement, par « espaces de conflictualisation » », on désigne la constitution de lieux de négociation et de médiation plutôt que de pacification et de répression au sein desquels les réflexions et les propositions de tous les acteurs sociaux intervenant dans la ville de façon formelle et informelle (jeunes, adultes, habitants, policiers, travailleurs sociaux, enseignants, militants associatifs, bailleurs sociaux, résidents, élus politiques…) peuvent s'exprimer et se confronter dans un cadre institutionnel et civilisé. En ce sens, il s'agit de reconnaître des acteurs porteurs de demandes et de propositions sociales, culturelles et politiques, même formulées en termes quelque peu agressifs, et de promouvoir, au-delà des intérêts personnels, une action collective et une autorité non-violente basée sur le respect mutuel.

357 La subjectivation est un processus permettant aux acteurs de construire leur subjectivité : « La subjectivité est l'espace de la représentation de soi mais aussi le lieu où l'individu prend conscience qu'il a des représentations et, par là même, qu'il est à distance du monde » (D. Martuccelli, *Grammaires de l'individu*, Paris, éd. Gallimard, 2002, p. 442).

358 Cf. A. Honneth, *La lutte pour la reconnaissance*, Paris, éd. Le Cerf, 2000.

359 F. Dubet, *Le déclin de l'institution*, Paris, éd. du Seuil, 2002, p. 399.

social de domination cherchant à imposer des comportements normatifs mais, avant tout, structurés à partir d'une reconnaissance réciproque d'individus-sujets. En ce sens, ces acteurs sociaux (la plupart du temps, des pacificateurs de l'intérieur mais aussi parfois des policiers) cherchent à occuper une posture d'autorité (basée sur la reconnaissance des acteurs avec lesquels ils tissent des liens) plutôt qu'une position de pouvoir autoritaire. En fait, à partir de leurs expériences propres, ces acteurs ont compris que la gestion autoritaire de rapports sociaux de domination et d'humiliation est contre-productive et génératrice de phénomènes de violence, d'abord pour les populations visées par les politiques d'injonction à la conformation mais également pour les acteurs sociaux, chargés de mettre en œuvre ces dispositifs, notamment lorsque des personnes se révoltent. Or, d'une part, pour limiter les effets contre-productifs d'une complexification du contrôle social paradoxalement génératrice de violences et, d'autre part, pour participer à la construction d'un cercle vertueux, ces acteurs sociaux sont contraints de produire une forme de « sur-engagement » personnel, extrêmement épuisant, qui peut les entraîner dans une relation d'aliénation et d'assujettissement rendant donc très fragile le maintien de la paix sociale.

Même si à la Cité des enfants perdus, ce n'est pas la forte mobilisation politico-institutionnelle, chargée d'organiser la police des villes, qui contribue, la première, à apaiser les tensions mais la grande implication d'acteurs sociaux inscrits dans de nouvelles épreuves de domination, ne soyons pas dupes. Ces modes d'intervention innovants de la part d'acteurs sociaux se montrant respectueux à l'égard de leurs interlocuteurs considérés comme des « individus » et non comme des victimes ou des agresseurs ne sont qu'une adaptation pragmatique à une situation problème. En effet, bien que nécessaire, une simple transformation des représentations à l'égard de la jeunesse populaire n'est certainement pas suffisante pour réellement faire disparaître les phénomènes de violence. En effet, comme le note Walter Benn Michaels, ce n'est pas parce que nous changeons notre attitude à l'égard des pauvres que la pauvreté va disparaître : « Ce qu'on attend de nous, aujourd'hui, c'est que nous nous montrions plus respectueux envers les pauvres et que nous arrêtions de les considérer comme des victimes – car les traiter comme des victimes, c'est faire preuve de condescendance à leur égard et nier leur « individualité ». Or, si nous parvenons à nous convaincre que les pauvres ne sont pas des personnes qui manquent de respect, alors c'est notre « attitude » à l'égard des pauvres, et non leur pauvreté, qui devient le problème à résoudre. (...) Plus généralement, cela revient à analyser l'inégalité comme une conséquence de nos préjugés plutôt que de notre système social. »[360]

360 W. Benn Michaels, *La diversité contre l'égalité*, Paris, éd. Raisons d'agir, 2009, p. 15-16.

Dans cette perspective, ce n'est donc pas parce que la majorité des acteurs sociaux chargés de pacifier en réprimant les violences juvéniles, au bout du compte, finissaient par, majoritairement, penser autrement que négativement les « jeunes de quartier » que les confrontations violentes deviendraient, pour autant, presque inexistantes. En effet, dans un contexte d'extension de la mondialisation économique et de décomposition des états sociaux redistributifs[361], si nous ne parvenons finalement pas à maîtriser, de façon conséquente, l'ensemble des mécanismes d'exploitation, de domination et d'aliénation[362] en œuvre dans les sociétés hypercapitalistes[363] ayant toutes intérêt à maintenir la constitution « d'armées de réserves » aujourd'hui souvent concentrées dans les « quartiers ghettos », nous ne pourrons donc pas agir efficacement pour réduire les inégalités sociales et économiques. Or, plus que la maltraitance des identités, ce sont bien ces inégalités qui demeurent les principales causes de la production de violences et de comportements anti-sociaux, tels que le racisme et la xénophobie. Ainsi, au-delà des discours « politiquement corrects » sur les préjugés et le respect, c'est donc bien le système social et économique qu'il faut changer en même temps que l'on transforme, radicalement, les modes d'action et de prévention dans les quartiers populaires.

361 Cf. Z. Bauman, *Le coût humain de la mondialisation,* Paris, éd. Hachette, 2000 ; *La société assiégée,* Rodez, éd. le Rouergue/Chambon, 2005 ; U. Beck, *La société du risque. Sur la voie d'une autre modernité,* Paris, éd. Alto/Aubier, 2001 ; *Pouvoir et contre-pouvoir à l'ère de la mondialisation,* Paris, éd. Flammarion/Aubier, 2003.

362 Cf. R. Aron, *Le marxisme de Marx,* Paris, éd. de Fallois, 2002.

363 Cf. R. Reich, *Supercapitalisme,* Paris, éd. Vuibert, 2008.

////////// Bibliographie

Anderson E., 1978, *A place on the corner*, Chicago and London, The University of Chicago Press.

Anderson E., 1999, *Code of the street : decency, violence, and the moral life of the inner city*, New York, W. W. Norton & Company.

Aron R., 2002, *Le marxisme de Marx*, Paris, éd. de Fallois.

Avenel C., 2004, « Les jeunes des quartiers urbains dits « sensibles » » in Pugeault-Cicchelli C., Cicchelli V., Ragi T. (dir.), *Ce que nous savons des jeunes*, Paris, éd. Puf, p. 177-189.

Avenel C., 2004, *Sociologie des « quartiers sensibles »*, Paris, éd. Armand Colin.

Bachmann C., Printemps 1998, « Défaut d'intégration, intégration par défaut » in *Lien Social et Politiques*, n° 39, p. 173-181.

Bachmann C., Le Guennec N., 1996, *Violences urbaines. Ascension et chute des classes moyennes à travers cinquante ans de la politique de la ville*, Paris, éd. Albin Michel.

Bachmann C., Le Guennec N., 1997, *Autopsie d'une émeute*, Paris, éd. Albin Michel.

Back L., Solomos J. (dir.), 2000, *Theories of Race and Racism. A Reader*, London and New-York, éd. Routledge.

Baillergeau E., 2008, « Intervention sociale, prévention et contrôle social. La prévention sociale d'hier à aujourd'hui » in *Déviance et Société*, vol. 32, n° 1, p. 2-20.

Balandier G., 1988, *Le désordre. Eloge du mouvement*, Paris, éd. Fayard.

Barth F., in Poutignat P., Streiff-Fenart J., 1995, *Théories de l'ethnicité*, Paris, éd. Puf, p. 203-249.

Bastide R., 1996, *Les Amériques noires. Les civilisations africaines dans le nouveau monde*, Paris, éd. L'Harmattan.

Bauman Z., 2000, *Le coût humain de la mondialisation*, Paris, éd. Hachette.

Bauman Z., 2005, *La société assiégée*, Rodez, éd. le Rouergue/Chambon.

Bayley D.-H., 1990, *Patterns of Policing : A compartive International Analysis*, New Jersey, éd. Rutgers University Press.

Beaud S., Weber F., 1997, *Guide de l'enquête de terrain*, Paris, éd. La Découverte.

Beck U., 2001, *La société du risque. Sur la voie d'une autre modernité*, Paris, éd. Alto/Aubier.

Beck U., 2003, *Pouvoir et contre-pouvoir à l'ère de la mondialisation*, Paris,

éd. Flammarion/Aubier.
Becker H.-S., 1985, *Outsiders. Etudes de sociologie de la déviance,* Paris, éd. Métaillé.
Begag A., 2002, *Les dérouilleurs. Ces français de banlieue qui ont réussi,* Paris, éd. Mille et une nuits.
Benn Michaels W., 2009, *La diversité contre l'égalité,* Paris, éd. Raisons d'agir.
Bernier B., Elbaz M., Lavigne G., 1978, « Ethnicité et lutte de classes » in *Anthropologie et Société,* vol. 1, n° 1, p. 15-60.
Bittner E., 1990, *Aspects of Police Work*, Boston, Northeastern University Press, 1990.
Bittner E., 1991, « De la faculté d'user de la force comme fondement du rôle de la police », in *Les Cahiers de la sécurité intérieure*, 3, p. 221-235.
Bittner E., 2001, « Florence Nightingale à la poursuite de Willie Sutton. Regard théorique sur la police », in *Déviance et Société*, vol. 25, n° 3, p. 285-305.
Bloch H., Niederhoffer A., 1974, *Les bandes d'adolescents,* Paris, éd. Payot.
Body-Gendrot S., 1998, *Les villes face à l'insécurité. Des ghettos américains aux banlieues françaises*, Paris, éd. Bayard.
Body-Gendrot S., Withol De Wenden C., 2003, *Police et discriminations. Le tabou français*, Paris, éd. de l'Atelier.
Body-Gendrot S., 2008, *La peur détruira-t-elle la ville ?,* Paris, éd. Bourin éditeur.
Bonelli L., 2008, *La France a peur. Une histoire sociale de l'« insécurité »,* Paris, éd. La Découverte.
Boucher M., 1999, *Rap, expression des lascars. Significations et enjeux du rap dans la société française,* Paris, éd. L'Harmattan.
Boucher M., 2000, *Les théories de l'intégration,* Paris, éd. L'Harmattan.
Boucher M., Vulbeau A. (dir.), 2003, *Emergences culturelles et jeunesse populaire. Turbulences ou médiation ?*, Paris, éd. L'Harmattan/INJEP, coll. Débats jeunesses.
Boucher M., trim./juin 2003, « Turbulences, contrôle et régulation sociale. Des modèles sécuritaires et démocratiques dans des quartiers impopulaires » in *Déviance et Sociétés*, vol. 27, n° 2, p. 161-182.
Boucher M., 2003, *Turbulences, contrôle et régulation sociale. Les logiques des acteurs dans les quartiers populaires,* Paris, éd. L'Harmattan.
Boucher M., 2004, *Repolitiser l'insécurité. Sociographie d'une ville ouvrière en recomposition,* Paris, éd. L'Harmattan.
Boucher M., 2005, *Discriminations et ethnicisation. Combattre le racisme en Europe,* La Tour d'Aigues, éd. de l'Aube.
Boucher M., 2007 (réédition Téraèdre, 2010), *Turbulences. Comprendre les désordres urbains et leur relégation,* Montreuil, éd. Aux lieux d'être.
Boucher M., 2007, « Les intervenants sociaux au service de la sécurité ? Ana-

lyse d'une dérive dangereuse » in Mucchielli L., Le Goaziou V. (dir.), *Quand les banlieues brûlent... Retour sur les émeutes de novembre 2005,* Paris, éd. La Découverte, p. 145-158.
Boucher M., 2007, « La médiatisation des violences juvéniles et leur ethnicisation. De la stigmatisation à l'éthique de responsabilité » in Rigoni I., (sous la dir.), *Qui a peur de la télévision en couleurs ? La diversité culturelle dans les médias,* Montreuil, éd. Aux lieux d'être, p. 155-172.
Boucher M., 2008, *Le travail social face aux discriminations. Intervention sociale, ethnicité et lutte contre le racisme en Europe,* Montreuil, éd. Aux lieux d'être, coll. Mondes contemporains.
Boucher M., 2008, « Les travailleurs sociaux face aux « bandes ». Stigmatisation de la jeunesse populaire et instrumentalisation des acteurs sociaux » in Mohammed M., Mucchielli L. (dir.), *Les bandes de jeunes. Des « blousons noirs » à nos jours,* Paris, éd. La Découverte, coll. Recherches, p. 217-244.
Boucher M., Belqasmi M. (dir.), 2008, *Guide pédagogique de l'antiracisme en formation sociale,* Paris, éd. Vuibert.
Boucher M., 2009, « L'expérience du Ghetto » in *Déviance et Société*, vol. 33, n° 2, p. 221-248.
Bourdieu P., Wacquant L., 1992, *Réponses,* Paris, éd. du Seuil.
Bourgeois L., 1998 (1ère édition, 1896), *Solidarité,* Villeneuve-d'Ascq, éd. Presses du Septentrion.
Bourgois P., 2001, *En quête de respect. Le crack à New-York,* Paris, éd. du Seuil.
Bouzar D., 2001, *L'islam des banlieues. Les prédicateurs musulmans : nouveaux travailleurs sociaux ?,* Paris, éd. Syros.
Brodeur J.-P., 2001, « Le travail d'Egon Bittner : une introduction à la sociologie de la force institutionnalisée » in *Déviance et Société*, vol. 25, n°3, p. 307-323.
Brodeur J.-P., 2003, *Les visages de la police : pratiques et perceptions*, Montréal (Québec), Les Presses de l'Université de Montréal.
Bullock K., Tilley N., Erol R., 2006, *Problem Oriented Policing and Partnerships. Implementing an evidence-based approach to crime reducation,* Devon (UK), Portland (USA), éd. Willan Publishing.
Calogirou C., 1989, *Sauver son honneur,* Paris, éd. L'Harmattan.
Canada G., 1999, *Etats-Unis : des enfants et des armes. Récit de la violence ordinaire,* Paris, éd. ESF.
Castel R., 1981, *La gestion des risques. De l'anti-psychiatrie à l'après-psychanalyse,* Paris, éd. de Minuit.
Castel R., 1995, *Les métamorphoses de la question sociale*, Paris, éd. Fayard.
Castel R., Haroche C., 2001, *Propriété privée, propriété sociale, propriété de soi. Entretiens sur la construction de l'individu moderne*, Paris, éd. Fayard.
Castel R., 2003, *L'insécurité sociale. Qu'est-ce qu'être protégé ?*, Paris, éd. du Seuil.

Castel R., 2007, *La discrimination négative. Citoyens ou indigènes ?*, Paris, éd. du Seuil.
Castel R., 9 juillet 2008, « Travailler plus pour gagner quoi ? » in *Le Monde*, p. 17.
Castel R., août-septembre 2008, « La propriété sociale : émergence, transformations et remise en cause » in *Esprit,* n° 347, p. 171-190.
Cazelles C., Morel B., Roché S., février 2007, *Les « violences urbaines » de l'automne 2005. Evénements, acteurs : dynamiques et interactions,* Rapport pour le Centre d'analyse stratégique.
Chapoulie J.-M., 2001, *La tradition sociologique de Chicago,* Paris, éd. du Seuil.
Chesnais J.-C., 1981, *Histoire de la violence,* Paris, éd. Robert Laffont.
Chevalier L., 1984, *Classes laborieuses, classes dangereuses,* Paris, éd. Hachette.
Cicchelli V., Galland O., de Maillard J., Misset S., 2006, *Comprendre les émeutes de novembre 2005, l'exemple d'Aulnay-sous-Bois,* Centre d'Analyse Stratégique, Paris, éd. La Documentation française.
Copfermann E., 2003 (1ère édition, 1962), *La Génération des blousons noirs,* Paris, éd. La Découverte.
Coulon A., 1992, *L'Ecole de Chicago,* Paris, éd. Puf, coll. Que Sais-Je ?
Clark K., 1969, *Ghetto noir,* Paris, éd. Petite Bibliothèque Payot.
Cloward R., Ohlin L. E., 1961, *Delinquency and Opprtunity : A Theory of Delinquent Gangs,* London.
Cohen A., 1955, *Delinquent boys : The culture of the gang,* Glencoe, éd. Free Press.
Cohen S., 1985, *Visions of Social Control. Crime, Punishment and Classification,* Cambridge, éd. Polity Press.
Collins R., 2008, *Violence. A micro-sociological theory,* Princeton, Princeton University Press.
Cusson M., 1983, *Le contrôle social du crime,* Paris, éd. Puf.
Cusson M., 1998, *La criminologie,* Paris, éd. Hachette.
Cusson M., 2007, « Questions de stratégies pour la police » in Cusson M., Dupont B., Lemieux F. (dir.), *Traité de sécurité intérieur*, Montréal, éd. Hurtubise, p. 130-139.
Damon J., *La question SDF,* Paris, éd. Puf.
Damon J., 2009, *Questions sociales : analyses anglo-saxonnes socialement incorrect ?,* Paris, éd. Puf.
Debarbieux E. (dir.), 2002, *L'oppression quotidienne. Recherches sur une délinquance des mineurs,* Paris, éd. La documentation française.
Delarue J.-M., 1991, *Banlieues en difficulté, la relégation,* Paris, éd. Syros.
Deligny F., 2004, *Graine de crapule,* Paris, éd. Dunod.
De Queiroz J.-M., Ziolkovski M., 1994, *L'interactionnisme symbolique*, Rennes, éd. Pur.
Donzelot J., 1977, *La Police des familles,* Paris, éd. de Minuit.

Donzleot J., Mevel C., Wyvekens A., 2003, *Faire société. La politique de la ville aux Etats-Unis et en France*, Paris, éd. du Seuil.
Donzelot J., Wyvekens A., 2004, *La magistrature sociale. Enquête sur les politiques locales de sécurité,* Paris, éd. La Documentation française.
Donzelot J. (dir.), 2008, *Ville, violence et dépendance sociales,* Paris, éd. La Documentation française.
Donzelot J., novembre 2008, « Le social de compétition » in *Esprit*, n° 349, p. 51-77.
Dubet F., 1987, *La galère. Jeunes en survie,* Paris, éd. Fayard.
Dubet F., Lapeyronnie D., 1992, *Les quartiers d'exil,* Paris, éd. du Seuil.
Dubet F., été 1992, « A propos de la violence des jeunes » in *Cultures & Conflit,* n° 6, p. 7-24.
Dubet F., *Immigrations : qu'en savons-nous ? Un bilan des connaissances*, Paris, éd. La documentation française, 1998.
Dubet F., 2000, *Les inégalités multipliées,* La Tour d'Aigues, éd. de l'Aube.
Dubet F., 2002, *Le déclin de l'institution,* Paris, éd. du Seuil.
Dubet F., 2007, *L'expérience sociologique,* Paris, éd. La Découverte.
Dubet F., juillet 2008, « Injustice et reconnaissance » in *Esprit,* n° 346, p. 144-159.
Dubet F., 2008, *Faits d'école,* Paris, éd. Ecole des Hautes Etudes en Sciences Sociales.
Dubet F., 2009, *Le travail des sociétés*, Paris, éd. du Seuil.
Duprez D., Kokoreff M., 2000, *Les mondes de la drogue. Usages et trafics dans les quartiers*, Paris, éd. Odile Jacob.
Duprez D., Kokoreff M. (dir.), 2006, « Les émeutes urbaines : comparaisons internationales », in *Déviance et Société,* vol. 30, n° 4, p. 429-533.
Duret P., 1996, *Anthropologie de la fraternité dans les cités,* Paris, éd. Puf.
Duret P., 1996, « Gratuité et professionnalisation dans le travail social : le cas des grands frères » in *Revue française des affaires sociales*, n° 3, p. 89-98.
Durkheim E., 1998, *De la division du travail social,* Paris, éd. Puf/Quadrige.
Elias N., Dunning E., 1994, *Sport et civilisation. La violence maîtrisée,* Paris, éd. Fayard.
Elias N., Scotson J.-L., 1997, *Les logiques de l'exclusion. Enquête sociologique au cœur des problèmes d'une communauté*, Paris, éd. Fayard.
Elias N., 1991, *La société des individus,* Paris, éd. Fayard.
Estèbe P., Donzelot J., 1996, *L'Etat animateur,* Paris, éd. du Seuil.
Esterle-Hedibel M., 1997, *La bande, le risque et l'accident,* Paris, éd. L'Harmattan.
Esterle-Hedibel M., 1999, « La marque de l'étranger. La construction d'identités délinquantes chez des jeunes d'origine maghrébine » in Bessette J.-M. (dir.), *Crimes et cultures*, Paris, L'Harmattan, p. 137-146.
Felouzis G., Liot F., Perroton J., 2005, *L'apartheid scolaire. Enquête sur la ségrégation ethnique dans les collèges*, Paris, éd. du Seuil.

Fillieule R., 2001, *Sociologie de la délinquance,* Paris, éd. Puf.
Foote-Whyte W., 1996, *Street Corner Society. La structure sociale d'un quartier italo-américain* (1943), Paris, éd. La Découverte.
Fourest C., 2004, *Frère Tariq,* Paris, éd. Grasset.
Fourest C., 2007, *Le choc des préjugés. L'impasse des posture sécuritaires et victimaires,* Paris, éd. Calman-Lévy.
Garland D., 2001, *The Culture of Control : Crime and Social Order in Contemporary Society*, Oxford, éd. Oxford University Press.
Garland D., 2007, « Adaptations politiques et culturelles des sociétés à forte criminalité » in *Déviance et Société*, vol. 31, n° 4, p. 387-403.
Gilroy P., 1987, *There ain't no black in the Union Jack,* Londres, éd. Hutchinson.
Goffman E., 1973, *La mise en scène de la vie quotidienne,* tome 1 : *Présentation de soi,* Paris, éd. de Minuit.
Goffman E., 1975, *Stigmate. Les usages sociaux des handicaps,* Paris, éd. Minuit.
Goffman E., 1974, *Les rites d'interaction,* Paris, éd. de Minuit.
Grafmeyer Y., Joseph I., 1990, *L'Ecole de Chicago. Naissance de l'écologie urbaine,* Paris, éd. Aubier.
Grawitz M., 1988, *Lexique des sciences sociales*, Paris, éd. Dalloz.
Guénif-Souilamas N., Macé E., 2006, *Les féministes et le garçon arabe,* La Tour d'Aigues, éd. l'Aube.
Guidicelli A., 1991, *La Caillera,* Paris, éd. Bertoin.
Guth S., 2004, *Chicago. Aux origines de la sociologie qualitative,* Paris, éd. Téraèdre.
Harrati S., Vavassori D., Villerbu L. M., 2006, *Délinquance et violence,* Paris, éd. Armand Colin.
Hartzfeld H., 1971, *Du paupérisme à la sécurité sociale,* Paris, éd. Plon.
Haut Conseil à l'Intégration, *L'intégration à la française*, 1993, Paris, éd. UGE 10-18.
Herpin N., 1973, *Les sociologues américains et le siècle*, Paris, éd. Puf.
Hoggart R., 1957, *La culture du pauvre,* Paris, éd. de Minuit.
Honneth A., 2000, *La lutte pour la reconnaissance,* Paris, éd. Le Cerf.
Honneth A., 2006, *La société du mépris. Vers une nouvelle théorie critique,* Paris, éd. La Découverte.
Honneth A., 2007, *La réification. Petit traité de théorie critique,* Paris, éd. Gallimard.
Honneth A., juillet 2008, « Réification, connaissance, reconnaissance : quelques malentendus » in *Esprit,* n° 346, p. 96-107.
Hugues E. C., 1996, *Le regard sociologique. Essais choisis,* Paris, éd. Ecole des Hautes Etudes en Sciences Sociales.
Hughes G., 1998, *Understanding crime prevention. Social control, risk and late modernity,* Buckingham, éd. Open University Press, Mc Graw – Hill Education.

Innes M., 2003, *Understanding Social Control. Deviance, Crime and Social Order*, England, éd. Open University Press/Mc Graw – Hill Education.
Jablonka I., 2010, Les Enfants de la République. L'intégration des jeunes de 1789 à nos jours. Paris, éd. du Seuil.
Jacobs J., 1991 (1961), *Déclin et survie des grandes villes américaines,* Belgique, éd. Mardaga.
Jobard F., 1999, *Les violences policières. État de la recherche dans les pays anglo-saxons*, Paris, éd. L'Harmattan.
Jobard F., 2001, « Comprendre l'habilitation à l'usage de la force policière » in *Déviance et Société*, vol. 25, n° 3, p. 325-345.
Jobard F., 2002, *Bavures policières ? La force publique et ses usages*, Paris, éd. La Découverte
Jobard F., 2006, « Sociologie politique de la « racaille » » in Lagrange H., Oberti M. (dir.), *Emeutes urbaines et protestations, une singularité française,* Paris, éd. Presses de Sciences Po., p. 59-80.
Jobard F., 2008, « La militarisation du maintien de l'ordre, entre sociologie et histoire » in *Déviance et Société*, vol. 32, n° 1, p. 101-109.
Joly D., 2007, *Emeutes. Ce que la Grande-Bretagne peut nous apprendre sur la France,* Paris, éd. Denoël.
Keppel G., 1991, *Les banlieues de l'islam,* Paris, éd. du Seuil.
Khosrokhavar F., 1997, *L'islam des jeunes,* Paris, éd. Flammarion.
Kelling G., Coles C., *Fixing Broken Windows. Restoring Order and Reucing Crime in our Communities,* New York, éd. Free Press, 1996.
Kokoreff M., « Sociologie de l'émeute. Les dimensions de l'action en question » in *Déviance et Société,* vol. 30, n°4, 2006, p. 521-534.
Kokoreff M., *Sociologie des émeutes,* Paris, éd. Payot, 2008.
Labov W., 1978, *Le parler ordinaire : la langue dans les ghettos noirs des Etats-Unis,* Paris, éd. de Minuit.
Lagrange H., 1995, *La civilité à l'épreuve, crime et sentiment d'insécurité,* Paris, éd. Puf.
Lagrange H. (dir.), 2006, *L'épreuve des inégalités,* Paris, éd. Puf.
Lapeyronnie D., janvier-février 1998, « L'ordre de l'informe. La construction sociale et politique du racisme dans la société française » in *Hommes & Migrations,* n° 1211, p. 62-82.
Lapeyronnie D., 2006, « Révolte primitive dans les banlieues françaises. Essai sur les émeutes de l'Automne 2005 » in *Déviance et Société*, vol. 30, n° 4, p. 431-448.
Lapeyronnie D., 2008, *Le ghetto urbain,* Paris, éd. Robert Laffont.
Le Breton D., 1996, *La passion du risque,* Paris, éd. Métailiée.
Le Breton D. (dir.), 2002, *L'adolescence à risque,* Paris, éd. Autrement.
Lelévrier C., Guigou B., 2005, « Les incertitudes de la résidentialisation. Transformation des espaces et régulation des usages » in Haumont B., Morel A. (dir.), *La société des voisins,* Paris, éd. de la Maison des Sciences de l'homme, p. 51-68.

Lepoutre D., 1997, *Cœur de banlieue, codes, rites et langages*, Paris, éd. Odile Jacob.
Lepoutre D., Cannoodt I., 2005, *Souvenirs de familles immigrées,* Paris, éd. Odile Jacob.
Levan V., 2009, « Mesurer les effets de la sécurisation des quartiers populaires : un état des lieux de la littérature anglo-américaine » in *Déviance et Société,* vol. 33, n° 1, p. 95-113.
Lévy R., 2001, « Egon Bittner et le caractère distinctif de la police : quelques remarques introductives à un débat » in *Déviance et Société,* 3, vol. 25, p. 279-283.
Loubet del Bayle J.-L., 1992, *La police. Approche socio-politique*, Paris, éd. Montchrestien.
Louis P., Prinaz L., 1990, *Skinheads, taggers, zulus & co,* Paris, éd. La Table Ronde.
Macé E., 1997, « Service public et banlieues populaires : une coproduction de l'insécurité », in *Sociologie du Travail,* n° 4, p. 473-498.
Macé E., octobre 2002, « Dé-naturaliser/re-politiser la violence » in *Cosmopolitiques,* n° 2, Paris, éd. de L'Aube, p. 7-24.
Madzou L., 2008, *J'étais un chef de gang,* Paris, éd. La Découverte.
Manning P. K., 1991, « Aspects of police work by Egon Bittner » in *Contemporary Sociology, An Internationl Journal of Reviews*, vol. 20, n° 3, p. 435-436.
Marlière E., 2005, *Jeunes en cité. Diversité des trajectoires ou destin commun ?,* Paris, éd. L'Harmattan/INJEP, coll. Débats Jeunesses.
Marlière E., 2008, *La France nous a lâchés ! Le sentiment d'injustice chez les jeunes des cités,* Paris, éd. Fayard.
Marlière E., « Les jeunes de cité. Territoires et pratiques culturelles » in *Ethnologie française,* XXXVIII, 4, p. 711-721.
Martuccelli D., 2002, *Grammaires de l'individu,* Paris, éd. Gallimard.
Martuccelli D., 2004, « Figures de la domination » in *Revue Française de Sociologie,* 45-3, p. 469-497.
Martuccelli D., Singly F., 2009, *Les sociologies de l'individu,* éd. Armand Colin.
Marx K., 1969, *Le Capital,* Livre 1, Paris, éd. Flammarion.
Marx K., 1969, *Le Capital,* Livre 2 et 3, Paris, éd. Sociales.
Masclet O., 2003, *La gauche et les cités. Enquête sur un rendez-vous manqué*, Paris, éd. La Dispute.
Matza D., 1964, *Delinquency and Drift,* New-York, éd. Wiley.
Mauger G., Fossé-Poliak C., 1983, « Les loubards » in *Actes de Recherche en Sciences Sociales,* n° 50, p. 49-67.
Mauger G., mars 2001, « Précarisation et nouvelles formes d'encadrement des classes populaires » in *Actes de la Recherche en Sciences Sociales,* n° 136-137, p. 3-14.

Mauger G., 2006, *L'émeute de novembre 2005, une révolte protopolitique,* Broissieux, éd. du Croquant.
Mauger G., 2006, *Les bandes, le milieu et la bohème populaire,* Paris, éd. Belin.
Mauger G., 2009, *La sociologie de la délinquance juvénile,* Paris, éd. La Découverte.
Maurin E., 2004, *Le Ghetto français. Essai sur le séparatisme social,* Paris, éd. du Seuil.
Mazars M., février 2006, *Le traitement judiciaire des « violences urbaines » de l'automne 2005. Le cas de la Seine-Saint-Denis,* Rapport pour le Centre d'analyse stratégique.
Memmi A., 1982, *Le racisme,* Paris, éd. Gallimard.
Merlin P., 1998, *Les banlieues des villes françaises,* Paris, éd. La Documentation française.
Merton R.-K., 1997, *Eléments de théorie et de méthode sociologique* (1953), Paris, éd. Amand Colin.
Michaud Y., 1996, *La violence apprivoisée,* Paris, éd. Hachette.
Michaud Y., 1998, *La violence,* Paris, éd. Puf, coll. Que-Sais-Je ?
Michaud Y., 2002, *Changements dans la violence. Essai sur la bienveillance universelle et la peur*, Paris, éd. Odile Jacob.
Mohammed M., Mucchielli L. (dir.), 2007, *Les bandes de jeunes. Des « blousons noirs » à nos jours,* Paris, éd. La Découverte, coll. « Recherches ».
Moignard B., 2008, *L'école et la rue : fabriques de la délinquance*, Paris, éd. Le Monde/Puf.
Monjardet D., 1996, *Ce que fait la police, sociologie de la force publique,* Paris, éd. La Découverte.
Monjardet D., 2001, « Vivre le métier de policier » in *Informations Sociales,* n°92, p. 24-31.
Monjardet D., Ocqueteau F. (dir.), octobre 2004, dossier « La police : une réalité plurielle », *Problèmes politiques et sociaux*, n°905, Paris, La documentation française.
Monod J., 2006 (1968), *Les barjots. Essai d'ethnologie des bandes de jeunes,* Paris, éd. Hachette Littérature.
Monod J.-C., 1997, *Foucault. La police des conduites,* Paris, éd. Michalon.
Mouhanna C., Matelly J.-H., 2007, *Police des chiffres et des doutes*, Paris, éd. Michalon.
Mucchielli L., 2001, *Violences et insécurités. Fantasmes et réalités dans le débat français,* Paris, éd. La Découverte.
Mucchielli L., 2002, « La politique de la «tolérance zéro » : les véritables enseignements de l'expérience new-yorkaise » in *Hommes & Libertés*, n° 120, p. 38-40.
Mucchielli L., 2005, *Le scandale des tournantes. Dérives médiatiques, contre-enquête sociologique,* Paris, éd. La Découverte.

Mucchielli L., Le Goaziou V. (dir.), 2007, *Quand les banlieues brûlent... Retour sur les émeutes de novembre 2005,* Paris, éd. La Découverte.
Mucchielli L., 2008, « Penser la question de la sur-représentation des jeunes issus de l'immigration dans la délinquance » in Boucher M., Belqasmi M. (dir.), *Guide pédagogique de l'antiracisme en formation sociale,* Paris, éd. Vuibert, p. 151-157.
Mucchielli L. (dir.), 2008, *La frénésie sécuritaire. Retour à l'ordre et nouveau contrôle social,* Paris, éd. La Découverte.
Muchembled R., 2008, *Une histoire de la violence de la fin du Moyen Âge à nos jours,* Paris, éd. du Seuil.
Ndiaye P., 2006, « Questions de couleur. Histoire, idéologie et pratiques du colorisme » in Fassin D., Fassin E. (dir), *De la question sociale à la question raciale ?,* Paris, éd. La Découverte, p. 37-53.
Nisbet R.-A., 1993, *La tradition sociologique,* éd. Puf, coll. Quadrige.
Noiriel G., 1988, *Le creuset français. Histoire de l'immigration*, Paris, éd. du Seuil.
Oblet T., 2005, *Gouverner la ville,* Paris, éd. Puf.
Oblet T., 2008, *Défendre la ville,* Paris, éd. Puf.
Ocqueteau F., 2007, « Les émeutes urbaines de l'automne 2005 : cadres d'analyse et points aveugles de la sociologie française », in *Revue de Sociologie du Travail,* 49, p. 531-543.
Ogien A., 1999, *Sociologie de la déviance,* Paris, éd. Armand Colin.
Otayek R., Coulon C., 30-31 mars 2008, « En Afrique, la question ethnique a été manipulée », entretien in *Le Monde*, p. 11.
Ott L., 2007, « Pourquoi ont-ils brûlé les écoles » in Mucchielli L., Le Goaziou V. (dir.), *Quand les banlieues brûlent... Retour sur les émeutes de novembre 2005,* Paris, éd. La Découverte, p. 126-144.
Parazelli M., Colombo A., 2004, « Les jeunes de la rue » in Pugeault-Cicchelli C., Cicchelli V., Ragi T. (dir.), *Ce que nous savons des jeunes,* Paris, éd. Puf, p. 145-155.
Park R., Burgess E., McKenzie R.-D., 1925, *The City,* Chicago, éd. The University of Chicago Press.
Park R., Burgess E., 1969 (1921), *Introduction to The Science of Sociology,* Chicago, éd. University of Chicago Press.
Paugam S. (dir.), 2007, *Repenser la solidarité. L'apport des sciences sociales*, Paris, éd. Puf.
Paugam S., 2008, *Le lien social,* Paris, éd. Puf.
Péralva A., 2001, *Violence et démocratie. Le paradoxe brésilien,* Paris, éd. Balland.
Péralva A., Macé E. 2002, *Médias et violences urbaines. Débats politiques et construction journalistique,* Paris, éd. La Documentation française.
Peretti-Watel P., 2000, *Sociologie du risque,* Paris, éd. Armand Colin.
Peretti-Watel P., 2002, « Les « conduites à risque » des jeunes : défi, myopie

ou déni ? » in *Agora* Débats/Jeunesses, n°27, p.16-33.
Perrot M., 2001, *Les ombres de l'histoire. Crime et châtiment au XIXe siècle,* Paris, éd. Flammarion.
Pierret R., 1996, *Les Apaches,* Paris, Diplôme de l'Ecole des Hautes Etudes en Sciences Sociales.
Pierret R., 2008, *Les filles et fils de harkis. Entre double rejet et triple appartenance,* Paris, éd. L'Harmattan.
Piven F.-F., Cloward R.-A., 1971, *Regulating the Poor. The Functions of Public Welfare,* New-York, Pantheon Books.
Poutignat P., Streiff-Fenart J., 1995, *Théories de l'ethnicité,* Paris, éd. Puf.
Rancière J., novembre 2008, *Repenser l'émancipation,* Entretien in *Sciences Humaines,* n° 198, p. 32-35.
Reich R., 2008, *Supercapitalisme,* Paris, éd. Vuibert.
Retière J.-N., « Autour de l'autochtonie. Réflexions sur la notion sur la notion de capital social populaire », in *Politix*, 2003, vol. 16, n° 63, p. 121-143.
Rey H., 1996, *La peur des banlieues,* Paris, éd. Presses de la Fondation Nationale de Sciences Politiques.
Robert P., Lascoumes P., 1974, *Les bandes d'adolescents. Une théorie de la ségrégation,* Paris, éd. Ouvrières.
Robert P., 2000, « Les territoires du contrôle social, quels changements » in *Déviance et Société,* vol. 24, n° 3, p. 215-234.
Robert P., Mucchielli L. (dir.), 2002, *Crime et sécurité. L'état des savoirs,* Paris, éd. La Découverte.
Robert P., 2002, *L'insécurité en France,* Paris, éd. La Découverte.
Robert P., 2005, *La sociologie du crime,* Paris, éd. La Découverte.
Roché S., 2000, « La théorie de la vitre cassée en France. Incivilités et désordres en public » in *Revue Française de Sciences politique,* 50-3, p. 387-412.
Roché S., 2002, *Tolérance zéro ? Incivilités et insécurité,* Paris, éd. Odile Jacob.
Roché S., 2004, « Vers la démonopolisation des fonctions régaliennes : contractualisation, territorialisation et européanisation de la sécurité intérieure » in *Revue Française de Science Politique*, vol. 54, n° 1, p. 43-70.
Roché S., 2006, *Le frisson de l'émeute, violences urbaines et banlieues,* Paris, éd. du Seuil.
Ross E.-A.L., 1901, *Social Control, A Survey of Tthe Foundation of Order,* New-York, éd. The Mac Millan Compagny.
Roulleau-Berger L., 1991, *Le ville intervalle : jeunes entre centre et banlieue,* Paris, éd. Méridiens-Klincksieck.
Rubi S., 2005, *Les « crapuleuses », ces adolescentes déviantes,* Paris, éd. Puf.
Sanchez-Jankowski M., 1991, *Islands in the Street : Gangs in Urban American Society,* Berlkley and Los Angeles, éd. University of California Press.
Sauvadet T., 2006, *Le capital guerrier. Concurrence et solidarité entre jeunes de cité,* Paris, éd. Armand Colin.

Sauvadet T., 2006, *Jeunes dangereux, jeunes en danger,* Paris, éd. Dilecta.
Schwartz O., 1990, *Le monde privé des ouvriers. Hommes et femmes du nord,* Paris, éd. Puf.
Shaw C.-R., Mac Kay M.-D., 1940, *Juvenile Deliquency in Urban Areas,* Chicago, éd. University of Chicago Press.
Shaw C., Zorbaugh H., McKay H., Cottrell L., 1929, *Delinquency Areas,* Chicago, éd. University of Chicago Press.
Shaw C., 1930, *The Jack-Roller : A delinquent Boy's Own Story,* Chicago, éd. University of Chicago Press.
Simmel G., 1998, *Les pauvres,* Paris, éd. Puf/Quadrige.
Skogan W., Hartnett S., 1997, *Community Policing, Chicago Style,* New York, éd. Oxford University Press.
Sorel G., 1990, *Réflexions sur la violence* (première édition, 1908), Paris, éd. du Seuil.
Stébé J.-M., 2005, *La médiation dans les banlieues sensibles,* Paris, éd. Puf.
Stébé J.-M., 2008, *Risques et enjeux de l'interaction sociale,* Paris, éd. Lavoisier.
Stébé J.-M., Marchat H., 2009, *Mythologie des cités-ghettos*, Paris, éd. Le Cavalier Bleu
Stonequist E.-V., 1937, *The Marginal Man,* New York, éd. Charles Scribner's Sons.
Strauss A., 1992, *La trame de la négociation. Sociologie qualitative et interactionnisme,* Paris, éd. L'Harmattan.
Sutherland E., 1937, *The Professionnel Thief,* Chicago, éd. University of Chicago Press.
Thomas W.-I., Znaniecki F., 1998, *Le Paysan polonais en Europe et en Amérique. Récit de vie d'un migrant* (1919), Paris, éd. Nathan.
Thomas W.-I., Znaniecki F. (coordination Guth S.), 2000, *Fondation de la Sociologie Américaine. Morceaux choisis,* Paris, éd. L'Harmattan.
Tilly C., Tarrow S., 2008, *Politique(s) du conflit. De la grève à la révolution,* Paris, éd. Les Presses de Sciences-Po.
Touraine A., 1969, *La société postindustrielle,* Paris, éd. du Seuil.
Touraine A., 1973, *Production de la société,* Paris, éd. du Seuil.
Touraine A., 1978, *La voix et le regard,* Paris, éd. du Seuil.
Touraine A., 1984, *Le retour de l'acteur,* Paris, éd. Fayard.
Touraine A., 1992, *Critique de la modernité,* Paris, éd. Fayard.
Touraine A., 1994, *Qu'est-ce que la démocratie ?,* Paris, éd. Fayard.
Touraine A., 1997, *Pourrons-nous vivre ensemble ?,* Paris, éd. Fayard.
Touraine A., Khosrokhavar F., 2000, *La recherche de soi. Dialogue sur le sujet*, Paris, éd. Fayard.
Trasher F.-M., 1927, *The Gang. A Study of 1313 Gangs in Chicago,* Chicago, éd. University of Chicago Press.
Tremblay R.-E., 2008, *Prévenir la violence dès la petite enfance,* Paris, éd. Odile Jacob.

Tremblay R.-E., juillet 2008, « Enfants violents. Dépister n'est pas réprimer », entretien in *Sciences Humaines,* n° 195, p. 32-35.
Venkatesh S. A., 1997, « The Social Organization of Street Gang Activity in an Urban Ghetto », *American Journal of Sociology,* vol. 103, n° 1, p. 82-111.
Venkatesh S. A., 2006, *Off the books : the underground economy of the urban poor,* Cambridge, éd. Harvard University Press.
Vieillard-Baron H., décembre 2004, «Ségrégation » in *Ville, école, intégration, diversité,* n° 139, p. 171-177.
Vulbeau A., 2001, « Ce que fait la police… avec les jeunes » in *Informations Sociales,* n° 92, p. 58-69.
Vulbeau A., juillet 2008, « Politique, jeunesse et répression » in *Projet,* n° 305, p. 77-82.
Wacquant L., 2004, *Punir les pauvres. Le nouveau gouvernement de l'insécurité sociale*, Marseille, éd. Agone.
Wacquant L., 2005, *Parias urbains. Ghetto, banlieues, Etat,* Paris, éd. La Découverte.
Wacquant L., 2002, « Scrutinizing the Street : Poverty, Morality, and the Pitfalls of Urban Ethnography » in *Amercian Journal of Sociology,* vol. 107, n° 6, p. 1468-1532.
Webb S.-A., 2006, *Social Work in a Risk Society. Social and Political Perspectives,* New-York, Palgrave Macmillan Press.
Weber M., 1963, *Le savant et le politique,* Paris, éd. Plon.
Wieviorka M., 1988, *Sociétés et terrorisme,* Paris, éd. Fayard.
Wieviorka M., 1993, *La démocratie à l'épreuve. Nationalisme, populisme, ethnicité,* Paris, éd. La Découverte.
Wieviorka M. (dir.), 1996, *Une société fragmentée ? Le multiculturalisme en débat,* Paris, éd. La Découverte.
Wieviorka M. (dir.), 1999, *La violence en France,* Paris, éd. du Seuil.
Wieviorka M., 2000, « De l'analyse à l'action » in Ferenczi T. (dir.), *Faut-il s'accommoder de la violence ?,* Bruxelles, éd. Complexe, p. 45-66.
Wieviorka M., 2004, *La violence,* Paris, éd. Hacherre-Littératures, coll. Pluriel.
Wieviorka M., May 2005, « After New Social Movements », *Social Movement Studies,* vol. 4, n° 1, p. 1-19.
Wieviorka M., 2008, *Neuf leçons de sociologie,* Paris, éd. Robert Laffont.
Wilson J.-Q., Kelling G.-L., 1994 (1982), « Vitres cassées » in *Les cahiers de la sécurité intérieure*, n° 15, p. 163-180.
Withol de Wenden C., Body Gendrot S., 2007, *Sortir des banlieues. Pour en finir avec la tyrannie des territoires*, Paris, éd. Autrement.
Wirth L., 2006 (1928), *Le ghetto*, Grenoble, éd. Presse universitaire de Grenoble.
Wright Mills C., 1997, *L'imagination sociologique,* Paris, éd. La Découverte.
Wright Mills C., septembre 1943, « The Professionnel Ideology of Social Pathologists », *American Journal of Sociology*, vol. XLIX, n° 2, p. 165-180.

Wright A., 2001, *Policing. An introduction to concepts and practice,* Devon (UK), Portland (USA), éd. Willan Publishing.
Zorbaugh H., 1927, *The Gold Coast and the Slum : A Sociological Study in Commercialized Recreation and City Life,* Chicago, éd. Univresity of Chicago Press.

////////// Annexes

Présentation des acteurs rencontrés

Nous ne présentons pas ici l'ensemble des personnes rencontrées durant l'enquête, notamment des jeunes et des adultes rencontrés de manière informelle lors de nos observations directes dans le quartier, mais seulement celles avec lesquelles nous avons mené des entretiens approfondis et/ou qui ont participé à des entretiens collectifs et des séances d'intervention sociologique.

Acteurs intervenant au nom de l'Etat

- le préfet
- le responsable de la direction de la sécurité de la préfecture
- le directeur départemental de sécurité publique
- 5 policiers de la brigade anti-criminalité et 1 du poste de police de la Cité des enfants perdus
- le directeur du centre d'action educative de la protection judiciaire de la jeunesse
- 2 responsables de la direction départementale de la jeunesse et des sports
- le directeur, le directeur adjoint, 1 conseillère d'éducation, 1 infirmière et 3 enseignants du collège Pablo Néruda
- la directrice du deuxième collège de la Cité des enfants perdus
- le directeur départemental des renseignements généraux

Agents et responsables politiques intervenant au nom d'une collectivité locale

- le directeur de cabinet du maire de Trincamp
- l'élue municipale, chargée des jumelages
- l'élue municipale, chargée de la jeunesse, de la politique de la ville et de la vie associative
- l'élu municipal chargé de la politique des quartiers
- l'élu municipal chargé de la sécurité
- le conseiller municipal, délégué au quartier de la Cité des enfants perdus
- le responsable de la politique de la ville de la communauté d'agglomération
- le chef de projet chargé de l'opération de renouvellement urbain

- la directrice du CCAS
- la responsable de la bibliothèque municipale
- l'animatrice du comité de quartier
- 1 gardien de stade
- 3 gardiens de gymnase
- le responsable de la police municipale
- le responsable du centre de loisirs municipal
- le responsable de direction de la qualité de vie de la ville de Trincamp
- le chargé de mission de l'observatoire social du pôle éducatif et social de la ville de Trincamp
- le responsable du centre de loisirs du CCAS
- le responsable et 1 animateur du service Enfance, Jeunesse de la ville de Trincamp
- le responsable du service des Sports de Trincamp
- le directeur de l'unité territoriale d'action sociale
- 1 secrétaire et 2 assistantes sociales du centre médico-social de la Cité des enfants perdus

Acteurs sociaux reliés à des organisations associatives à but non-lucratif

- la responsable de l'association des femmes africaines (entraide communautaire, prévention sanitaire)
- le directeur de l'association de remédiation scolaire par la pratique artistique
- 2 responsables d'une association de locataires HLM
- la directrice de la régie de quartier
- la directrice du secours populaire
- le directeur d'une association d'aide aux victimes et de médiation pénale
- le directeur et 2 médiateurs interculturels de la maison de médiation (médiation ethnoculturelle)
- le responsable de l'AJC (animation et insertion des jeunes)
- 2 responsables et 1 animateur sportif de l'ALC (pratique sportive)
- le directeur, 1 animateur sportif et 2 intervenantes sociales de l'ARCHE (animation socioculturelle et insertion)
- le président du club de boxe
- le responsable d'une association de médiation-sécurité
- le représentant local du conseil français du culte musulman, président d'une association confessionnelle
- le directeur et 1 éducateur du club de prévention Carrefour Jeunes (prévention spécialisée)
- le directeur et 1 bénévole du secours catholique
- 1 enseignant du collège Pablo Néruda, engagé dans une association d'accompagnement périscolaire et de promotion de la citoyenneté

- le directeur d'une association d'animation socioculturelle et d'accompagnement scolaire paramunicipale
- le responsable d'une association sénégalaise d'activités péri-scolaires
- le président de l'association des PULARS (entraide communautaire, médiation ethnoculturelle)

Acteurs sociaux reliés à des organismes parapublics

- 2 responsables de l'action sociale de la CAF
- 2 responsables et 6 agents de proximité du principal office HLM de la Cité des enfants perdus
- le directeur général, 1 chauffeur et 2 agents médiateurs-contrôleurs d'une société de transport urbain
- la directrice et 1 responsable de projet du GIP-DSU (groupement d'intérêt public portant le projet social de territoire)
- la responsable de la sûreté de La poste
- la directrice de la mission locale
- 3 officiers du service départemental d'incendie et de secours

« Figures de désordre », « dérouilleurs » et « régulateurs »

- 10 jeunes rappeurs
- 10 jeunes faisant partie des SDG et des LBL
- 6 jeunes rencontrés dans un restaurant turc
- 3 jeunes rencontrés par l'intermédiaire de l'AJC
- 4 jeunes ayant participé à une séance d'intervention sociologique avec des policiers
- 3 jeunes impliqués dans le milieu associatif
- 10 femmes et 5 hommes (la plupart ont des enfants qui ont participé aux émeutes de 2005 et se sont constitués, depuis, en collectif de vigilance contre les violences juvéniles)
- 3 responsables de « commerces ethniques »

Schéma de la complexification du contrôle social

Espaces d'intervention	Acteurs et organisations	Logiques d'action	Effets des interactions sur les « habitants de cité»*
Social *socialisation, prévention sociale*	Organisations caritatives (secours catholique, …) Services sanitaires et sociaux (CCAS, CMS, CAF,…) Éducation nationale Structures socioculturelles (MJC, Maisons de quartiers, CLSH...) Insertion, formation et emploi (ANPE, Mission Locale, …)	Assistance Éducation Socialisation -intégration Autonomisation Insertion Médiation	Dépendance sociale (-) Pathologisation sociale, culturelle et familiale (-) Violence symbolique (-) Internalisation (-) ——— Solidarité organique (+) Contre-stigmatisation (+) Estime de soi (+) Émancipation (+)
Culturel *identité, ethnicité*	Organisations néo -communautaires Organisations religieuses Organisations ethnoculturelles Structures de médiation ethnoculturelle	Ethnicisation Communalisation Compétition Médiation Entraide et assistance Socialisation -intégration	Ethnification/racisation (-) Essentialisation (-) Contrôle communautaire (-) ——— Solidarité mécanique (+) Contre-stigmatisation (+) Participation sociale et culturelle (+) Adaptation/intégration (+)
Urbain *sécurité, tranquillité publique, prévention situationnelle*	Polices Entreprises de sécurité Structures de médiation -sécurité Bailleurs sociaux Transports publics Groupes de vigilance	Répression Dissuasion Surveillance/auto -surveillance Sécurisation	Tensions/violences (-) Suspicion/discrimination (-) Humiliation/soumission (-) Stigmatisation (-) Insécurisation (-) ——— Mobilisation collective (+) Contre-stigmatisation (+) Conflictualisation (+)

*Les signes (-) désignent les effets des interactions contribuant à la réification des habitants, tandis que les signes (+)indiquent ceux qui concourent à leur subjectivation et/ou leur reconnaissance.

Données socio-démographiques

Profil Général des ZUS de Trincamp (Source DIV INSEE)

	Cité des enfants perdus	ZUS 2	ZUS 3	Trincamp
Taux de chômage (1999)	27,7%	14,8%	33,3%	15,8%
Non-diplômés (1999)	39,4%	19,2%	49,3%	22,7%
Moins de 25 ans (1999)	46,8%	32,9%	45,2%	36,2%
Étrangers (1999)	16,1%	4,1%	19,0%	6,9%
Familles mono-parentales (1999)	32,6%	14,2%	30,0%	20,2%
Revenu médian par unité de consommation (2004)	6676	15281	7698	13852
Ménages non-imposés sur revenus (2004)	71,6%	38,6%	69,9%	43,4%
Locatifs HLM (1999)	86,5%	28,6%	80,5%	40,6%
Élèves ayant deux ans de retard ou plus en 3ème (2004)	16,1%	20,8%	16,2%	8,9%
Délinquance : total des faits constatés pour 1000 habitants (2005)	66,9	20,9	140,7	-
Population (1999)	12 022	2347	2915	51 159

Taux de chômage des 15-24 ans (Source INSEE, RGP 1990, 1999, 2006)

La Cité des enfants perdus			Commune		
1990	1999	2006	1990	1999	2006
21,60%	44,30%	-	17,9	28,7	21,3

Part des étrangers dans les îlots de la Cité des enfants perdus (Source INSEE, RP, IRIS 1999)

Ilot 1	Ilot 2	Ilot 3	Ilot Charles Péguy	*Moyenne*
9,4%	15,1%	19,7%	22,9%	16,1%

Jeunes étrangers âgés de moins de 20 ans selon la nationalité à Trincamp (Source INSEE, RP 1999)

	Union européenne	Maghreb	Turquie	Autre étrangers	Total Commune
Effectif	38	303	153	457	951
%	4%	32%	16%	48%	100%

Quand les murs de la Cité parlent...

FUCK
LES
C.R.S.

IIXXVI

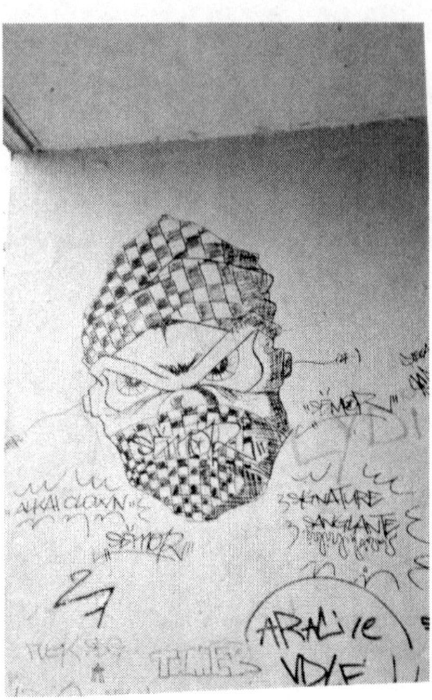
ALKALI CLOWN
SÉMOR
SANGLANTE

////////// Table des matières

Deuxième partie : Pacificateurs indigènes

L'HARMATTAN, ITALIA
Via Degli Artisti 15 ; 10124 Torino

L'HARMATTAN HONGRIE
Könyvesbolt ; Kossuth L. u. 14-16
1053 Budapest

L'HARMATTAN BURKINA FASO
Rue 15.167 Route du Pô Patte d'oie
12 BP 226 Ouagadougou 12
(00226) 76 59 79 86

ESPACE L'HARMATTAN KINSHASA
Faculté des Sciences Sociales,
Politiques et Administratives
BP243, KIN XI ; Université de Kinshasa

L'HARMATTAN GUINEE
Almamya Rue KA 028 en face du restaurant le cèdre
OKB agency BP 3470 Conakry
(00224) 60 20 85 08
harmattanguinee@yahoo.fr

L'HARMATTAN COTE D'IVOIRE
M. Etien N'dah Ahmon
Résidence Karl / cité des arts
Abidjan-Cocody 03 BP 1588 Abidjan 03
(00225) 05 77 87 31

L'HARMATTAN MAURITANIE
Espace El Kettab du livre francophone
N° 472 avenue Palais des Congrès
BP 316 Nouakchott
(00222) 63 25 980

L'HARMATTAN CAMEROUN
Immeuble Olympia face à la Camair
BP 11486 Yaoundé
(00237) 99 76 61 66
harmattancam@yahoo.fr

L'HARMATTAN SENEGAL
« Villa Rose », rue de Diourbel X G, Point E
BP 45034 Dakar FANN
(00221) 33 825 98 58 / 77 242 25 08
senharmattan@gmail.com

Achevé d'imprimer par Corlet Numérique - 14110 Condé-Sur-Noireau
N° d'imprimeur : 71234 - Dépôt légal : juin 2010 - *Imprimé en France*